HISTOIRE

DE LA VILLE

DE

NIORT

DEPUIS SON ORIGINE JUSQU'EN 1789

Par L. FAVRE

Membre de la Société des Antiquaires de France.

NIORT
TYPOGRAPHIE DE L. FAVRE
1880

HISTOIRE DE LA VILLE DE NIORT

OUVRAGES DU MÊME AUTEUR

HISTOIRE DES PRINCIPALES VILLES DE FRANCE, 1 vol. in-8° (Epuisé.)

HISTOIRE DE FRANCE, 1 vol. in-8°. (Epuisé.)

TROIS ÉPOQUES DE L'HISTOIRE DE FRANCE, 1 vol. in-8°. (Epuisé.)

DUGUESCLIN & JEANNE D'ARC, 1 vol. in-8°. (Epuisé.)

HISTOIRE DE LA RUSSIE & DE LA TURQUIE, 1 vol. in-8°. (Epuisé.)

HISTOIRE D'ANGLETERRE, 1 vol. in-8°. (Epuisé.)

GLOSSAIRE DU POITOU, DE LA SAINTONGE & DE L'AUNIS, précédé d'une introduction sur l'origine, le caractère, les limites, la grammaire et la bibliographie du patois poitevin et saintongeais. 1 vol. grand in-8°, papier dit de Hollande. Prix : 12 francs. (Sur le point d'être épuisé.)

DU CANGE. — Glossaire François, avec addition de mots anciens et une notice sur Du Cange. 2 vol. in-8°. Prix : 15 fr.

LA CURNE DE SAINTE-PALAYE. — Dictionnaire historique de l'Ancienne Langue Françoise, publié par les soins de L. Favre, avec le concours de M. Pajot, archiviste-paléographe. 10 vol. in-4°. Prix : 300 fr.

SOUS PRESSE

DU CANGE. — Lexicon-Manuale Glossarii Mediæ et Infimæ Latinitatis. 2 vol. in-4°.

SAINT-ANDRÉ DE NIORT,

d'après une Photographie.

HISTOIRE

DE LA VILLE

DE

NIORT

DEPUIS SON ORIGINE JUSQU'EN 1789

Par L. FAVRE

Membre de la Société des Antiquaires de France.

NIORT
TYPOGRAPHIE DE L. FAVRE
1880

ABRÉVIATIONS

A. H. V. = Archives de l'Hôtel-de-Ville de Niort.

A. H. V. — A. T. = Archives de l'Hôtel-de-Ville. — Augier de la Terraudière.

A. H. V. — D. F. = Archives de l'Hôtel-de-Ville. — Dom Fonteneau.

A. T. = Augier de la Terraudière.

C. A. B. = Cabinet de M. Abel Bardonnet.

D. F. = Dom Fonteneau.

S. S. D. S. = Société de Statistique des Deux-Sèvres.

T. N. — A. T. = Thrésor de Niort, par Augier de la Terraudière.

JUSTIFICATION DU TIRAGE

550 sur papier mécanique................	6 fr.
100 sur papier mécanique fort............	8 —
50 sur papier à bras...................	15 —
14 sur papier chamois..................	12 —

714

INTRODUCTION

I.

L'histoire d'une ville, qui n'a pas été capitale d'une province, est d'habitude assez insignifiante et assez monotone. Il n'en est pas ainsi pour Niort, qui possède des annales dramatiques d'un haut intérêt.

Dans les temps les plus anciens, nous trouvons les premiers habitants des bourgades destinées à devenir la ville de Niort, adonnés à la pêche. Puis vient la culture des vignes, très répandue aux environs de Niort pendant le moyen âge. Enfin, la population se consacre au commerce; la ville devient le grand entrepôt de l'Ouest; par la Sèvre, elle touche à la mer, et la navigation prend une extension qui lui donne l'importance d'un port maritime.

Le commerce l'avait enrichie, et l'avait mise en contact avec ces populations libres et indépendantes des Flandres. Elle en avait pris le caractère remuant et énergique, aussi était-elle très attachée à ses privilèges municipaux.

C'est Aliénor qui a donné à notre ville la première charte

municipale; mais longtemps avant cette reine, Niort jouissait de droits précieux qui lui ont laissé ce fier sentiment de liberté que nous voyons subsister à travers les siècles.

La charte de commune d'Aliénor ne fut pas obtenue, comme dans certaines localités, par la violence et par l'insurrection, mais par suite des bonnes relations de seigneurs à vassaux. Les comtes de Poitou avaient toujours aimé la ville de Niort et leur dernière héritière avait conservé un profond attachement pour la population niortaise.

La charte de Rouen était très libérale. Niort devint une sorte de petite république, administrée par un maire et un corps municipal. Aussi, lorsque les agents de la royauté voulurent restreindre les droits de l'échevinage, que de luttes! luttes pacifiques, il est vrai, mais acharnées, longues et persistantes. Pendant plusieurs siècles, Niort combattit pour jouir du privilège de nommer directement son maire. On forçait les échevins à présenter trois candidats, mais ils n'obéissaient que par la force et toujours en réservant leurs droits.

Ils ne souffraient aussi aucun empiètement de la part des gens du roi sur leurs privilèges. Nous voyons de fréquents conflits éclater entre l'échevinage et les officiers royaux. La commune sait qu'elle sera écoutée à la cour; aussi, dès qu'une contestation survient, y envoie-t-elle une députation. Le budget de la ville est chargé de sommes remises à des échevins, qui vont à Paris se mettre en rapport direct avec le conseil du roi. Presque toujours ils obtiennent justice. La royauté met un grand empressement à donner satisfaction aux habitants de ses bonnes villes. Nous reproduisons, dans notre récit, plusieurs lettres qui montrent les liens d'affection qui, à cette époque, rattachaient les rois aux populations.

Ce n'est, certes, pas en pareils termes qu'aujourd'hui le chef de l'Etat répond aux citoyens d'un conseil municipal. Tout se passe administrativement. C'est plus légal, nous le reconnaissons, mais ce que nous constatons, c'est que les libertés municipales sont beaucoup moins grandes qu'autrefois.

Pendant les guerres anglo-françaises, la population montra un courageux patriotisme, et ne se résigna jamais à accepter de bonne grâce la domination étrangère. Elle salua avec enthousiasme l'arrivée de Duguesclin, qui la délivra des Anglais, et, pendant plusieurs siècles, une procession célébra la date de cette délivrance. Encore de nos jours, le faubourg de la ville par où Duguesclin entra à Niort, porte le nom de *Recouvrance*. Les habitants recouvraient leur nationalité et ils fondaient une cérémonie religieuse, pour en remercier Dieu.

Les guerres protestantes jetèrent de profondes divisions parmi notre population. Cependant, les deux tiers des habitants restèrent attachés au catholicisme. La ville, successivement occupée par les catholiques et les protestants, eut beaucoup à souffrir.

La révocation de l'édit de Nantes porta un coup terrible à l'industrie et au commerce niortais. Plus tard, la perte du Canada fut une nouvelle cause de décadence. Cependant, plusieurs fabriques, surtout celles pour les draps, continuèrent à occuper un certain nombre d'ouvriers. Mais ce ne fut plus cette ancienne prospérité que notre ville avait connue dans des temps meilleurs.

II.

C'est cette histoire que nous avons eu à tracer. Nous avons pris un vif intérêt au passé d'une ville à laquelle tant de souvenirs nous attachent, et nous avons écrit ce récit avec une véritable piété filiale; nous réjouissant des événements heureux et déplorant les catastrophes.

Nous avons été encouragé et soutenu dans notre travail par des hommes dont le concours nous a été très utile. Nous mettons, en première ligne, M. Abel Bardonnet, qui nous a fourni de précieux documents, et qui a mis à notre disposition sa vaste érudition historique. Il nous a éclairé sur plusieurs points restés, jusqu'à lui, fort obscurs et sur lesquels il a fait la lumière.

Nous avons beaucoup puisé dans les manuscrits de Dom Fonteneau, ce savant bénédictin qui, au milieu du siècle dernier, a pris copie d'un grand nombre de chartes de notre hôtel-de-ville, disparues pendant la Révolution.

Nous avons consulté avec fruit les Mémoires de la Société des Antiquaires de l'Ouest, ceux de la Société de Statistique des Deux-Sèvres et les travaux de la Société des Archives de l'Ouest.

N'oublions pas M. H. Briquet qui, le premier, nous a donné une histoire complète de notre ville, bien écrite et aussi exactement faite qu'il était possible, au moment où il l'a publiée. Son fils, M. A. Briquet, possède toutes les qualités d'un excellent historien, et les Mémoires qu'il a rédigés sont très remarquables. Nous avons aussi trouvé d'intéressants renseignements dans les ouvrages de M. Goujet et de M. Duval, qui ont marqué d'une manière si savante leur passage dans notre ville, l'un aux archives de notre département, l'autre à la bibliothèque publique de Niort.

Nous exprimons notre profonde reconnaissance aux érudits de notre province, qui ont consacré leurs veilles et leurs études à l'éclaircissement des points les plus importants et les plus ignorés de notre histoire locale. C'est à l'aide de leurs recherches que nous avons pu exécuter ce travail, dont les plus grandes difficultés avaient été aplanies par nos devanciers.

III

En écrivant l'histoire de Niort, nous avons essayé de retracer les événements dont cette ville a été le théâtre, et de montrer sa transformation à travers les siècles. Nous avons aussi cherché à reproduire le caractère de la population, les divers sentiments qui l'ont animée, les passions politiques et religieuses qui l'ont si profondément agitée. Nous avons aussi tenu à enregistrer ou à analyser tous les documents de l'Hôtel-de-ville qui offraient un certain intérêt, en n'oubliant pas de mentionner les noms des maires et des échevins qui prenaient part à ces délibérations. Nous avons pu ainsi reconstituer, en quelque sorte, la vie communale de notre cité. C'est principalement vers ce but que nos efforts ont tendu.

Niort a été, de tout temps, une ville essentiellement municipale, l'élément féodal n'y a jamais eu une forte action ;

même sous la domination anglaise, le gouverneur n'exerçait qu'une faible influence sur l'esprit des habitants ; pour eux, tout pouvoir paraissait résider dans leur échevinage : ils aimaient ce corps privilégié ouvert à tous et où le moindre marchand, avec de l'intelligence, de l'ordre, de l'économie et de la popularité, pouvait arriver. Pendant plusieurs siècles, l'échevinage niortais ne s'est recruté que dans le commerce. Les noms que nous voyons figurer parmi les maires et les membres de l'Hôtel-de-Ville appartiennent tous au négoce. Ce ne fut que plus tard, lorsque les échevins enrichis eurent abandonné leurs fabriques et leurs magasins pour recevoir des titres de noblesse et vivre sur leurs domaines plus ou moins vastes, que nous voyons les charges de l'Hôtel-de-Ville occupées par une autre classe sociale. Ce sont alors les médecins, les avocats, les régisseurs des propriétés de grands seigneurs ou d'abbayes, que nous voyons à l'échevinage. Ce sont eux qui prennent en mains les intérêts de la cité.

Le commerce n'arrive plus que rarement à l'échevinage, mais il remplit avec distinction les honorables et difficiles fonctions de juges consulaires. Le tribunal de commerce de Niort avait un haut renom de capacité et d'équité qu'il a, nous le disons avec une vive satisfaction, conservé jusqu'à nos jours.

Nous espérons pouvoir publier prochainement la seconde partie de l'*Histoire de Niort*, qui comprendra le récit des événements depuis 1789 jusqu'à nos jours. Nous y ajouterons une biographie niortaise, les listes des maires et des juges consulaires, une bibliographie des ouvrages écrits sur Niort, l'histoire des monuments, et enfin une étude sur les mœurs, traditions et usages de nos aïeux.

Il est difficile, nous le savons, d'aborder l'histoire contemporaine, surtout une histoire essentiellement locale, au milieu de questions de personnes qui s'agitent encore au moment où l'on écrit ; mais nous y apporterons une impartialité qui nous fera, espérons-nous, pardonner notre périlleuse tentative.

HISTOIRE DE LA VILLE DE NIORT

NOTICE HISTORIQUE SUR LA VILLE DE NIORT.

Nous avons cru devoir faire précéder l'*Histoire de Niort* d'un résumé des événements dont cette ville a été le théâtre. On aura ainsi, en quelques lignes, une idée de notre histoire locale.

Reportons-nous par la pensée au commencement du vi^e siècle, et plaçons-nous sur le sommet de cette promenade du jardin public, d'où les regards embrassent un vaste et magnifique horizon. Au lieu de ce vieux donjon qui se dresse fièrement devant nous, de cette église de Notre-Dame qui lance sa flèche dans la nue, de ces quartiers populeux, de ces usines qui indiquent l'activité et la richesse de notre ville, de ces nombreux jardins qui occupent le quartier de Bessac, nous ne verrons qu'un spectacle triste et uniforme, partout devant nous la mer. Oui, cet Océan dont les flots ne se brisent plus que sur les plages lointaines de la Charente-Inférieure, s'est étendu sur toute cette riche vallée de Bessac, s'est avancé jusqu'à notre place de la Brèche et même jusque dans le vallon de Tartifume. A cette époque, où le promontoire de Saint-André et le plateau de Notre-Dame étaient séparés par un golfe large et profond, deux villages occupaient le sommet de ces coteaux.

Vers le milieu du vi^e siècle, un de ces grands mouvements géologiques qui changent l'aspect d'une contrée, eut lieu. Pendant une nuit, les eaux de la mer se retirèrent subitement. Lorsque les premières lueurs du jour permirent aux habitants des deux villages de connaître la cause du bruit qui les avait arrachés à leur sommeil, ils remarquèrent, à leur extrême surprise, que la mer avait disparu en laissant derrière elle un fleuve et des marais.

D'après plusieurs chartes, un château fut bâti, en 940, près de la Sèvre, dans le village de Niort.

Au XIIIe siècle, la bourgade de Niort, située dans l'Aunis, et la bourgade de Saint-André, qui dépendait du Poitou, furent réunies par une ceinture de murailles et ne formèrent plus qu'une seule cité. Saint-André, en perdant son nom, conserva son indépendance; cette bourgade s'administra par elle-même, elle ne devint la propriété d'aucune abbaye et ne subit même pas l'influence administrative des ducs d'Aquitaine; elle dota Niort de ses institutions et de ses franchises, qui furent confirmées par Aliénor.

La position de cette ville sur la Sèvre et les développements qu'acquérait son commerce, fixèrent l'attention des comtes de Poitou. Ils laissèrent subsister les anciennes franchises qui faisaient la fortune des habitants, et parvinrent à rendre Niort l'entrepôt des provinces du Poitou, de l'Aunis et de la Saintonge, où les étrangers vinrent s'approvisionner.

Aussi, les Niortais, pleins de reconnaissance pour les comtes de Poitou, n'hésitèrent-ils point à passer sous la domination anglaise, lorsque Aliénor, leur duchesse, eut épousé Henri Plantagenet, qui devint roi d'Angleterre en 1154.

Par ordre de cette reine, le château qui avait été incendié accidentellement en 1104, fut reconstruit. Aliénor fit plus encore, elle voulut consacrer par une charte la possession des anciennes franchises dont jouissaient les habitants. La charte qui établit la commune de Niort est de l'année 1203.

Après la mort de leur bienfaitrice, les Niortais restèrent fidèles au roi d'Angleterre; ils refusèrent même de reconnaître la confiscation des terres, faite par la couronne de France, sur Jean-Sans-Terre. Philippe-Auguste vint les assiéger à la tête d'une armée; mais un habile capitaine les commandait, c'était Savary de Mauléon, sénéchal d'Aquitaine, qui força les troupes royales à lever le siège. Louis VIII, le 15 juillet 1224, répara cet échec, en forçant Savary à capituler.

Les rois de France comprirent qu'ils devaient s'attacher leurs conquêtes par des bienfaits. Louis IX, non-seulement confirma les privilèges de Niort, mais, par une charte datée de Saint-Maixent en 1230, il déclara que Niort ne pourrait jamais sortir de la main des rois de France ou de leurs frères, sans le consentement des habitants. Toute la population n'eut cependant pas à se féliciter de cette nouvelle domination. Un des plus populeux quartiers de la ville était habité par les juifs ; Alphonse, comte de Poitou, les chassa en 1249.

Niort eut un port libre en 1285. Les habitants obtinrent le privilège de transporter les marchandises sur la Sèvre jusqu'à Marans ; une portion du péage fut consacrée à l'entretien du canal et de la rivière, à la construction du port et aux réparations des murailles d'enceinte.

Ce fut en 1341 que la municipalité niortaise obtint de Jean, duc de Normandie et comte de Poitou, toutes les franchises de la charte concédée à la ville de Rouen.

Les guerres anglo-françaises furent la cause de grandes calamités pour Niort. Après la bataille de Crécy, le comte de Derby l'assiégea ; repoussé par Guichard d'Angle, ce comte fut obligé de se retirer, mais le traité de Brétigny livra la ville aux Anglais, et Jean Chandos vint s'y fixer.

Le prince de Galles y réunit, sous sa présidence, l'assemblée générale des prélats et des seigneurs de sa principauté, pour leur faire voter l'impôt du fouage. Une vive opposition de la part des seigneurs du Midi le força d'ajourner son projet.

Les malheurs de la guerre vinrent encore frapper la ville de Niort. Les habitants voulurent revenir sous la domination française, mais une armée anglaise prit la ville d'assaut et la livra au pillage. Duguesclin les vengea. Après avoir battu les Anglais à Chizé, il fait revêtir ses soldats de casaques anglaises et se présente devant Niort. La garnison, trompée par ce stratagème, lui ouvre ses portes et se trouve forcée de se rendre sans résistance.

Le duc de Berry, frère de Charles V, reçut le comté du Poitou : c'était un prince intelligent, doux et bienfaisant ; il eut pitié de la détresse des Niortais dont la ville avait été ruinée par la dernière guerre, il les affranchit de tous les impôts, tailles et autres subsides ; puis il fit creuser le port dans l'emplacement où il se trouvait encore il y a quelques années, avant la construction du boulevard Main. L'ancien port s'étendait jusqu'à la rue Brisson.

Niort, grâce à cette bienfaisante administration, recouvre promptement son ancienne prospérité, et l'expulsion complète des Anglais de France lui fait espérer toute sécurité pour un long avenir. Cependant elle est entraînée dans les troubles de la Praguerie. Le Dauphin, plus tard Louis XI, conspire contre son père, et vient, en 1440, se réfugier à Niort auprès de son parrain, le duc d'Alençon. Cette révolte est promptement étouffée. Charles VII s'empare de la ville, livre au supplice plusieurs rebelles, et enlève à la commune ses droits et ses privilèges. Mais, dès l'année 1442, Charles VII lui rend sa mairie, et lui accorde trois foires franches et royales, fixées au 5 février, au 6 mai et au 30 novembre de chaque année. Ce sont les seules foires importantes qui aient lieu encore dans notre cité.

Une charte de 1443 rétablit les droits et privilèges des habitants de Niort.

Louis XI, dès son avénement au trône, en 1461, s'empresse de témoigner aux bourgeois de Niort sa gratitude pour l'appui qu'il avait trouvé autrefois près d'eux. Il commence par confirmer les privilèges de la commune ; puis il crée dans cette ville un siège royal, pour dispenser les habitants d'aller plaider à Poitiers.

Enfin, dans le même mois, en novembre, la commune obtient des lettres patentes du roi Louis XI, contenant anoblissement héréditaire du maire, de douze échevins et de douze conseillers jurés de la maison commune de Niort, avec pouvoir à eux de tenir tous les fiefs, arrière-fiefs et autres droits noblement, sans payer aucune finance. Plus tard, en 1466, ils sont affranchis des tailles et aides.

Sous François I*er*, Calvin se rend en Poitou et commence à jeter les germes de sa doctrine, dans cette province qui devait subir de si horribles calamités pendant les guerres religieuses. Ce ne fut que sous François II, que le protestantisme fit de rapides progrès en Poitou.

Charles IX, pendant un voyage en Poitou, en 1565, donne des lettres patentes qui établissent à Niort une *Cour consulaire*, à cause de l'immense commerce qui avait lieu en cette ville, surtout à l'époque des foires royales.

Les guerres de religion viennent interrompre la prospérité du commerce de notre ville. En 1568, d'Andelot pénètre en Poitou, à la tête d'une bande de calvinistes, opère sa jonction avec Coligny et menace Niort, qui se rend lorsque les batteries sont établies pour ouvrir une brèche dans ses murs. La capitulation n'est point respectée, et des vengeances sont exercées par les vainqueurs, qui fusillent Etienne Texereau, curé de Notre-Dame.

Les calvinistes fortifient Niort, y déposent des munitions, réparent les fortifications et en font un boulevard du protestantisme en Poitou. Les principaux chefs de la révolte s'y réunissent, et la reine de Navarre vient les visiter, afin de conférer avec eux sur les mesures à suivre pour assurer leur succès. Il fut décidé qu'on saisirait les propriétés des couvents et qu'on les mettrait en vente.

Le comte du Lude, gouverneur du Poitou, cherche à s'emparer de Niort ; il vient, avec 8,000 hommes, faire le siège de cette ville en 1569. Pluviault arrive, avec des renforts, au secours des assiégés, qui se défendent avec un courage héroïque.

Le comte du Lude livre plusieurs assauts qui sont tous repoussés, et finit par lever le siège le 2 juillet 1569.

Ce dévouement fut mal récompensé ; le 7 octobre, le gouverneur Labrosse évacue la ville avec la garnison, pour se retirer à La Rochelle. Le duc d'Anjou vient à Niort et traite les habitants avec humanité. En 1575, Lanoue fait une tentative sur cette ville ; mais le comte du Lude, averti à temps, repousse les calvinistes. Niort devint le séjour des protestants, par suite du traité conclu avec le duc d'Alençon, qui reçut en dépôt cinq villes. Le roi de Navarre se réunit aux mécontents le 4 février 1576.

La rupture de l'édit de pacification force le roi de Navarre à se retirer à La Rochelle. La ligue fait alors de rapides progrès à Niort. Les protestants cherchent à s'emparer de cette ville. Saint-Gelais, qui a des intelligences dans la place, essaie d'y entrer pendant la nuit ; mais il échoue et ses partisans sont pendus. Ce chef est plus heureux en 1588 : par une nuit d'hiver, il pénètre dans la ville avec ses soldats, et s'en rend maître. Le roi de Navarre, heureux de ce succès, le nomme gouverneur de sa nouvelle conquête. La garde du château est confiée à Parabère. L'église de Saint-André avait été en partie détruite pendant la lutte.

Le roi de Navarre traite les Niortais avec la plus grande douceur et se concilie tous les esprits. L'édit de Nantes (1598) donne la paix à la France.

Sous Louis XIII, les chefs des réformés du Poitou opèrent une prise d'armes ; mais ils sont vivement poursuivis par le roi, qui accourt à Niort, à la tête d'une armée. Après avoir arrêté ses dispositions stratégiques, il se rend à Saint-Jean-d'Angély, qui est forcé de capituler. Pendant ce siège, un détachement de la milice bourgeoise de Niort se fait remarquer par sa bravoure, ce qui lui vaut le titre de régiment de *Royal-Niort*.

1603. — La peste éclate à Niort pendant la foire de mai. Le maire et les membres de l'échevinage prennent des mesures hygiéniques pour arrêter l'épidémie qui dure jusqu'au mois de décembre.

1604. — Par suite des guerres et de la peste, la misère est si grande à Niort qu'un arrêt du Conseil d'Etat décharge les habitants des sommes dont ils peuvent être redevables pour les denrées de subventions.

1609. — Des commissaires divers viennent à Niort pour dresser une liste des fiefs possédés par *les gens tenans la maison commune de Nyort, afin de les maintenir dans la continuation des immunités et exemption de paiement des francs-fiefs et nouveaux acquets*.

1610. — Le 20 mai, le maire convoque les principaux habitants en assemblée extraordinaire dans la maison commune, pour les informer de l'assassinat d'Henri IV et de l'avénement de Louis XIII. La réunion acclame le nouveau roi et la régente.

1612. — Lutte très vive entre le lieutenant du roi et les membres de l'échevinage.

1613. — Au mois de juin, un nuage de grêle dévaste les environs de la ville. Les jardins, les vignes, les champs ont leurs produits anéantis. Plusieurs personnes, surprises dans les champs par la grêle, sont grièvement blessées.

M. de Parabère, gouverneur de la ville, dont l'administration était très aimée, donne sa démission. Il est remplacé par son fils, Henri de Beaudéan, vicomte de Parabère.

1615. — Le 30 juillet, Louis XIII envoie ordre aux habitants de Niort de faire bonne garde aux portes de la ville, afin d'empêcher qu'elle ne soit prise par les partisans du prince de Condé.

1617. — Etablissement des Pères de l'Oratoire à Niort, par les soins de Jacques Gasteau. La maison ne fonctionna qu'en 1624.

1620. — Un commerce très considérable s'établit entre le

Canada et Niort ; notre ville fournissait à cette colonie de grosses draperies et recevait, en échange, des peaux pour ses tanneries et ses mégisseries. Par reconnaissance et pour montrer son union avec le Canada, notre ville ajoute, en support à ses armoiries, deux sauvages canadiens.

1621. — Le 23 mai, séjour de Louis XIII à Niort jusqu'au 1er juin. Une compagnie de la milice bourgeoise de Niort se fait remarquer pendant le siège de Saint-Jean d'Angély et obtient, en récompense de sa bravoure, le titre de régiment de *Royal-Niort*. Ce régiment était composé en nombre égal de catholiques et de protestants.

Le 23 avril 1621, Louis XIII, après avoir défait l'armée de Rohan-Soubise, se rend à Niort et forme un conseil de guerre pour juger les prisonniers. La reine-mère vient rejoindre son fils. Les Niortais catholiques adressent au roi une liste de leurs griefs contre les protestants, et reçoivent l'assurance qu'il sera fait droit à leurs réclamations.

1623. — Louis XIII envoie à Niort deux commissaires pour faire une enquête sur les griefs réciproques des catholiques et des protestants. Les commissaires recommandent aux deux parties la conciliation.

Une émeute a lieu dans les premiers jours de décembre 1623, au sujet de la cherté des grains. Des violences sont commises par des femmes contre des marchands de blé. Le Père Calixte excite la population contre les détenteurs de grains. Des émeutes ont lieu en janvier 1624 ; le maire est insulté. Des mesures énergiques amènent des arrestations et rétablissent l'ordre. Les esprits se calment.

1625. — Louis XIII, informé des préparatifs d'un soulèvement de la noblesse du Poitou, écrit au corps de ville de Niort pour le mettre en garde contre les entreprises des protestants.

Pendant le siège de La Rochelle, six compagnies atteintes de maladies contagieuses, sont envoyées à Niort, malgré les protestations des habitants, qui sont frappés de très dures réquisitions.

1649. — Le corps de ville de Niort se prononce pour les frondeurs, mais se tient prudemment à l'écart, sans agir en leur faveur.

1650. — La misère est grande à Niort. Elle est produite par la décadence du commerce qui a deux causes : d'abord, la mauvaise fabrication des draps, ensuite la noblesse accordée aux membres de l'échevinage, à condition qu'ils renonceraient au commerce. L'industrie est abandonnée, et cinq mille habitants de Niort sont inscrits pour recevoir des aumônes.

1663. — Le maire de Niort fait dresser la nomenclature de tous les droits dont jouissaient les membres du corps de ville.

1672. — Un synode protestant est tenu à Niort.

1674. — Cinq compagnies du régiment *Royal-Niort* sont envoyées sur les côtes des Sables-d'Olonne, pour s'opposer au débarquement des troupes espagnoles. Ces compagnies se font remarquer par leur bravoure.

1681. — Le nombre des échevins est réduit, afin de diminuer les exemptions d'impôts.

Une ordonnance de Louis XIV approuve la création d'un hôpital-hospice à Niort.

1685. — Par suite de la révocation de l'édit de Nantes 4,000 protestants niortais quittent la ville.

1692. — Une ordonnance royale enlève à la ville le droit d'élire son maire. Cette nomination est réservée au roi. Ce droit est rendu à la ville en 1711.

1698. — De grandes fêtes sont célébrées à Niort à l'occasion de la paix de Ryswyk.

1718. — Etablissement d'un tarif d'octroi.

1725. — Suppression de la mendicité.

1730. — Création d'une garde bourgeoise.

1747. — La Sèvre déborde et détruit tous les ponts.

1750. — Le champ-de-foire est transporté sur la place de la Brèche.

1752. — Construction des casernes.

1760. — Perte du Canada ; ruine du commerce d'exportation de l'industrie niortaise.

(Voir, pour la suite des faits historiques, page 455.)

CHAPITRE I.

Sommaire. — Niort et ses divers quartiers. — Situation de Niort au point de vue géologique. — Aciennes traditions sur les deux bourgades qui ont formé la ville de Niort. — Opinion de M. Ritter sur l'emplacement des demeures souterraines des premiers habitants du sol niortais. — Rapport de M. A. Monnet et lettre de M. B. Fillon sur les découvertes d'antiquités faites dans les jardins de Bessac. — Examen des divers systèmes sur l'étymologie du nom de Niort.

La ville de Niort, chef-lieu du département des Deux-Sèvres, a de tout temps été la seconde ville du Poitou. Elle est à 428 kilomètres de Paris, 76 de Poitiers, 64 de La Rochelle, 132 de Nantes et 144 de Bordeaux. Cette ville est placée sur la rive gauche de la Sèvre. Un seul de ses faubourgs, celui de Fontenay, est sur la rive droite. Elle est située sur deux collines, et le vallon qu'elles forment divise la ville en deux parties presqu'égales. Le quartier de Saint-André s'étend sur la colline nord-est et le quartier de Notre-Dame couvre la colline sud-ouest.

Les voies d'accession ouvertes en 1856, afin d'établir des communications avec la gare du chemin de fer, ont permis de créer le quartier de Saint-Hilaire, à l'est de la ville. Pour accorder une compensation au faubourg du Port, qui perdait la navigation de la Sèvre et le mouvement commercial dont il était en possession depuis un si grand nombre de siècles, on lui donna la paroisse de Saint-Étienne, avec l'espoir d'une église qui est encore à construire et de nouvelles rues qui restent à l'état de projet.

La partie la plus commerçante de la ville occupe le vallon qui existe entre les deux collines. C'est le point le plus central ; il a possédé les halles couvertes, abattues en 1793, et il était près de l'Hôtel-de-Ville, du Château et de l'ancien port.

Si nous examinons la situation de Niort, au point de vue géologique, nous voyons que cette ville est au centre d'un bassin formé par deux petites chaînes de montagnes. Le sol est calcaire et argilo-calcaire. Il appartient aux terrains jurassiques. Dans le quartier de Saint-André, le sol est en général calcaire ; cette partie de la ville est construite sur un rocher. Le quartier de Notre-Dame est argilo-calcaire. Dès Belle-Ile se montrent les terrains d'alluvions qui forment les riches marais de la Sèvre.

M. Cacarié, dans son étude géologique sur les Deux-Sèvres, donne cette description du terrain sur lequel est construite la ville de Niort : « Oolithe inférieure ; carrières importantes « ouvertes dans ce terrain ; alluvions dans le lit de la Sèvre. »

M. A. Brun, qui a passé une partie de son existence dans les carrières de Niort, a publié un mémoire géologique où il constate que les dernières couches de l'oolithe inférieure sont celles qui se montrent à la surface du sol de Niort à Echiré. Dans l'enceinte de la gare de Niort, on voit des parties du terrain callovien enchevêtré dans des parties du terrain bathonien.

Augier de la Terraudière, dans sa préface de son *Thresor des titres de la ville de Nyort*, imprimé en 1675, raconte que « la tradition est qu'autrefois, dans le territoire où est bâtie la ville de Niort, il y avait deux bourgs, l'un situé sur la montagne qui comprend la paroisse de Saint-André et l'autre sur la colline où est maintenant l'église et la paroisse de Notre-Dame; ces deux bourgs étaient séparés par un marais qui était dans l'endroit où sont à présent les halles, lesquelles aussi sont dans un lieu fort bas et tellement marécageux, qu'aux grandes pluies il y sourd de l'eau en quantité, toutes les caves des maisons en étaient remplies, même l'église des Cordeliers; et pour y remédier, il n'y a pas longtemps qu'on fut contraint de faire un canal dans ces halles, pour y attirer l'eau, et de hausser beaucoup l'église des Cordeliers, ce qui fait voir clairement qu'autrefois ce lieu-là était un marais. »

Le rédacteur de l'état manuscrit de l'Election de Niort vers 1730 reconnaît l'existence de deux villages distincts, portant des noms différents, qui se sont rapprochés par la suite des temps ; ils ont fini par ne former qu'une seule ville et le nom de Niort subsista seul.

« Les premiers habitants de Niort, dit M. Hilaire Briquet dans son Histoire de cette ville, furent de simples pêcheurs qui se bâtirent des maisons, ou plutôt des cabanes couvertes de roseaux, sur la colline que domine aujourd'hui l'église de Saint-André. Ils avaient auprès d'eux tous les instruments de leur profession : des filets, des lignes et des rames. Au bas de la colline étaient leurs barques, soit pour communiquer avec les habitants de l'autre colline de *Noverogus*, dont une espèce de marais les séparait, soit pour aller ensemble se livrer à l'exercice journalier de la pêche, sur le golfe qu'avait formé la mer, en se joignant aux marais du Bas-Poitou. Ce golfe comprenait une vingtaine d'îles et avait plus de 200,000 mètres de circuit. La Sèvre, inconnue même au ve siècle de notre ère, se perdait alors dans l'immensité de ce golfe. »

Nous voyons ainsi que les historiens reconnaissent l'existence de deux villages distincts qui, par la suite, en se réunissant, ont formé une ville. M. Apollin Briquet a constaté ce fait dans un savant Mémoire sur *l'origine des deux bourgades qui concoururent à la formation de la ville de Niort*.

D'après cet historien, alors que la mer s'avançait jusqu'au promontoire de Saint-André, le plateau de cette colline était occupé, vers le ive siècle, par une colonie de Téifales originaires de la Scythie, à la solde de l'Empire, qui resta cantonnée dans notre contrée, après la retraite des Romains.

La sécurité qu'offrait ce plateau, entouré d'eau en partie et dominant la vallée d'une hauteur de 30 mètres, attira des habitants. Un marché y fut établi et une église construite, sous le vocable de Saint-André. La population augmentant, la bourgade qui, dans le principe, ne couvrait que le sommet du plateau, s'étendit sur les pentes méridionales et se rapprocha des bords du golfe.

« Les habitants de la presqu'île de Saint-André,(1) durent se livrer d'abord exclusivement à la pêche, et leurs premiers travaux furent de se frayer un chemin facile vers la mer. Ils atteignirent aisément les bords du golfe, en suivant la route indiquée par les rues du Vieux-Marché et de Souché, tant que ce golfe s'étendit jusqu'à la place actuelle de la Brèche et dans la partie orientale nommée aujourd'hui le Paradis ; puis, à la limite sud de la presqu'île, ils trouvèrent un port sûr et d'un accès facile, en longeant les rochers de l'est par la pente douce de la rue Babinot : cette rue était encore,

(1) A. Briquet, *Mémoire sur l'origine de Niort*.

au dix-huitième siècle, la plus large de toutes les rues de la ville. Bientôt la rue Saint-Gelais vint déboucher par les rues Rochette et du Faisan, à l'extrémité de la rue Babinot; plus tard, on ouvrit la rue Saint-François, et alors la rue Saint-Gelais aboutit en ligne droite au carrefour du port. A l'aide de la rue du Faisan et de la rue Saint-François, les habitants de l'intérieur de la ville obtinrent une communication aisée avec ce port primitif dont je fixe l'emplacement sur notre place de la Brèche.

« Les masses d'eau qui avaient anciennement envahi le littoral de la Saintonge et de l'Aunis, et dont une branche se prolongeait sur les deux rives de la Sèvre, jusqu'au pied de la montagne de Saint-André, se retirèrent tout à coup au commencement du sixième siècle et mirent à découvert une étendue immense de terrain. On vit se dessiner le cours de la Sèvre inférieure qui, depuis tant de siècles, était perdu dans les profondeurs de la mer, et le golfe de Niort se transforma en un marais profond et insalubre. Le port fut détruit, et pour gagner les rives du fleuve, les Teïfales furent obligés d'abandonner les routes du sud et de se frayer de nouveaux passages au sud-ouest et à l'ouest. Ils renversèrent alors le rocher qui limitait au sud la rue Crémeau actuelle, creusèrent la rue Basse et arrivèrent ainsi directement à l'endroit où la tradition indique l'emplacement de l'ancien port de Niort. Un autre passage fut ouvert au sud-ouest de l'église Saint-André et a pris de nos jours le nom de rue Saint-André. Cette rue, en tournant au sud-est dans la rue du Pont, vint aboutir à l'extrémité de la rue Basse; mais les habitants du plateau, seuls communiquaient facilement avec le nouveau port; afin de faire participer à cet avantage les habitants des autres quartiers de la ville, on creusa la rue Vieille-Rose, qui joignit la rue Saint-Gelais à la rue Basse et à la rue Crémeau; puis à l'entrée de la rue Rochette, on couda la rue Saint-Gelais, pour arriver sur la place alors déserte de l'hôtel-de-ville; on suivit le bord des rochers de la rue du Soleil et l'on creusa la rue Cloche-Percée, qui déboucha vis-à-vis la rue du Pont; et enfin la rue du Faisan vint faire jonction avec la rue du Soleil. Après ces travaux, les différentes parties de la ville furent liées par des routes qui toutes conduisaient par le chemin le plus court au nouveau port de la ville. Il est à remarquer que l'on ne prit point la peine de niveler les terrains adjacents aux passages que l'on venait d'ouvrir et que la plupart des rues que j'ai nommées sont encaissées entre deux lignes de rochers taillés à pic, qui ont quelquefois jusqu'à 20 mètres d'élévation. »

Pendant que la bourgade de Saint-André, limite du Poitou, acquérait ce développement, une autre bourgade prenait naissance sur la colline sud-ouest, à la limite septentrionale de la Saintonge et de l'Aunis (1), et recevait le nom de Niort. Les habitants, convertis au christianisme, construisirent la chapelle ou l'église de Saint-Vaize. La religion chrétienne avait été introduite en Poitou vers le milieu du troisième siècle. Niort dépendait de l'archidiaconé d'Ardin (*Ardunum*), localité fort importante alors et qui n'est aujourd'hui qu'un chef-lieu de commune.

M. A. Briquet arrive à cette conclusion, c'est que les deux bourgades construites sur les collines de Notre-Dame et de Saint-André, situées l'une en Aunis et l'autre en Poitou, finirent par être entourées d'une ceinture de murailles et par former une seule ville. La bourgade de Saint-André perdit son nom, mais conserva son indépendance ; elle s'administra par elle-même, ne devint la propriété d'aucune abbaye et ne subit même pas l'influence administrative des ducs d'Aquitaine. Ce fut elle, au contraire, qui imposa à Niort ses institutions et ses franchises, régularisées plus tard et confirmées par les rois d'Angleterre et de France.

M. F. Ritter, qui, pendant plusieurs années, a exercé les fonctions de secrétaire, puis de président de la Société de Statistique des Deux-Sèvres, place à Bessac, au pied du coteau de Saint-André, la résidence des premiers habitants du sol niortais, c'est-à-dire d'une tribu celtique. Dans un Mémoire sur les excavations du parvis de l'église Saint-André, lu à la Société de Statistique des Deux-Sèvres en 1874, il arrive, à la suite de savantes et judicieuses observations, à considérer ces excavations comme des silos dans lesquels les Gaulois déposaient leurs approvisionnements à proximité d'un souterrain-refuge qui a dû exister sur le même point et dont les traces ont probablement été découvertes lors de la construction de l'église, mais n'ont pas été reconnues.

(1) Saint-Florent appartenait à la Saintonge, tandis que Bessines et les marais de la Sèvre étaient de l'Aunis.

M. Ritter croit qu'il s'est trouvé là en présence de l'emplacement des demeures souterraines des premiers habitants du sol niortais. Il décrit ainsi l'aspect probable des lieux à cette époque reculée :

« Sur les bords de la Sèvre s'élevait assez brusquement, avec ses escarpements vers la rivière, le coteau de Saint-André, et vis-à-vis, en pente plus douce, le coteau de Notre-Dame ; ces hauteurs se soudaient l'une à l'autre, en contournant la partie supérieure de la place de la Brèche. Entre elles s'étendait un vallon marécageux se relevant peu à peu dans les terrains du Bas-Paradis et communiquant avec la Sèvre par une passe étroite, dont le fond correspondait exactement avec les rues du Minage, des Halles et Brisson. Par ce vallon s'écoulaient les eaux de la source de *Bouillounouse*, analogue à celle du Vivier et des Fontenelles, et qui aujourd'hui encore inonde, à certaines époques, les caves des maisons établies le long de la route de Paris et dans le Bas-Paradis. La Brèche présentait, à cette époque, un marais constamment imprégné d'eau, dont le trop-plein se déversait dans la Sèvre. Il constituait une excellente défense qui, plus tard, fut mise à profit lorsque la ville fut entourée de fortifications. Les coteaux de Saint-André et de Notre-Dame étaient alors couverts d'une forte et épaisse végétation d'arbres et d'arbustes comme celle qui se développe encore sur les escarpements du Jardin public et des propriétés le long de la Sèvre. Et c'est au milieu de cette végétation que les premiers habitants du sol que nous foulons, à l'exposition du midi, dans une roche poreuse, exempte d'humidité, creusèrent les habitations souterraines et les silos qui devaient recevoir leurs approvisionnements et les mettre, pendant l'hiver, à l'abri des atteintes d'un climat plus rigoureux que celui de nos jours et les soustraire, en temps de guerre, aux recherches de l'ennemi.

« Leurs huttes en terre, habitations de l'été, étaient sans doute bâties sur le bord de la Sèvre ; ils étaient ainsi à la portée des bois qui couvraient en majeure partie les prairies de Bessac ; ils y trouvaient la fraîcheur et des ressources pour la pêche et la chasse. Quant au coteau de Saint-André, ils l'avaient probablement disposé, suivant l'habitude des Gaulois, en un fouillis impénétrable d'arbustes entrelacés cachant leurs refuges et auxquels on n'arrivait que par d'étroits et d'abrupts sentiers descendant à la Sèvre, pour s'approvisionner d'eau et se mettre en communication avec leurs habitations d'été.

« Ce rapide aperçu tendant à fixer, à Niort, l'emplacement d'habitations primitives, vient à l'appui de l'opinion qui place à Bessac, au pied du coteau de Saint-André, l'origine de la ville, née du premier établissement permanent en maisons en maçonnerie qui, sans doute, remplacèrent les huttes des antiques habitants de la localité. »

M. Ritter est dans le vrai, car les jardins de Bessac ont été couverts de constructions gallo-romaines. Les travaux de culture ont mis récemment au jour une foule d'objets anciens. Au mois de juillet 1864, M. Alfred Monnet fut prévenu qu'un jardinier du faubourg du Port, rue de Bessac, avait découvert, avec sa bêche, des ruines qui paraissaient mériter de fixer l'attention des antiquaires.

M. A. Monnet alla visiter ce jardin et fit un rapport à la Société de statistique des Deux-Sèvres, où il constata qu'il avait rencontré là des fondations de murailles très larges et solidement cimentées. L'une d'elles formait une enceinte circulaire. Le sol contenait des fragments de tuiles et de briques. Les investigations se sont bornées là; nous le regrettons, car elles auraient pu fournir de précieuses indications sur l'ancienne importance de Bessac. « Qui sait même, dit M. B. Fillon (1), si une bourgade n'existait pas là bien avant que le nom de *Novioritum* lui eut été imposé? Des recherches, conduites avec une patiente intelligence, l'apprendront tôt ou tard. Le sol que vous foulez est un merveilleux dépôt d'archives autrement anciennes que celles confiées à vos soins. Il attend l'œil des clairvoyants, comme dirait mon pauvre vieux maître Lelewel. Sans être un de ceux-là, je me rends parfaitement compte de ce que devait être le vieux Niort celtique, avec ses huttes rondes perchées sur son coteau abrupt du côté du couchant. Plus tard, lorsque l'administration romaine se fut imposée à la Gaule et lui eut fait accepter des idées plus pacifiques, la population descendit de son promontoire pour chercher, aux alentours, des terrains fertiles et se livrer à l'agriculture. C'est alors que fut fondé

---

(1) *Bulletin de la Société de statistique des Deux-Sèvres*, 1864, p. 38, *Lettre à M. Goujet, archiviste des Deux-Sèvres*.

Becciacum, ce Bessac, dont je vous ai signalé, depuis un certain temps, l'importance, justifiée par les récentes découvertes de M. Alfred Monnet. Puis vinrent de nouveau les mauvais jours, et les Noiordais regagnèrent les hauteurs et se construisirent de concert, sans doute, avec quelque petite garnison permanente implantée chez eux, sur la rive droite de la Sèvre et dans un îlot factice, un chatelier, remplacé plus tard par une *sale*, appartenant au fisc royal mérovingien, et dans la seconde moitié du ix⁰ siècle, par une forteresse, bâtie par les comtes de Poitou, qui se constituèrent les héritiers directs du domaine des rois Francs de la race carlovingienne. »

Dans les environs de Bessac doit se trouver un cimetière mérovingien, car en exécutant des fouilles à l'extrémité du faubourg de Fontenay, à Recouvrance, on a découvert des bijoux, des vases, des ustensiles de divers métaux, une précieuse fibule, des pièces à l'effigie de Tibère, un tiers de sou de Dagobert, déposé au Musée de Niort, et un triens sur lequel sont réunis le nom de l'empereur Justin et celui du roi Clotaire. Ce triens, d'un prix inestimable, fait partie, aujourd'hui, du Cabinet national des médailles.

Tous ces faits prouvent que Bessac a été un point très important dans l'antiquité, et que s'il n'a pas été l'origine de notre ville, il a été longtemps habité par une population active et nombreuse.

C'est la bourgade de Niort placée sur la colline sud-ouest qui donna son nom à la nouvelle ville, lorsque les deux villages furent réunies par une enceinte. La véritable étymologie de ce nom a été l'objet de beaucoup de recherches. Comme pour presque tous les noms de ville, les historiens ont fait de nombreuses suppositions. Plusieurs ont prétendu que l'origine du mot Niort serait *Newyork* (ville neuve), ou *Niottum* (ville fertile en vin), ou *Nid d'Or* (ville commerçante). Selon M. H. Briquet, Niort, dès son origine, reçut le nom de *Noverogus* (récent bûcher). M. A. Briquet croit que *Niord* ou *Niordu* dérive d'une divinité scandinave. M. B. Fillon, se basant sur un tiers de sou d'or du septième siècle, portant Noiordo Vico, pense que *Noiordum* est une altération de *Novioritum*, véritable étymologie du nom de Niort. *Noiordum* signifierait nouveau gué, nouveau passage ; son origine remonterait à la seconde période des temps celtiques.

Voyons maintenant sur quelles preuves s'appuient ces différents auteurs pour soutenir leurs opinions concernant l'étymologie du nom de Niort.

Un écrivain a fait dériver le nom de Niort de deux mots dano-anglo-saxons : « NEW qui veut dire nouveau, et YORCK que l'on traduit par travail, ouvrage, et que l'on prononce NEIOR. Ce sont, dit-il, des Normands qui fondèrent le port qui existe maintenant et qui donnèrent à cette partie de la ville le nom de Newyorck, ou ville neuve, dont la corruption des siècles a fait Niort. »

Nous ferons remarquer que Niort existait avant l'invasion des Normands, ce que nous prouverons en discutant l'opinion de M. A. Briquet. Ces pirates n'ont donc pas fondé cette ville et n'ont pu lui donner le nom de ville neuve.

M. Hilaire Briquet, dans l'*Histoire de la ville de Niort*, se prononce pour le nom de *Noverogus* et il fournit les explications suivantes à l'appui de cette opinion.

« Bien que les origines soient presque toutes obscures, et que l'on ne puisse déterminer d'une manière précise l'année de la fondation de Niort, l'époque en paraît antérieure à celle de l'ère chrétienne. L'importance de cette ville dans le Poitou doit lui avoir fait partager les destinées de la capitale de la province. Ainsi, lorsqu'on trouve, dans les Commentaires de César (*lib.* VIII), la ville de Poitiers désignée par le nom de *Limo*, on peut raisonnablement conjecturer que c'est aussi le temps où Niort était connu sous le nom de *Noverogus* (1). En effet, si le premier de ces mots latins, *limo* ou *limonum*, annonce une ville située sur les bord d'une rivière ; le second, *Noverogus*, RÉCENT BUCHER, paraît indiquer l'incendie qui aura dévoré le bois dont étaient couvertes les deux collines, sur lesquelles vinrent depuis s'établir les principaux habitants du NIORTOIS, *pagus niortensis* (2). Ceux-ci donnèrent leur nom à la ville, qui s'appela depuis *Niortum*, NIORT, au lieu de *Noverogus*, RÉCENT BUCHER. Il est à remarquer que les villes des Gaules ne portaient pas les noms de leurs peuples, du temps

(1) *Niortum, olim Noverogus* (Maty, à la suite du *Dictionnaire géographique universel*, traduit de Baudrant).
(2) *Hadriani Valesii Notitia Galliarum* page 450.

de Jules César ; elles avaient leurs noms particuliers. Le contraire n'arriva que vers l'an 400 de notre ère ; ce changement eut même lieu plus tard pour *Noverogus.* »

Nous dirons qu'aucun texte ancien ne cite *Noverogus* comme premier nom de Niort. M. H. Briquet pense que les principaux habitants du *Niortois* donnèrent leur nom à la ville de Niort, mais d'où le *pagus niortensis* tirait-il son nom ? M. H. Briquet ne résout pas du tout la question. Il trouve le nom de *Niortensis* et n'en explique pas l'origine que nous cherchons.

Dans un Mémoire sur la langue celtique, Bullet dit que *Niortum* dérive de niot, boisson, et tom, beaucoup, quantité : *Niottum, Niortum*, endroit où il croît beaucoup de vin, et il appuie son opinion de ce vers latin de Guillaume le Breton :

Londunumque ferax Cereris, Bacchique Niortum.

Et Loudun fertile en blé et Niort fertile en vin.

Nous admettons que Niort ait été fertile en vin, mais cela n'explique pas l'étymologie de Niort, dont *Niortum* n'est que la traduction latine.

D'après d'autres étymologistes, Niort signifierait lieu bas ; de ort, mot allemand qui veut dire lieu, et de nie, bas, en vieux allemand, d'où vient le mot allemand moderne Nieder. Mais la ville de Niort est construite sur deux collines et n'a pu recevoir le nom de lieu bas. Le vallon qui unit les deux collines n'a été desséché qu'à la fin du sixième siècle.

On lit dans un état manuscrit de l'élection de Niort, dressé vers 1730, par ordre du gouvernement : « Les peuples du pays prétendent que le nom de Niort a son étymologie dans ceux de *Nid d'Or ;* il n'est pas, en effet, douteux que cette ville ait eu anciennement un commerce considérable avant que La Rochelle et les autres villes plus voisines de la mer fussent bâties ; mais d'autres soutiennent que ce nom vient de *hord,* qui, en vieux gaulois, signifie sale, *Nid hord,* un vilain endroit, malpropre. On peut concilier l'une et l'autre opinion. La première étymologie a convenu autrefois : il en reste un titre qui ne peut être démenti. La ville de Niort relève du roi au devoir d'un nid d'or, chargé d'une poule et de douze poussins de même métal. La seconde opinion convient parfaitement à l'état présent où est cette ville. »

On ne peut accepter ni l'une ni l'autre de ces étymologies. Niort avait reçu son nom longtemps avant d'être devenue une ville commerçante et avant qu'on eut constaté son état de malpropreté, dû surtout à ses tanneries, à ses fabriques de draps et aux pourceaux qui circulaient dans toutes les rues.

Quant au *Nid d'or*, cette étymologie plaisait aux Niortais, mais n'était pas exacte; leur ville portait le nom de Niort avant qu'il fut question d'offrir au gouverneur du Poitou, lorsqu'il faisait sa première entrée dans la ville, une tour d'argent surmontée d'un arbrisseau, dans lequel se trouvait un *nid d'or*.

M. Apollin Briquet, dans une brochure très érudite, publiée sous le titre d'*Extrait du Premier chapitre d'une histoire inédite de la commune de Niort*, fait remarquer que dans la biographie universelle éditée par Michaud, partie mythologique, se trouve l'histoire d'une divinité nommée *Niordu*, le premier des Vanes scandinaves, dieu de second ordre que les peuples du Nord invoquaient pour apaiser les vents, le feu et la mer. Notre ville aurait donc été fondée par les Normands, qui lui donnèrent le nom d'une de leurs divinités.

« A ceux qui n'accueilleraient pas cette nouvelle étymologie du mot Niort, ajoute M. A. Briquet, je dirais : expliquez donc d'une manière satisfaisante comment il se fait que des cinq localités connues sous le nom de Niort, l'une est située dans le pays qu'habitèrent les Scandinaves, et les autres, dispersées dans le Maine, dans l'Aunis, dans la Saintonge et dans le Languedoc, se trouvent précisément sur la route qu'ont tenue les Normands dans leurs diverses incursions en France. Expliquez pourquoi ces cinq localités de même nom sont placées sur les rives de la mer ou sur les bords des fleuves, dans des contrées dont le langage, les mœurs et les usages étaient différents, tandis que le mot Niort a subsisté partout sans altération. Ce mot appartient donc à la langue d'un peuple qui a fondé les cinq stations dont nous venons de parler. Et puisque nous les rencontrons sur la ligne du périple des Normands, puisque nous savons que ces barbares avaient l'habitude d'établir sur les côtes de la mer et sur les rives des fleuves des points de ralliement, de retraite et de dépôt, à qui devons-nous attribuer l'origine des lieux qui portent le nom de Niort, si ce n'est à ces pirates du Nord ?

« Ils imposèrent sans doute ce nom caractéristique à d'autres localités ; mais nos ancêtres, qui ont fait disparaitre tant de noms anciens, en leur substituant des noms de saints, durent s'empresser de purifier les lieux les plus importants, occupés par la race idolâtre des Normands, en les plaçant sous une invocation sacrée.

« Cette étymologie est claire, naturelle et précise ; elle peut donc être adoptée jusqu'au jour où une autre origine, appuyée de preuves plus concluantes, viendra renverser mon hypothèse et la rejeter au nombre des fables. »

M. A. Briquet demande à ceux qui n'accueilleraient pas cette nouvelle étymologie d'expliquer comment il se fait que les cinq localités qui portent le nom de Niort sont des stations établies sur la route tenue par les Normands dans leurs diverses excursions en France.

Comme nous sommes au nombre de ceux qui n'acceptent point cette étymologie, nous lui répondrons que le village de Niort, situé dans la Mayenne, et que celui de Niort, placé dans l'Aude, au fond des terres, sur la limite de l'Ariége, n'ont jamais reçu la visite des Normands. Ces barbares ont eu, il est vrai, une station en Saintonge, mais c'est à Saintes, dont ils ont respecté le nom. Voilà des localités portant le nom de Niort et qui ne sont placées ni sur les bords de la mer, ni sur les rives des fleuves.

Nous ajouterons que les Normands n'ont commencé à se montrer sur les côtes de la Saintonge et du Poitou qu'en 820 ; c'est alors qu'ils pillèrent les îles de Bouin et de Ré et que, pour la première fois, ils remontèrent la Sèvre. A cette époque, les deux villages construits sur les collines de Saint-André et de Notre-Dame avaient fini par se rencontrer, par être entourés de fossés et par prendre le nom unique de Niort. Le *pagus Niortensis* faisait partie du *pagus Tiruacensis* (Chapelle-Thireuil) quand parurent les Normands ; ces barbares n'eurent pas de station, même temporaire, dans le *Niortensis*. Ils remontèrent la Sèvre plusieurs fois, mais pour piller et se retirer ensuite avec leur butin. « Au IX° siècle, dit M. Ch. Arnauld (*Monument des Deux-Sèvres*, in-8°, page 181), les Normands répandirent de fréquentes alarmes sur les côtes occidentales de la France ; leurs flottes remontaient la Sèvre ; c'est alors qu'on éleva des forts à l'embouchure des rivières, c'est alors que fut élevé le premier château de Niort, dont l'existence vers ces temps est certaine. » Ainsi, le premier château de Niort, qui était en bois, ne fut pas construit par les Normands, mais contre eux, et, dès lors, il est certain qu'ils ne donnèrent point à la ville qu'il protégeait le nom d'une de leurs divinités. Niort n'a donc pas eu pour fondateurs les Normands ; son origine remonte beaucoup plus loin et date, selon M. B. Fillon, de la seconde période des temps celtiques.

Nous préférons nous rallier à l'opinion de M. B. Fillon, qui trouve l'origine du nom de Niort dans le mot *Noiordum*. Voici l'explication qu'il fournit dans une *lettre sur un tiers de sou d'or mérovingien frappé à Niort :*

« Parmi les noms de lieux, il en est auxquels les monétaires mérovingiens ont conservé leur pureté primitive, tandis que d'autres nous arrivent fort altérés déjà au viie siècle. Celui de Niort est au nombre de ces derniers ; car la forme *Noiordum* est bien évidemment une altération de *Novioritum*, et elle a passé, avant d'en arriver là, par celles intermédiaires de *Novioredum* et de *Noioredum*. Quant à la signification de cette désignation géographique, elle ne laisse aucun doute ; elle a été tirée, comme tant d'autres, des conditions dans lesquelles se trouvait le lieu qu'il s'agissait de dénommer. *Noiordum* signifie *nouveau gué, nouveau passage,* étant composé de *nov* et de *rhyd* ou *red*. Or, cette appellation implique l'idée d'un autre gué, situé également sur le cours de la Sèvre, qui aurait servi antérieurement de passage habituel. Il était vraisemblablement au point où le *Chemin vert* traversait cette rivière, avant de subir une inflexion vers Niort.

« Quoi qu'il en soit, l'origine du chef-lieu actuel du département des Deux-Sèvres, pour dater de l'antiquité moyenne (la seconde période des temps celtiques, ainsi que l'indique son nom), n'en remonte pas moins à une époque reculée. »

L'explication fournie par M. B. Fillon nous paraît se rapprocher le plus de la véritable étymologie du mot Niort ; le nom primitif de notre ville a dû être *Noiordum*, nouveau gué, nouveau passage. Ce nom est justifié par la position de cette localité qui, dans l'antiquité comme au moyen-âge, a été un lieu de passage, de transit, pour les relations entre le Limousin, le Haut-Poitou, la Saintonge, d'une part, et de l'autre le Bas-Poitou, les Bretons et les Normands.

CHAPITRE II.

SOMMAIRE. — Les premiers habitants du Poitou. — Origine de la population de Niort. — Les *Pictones* et les *Teyfales*. — La mer se retire et laisse derrière elle le fleuve la Sèvre. — Heureuse position du pays Niortais. — Rapide développement de son commerce avec l'Angleterre et la Flandre. — Découverte de barques gauloises dans la Sèvre. — Le pays Niortais. — La viguerie de Niort. — Recherches sur la véritable position de la viguerie de Basiacense.

Les Romains trouvèrent le Poitou occupé par quatre peuples de race gauloise, les *Pictones*, les *Ambiliates*, les *Anagnutes* et les *Agésinates*.

Les *Ambiliates* habitaient la rive gauche de la Sèvre-Nantaise jusqu'au Thouet, et même jusqu'à la Dive, et confinaient au territoire des Nantais ou *Namnetes*. Bressuire, alors nommé *Berchorium*, appartenait aux *Ambiliates*.

Les *Anagnutes* étaient à l'ouest, à l'embouchure de la Loire, auprès des *Ambiliates*, et suivaient la Sèvre-Nantaise jusqu'à la source de la Vendée, et même approchaient du lieu où devait être construit, plus tard, Fontenay-le-Comte.

Les *Agésinates*, placés entre l'Océan et les *Anagnutes*, s'avançaient jusqu'à la Sèvre-Niortaise et touchaient aux Poitevins, avec lesquels ils ne semblaient faire qu'un seul peuple.

Les Poitevins, *Pictones*, couvraient le vaste territoire qui allait de la Sèvre-Niortaise aux limites de la province, à l'est.

La fusion de ces petits peuples s'opéra lors de l'introduction du christianisme dans l'ouest de la Gaule, et l'évêché de Poitiers s'étendit d'abord sur tout le territoire qu'ils occupaient. Les *Ambiliates*, les *Anagnutes* et les *Agésinates* perdirent leurs noms pour prendre celui de Poitevins, dont ils étaient les alliés (1).

---

(1) De la Fontenelle de Vaudoré : *Recherches sur les peuples qui habitaient le nord de l'ancien Poitou*.

Les premiers habitants de Niort sont des *Pictones* et des *Teyfales*. Les *Pictones* occupaient la colline de Notre-Dame et les *Teyfales* étaient cantonnés sur le promontoire du Rocher-en-Poitou, aujourd'hui quartier de Saint-André.

Lors de l'invasion des barbares, en 406, notre contrée eut peu à souffrir des calamités de la guerre. Ce fut pour le Poitou, au contraire, un élément de prospérité. Les Romains, qui occupaient l'ouest de la Gaule, se retirèrent si précipitamment, qu'ils n'eurent pas le temps d'entraîner avec eux les garnisons composées de soldats étrangers à la solde de l'Empire. Ces colonies restèrent, pour la plupart, dans les localités où elles étaient postées. Les *Teyfales* et plusieurs autres petits peuples cantonnés dans le Bas-Poitou s'y fixèrent définitivement. Ils renoncèrent à la vie militaire pour se livrer à la pêche, à l'agriculture et au commerce. Ce fait historique nous explique la grande diversité des races qui forment la population du Poitou et dont les caractères distinctifs si tranchés se sont conservés en partie jusqu'à nos jours.

Au commencement du vi^e siècle, une révolution physique s'opéra subitement. La mer se retira des marais du Bas-Poitou pendant une nuit et laissa à découvert le terrain qui s'étend de Niort à Maillezais. Le golfe avait disparu, mais restait un fleuve qui ouvrait aux habitants du *pagus Niortensis* de faciles communications avec la mer. Le pays Niortais put donc établir des rapports commerciaux avec Nantes, Bordeaux, l'Espagne, la Grande-Bretagne, et plus tard avec le nord de la France et la Flandre. Cette position maritime était des plus favorables pour un commerce d'exportation qui, pendant plusieurs siècles, fit la fortune des Niortais.

Au nord-ouest, le pays de Niort touchait aux vastes plaines qui s'étendent jusqu'à Poitiers ; au sud, aux vignobles de la Saintonge et de l'Aunis ; à l'ouest, il était borné par d'immenses marais, et enfin au nord il avait pour limites les forêts de la Gâtine. La population s'accrut rapidement et fit un important commerce maritime. Les principaux produits qu'elle exportait consistaient en laines, en vins de la Saintonge et même des environs de la ville, en céréales et en sel.

Des travaux de canalisation, exécutés en 1869 dans la Sèvre-Niortaise, en amont de Coulon, ont amené la découverte de deux barques, d'armes et d'ustensiles qui doivent appartenir à l'époque où la mer a laissé à découvert le lit de la Sèvre. A environ 1 kilomètre de Coulon, dans le lit même de la rivière qui venait d'être mis à sec, on a trouvé dans la vase une barque dont l'origine est celtique et qui a été détruite par les curieux accourus la visiter. Une seconde barque a été rencontrée à 500 mètres environ de la première, dans un des talus de la Sèvre. Des précautions ont été prises pour sa conservation, et elle est arrivée presque intacte au Musée de Niort, où elle est déposée. Cette barque, creusée dans un tronc de chêne, a 5 mètres 40 de long sur une largeur moyenne d'environ 50 centimètres. C'est le plus ancien spécimen de construction nautique que nous aient laissé les premiers habitants des marais de la Sèvre.

Le territoire Niortais était compris dans l'Aquitaine, vaste région qui s'étendait des Pyrénées à la Loire. Charlemagne créa le royaume d'Aquitaine, en 778, pour son fils qui, dans la suite, régna sous le nom de Louis-le-Débonnaire. Un duc fut établi à Toulouse, pour gouverner l'Aquitaine, et chaque cité, avec son territoire, fut placée sous la domination d'un comte, subordonné au duc, mais seulement pour le service militaire.

Il paraît certain qu'il y avait des comtes de Poitou avant 778. Charlemagne les trouva établis et les maintint. Ces comtes exerçaient les pouvoirs judiciaires, administratifs et financiers.

Chaque comte avait des officiers chargés de le représenter dans les différents *pagi* ou cantons de son comté. Le *pagus* était divisé en plusieurs circonscriptions appelées vigueries (*vicaria*) et administrées par un viguier (*viguerius, vicarius*), c'est-à-dire vicaire ou délégué du comte. Au-dessous du viguier était placé le centenier.

Les viguiers ont été établis à la fin du viiie siècle, ou plutôt au commencement du ixe. La division ecclésiastique du Poitou a précédé la division par vigueries.

Le *pagus* est tantôt la cité, tantôt la portion de la cité.

Originairement, il n'y a eu que quatre *pagi* dans le comté de Poitou :

1° Le pays de Poitou, *pagus Pictaviensis*.
2° Le pays de Brioux, *pagus Briocense ou Briocensis*.
3° Le pays de Thouars, *pagus Thoarcensis*.
4° Le pays d'Herbauges, *pagus Herbadilicus*.

On forma ensuite le pays de Châtellerault, de Loudun, de Mairvent, de Chapelle-Thireuil. Postérieurement, on constate l'existence de plusieurs autres *pagi*. Le *pagus Niortensis*, enlevé du *pagus Tiriacensis*, pays de Chapelle-Thireuil, fut créé vers la fin du x° siècle ou au commencement du xi°. On trouve un titre de 966 ou 967, mentionnant le *territoire de Niort*, mais ce n'est qu'un peu plus tard (1074) qu'il est question du *pagus* et de la viguerie de Niort.

Le *pagus Niortensis* s'étendait vers l'Aunis d'une part et de l'autre dans le Bas-Poitou. Il était divisé en trois vigueries : 1° de Niort ; 2° d'Aiffres ; 3° de Fontenay-le-Comte.

La viguerie de Niort (*Vicaria Niortensis*) avait pour chef-lieu le château de Niort, mentionné dans plusieurs actes : *Castellum Niortense, in ipso pago, in ipsa vicaria* (971-989, Ab. Saint-Jean-d'Ang.) Elle fut toujours en la possession des comtes de Poitou. Le château, ou plutôt le *castrum* ou *castellum*, comme le fait remarquer l'historien de La Fontenelle de Vaudoré, dans les *Vigueries du Poitou*, comprenait une étendue de terrain enceinte de murailles ou de fossés. Il avait son champ clos, réservé pour les duels : *Locus nomine campus-clausus, in castro Niortense* (991. Ab. Noail.) Ce *castrum* renfermait une *Villa Colongias*. « *Villa Colongias, in castrum Niortense* » (991, Ab. Noail.) Il ne s'agit point ici de l'enceinte même du château de Niort, mais du voisinage du château. Ce *in castrum* doit être pris dans le sens de territoire du *pagus*.

Plusieurs historiens ont placé la viguerie de *Basiacinse* dans la *villa* de Niort. M. de la Fontenelle a cru la découvrir à Boisse, près de Mauzé. Il ne faut pas chercher cette viguerie ailleurs qu'à *Bassée*, village de la commune de Frontenay.

Bassée, Bassiacus, d'où dérive *Bassiacensis*, est un village situé non loin de Frontenay, près duquel est le moulin de *Bassiau*.

Les autres localités de cette viguerie sont :

Belmont, position inconnue.

Sanctus Caprasius, Bessines.

Colongia, Coulon-sur-Sèvre.

Une charte, datée du 26 juin 978, porte que Gunden donne à l'abbaye de Saint-Maixent « *aliquid de terra Sancti Salvatoris, quod est in pago Aunisio, in vicaria Basiachinse, in villa Niortensi.* » (Dom Fonteneau, t. XV, p. 177). En note, Dom Fonteneau ajoute : « Il me paraît y avoir dans cette position de grandes difficultés. Je ne sçaurois me persuader que Niort ait jamais été de l'Aunis, » et il se demande si la viguerie de *Basiacense* n'aurait pas été partie en Aunis, partie en Poitou.

Il ne s'agit point ici de la *villa* de Niort, mais d'une partie de la terre de Coulon dont l'église était placée sous l'invocation de Saint-Sauveur. La *villa Niortensis* n'est citée que pour préciser exactement la position de la terre de Saint-Sauveur située en Aunis, dans la viguerie de Basséc, près de Niort. Ainsi que le fait remarquer M. L. Faye, dans ses recherches géographiques sur les vigueries du pays d'Aunis, si Niort se trouve cité accessoirement dans un titre isolé, est-il possible d'en tirer la conséquence que cette ville dépendait jadis de l'Aunis? Le contraire résulte de toutes les chartes concernant la viguerie de *Basiacense*, même celles dressées à Niort et qui établissent que cette viguerie est située dans le pays d'Aunis.

Continuons l'examen des autres localités situées dans la viguerie de Niort :

Florentius (Sanctus), Saint-Florent, près de Niort.
Fons, Pied-de-Font, à deux kilomètres de Niort.
Frontaniacus, Frontenay.
Guarviacus super flumen Equirande, sans doute Crepé.
Iziacus, localité inconnue.
Leepniacus, la Leigne, près Mauzé.
Malum pertusum, paroisse de Coulon.
Niron, Néron, dans la commune de Sansais.
Petra, Pierre levée, commune de Bessines.
Posciolis, Le Plessis, près de Saint-Symphorien.
Sensciacus, Sansay.
Sanctus Symphorianus, Saint-Symphorien.
Ulmus, Lormeau, dans la commune de Magné.
Verduniacus, Verdonnier, aussi commune de Magné.
Mauzé.
Fornax Calidus.

C'est cette localité qui a fait supposer à plusieurs historiens que la viguerie de *Basiacensis* n'était autre que Bessac.

Fornax Calidus est mentionné dans les chartes suivantes (1) :

En 936, Sénégonde donne à l'abbaye de Saint-Cyprien un héritage situé « *in pago Alienense, in vicaria Basiacense, in villa quæ vocatur* FORNAX CALIDUS. »

---

(1) Cartulaire de l'abbaye de Saint-Cyprien de Poitiers, publié par M. Redet, dans les *Archives historiques* du Poitou, t. III.

En 973, Anastasie donne à l'abbaye de Saint-Cyprien une vigne « ad FORNAX CALIDOS *prope Niorto*. »

En 974, Rainard donne à l'abbaye de Saint-Maixent une vigne « *in pago Aunisio, in vicaria Basiacense, in loco que Vocatur* FORCALDIS. »

Vers 990, Isembert fait don à l'abbaye de Saint-Cyprien d'une vigne située « *in pago Niortensi in villa quæ dicitur Petra* » (aujourd'hui Pierre-Levée, commune de Bessines); et dans le même titre, on lit : « *Item in villa* FORNIX CALIDA, *medium juctum de Vinea.* »

Vers 1000, Adalburge et son fils donnent une vigne à la même abbaye « *in pago Pictavo, in vicaria Bachiacinse, in locum qui vocatur* FORNAX CALIDUS. »

Ce *Fornax calidus* serait-il l'ancien four des comtes de Poitou, situé dans le quartier de Niort qui porte aujourd'hui le nom de Vieux Fourneau ? Les chartes que nous venons de citer prouvent le contraire.

Sénégonde, en 936, donne à l'abbaye de Saint-Cyprien des biens situés *in vicaria Basiacinse*. Voilà notre point de départ. Ces biens sont dans une villa appelée *Fornax calidus*, c'est vrai ; mais Sénégonde donne en outre, à cette abbaye, des biens dans le même pays d'Aunis et dans la même viguerie, *in loco qui dicitur Fontis ;* puis des terres placées à Frontenay, à Verdonnier, à Sansais, à Néron, à Lormeau. Il est évident qu'il ne s'agit pas ici de Bessac, mais d'une viguerie d'où dépendaient Frontenay, Sansais, etc. Le *Fontis* qui figure dans cette charte est Pied-de-Font, à deux kilomètres de Niort (1), sur la route de la Rochelle, et non la Fontaine du Vivier.

Dans une donation faite par Siénilde, en 990, nous trouvons la *villa de Petra* dans la viguerie de Bassée : « *Item in vicaria Bassiaco, sub villa quæ vocatur Petra.* » Or, cette *villa de Petra* n'est autre que *Pierre levée*, dans la commune de Bessines, très éloignée de Bessac.

(1) Dans une charte de 946, Alboin, évêque de Poitiers, et l'abbé de Charroux, concèdent aux moines de Saint-Cyprien, de Poitiers, à cause des dévastations des Normands, deux quartes (grande mesure de superficie) et quatre arpents de pré, à Pied-de-Font, à une demi-lieue de Niort : « *In villa quæ dicitur ad Fontem, media leuga a castro Niorto distante*, etc. » (*Archives historiques du Poitou*, t. III, p. 326.)

Si, dans trois chartes, *Fornax calidus* est placé dans la viguerie de Bassée, nulle part il n'est indiqué dans la viguerie de Niort. La charte de 973 dit seulement que cette *villa* était près de Niort. Mais où ? Sans doute près de Frontenay, car dans la charte de Sénégonde, de 936, en suivant l'ordre des localités où se trouvent les biens donnés à l'abbaye de Saint-Cyprien, nous lisons qu'ils sont situés dans la viguerie de *Basiacense*, en Aunis. Ce sont : *Fornax calidus* (four à chaux), puis *Fontis* (Pied-de-Font), *Frontaniacus* (Frontenay), *Verduniacus* (Verdonnier, commune de Magné), *Senstiaco* (Sansais), *Niron* (Néron, même commune), *Ulmus* (Lormeau, commune de Magné), et *Leepniacus* (La Leigne, près de Mauzé). Ces biens sont tous placés dans les environs de Frontenay, de Mauzé ou de Coulon, sur la rive droite de la Sèvre, et non sur la rive gauche, où se trouve Bessac.

La villa de *Petra*, dans la commune de Bessines, dépendait de la viguerie de *Bassiaco* ; c'est encore une preuve qu'il ne s'agit pas de Bessac.

De tous ces faits établis dans ces chartes, nous croyons pouvoir conclure que la viguerie de *Basiacensis* n'était pas Bessac, aujourd'hui faubourg de Niort, mais Bassée, village de la commune de Frontenay. Cette viguerie, désignée sous les noms de *Bassiacus, Bassiacensis, Basiacensis, Basiachinsis* et *Bachiacensis*, était en Aunis et s'étendait jusqu'aux portes du château de Niort. Elle était bornée au nord par la Sèvre, à l'ouest et au midi par le Mignon, à l'ouest par la viguerie d'Aiffres *(vicaria Africa)* et le pays de Brioux *(pagus Briocensis)*. Au-delà de ces limites, mais sur ces limites mêmes, elle comprenait deux localités, Coulon-sur-la-Sèvre et La Leigne, près Mauzé.

Nous avons discuté longuement la véritable situation de cette viguerie ; c'est une question qui a soulevé de nombreuses discussions et qui a une certaine importance géographique. Il s'agit de décider si le château de Niort était en Aunis ou en Poitou, et si le faubourg de Bessac était une viguerie de l'Aunis. Nous espérons avoir fixé nos lecteurs sur ces deux points par des documents historiques qui nous paraissent ne laisser aucun doute dans l'esprit.

CHAPITRE III.

Les Normands remontent la Sèvre. — Construction du premier château de Niort. — Il est incendié par les Normands. — Aliénor, duchesse d'Aquitaine, répudiée par Louis VII, épouse le comte d'Anjou, qui devient roi d'Angleterre. — Le Poitou passe sous la domination des rois d'Angleterre. — Reconstruction du château de Niort. — Charte de franche-commune accordée à la ville de Niort. — Niort pris par le vicomte de Thouars et repris par Savary de Mauléon. — Atelier monétaire à Niort.

Le commerce niortais, qui, jusqu'au IXe siècle, avait joui d'une complète sécurité, fut tout-à-coup menacé par un ennemi redoutable. Les Normands, après avoir ravagé les côtes de l'ouest, finirent par découvrir l'embouchure de la Sèvre, et leurs barques parurent de 830 à 848 devant la cité niortaise, puis elles remontèrent le fleuve pour piller les abbayes situées sur ses bords. Il fallut traiter avec ces pirates, payer des rançons. Afin de prévenir leur retour, on éleva des forts sur les bords de la Sèvre.

Du texte de quelques chartes, il paraît résulter que la construction du premier château de Niort remonte à l'an 940. Il était tout en bois. L'église de Saint-Vaize, fondée dans le Ve siècle, fut enclavée dans l'enceinte du château, élevé principalement pour servir de refuge aux moines du prieuré de Niort. Les habitants des deux bourgades devaient aussi y trouver un asile en cas de péril.

Une partie du château fut incendiée en 1104. La chronique de Maillezais, qui enregistre ce sinistre, n'en fait pas connaître la cause. Il est probable que ce fut pendant un assaut livré par les Normands. Notre contrée ne fut délivrée de ces pirates que vers le commencement du XIIe siècle. Ce fut très heureux pour Niort, qui, sous l'administration paisible et protectrice des comtes de Poitou, devint l'entrepôt des denrées et des marchandises de la province.

Nous avons vu que les comtes de Poitou établis par Charlemagne relevaient des ducs d'Aquitaine, mais, dans la suite, ils se rendirent indépendants.

Le comte de Poitou Guillaume III, après avoir été un grand batailleur, prit l'habit de moine dans l'abbaye de Saint-Maixent, où il mourut en 989. Il assigna en dot, par testament, à sa femme Emma, plusieurs seigneuries, et au territoire de Niort, la paroisse de Saint-Clément avec ses dépendances, la paroisse de Coulon, sur la rivière de la Sèvre, et le village d'Oulmes.

Guillaume IX, dernier comte de Poitou, eut pour fille et héritière la célèbre Aliénor, qui épousa Louis-le-Jeune et lui apporta en dot le magnifique duché d'Aquitaine, véritable royaume, qui contenait les provinces les plus riches de France.

Aliénor aimait les fêtes, le plaisir et la galanterie. Dans une croisade en Terre-Sainte, séduite par la bravoure et par la magnificence de Saladin, elle eut la légèreté de nouer une intrigue avec ce sultan. Il y avait là oubli de ses devoirs et une indigne faiblesse envers un ennemi qu'on devait combattre et non aimer. Louis VII, de retour en France, répudia, le 18 mars 1152, la reine. C'était un acte impolitique. On pouvait comprendre une séparation pour donner satisfaction au mari outragé, mais non un divorce dont le résultat était de perdre et de faire, peut-être, passer en des mains ennemies le duché d'Aquitaine. C'est ce qui arriva.

Aliénor était une trop riche héritière pour ne pas trouver un autre époux moins délicat que Louis VII. Dès le 18 mai de la même année, elle épousa Henri Plantagenet, comte d'Anjou, qui, deux ans plus tard, en 1154, devait succéder à Etienne, roi d'Angleterre. Elle lui porta en dot le Poitou et la Guyenne.

Par ce mariage, un simple seigneur féodal devint, en quelques années et à force d'audace et de duplicité, possesseur du trône d'Angleterre et de plusieurs provinces de France.

Le Poitou passa sous la domination des rois d'Angleterre. Ce changement de nationalité ne souleva point de vives répugnances dans ce comté, parce que la population suivait les destinées d'Aliénor, très aimée des Poitevins, qui l'appelaient leur bonne duchesse. Ils ne prévoyaient pas les guerres séculaires qui devaient sortir de cet événement et couvrir, pendant plusieurs siècles, leur contrée de sang et de ruines.

Aliénor, qui se savait aimée des Niortais, voulut que leur affection se portât aussi sur son mari. Elle obtint de lui qu'il

DONJON DE NIORT.

d'après une Photographie.

relevât de ses ruines le château de Niort, détruit par un incendie, et qui, depuis 1104, avait été abandonné. On le reconstruisit en pierre et avec une solidité qui lui a permis de braver les siècles et d'arriver jusqu'à notre époque dans un remarquable état de conservation.

Le nouveau château fut placé plus près de la rivière que n'était l'ancien. Henri II ne fit élever que le donjon du midi ; celui du nord fut construit par son fils Richard, qui relia les deux tours avec un chemin de ronde, remplacé plus tard par les constructions qui existent encore aujourd'hui. Le donjon de Henri II est un parallélogramme, accompagné à ses angles de tours demi-sphériques, et sur chacune de ses faces d'une autre tour moins grosse et quelquefois moins élevée. La porte d'entrée était au premier étage, et on y parvenait par un escalier mobile que les soldats du château pouvaient retirer en cas d'envahissement de l'enceinte. Cette enceinte était très vaste. A l'est, elle suivait les rues qui portent de nos jours les noms de Thiers, du Collége et de Pelet ; au nord-ouest, elle était baignée par la Sèvre ; au nord-est, elle s'étendait le long de la rue Brisson. Ce mur d'enceinte était garni de plusieurs tours. La porte de l'enceinte, défendue par deux grosses tours, était placée à côté de la nouvelle halle au blé. Le moulin du château, démoli il y a peu d'années, était compris dans cette enceinte. Un fort s'élevait à une centaine de mètres sur un îlot de la Sèvre ; c'était le fort Foucaud. Un pont de bois, de quarante pieds de longueur, permettait de communiquer avec le fort. Au nord-ouest du Fort-Foucaud, existait un autre pont près du moulin du *Roc*, défendu par deux grosses tours ; c'était par ce pont que la garnison faisait des sorties ou recevait des renforts.

Ce château, dont nous voyons encore aujourd'hui les tours féodales se dresser fièrement sur les bords de la Sèvre, devint la demeure favorite d'Aliénor, lorsque des dissentiments avec son mari l'obligèrent à se retirer en Poitou.

A la mort de son fils Richard, elle se ressaisit de l'Aquitaine et du Poitou. Puis, quelque temps après, elle s'associa dans ce duché son fils Jean-sans-Terre. Cette association ne paraît pas l'avoir liée complétement, car des actes datés de 1199 portent sa signature seule et d'autres de la même année sont signés par elle et par son fils Jean-sans-Terre. C'est ainsi que deux chartes en faveur de la ville de

Poitiers et la charte de franche-commune de La Rochelle, datées de Niort, contiennent la seule signature d'Aliénor. Le titre de concession de la franche-commune accordée à la ville de Niort n'est signé que par la reine ; il est daté de Fontevrault, l'année même de la mort d'Aliénor, en 1203. Voici le texte de cette charte, qui confirmait ou concédait les précieuses franchises municipales qui ont contribué à la prospérité de la cité niortaise :

TITRE DE CONCESSION DE LA REINE ALIENOR, DUCHESSE D'AQUITAINE, RÉPUDIÉE PAR LOUIS LE JEUNE, ROY DE FRANCE, ET DEPUIS MARIÉE AU ROY D'ANGLETERRE.

Alienor, Dei gratiâ, Regina Angliæ, Duchissa Normaniæ et Aquitaniæ, Comitiza Andegaviæ, Universis ad quos præsens scriptura pervenerit salutem in salutis auctore ; noverit Universitas vestra, quod Nos concessimus, quod Durgenses nostri de Niorto faciant et habeant Communiam in Villâ suâ de Niorto, cum omnibus libertatibus et liberis consuetudinibus suis ad Communiam suam pertinentibus, salvo jure Ecclesiæ Dei et nostro : et ut hæc nostra concessio robur habeat irrevocabile, Sigilli nostri applicatione communivimus. His testibus Radulpho de Faya, Ranulpho Jocellino Capellanis nostris, Capicerio de Calviniaco, Magistro Richardo Clerico nostro, et Galfrido Clerico nostro de Camera, et multis aliis. Actum Anno ab Incarnatione Domini millesimo ducentesimo tertio, Regnantibus Philippo Rege Francorum, et Joanne Rege Angliæ. (T. N. — A. T.)

L'historien H. Briquet remarque avec raison que cette charte se borne à réserver à la ville de Niort ses libertés et ses usages. Niort, ajoute cet historien, avait donc, avant 1203, son régime particulier. Cette charte de commune aura été précédée d'une autre de simple affranchissement, *charte de bourgeoisie*, en vertu de laquelle les habitants jouissaient de certaines libertés, mais étaient gouvernés par un prévôt, comme du temps des Romains. La charte *de commune* conférait aux habitants le droit de se gouverner par des magistrats de leur choix, et à ces magistrats, le droit de juridiction civile et criminelle.

L'acte d'Aliénor n'en fut pas moins accueilli avec une profonde reconnaissance par les Niortais, qui, pour consacrer ce souvenir, payaient une rente municipale en faveur de la cure de Saint-André. Un historien rapporte que le portrait de cette reine est resté placé dans une salle de l'Hôtel-de-Ville jusqu'en 1789.

Lors de la confiscation des terres mouvantes de la couronne de France, appartenant à Jean-sans-Terre, en 1204, Philippe-Auguste prit possession de la plus grande partie du Poitou.

Quatre seigneurs jouent, à cette époque, un rôle important dans le Poitou : d'abord. Savary de Mauléon, puis Guillaume l'Archevêque, seigneur de Parthenay, le vicomte de Thouars et enfin Hugues de Lusignan.

Savary de Mauléon était dévoué au roi d'Angleterre, mais il avait un rival redoutable dans Aimery, vicomte de Thouars, nommé sénéchal du Poitou et de l'Aquitaine par Philippe-Auguste, du 1er novembre 1203 au 24 avril 1204. Niort tenait alors pour le roi d'Angleterre ; elle fut prise en 1204 par Aimery de Thouars. qui la rançonna et la fit passer sous la domination du roi de France, où elle resta peu de temps, car le 1er mai 1205 elle fut réoccupée par Savary de Mauléon, au nom du roi d'Angleterre.

Suivant Mathieu Pâris, cette ville n'aurait pas été prise en 1205, mais elle se serait soumise aux Anglais, avec le Poitou tout entier, lors du débarquement de Jean-sans-Terre à la Rochelle, en 1206. Niort était alors la ville centrale des possessions qui restaient au roi d'Angleterre dans l'Ouest et il tenait beaucoup à se maintenir sur ce point, qui lui laissait l'espoir de recouvrer le Poitou et la Saintonge.

L'existence à Niort d'un atelier monétaire est prouvée par des lettres patentes que Jean-sans-Terre adressa, le 8 décembre 1215, aux maires et bourgeois de Niort :

« Sachez, y dit ce prince, que nous voulons et avons
« octroyé que notre féal Aimery, monnoyeur, fasse dans
« votre ville notre monnoie poitevine, comme étant celui à
« qui il appartient de la faire par droit successif ; et il est
« véritablement notre homme lige, et nous ne voulons pas
« qu'un autre puisse la faire. A ces fins nous vous mandons
« que vous ayez soin qu'il en soit ainsi. »

Antérieurement, le 21 juin 1214, des lettres patentes du même roi désignent un autre monnayeur de Niort, nommé Jean :

« Sachez, disait ce roi, que nous avons pris sous notre
« sauve-garde celui ou ceux que les chevaliers bretons qui
« sont dans nos prisons à Niort, envoyent pour leurs dépen-

« ses, qui sont également porteurs de lettres de protection
« pour eux, ainsi que de lettres de Jean, monnoyeur de
« notre bourg de Niort, dans lesquelles leurs noms sont
« contenus et spécifiés. Et à ces fins, nous vous mandons
« de leur faire avoir libre-passage tant pour aller que pour
« revenir. »

On n'a pu retrouver aucune monnaie poitevine portant le nom de Jean-sans-Terre, fabriquée à Niort. Il est probable qu'il fit frapper des deniers aux anciennes légendes CARLVS REX-METALO ; ces monnaies étaient plus faibles en poids et en loi que celles au nom de Richard, et c'était un avantage très apprécié par Jean-sans-Terre.

Un denier de Savary de Mauléon a été découvert à Niort et signalé à la Société de statistique des Deux-Sèvres par M. Avril de la Vergnée. Cette pièce porte d'un côté une croix grecque avec la légende SAVARICVS, de l'autre le mot $\frac{MET}{ALO}$ en deux lignes dans le champ. Ce denier a dû être frappé à Niort.

L'établissement d'un atelier monétaire à Niort est bien antérieur à Jean-sans-Terre. Guillaume-le-Grand avait permis à cette ville d'en établir un lorsque ce comte aliéna Melle, où la monnaie poitevine avait été frappée si longtemps sous les rois Carlovingiens et sous nos premiers comtes héréditaires. L'établissement de la monnaie de Niort a été la conséquence de la cession de la ville de Melle à Guillaume Taillefer II, comte d'Angoulême.

Dans une charte de 1019, Guillaume-le-Grand donne les revenus de la monnaie de Niort à saint Odilon, abbé de Cluny.

Le duc Guillaume Aigret ratifie, de 1049 à 1058, cette donation, à la condition que les monnaies fabriquées à Niort seraient toujours au même type, au même poids et au même titre que les monnaies frappées à Poitiers, et que toutes les fois que l'on émettrait des oboles dans cette dernière ville, on en ferait aussi à Niort.

En 1076, Guillaume-Gui-Geoffroi accorde tous les profits de la monnaie de Niort à l'abbaye de Cluny. C'était la confirmation de la donation de 1019.

En 1078, la comtesse Agnès et Guillaume VI donnèrent à l'abbaye de Saint-Nicolas de Poitiers et à l'abbaye de Cluny des droits sur les monnaies fabriquées à Poitiers et à Niort.

M. Lecointre-Dupont pense qu'on ne frappa à Niort que

des monnaies d'or, et que cette fabrication cessa aussitôt que Charles VII eut recouvré son royaume sur les Anglais.

Voici un aperçu de la valeur de l'argent à cette époque :

Un mouton, en 1205, valait 8 deniers, qui font en notre monnaie 73 centimes 68 %. L'argent, en 1205, avait en Poitou une puissance 30 fois plus forte qu'à présent.

FAITS ET DOCUMENTS DIVERS.

10 février 1127. — Mort de Guillaume IX, duc d'Aquitaine, *bon troubadour, bon chevalier, grand trompeur de dames*, dont la vie aventureuse offre un singulier mélange de succès et de revers en France, en Espagne, en Palestine.

Cependant une charte de l'abbaye de Sainte-Croix de Talmont exalte ses grandes qualités, dit qu'il mérite le titre de Grand autant que Philippe, Alexandre, Pompée, ou qui que ce soit sur la terre, et que si sa mort pouvait être rachetée par celle d'autrui, le monde devrait, du consentement de tous les gens de bien, donner le dixième de ses habitants.

« On conserve encore à Niort la tradition d'un trait de libertinage unique peut-être dans son genre. Guillaume IX y avait fait bâtir, pour son usage, une maison de débauche, en forme de couvent, divisée en cellules, gouvernée par une abbesse ou prieure, et où toutes les sortes de prostitutions étaient soumises, comme le sont les exercices monastiques, à des pratiques régulières. » (*Histoire littéraire de la France*, t. XIII, p. 43.)

Une charte du 15 mars 1166 contient le don fait à l'abbaye de Charroux par Jean III dit de Belles-Mains, évêque de Poitiers, de la Chapelle de Saint-Pierre-de-Crussich, avec toutes ses dépendances, à condition qu'elle appartiendrait désormais au prieuré de Niort, et qu'elle serait desservie par un religieux de ce prieuré qui y ferait sa résidence.

En 1203, Niort reçoit la visite de Robert d'Arbrissel. Ses prédications obtiennent un grand succès et il recueille des aumônes pour la construction de l'abbaye de Fontevrault.

CHAPITRE IV.

Les seigneurs de Parthenay et de Lusignan rançonnent les Niortais. — Les maires de Niort invoquent, en vain, la protection des rois d'Angleterre. — Puissance de Hugues de Lusignan. — Le roi d'Angleterre envoie un sénéchal en Poitou. — Alarmes des Niortais. — Lettres des maire et bourgeois de Niort à Henri III. — Ils l'informent que le comte de la Marche a établi un blocus autour de leur ville. — Intervention de l'évêque de Saintes. — Excommunication du comte de la Marche et de sa femme. — Association des villes de Niort, La Rochelle et Saint-Jean-d'Angély pour résister aux seigneurs qui les rançonnaient.

Niort se trouvait de nouveau placé sous la domination du roi d'Angleterre, mais ce roi était trop loin et trop menacé par ses barons anglais pour protéger et défendre les Niortais. Plusieurs seigneurs poitevins s'étaient rangés sous la bannière du roi de France. Ils prenaient prétexte de leur haine contre l'étranger pour piller les villes et rançonner les gens qui, de gré ou de force, avaient fait leur soumission aux Anglais. Niort était une riche proie qui excitait les convoitises de ses puissants voisins. Guillaume l'Archevêque, de Parthenay, et Hugues de Lusignan se faisaient surtout remarquer par leur acharnement à pourchasser les Niortais, afin de leur imposer d'énormes contributions de guerre.

Les persécutions prirent de si intolérables proportions, qu'au mois de février 1220 le maire de la commune de Niort s'adressa au roi d'Angleterre Henri III, alors possesseur du Poitou, en le suppliant d'envoyer, dans cette province, un gouverneur qui eût la force de protéger ses sujets. « Sachez,
« dit le maire de Niort dans sa lettre à Henri III, que depuis
« la venue en Poitou de Guillaume-de-Bataille et de Robert
« de Bartleville, vos messagers, il s'est passé à peine un jour
« sans que le seigneur de Parthenay ou ses gens aient fait
« leurs incursions autour de votre château de Niort et ne
« vous aient ravi des hommes. C'est pourquoi nous vous
« prions, comme notre très cher seigneur, que vous daigniez

« sous peu nous apporter votre secours, car de ce secours et
« de vos conseils nous avons un besoin extrême. » (*Niort et
La Rochelle de 1220 à 1224*, par A. Bardonnet.)

Les troubles intérieurs de son royaume empêchaient le roi d'Angleterre de donner satisfaction aux réclamations des Niortais. Il lui fut impossible de leur envoyer un gouverneur avec des forces capables de réprimer les brigandages du seigneur de Parthenay. Aussi, dès le mois de mars de la même année, le maire de Niort fit-il parvenir une nouvelle lettre à Hubert de Burgh, justicier du roi d'Angleterre. Il peignait sous les traits les plus sombres la situation lamentable des habitants de la ville et des laboureurs des fermes voisines. On ne pouvait sortir hors des remparts ou travailler dans les champs sans être exposé aux cruautés inouïes de Guillaume l'Archevêque, seigneur de Parthenay. Voici cette lettre :

LE MAIRE ET LA COMMUNE DE NIORT A HUBERT DE BURGH, JUSTICIER.

Royal letters n° 1031.   *Vers mars 1220 ?*

« A vénérable et discrète personne, Monseigneur Hubert de Burgh, le maire et la commune de Niort, salut et respect.

« La cruauté inouïe de Guillaume l'Archevêque, seigneur de Parthenay, nous force à vous porter nos plaintes. Chaque jour et incessamment, avec le consentement de personnes que nous ne voulons pas vous nommer présentement, il met à rançon les bourgeois du roi, vole les autres, ou s'emparant de leurs bêtes de labour, il met les laboureurs en fuite; le porteur des présentes et deux de ses compagnons, sans forfait, sans condamnation par défaut, sans avoir été pris sur sa terre, ont eu les yeux crevés par ses ordres. C'est pourquoi nous vous supplions et nous implorons de votre amitié, dans laquelle nous avons une grande confiance, de ne pas différer, placés que nous sommes dans de telles embûches, à nous venir en aide ainsi que le roi. Car le dit seigneur déclare que ce dommage si grand, il nous le fait subir pour cent marcs d'argent que lui avait promis Monseigneur le roi, père du roi actuel, pour raison de ce traître que vous avez fait pendre, quand vous teniez la sénéchaussée. »
(*Niort et La Rochelle de 1220 à 1224*, par A. Bardonnet.)

L'allié de Guillaume l'Archevêque que le maire et les échevins de Niort ne veulent pas nommer, n'est autre que Hugues de la Marche, comte de Lusignan, qui allait bientôt épouser Isabelle d'Angoulême et se mettre en révolte ouverte contre Louis IX.

Henri III voulait ménager ce puissant seigneur. Par une lettre du 24 juillet 1219, il avait donné à Hugues de Lusignan, comte de la Marche, pleins pouvoirs sur l'Aquitaine, et le sénéchal devait lui obéir. Le roi d'Angleterre espérait s'attacher le seigneur le plus puissant de l'ouest, en faisant au comte de la Marche une position qui le rendait maître de cette vaste région. Aussi les bourgeois de Niort et des autres villes étaient-ils peu écoutés lorsqu'ils adressaient des plaintes contre un seigneur si redoutable, qui savait n'avoir à rendre compte à personne de ses actions.

Hugues de Lusignan était à cette époque si puissant, qu'avec de la hardiesse et de l'initiative il pouvait se tailler un royaume dans l'Aquitaine et se proclamer indépendant du roi d'Angleterre et du roi de France. Ce comte avait sous sa dépendance de vastes possessions territoriales ; il était seigneur de Saintes, Tonnay-Boutonne, du grand fief d'Aunis, des comtés de la Marche et d'Angoulême ; il possédait les châtellenies et châteaux de Cognac, Jarnac, Merpins, Villeboin, Tubeterre, Langest, Pont-l'Abbé, Crozant, Châtel-Achard et autres ; en Poitou, il était seigneur de Saint-Gelais, Cherveux, Bauçay, Prahecq, Frontenay, Lusignan, Montreuil-Bonnin, Béruges, Plessis-Meschin ; il jouissait de la suzeraineté sur les fiefs du comte d'Eu, Melle, Exoudun, Civray, Chizé, Pons, Taillebourg, Vouvent, Mervent, Moncontour et Fontenay.

On voit, par cette énumération, quelle était la puissance de Hugues de Lusignan ; mais ces villes, ces fiefs, ces châtellenies ne suffisaient pas pour se proclamer indépendant, il fallait de l'habileté et une haute intelligence ; ces deux qualités lui manquaient. Aussi, plus tard, quand il se révolta contre Louis IX, il fut vaincu et obligé de se soumettre. Dès lors son grand rôle était fini et il n'avait plus d'espoir de conquérir la souveraineté.

Vers le mois d'avril 1220, le roi d'Angleterre se décida enfin à envoyer un sénéchal en Poitou. Cette nomination, loin de rassurer les Niortais, ne fit que redoubler leurs alarmes. Le choix de Henri III tomba sur le vicomte de Thouars, seigneur hostile aux habitants de Niort, qui avait assiégé et pris leur ville en 1204 et qui avait exercé les fonctions de sénéchal du Poitou, pendant plusieurs mois, au nom de Philippe-Auguste, avec une extrême rigueur. Le maire et les membres de la commune de Niort, dès qu'ils connurent ce choix, s'empressèrent d'envoyer à Londres un nouveau message, ainsi conçu :

LE MAIRE ET LA COMMUNE DE NIORT A HENRI III.

Royal letters n° 1035. *Printemps de 1220.*

« A leur très-excellent seigneur, Henri, par la grâce de Dieu, etc., ses fidèles, le maire et la commune de Niort, salut et soumission prompte et dévouée.

« Nous rendons grâce à Votre Excellence de toutes les manières possibles, pour ce qu'elle nous a donné à connaître à son sujet par ses lettres. Quant à nous, nous demeurons toujours fidèles à votre service et nous venons vous éclairer sur l'état de votre terre de Poitou et les choses qui concernent votre honneur. Sachez, Seigneur, qu'il nous a été donné à entendre que, ce dont Dieu nous préserve, vous vous êtes proposé d'établir comme sénéchal, dans votre terre de Poitou, Monseigneur le vicomte de Thouars. Comme ledit vicomte a été notre ennemi mortel, à cause des services par nous rendus à vous et à votre père, et que, ce qui est pire, il est encore dans les mêmes pensées ; comme du temps de notre seigneur, votre père, il nous a opprimés, nous et votre ville de Niort, autant qu'il a pu, par son siége et avec l'aide du roi de France ; nous prions instamment Votre Dignité, si vous aimez votre terre de Poitou, et nous, et votre propre honneur, de ne songer en aucune façon à établir ledit vicomte comme votre sénéchal, ni même faire sénéchal aucun des seigneurs de nos pays Poitevins. Car si vous le faisiez, ceux-ci gouverneraient, autant que possible, votre terre de Poitou à leur avantage personnel, comme déjà plusieurs l'ont fait du temps de notre seigneur, votre père. Après quoi, nous et vos fidèles, accablés de trop grandes exactions, il nous faudrait sortir de votre terre, et il en serait ainsi si vous n'apportiez pas dans cette affaire de bons desseins, du soin et de l'application. Qu'il plaise donc à Votre Excellence, nous envoyer des parties d'Angleterre, à nous ainsi qu'à vos fidèles, pour être votre sénéchal en Poitou, un homme puissant, noble, sage et discret, tel qu'il ait à la fois l'habileté pour traiter vos affaires, et la force pour garder votre terre de Poitou.

« Sachez aussi, Monseigneur, que notre seigneur, votre père, a donné à Savary de Rochefort, la vente, le péage et ses foires de Niort, ce qui, pour vous, les vôtres et votre terre, n'a aucun but et ne rapporte aucun profit. Aussi nous vous avertissons de ne songer aucunement à confirmer d'avance et sans une volonté bien arrêtée, les dons que notre seigneur, votre père, a faits audit Savary et aux autres chevaliers et sergents pour leur faire garder votre terre de Poitou. Car sachez, seigneur, que vous n'avez à Niort, de votre propre rente, que vingt-six livres seulement. En effet, Monseigneur Geoffroy de Neville, votre sénéchal de Gascogne et Poitou, a confié à notre garde votre ville et la tour de Niort, parce qu'il nous a trouvés dévoués et fidèles à votre service et au sien. Et nous, nous gardons aussi fidèlement que nous pouvons et à nos propres frais, pour votre honneur et votre profit, votre ville et la tour de Niort.

« C'est pourquoi, nous prions avec attention et dévouement Votre Excellence de prendre promptement sur toutes ces affaires une bonne décision. Veuillez, s'il vous plaît, sur ces choses et sur toutes les autres, nous récrire sans délai par vos lettres et par le porteur des présentes, votre volonté et votre arrêt... nous serons avec la volonté de Dieu toujours prompts et dévoués à vos ordres. Transmettez-nous, s'il vous plaît... notre messager, porteur des présentes. Que Votre Excellence soit en santé » (*Niort et La Rochelle, de 1220 à 1224*, par A. Bardonnet.)

Henri III s'émut enfin des supplications des Niortais, et il obtint du comte de la Marche une trêve de sept semaines; mais le seigneur de Parthenay et Guillaume Maengot le jeune refusèrent d'accepter cette trêve. Alors la commune de Niort s'adressa encore à Henri III et lui fit connaître les menaces de ses ennemis. Voici cette lettre, envoyée à Londres vers le mois de juin 1220 :

LE MAIRE ET LA COMMUNE DE NIORT A HENRI III.

Royal letters n° 1030.   *Vers juin 1220.*

« A leur révérend seigneur, Henri, etc., ses fidèles en toutes choses, le maire et la commune de Niort, salut, fidélité et dévoué service.

« Nous désirons notifier à Votre Excellence que, comme Monseigneur le comte de la Marche nous avait accordé, par vos instances et celles de messeigneurs Raoul Gernum et Jodoin de Doe, une trêve de sept semaines, et que nous n'y avions aucune confiance avant qu'il ne l'eût personnellement ratifiée, nous nous sommes adressés à Guillaume Maengot le jeune, pour nous tenir sauvegardés du comte et de ses gens, et faire respecter cette trêve imparfaite. Mais celui-ci nous a récrit que, si nous voulions lui rendre cent marcs par an, que monseigneur Jehan, votre père, dont Dieu ait en paix l'âme, lui avait promis, il nous tiendrait sains et saufs sous sa garde, qu'autrement nous aurions au contraire à nous défendre contre lui et les siens, et déjà il nous a fait inquiéter. Semblablement nous avons confié nos lettres à monseigneur Guillaume l'Archevêque, pour qu'il nous assurât s'il observerait ou non ladite trêve. Mais il nous a récrit lui-même qu'il n'observerait pas la trêve, bien plus, qu'il nous ferait tout le mal et tout le préjudice qu'il pourrait, et il nous tient tellement assiégés que nous n'osons recueillir ni nos blés ni nos biens, et lui et plusieurs autres nous tendent chaque jour des embûches. Sachez en effet que les soldats et les sergents de l'hôtel ou de la terre du comte de la Marche, s'unissent tous les jours à Monseigneur Guillaume l'Archevêque et à Guillaume Maengot, pour nous tendre des embûches, nous opprimer et nous ravager. C'est pourquoi nous adressons à Votre Royale Majesté des prières infinies de prendre sur cela une décision immédiate et qui soit profitable à votre honneur, et d'y pourvoir de telle sorte que nous ne paraissions pas dépérir à votre service. » (*Niort et La Rochelle, de 1220 à 1224*, par A. Bardonnet.)

Cette lettre prouve, comme le fait remarquer M. A. Bardonnet dans son Mémoire sur *Niort et La Rochelle*, que Guillaume de Parthenay et Guillaume Maengot n'agissaient pas seulement dans l'intérêt de Hugues de Lusignan, mais pour leur compte personnel.

Ces vives instances ne produisent pas plus d'effet que les précédentes. Les bourgeois de Niort, désespérés, s'adressent alors au justicier Hubert de Burgh en ces termes qui expriment un complet découragement :

LE MAIRE ET LES BOURGEOIS DE NIORT A HUBERT DE BURGH, JUSTICIER.

Royal letters n° 1034.   *Vers juillet 1220.*

« A leur cher et vénérable seigneur Hubert de Burgh, justicier du seigneur roi d'Angleterre, ses dévoués en toutes choses, le maire et les bourgeois de Niort, salut, affection, obéissance, pleine et entière bonne volonté.

« Comme nous avons une confiance plus spéciale dans votre affection que dans celle des autres grands seigneurs de l'Angleterre, nous osons, dans notre ardent désir, implorer plus spécialement votre haute valeur et votre noblesse de veiller à l'honneur et à l'avantage de notre seigneur roi, et de daigner avoir pitié de ses autres hommes et de nous, qui sommes intolérablement opprimés et tourmentés de toutes manières par les grands seigneurs de nos pays. Prenez garde cependant que si le seigneur roi confie le gouvernement de sa terre à quelqu'un de notre pays, il ne la confie à un homme qui la garde pour lui et se l'approprie, comme vous savez que l'ont fait témérairement plusieurs les temps passés. Mais vous qui, par la constance de votre fidélité, vous êtes entre tous rendu recommandable, prenez soin par la manifestation de votre pitié et l'intervention de nos prières, d'amener le roi et son conseil à nous fournir, sans délai, contre les adversités et les persécutions que nous ont fait subir le sire de Parthenay et les autres riches et puissants, nos voisins, une aide et une assistance opportune. Autrement, nous qui sommes toujours restés fidèles au seigneur roi et au seigneur son père, au moment de recueillir notre récompense, nous recevrions comme par ingratitude, le mal en échange du bien, et nous serions forcés, ce dont Dieu nous préserve, de succomber sous la multiplicité des poursuites, au moment même où, selon nos mérites, nous devrions vivre joyeusement dans une tranquillité complète et dans la paix. Car, là où il n'y a pas de repos, même momentané, aucune stabilité n'existe. » (*Niort et La Rochelle, de 1220 à 1224*, par A. Bardonnet.)

En même temps, les bourgeois de Niort informent le roi d'Angleterre qu'avant l'expiration de la trêve le comte de la Marche a mis une sorte de blocus autour de leur ville, qui est exposée à subir, dans un court délai, la famine :

LE MAIRE ET LA COMMUNE DE NIORT A HENRI III.

Royal letters n° 174. *Vers juillet 1220.*

« A leur très-excellent seigneur, Henri, etc., ses fidèles et dévoués en toutes choses, le maire et la commune de Niort, salut et fidèle service.

« Nous désirons déclarer à Votre Excellence que comme une trêve avait été conclue entre le comte de la Marche et nous jusqu'à une époque déterminée, ledit comte nous a fait fermer l'entrée de tous ses fiefs par un de ses soldats ; et que, le terme de la trêve non encore échu, il a établi autour de nous son campement et il nous tient tellement opprimés que nous ne pouvons ni n'osons nous procurer, en dehors de votre château de Niort, le blé, le vin, le bois, ni rien de ce qui nous est nécessaire. Et il fait tellement garder les voies et les chemins, que les hommes de monseigneur Scalon de Rochefort et des autres barons de Poitou, n'ont osé nous apporter ni les blés ni les choses nécessaires, et il dit que votre propre bien est de son fief. C'est pourquoi nous supplions Votre Majesté Royale de toutes les manières que nous pouvons, fléchissant le genou et versant des larmes, de daigner ressentir de la pitié pour nous et nous porter un secours immédiat ; envoyez-nous un gouverneur tel que vous nous l'avez si fréquemment promis, qui puisse nous préserver, ainsi que votre terre de Poitou, d'un danger aussi imminent. » (*Niort et La Rochelle, de 1220 à 1224*, par A. Bardonnet.)

Enfin les Niortais trouvent un défenseur dans l'évêque de Saintes ; ils en font part au roi d'Angleterre dans les termes suivants :

LE MAIRE ET LES BOURGEOIS DE NIORT A HENRI III.

Royal letters n° 175. *Été de 1220.*

« A leur révérend seigneur Henri, par la grâce de Dieu, etc., le maire et les bourgeois de Niort, ses dévoués et fidèles en toutes choses, salut, obéissance due et service à la vie et à la mort.

« Que Votre Royale Majesté soit informée que, en raison de notre fidélité envers vous, et de l'envie de ceux qui vous sont hostiles, nous résistons toujours dans nos pays contre vos ennemis ; et que nous avons souffert dans nos personnes et dans nos biens des dommages innombrables, dont les plus déplorables et les pires, nous les supportons encore de la part du seigneur comte de la Marche, de Guillaume l'Archevêque, seigneur de Parthenay, et de Guillaume Maengot, le jeune. Dans un si grand péril d'adversité, nous avons un refuge, un conseil, un secours unique, c'est Monseigneur l'évêque de Saintes qui se montre toujours prêt et favorablement disposé pour tout ce qui concerne votre honneur et notre utilité. Et, comme dans toute l'Aquitaine, il n'y a personne qui s'emploie avec autant de diligence et de fidélité pour notre défense et notre secours, nous venons, devant votre Majesté, combler sa bénignité de louanges, et multiplier les supplications pour que, s'il vous plaît, vous rendiez grâces audit évêque de Saintes du bienfait si grand qu'il nous a accordé. » (*Niort et La Rochelle, de 1220 à 1224*, par A. Bardonnet.)

L'intervention de l'évêque de Saintes était due au pape Honorius, qui avait fait parvenir une circulaire aux Poitevins et aux Saintongeais, leur défendant de prendre parti pour le comte de la Marche dans sa querelle avec le roi Henri, sous peine d'excommunication majeure. Le comte de la Marche et sa femme furent excommuniés.

Des négociations secrètes paraissent s'être établies, vers le mois de septembre, entre Hugues de Lusignan et le roi Henri III. A cette époque, Gerard Brochard, commandeur du Temple en Aquitaine, propose, pour éviter une guerre qui semble imminente, une conférence à Londres afin d'examiner les propositions présentées par le comte de la Marche et par ses contradicteurs.

Cette conférence n'eut pas lieu. Enfin, une dernière lettre de la commune de Niort à Henri III, datée de septembre 1220, nous montre que la situation était restée aussi pénible et aussi alarmante pour les Niortais :

LE MAIRE ET LA COMMUNE DE NIORT A HENRI III.

Royal letters n° 1093.   *Septembre 1220.*

A leur très-excellent seigneur, Henri, par la grâce de Dieu, etc., ses hommes fidèles, le maire et la commune de Niort, salut et prompte obéissance à ses ordres.

Nous supplions Votre Majesté Royale, genoux fléchis et larmes répandues, de daigner écouter avec bienveillance les pétitions que

J. Monachi, notre clerc, vous montrera de notre part et de nous apporter sur ces choses secours et conseils, selon qu'il vous semblera convenable. Daignez aussi transmettre au seigneur pape des lettres de votre main pour attirer ses bons conseils sur votre terre, et réprimer par son secours les malfaiteurs qui nous oppriment.

Plusieurs autres messages furent envoyés auprès du roi Henri III, mais ne produisirent pas plus d'effet que les précédents. Cet abandon découragea les Niortais, qui commencèrent à tourner leurs regards et leurs espérances vers le roi de France. Il résulte des faits qui s'accomplirent en Poitou depuis le commencement du siècle, que les villes communales de l'ouest de la France étaient commerçantes et riches, et qu'elles comprenaient la nécessité d'établir entre elles une association, afin de résister aux seigneurs qui voulaient les rançonner. Elles cherchent à s'entendre entre elles, afin d'organiser une milice plus capable de les défendre que leurs suzerains, qui les abandonnaient au moment du péril.

Les documents recueillis par M. A. Bardonnet constatent qu'à cette époque, La Rochelle, Niort et Saint-Jean-d'Angély avaient formé une association basée sur des intérêts communs. Ces villes possédaient une bourgeoisie nombreuse, active, intelligente, qui s'enrichissait par le commerce des vins, des laines et des blés avec l'Angleterre, et surtout avec la Flandre.
« Les seigneurs poitevins savaient que les villes communales
« étaient riches, et, au début du xiii° siècle, ils leur faisaient
« payer le plus chèrement possible, et chacun à son tour,
« une neutralité douteuse. Les exigences devenant trop
« fortes, les bourgeois essayant de résister, le seigneur
« rassemblait ses vassaux en armes, au Coudray-Salbart
« comme Guillaume de Parthenay, à Frontenay ou à Cher-
« veux comme Hugues de Lusignan, auprès de La Rochelle
« comme Hugues de Thouars, et on marchait contre les
« villes. » (*Niort et La Rochelle de 1220 à 1224*, par A. Bardonnet.)

Les villes municipales n'étaient donc point protégées et elles devaient veiller elles-mêmes à leur sûreté pour défendre la vie et la fortune de leurs habitants, car le pouvoir suzerain était sans force et sans action.

Parfois il arrivait que c'était le poignard sur la gorge que les bourgeois des villes rançonnées étaient forcés d'adresser des lettres à leur suzerain pour qu'on n'inquiétât pas les seigneurs qui venaient de les traiter avec la dernière rigueur. Dans une lettre écrite en octobre 1222 à Henri III par les bourgeois de La Rochelle, nous remarquons le passage suivant :

« Nous avons jugé nécessaire d'avertir Votre Excellence que nous ne pouvons éviter, quand les barons et les grands de Poitou nous en requièrent et sous peine d'encourir leur indignation et leur haine, de vous adresser des lettres d'intercession en leur faveur. C'est pourquoi nous vous supplions avec humilité et dévouement de n'acquiescer jamais à nos prières quand elles vous sont adressées pour autrui, à moins qu'elles ne concernent des choses que vous et votre conseil reconnaîtrez vous être avantageuses. » (*Niort et La Rochelle de 1220 à 1224*, par A. Bardonnet.)

La sécurité n'existait donc nulle part ; le brigandage s'exerçait partout, dans notre malheureuse province, convoitée par le roi de France et que ne pouvait défendre le roi d'Angleterre, trop occupé dans son île à résister à ses barons.

M. A. Bardonnet trace un tableau très exact de la misérable situation, à cette époque, des provinces de l'Ouest, dans la brochure pleine d'érudition qu'il a publiée sur *Niort et La Rochelle de 1220 à 1224*, et à laquelle nous avons fait de nombreux emprunts. Nous ne pouvions puiser à meilleure source des documents d'un haut intérêt pour l'histoire de Niort.

CHAPITRE V.

SOMMAIRE. — Guerre anglo-française. — Siége de Niort. — Savary de Mauléon, gouverneur de la ville, fait sa soumission au roi de France. — Alphonse comte de Poitou. — Révolte de Hugues de Lusignan. — Louis IX en Poitou. — Il s'empare des places occupées par les seigneurs révoltés — Prise de Frontenay. — Soumission de Hugues de Lusignan. — Expulsion des Juifs de Niort. — Changement de l'emplacement des foires et marchés. — Importance du commerce niortais. — Franchises accordées aux commerçants de Niort par la comtesse de Flandre. — Les Niortais obtiennent du roi un port franc. — Prix des objets de consommation au commencement du XIIIe siècle.

Les efforts des seigneurs poitevins pour éviter la guerre ne peuvent l'empêcher d'éclater. Louis VIII. qui ne cherchait qu'une occasion d'attaquer les Anglais, profite du refus de Henri III d'assister à son couronnement, comme il le devait en qualité de duc de Guyenne et de pair de France, pour s'emparer des villes occupées encore sur le continent par le roi d'Angleterre.

Il assemble une armée à Tours et marche sur Niort, dont il commence le siége le 3 juillet 1224. Cette ville était confiée à la garde de Savary de Mauléon, alors dans le parti anglais, qui oppose la plus vive résistance au roi de France. Mais ne recevant aucun renfort, et menacé par la famine, il obtient une capitulation honorable. Niort rentre, le 15 juillet 1224, sous la domination française.

Louis VIII jouit peu de ses conquêtes; il mourut en 1226, en laissant la couronne à un enfant de onze ans, qui devait être le héros de son siècle et qui, sans un scrupule de conscience, eût pu complètement chasser les Anglais de France.

Bien avant sa majorité, dès 1230, Louis IX confirme les priviléges que les rois d'Angleterre avaient accordés aux habitants de Niort par une charte datée de Saint-Maixent. Il prend l'engagement de ne point disposer de leur ville sans leur consentement.

Alphonse, frère de Louis IX, avait reçu en apanage le comté de Poitou. Hugues de Lusignan, comte de la Marche, lui rend tout d'abord hommage ; mais bientôt il rétracte son serment à l'instigation de sa femme, la fière Isabelle, veuve du roi Jean-sans-Terre et mère de Henri III, roi d'Angleterre. Cette comtesse, ancienne épouse d'un roi, mère d'un roi et femme du puissant comte de Lusignan, ne pouvait se résigner à voir son mari devenir le vassal d'un comte de Poitou.

Hugues de Lusignan ajoute l'outrage à sa rétractation, et pour donner un caractère de mépris à sa félonie, en quittant Poitiers il incendie l'hôtel qu'il possédait dans cette ville.

Louis IX, qui avait le sentiment de sa puissance, ne laissa pas longtemps impunies la forfaiture du comte de la Marche et l'insulte faite à son frère. Il réunit une armée et part de Chinon le 28 avril 1242, arrive le 2 mai devant Moncontour, le 9 devant Montreuil-Bonnin, quelques jours après devant la tour de Béruges, le 26 devant Fontenay, le 30 devant Vouvent, et il se rend rapidement maître de toutes ces places fortes. Il confisque sur Geoffroy de Lusignan, cousin de Hugues et défenseur de Fontenay, le château de Mervent et la terre des Oulières qu'il donne à Maurice Galleron, dont deux fiefs voisins de Fontenay portent encore le nom.

Louis IX se présente ensuite devant Frontenay. Cette petite ville, très bien fortifiée, lui oppose une résistance opiniâtre. Le comte Alphonse, dans un assaut, reçoit une grave blessure à la jambe. La place finit par être enlevée, mais au bout de quinze jours seulement. Les vainqueurs, irrités, voulaient passer la garnison au fil de l'épée ; Louis IX empêche ce massacre et disperse les prisonniers dans des châteaux du bord de la Loire. Les fortifications de la place sont rasées, et depuis cette époque elle porte le nom de Frontenay-l'Abattu.

Le roi de France avait frappé un grand coup à Frontenay, afin d'intimider les partisans du comte de la Marche. Il les poursuit et fait démanteler le château de Villiers, possédé par Guy, seigneur de Rochefort. De là, il se rend au château de Preis (Prahecq), à 8 kilomètres de Niort, dont le seigneur lui inspirait peu de confiance, et y met une garnison dévouée à son frère.

Enfin, à Taillebourg, il défait complètement le comte de la Marche, qui est obligé de se soumettre et d'implorer la clémence du vainqueur.

Alphonse reste maître du Poitou, que son frère venait de pacifier. Cette campagne avait coûté des sommes énormes aux chefs alliés ; ils reçurent les biens confisqués sur les seigneurs révoltés, mais ils ne trouvèrent pas le dédommagement assez grand pour les sacrifices qu'ils s'étaient imposés pendant cette guerre, et ils persuadèrent à Alphonse de chasser les Juifs, afin de s'emparer de leurs trésors, qu'ils considéraient comme mal acquis. C'était un expédient pour s'enrichir, souvent employé au moyen-âge. Non-seulement cet acte était inique, mais il était ruineux pour le pays. Les Juifs étaient commerçants et banquiers. Leur présence dans une ville rendait très actives les transactions commerciales qui, sans eux, à cette époque, étaient presque impossibles. Détenteurs de capitaux considérables, ils avaient créé des lettres de crédit qui permettaient de mobiliser les capitaux et de les faire circuler d'une manière facile et rapide. Mais les seigneurs, quand ils avaient besoin d'argent et qu'ils en trouvaient sous leurs mains, ne s'arrêtaient pas à ces considérations. Les Juifs du Poitou étaient riches, leur expulsion fut décidée, sous prétexte d'usure.

Alphonse eut la faiblesse de se prêter à cette spoliation forcée, et il rendit une ordonnance qui exilait les Juifs du comté de Poitou. Il comptait aussi sur une partie de leurs dépouilles pour subvenir aux frais de la croisade que préparait son frère Louis IX, contre les infidèles.

Afin d'opérer cette expulsion, il demande, en 1249, un subside de quatre sous pour chaque feu à la ville de Niort et aux autres villes du Poitou. « Les Juifs, dit H. Briquet,
« avaient à Niort un quartier qui leur était assigné, une rue
« de leur nom. Depuis leur expulsion, et pour les éloigner
« sans doute de leurs anciennes demeures, on sculpta un
« Saint-Antoine et un cochon sur le frontispice d'une maison,
« rue Juiverie, où ils tenaient leur synagogue, et où se sont
« retirées, en 1804, les religieuses Ursulines. »

Cette sculpture pouvait être une mesquine taquinerie, mais elle n'avait point la force d'un talisman ; si elle a jamais existé, elle n'a point empêché les Juifs de revenir dans leur quartier habituel, qui porte encore le nom de Juiverie.

Le départ des Juifs avait jeté un vif mécontentement dans la population niortaise, qui voyait le commerce décroître par suite du départ de ces marchands et de ces banquiers. Alphonse, pour apaiser cette irritation, accorde, le 9 mars 1260, aux maires et échevins de Niort, un droit de péage, pendant quatre ans, pour la réparation des fortifications de la ville.

A la même date, il confirme les priviléges de la commune de Niort. La charte porte qu'il veut que ni lui ni ses successeurs ne puissent, à l'avenir, innover aucune chose au préjudice des priviléges de la ville de Niort.

Sa décision concernant l'emplacement des foires et marchés souleva d'assez vives récriminations, mais la grande majorité des habitants l'accueillit avec faveur. Jusqu'à cette époque, les foires et marchés de Niort s'étaient tenus sur le plateau de Saint-André, à cause de l'importance acquise, dès l'origine de Niort, par la bourgade qui occupait ce plateau. Cependant la ville, depuis deux ou trois siècles, s'était étendue, et le quartier Notre-Dame, ainsi que le Port, se trouvaient très éloignés de l'emplacement des foires et marchés. Alphonse les fit établir dans un lieu plus central. Beaucoup de réclamations se produisirent de la part des habitants du quartier de Saint-André; le comte de Poitou maintint sa décision, motivée par un intérêt général. Il ne reste, comme souvenir de l'ancien emplacement de ces marchés, qu'une rue qui porte encore de nos jours le nom de rue du Vieux-Marché.

Les foires de Niort avaient, dès cette époque, une grande importance. Beaucoup d'étrangers venaient y faire des achats ou y apportaient des marchandises.

Niort a de tout temps été une ville industrielle et maritime; ce n'est que depuis l'établissement d'un chemin de fer qu'elle a vu son commerce se transformer. Dès le commencement du XIIIe siècle, unie aux deux villes de Saint-Jean et de La Rochelle, elle formait une espèce de hanse poitevine, sorte d'association commerciale organisée pour exporter avec sécurité au loin des produits qui consistaient en vins, laines et blés. Les vins étaient renommés. Guillaume Le Breton, historien et poète célèbre du XIIe siècle, place le vin d'Aunis à côté de celui de Bordeaux. Aux XIIIe et XIVe siècles, ils étaient qualifiés de *vins nobles*. Rabelais parle du vin de la Foie-Moniau (La Foye-Monjault) comme d'un breuvage exquis. François Ier trouvait ce vin délicieux. Les bons crûs de cette contrée méritent encore aujourd'hui ces éloges, lorsque le vin est récolté sur des cépages de choix et fait avec soin. La vigne était très cultivée dans la Saintonge et beaucoup plus dans les environs de Niort qu'elle ne l'est aujourd'hui.

Les laines du Poitou étaient aussi très recherchées ; la Flandre les achetait pour ses fabriques de draps et de tapisseries de haute et basse lisse. Niort vendait ses laines fines pour prendre les laines plus communes de la Saintonge, qu'elle employait à la confection de grosses draperies.

Les blés de Niort s'exportaient en Angleterre et surtout en Espagne.

Ces trois produits du pays donnaient lieu à un immense commerce d'exportation qui se faisait par la Sèvre, alors beaucoup plus profonde. Niort était un véritable port maritime dans l'intérieur du Poitou qui recevait des barques pontées pouvant tenir la mer et faire la navigation de long cours, en suivant les côtes. Sans les barrages établis pour retenir les eaux, les mouvements de la marée se seraient produits jusque dans le port de Niort, situé sur l'emplacement occupé aujourd'hui par une partie du marché couvert, au pied du donjon. En temps de guerre, les navires des chevaliers du Temple de La Rochelle, qui jouissaient de l'immunité de ne pas être soumis à la visite, faisaient le commerce d'exportation en contrebande; ils passaient à travers les flottes anglaises et portaient les produits pris à Niort soit en Flandre, soit en Portugal. Les transports maritimes et les opérations de banque les avaient rendus immensément riches. Les Templiers de La Rochelle possédaient de vastes pâturages sur les deux rives de la Sèvre, dans les environs de Saint-Hilaire-la-Palud. Ils prêtaient aussi leur pavillon, moyennant une redevance, aux marchands niortais, et ils exportaient les vins du Poitou et de la Saintonge jusqu'en Orient.

Les articles d'importation que recevait Niort consistaient en harengs-saurs, en blanc de baleine pour la fabrication des cierges, des bougies et de certains remèdes pharmaceutiques, en huiles de poissons pour la chamoiserie, qui commençait au xiii° siècle à prendre de l'importance, en épices d'Orient et en objets de mercerie.

Le commerce le plus important de la ville s'opérait avec la Flandre. Nos marchands envoyaient dans cette contrée des laines fines et aussi une très grande quantité de vins. C'était un centre très actif d'industrie et de trafic qui offrait au Poitou et à la Saintonge un immense débouché.

Alors régnait en Flandre une princesse d'une haute intelligence, Marguerite II de Constantinople, qui devait ce surnom à son père Baudouin V, ancien empereur de Constantinople. Une charte originale de Marguerite II, découverte il y a peu d'années dans les archives de Lille et signalée en 1837 à la Société de Statistique des Deux-Sèvres, par le savant historien de La Fontenelle de Vaudoré, constate l'existence de nombreuses relations commerciales qui existaient à cette époque entre Niort et la Flandre. C'était à Gravelines, port alors flamand, que les navigateurs partis de Niort allaient débarquer les vins et les laines du Poitou et de la Saintonge.

Cette charte est d'un haut intérêt pour notre ville. Elle n'est point écrite en langage flamand, mais dans l'idiome poitevin. Il est probable qu'elle a été rédigée soit à Saint-Jean-d'Angély, soit à La Rochelle, et plus vraisemblablement à Niort. Ce qu'on peut donner comme certain, c'est qu'elle émane d'un homme de notre contrée et qu'elle a été acceptée par Marguerite de Flandre avec toutes ses clauses si favorables à notre commerce niortais. Voici une analyse de cette charte faite avec la plus grande exactitude par l'historien de La Fontenelle de Vaudoré :

Marguerite, qui se qualifie de comtesse de Hainault et de Flandre, dit qu'à raison de l'accroissement de sa ville de Gravelines et du port de cette cité, elle donne et octroie les franchises suivantes : puis elle s'adresse aux maires et aux *communs*, c'est-à-dire aux membres de la commune des villes de la Rochelle, de Saint-Jean-d'Angély et de Niort, à leurs marchands et à tous autres marchands de Poitou, de Gascogne et d'ailleurs, qui seront en ladite ville de Gravelines ou s'y rendront, pour *marchander* et pour *besoigner de leurs marchandises*, ce qui signifie pour faire le commerce. La princesse prend ces marchands sous sa protection spéciale et accorde la libre circulation pour les marchands et leurs *vallets* (commis) et pour les marchandises, sans rien payer, permission de vendre, d'acheter et d'échanger sans être tenus à aucuns droits, et autorisation de garder leurs marchandises à volonté et de s'associer, comme ils l'entendront.

La comtesse Marguerite établit que s'il plaît aux négociants Niortais, Rochelais et *Angeriens* de plaider à Gravelines, il leur sera fait bonne justice. Sans doute qu'alors, et nous ne sommes plus heureusement dans cette position, les avocats abusaient du besoin qu'on avait de leur talent, pour exiger des honoraires excessifs, car Maguerite promit aux commerçants Poitevins, obligés de plaider en Flandre, de leur fournir des *emparliers* (avocats) à un prix raisonnable. Dans ces mêmes procès, on ne pouvait aussi se prévaloir contre nos aïeux de leur ignorance de la langue du pays où ils allaient faire le commerce.

Ces privilèges, tout à fait de faveur, surtout pour l'époque où ils furent accordés, n'excluaient pas les précautions de police que pouvait nécessiter une marchandise d'un usage aussi habituel que le vin ; cette liqueur était visitée, mais une seule fois, à l'arrivée du vin nouveau, par les baillis et les échevins de Gravelines ou par la justice de cette ville, et ces officiers ne pouvaient, du reste, garder les clefs des celliers, clefs qui demeuraient aux marchands ou à leurs agens. Si, lors de la visite, il se trouvait des vins *non loiaux* ou tarés, ils devaient être réexportés, dans le délai de vingt jours, faute de quoi les pièces étaient défoncées. On mettait sous le scellé les vins suspects et, un peu plus tard, on vérifiait leur qualité. Si, en définitive, elle était jugée mauvaise, on en usait ainsi qu'on vient de le dire ; au contraire, si le vin était jugé marchand, la vente en était autorisée.

On doit faire remarquer que les vins faibles étaient tolérés, ce qui permet de croire que nos bons aïeux se permettaient parfois de mélanger d'eau les produits vinicoles de cette contrée. On tenait même comme chose licite le mélange des vins. En effet, la princesse dit : « Mais pour faibleté de vin, ne pour adjoster blanc vin avec vermel se dont ne avoir autre mauvaistié on n'en peut faire justice, ne le tonel effondrer. » Cette dernière disposition prouve que le mélange des vins est loin d'être une pratique moderne. Mais un marchand qui vendait de mauvais vin gâté ou de mauvais goût était susceptible d'être condamné à une amende.

Des conditions étaient établies pour les associations entre des habitans de Gravelines avec des Niortais, Rochelais ou *Angeriens*. C'était la remise du *denier à Dieu*, sorte d'arrhes encore en usage sous ce nom, dans nos contrées, qui constituait la conclusion du marché. Les marchands qui allaient ainsi au loin vendre les vins de nos localités n'avaient point à craindre de voir leurs marchandises saisies par le fait de leurs commis ou employés, qu'on appelait alors *valets* ou *sergens de marchands*. A ceux-ci on ne pouvait remettre les significations à faire à leurs maitres, quand ceux-ci n'étaient pas en ville, et ces derniers étaient crus par serment, à moins que les échevins n'eussent connaissance du contraire. Ces marchands ou négocians de notre contrée pouvaient acheter ou louer des maisons à Gravelines, mais avaient-ils loué par semaine, ils pouvaient à leur volonté, ce qui était assez vexatoire pour le propriétaire, conserver la maison louée pendant an et jour ou faire cesser cette location à volonté, en payant pour le temps qu'ils avaient joui. Il n'y avait point de réciprocité, ce qui rendait la disposition injuste.

Des clauses de cette charte curieuse indiquaient la nef ou le navire parti du port de Niort ou des deux autres ports de nos parages, et arrivant devant le hâvre de Gravelines. Alors des barques ou allèges qu'on désigne par un nom flamand *schleyt*, pouvaient, mais seulement du maître de la nef, venir prendre une portion de la cargaison.

Il semble qu'en tout point, les droits des hommes de la localité aient été, dans ce document, sacrifiés à ceux des étrangers qui venaient faire le commerce dans cette terre de Flandre. Les derniers pouvaient poursuivre les premiers, pour le prix de leurs vins, par corps, par saisie de biens, et même par saisie des biens de la femme du débiteur ; de manière que les intérêts des dames de la Flandre étaient sacrifiés à l'avantage des commerçants étrangers. Le *déteur* (le débiteur) échappait-il, c'était à la comtesse à le faire arrêter dans ses terres, et *son cors faire ramener en prison*. De plus, tous les biens du débiteur étaient appréhendés par le créancier étranger, toujours bien traité par cette législation. Il était même loisible au marchand de payer aux *maîtres des nés* ou capitaines des navires, le prix du frêt, soit en argent, soit en marchandises.

Le temps de la moisson et celui de la pêche du hareng étaient considérés comme des époques où il ne devait pas y avoir de procès, et comme de véritables vacances judiciaires. Quant au droit qu'on devait acquitter, pour les vins de notre sol, rendus dans le hâvre de Gravelines, il était de quatre tournois par tonneau, et pour celui vendu à terre ou en ville, de quatre deniers, monnaie de Flandre. L'acheteur devait le même droit, s'il n'était pas exempt de redevance. La comtesse de Flandre et de Hainaut promettait qu'elle n'établirait point d'autres impôts sur les marchands, sur leurs gens et sur leurs marchandises. Ces commerçants avaient-ils apporté devant Gravelines ce qu'ils avaient à vendre, ils pouvaient remporter ces objets s'ils le jugeaient convenable, et sans rien payer.

Il paraît qu'à cette époque éloignée, on n'aimait pas à avoir, par devers soi, les titres originaux, obligations ou billets qu'on avait contre ses débiteurs. On craignait probablement de perdre ces papiers ou de se les voir enlever par la violence. Pour parer à cet inconvénient, les échevins de Gravelines étaient obligés de recevoir ces mêmes titres en garde sans pouvoir rien exiger pour ce dépôt.

Cette concession de priviléges pourvoyait à tout. Elle s'occupait même des *bromonts* ou brouetteurs, qui étaient chargés de conduire les vins dans leurs celliers ou *voltes*, sorte de caves voûtées et des celliers ou caves, sur des chars ou voitures, en établissant le prix de ce service à cinq ou six deniers. Ces brouetteurs et les charretiers étaient de plus responsables de leur négligence et de ce qui pouvait arriver aux pièces de liquide, dans l'opération à laquelle ils étaient chargés de procéder.

Les vins du Poitou et de l'Aunis, rendus à Gravelines, se vendaient à la mesure de Bruges, et l'employé chargé de les mesurer, ou *gaugier et vergier,* à la *droite verge* de cette localité, recevait deux deniers pour sa peine. Les droits des *corretiers* ou courtiers, ainsi nommés parce que, par état, ils étaient obligés de beaucoup courir, avaient droit à douze deniers pour chaque tonneau de vin qu'ils faisaient vendre. Mais leur droit de courtage *(corretage)* ne leur était acquis que s'ils avaient été présents à la conclusion du marché, résultant de la remise du denier à Dieu, et, en outre, s'ils étaient venus sur la demande du vendeur et de l'acheteur. Le courtier, du reste, n'était point obligé lui-même; il était, comme aujourd'hui, un simple intermédiaire chargé de faciliter le marché, et recevant des émoluments s'il le faisait conclure.

Encore une preuve de grande protection. Le jugement des procès criminels et civils des marchands et de leurs employés, n'était point abandonné au jugement des magistrats, même supérieurs. C'était la comtesse elle-même qui se réservait cette juridiction et la transmettait à ses successeurs, en assurant les marchands de vin de notre pays qu'elle les jugerait en équité et loyauté, *barat, délloïauté et faussetè mis en arrière,* dit la charte. Marguerite finissait par assurer nos aïeux qu'elle leur continuerait ces franchises, qui devaient être gardées et observées par ses hoirs et par ses successeurs.

A la fin de cet acte, d'une si haute importance, comparaît *Guis cuens* (comte) de Flandre, *fils à madame la comtesse devant nommée,* est-il dit, qui déclare *gréer* (avoir pour agréable) et octroyer ces lettres, promet les tenir, faire tenir et garder perpétuellement *beaument,* en *bone foi et sans aler encontre,* en obligeant ses hoirs et successeurs. En conséquence, il fait apposer son scel à cette pièce qui est aussi revêtue de celui de sa mère.

Cette charte a été publiée dans le *Mémoire sur le commerce de Niort du XIIIe au XVIIIe siècle,* par M. A. Gouget, archiviste des Deux-Sèvres. Nous ne croyons pas utile de la reproduire; cependant nous donnons le commencement de ce document, afin que nos lecteurs puissent en apprécier la forme au point de vue philologique :

Transcriptum privilegii mercatorum de Rocella et de villa Sancti-Johannis venientium apud Gravelingh. — Année 1262.

« Nous Margherite contesse de Flandres et de Haynau faison à savoir à tous ceaus qui ces lettres veront et orront ke nous pour le pour fit et pour laccroissement de nostre vile de Gravelinghe et dou port de celui liu avons donné et otrie franchises teles come ci-après sunt escrites a nos amez as maires et à communs de la vile de la Rochele de la vile de Saint-Jehan-d'Angeli et de la vile de Niort et a lor marcheans et a tous autres marcheans de Poitou de Gascoingne et de aillors de ces parties de la ki sunt ou seront de lor compaingnie et ki à la dite vile de Gravelinghes et audit port vendront pour marcheander et pour besoingner de lor marcheandises ; tout au commencement les devant dis marcheans lor valles et lor sergeans et les gardes de leur avoirs et de leur marcheandises nous recevons en nostre garde et en nostre deffense par toute nostre terre et par tout nostre pooir. Après nous volons et octrions ke li devant dit marcheant et lor vallet et lor sergant puissent ès lius devant dis venir et aler amener u aporter lor marcheandises et marcheander franchoment et délivrement lor droites coustumes paiant, et puissent vendre et acheter ou eschangier l'un marcheans a l'autre et a toutes autres manières de gens a leur volenté de toutes lor marcheandises queles ke eles soient et mettre lor avoir en commandise tout la u il lor samblera ke bon soit et qu'ils puissent garder et tenir lor avoir et lor marchandises tant longuement comme il voldront et faire compaingnies de lor avoirs à ceaus de nostre terre et de nostre pooir u d'aillors se il voelent par si ke cil ki sera compains de la marchandise a devant dis marcheans puist exploitier la voir de son compaingnon ou de ses compaingnons ensi ke il paie pour ses compaingnons tels coustumes come ils deveront de lor parties et de la soe partie ce ke a lui en afferra..... »

La comtesse Marguerite, dès cette époque, avait compris que les peuples ne s'enrichissent que par l'agriculture ou le commerce, suivant leur position territoriale. Comme son pays de Flandre était essentiellement industriel, elle offrit des avantages très grands aux commerçants étrangers. Il fallait y attirer les laines pour les métiers, mais il fallait aussi y amener des vins généreux qui relèvent les forces abattues par le travail des ouvriers enfermés tout le jour dans leurs ateliers et livrés à de rudes occupations. Les faveurs accordées aux villes de Saint-Jean-d'Angély, de La Rochelle, de Niort étaient tellement grandes, que presque tous les vins du pays prirent la direction de Gravelines, et l'or des Flamands enrichit notre contrée.

Les Niortais apprécièrent promptement les précieux avantages que le port de Gravelines, avec lequel ils faisaient un commerce si considérable, retirait de ses priviléges de franchises. Ils réclamèrent une pareille situation commerciale, afin d'attirer dans leur ville l'importation étrangère et devenir l'entrepôt général du Poitou, dans le cas où les Anglais s'empareraient de La Rochelle. Ils finirent par l'obtenir au mois de mai 1285. Des lettres de l'abbé de Saint-Denis, lieutenant du roi en Poitou, accordent et concèdent aux manants et habitants de la ville de Niort d'avoir port et hâvre pour porter et rapporter sur la rivière de Sèvre, toutes les marchandises jusqu'au port de Marans. Ce ne fut plus le roi, mais le corps de ville qui fut chargé de s'occuper de la navigation de la Sèvre.

Le tarif était très réduit, il n'était que de un pour cent et ne concernait que l'importation. Il s'appliquait seulement à la Sèvre, car il n'y avait pas alors d'autres routes dans le pays pour faciliter les relations commerciales. Il n'existait que les anciens chemins établis par les Gaulois, et encore étaient-ils souvent impraticables et infestés par les voleurs. Les voies romaines étaient rompues sur plusieurs points ou interceptées fréquemment par les paysans qui y avaient fait passer la charrue, ou qui les avaient coupées par des fossés et des buissons. Il n'était plus possible de les suivre. Tout le commerce se faisait par la mer, les fleuves et les rivières. On peut dire qu'il n'y avait pas alors de routes en France.

Les ports de la Sèvre, entre Niort et Marans, étaient des entrepôts de sel. Les gabares de Niort déposaient à Marans les vins, les laines et les blés et rapportaient le sel qui était expédié dans l'intérieur du pays. Le sel de l'Aunis était réputé le meilleur de l'Occident, et il était très recherché par les marchands limousins, angevins, bretons, qui venaient l'échanger contre des épices, des étoffes et des merceries.

Le Poitou, convoité par les rois de France et d'Angleterre, n'avait point de préférence au point de vue politique, mais sous le rapport commercial ses tendances étaient anglaises. Il trouvait dans les ports de cette nation les placements de ses produits, et avec la protection des Anglais la mer, cette grande voie d'exportation, lui était toujours ouverte. Les rois de France connaissaient les dispositions des Poitevins, aussi faisaient-ils tous leurs efforts pour se les concilier et se les attacher. Deux lettres, l'une en latin, l'autre en français, datées du 7 janvier 1314, écrites par le roi Philippe-le-Bel au sénéchal du Poitou et aux collateurs des finances de ce pays, leur mandent de ne prendre et de n'exiger aucune finance des maires, bourgeois et échevins de la ville de Niort pour les guerres de Flandre; ordre, au contraire, leur est donné de les rendre, s'ils avaient commencé à toucher les taxes. C'était vraiment porter la bienveillance fort loin; mais la royauté française avait besoin de ménager les communes et elle avait raison.

On voit, par un arrêt donné à Paris le 6 juin 1310, avec quelle faveur le corps de ville de Niort était écouté par le roi. Un conflit s'était élevé entre le prévôt de Niort et les maires et échevins de la ville, au sujet de la suprématie judiciaire que réclamait le maire. Cet arrêt porte que « le maire devoit
« avoir et auroit l'obéissance de la juridiction de tous les
« jurez de la communauté, tant ès cas criminels, causes et
« actions civiles, que causes et actions privilégiées et autres,
« quoique la personne qu'il demanderoit fut dans la cléricaé
« ture ou autrement privilégiée, de quelque action qu'il lui
« requerera. Item plus fut dit par arrêt que le dit prevôt
« n'auroit, ni ne doit avoir jurisdiction, ne cohersion quelle
« quelle soit sur le dit maire, mais au contraire se justiciera
« par le sénéchal de Poitou. » (A. H. V. — D. F.)

Cet arrêt montre que la juridiction du maire s'étendait sur tous les jurés, c'est-à-dire sur tous les bourgeois de la commune, dans tous les cas, même sur les habitants appartenant à la cléricature ou jouissant de privilèges. C'était porter le pouvoir judiciaire des maires de Niort jusqu'aux dernières limites, et ne laisser que fort peu d'action aux prévôts de la ville.

Bientôt les maires de Niort eurent de nouvelles réclamations à adresser au roi de France sur le même sujet, et obtinrent, comme par le passé, une prompte satisfaction. Charles-de-France, frère de Philippe-le-Long, avait reçu, en 1316, Niort et ses dépendances en accroissement d'apanage. L'administration des officiers de ce prince froissa le maire qui demanda le maintien de ses droits. Une lettre de Charles-de-France, du 19 mars 1319, maintint la juridiction des maires de Niort sur tous les jurés de la ville.

Nous avons vu qu'en 1285, le roi de France avait concédé aux habitants de Niort le droit d'avoir un port franc, mais aucune taxe n'avait été donnée pour permettre de l'établir dans de bonnes conditions. Enfin, le 13 novembre 1325, Renaud de Baucheviler, sénéchal de Poitou, donna commission à l'évêque de Maillezais et à deux autres personnages de mettre une imposition sur les habitants de la ville de Niort et autres intéressés, pour la construction d'un port. Le tout en vertu des ordres du roi Charles-le-Bel.

La taille fut perçue et les travaux d'art pour le port et la navigation poursuivis avec activité, mais ils devaient être suspendus par la guerre et ne plus être repris qu'en 1380.

FAITS ET DOCUMENTS DIVERS.

Alphonse, comte de Poitou, mourut au mois de mars 1271 ; il fut regretté. Son administration avait été éclairée et bienveillante. Il s'était efforcé de faire accepter par les Poitevins la domination du roi de France.

—

Deux lettres de Philippe-le-Hardi, du 5 mai 1280, confirmèrent les libertés et franchises dont jouissaient les habitants de la ville de Niort, du temps de Henri et de Richard, rois d'Angleterre.

—

— 59 —

Une vieille coutume établissait une taxe pour fournir des subsides pour la chevalerie et pour les mariages des aînés et filles de France. Les bourgeois de Niort, en passant sous la domination des rois de France, avaient obtenu l'affranchissement de cette taxe. Aussi firent-ils valoir leurs priviléges, lorsque le fils aîné de Philippe de Valois fût reçu chevalier et que la fille du roi se maria.

Le sénéchal de Poictou inhiba et deffendit aux manans et habitans de la ville de Nyort, qu'ilz ne pussent vendanger sans l'ordonnance, congié et permission dudit maire de ladite ville, sur paine d'amende arbitraire. (A. H. V. — A. T.).

Une condamnation pour usure est prononcée, au mois de juin 1333, contre Jehan Mellemesse. L'amende fut de cent sols tournois. Le jugement fut rendu par Hugues de Naydes, chanoine d'Angers, et Guillaume Lescuier, chanoine de Notre-Dame la grande de Poitiers, commissaires députés par le roi, sur contrats usuraires. (A. H. V.)

Philippe VI, qui devait attirer tant de calamités sur la France, songeait à entreprendre une croisade pour venger, disait-il, Saint-Louis, mort à Tunis; mais sa véritable intention était de se poser en chef de la chrétienté et d'annexer à ses Etats l'empire d'Allemagne. Ce projet, conçu en 1331, fut ajourné et repris en 1335. Dès le commencement de cette année, il demanda des subsides à ses bonnes villes pour *l'ayder à faire son voyage outre-mer*. Le sénéchal du Poitou adressa, le 4 février 1335, à ce sujet, une lettre aux maire, bourgeois de la commune de Niort, qui n'accordèrent le subside que conditionnellement.

C'était un acte de défiance; il prouve que les villes qui possédaient des communes n'étaient point taillables et corvéables à merci. Niort jouissait de ce précieux privilége.

Prix des objets de consommation et la main-d'œuvre au commencement du XIIIe siècle, dans le Poitou.

Les prix paraîtront minimes, mais il faut se rappeler que l'argent avait alors une bien plus grande valeur que de nos jours.

L'ordonnance du sénéchal de Poitou, datée de 1307, règle ce qui suit (1) :

Tuit bolenger, tuit forner et autres faiseurs de pain, douront à leurs valets, à celui qui enfourne 2 sous 6 deniers, et aux autres valets 2 sous par semaine, et leurs dépens.

Bons charpentiers et bon massons auront par jour 12 deniers et leurs dépens, ou 18 deniers sans dépens, et moyens charpentiers et

(1) Extrait des *Réflexions sur le rapport entre l'argent et les denrées*, in-4°, Paris, 1746, pag. 198-199 et 200.

massons 8 deniers par jour et leurs dépens, et 12 deniers sans dépens.

Vignerons, hotteurs et autres menus ouvriers, auront sans dépens de 8 à 9 deniers.

Souliers de cordouan bons et fins pour homme, les meilleurs 32 deniers ; souliers de vache bons et fins, les meilleurs 2 sous.

Somme de grosse bûche le fais de cheval commun en bois, où l'on peut aller une fois par jour, 8 deniers.

Valets à maréchaux, c'est à savoir, forgeurs prenront par jour 4 deniers et leurs dépens.

Fer de cheval d'armes le plus grand 8 deniers ; fer de roucin et de palefroy, et de grand mulet, 6 deniers ; fer de roucinaille et de muleton 4 deniers ; fer d'asne 3 deniers.

Jalon d'huile, 4 sous.

Liv. de sef (ou suif), 6 deniers.

Liv. de sain, 7 deniers.

Liv. de sain fondu, 6 deniers.

Liv. de chandelle de sef, de couton et de lumignon, 8 deniers.

Fais de foin apporté au marché à un homme, 18 deniers.

Fais de foin à un asne bon et grand, 2 sous.

Fais de foin bon et grand à un cheval, 4 sous.

Fais de feurre (ou de paille) à un cheval bon et grand, 18 deniers.

Liv. d'acier poitevin ou autre, 3 deniers et maille.

Cuir de bœuf verd, 25 sous.

Cuir de bon bœuf tanné, 23 sous.

Peau de mouton à toute la laine, 2 sous.

Bon frein pour roucin, 4 sous.

Uns esperons, 12 deniers.

Selle à escuier garnie d'étriers et de poitrail, 26 sous.

Paire de gands d'alun bons, 8 deniers ; et les autres gands, 6 deniers.

Un cent de bourre lanisse, 26 sous.

Le millier de clous à cheval, 7 sous.

Millier de clous à latte, 4 sous 6 deniers.

Millier de clous à corde bons et fins, 5 sous 6 deniers.

Peau de parchemin la meilleure, de chevrotin ou de velin, 10 deniers.

Peau de parchemin commun, 6 deniers.

L'hôtelier ne prenra pour la grande mesure d'avoine signée au sein du roi que 13 deniers et pour foin jour et nuit, 12 deniers.

En 1310, la valeur du marc d'argent fin monnoyé était de 4 livres.

En 1312, le setier de froment valait, à Paris, 16 sous 3 deniers ; le tonneau de vin, 3 livres 4 sous 10 deniers ; l'aune de toile, la plus belle, 4 sous 5 deniers.

CHAPITRE VI.

Sommaire. — Les statuts de la charte de la commune de Rouen appliqués à la commune de Niort. — Libertés municipales. — Commencement des guerres anglo-françaises. — Niort, assiégé par les Anglais, les repousse. — Le roi Jean fait prisonnier par les Anglais à la bataille de Poitiers. — Le Poitou passe sous la domination anglaise. — Procès-verbal de la prise de possession de la ville de Niort par Jean Chandos, au nom du roi d'Angleterre.

La charte d'Aliénor d'Aquitaine, confirmée par les rois d'Angleterre, et plus tard par les rois de France, accordait aux habitants de Niort le droit de commune, selon les statuts de celle de Rouen ; cependant il leur avait été impossible jusqu'à ce jour, d'avoir eu la communication de ces statuts. Le maire profita des dispositions de Jean, duc de Normandie et comte de Poitou, pour obtenir enfin cette communication, demandée depuis si longtemps. Le 18 mai 1344, le duc Jean, agissant en sa qualité de duc de Normandie, ordonna *aux Maire et Commune de Roüen*, sous peine d'y être contraints, *de bailler copie en forme deuhe et authentique ésdits Maire et Jurez de Nyort*. Voici les principaux articles de ces statuts (1) :

Quand il s'agira de faire le maire de Rouen, les cent pairs éliront trois hommes de probité de la ville qu'ils présenteront au roy, afin qu'il fasse maire celuy qu'il luy plaira, et parmi ces cent pairs, qu'il en sera esleu vingt-quatre par leurs suffrages, dont douze seront appellez eschevins et douze conseillers.

Ces vingt-quatre feront serment de conserver les droits de la Sainte Eglise, la fidélité au roy, et la justice en jugeans en conscience ; et si le maire leur a ordonné de garder le secret, celuy qui le révélera sera mis à la discrétion de la communauté.

Ainsi, la ville de Niort jouissait, à cette époque, d'un droit qu'elle n'a plus : celui de présenter trois candidats, parmi

(1) *Thresor de la ville de Nyort*, édition in-8° de 1866.

lesquels le roi était obligé de choisir un maire. Aujourd'hui, le maire et les adjoints des villes sont nommés par le chef de l'Etat. Le corps de ville de Niort eut même la prétention de ne plus être astreint à présenter trois candidats, et il voulut élire son maire, ce qu'il fit à plusieurs reprises, mais sans pouvoir conquérir ce droit, qui lui fut constamment contesté par les hommes du roi.

> Le maire et les douze eschevins s'assembleront deux fois par chacune semaine pour les affaires de la ville, et s'ils se présente quelque difficulté, ils appelleront ceux des douze conseillers que bon leur semblera, pour donner leurs advis ; et les douze conseillers s'assembleront chacun samedy avec le maire et les eschevins, et toutes les quinzaines, aussi le jour de samedy, toute la communauté s'assemblera.

On voit que le corps de ville s'occupait activement des intérêts de la cité. Il se réunissait deux fois par semaine, ce qui n'a lieu de nos jours que de temps à autre, et avec l'autorisation préfectorale.

Les échevins, conseillers et pairs qui n'assistent pas aux assemblées sans motif légitime sont frappés d'une amende qui varie de cinq sols à deux sols, selon la qualité de l'absent.

Encore une très bonne mesure que nous voudrions voir rétablie. Que de conseillers municipaux qui ne paraissent que très rarement aux séances !

> Un échevin ne pouvait faire un voyage un peu lointain sans en demander la permission au maire et aux autres échevins.

Cette disposition avait pour but de forcer les membres de la commune qui s'absentaient pour longtemps, à donner leur démission, afin de ne pas se soustraire aux devoirs municipaux qu'ils s'étaient engagés à remplir.

Un règlement très sévère était appliqué aux membres du corps de ville qui troublaient les assemblées communales.

> Si, pendant l'assemblée à l'hôtel-de-ville, disent les statuts, quelqu'un interrompt le maire ou quelqu'autre personne que le maire voudra entendre, le maire luy ordonnera de se taire ; et s'il n'obéit pas, il payera sur le champ douze deniers, dont huit seront employés aux affaires de la ville, et quatre pour les sergens gagez.
> Si quelqu'un des eschevins, conseillers ou pairs étant assemblez

pour rendre justice, se lève de son siège pour opiner, il payera douze deniers applicables comme dessus.

Si, dans l'assemblée des maires et eschevins à l'eschevinage, quelqu'un dit des injures dans l'audience, il sera mis à la discrétion des maires et eschevins, eu égard à l'énormité de l'injure et aux récidives.

Si le maire viole l'institution de la communauté, il payera deux fois autant qu'un eschevin, parce qu'il doit montrer l'exemple du droit, de l'équité et de l'observation des statuts.

Viennent ensuite les articles concernant la répression des crimes et délits.

Le voleur était jugé par la communauté et appliqué au pilori. S'il y avait eu voies de fait, le coupable était remis au juge royal.

Le juré qui avait tué un autre juré était livré à la justice royale, et s'il était fugitif, sa maison était rasée.

Le pilori n'était pas toujours une peine infamante. Ainsi, un article de ces statuts dit que « si quelqu'un a été mis au pilori, non pas pour larcin, mais pour avoir transgressé les statuts, et que quelqu'un lui ait fait insulte, l'insultant paiera vingt sous, dont il y aura cinq pour l'insulté et quinze pour les affaires de la ville. Si l'insulteur ne veut ou ne peut payer, il sera mis au pilori. »

Les statuts s'occupaient même de punir les femmes querelleuses et méchantes. Celles qui étaient convaincues de ces deux défauts étaient liées avec une corde sous les aisselles et plongées trois fois dans l'eau. Il faut dire qu'à Niort il n'y eut jamais de semblables exécutions hydrothérapiques.

Le débiteur insolvable était traité sans miséricorde. Ses biens étaient saisis jusqu'à concurrence de sa dette, et s'il ne possédait rien, il était chassé de la ville. Il ne pouvait y rentrer qu'après avoir désintéressé ses créanciers, sous peine d'être mis en prison; il ne pouvait en sortir qu'en donnant cent sols et en faisant serment de ne plus revenir avant d'avoir payé ses dettes.

Plusieurs articles énumèrent les droits du maire en matière de justice criminelle.

Les statuts se terminent en ordonnant aux maire, eschevins et pairs de faire serment, au commencement de leurs exercices, de juger toujours équitablement et de ne faire jamais aucune injustice par amitié ou par haine. Ils devaient aussi faire serment de ne prendre jamais d'argent, ni de présent, mais de juger en conscience. Si quelqu'un des jurés se trouve avoir pris quelque présent pour une affaire traitée à l'échevinage, sa maison sera sans contredit démolie, et jamais lui ni ses héritiers n'auront le commandement de la communauté.

Dom Fonteneau qui, au xviii° siècle, a consulté les archives de l'Hôtel-de-Ville de Niort, parle en ces termes de cette charte :

« Rolle en parchemin et en latin dans lequel sont contenus
« les privilèges et droits appartenans à la mairie corps et
« college de Rouen entre les quels le premier est que les cent
« pairs constituez au corps et dit collège de Rouen, doivent
« élire trois prudhommes d'entre eux pour estre présentez
« au Roy afin qu'il accepte pour maire celui qu'il luy plaira,
« qu'ils doivent en outre élire d'entre les cent pairs 24
« dont il y en a douze qui s'appellent eschevins et les
« autres 12 conseillers, lesquels au commencement de leur
« année doivent faire serment de garder et d'observer les
« droits de l'église, estre bon loyal et fidelle au Roy leur
« souverain seigneur et observer justice selon leur conscience,
« et ce que le maire leur enjoindra estre celé touchant le fait
« de leur corps et college et profit et utilité de la dite ville
« de Rouen est dit qu'ils le celeront sous peine d'estre ôtés
« de leur estat et office et estre mis en la miséricorde de la
« commune. Doivent les maires et eschevins s'assembler
« deux fois la semaine pour pourvoir aux affaires de la ville
« et cité de Rouen s'il doute qu'il doit avoir quelque affaire.
« Ils convoqueront avec eux des douze conseillers ceux qu'ils
« voudront pour conseiller le maire sur l'affaire. Ils assem-
« bleront avec eux les cent pairs à quelque jour sur semaine
« en leur corps et college, pour sur iceux conclure en la ma-
« niere qu'il verra estre affaire, etc. » — (Manuscrits de Dom Fonteneau. — Bibl. de Poitiers.)

Ces statuts ont régi pendant plusieurs siècles la commune de Niort. Nous avons vu qu'ils accordaient des libertés municipales très étendues dont nous ne jouissons plus aujourd'hui. Ils maintenaient l'ordre, le respect de l'autorité, assuraient la répression des délits et des crimes ; enfin ils convenaient parfaitement aux idées, aux mœurs et aux habitudes de cette époque. Chaque commune était une petite république, reliée au pouvoir royal par un lien dont le poids ne se faisait sentir que dans des temps de troubles, de guerres étrangères ou de luttes intestines. Par malheur, notre ville eut à subir toutes ces calamités.

Trois ans plus tard, en 1344, les maires et jurés de Niort obtinrent de retenir « *les rentes et devoirs deus à la charité de la Blée* (1), *sans être contraints d'en faire aucune finance au roy ni à ses successeurs.* » C'était encore un nouveau privilège acquis par le corps de ville.

Les Niortais, heureux d'avoir enfin obtenu le texte des statuts de la ville de Rouen qui leur permettaient de jouir de privilèges municipaux très précieux, se préparaient à donner un nouvel essor à leur commerce maritime, lorsque le désastre de Crécy, en 1346, fit éclater les plus grandes calamités.

Edouard III, roi d'Angleterre, prétendait avoir des droits à la couronne de France, mais, en 1328, il avait été obligé de reconnaître Philippe de Valois. Cependant, il nourrissait toujours l'espoir, en secret, de faire valoir tôt ou tard ses droits. L'occasion se présenta en 1336. Edouard, excité par Robert d'Artois, banni de France pour lèse-majesté, soutint les Flamands révoltés contre le comte de Nevers et prit le titre de roi de France. La guerre semblait devoir se borner à des hostilités peu importantes, et une trêve fut signée pour maintenir la paix jusqu'en 1346. A l'expiration de cette trêve, Philippe VI fit décapiter, à Paris, quinze chevaliers bretons qui avaient engagé leur foi au roi d'Angleterre. Edouard III se porta leur vengeur. Il équipa une flotte, descendit en Normandie avec une armée, s'empara de plusieurs villes, et ses coureurs parurent jusque sous les murs de Paris. Le roi de France avait réuni une armée et il marcha contre les Anglais qu'il rencontra, le 27 août, à Crécy. L'indiscipline des seigneurs français, les mauvaises dispositions prises par le roi de France amenèrent une complète défaite : 11 princes, 80 bannerets, 1,200 chevaliers et 30,000 soldats restèrent sur le champ de bataille. Jamais la France n'avait éprouvé un aussi terrible désastre.

Philippe VI déploya la plus grande énergie afin de réunir une nouvelle armée pour réparer la défaite de Crécy. Il rap-

(1) La Blée était une charité qui se faisait en blé.

pela toutes les troupes dont il pouvait disposer, et le Poitou se trouva dégarni et ouvert à l'ennemi.

Dès que les Anglais apprirent que le Poitou ne pouvait leur opposer aucune résistance, ils firent des préparatifs pour s'emparer de cette province. Le comte de Derby partit de Bordeaux avec une armée ; il se présenta sous les murs de Niort, en 1346, et livra trois furieux assauts. Cette ville était défendue par un brave chevalier, Guichard d'Angle, qui repoussa toutes les attaques des Anglais et les força à lever le siège. En se retirant, ils massacrèrent la population de Saint-Maixent et livrèrent le Haut-Poitou au pillage.

Une trêve de dix mois laissa les Anglais en possession des villes qu'ils occupaient et suspendit pour quelque temps les opérations de guerre.

Le roi de France profita de cette trêve pour réunir les notables du royaume en une sorte d'assemblée des États généraux. Comme les autres villes, Niort reçut, le 10 octobre 1347, une lettre du roi « *mandant aux manans et habitans de ladite ville d'envoyer par devers luy deux ou trois personnages des plus notables d'icelle pour conseiller et adviser le dit seigneur Roi dans les affaires du royaume.* »

Les archives de Niort sont muettes sur les noms des députés que la ville envoya pour conseiller du roi.

La France ne jouit que de quelques années de repos. La guerre avec les Anglais recommença, et en 1356 le roi Jean fut vaincu et fait prisonnier à la bataille de Poitiers. Cette défaite eut des résultats encore plus désastreux pour notre pays que celle de Crécy.

Le dauphin Charles, duc de Normandie, prit le titre de lieutenant du roi de France et convoqua les États-généraux. Son frère Jean, chargé d'administrer le Poitou, reçut à Poitiers, le 5 novembre 1357, le serment de féauté du maire de Niort, Jean Sarrasin. Les maires de cette ville devaient l'hommage-lige au comte de Poitou, « pour la mairie, la commune et appartenances d'icelles. » Jean Sarrasin n'avait pu se rendre à Poitiers, mais il avait confié sa procuration à deux bourgeois notables de Niort, Pierre Bachisme et Jean Giffart.

Le traité de Brétigny, signé en 1360, quatre ans après la perte de la bataille de Poitiers (1356), nous donne la paix, mais à quel prix ! Par ce traité, le roi de France cède aux Anglais, en toute souveraineté, la moitié occidentale des pays situés entre la Loire et les Pyrénées, avec le Ponthieu, Guisnes et Calais.

Le Poitou retourne sous la domination anglaise. « En cette
« année 1361, dit Froissart, passa messire Jehan Chandos,
« comme régent et lieutenant de par le roi d'Angleterre ; et
« vint prendre la possession de toutes les terres dessus dictes,
« et les fois et les hommages des comtes, des vicomtes, des
« barons et des chevaliers, des villes et des forteresses ; et
« mit et institua partout sénéchaux, baillifs et officiers à son
« ordonnance et vint demeurer à Niort (1). »

Nous donnons, d'après le procès-verbal dressé à cette époque, le détail de la prise de possession de la ville de Niort sans conserver l'ancienne orthographe de ce document dont le texte a été publié par M. A. Bardonnet dans les *Mémoires de la Société de statistique des Deux-Sèvres :*

« Le mercredi, fête de la Saint-Michel, avant dernier jour de septembre 1361, monseigneur Chandos, lieutenant du roi d'Angleterre, vint à Niort. Il était en compagnie de messires Richard Totesham et Guillaume de Felynton. Il se présenta à la porte Saint-Gelais, pour avoir à prendre la possession et saisine de la ville et chastel de Niort.

« Et illeques furent présens : messire Louis de Harcourt, vicomte de Châtellerault, et messire Guichard d'Angle, commissaire du roi de France, pour prendre, bailler et délivrer la possession du pays de Poitou, de Xaintonge et de plusieurs autres, au roi d'Angleterre.

« Ils entrèrent en la première porte de la ville, en une maison assise entre les deux portes, et là trouvèrent le maire de la ville qui faisait lire la lettre de transport et avec le maire étaient plusieurs bourgeois et habitants de la ville.

« Les commissaires du roi de France demandèrent au maire de leur remettre les clefs de la ville pour les bailler à messire Jehan Chandos, lieutenant du roi d'Angleterre. Le maire les leur donna et pria les commissaires de demander à messire Jehan Chandos comment il voulait confirmer et faire confirmer par le roi d'Angleterre les privilèges et libertés dont les habitants jouissaient.

« Les commissaires portèrent les clefs de la ville à Jehan

---

(1) Froissart, livre Ier, chap. CXLI.

Chandos et lui firent connaître les paroles du maire. Il prit les clefs au nom du roi d'Angleterre et les confia au maire, puis il l'assura qu'il ferait volontiers confirmer les privilèges et libertés autant qu'il le pourrait et aussi complètement que le traité de paix le portait.

« Jehan Chandos prit ensuite le toroil (marteau) de la porte de la ville en signe de possession, au nom du roi d'Angleterre. Il se rendit aussitôt, avec les commissaires, au château dont le gouverneur, Taxart de Bazingant, lui remit les clefs, et il pénétra dans l'intérieur et prit le toroil de la porte, comme marque de prise de possession. Il remit ensuite les clefs au gouverneur, jusqu'au lendemain, pour garder le château au nom du roi d'Angleterre.

« Le même jour, Jehan Chandos fit faire le cri général par tous les quartiers de la ville, afin de convoquer pour le lendemain, à l'Hôtel des frères mineurs, tous les habitants.

« Ce jour-là, Jehan Chandos reçut à cet hôtel les serments d'obéissance des personnes dont les noms suivent :

« Maistre Jehan Sené, maire et en son nom privé ; Maistre Pierre Bachisme ; Maistre Michel Sarrasin ; Maistre Jehan Buffeteau ; Maistre Pierre Pertseschausses ; Maistre Jehan Voysin ; Jean Sarrazin ; Guilleaume Birochon ; Jehan Giffart ; Jehan de Luserche du Columbier ; Jehan de Sainte Vaise ; Guilleaume Borreau ; Pierre Gabiret ; Jehan du Grant ; Jehan Filloleau ; Raoul Gaudin ; Robin Françoys ; Bausdet Basselme ; Jehan Auffroy ; Jehan de Sainte Vaisse ; Guillaume Aloay ; Michea Polain ; Jehan Polain ; Jehan Compaignon ; Jehan Pignon ; André de la Mote ; Jehan d'Ambayse ; Pierre Chandious ; André Chauray ; Philippon Teaut ; Messire André Caillaut ; Guillaume Julle ; Simon Aymer ; Jehan Bachisme ; Jehan Couteau ; Jehan de Saint Serre ; Aymé Compaignon ; Jehan de Faye ; Jehan Ymbert ; Jehan Buffeteau ; Pierre Beau Jau ; Aymé Ratier ; Jehan Rosseau ; Gervays Laydin ; Arnaud de la Cote ; Robin Benest ; Jehan Ami ; Jehan Laydet ; Pierre de Maire ; Gervays de Londres ; Jehan Tesson ; Jehan Mercier ; Jehan Pereys ; Guillaume Amiot ; Jehan Arnaud ; Guillaume Hervé ; Peyre Legayre ; Denis Joucelin ; Peyre Fougolier ; Jehan Legayre ; Thomas de l'Escole ; Jehan Brochard ; Thomas Recoquille ; Jehan Jacquet ; Jehan Moricet ; Jehan Claret ; Jehan Papineau ; Aymé Sereau ; Jehan Vergeau ; Guillaume Bernard ; Bachoe Laydin ; Aymé Jay ; Jehan Saboure ; Pierre

Rosseau ; Pierre Philippon ; Jehan Flamen ; Jehan Servent ; Simon Garny ; Pierre Babineau ; Pierre Grossin ; Jehan Morand ; Marin Badeau ; Lucas Poyssonet ; Jehan Gilebert ; Massé de la Porte ; Jehan Jaquet ; Jehan de l'Escole ; Pierre Poyssonet ; Guillaume Poillieu ; Guillaume Gaillard ; Estienne Alenit ; Jehan Carré.

« Toutes ces personnes et tout le reste de la population de la ville assemblée levèrent les mains sur les Saints Evangiles en faisant le serment de soumission au roi d'Angleterre.

« Jehan Sené, maire de la ville, et le prévôt Jehan de Sancerre eurent mission de recevoir les serments de ceux de la ville et de la châtellenie qui ne l'avaient pas fait et de faire connaître leurs noms au sénéchal.

« Le même jour, Jehan Chandos reçut le serment de foyauté de :

« Messire Jehan de Luserche, chevalier ;

« Jehan de Curssay ;

« Et Guillaume Biau (probablement Viau), procureur de damoiselle Marthe de Surgères, pour la châtellenie de Dampierre.

« La veille, Jehan Chandos avait reçu les serments d'obéissance de l'abbé de Saint-Liguaire, de messire Hugues de Surgères, chevalier, de Hugues de Vivône, écuyer, et de Jehan Prevost, écuyer. »

Le châtelain de la ville et du châtel de Niort fut messire Guilleaume de Montandre.

Telle fut la formalité de cette prise de possession qui faisait passer notre contrée sous la domination du roi d'Angleterre.

Comme le raconte Froissart, Niort devint la résidence de Jehan Chandos.

La mortalité avait été grande à Niort, depuis le commencement des calamités qui pesaient sur le pays. Malgré les vides qui s'étaient opérés dans la population et au mépris des privilèges dont elle jouissait, les habitants furent astreints par la garnison anglaise à faire le guet et à contribuer aux réparations des fortifications. Les Niortais adressèrent au prince d'Aquitaine et de Galles leurs doléances auxquelles il fut fait droit.

La commune de Niort fut dispensée de faire le guet et de contribuer aux réparations du château de la ville. « Vous

« mandons, écrivait le prince de Galles au sénéchal de Poi-
« tou, que selon la nécessité de notre ville de Nyort, eu
« regard aux habitans d'icelle, fassiez pourvoir de guait, sans
« préjudice du guait appartenant et nécessaire à nôtre châtel
« de nôtre dite ville et autres châteaux des environs. »

Dans cette même lettre, datée d'Angoulesme le 22 mai 1367, le prince de Galles constate que la ville de Niort est grande et spacieuse et qu'elle doit être gardée avec soin, le jour et la nuit, pour la *seureté d'icelle et du pays environ.*

FAITS ET DOCUMENTS DIVERS.

Les privilèges de la ville de Niort sont confirmés par Philippe de Valois, le 7 juin 1341. Les lettres confirmatives stipulaient que la ville ne pourrait passer en d'autres mains sans le consentement des habitants.

—

Une sainte femme, Guillemette Bourrière, qui avait consacré son existence à des œuvres de charité, fonde, en 1342, une chapelle en l'église de Saint-André. (D. F.).

—

En 1357 un nommé Hillairet Bonnet de la Goupillière vend au maire de Niort le droit de jaléage des vins qu'il avait sur les habitants de la paroisse de Notre-Dame de Niort. (A. H. V. — A. T.)

—

Le 30 août 1363, le roi d'Angleterre, duc de Normandie, mande aux gens de guerre du pays Niortais d'avoir en garde le château de la ville de Niort.

—

Les privilèges de la ville de Niort sont confirmés, le 17 octobre 1363, par le roi Richard, fils du roi d'Angleterre. (A. H. V. -A. T.)

—

Une charte de Dom Fonteneau nous apprend que Guillaume de Felton, chevalier, sénéchal de Poitou pour le prince d'Aquitaine et de Galles, tint des assises à Niort le 31 juillet 1365. Il s'agissait de la réparation d'un arceau du pont de Niort situé derrière la porte du Pont-Vieil, que Héliot Tison, écuyer, s'était chargé de faire réparer, mais qu'il n'avait pas mis en état à l'époque fixée. Les biens de l'écuyer avaient été saisis et il porta sa réclamation devant Guillaume de Felton. Il fit valoir que la saison avait été mauvaise et qu'il avait été dans l'impossibilité de faire exécuter les travaux. Il promit de les faire terminer dans un court délai par Jehan Segrestain, de Saint-Maxire, maçon, qui en avait pris l'engagement.

Le sénéchal rendit une ordonnance qui leva la saisie mise sur les biens de l'écuyer Tison.

Le bourg de Saint-Maxire, dont il est question dans ce procès, avait à cette époque une importance qu'il a perdue depuis un ou deux siècles. Les ruines enfouies dans le sol qu'on découvre de temps à autre, prouvent que cette localité a été autrefois un centre de population considérable.

CHAPITRE VII.

SOMMAIRE. — Le prince de Galles convoque un Parlement à Niort pour le vote de nouveaux impôts. — Opposition des seigneurs à ces mesures fiscales ; ils s'adressent au roi de France. — La guerre recommence entre les Français et les Anglais. — Niort ouvre ses portes aux Français. — Reprise par les Anglais, elle est pillée et ses habitants massacrés. — Prise de Saint-Maixent, de Melle et de Thouars par Duguesclin. — Siège et prise de Chizé par Duguesclin. — Stratagème de Duguesclin pour s'emparer de Niort. — Procession établie pour célébrer cette victoire. — Faits et documents divers.

Les guerres traînent toujours après elles de grandes calamités : famine, épidémie, ruines, dépopulation; mais l'une des plus redoutables, au moyen-âge, était le brigandage, causé par le manque de répression ou par le licenciement de soldats habitués à vivre de rapines, qui pourvoyaient à leur existence par le vol et l'assassinat.

Les Anglais, à la suite de la paix de Bretigny, licencièrent un grand nombre de soldats, qui formèrent ces fameuses bandes désignées sous le nom de *Grandes Compagnies*; elles pillaient le pays, rançonnaient et massacraient les habitants qui refusaient de subir toutes leurs exigences. Duguesclin, afin de délivrer la France de ces aventuriers, se mit à leur tête ; il les entraîna en Espagne et parvint à donner la couronne de Castille à Henri de Transtamare. Le roi détrôné, don Pèdre se réfugia à Bordeaux et promit au prince de Galles, s'il le rétablissait sur le trône, de lui livrer la province de Biscaye et 600,000 florins cachés dans le souterrain d'un château. Les chevaliers du prince, surtout les Gascons, qui étaient peu riches, se laissèrent séduire par ces promesses. L'expédition d'Espagne fut donc décidée pour aller à la conquête de ces richesses.

Le prince de Galles rappela les aventuriers anglais et gascons qui faisaient partie de l'armée de Duguesclin et franchit les Pyrénées, à la tête de nombreuses troupes. La rencontre eut lieu près de Najera, le 3 avril 1367. Duguesclin, vaincu, fut fait prisonnier et don Pèdre rétabli sur le trône. Mais lorsqu'il s'agit de déterrer le trésor de 600,000 florins, le roi fut obligé de reconnaître que ce trésor n'existait que dans son imagination. Il était donc impossible de trouver une compensation aux frais énormes que cette expédition avait coûtés. Le prince de Galles y avait achevé sa ruine et les seigneurs gascons y épuisèrent leurs dernières ressources. Pour comble de malheur, le pays était dévasté. Les troupes n'avaient pas de vivres et étaient réduites à manger des fruits, qui firent éclater la dyssenterie. L'armée du prince de Galles repassa les Pyrénées, décimée par la maladie et irritée de n'avoir pu recueillir aucun butin.

Aussitôt leur retour à Bordeaux, les seigneurs gascons réclamèrent leurs soldes ; mais le prince de Galles, dont le trésor était vide, au lieu de faire droit à leur réclamation, y répondit par une demande de subsides. L'évêque de Bath, anglais d'origine, chancelier d'Aquitaine, conseilla de *faire courir par toute l'Aquitaine un fouage*. C'était une imposition qui se percevait par chaque feu.

Chandos comprit l'impopularité de cette mesure et s'y opposa vivement ; mais on ne tint pas compte de ses sages avis et on le laissa se retirer en Normandie. Cependant, comme la simple annonce de ce fouage avait soulevé du mécontentement parmi les seigneurs du Midi, on résolut de convoquer le Parlement, non à Bordeaux, mais à Niort. On espérait écarter les Gascons, qui hésiteraient à faire un long voyage, et on comptait sur l'adhésion de beaucoup de chevaliers anglais qui occupaient, dans le Poitou, l'Angoumois et le Limousin, des fiefs qu'ils devaient à la munificence du prince de Galles.

Le Parlement fut convoqué à Niort, en 1368, selon les formes de l'antique constitution française importée en Angleterre par la conquête des Normands, qui réservait à la nation la liberté de consentir et de voter l'impôt. Comme la nation, alors, était représentée par les possesseurs de fiefs, c'est eux qui devaient être consultés.

Les barons et les riches hommes des cités et des bonnes villes auxquels il appartenait de parler sur le fouage, s'empressèrent de se rendre à Niort. Ni les fatigues, ni les longueurs du voyage n'arrêtèrent les seigneurs convoqués. Le prince de Galles et ses conseillers constatèrent, à leur grande surprise, que pas un seul seigneur du Midi ne s'était abstenu. Tous étaient présents, et Niort vit réunis dans ses murailles les hauts barons de toute l'Aquitaine.

C'est alors que les Anglais regrettèrent de n'avoir pas suivi les conseils du prudent Chandos. Ils purent facilement s'apercevoir que, outre la question du fouage, une autre bien plus redoutable venait d'être soulevée : c'était celle de l'antipathie des races. Les Aquitains n'étaient point Français, c'est-à-dire n'avaient aucune communauté d'idées et de sentiments avec les hommes du nord, qui parlaient la langue d'oïl, mais ils éprouvaient une véritable répulsion pour les Anglais, depuis qu'ils s'étaient trouvés en contact avec eux. Lors du mariage de leur duchesse Aliénor, qu'ils aimaient comme la descendante de leurs ducs, avec Louis VII, ils passèrent sous la domination de la France avec la même facilité qu'ils mirent quelques années plus tard, après le divorce d'Aliénor et son mariage avec Henri Plantagenet, à se soumettre au roi d'Angleterre. Mais le caractère orgueilleux et présomptueux des Anglais les froissèrent.

On était donc arrivé à une de ces crises qui exercent une si grande action sur l'existence d'un peuple, lorsque les Anglais eurent la malencontreuse idée de réunir un parlement à Niort.

Le prince de Galles avait choisi cette ville pour la réunion, parce que, ainsi que le fait remarquer Froissard, « les gens des basses marches de Poitou et de Xaintonge « ont été toudis (toujours) plus obéissans et descendans aux « ordonnances de leurs seigneurs, et plus fermes et estables « que ceux des lointaines marches. » Le prince de Galles espérait que la docilité des Poitevins et des Saintongeois à se plier à sa volonté entraînerait les seigneurs du Midi à accepter le fouage. Afin d'exercer une pression sur les esprits, il voulut présider l'assemblée.

L'évêque de Bath ouvrit le Parlement par un discours très adroit, très modéré, qui présentait l'impôt comme une mesure d'intérêt public et d'une durée très limitée, pour cinq ans seulement et moins de temps peut-être. Il en annonçait la suppression aussitôt que le prince *seroit appaisé du grand argent qu'il devoit*. Le fouage ne devait être que de dix sous par feu et non d'une livre, comme l'ont prétendu plusieurs historiens.

Les arguments de l'évêque de Bath entraînèrent les députés du Poitou, de la Saintonge, du Rouergue, du Limousin et de la Rochelle, qui consentirent à voter les subsides, à la condition toutefois que, pendant sept ans, les monnaies du prince n'éprouveraient ni altération, ni variation de valeur.

Les Gascons se montrèrent beaucoup moins accommodants et refusèrent formellement d'accepter le fouage. Le sire d'Albret, les comtes d'Armagnac, de Périgord, de Comminges, les sires de la Barde, de Terride et de Pincornet, ainsi que les députés des cités et bonnes villes du *Midi, déclarèrent que* « point n'en payeroient, ni jà en leurs terres, courir ne le « souffriroient ; et mettoient avant que ils avoient ressort en « la chambre du roi de France.

« De ce ressort etoit durement le prince courroucé ; et « repondoit bien à l'encontre, et disoit que non avoient, et « que le roi de France avoit quitté tous ressorts et toutes « juridictions quand il rendit les terres à son seigneur de « père, ainsi que bien étoit apparent par les traités et char- « tres de paix, qui de ce faisoient pleinement et clairement « mention, et que nul article de ressort n'y avoient les trai- « teurs de la paix pour le roi de France réservé.

« A ce propos répondoient les Gascons, et disoient qu'il « n'étoit mie en l'ordonnance et puissance du roi de France, « ni oncques ne fut, que il pût quitter du ressort ; car les « prélats, les barons, les cités et les bonnes villes de « Gascogne ne l'eussent jamais souffert ni souffriroient, si il « étoit à faire, pour toujours demeurer le royaume de France « et le royaume d'Angleterre en guerre.

« Ainsi étoient en grignes le prince et les seigneurs de « Gascogne, et soutenoient chacun son opinion et disoient « qu'ils avoient bon droit. » (Froissart, livre I, partie 11, p. 555, édition Buchon.)

Le prince de Galles voyant qu'il ne pourrait rien obtenir des seigneurs gascons, qui formaient la majorité dans le Parlement, prononça brusquement la clôture de l'Assemblée.

Dès que les Gascons furent partis, il convoqua un nouveau Parlement à Poitiers, puis à Angoulême, et enfin à Bergerac ; mais il échoua dans ces diverses tentatives. Les seigneurs poitevins et limousins avaient compris l'efficacité d'une résistance ; ils revinrent sur leur première décision et rejetèrent toutes demandes de subsides de la part du prince de Galles.

Les seigneurs gascons étaient tellement irrités qu'ils en

appelèrent à leur suzerain, le roi de France. Charles V n'était point prêt à faire la guerre, mais il la souhaitait. Aussi, sans prendre d'engagement, il retint les seigneurs à Paris, les combla de présents, leur donna des fêtes et les gagna tous par ses bonnes grâces et surtout par sa générosité.

Charles V, qui savait endurer et patienter, réunit plusieurs fois son conseil pour examiner les chartes du traité de Bretigny. On constata que les Anglais n'avaient jamais observé la paix « *en guerroyant couvertement le royaume de France par les grandes compagnies.* » Le 25 juin 1369, le roi de France se décida enfin à agir et envoya sommation au prince de Galles à comparaître devant la cour des pairs.

Le prince répondit fièrement : « Nous irons volontiers à
« notre ajour à Paris, puisque mande nous est du roi de
« France, mais ce sera le bassinet (casque) en la tête et
« soixante mille hommes en notre compagnie. » Il ajouta :
« Il en coûtera cent mille vies. »

Le roi de France était sage et prudent. Avant d'en arriver à une rupture complète avec les Anglais, il fit sonder les dispositions des Poitevins. On lui répondit : « Cher sire, entre-
« prenez hardiment la guerre, vous y avez cause, et sachez
« que sitôt que vous l'aurez entreprise, vous verrez et trou-
« verez que les trois parts du pays d'Aquitaine se tourneront
« devers vous, prélats, comtes, barons, chevaliers et écuyers,
« et bourgeois de bonnes villes. Veci pourquoi et comment :
« le prince procède à élever ce fouage, dont pas ne viendra
« à chef (à bout), mais en demeurera en la haine et la mal-
« veillance de toutes personnes. Et sont ceux de Poitou, de
« Xaintonge, de Quersin, de Limosin, de Rouergue, de la
« Rochelle, de telle nature qu'ils ne peuvent aimer les An-
« glois, quelque semblant qu'ils leur montrent. Et les Anglois
« aussi, qui sont orgueilleux et présomptueux, ne les peuvent
« aussi aimer, ni ne firent-ils oncques, et encore maintenant
« moins que oncques ; mais les tiennent en grand dépit et
« vileté. » (Froissart, liv. I, partie 11, p. 558, édition Buchon.)

C'était la guerre. Charles V convoqua, le 9 mai 1369, les Etats généraux à Paris et leur soumit le différend qui existait entre lui et le roi d'Angleterre.

On était si désireux de chasser de France les Anglais, que les Etats généraux et la cour des pairs déclarèrent que le roi Edouard et son fils n'ayant point répondu à l'ajournement qui leur avait été adressé, le duché d'Aquitaine et les autres terres de France devaient être et étaient confisquées. Les troupes de Charles V occupèrent immédiatement le Poitou, qui fut gouverné par Jean, duc de Berry, fils du roi de France.

Les habitants de Niort, qui retournaient avec joie sous la domination de la France, sollicitèrent la confirmation de leur droit de coutume et demandèrent au roi de leur accorder la grâce « de ne mettre la ville de Niort hors ses mains ni de celles de ses successeurs sans leur consentement. »

Le duc de Berry répondit aux habitants de Niort, le 6 juin 1370, en confirmant toutes les libertés dont ils avaient joui et en accédant à leur vœu patriotique de ne plus être séparés de la France sans leur consentement.

Les Anglais devaient châtier cruellement les Niortais de leur empressement à se soumettre au roi de France. A la suite de la prise de Poitou par Duguesclin en 1372, Richard d'Evreux et Thomas de Percy, qui n'étaient pas accourus assez tôt pour empêcher la reddition de cette ville, se présentèrent devant Niort, mais les habitants de la ville refusèrent de les recevoir.

« Et leur dirent les villains de la ville que point là ils
« n'entreroient, et qu'ils allassent d'autre part. Or furent les
« Anglois plus courroucés que devant, et dirent que cette
« rébellion de ces villains ne faisoit mie à souffrir, si se appa-
« reillèrent et mirent en ordonnance pour assaillir, et assail-
« lirent de grand courage ; et cils de la ville se deffendirent
« à leur pouvoir. Là eut grand assaut et dur, et qui se tint
« une longue espace ; mais finablement cils de Niort ne le
« purent souffrir, car ils n'avoient nul gentilhomme dont ils
« fussent confortés et conseillés ; et si ils pussent s'y être
« tenus jusques aux vespres ils eussent été secourus et
« confortés du connétable, en quel instance ils s'étoient clos
« contre les Anglois. Mais cils dits Anglois les assaillent si
« vertueusement et de si grand' voulenté, que de force ils
« rompirent les murs, et entrèrent ens, et occirent la plus
« grande partie des hommes de la ville, et puis la coururent
« et pillèrent toute sans nul deport ; et se tinrent là tant
« qu'ils oyrent autres nouvelles. » (Froissard, livre I, partie II, p. 663, édition Buchon).

La résistance de la ville de Niort, ainsi que nous le voyons dans les chroniques de Froissart, est un trait d'héroïsme comme il s'en trouve peu dans l'histoire. Les Niortais étaient devenus Français et ils ne voulaient plus appartenir à l'Angleterre. Ils le prouvèrent dans cette circonstance. Sans garnison française, sans chefs pour les commander, ils rejetèrent fièrement la proposition des Anglais d'ouvrir leurs portes. Il n'y avait point là de chevaliers, les *villains de la ville*, dit Froissart, leur déclarèrent qu'ils n'entreraient pas. C'est donc la commune de Niort qui se trouvait assez vaillante pour résister aux Anglais, et si elle avait pu prolonger la résistance jusqu'au soir, elle aurait eu la gloire de repousser l'ennemi, car Duguesclin accourait à son secours; mais une large brèche fut pratiquée dans les remparts et les Anglais se ruèrent dans la ville. Leur vengeance fut atroce. Ils tuèrent presque tous les hommes et livrèrent la cité au pillage. Ces massacres laissèrent dans notre pays un souvenir de haine contre les Anglais qui ne s'est jamais effacé et qui a traversé les siècles.

Duguesclin, qui n'avait pu arriver à temps au secours de Niort, s'arrêta devant Saint-Maixent, défendu par une garnison anglaise.

Il livre l'assaut, entre dans la ville, pénètre dans le château, massacre la garnison et livre Saint-Maixent au pillage. Il s'empare ensuite de Melle, d'Aulnay, de Benon, puis il obtient sans combattre la soumission de Marans, de Fontenay et de Surgères. La ville de Thouars, qui à cette époque était une ville forte, lui oppose une vive résistance. Le siège dura plusieurs mois et l'artillerie du connétable fut impuissante à ouvrir une brèche dans les murs de la place.

Cependant, comme le vicomte de Thouars redoutait la famine, il convint de remettre la ville au connétable à la Saint-Michel, on était alors au mois de juin, si, avant ce délai, le roi d'Angleterre ne lui avait pas fait parvenir des secours. Thouars était d'une telle importance stratégique, que le roi Edouard et le prince de Galles firent tous leurs efforts pour la conserver. Ils levèrent une armée, équipèrent une flotte et tous les deux s'embarquèrent; mais la fortune qui leur avait été si favorable jusqu'alors les trahit. La flotte dispersée par des vents contraires ne put aborder à la Rochelle, et au bout de deux mois et demi elle fut obligée de regagner les ports d'Angleterre. Tout ce que les Anglais purent envoyer au secours du vicomte de Thouars fut un petit corps d'armée de 1,200 hommes, que Ponchardon avait réuni à Niort. Dans sa loyauté chevaleresque, le vicomte de Thouars reconnut que ce secours était insuffisant et ne le dégageait pas de sa promesse. Aussi fit-il sa soumission à Duguesclin.

La prise de Thouars couronna dignement cette heureuse campagne qui rendait une partie du Poitou au roi de France. La Rochelle, de son côté, chassa les Anglais ; elle se donna au roi de France, mais de manière à rester une république. Les habitants stipulèrent « qu'ils auroient en leurs villes coins « pour forger florins et monnoie blanche et noire, de telle « forme et aloi comme ont ceux de Paris. » (Froissart, VI, p. 15.)

Le brave connétable n'attend pas la fin de l'hiver pour recommencer la guerre. A la tête de 500 lances, il attaque la petite ville de Chizé, très bien fortifiée et défendue par un château. Les premiers assauts donnés par Duguesclin restent sans résultats. Il ne se décourage pas, malgré les plaisanteries des archers anglais, et il pose son camp en face de la ville, dans une excellente situation. Il l'entoure de retranchements et de palissades, de manière à pouvoir attaquer à sa volonté et soutenir lui-même avec avantage un siége.

Nous donnons le récit du siège de Chizé, d'après la Chronique de messire Bertrand Duguesclin, par Cuvelier, rédigée quelques années seulement après la mort du connétable. (1)

« L'histoire rapporte qu'après la prise de Montreuil-Bonnin, messire Bertrand mit le siège devant Chizé. Un chevalier, nommé Robert Miton, occupait ce château pour le compte du roi d'Angleterre avec une nombreuse garnison d'Anglais. Messire Bertrand fit clore son siège dans l'emplacement qui se trouve devant le château par des palissades, et creuser des tranchées du côté de la campagne. Plusieurs fois il fit donner l'assaut ; mais les Anglais se défendirent vigoureusement. En ce temps-là, le lieutenant du roi d'Angleterre en Guyenne était messire Jean d'Évreux, qui réunit les Anglais de plusieurs forteresses à Niort et se trouva bien à la tête de 800 chevaliers et écuyers. Le sire de Clisson était alors devant le château de la Roche-sur-Yon, où il avait mis le siège ; il avait en sa compagnie les sires de La Vauguyon et de Rohan et plusieurs autres barons. Il n'ignorait pas la levée d'Anglais faite à Niort par messire Jean d'Évreux ; mais il ne savait si elle avait pour but de l'attaquer ou de faire lever le siège de Chizé. Le sire de Clisson fit prévenir messire

(1) *La Chronique de messire Bertrand Du Guesclin*, texte rapproché du français moderne, par Gabriel Richou.

Bertrand du danger en lui mandant de se tenir sur ses gardes, ce dont Bertrand le remercia beaucoup. En ce même temps, messire Alain de Beaumont faisait, par ordre de messire Bertrand, le siège d'un autre château dont le capitaine était Cressonval, qui s'y trouvait. Messire Bertrand fit clore son siège de palissades et prévenir messire Alain du rassemblement des Anglais à Niort, pour qu'il se tint en garde. Les Français se trouvaient ainsi assiéger trois places, dont chacune espérait un secours en ce moment.

« Messire Jean d'Évreux parvint à réunir dans la ville de Niort 800 chevaliers et écuyers, tant d'Angleterre que de Guyenne, et ils délibérèrent d'aller dabord devant Chizé pour combattre messire Bertrand et le mettre à rançon. Ils décidèrent entre eux que, s'ils remportaient la victoire, tous les Français seraient mis à mort, à l'exception de messire Bertrand, de Maurice du Parc et de messire Geoffroy de Carmeil, qu'on rançonnerait, à cause de la grosse somme qu'on en devrait tirer et aussi à cause de la vaillance de messire Bertrand ; mais Dieu leur rabattit beaucoup de ce propos. En la compagnie de messire Jean d'Évreux étaient le sire d'Argences, Jacquemon, Jeannequin Herouet, Jeannequin Haton, le capitaine de Mortain et Jacquentré, capitaine de Cintré. Sur le conseil de ce Jacquentré, les Anglais se firent faire des tuniques blanches toutes semblables, à croix vermeilles, et les revêtirent par dessus leur équipement, ce qui offrait un beau spectacle. Ils partirent de Niort en grand ordre, bannières déployées, et au départ Jacquentré dit avec jactance à son hôte de parer avec luxe et d'approvisionner abondamment sa chambre, pour honorer messire Bertrand, qu'il avait l'intention d'y amener. En chevauchant dans la direction de Chizé, les Anglais rencontrèrent dans la forêt deux charrettes chargées de vin que l'on menait des environs de Montreuil-Bellay au siège et qu'on destinait aux Français. Ce vin arrêta les Anglais, qui firent mettre sur bou et défoncer les tonneaux ; ceux qui n'avaient d'autres vases se mirent à boire avec leur capelines et gantelets. Quand tout le vin fut bu et les cervelles échauffées, plusieurs désiraient aller immédiatement au siège, mais quelques chevaliers anglais s'y opposèrent, conseillant de rester toute la journée dans les bois et de partir à la nuit pour surprendre le camp des Français. Devant toute la chevalerie anglaise, messire Jean d'Évreux parla en ces termes : « Seigneurs, nous sommes ici dans cette compagnie huit cents chevaliers et écuyers et deux cents archers. Vous savez bien qu'il n'y a pas plus de cinq cents combattants devant Chizé. Les Anglais ont en tous pays la renommée de n'avoir en aucun temps usé de trahison envers leurs ennemis ; mais dans les aventures ils ont toujours obtenu leurs grands succès par vigilance et sans trahison. Et je dis cela parce que le moyen en question nous permettrait de détruire les Français, mais nous n'y pourrions gagner que peu d'honneur et on nous en ferait reproche. Certes nul chevalier vaillant ne doit accepter aucun déshonneur. » Tous les Anglais s'accordèrent aux paroles de messire Jean d'Évreux et y applaudirent chaleureusement. C'est ainsi que les Anglais sortirent du bois pour venir au siège de Chizé où se trouvait messire Bertrand. Ils envoyèrent en avant leurs éclaireurs pour connaître et observer l'état du siège de Chizé, car ils craignaient que les Français ne se fussent retirés ; mais ceux-ci ignoraient encore que les Anglais fussent si près d'eux. Plusieurs Français qui étaient sortis des lignes du siège en dehors des palissades apprirent l'approche des Anglais en voyant leurs éclaireurs. Peu après les Anglais envoyèrent deux hérauts à messire Bertrand pour lui présenter la bataille et ils prirent leurs positions. A cette heure messire Bertrand se reposait dans sa tente ; il manda pour prendre conseil le comte du Perche, le vicomte de Melun, messire Jean de Vienne, amiral de France, messire Olivier de Mauny, Jean de Beaumont, Guillaume des Bordes, Geoffroy Carimel, Maurice du Parc et Guy le Baveux, le vicomte d'Aunoy, messire Jean de Montfort, les sires de Tournemine et de Hangest et plusieurs autres chevaliers et écuyers de France qui se trouvaient au siège : « Seigneurs, leur dit-il, vous voyez devant nous vos ennemis, qui nous présentent la bataille. Un messager vient de France, par lequel le roi nous écrit que les Anglais s'assemblent pour nous combattre, mais nous défend de pousser la hardiesse jusqu'à leur livrer bataille. Ne croyons pas qu'il y ait aucun déshonneur à encourir par cette conduite, si nous en jugeons autrement. » Les chevaliers de France se consultèrent ensemble sur ses paroles, puis répondirent à messire Bertrand : « Nous ne vous conseillerons nullement de désobéir à l'ordre du roi ; car, si la fortune vous était contraire, jamais nous n'obtiendrions secours de lui. Mais nous savons bien que vous avez une assez forte armée pour garder votre siège et tenir les Anglais en grande détresse. Et vous êtes en force pour recevoir les Anglais, s'ils viennent attaquer vos lignes, qui sont ceintes de palissades et retranchées ; vous pourriez avoir plus d'avantages sur eux qu'ils n'en auraient sur vous. C'est pourquoi nous estimons que cette conduite vous fait assez d'honneur, sans sortir en bataille. »

« Messire Bertrand, qui désirait fort combattre les Anglais, fut mécontent d'entendre ces paroles des chevaliers. Après y avoir mûrement réfléchi, il fit revenir la chevalerie et lui parla de la sorte : « De tout temps, j'ai ouï affirmer que le roi Charles de France est le légitime héritier de la couronne et que nul n'est devant Dieu plus vrai catholique que lui. Il est constant qu'il me jura, lorsque vous le quittâtes, prenant congé de lui pour venir en ce pays, que le duché de Guyenne lui appartenait et qu'il le savait loyalement ; il m'en donna la certitude pour que je maintinsse son droit contre les Anglais, si je les rencontrais. Vous savez, seigneurs, qu'il m'a fait venir en ces contrées pour soutenir les droits du roi de France, dont je suis le connétable, malgré mon peu de mérite. Et je pense avoir amené en ma compagnie des chevaliers d'aussi grande valeur qu'on en pourrait trouver en aucun pays. Vous l'avez bien montré jusqu'ici, et, de plus, nous croyons être en nombre presque égal à celui des Anglais : aussi pourrait-on nous imputer à reproche et à déshonneur de refuser la bataille. Veuillez donc me répondre et donner vos avis sur ce point. » Les chevaliers répondirent franchement à messire Bertrand : « Nous savons bien, sire, qu'il n'est pas de meilleur chrétien que le roi. S'il n'était le légitime héritier de la couronne, nous ne lui obéirions point, et nous n'ignorons pas non plus que la Guyenne lui appartient de droit. Vous avez un nombre de gens à peu près égal à celui des Anglais ; ce sont gens que vous connaissez et qui ne vous feront pas défaut. Nous désirons que vous sachiez qu'il n'est ici aucun de nous qui n'ait grand désir de combattre les Anglais ; mais la volonté contraire du roi, qui nous interdit la bataille, nous fait vous la déconseiller. Nous voulons toutefois nous gouverner d'après vous et faire ce qui vous tiendra à cœur, car tout ce que vous avez entrepris nous a toujours réussi. Fussions-nous moitié moins, il nous semble certain que sous votre conduite, nous ne pouvons succomber. » Ces paroles remplirent de joie messire Bertrand, qui remercia courtoisement les chevaliers : « Seigneurs, dit-il ensuite, je suis le procureur du roi Charles, notre souverain seigneur, pour ses guerres ; je vous jure sur ma foi que le duché de Guyenne est sa propriété légitime : aussi manquerais-je à mon devoir si je ne défendais ses droits. Puisque je sais la vérité de ces choses, comme le roi est vrai catholique, si vous voulez combattre les Anglais, Dieu, en qui j'ai mis ma confiance, nous sera en aide, s'il lui plaît. » Toute la chevalerie approuva ce discours, et l'on manda ainsi bataille aux Anglais.

« Messire Bertrand rangea ses troupes devant les retranchements de Chizé ; les Anglais étaient en deçà dans la plaine, en ordre de bataille : dans l'attente des Français, ils étaient assis à terre en face d'eux. Après avoir disposé son armée, messire Bertrand laissa pour garder le siège messire Jean de Beaumont, avec une garnison de 80 hommes d'armes, qui se tinrent à l'abri dans les tentes et les pavillons pour surprendre les Anglais, s'ils tentaient de sortir du château. Pour livrer la bataille, messire Bertrand fit abattre les palissades dont ses lignes étaient entourées ; les Français sortirent en ordre de leurs retranchements pour attaquer les Anglais. Ils vinrent, lances baissées, jusqu'aux rangs des archers anglais qu'ils abordèrent. Le tir dura peu ; quand il fut terminé, l'armée française s'élança contre les Anglais, les poussant les uns sur les autres. Ce choc fit reculer les Anglais, qui, laissant alors tomber leurs lances, saisirent des haches pour briser celles des Français. Messire Bertrand vit bien qu'ils avaient jeté leurs lances : ranimant alors les Français, il cria que chacun roidît sa lance dans sa main et fit redoubler le choc avec une telle vigueur que les Anglais lâchèrent pied. Quand ceux du château aperçurent les deux armées aux prises, ils firent baisser le pont-le-vis et sortirent en armes ; mais ils furent déconfits par messire Jean de Beaumont, et leur capitaine pris. Les Français qui prenaient part au combat connurent bientôt ce succès et leur courage augmenta d'autant ; ils refoulèrent victorieusement les Anglais en les frappant de leurs lances. Messire Bertrand avait mis sur les ailes du premier rang un très-grand nombre de gens d'armes et d'arbalétriers qui attaquèrent les Anglais avec la hache et le trait, les cernèrent de toutes parts et les eurent bientôt mis en déroute. Messire Pierre de Négron fit messire Jean d'Évreux prisonnier. Six cents Anglais environ furent tués ; de toute leur armée on ne retint que cinq cents prisonniers vivants. Après sa victoire, messire Bertrand revint au siège, et le château se rendit le jour même. L'Anglais Jacquentré, capitaine de Cintré, qui avait ordonné de faire de grands apprêts pour festoyer messire Bertrand et pensait déjà l'avoir vaincu, fut bien frustré de son espérance, car il demeura mort sur la place. Et les proverbes sont bien vrais : *Assez est rabatu de ce que fol pense*, et : *L'homme propose et Dieu dispose.*

« Aussitôt que le château se fut rendu, messire Bertrand fit prendre tous les vêtements des Anglais et les chevaux montés par eux dont on s'était emparé dans la bataille ; il fit monter dessus les Français et les fit partir hâtivement de Chizé pour venir devant Niort. A la vue des Français vêtus des tuniques et montés sur les chevaux des Anglais, les habitants les prirent pour ces derniers et abaissèrent immédiatement leur pont. Les Français entrèrent précipitamment dans Niort et, une fois dans la ville, se mirent à crier : Guesclin ! Tous ceux qui se trouvaient dans Niort furent pris et les Français y conquirent un riche butin.

« Messire Bertrand mit garnison dans la ville et le château et s'en fut de là devant le château de Civray, le conquit aussitôt et y mit garnison. Au partir de Civray, messire Bertrand chevaucha devant Gençays ; il le prit aussitôt d'assaut et y laissa des troupes. Après la prise de Gençays, il chevaucha devant Lusignan, ville bien située et possédant le plus fort château du Poitou ; mais il ne fut pas longtemps à conquérir la ville et le château. Messire Bertrand désigna pour la garde du comté et de la sénéchaussée du Poitou messire Olivier de Beaumont, illustre chevalier. Il partit ensuite avec sa chevalerie pour aller à Pontorson. »

Les Niortais, afin de perpétuer le souvenir de la reprise de leur ville sur les Anglais, célébrèrent l'anniversaire de cette recouvrance.

Le 27 mars, outre la messe chantée, il y avait chaque année une procession à laquelle assistait tout l'échevinage, et qui, partant de Notre-Dame, sortait de la ville par la porte du Pont, et suivant le faubourg du Port, allait s'arrêter à un endroit qu'on appelle encore aujourd'hui *Recouvrance*, et où, en l'honneur de la recouvrance de la ville par Duguesclin sur les Anglais, une petite chapelle avait été bâtie. Les frais de la messe et de la procession étaient à la charge du corps de ville, et étaient portés par les receveurs dans leurs comptes mensuels.

En 1487, Geoffroy Fayfeu, receveur des deniers de la commune, commande à messire Jehan Bonnet, vicaire de l'église paroissiale de Notre-Dame, la messe annuelle pour l'anniversaire de la reprise de la ville. Cette procession a duré jusqu'au moment de la Révolution.

Duguesclin, qui avait assiégé tant de villes et fait capituler un grand nombre de forteresses, conserva toujours un si vif souvenir du siège de Chizé, qu'il en laissa une trace dans

son testament, où nous trouvons la donation suivante: « Nous
« donnons et laissons, à la réparation de l'église de Chisec,
« 100 livres tournois une fois payées. 9 juillet 1380. » (*Mémoires de Dug.*, publ. par Petitot, t. II, pag. 186.)

Le proverbe: *Prendre le chemin de Niort*, pour signifier cacher la vérité, a son origine dans le stratagème employé par Duguesclin. En revenant du siège de Chizé, comme nous venons de le raconter, il prit le chemin de Niort et fit revêtir à ses soldats les vêtements des Anglais, et trompa ainsi la garnison de Niort, qui lui ouvrit les portes de la ville sans défiance.

FAITS ET DOCUMENTS DIVERS.

Présentation pour la Chappellanie *de l'aumônerie de Saint Georges de Niort.* — Par une lettre de l'évêque de Poitiers, en date du 28 janvier 1370, messire Guillaume Paziaut, prêtre, fut institué par l'évêque de Poitiers en une *chappellanie* fondée par Bienvenue Jamente, à l'Aumousnerie de Saint-Georges de Niort, par la résignation de messire Jean Biroche, prêtre. La présentation appartenait au maire de la ville. (A. H. V. — D. F.)

Le 6 juin 1370, Jean, duc de Berry, comte de Poitou, confirme aux habitants de Niort le droit de commune, autrefois fait et octroyé par ses prédécesseurs rois de France, et en outre leur concède la grâce de ne mettre la dite ville hors de ses mains ni de celles de ses successeurs, sans le consentement des habitants de Niort. (A. H. V. — A. T.)

La réparation des murs de la ville donnait lieu à de nombreuses contestations. Dom Fonteneau enregistre une transaction qui eut lieu le 22 septembre 1370, entre le maire de la commune de Niort d'une part et Guillaume Pouverea, écuyer, seigneur de Siecq, fils de Hugues Pouverea, chevalier, au sujet d'une somme de 2,000 livres tournois que Guillaume, comme héritier de son père, devait au maire et à la commune, pour réparation des murs de la ville. Hugues Pouverea avait touché cette somme sur des tailles appartenant à la ville et l'avait détournée de sa véritable destination. Le maire de Niort obtint la confiscation de l'hébergement de Siecq avec ses dépendances. Cette confiscation ne fut pas définitive, le maire rendit ces terres à Guillaume Pouverea à la condition qu'il payerait perpétuellement à la commune diverses rentes.

Un mandement de Charles V, du 24 décembre 1372, accorde à Bertrand Duguesclin la somme de trois mille francs d'or, à prendre sur les recettes des châtellenies de Montreuil-Bonnin, Niort et Fontenay, pour la solde des gens de guerre sous ses ordres. (Hist. du Poitou, par Thibaudeau, t. I, p. 124.)

CHAPITRE VIII.

Sommaire. — Administration du duc de Berri en Poitou. — Il visite Niort et trouve cette ville en ruines. — Il exempte les habitants pendant cinq ans de tout impôt. — Il fait creuser un nouveau port, construire les halles couvertes et établir une horloge sonnante. — Importance du commerce de Niort. — Prise de Parthenay. — Le comte d'Alençon reçoit la seigneurie de Niort. — Le dauphin de France est envoyé en Poitou pour mettre fin au brigandage qui désolait cette province. — Travaux de la commission d'enquête à Niort.

L'expédition de Duguesclin en Poitou avait replacé cette province sous la domination du roi de France. Charles V donna ce comté à son frère, le duc de Berri, avec le fief de Parthenay et les terres de Chizé, de Civray et de Melle.

Lorsque le duc de Berri vint, pour la première fois, visiter Niort, il ne trouva que des ruines ; les habitants étaient réduits à la plus extrême misère. Cette ville avait été, en partie, incendiée par les Anglais, pour la punir de la longue résistance qu'elle leur avait opposée.

Le maire, Bouniot, profita de la vive impression que l'aspect de cette misère produisait sur le duc de Berri, pour tracer un tableau navrant de la détresse de ses concitoyens. Le duc l'écouta avec bonté et promit de venir en aide à d'aussi grandes infortunes. Comme première preuve de ses sentiments de bienveillance envers les Niortais, il leur accorde, le 22 avril 1373, une charte qui les exempte, pendant cinq ans, de *tous impôts, tailles, gabelles et autres subsides quelconques*.

Il fait plus : afin de relever le commerce, complétement tombé, et le négoce de transit qui se faisait par la Sèvre, alors envasée sur plusieurs points, il ordonne de creuser un nouveau port et d'exécuter les travaux nécessaires pour la reprise de la navigation.

L'ancien port était situé sur la partie de l'emplacement occupé aujourd'hui par le marché couvert, près de la Sèvre ; le nouveau fut établi dans le quartier qui prit le nom de Port-Neuf et de Rivière Neuve. Les habitants de ce quartier reçurent l'exemption de faire *guet ou garde au châtel*, mais seulement en la ville, ainsi qu'ils sont accoutumés de faire. (A. H. V.)

Les ordres du duc de Berri ne furent pas fidèlement exécutés par ses officiers, car de nombreuses plaintes lui arrivèrent de la part du maire et des bourgeois de Niort. Par une nouvelle lettre du 21 octobre 1374, il rappela à son sénéchal, à ses baillis et commissaires, qu'il entendait que les habitants de Niort fussent affranchis de toute imposition pour cinq ans. (A. H. V.)

Cependant les travaux marchaient lentement, l'argent manquait. Les maire et échevins s'adressèrent au duc de Berri, comte de Poitou, qui, le 1er juin 1377, établit des taxes sur la navigation à Sepvreau, la Tiffardière, Coulon, Aziré, Mailhé, au gué de Peyré de Velluyre, au Botz, à l'Anglée, à la Charrye, à Champagné, au passage de Moreille, à Maillezay, à Courdault, à Bouillé, au nouveau port de Niort et dans les ports de l'Evêque de Maillezay. Il n'y avait d'exception que pour les gens de l'Evêque de Maillezais, et pour ceux qui se rendraient au marché de Mailhé. Les taxes devaient être payées *par toutes manières de gens de quelques estats et conditions qu'ils soyent*. C'était l'égalité devant l'impôt, à peu d'exceptions près.

L'année suivante, au mois d'août, il accorde aux habitants de Niort l'imposition pendant un an de quatre deniers pour livre, sur toutes les denrées et marchandises qui seraient vendues et revendues en la ville et chastellenie de Niort. Cette imposition fut continuée pour l'année suivante, ainsi que le droit de guet sur les habitants de Saint-Remy et de Saint-Maxire.

Le 25 août 1382, le duc autorise la perception de 2 sous 4 deniers par livre sur les denrées et marchandises *vendues, revendues et eschangées* en la ville et la chatellenie de Niort, *sur toute manière de gens de quelque estat ou condition qu'ils soient*. (A. H. V.)

Le 26 août de la même année, les Niortais obtiennent du duc de Berri que le barrage levé au lieu de Sepvreau le soit en la ville de Niort de la manière suivante : Par cheval et jument, un denier ; par porc, un denier ; par truie, une maille ; par âne, ânesse, une maille ; par chaque bête breline, une maille. Ces impôts étaient destinés à la réparation des ponts et des portes, sous la surveillance de quatre notables de la ville.

Dans ce temps de trouble, Niort pouvait être enlevé par un simple coup de main ; le duc de Berri mande, le 30 avril 1383, au maire de la ville, de contraindre tous les habitants de quelque état ou condition qu'ils soient, tant de *l'église que séculiers, manants et habitants de la ville de Niort,* de veiller et de faire guet et garde dans la ville, en cas d'imminent péril ; il ordonne aux habitants de Saint-Maxire et de Saint-Remy de faire le guet *et de veiller en la dite ville de Niort et au chatel d'icelle.* (A. H. V.)

Le 17 novembre 1384, les conditions de la trêve conclue avec le roi d'Angleterre furent criées et publiées à Niort, en plein marché, en présence de Johan Brochard, Johan Anglois, Johan Pascaut, Johan Villet, Martin Gabriot, Johan Bellet, Johan Poussard, Johan Limosin, André Senné, Johan Buffetea, Johan Beachamp, Pierre Pascaut, sergents du roi, et plusieurs autres.

C'est encore au duc de Berri que nous devons la construction des halles couvertes qui, pendant plusieurs siècles, ont abrité les commerçants qui venaient aux foires et marchés de Niort. Ces halles furent élevées sur l'emplacement qui, depuis, a pris le nom de rue des Halles.

« Cet édifice, dit l'historien H. Briquet, offrait trois rangs de piliers, formant deux belles et vastes allées. Les deux côtés extérieurs de ces deux allées étaient, dans le principe, en appentis, et leur charpente était appuyée, ou sur des piliers en pierre, ou sur des poteaux de la hauteur d'environ trois mètres. Le marché, qui se tenait auparavant sur la place devant les casernes, fut fixé sous les halles, pour toutes les denrées et marchandises. On y plaça le minage ; on y fit dresser des étaux pour les bouchers, à la charge d'une redevance pour la place que chaque marchand y occupait ; ou plutôt on afferma les places, pour subvenir à l'entretien et aux réparations des halles. Par la suite, on accorda quelques franchises aux marchands étrangers pour les engager à fréquenter les foires et les marchés de Niort. »

Ces halles furent détruites en 1793, au moment où les Vendéens s'avançaient pour attaquer la ville.

C'est aussi au duc de Berri que Niort doit l'horloge encore placée à l'ancien hôtel de ville et réparée il y a quelques années,

Des lettres émanées du sénéchal de Poitou, en date du 2 juillet 1386, disent : « par commandement de bouche à « luy fait par le duc de Berry d'enjoindre au receveur de « l'imposition de 45 pour livre et barrage, de donner la « somme de 80 livres tournois, pour mettre et convertir en « l'ouvrage de l'horloge que le duc avait ordonné estre fait « en la ville de Niort. » (A. H. V.)

Les murs de la ville tombaient en ruine ; le duc de Berri, en 1398, accorde aux maire et bourgeois un droit de barrage pendant un an, destiné aux réparations des fortifications et à d'autres travaux d'intérêt public, ainsi qu'à soutenir les procès dirigés contre la ville par les seigneurs de Coulon, de Magné, *pour causes de franchises* et liberté de la commune. Niort, dit cette charte, est une ville grande et spacieuse, qui a longuement et douloureusement souffert par les guerres comme par les maladies pestilentielles, et qui ne pourrait supporter, sans aide, les frais de ces réparations. (A. H. V.)

En 1402 et en 1414, les habitants de Niort reçoivent encore le droit de percevoir des taxes sur les marchandises arrivées par eau, afin de continuer les réparations aux fortifications de la ville et d'exécuter des travaux indispensables à la navigation de la Sèvre.

Les taxes sur la navigation s'élevaient à 40,000 livres tournois, ce qui fait supposer un mouvement de deux millions de marchandises par an.

Cette prospérité devait avoir un terme prochain, car La Rochelle allait donner un développement considérable à son commerce et enlever à Niort une grande partie du transit intérieur et extérieur.

De graves contestations s'étaient élevées entre les habitants de Fontenay et ceux de Niort. Les premiers s'attribuaient des droits d'aide qui appartenaient aux habitants de Niort, sur les marchandises amenées dans les ports de la Sèvre. Un mandement du comte de Poitou, daté du 25 novembre 1414, contraint les habitants de Fontenay à payer à l'Hôtel de ville de Niort la somme de 700 livres et au comte de Poitou celle de 300 livres, pour les droits d'aide injustement levés, qui appartenaient aux habitants de Niort et destinés aux réparations du port et du château.

Les habitants de Niort obtenaient du duc de Berri tout ce

qu'ils souhaitaient. Aussi sa mort fut-elle un jour de deuil public pour notre ville, dont il avait été le bienfaiteur.

Le dauphin, proclamé régent, à Poitiers, en 1418, envoya des troupes à Parthenay pour recommencer le siège de cette ville, toujours dévouée à la cause du duc de Bourgogne. La résistance fut tellement vive que le roi menaça les assiégés de confisquer leurs terres et d'incendier leurs maisons et leurs fermes, s'ils ne faisaient leur soumission. Ce moyen réussit, et Parthenay ouvrit ses portes aux soldats du roi de France. Le reste du Poitou se soumit, ainsi que tout le Berry et l'Aunis.

A cette époque, le duc Jean de Bretagne, attiré dans un guet-à-pens par Charles de Penthièvre, fut traîné, comme prisonnier, dans les châteaux de Saint-Jean-d'Angély, de Fors, de Coudray-Salbar, près de Niort, de Bressuire, et enfin de Clisson, d'où il fut reconduit à Champtoceaux et rendu aux seigneurs bretons.

C'est à Niort que furent données, le 21 septembre 1418, les lettres patentes par le jeune Charles VII, dauphin et régent de France, qui ordonna à ses conseillers du parlement de se réunir à Poitiers, alors devenu capitale de la France, et d'y exercer la cour et la juridiction souveraines du royaume.

Pendant son séjour à Poitiers, le dauphin accorda, à la date du 21 août 1419, un droit de péage et de coutume aux habitants de Niort, pour l'entretien du port et les réparations à faire aux barrages de la Roussille.

Il y avait eu pareille concession faite en 1412 et 1416. Le dauphin, en la confirmant, le 21 août 1419, lui donna une plus grande extension. Les termes de cette charte montrent la reconnaissance que le dauphin portait aux Niortais pour leur attachement aux rois de France, dans ces temps malheureux où les Anglais menaçaient de devenir les maîtres de notre pays. En outre, cette lettre constate l'importance du commerce qui se faisait encore par la Sèvre.

« Niort, dit le dauphin dans cette charte, est une ville grande, spacieuse et très peuplée. » Charles VII avait voulu prendre Niort et La Rochelle comme bases de ses opérations contre les Anglais, de manière à en faire des places militaires de premier ordre, d'où il put lancer ses troupes sur l'ennemi, ou les y retirer en cas de revers.

Le comte d'Alençon reçut le domaine et la seigneurie de Niort. De 1425 à 1440 ses officiers, loin de suivre l'exemple du duc de Berry, qui avait travaillé à la prospérité de Niort, ne se préoccupèrent que d'une seule chose, s'emparer des péages de la Sèvre, au profit de leur maître. La navigation n'étant plus entretenue devint impossible ; la Sèvre s'envasa, les écluses furent rompues, aucune réparation ne fut faite ; le commerce d'importation cessa, et le commerce intérieur devint languissant.

A la suite des guerres anglo-françaises, notre malheureux pays était dans une véritable anarchie. Le désordre régnait partout. Des bandes de soldats, qui n'appartenaient à aucun corps régulier, parcouraient les campagnes, pillaient les voyageurs, rançonnaient les villes. Des seigneurs ne sortaient de leurs châteaux que pour se livrer aussi au pillage ; les villes elles-mêmes étaient victimes de toutes sortes d'exactions. Les tailles, les aydes et les autres subsides étaient perçus de la manière la plus arbitraire ; depuis vingt ans, on n'en rendait aucun compte au roi ou à son représentant. Charles VII voulut faire cesser ce désordre, qui répandait partout la plus grande perturbation et qui le privait de ressources dont il avait le besoin le plus urgent. Le 12 décembre 1439, il ordonna au dauphin de France de se transporter dans le Poitou, avec des commissaires, pour s'y livrer à une enquête sévère, afin de faire cesser les abus qu'on signalait de toutes parts.

Dans ses lettres patentes, le roi Charles VII dit « qu'infor-
« mez des grands maux, dommages, pilleries et roberies qui
« ont été faiz le tems passé, et se font encore chacun jour,
« en nos pays de Poitou, Xaintonge et gouvernement de la
« Rochelle par plusieurs gens de guerre qui ont esté et sont
« encore à present en nos diz pays vivans sur les champs,
« et par aultres estans en plusieurs chasteaux, forteresses,
« eglises fortes d'iceulx pays, qui guerrent, pillent, robent et
« detroussent les diz pays, appatissent et rançonnent nos
« diz subgiez, destroussent et derobent marchans et aultres
« gens passans par les chemins et font aultres maux innumé-
« rables ; et aussi que plusieurs de nos subgiez d'iceuls païs
« gens d'églises, nobles barons et autres, en venans contre
« nos ordonnances et commendement et comtemps et
« mespris de nous et de nostre Seigneurie et auctorité royal,
« et en grant exande et lesion de justice, n'ont voulu obéir à
« plusieurs nos lettres et mandemens ; ainsi les ont rompues

« et dessirées, battuz et menaciez les executeurs d'iceulx et
« aultres nos officiers. Et avec ce que lès aucuns ont empois-
« ché à lever nos deniers tant de tailles, comme des aides de
« par nous mis su ès diz païs, levé et exigé finances par ran-
« çons et aultres extorsions et exactions indues sans nostre
« auctorité, congié et mandement et aultrement grièvement
« delinqué à la très grant folle charge destruction de nos diz
« pays et subgiez et à notre très grande deplaisance. »
(A. H. V. — D. F.)

Le roi déclare que, pour mettre fin à ces brigandages, il a donné commission au dauphin de France de se transporter dans le pays pour y remédier par les conseils des commissaires.

Il avait ordre « de faire vider et départir du pays toutes
« manières de gens de guerre qu'il y trouverait vivans sur les
« champs et les aultres estans ès diz chasteaulx, forteresses,
« églises et autres places fortes, pillans et robans en nos diz
« pays..... et faire désemparer et abattre les dites places, si
« mestier est. »

Le dauphin, comme on le voit, avait les pouvoirs les plus étendus. Les commissaires agirent avec activité et vigueur. Des arrestations furent opérées et des enquêtes dirigées dans les villes, au sujet de l'emploi des taxes ; enfin tous les moyens furent employés pour remédier à l'affreux désordre qui existait depuis si longtemps. La sécurité devint sinon complète, du moins un peu plus grande. Les vols à mains armées diminuaient.

Nous ne suivrons pas le dauphin dans toutes les localités qu'il parcourut. Nous n'examinerons que son séjour à Niort. Il était accompagné de maître Jehan de Montmorin, conseiller et maître des requêtes de l'hôtel du roi, de Pierre de Taillières, chevalier, et de maître Jehan Colas, conseiller au Parlement, et de plusieurs autres conseillers.

La commission d'enquête fit comparaître devant elle les maires, commissaires, collecteurs, bourgeois, manans et habitans de la ville de Niort, que les conseillers du dauphin accusaient d'avoir levé de nombreuses tailles, en outre de leur commission pour les réparations de la ville, sans aucune autorisation et à leur convenance. L'emploi de ces finances n'avait pas été fait d'une manière régulière. On avait réparé les murs de la ville et du château, mais on avait donné de fortes sommes à des gens de guerre pour leur logement et surtout pour empêcher le pillage et les mauvais traitements.

« Les habitans disoient qu'ils avoient loyalement fait à
« leur pouvoir, selon leur commission et impotz, et aussi
« qu'ils avoient audit lieu de Niort, certain barrage, appeti-
« cemment de mesure de vin pour les reparations de la dite
« ville et chastel, lesqueux y avoient esté levé par vertu de
« dits lettres de mondiz Seigneur et en avoient esté convertis
« les deniers aux dits reparations, et si aucunes aultres tailles
« ou impôts avoient esté levez en la dite ville et chastellenie,
« si en avoient esté convertis les deniers qui en estoit issues
« bien et duement a ce qu'ils étoient ordonnés, sans en
« avoir aucune chose mis ne converti à leur prouflit. »
(A. H. V. — D. F.)

Afin d'éviter de longs frais de procédure, les habitants de Niort acceptèrent une transaction et consentirent à payer aux gens du roi une somme de cent cinquante livres tournois.
« Laquelle somme ils nous ont payée et baillée manuelment
« par nostre commendement et ordonnance et en nostre
« presence, pour faire nous plaisirs et volontez, et parmi
« ceulx y faisant le maire, bourgeois, commissaires, collec-
« teurs, manans et habitans de la dite ville de Niort et les
« autres absens de la dite ville, sont et demourent quiptes,
« absouz et licenciez des caz et choses dessus dites toujours. »
(A. H. V. — D. F.)

Cette transaction convenait aux deux parties : au dauphin, qui avait besoin d'argent et ne désirait pas s'engager dans un long procès, et aux habitants de Niort, qui redoutaient les frais d'une procédure longue et ruineuse.

FAITS ET DOCUMENTS DIVERS.

Au mois de janvier 1377, Jean, duc de Berry, confirme les privilèges accordés à la commune de Niort par Philippe-Auguste.

—

Le 14 mai 1405, Estienne Gracien, Jehan Ferchaut et Guillaume de l'Erberie, commissaires désignés par Jean, duc de Berry, comte de Poitou, assignent à comparaître aux grands jours de Poitiers, le maire de Niort et les religieux de l'abbaye de Celles, pour connaître du différend élevé entre eux au sujet de l'impôt de quatre deniers pour livre, que lesdits religieux refusaient de payer, comme n'étant pas de la chastellenie de Niort.

On n'a pas de document sur la fin du procès.

Le 21 août 1419, Charles, comte de Poitou, fils du roi Charles VI, fait don du droit de coutume aux maire et habitants de la ville de Niort.

Le duc de Berry avait ordonné de faire un port à Niort, et pour l'exécution des travaux il avait autorisé la perception de taxes « sur « toutes manières de danrées et marchandises et celles qui passe- « roient pardevant ledit port de Ceuvra (Sevreau) et és païs de « Bolyé (Bouillé) Aziré et autres assis es chastellenies et ressort de « Nyort. » Suit la liste des taxes.

Charles, comte de Poitou, afin de permettre aux habitants de Niort d'exécuter les travaux nécessaires pour la navigation de la Sèvre, les autorise à percevoir les taxes accordées par son oncle, le duc de Berry, et en outre leur accorde pour deux ans un droit d'octroi sur chaque pipe de vin entrant en ville. (A. H. V. — A. T.)

Le 26 novembre 1430, une permission est donnée par Jean de la Marche, vicaire-général de Poitiers, à Jean Martin, aumônier de l'aumônerie de Saint-Georges, de fonder en faveur des voyageurs et malades un oratoire ou chapelle pour leur faire entendre la messe.

Charles VII ratifie, le 21 août 1434, le droit de commune dont jouissait la ville de Niort, avec les privilèges et libertés qui lui avaient été accordés par les rois ses précécesseurs. L'année suivante, il autorise les maire et eschevins à lever les droits de barrage et d'entrée sur les vins. Le produit de cet impôt devait être consacré aux réparations de la ville.

Le 18 février 1436, un règlement concernant la meunerie est établi par les maires et eschevins. Le blé était pesé avant d'être livré aux meuniers et le poids vérifié après la mouture, afin, dit le règlement, *que chacun puisse sçavoir le poids de son bled*. Ce règlement était dans l'intérêt de la population. Il y avait un léger droit à payer. Les jurés de la ville en étaient seuls exemptés.

A cette époque, « les bleds, dit Monstrelet (1), et autres grains « furent si chers par toutes les parties de France, que ce qu'on avait « aucunes fois pour 4 sous, monnoie de France, on le vendait 40 « et au-dessus; à laquelle cherté fut si grande famine universelle, « que grande multitude de pauvres gens moururent par indigence. « Cette disette dura deux années: en mai 1438, le setier de bien « pauvre bled coûtait à Rouen 10 francs. A la Saint-Jean 1439, un « setier de bon métail valait 8 francs. Mais, en 1440, le setier de « bled ne valait plus que 16 à 20 sous. »

(1) Monstrelet, tom. II, pag. 147.

Nous voyons, par les registres de l'hôtel-de-ville, que les maire et échevins de Niort surveillaient aussi très attentivement la vente des viandes de boucherie. Ils firent un procès à deux bouchers, Micheau Debien et Pierre Mangars, qui contestaient au maire le droit de les empêcher d'exposer en vente, sur les bancs de la boucherie, des viandes provenant d'animaux qui n'auraient pas été visités par *les commis sur ce dépputez par le maire*. Le sénéchal du Poitou rendit une sentence qui confirma les droits du maire.
(A. H. V. — A. T.)

Ce procès prouve que les membres du corps de ville faisaient surveiller très strictement la vente des viandes de boucherie et qu'ils ne toléraient pas qu'on introduisit de mauvaises viandes dans la ville ou qu'on y abattît des bestiaux malades. C'était de l'hygiène bien entendue.

CHAPITRE IX.

Sommaire. — La *Praguerie* à Niort. — Le Dauphin s'enfuit de Niort. — Niort est occupé par les troupes de Charles VII, et perd ses droits et privilèges, qui lui sont promptement rendus. — Exactions des gens du duc d'Alençon. — Le roi fait rendre justice aux Niortais. — Contestations au sujet de la maison de l'échevinage. — Privilèges accordés aux marchands étrangers pour les attirer à Niort. — Importance des foires de Niort. — Un siège royal établi à Niort. — Noblesse accordée aux membres de l'échevinage. — Acte de vente d'une maison au XVe siècle. — La maladrerie. — Le bail des fermes en 1455. — Les membres de l'échevinage reçus confrères des Cordeliers.

La ligue de la *Praguerie*, dans laquelle le Dauphin, depuis Louis XI, joua un rôle si actif, inspira de vives inquiétudes au roi. Le duc d'Alençon, gouverneur de Niort, était un des principaux chefs de cette révolte. Il attira près de lui le Dauphin, qui arriva à Niort le 3 avril 1440.

Le roi, alarmé, s'avance jusqu'à Poitiers, afin de surveiller les rebelles. Les ligueurs publient un appel à la France pour faire passer la couronne sur la tête du Dauphin.

Les affaires de la *Praguerie* allaient mal. Les seigneurs refusaient de la soutenir et même les défections y étaient nombreuses. Saint-Maixent, malgré les promesses et les menaces, resta fidèle au roi. Le duc de Bourbon envoya à Niort le comte de Chabannes, avec une compagnie d'élite, pour servir d'escorte au Dauphin et au duc d'Alençon, qui se réfugièrent dans le Bourbonnais.

A peine avaient-ils pris la fuite, par les chemins de la Gâtine, que Charles VII arrivait avec une armée devant Niort pour l'investir ; mais les habitants se hâtèrent de faire leur soumission. Plusieurs exécutions eurent lieu et, pour punir la ville d'avoir pris part à la rébellion, le roi enleva à la commune ses droits et privilèges. L'élection de la ville de Niort fut transférée à Saint-Maixent.

Peu de temps après, le 11 mai 1442, le roi, touché de la soumission du maire, des échevins et des bourgeois de Niort,

après avoir pris l'avis de son conseil, rendit à cette ville sa mairie, avec tous les droits, les prérogatives et la juridiction dont elle jouissait autrefois. La charte royale ne parle que des services rendus par la cité niortaise; elle renferme ce passage : « En faveur des grans plaisirs et services que de
« toute ancienneté ont faitz les diz bourgeois, manens et
« habitans de Nyort, à nos prédécesseurs et à nous, par ces
« présentes remettons et restituons aux droits, noblesse,
« prérogatives et prééminences, justice et jurisdiction, garde
« et gouvernement de la dite ville, tout ainsi qu'ils avoient
« au temps que la dite mairie fut mise en notre dite main. »
(A. H. V. — D. F.)

Les Niortais avaient eu beaucoup à souffrir des exactions auxquelles se livraient les gens du duc d'Alençon, qui prélevaient les taxes réservées pour l'entretien de la navigation et s'emparaient même de celles consacrées aux réparations des murs de la ville. De vives réclamations parvinrent jusqu'à Charles VII; les bourgeois de Niort faisaient valoir leurs droits à posséder les mêmes privilèges que ceux dont jouissait la commune de Rouen. Ces droits consistaient en « toute justice et
« jurisdiction, haute, basse et moyenne et sur leurs jurez et
« communauté et autres droits que cette mairie est accoustu-
« mée d'être tenue à foy et hommage du roy. Les dits sup-
« pliants rappelaient qu'ils possédaient plusieurs beaux droits
« et prérogatives. C'est à sçavoir que chacun de cette commu-
« nauté a le droit d'acquérir en la ville de Nyort, biens im-
« meubles et héritages tenus à cens ou rentes du dit roy, sans
« que les acquéreurs fussent aucunement tenus à cens ou à
« rentes et contrats de leurs acquêts, ni de payer aucune vente
« et honneurs, mais seulement le double des cens ou devoirs
« cy-dessus dûs, et qu'ils ayent droit de donner tuteurs aux
« enfants mineurs dans leur commune, après le décès de
« leur père, soit à la mère des mineurs ou autres quelcon-
« ques, et faire inventaire des biens, et que les maires, bour-
« geois, eschevins et habitants ayant greniers dans la ville,
« aient aussi le droit de vendre leur blé à qui bon leur sem-
« blera, soit le jour du marché ou autre jour, sans payer
« aucun minage, à moins que le bled ne fut mené et porté
« au minage, et qu'en outre qu'ils jouissent des droits de
« noblesse, prérogatives comme autrefois. » (A. H. V. — D. F.)

ANCIEN HOTEL-DE-VILLE DE NIORT.

d'après une Photographie.

Charles VII, par ses lettres du 4 juin 1443, ordonne au sénéchal du Poitou de faire une enquête et de rendre justice pleine et entière aux habitants de Niort et de les laisser jouir de leurs droits de noblesse et prérogatives antérieurement accordés.

Cette enquête fut difficile et interminable. Il est probable que les officiers royaux mettaient peu de bonne volonté à réunir les preuves qui constataient les droits de la commune de Niort. Les habitants se plaignirent de ces lenteurs calculées à Charles VII qui, par lettre du 17 novembre 1446, donna commission aux trésoriers de France d'examiner à bref délai si la ville de Niort était fondée à posséder une commune semblable à celle de Rouen.

Enfin, le 12 avril 1448, une sentence du sénéchal de Poitou maintint, contre les officiers royaux, les maire, eschevins, bourgeois et habitants de Niort, dans la possession de leurs privilèges et en tous droits de juridiction haute, moyenne et basse.

Cette sentence maintint les habitants de Niort dans la possession de leur hôtel de ville qu'ils avaient fait construire sur la place du Pilori, place qui, selon les officiers royaux, appartenait au roi.

Le procureur, dans ses conclusions, avait dit que les maire, bourgeois et échevins, de leur autorité, s'étaient emparés de la place publique, sur laquelle ils avaient fait construire la maison de l'échevinage et l'horloge ; il requérait qu'ils fussent condamnés à être contraints de la démolir, et, pour l'avoir édifiée sans permission, qu'ils fussent condamnés à payer au roi une amende de mille livres tournois ou autre somme.

Les maires et échevins répondirent à cette étrange prétention en produisant leurs privilèges, franchises et libertés. Ils disaient entre autres choses qu'ils avaient tenu et exploité la dite maison communale de tel temps qu'il n'était mémoire du contraire, qu'ils pouvaient se défendre par prescription et laps de temps, contre le procureur du roi. « Ils ajoutoient
« que la maison communale étoit grandement à la décoration
« de la ville et qu'elle ne portoit aucun préjudice au roy,
« qu'en outre elle étoit comprise et mise sous l'hommage
« qu'ils avoient coutume de faire au roy, à cause de la dite
« mairie. »

Le sénéchal de Poitou trancha cette question en mainte-

nant les maire et échevins dans la possession de leur maison commune, mais à la condition qu'elle serait sous l'hommage que le corps de ville fait au roi et qu'ils paieraient, lors de chaque mutation de règne, un gant ou cinq sols tournois.

Telle fut cette sentence qui termina ce procès en faveur des Niortais, car l'obligation de payer, à chaque changement de règne, un gant ou cinq sols tournois n'était qu'une simple formalité peu onéreuse et peu difficile à remplir.

Le commerce de Niort, qui avait tant souffert des guerres anglo-françaises, ne pouvait se relever. Charles VII, afin d'attirer les marchands étrangers, les affranchit, en 1456, de tous droits et impôts. Ils n'étaient tenus qu'à payer 12 deniers par livre tournois sur leurs ventes faites pendant les foires. La ville de Niort obtint même une exemption générale pour toutes les transactions commerciales qui auraient lieu lors de la foire de Saint-André. Ces foires, qui étaient déjà renommées, prirent, par suite de ce privilège, une importance qu'elles ont conservée jusqu'à nos jours. La foire de Saint-André est encore la plus considérable de l'année ; ainsi les courants commerciaux, une fois établis, se perpétuent à travers les siècles.

Louis XI, dès son avénement au trône, se montra reconnaissant envers la ville de Niort, qui l'avait soutenu dans sa révolte contre son père. Il lui rendit l'élection transférée à Saint-Maixent. « Il rétablit le *siège et auditoire des élus* en
« enjoignant à ceux qui seroient convenus par devant les
« élus de Poitou du ressort de Nyort qu'ils comparussent au
« dit siège de Nyort et non à Saint-Maixent. » Louis XI confirma, en outre, les privilèges de l'Hôtel-de-ville.

Les habitants de Niort obtinrent aussi la création d'un siège royal dans leur ville, qui les dispensait d'attendre, pour le jugement des procès, les assises du sénéchal du Poitou tenues à Niort, ou d'aller plaider à Poitiers. Le titre de création du siège royal, daté du 14 novembre 1461, porte que la ville de Niort est une des bonnes et principales villes du Poitou et un des sièges de la sénéchaussée de ce pays, dans laquelle se tient et a coutume de se tenir juridiction du sénéchal du Poitou, et où il y a grand ressort et juridiction et grandes assises où ressortissent les manans et habitans du pays de Gâtine et autres lieux du dit pays.

Anciennement, il y avait à Niort juridiction ordinaire pour connaître ordinairement et sans attendre de tenues et d'assi-

ses, de toutes causes meuës et pendans devant le sénéchal du Poitou, ou son lieutenant venant du dit ressort, tant en prévention qu'autrement. « Toutes fois à l'occasion des guerres
« et divisions qui ont eu cours en nostre royaume, ladite
« jurisdiction ordinaire de nostredit seneschal a esté discon-
« tinüée par long-temps audict lieu de Nyort, et tellement
« que on a contrainct par cy-devant, et l'on veut contraindre
« chacun tous les manans, habitans en ladite ville et chastel-
« lanie dudict Nyort et ressort d'icelle, qui veulent plaider
« pour l'abreviation de leur procez, aller plaider audict lieu
« de Poitiers.

. . . .

. « Pour ce est-il que nous voulans garder nos sujets de
« vexations et travaux, et la jurisdiction dudict siege de Nyort
« estre entretenuë et gardée, sans que les manans et habi-
« tans qui doivent ressortir audict siege soient tenus, ne
« puissent estre contraints aller plaider hors de leur jurisdic-
« tion et ressort ; avons voulu et ordonné, voulons et ordon-
« nons de grace specialle, par ces presentes : que audict lieu
« de Nyort ait doresnavant cour ordinaire, pour connoistre,
« decider et determiner de toutes causes au regard des sujets,
« manans et habitans de ladite ville et chastellanie de Nyort
« et ressort d'icelle, de jour en jour en assizes, et de hors
« sans attendre de tenuës d'assizes, etc.. » (A. H. V. — A. T.)

Mais ce ne fut pas tout encore. Louis XI, dans les derniers jours de novembre 1461, accorda des lettres patentes contenant anoblissement du maire, de douze échevins et de douze conseillers jurez de l'hôtel de ville de Niort, avec pouvoir de tenir tous fiefs, arrière-fiefs et autres droits noblement, sans payer aucune finance.

Ces lettres patentes de Louis XI commencent par constater que de tout temps et ancienneté Niort a possédé collège et communauté du nombre de cent personnes : « C'est à sçavoir
« du maire, douze eschevins et douze conseillers jurez, et
« soixante et quinze pairs...... du nombre desquels eschevins
« soient à present Nos chers et bien amez Hugues Fouchier
« à present maire, Jean Bastier sieur de la Mormartin, mais-
« tres Guillaume Laydet, Pierre Laydet, Jean Yver, Jean Jau,
« Jean Laydet le jeune, Pierre Taveau, Jean Laydet, Jean
« Martin et Jean Galemit, lesquels ayans esté par cy-devant

« maires de ladite ville, en quoy ils se sont employez bien et
« grandement........ et qui sont à présent du nombre desdits
« douze eschevins et douze conseillers, et tous ceux qui au
« temps à venir et perpétuellement en seront avec toute leur
« lignée descenduë, née et à naistre de loyal mariäge, no-
« nobstant que ils ne soient, ou ayant esté nez, extraites et
« procréez de noble sang et lignée. De nostre certaine science,
« puissance, authorité royale, et de nostre grace spéciale,
« Avons annobly et annoblissons par ces presentes, et leur
« avons octroyé et octroyons, voulons et Nous plaist qu'ils
« soient tenus et reputez dés maintenant et à toujours pour
« nobles en jugement et fait d'armes, et ailleurs en quelque
« lieu que ce soit, et qu'eux et leurs enfants masles, et leur
« dite lignée masculine procréez et à procréer, puissent tou-
« tesfois qu'il leur plaira, estre armez de l'ordre et état de
« chevallerie, par quelque chevalier dudit ordre que bon leur
« semblera, et avec ce que eux et toute leur lignée, née et à
« naistre, et chascun d'eux puissent acquerir et conquester
« par tout nostre royaume, et ceux qu'ils ont déjà conques-
« tez, tenir, avoir et posseder à tout jamais, soient fiefs et
« arriere-fiefs, terres, possessions et heritages, justice, sei-
« gneuries quelconques, autres choses nobles et de noble
« condition, sans que pour ce ils, ne aucuns d'eux dudit
« nombre desdits douze eschevins, maire, et douze conseil-
« lers, soient jamais tenus de payer aucune finance, à Nous,
« ne à Nos successeurs roys de France, et laquelle finance,
« quelle et combien grande elle soit, ou pourroit monter ;
« Nous de nostre autorité et puissance dessusdite, l'avons
« quittée, remise et donnée, quittons, donnons et remettons
« de Nostredite grace par la teneur de cesdites presentes, et
« avec ce leur octroyons, et voulons qu'ils jouïssent de tous
« privileges, droits, immunitez, franchises, coustumes, liber-
« tez, usages et de toutes autres choses comme font, et ont
« accoustumé, et doivent faire chevalliers, et escuyers et
« autres nobles dudit pays, et de nostredit royaume, et tout
« ainsi, et par la forme et manière qu'il a esté autresfois
« octroyé par feu Nostre tres-cher seigneur et ayeul que Dieu
« absolve, ausdits maire, et eschevins, et conseillers de Nos-
« dites villes de Poitiers et de la Rochelle, etc., etc.

« Donné à Amboise, au mois de novembre l'an de grace
« mil quatre cens soixante-un, et de nostre regne le premier. »
(A. H. V. — A. T.)

La Chambre des comptes de Paris refusa l'entérinement et l'expédition de ces lettres patentes de Louis XI, qui déclaraient que le maire, douze eschevins et douze conseillers jurez de la ville de Niort étaient anoblis et toute leur postérité, sans que ores ni au temps à venir, aucun d'eux ne soient tenus à payer aucune finance. Les membres de la Chambre des comptes trouvaient ces faveurs si exorbitantes qu'ils adressèrent des remontrances au roi et lui envoyèrent même l'un d'eux ; mais Louis XI aimait trop sa bonne ville de Niort pour revenir sur sa décision, et la Chambre des comptes fut obligée, le 5 février 1462, d'obéir aux ordres du roi. L'application de ces lettres donna lieu à plusieurs procès. Tous les membres du corps de l'hôtel de ville prétendaient que leur anoblissement les exemptait des tailles et aides. Des lettres patentes de Louis XI, du 14 mars 1466, tranchèrent la question. Les maire de Niort, eschevins et conseillers qui vivaient noblement furent seuls déchargés, exempts et affranchis des tailles et des aydes. Ce fut un grand soulagement pour les habitans de la ville sur lesquels pesaient les impôts dont les membres de la commune avaient refusé le paiement.

FAITS ET DOCUMENTS DIVERS.

Lettres de Charles VII mandant au sénéchal de Poitou que s'il appert que les maire et échevins de Niort aient toute juridiction haute, moyenne et basse, qu'ils la tiennent hommagement du roi, que la ville soit exempte de payer les lots et les ventes, mais seulement le double cens, qu'ils aient le droit de tutelles et mesures, qu'ils aient exemption du minage et les gardent en leurs droitz franchises et exemptions. (A. H. V. — A. T.)

Une lettre de Jean, évêque de Beaune, lieutenant du roi de France, adressée au mois de novembre 1444 au sénéchal de Poitou, lui mandait « qu'il maintinst et gardast les maire de Nyort avecques « la commune d'icelle en leurs droitz, franchizes et libertés » dont ils jouissent paisiblement et dont ont joui leurs prédécesseurs de toute ancienneté. (D. F.)

Le 3 avril 1445, Charles VII accorde à la commune de Niort un droit d'un dixième sur le vin vendu en détail dans la ville et faubourgs de cette ville, sans préjudice des droits perçus à l'entrée sur les vins, qui étaient de 3 sous 4 deniers par pipe.

Le produit de ces deux taxes devait être employé aux réparations des murs de la ville. (A. H. V.)

—

Privilèges des marchands de Niort. — Le 6 novembre 1446, des lettres du roi, obtenues par les habitants de Niort, interdisent à tout marchand qui n'est pas de la commune et juré du maire, de vendre aucune denrée les jours sur semaine, à l'exception des foires et marchés. (A. H. V. — A. T.)

—

Les délégués de la ville de Poitiers présentent, vers 1451, un mémoire au roi Charles VII pour le détourner d'établir la gabelle en Poitou et Saintonge : « Pour monstrer au roy nostre sire et à messeigneurs de son conseil que mectre sus et ordonner grenier à sel et trehu de gabelle ou païs de Poictou et sur le sel croissant en iceluy païs seroit la destruction du dit païs et du peuple et habitans d'iceluy, etc... »
— « Car premièrement ceulx qui le prennent es marois le transportent les aucuns à Marant et à Fontenay et là environ à x, à xii lieues, les autres à Nyort, à Thouars, à Parthenay et autres lieues environs, etc. »

Les délégués énumèrent tous les inconvénients et périls de l'établissement de la gabelle en Poitou, et terminent en conjurant le roi de ne pas établir un impôt qui frapperait durement les populations du littoral, « dangereuses gens, et souventes fois font désobéissance. » (*Archives historiques du Poitou*, t. II, p. 262.)

—

Il existe aux archives de la commune de Niort, sous le n° 2062, l'acte de vente sur parchemin, d'une maison, à Niort, près le vieux marché.

Cette maison appartenait à Barthomé Bertrand, dit de la Règle, filassier, demeurant à Ruffec, et à Michelle Boyne, sa femme ; elle était assise en la ville de Niort, tenant d'une part à la maison et vigne de Cramaud, de l'autre à la rue par laquelle on va de l'hôtel d'Estienne Coulon au vieux marché de Niort. Elle fut vendue pour le prix d'un drap gris blondelet de la façon de Niort, bon et marchand, contenant vingt-et-une aunes de long sur une de large. Ce drap étant écru et hors de métier, devait être adoubé et apprêté au moulin et livré à Bourdin. « Ce faisant, dit l'acte de vente, Bourdin en est et sera content et bien paié et en promet acquitter et tenir quicte les dits conjoings et leurs quicte ladite maison et appartenance à douze sols de rente deuz par les quatre carterons de lan audit ausmoner de Saint-George present et acceptant esgaument à huyt sols de rente dehus à Mery Laidet.... Aux héritiers feu maistre Jean Brochart quatre sols à paier esgaument par les quatre carterons de lan. Et ung denier de cens au roy nostre sire chacun an en chescune feste de Saint-Luc. »

Les témoins de cette vente étaient Jehan Godin, cordeur de laine, et André Trippoteau, tisseur de draps langes.

Cet acte, un des plus anciens documents de cette nature, existe dans les archives municipales. Il mentionne la fabrication de draps gris pers, façon de Niort. C'était une industrie nouvelle pour cette ville, qui prit rapidement un grand développement. En 1455, des ordonnances municipales interdirent aux foulons de draps d'habiter dans la ville, et les envoyèrent vers les tanneries, aux rues foraines (1).

—

Niort possédait une maladrerie. Par délibération prise le 4 juin 1455, on avait décidé que l'oustel et maison des Ladres devra être reconstruit dans une pièce de terre contigue à leur maison. Cette pièce de terre, appartenant à l'aumônerie Saint-Jacques, sera échangée par le maire contre autant de terre d'égale qualité. Pour la construction de cette maison des Ladres, une somme de cent solz sera payée par chacun des aumôniers de Saint-Jacques et Saint-Georges et rabattue sur leurs recettes. Sire Jehan Maignien sera chargé de faire construire le logis et dépenser convenablement la somme. Cette rente de cent sous, qui formait le plus clair des revenus de la Maladrerie, lui avait été léguée par Alphonse, comte de Poitou, frère de saint Louis, au XIIIe siècle. Elle paraît avoir été fidèlement payée par la royauté jusqu'à la fin du XVe siècle. (C. A. B.)

—

Le 9 juillet 1455, le bail des fermes de la ville fut fait par le maire, G. Laydet, en présence de cinq pairs. On appelait fermes de la ville les divers impôts perçus par elle et à son profit. Ces impôts étaient affermés chaque année au plus offrant et dernier enchérisseur; l'année commençant au 1er juillet. Ces impôts étaient : 1° le barrage des trois portes C'était un droit d'entrée perçu comme aujourd'hui sur chaque animal ou denrée sujet au droit et entrant en ville par les portes du Port, Saint-Gelais ou Saint-Jean. Le barrage ancien et l'octroi moderne sont identiques comme impôt. 2° Le droit de coutume perçu sur toutes les marchandises qui descendaient ou remontaient la Sèvre, et destiné spécialement aux réparations de la navigation sur la rivière. Cette ferme s'adjugeait pour trois ans ; toutes les autres étant annuelles. 3° Le poids de la ville, étalon garanti, auquel étaient pesées, moyennant un droit, toutes les marchandises. 4° Le dixième du vin vendu en détail dans la ville. Ce droit, le plus lucratif de tous, autorisait la commune et par suite les fermiers adjudicataires, à rapetisser d'un dixième, à leur profit, toutes les mesures des débitants de vin au détail de la ville ; d'avoir, par conséquent, aux dépens du consommateur, la valeur d'une barrique de vin sur dix. Cette ferme, adjugée le 1er juillet en l'année 1455, changea de date et commença plus tard au 1er septembre de chaque année.

---

(1) Gouget, *Mémoire sur la commune de Niort*, p. 35.

Enfin on trouve mentionnée encore au xve siècle, la ferme du greffe de la commune, dont les profits disparurent avec l'importance de la juridiction communale, et au xvie siècle le Faymy-droit, qui consistait en amendes imposées aux bouchers, poissonniers et revendeurs, en cas de contravention aux ordonnances de police.

Tous ces baux étaient passés sous la condition par les fermiers de donner caution suffisante et de recevoir une commission du maire, justifiant leurs droits de percevoir l'impôt. Quant aux immeubles proprement dits, la ville administrait les biens des aumôneries, et les affermait, s'il y avait lieu ; mais elle ne possédait en propre aucun immeuble lui portant revenu. (C. A. B.)

Une lettre du chapitre général des Frères mineurs, à la date du 6 janvier 1461, porte que les maire, eschevins, conseillers, pairs et bourgeois de Niort et leur postérité, sont reçus au nombre des confrères des Cordeliers de cette ville, « pour militer et participer en tous les bienffaiz, suffrages et oraisons qui se font et feront en ladite religion, ensemble estre enseveliz, si bon leur semble, en habit dudit ordre en leur couvent de cette dite ville, et sont tenus lesdits religieux dudit couvent bailler ledit habit. Passée ladite lectre on chapitre general lors tenant ondit convent de ladite ville, le 6 janvier l'an 1461. » (A. H. V. — A. T.)

CHAPITRE X.

Sommaire. — Louis XI rend une ordonnance pour l'amélioration de la navigation de la Sèvre. — Le roi donne 30,000 écus d'or à P. de Commines pour l'achat de la terre d'Argenton-Château. — Louis XI réunit la vicomté de Thouars à la couronne. — Charles VIII fait le siège et s'empare de Parthenay. — Louis XII accorde aux Niortais le droit de coutume pour l'entretien de la Sèvre. — Réformation de la coutume de Poitou. — Règlement pour la vente du sel. — Grandes assises tenues à Niort. — Etat des archives de la commune. — Prix des denrées au commencement du xvie siècle.

La Sèvre était, depuis quelques années, dans un état complet d'abandon. La navigation ne pouvait s'exécuter que pendant l'hiver et était totalement interrompue en été, au moment des basses eaux. Les droits d'ayde continuaient cependant à être perçus, mais ils n'étaient plus consacrés au port de Niort et à la Sèvre. Louis XI fit cesser cet abus et, le 19 avril 1468, il rendit une ordonnance pour que les droits d'ayde fussent perçus par le receveur ordinaire de Poitou ou par son commis. « Pour les deniers qui en proviendront
« estre convertiz et employez en la réparation et entretene-
« ment des dites rivières navigables (la Sèvre et la Vendée)
« et des porz et havres d'icelles. » (D. F.) « Considérant, dit Louis XI dans cette ordonnance, que nostre pays de
« Poictou est fertile et fort abondant en bléz, vin et autres
« fruits, dont la traite n'en povoit et ne peut être bonnement
« faicte, sinon par navire, veu la grant estendue du pays et
« la grant quantité et multitude des fruits qui croissent
« chacun an, et attendu que en mettant la rivière la Sèvre
« en estat navigable depuis nostre ville de Nyort, qui est la
« principale en icelle marche jusques à l'Isle de Marans, qui
« est prouchain et contigue de la mer, la délivrance de bléz,
« vins et autres fruits croissant dans notre pays de Poictou
« se pourroit aisément faire. » (D. F.)

Louis XI rappelle dans cette même ordonnance que des

droits pour l'entretien de la navigation de la Sèvre avaient été établis par le duc de Berry et qu'ils se levaient au gué de Velluyre, au bos de Langlée, au passage de Moreilles de Champagné et autres ports qui sont sur la rivière la Vendée, au lieu de la Pichonnière et Maillé et autres localités situées dans l'île de Maillezais, excepté sur les hommes de l'évêque et sur ceux qui allaient à son marché de Maillé. Ces droits se percevaient aussi sur la Sèvre, à Coulon, à Courdault, à Bouillé et dans les autres ports de la châtellenie de Benet, au lieu de la Neyvoyre et dans les autres ports de la châtellenie d'Arçay, et aux ports de Niort, Sevreau, Bessines, Port-Nau, Péglau, la Tiffardière et la Roussille.

Tous les deniers et revenus provenant de ces aydes avaient été consacrés à l'entretien de la Sèvre, jusqu'au moment où le duc d'Alençon, qui avait vu ses terres occupées par les Anglais, reçut de Charles VII, en dédommagement, la seigneurie de Niort « pour en joir, ensemble des revenus
« et prouffits, lequel la tint pas longtemps, pendant lequel il
« s'appropria le revenu du péage qui avoient esté ordonné
« pour entretenir la dite rivière en estat navigable..... et par
« ce moyen fut interrompu et discontinué l'entretien et icelle
« rivière devint tellement comblée de sablons et empeschée
« de bois, que les porz et havres sont rompus et y est
« discontinué ledit fait de marchandise espéciamment en
« temps d'été. » (D. F.)

Cette ordonnance produisit d'excellents résultats. Les droits perçus furent employés à creuser le lit de la Sèvre, à le débarrasser des sables, des troncs d'arbres qui entravaient la marche des bateaux et à réparer les ports. La navigation reprit son ancienne activité.

« La commune de Niort, dit M. Gouget (1), après la
« longue tyrannie d'Alençon et le coup dont le roi (Charles VII)
« l'a frappée pour sa révolte en 1440, est rétablie : elle
« refait son sceau, recompose le rôle de ses bourgeois,
« rebâtit son hôtel de ville, son aumônerie de Beau-
« champ, abattue par le canon de l'armée royale, sa mala-
« drerie, ruinée par le temps ; fixe pour un instant ses

(1) *Mémoire sur le commerce de Niort*, pages 33 et 34.

« finances, réorganise ses écoles ; éprouvée enfin par la
« peste, paie à ses frais des médecins venus de Poitiers.
« Depuis la mort du duc de Berry, les seigneurs voisins
« s'étaient affranchis de ses péages, elle les rétablit ; depuis
« la praguerie, les officiers royaux s'étaient substitués à ceux
« du comte d'Alençon dans l'exercice des droits de commune,
« elle provoque un procès qui en interrompra entre leurs
« mains l'usage puisque la question se traite par le droit
« civil, et retournant contre eux les mêmes armes elle
« proclame dans le droit des communes une règle du droit
« féodal « qu'au fief du Roy doit avoir plus de liberté que ès
« autres. » Elle se mêle à tous les intérêts généraux de la
« province ; envoie ses hommes à la députation des trois
« Ordres du Poitou, qui va demander au roi l'établissement
« à Poitiers d'un parlement en même temps que Poitiers
« demandera que le siége royal ne soit pas maintenu à
« Niort ; se ligue avec Saint-Jean-d'Angély pour protester
« contre les traites foraines d'Angoumois et de Saintonge ;
« provoque à Poitiers, Saint-Jean, La Rochelle, un concert
« de plaintes contre de nouveaux droits imposés sur le
« commerce ; et, ville dont la moitié s'est révoltée pour le
« Dauphin, dont l'autre est demeurée obstinément fidèle au
« Prince, s'autorise à la fois du passé et de l'avenir vis-à-vis
« du dauphin Louis et du roi Louis XI. »

Le 7 septembre 1469, Louis XI eut une entrevue avec
son frère, le duc de Guienne, sur un pont de bateaux construit sur la Sèvre, au passage du *Brauld*. Il se défiait des
menées de son frère, et il avait placé près de lui le chevalier
Jean d'Estissac, seigneur de Coulonges-les-Royaux, sur lequel
il croyait compter ; mais il fut déçu dans son attente, et, pour
s'en venger, il fit abattre, en 1471, le château que ce chevalier possédait à Coulonges.

Mais, si Louis XI était impitoyable dans ses vengeances
contre les serviteurs qui le trompaient, il savait récompenser
magnifiquement ceux qui le servaient avec zèle et dévouement. Lors du mariage de son conseiller, Philippe de Commines, avec Hélène de Iambes, fille du seigneur de Montsoreau
et d'Argenton, il lui fit cadeau de 30,000 écus d'or, afin de
l'aider dans l'acquisition de cette dernière terre, et de 400
écus d'or pour réparer et meubler le château.

Philippe de Commines raconte que, lors de la signature de

la paix d'Amiens, le roi donna un festin pantagruélique. Afin d'égayer les convives, Louis XI avait fait placer à la tête de chaque table des seigneurs de l'humeur la plus joviale, fort gros et fort gras. Le seigneur de Bressuire et le seigneur de Villiers eurent le singulier honneur de figurer en tête des tables.

Une ordonnance de Louis XI avait supprimé le siège et ressort des grandes assises de Fontenay-le-Comte, et l'avait transporté partie à Niort et partie à Montaigu. Les habitants de Fontenay protestèrent contre cette suppression et, au mois de juin 1478, maîtres Jehan Laydet et Pierre Cailler firent une tentative pour tenir à Fontenay-le-Comte les *grandes assises royaux*. Ils persistèrent malgré la défense que leur opposa le procureur du roi. Louis XI fit citer Jehan Laydet et Pierre Cailler devant le Parlement, et les grandes assises de Fontenay furent transférées définitivement à Montaigu et à Niort.

Le 29 septembre de la même année, un siège royal fut établi à Thouars. Dès l'année 1476, Louis XI avait eu la précaution de réunir, par un édit, la vicomté de Thouars à la couronne et, en 1479, il fit opérer dans la chapelle la translation des cendres de sa première femme, Marguerite d'Ecosse, qui avait en mourant exprimé le désir de reposer dans cette chapelle.

Louis XI, lors de la première attaque d'apoplexie qu'il éprouva à Chinon, se fit transporter à Argenton. « Il fut chez
« moi, dit Philippe de Commines, à Argenton (là où il séjourna
« un mois), et y fut fort malade, et de là à Thouars, où
« semblablement fut malade, et de là entreprit le voyage de
« Saint-Claude. Il m'avoit envoyé en Savoie, comme il partit
« de Thouars. »

Louis de La Trimouille, en apprenant la maladie de Louis XI, fit des tentatives afin de rentrer en possession de la vicomté de Thouars, qui avait longtemps appartenu à sa famille. Les négociations furent conduites avec tant d'habileté que le vieux roi se laissa fléchir et donna des lettres patentes pour la restitution des terres de Thouars aux La Trimouille.

Louis XI mourut en 1483. Charles VIII, le nouveau roi, n'avait alors que quatorze ans. La loi fixant à treize ans révolus la majorité des rois, il fut reconnu souverain de la France. Heureusement que l'autorité passa tout entière entre les mains de sa sœur, Anne de France, épouse de Pierre de Beaujeu, de la maison de Bourbon. Cette femme, à laquelle l'histoire a donnée le nom de *madame la Grande*, était digne d'exercer le pouvoir souverain. Les princes lui disputèrent la direction du gouvernement. On convint de part et d'autre de consulter les Etats généraux, et de les charger de trancher la question. Ces Etats se réunirent à Tours en 1484, et furent véritablement la première de nos assemblées nationales; tous les bailliages de France y envoyèrent des députés. Les paysans eux-mêmes exercèrent pour la première fois des droits politiques dans des assemblées primaires.

Ces assemblées primaires étaient composées des habitants de toutes les paroisses. « Les délégués de chaque paroisse
« dressaient le cahier de ses doléances et le portait au chef-
« lieu du bailliage cantonal ; là, réunis aux délégués du chef-
« lieu, ils élisaient des personnes chargées de fondre en un
« seul cahier, les doléances des paroisses et de les porter à la
« ville, siége du bailliage supérieur, où de nouveaux délégués,
« élus de la même manière et réunis aux mandataires de la
« ville, rédigeaient, par une nouvelle compilation, le cahier
« provincial de l'ordre plébéien, et nommaient ses représen-
« tants aux Etats généraux. Cette innovation, qui date de
« l'assemblée de 1484, fit désormais un seul corps politique
« de toutes les classes du Tiers Etat. » (Aug. Thierry, *Essai sur l'histoire du Tiers Etat*, p. 130).

Les Etats généraux accordèrent au roi pour deux ans les impôts déjà établis, et se prononcèrent en faveur de madame Anne de Beaujeu. Mais les cahiers du Tiers se plaignaient des charges excessives qui pesaient sur le peuple et le réduisaient à la misère. Les gens de guerre, disaient-il, qui cheminent sans cesse de province en province, logent chez le laboureur après que celui-ci a déjà payé sa taille pour être défendu et non pillé par eux ; ils ne se contentent pas de ce qu'ils trouvent en son logis, mais ils le contraignent, à grand coups de bâton, à aller chercher du vin à la ville, du pain blanc, du poisson et des épices.... Les habitants de plusieurs villages, auxquels on a saisi leur bétail, s'attèlent eux-mêmes à la charrue ; d'autres, pour éviter qu'on ne saisisse leur bœufs, n'osent labourer leurs champs que de nuit.

Ce tableau n'était que trop exact. La misère provenait surtout de la rapacité des seigneurs qui se faisaient accorder d'énormes pensions afin de satisfaire leurs goûts luxueux. Ce fut encore le motif qui amena la révolte des princes contre madame de Beaujeu ; mais elle sut leur résister avec vigueur.

Par ses conseils, le jeune roi se rend en Guienne où il arrête le mouvement de rébellion. Il se dirige ensuite sur le Poitou, traverse rapidement Chizé, Niort et vient faire le siège de Parthenay. Dunois était parmi les révoltés et devait défendre cette place, mais ne recevant pas les renforts que lui avait promis le duc d'Orléans, chef de l'insurrection, il se retire en laissant à Joyeuse le commandement de la garnison. Joyeuse comprit que toute résistance était impossible et il ouvrit des négociations.

« Dès l'arrivée du roi aux fauxbourgs de Parthenay, où
« étoit déjà son armée qui avoit marché devant lui, ceux de
« dedans commencèrent à parlementer, et ce dit jour rendi-
« rent la ville et le chasteau, moyennant que le roy leur par-
« donnât, et s'en allèrent leurs bagues sauves (28 mars 1487).
« Quand le roy eut mis Parthenay en assurance, il tira à
« Thouars, et là fit la feste de Pâques. Mais comme le duc
« d'Orléans et Dunois persistaient dans leur rébellion, il fit
« saisir leurs terres et raser le château et les murailles de
« Parthenay. » (Jaligny. Histoire de Charles VIII.)

Le duc de La Trimouille mit fin à la révolte par la victoire de Saint-Aubin, remportée en 1488 sur le duc d'Orléans. Il fut récompensé du service qu'il venait de rendre par un arrêt qui lui restituait ses domaines.

Philippe de Commines, alors en disgrâce, se retira dans sa terre d'Argenton, où il termina ses curieux mémoires sur le règne de Louis XI.

La mort de Charles VIII fit passer la couronne aux mains du duc d'Orléans, le vaincu de Saint-Aubin. Louis XII, en montant sur le trône, eut un mot à la Titus : « Le roi de France, dit-il, ne venge pas les injures du duc d'Orléans. » Pour donner une preuve de l'élévation de son caractère, il manda La Trimouille, seigneur de Thouars, et le confirma dans tous ses états, offices, pensions et bienfaits, le priant « de lui être aussi loyal qu'à son prédécesseur Charles, avec promesse de meilleure récompense. »

Louis XII ne fut pas aussi magnanime envers Philippe de Commines, qui lui avait rendu de si grands services. Il montra pour le seigneur d'Argenton une froideur qui alla jusqu'à l'ingratitude. Il oubliait aussi bien les services que les injures.

Au mois de septembre 1505, André de Vivonne, sénéchal du Poitou, donne commission à Guillaume Paen, son lieutenant à Fontenay, de faire exécuter les lettres patentes du roi de France, qui enlevaient à Saint-Maixent, pour le donner à Niort, le ressort de Vouvent, Mervent et du bailliage de Gâtine. Il refuse de charger de l'affaire son lieutenant de Niort, parce qu'il pourrait être suspect et favorable en cette partie, et ordonne au lieutenant de Fontenay de mettre fin à toute discussion à ce sujet.

Pendant le procès, les présidiaux de Poitiers s'emparèrent du ressort et juridiction de Vouvent, Mervent et du bailliage de Gâtine. Ils mirent ainsi d'accord Saint-Maixent et Niort. La première ville perdit ce ressort et la seconde ne l'obtint pas. Comme dans la fable de l'huître et des plaideurs, ce fut Poitiers qui le recueillit.

« Les lettres-patentes concernant le ressort du siège de Niort étaient du 7 février 1482 et du 7 août 1505, mais la discussion était singulièrement plus vieille, car on la retrouve mentionnée dès 1361 dans la reddition de Parthenay à Jean Chandos, publiée par la Société de Statistique. Niort n'était pas en cause à cette époque, Vouvent et Mervent ressortissaient à Fontenay, et Jean Ojart, procureur du sire de Parthenay, prisonnier en Angleterre, demanda et obtint que le ressort des deux châtellenies fût transféré à Saint-Maixent. Cette désorganisation des justices et juridictions remonte encore bien plus haut ; elle fut inaugurée par Alphonse, frère de Saint-Louis, quand, ayant pris possession du comté de Poitou, il démembra les biens saisis du comte de la Marche, de telle sorte que, avec la domination anglaise, semble avoir fini l'intégrité du régime féodal. » (C. A. B.)

Les Niortais eurent recours à Louis XII pour obtenir l'amélioration de la navigation de la Sèvre, qui était leur grande voie commerciale vers la mer. Aux abords de la ville surtout, la rivière était envasée et pleine d'immondices. Les chaussées étaient rompues et en ruines. Les bateaux ne pouvaient plus avancer jusqu'au port et s'arrêtaient à Saint-Martin. « Ledit port et havre de la ville de Nyort, disaient
« les habitants dans leur requête, est tombé en grande ruyne
« et decadence, le cours et canal navigeable de ladite riviere

« comblé et remply de sables et immundices, les chaussées
« rompues et demolies, et tellement que les bateaux et mar-
« chandises qui soueloient et avoient accoustumé venir des-
« cendre devant les portes de ladite ville de Nyort, n'en
« approchent, ne peuvent approcher d'un grand quart de
« lieue, dont la chose publicque tant de ladite ville de Nyort
« que des pays de Poictou et autres circonvoisins, sont
« grandement interessez, parceque le charroys en est beau-
« coup plus cher. » (A. H. V. — A. T.)

Le roi accueillit favorablement cette demande et accorda
aux Niortais le droit de coutume, « voullans et desirans le
« cours et navigaige de ladite riviere, estre reparé et entre-
« tenu au bien, prouffict et utilité de nous et de la chose
« publicque et lesdits supplians et ladite ville de Nyort favo-
« rablement traicter et entretenir, en faveur et consideration
« de la loyauté et vraye obeissance qu'eulx et leurs prede-
« cesseurs ont toujours eue et demonstrée par effect envers
« Nous et les nostres. Pour ces causes et aultres à ce Nous
« mouvans, avons ausdits maire, eschevins, bourgeois, manans
« et habitans de ladite ville de Nyort baillé et baillons de
« grace especial par ces presentes à toujourmais, ledit droit
« de coustume qui se lieve et a accoustumé d'estre baillé de
« par Nous à ladite somme de quinze livres tournois, pour
« d'icelluy droit de coustume jouir et user par eulx et leurs
« successeurs à toujours, en nous faisant et payant et à noz
« successeurs en nostredite recepte ordinaire de Poictou par
« chacun an, la somme de vingt livres tournois, et à la charge
« de faire par lesdits supplians, lesdites reparations requises,
« convenables et necessaires et accoustumées à faire sur
« ladite riviere, tellement qu'elle soit navigeable jusques audit
« lieu de Nyort, ainsy qu'elle soulloit estre d'ancienneté, et
« de icelle entretenir à toujours et sans ce que à Nous ne
« à nos officiers y conviegne faire aulcuns fraiz, pourveu
« toutesfois que lesdits supplians seront tenuz de faire les-
« dictes reparations, et mettre ladite riviere en estat bon et
« convenable pour ledit navigaige dedans trois ans prochai-
« nement venans. »

. . . .

« Donné à Bloys, ou mois de febvrier l'an de grace 1505. »
(A. H. V. — A. T.)

La rente due au roi fut portée à 30 livres tournois en 1507.

La commune de Niort, à l'aide des ressources mises à sa disposition, put rendre la rivière navigable.

En 1514, des commissaires royaux vinrent à Poitiers et travaillèrent, avec les trois états de la province, à la réformation de la coutume du Poitou. Les habitants de Niort firent valoir l'usage où ils étaient de ne payer les lots et ventes qu'à raison du double cens, ce qui fut admis, et ils continuèrent à jouir de cet usage.

Le droit des lots et ventes, ainsi que les autres devoirs seigneuriaux, était un droit général en France, par la règle, *nulle terre sans seigneur ;* mais la quotité n'en était pas égale partout ; elle était, au contraire, dissemblable en toutes les coutumes. Niort se trouvait parmi les plus favorisés et obtint la continuation d'un ancien usage qui avait pris force de loi par une existence immémoriale.

DOCUMENTS ET FAITS DIVERS.

Le commerce du sel était l'objet de fraudes nombreuses ; afin de pouvoir exercer une surveillance efficace sur ce commerce, Louis XI avait désigné plusieurs villes, au nombre desquelles étaient Poitiers, Niort et Fontenay, pour l'établissement de greniers à sel. Les ventes ne pouvaient avoir lieu que dans ces localités soumises à la surveillance des agents du fisc, sous peine de confiscation et d'amende. Cependant plusieurs marchands avaient établi des greniers à Coulon, Sepvreau, à Saint-Liguaire et dans plusieurs autres petits ports de la Sèvre, où il s'opérait un grand commerce de sel avec des Limousins. Louis XI, le 8 février 1475, manda au sénéchal de Poitou d'appliquer sévèrement ses ordonnances ; les greniers à sel furent immédiatement fermés dans toutes les localités où ce genre de commerce était interdit. Les ventes du sel avaient lieu alors en grande partie à Niort, et ce commerce devint pour la ville une source de richesse.

—

De grandes assises se tinrent à Niort, au mois de novembre 1475. Une sentence rendue par ce tribunal confirma les maire et échevins de Niort dans leur droit de *visitations, punitions et corrections des draps et marchandises quelconques venans et affluans en la dite ville de Nyort.* Ainsi ils avaient la surveillance des marchandises à leur entrée dans la ville, ils les faisaient examiner par des experts et condamnaient à l'amende et même à la prison les personnes qui cherchaient à introduire de mauvaises marchandises. Ce droit était rigoureux, mais en réalité il ne frappait que la fraude et la mauvaise foi. C'était la garantie que les objets mis en vente étaient de bonne qualité. Les marchands probes et honnêtes, loin de se plaindre de cette mesure, l'approuvaient hautement.

—

Les aumôneries de Niort ne pouvaient passer entre les mains de gens d'église *par impétation, collation ou élection* quelconque. Elles étaient confiées à des notables du corps et collège de cette ville, ainsi que cela s'était pratiqué de tout temps. Messire André Boubot proposa, le 5 mars 1478, de donner à l'aumônerie de Saint-Jacques de Niort tous ses biens, à la condition d'être élu aumônier ; mais ses offres ne furent pas acceptées, et ce fut Jean Jourdain, alors maire de Niort et aumônier de Saint-Jacques, qui fut réélu. Tout ce qu'on put faire pour messire André Boubot fut de le recevoir chapelain perpétuel, parce qu'il faisait don à l'aumônerie de tous ses biens.

—

Un curieux document sur la comptabilité de la ville existe aux archives municipales, et a été publié dans les Mémoires de la Société de Statistique des Deux-Sèvres, par M. Doinel ; c'est le compte de Geoffroy Faifeu, receveur de la ville, établi du 1er juillet 1487 au 30 juin 1488, sous la mairie de Jean Laydet. Ce compte nous fait connaître le prix de la main-d'œuvre et de divers objets à cette époque.

Les ouvriers les plus habiles étaient payés 4 sols 7 deniers par jour ; les maçons, 3 sols 4 deniers ; les manœuvres, 2 sols 6 deniers.

Le tonneau de chaux de Souché, rendu à Niort, 27 sols et 6 deniers.

Cent tuiles, 3 sols 4 deniers.
Cent ardoises, 5 sols.
Cent lattes, 20 deniers.
Deux seilleaux, 5 deniers.
Une serrure, 4 sols 4 deniers.
La livre d'huile d'olive, 1 sol 3 deniers.

La ville paya à l'hôtellerie de la *Tête-Noire* VI livres tournois, XI sols et VI deniers pour la dépense du capitaine de Pontbrient, gouverneur du château de Niort et de ses gens, pendant deux jours.

A quels frais s'élèveraient aujourd'hui l'hébergement d'un haut personnage et de sa suite dans un hôtel de Niort ?

Ce compte donne quelques renseignements sur les gages payés aux officiers de la ville. Le procureur touchait 8 livres tournois par an ; le contrôleur, les sergents, le greffier recevaient cent sols par an ; les gardes de l'artillerie et le trompette de ville avaient 60 sols chacun. Le maire avait un traitement de 50 livres tournois, outre les droits qui lui étaient attribués pour les frais de la mairie, la nourriture et l'habillement des sergents gagés.

Sur ce compte figure une somme de 5 sols donnée à messire Jehan Bonnet, vicaire de l'église paroissiale de Notre-Dame de Niort, pour la messe dite *à note, à diacre et sous-diacre*, au jour de la reprise de la ville (par Duguesclin), le 27 mars 1373.

Voici le prix de divers objets concernant la table :
Vin, 10 deniers la pinte ; — chapon, 2 sols et 2 deniers ; — nombril de pourceau, 10 deniers ; — chevreau, 7 sols 6 deniers ; — lapin, 2 sols et 1 denier ; — une pièce de bœuf, 2 sols et 1 denier ; lièvre, 5 sols et 10 deniers ; — canard sauvage, 2 sols ; — fouace, 2 deniers ; — le boisseau de froment, 3 sols 9 deniers.

———

Voici un autre document concernant le prix des denrées à cette époque. C'est le compte rendu fait par le procureur-receveur de la confrérie de Saint-Blais, en Poitou, concernant la dépense du repas donné, chaque année, aux confrères. Le nombre ordinaire des convives était de 30 à 40.

Premier repas. (Le jeudi après la Toussaint. 1504.) « Pour deux
« coutrets de vin blanc et sept pots de vin rouge, 28 sous ; pour
« huit gorets de lait, 28 sous 10 deniers ; pour cinq gigots, huit
« épaules et une longe de mouton, 13 sous 4 deniers ; pour 26 cha-
« pons, 32 sous 6 deniers ; épice, sucre, canelle et safran, 8 sous
« 9 deniers ; lard, tant pour flamber les dits gorets et larder les dits
« chapons, que pour les œufs pour farcir les dits gorets, 10 sous
« 6 deniers ; poires pour le dit dîner, 2 sous ; belle chère (*dessert*),
« 2 sous. Total : 6 livres 13 sous 11 deniers. »

Second repas. (Le jeudi après la nativité de Notre-Dame.) « Pour
« 2 coutrets de vin, qui est 25 pots par coutret, 33 sous 4 deniers ;
« pour 6 gorets de lait, 38 sous ; pour 6 gigots, 6 épaules et une
« longe de mouton, 14 sous ; pour 24 chapons, 29 sous 2 deniers ;
« poivre, gingembre, clous, graine, canelle, muscade, sucre et sa-
« fran, 10 sous 11 deniers ; huit livres de lard, tant pour flamber
« les dits gorets et larder les dits chapons, que faire le potage,
« 10 sous ; 5 douzaines d'œufs pour farcir les dits gorets, 2 sous
« 1 denier ; poires et pêches, 2 sous 6 deniers ; *belle chère*, 10 sous ;
« une douzaine d'écuelles d'étain, pesant 24 livres, à 3 sous la livre,
« 72 sous ; 3 douzaines de verres, 3 sous 9 deniers. Total : 10 livres
« 17 sous 9 deniers. »

La valeur du marc d'argent fin monnoyé était alors de 11 livres 10 sous.

A cette époque, avec quelques centaines de livres tournois de revenu, on pouvait vivre dans l'aisance, comme de nos jours un propriétaire avec vingt-cinq mille francs de rente. Les temps sont bien changés ; mais il faut convenir qu'avec du travail, de l'ordre, de l'économie, on arrive tout aussi facilement à la fortune qu'autrefois. Si la valeur de toutes ces choses s'est élevée, les salaires, les bénéfices ont augmenté dans d'aussi grandes proportions. Il n'y a que les gens oisifs qui aient à redouter ce double mouvement de hausse. Dans tous les temps, les classes laborieuses, mais économes, ont été appelées à conquérir la richesse et les hautes positions sociales ; mais une fois arrivées, elles éprouvent la loi commune et tombent plus ou moins rapidement en décadence.

———

En 1493, les maire et échevins firent dresser l'état des réparations qui devaient être faites au château de Niort, et prirent des mesures pour la conservation des archives de la commune. On constata que plusieurs pièces très importantes pour la ville étaient perdues. Un inventaire fut dressé et les titres placés dans des armoires fermant avec des serrures.

Charles VIII confirme les privilèges de la commune de Niort, le 6 novembre 1483. Le maire Pierre de la Roche alla à Saint-Maixent rendre au nouveau roi son hommage, qui fut reçu par Philippe de Commines, sénéchal du Poitou. Au mois de juillet 1498, Louis XI confirme les privilèges de la commune de Niort.

Une déclaration du 26 mai 1499 reconnait les maire et échevins de Niort, administrateurs des aumôneries de Saint-Jacques et de Saint-Georges. (A. H. V. — T. N.)

CHAPITRE XI.

Sommaire. — Commissaires envoyés à Niort pour percevoir les taxes sur des fiefs et arrière-fiefs tenus noblement. — Session de 1531 des *Grands-Jours* de Poitou. — Tortures et condamnation au gibet d'un faux-monnayeur de Champdeniers qui avait émis de la fausse monnaie sur le marché de Niort. — Tableau des échevins, conseillers et pairs de la commune, en 1535. — Libertés municipales possédées par la commune de Niort. — Visite, par la municipalité, des murailles, ceintures, portes, fossés, ponts, hâvre, en 1536. — L'enceinte de la ville au xvie siècle. — Acquisition d'arquebuses pour armer les bourgeois. — Inventaire des armes dans l'arsenal. — Le maître d'école de Niort en 1537. — Prédication de la religion réformée. — Le comte du Lude se réfugie à Niort. — Charles IX en Poitou. — Etablissement d'un tribunal de commerce.

François Ier, au lieu de suivre la politique sage et prudente de Louis XI, fit comme Charles VIII et Louis XII : il consuma les forces et les ressources de la France dans les guerres d'Italie, et lui-même y perdit la liberté qu'il racheta par une énorme rançon.

La Trimouille assista à la bataille de Marignau, et le prince de Talmont, son fils, y reçut soixante-deux blessures. Il ne succomba qu'après 36 heures d'agonie. Son corps fut embaumé et transporté à Thouars. La Trimouille fut tué à la bataille de Pavie. L'Italie devait être funeste à cette illustre famille.

Le roi profita de la mort de La Trimouille pour saisir toutes ses propriétés; mais François de La Trimouille obtint de rentrer dans la jouissance de ses domaines. En 1529, ce vicomte était lieutenant général du roi en Poitou; il envoya à Niort quatre commissaires avec lettres missives pour recevoir les serments des gentilshommes et des bourgeois tenant noblement des fiefs et des arrière-fiefs en Poitou.

Ces commissaires étaient Louis Dubois écuyer seigneur des Portes, Antoine de La Faye chevalier seigneur de Loubigné, Guys de Villiers seigneur de la Mothe de Genoille, et François Guilhon seigneur de Lautremond. Le 2 février 1529, ils se rendirent au château et reçurent le serment de beaucoup de gentilshommes qui acquittèrent la dixième partie de leur revenu noble. Au nombre de ces gentilshommes se trouvaient :

« Jehan de Puygirault écuyer seigneur de Mélezart, Alexandre Goullard seigneur de la Salle, Guillaume Baudouyn écuyer, Jehan de Gascougnolles seigneur de la Taillée, Jehan Baudin bourgeois de Niort, Bertrand Helyes seigneur de la Roche Esnard, Jehan Robert seigneur d'Anthes, Huguet Bizard bourgeois de Niort, Antoine Bourgougnon eschevin de Niort, François Maboul eschevin de Niort seigneur de Ribrais, le seigneur d'Espannes en la paroisse de Faye sur Ardin, Guillaume Vieille Seigle seigneur du Rat qui Dort, Guilles Tarquez seigneur de Boisbretier, Estienne de Villiers seigneur de Prinssays, maître Jacques Laurens licencié ès lois juge prévôt de la châtellenie de Niort, maître Jehan Berthelin licencié ès lois seigneur d'Aiffres, maître Jehan Bastard licencié ès lois advocat du roi au siége de Niort, François Cart au nom de messire René de Puyguyon seigneur de Cherveux, maître Jehan Pelletier licencié ès lois seigneur de la Tranchée, Thomas Laurens bourgeois de Niort seigneur du Vivier, Jehan de la Ronce bourgeois de Niort, Jehan Vernou seigneur du Mazeau, Loys de Ponthieux seigneur de Gaillard. »

Les commissaires interrompent leur séjour à Niort et se rendent à Sainte-Hermine et à Fontenay pour y remplir une semblable mission, puis ils reviennent à Niort, où ils recommencent leurs opérations le 14 février. Parmi ceux qui comparaissent, nous citerons :

« Maître Bernard Arouhet (1) notaire royal à Niort qui prête serment tant pour lui que pour Marie Bastard sa femme, monseigneur maître Bertrand Laydet licencié ès lois seigneur de la Vouste et lieutenant particulier au siége de Niort, damoiselle Perrette Laydet veuve de maître Guille Béchillon écuyer seigneur d'Estoreau, Jehan Chabot marchand, maistre Mathieu Jouslard bachelier ès lois, Jehan Goybault receveur et procureur de messire François de Rochechouard seigneur de Champdeniers, Pierre de la Lande escuyer seigneur de la Gicontault en sa personne, comme procureur de damoiselle Jacquette Bonnyne veuve de feu Louis Valentin écuyer, en

(1) On sait que Voltaire (François-Marie-Arouhet), né en 1694, descendait d'un Arouhet, notaire à Saint-Loup ; l'Arouhet de Niort devait appartenir à la même famille que celui de Saint-Loup.

son vivant seigneur de Saint-Maixent, maître Jehan Jau licencié ès lois substitut du procureur du roy au siège du dit Niort, Anthoine Mangou marchand à Niort, Pierre Mauduyt escuyer seigneur de Chaunye, François et Jehan Hurtebize bourgeois de Niort, Guillaume Clerc bourgeois de ceste ville de Niort, Jehan et Loys Goullard seigneurs de Marsays. — Anne Prévosté demeurant à Niort, veuve de feu Estienne Thibault en son vivant pair et bourgeois de Niort, vient aussi s'acquitter de la dîme dont elle est redevable. — Comparoit en sa personne honorable homme et très sage maître Jacques Berland licencié ès lois seigneur de Saint-Médard maire et capitaine de Niort et procureur du roy au siége royal de la dite ville ès nom et comme procureur de révérend père en Dieu messire Geoffroy d'Estissac evesque et seigneur de Maillezais, seigneur à titre de hoiries, des châtellenies de Coulonges-les-Royaux et du Bois Pouvreau et des seigneuries de Sazay Aygner et Moutier de Tourtron assis en Poictou.—Maitre Jacques Yver licenciés ès lois seigneur de la Bigotterie. »

Comme il s'agissait d'un impôt assez élevé, plusieurs gentilshommes ne répondirent pas à l'assignation qui leur avait été donnée. Les commissaires durent se livrer à une enquête pour obliger les personnes qui tenaient des fiefs, à se présenter pour verser le dixième de leur revenu. Cette mesure était essentiellement fiscale et avait pour principal but de remplir les coffres du roi (1).

Au mois de septembre 1531 s'ouvrit, à Poitiers, la session des *Grands-Jours de Poitou*. Les *Grands-Jours* étaient des assises que des magistrats, envoyés par le roi, tenaient à certaines époques ou dans des circonstances solennelles pour la répression de grands crimes, ou pour réprimer des désordres. Les sessions qui eurent lieu à Poitiers furent tenues en 1387, en 1454, en 1519, en 1531, en 1541, en 1567, en 1579 et en 1634. Les magistrats de cette haute cour rendaient la justice avec une impartialité qui faisait régner une complète égalité devant la loi. Noblesse, clergé, bourgeoisie, peuple, tous étaient jugés avec la plus grande équité et frappés selon

---

(1) Cette enquête est consignée dans un manuscrit du XVIe siècle, déposé aux archives de l'hôpital de Niort, et dont M. Alphonse Frappier a rendu compte à la Société de Statistique des Deux-Sèvres, en 1850.

la nature du crime. La seule différence consistait pour le gentilhomme à être décapité, et pour le roturier à être pendu. Le bûcher était réservé aux hérétiques et aux blasphémateurs.

Le 7 septembre 1531, la cour débouta de son appel Mathurin Barré, condamné à être étranglé au gibet de Niort, pour larcins commis par lui. Pour la même cause, il avait été frappé de deux condamnations prononçant la fustigation, l'exorillement des deux oreilles et le bannissement.

Les peines prononcées contre les faux-monnayeurs étaient des plus rigoureuses. Dans cette session, la cour eut à en faire l'application. Jean Daigres, le jeune, de Champdeniers, était accusé d'avoir fait de la fausse monnaie et, en outre, d'avoir commis un vol sacrilège dans l'église de cette ville, avec son frère et Mathurin Aguillon. Ces deux derniers avaient été arrêtés, mais Jean Daigres, le jeune, avait pris la fuite et s'était réfugié à Thouars. Le lieutenant du roi à Niort l'avait condamné par contumace à avoir la main droite coupée, puis à être jeté dans une cuve d'huile bouillante. Son cadavre devait être attaché au gibet de Niort et sa main clouée à un poteau sur le placiste de Champdeniers.

C'était un horrible supplice. Le condamné, après avoir subi la mutilation du poignet, devait expirer dans les atroces souffrances causées par l'huile bouillante, et son cadavre en lambeaux devait être exposé au gibet. On ne trouvait alors rien de révoltant dans de semblables spectacles, qui attiraient la foule et assouvissaient sa barbare curiosité.

Jean Daigres fut arrêté à Thouars ; et, comme il fit appel de la sentence prononcée contre lui, on le conduisit à Poitiers, où siégeait la cour des *Grands-Jours*. Son frère avait expiré dans les tortures. Mis onze fois à la question, la douleur avait fini par lui arracher des aveux ; son corps avait été broyé par les instruments de torture, et il mourut dans son cachot.

La cour confirma la peine de mort prononcée contre Jean Daigres le jeune, mais supprima la mutilation du poignet et le supplice de l'huile bouillante ; elle le condamna à être pendu sur la place du Marché-Vieux de Poitiers.

Au moment où il montait l'échelle du gibet, il fit l'aveu de son crime et reconnut avoir gravé les coins employés à fabriquer cinquante faux douzains dans l'atelier de son frère, orfèvre à Champdeniers.

Voici le procès-verbal de cet arrêt :

Le samedi, dernier jour de septembre 1531, la cour fut saisie « du procès faict, par le sénéschal de Poictou ou son
« lieutenant à Nyort, à l'encontre de Jehan Daigres le jeune,
« prisonnier en la consiergerye du palais de Poictiers, appel-
« lant de la sentence contre luy donnée par ledict sénéschal
« ou son dit lieutenant, par laquelle, et pour raison des
« sacrileiges par luy et ses complices commis et qu'il auroit
« livré oustilz pour faire faulse monnoye, ainsi que plus à
« plain est déclairé au dit procès, icelluy prisonnier auroit
« esté condampné à avoir la main destre couppée, à la place
« du Viel-Marché, ce faict estre boulleu et extainct en huylle,
« et son corps porté et pendu au gibet de Nyort, et ladicte
« main pendue à une potence, au placistre du lieu de Champ-
« denier, ses biens meubles confisquez à qui il appartien-
« droit, et ses immeubles confisquez au roy, préallablement
« prins, sur les biens dudit prisonnier et de Jehan Daigres
« l'aisné, la valleur du trésor desrobbé en l'église dudit lieu
« de Champdenier, jusques à la somme de unze cens livres
« et au dessubz si n'en estoient souffisans, en laquelle lesdicts
« Daigres avoient esté condampnez envers la fabrique dudit
« Champdenier ;

« Veu aussi l'arrest donné le premier jour d'aoust dernier,
« l'information faicte par ledict sénéschal ou sondict lieute-
« nant, en ensuivant ledict arrest ; et oy et interrogé par
« ladicte court le prisonnier sur sadicte cause d'appel ; et
« tout considéré ;

« Il sera dict que la court a mis et mect ladicte appellacion
« et ce dont a esté appellé au néant, sans amende ; et néant-
« moins, pour raison desdicts cas, a condampné et condampne
« ledit prisonnyer à estre pendu et estranglé à une potence
« qui sera mise et affixée au Marché-Vieulx de ceste ville de
« Poictiers, illec demourer pendu par l'espace de deux
« heures, et après son corps porté et pendu au gibet de Poic-
« tiers ; et déclaire ses biens estans en païs où confiscation a
« lieu, confisquez à qui il appartiendra, les parties intéressées
« sur iceulx et sur ses autres biens préallablement restituées.

M. J. Ruzé.

« En ensuivant lequel arrest, je, Jehan de la Rogeraye,
« bachelier ès loix, commis à l'exercice du greffe criminel de

« la court des Grands jours, soubz le greffier criminel d'icelle,
« me suis ce jourdhuy transporté, environ unze heures du
« matin, ès prisons de Poictiers, desquelles j'ay faict extraire
« et amener pardevant moy Jehan Daigres le jeune, auquel
« j'ay dict, prononcé et donné à entendre le contenu en
« icelluy arrest, et, ce faict, l'ay enquis s'il a faict et forgé de
« la monnoye faulse, et consentant, particippant et coulpable
« du sacrileige commis en l'église de Champdenier. Et il a
« dict que desdicts crimes il est innocent ; et parceque n'a
« voulu autre chose confesser, je l'ay délaissé avec son
« confesseur.

« Et cedict jour, environ deux heures après midy, me suis
« de rechef transporté èsdictes prisons et l'ay enquis de
« rechef s'il a faict ou a esté présent que l'on ayt faict de
« faulse monnoye. Et il a dict qu'il a faict et forgé de la
« faulse monnoye en la maison de son frère, et en feirent, il
« confessant, sondict frère et feu Mathurin Aguillon, cinquante
« douzains faulx, sur une enclume, en l'ouvrouer dudict dé-
« funct son frère, au bourg de Champdenier ; et estoient
« iceulx douzains de cuyvre, qui fut par eulx blanchy de
« quelques drogues que ledit Aguillon avoit apportées ; et
« estoient lesdictes drogues faictes de terre mixtionnée avec
« vif argent et autres choses qu'il ne sçauroit déclairer ; et
« estoit ladicte terre ainsi mixtionnée molle comme paste ; et
« pour allouer lesdictes pièces, furent baillées à ung boucher
« lors demourant audict Champdenier, natif d'Anjou, lequel
« sçavoit bien qu'ilz estoient faulx. Et, sur ce enquis, dict que
« ledit boucher, nommé Jehan Portant, s'en est fouy quant
« il confessant fut prins. A esté oultre interrogé s'il a veu
« faire et forger de la faulse monnoye à ung nommé Lam-
« bert Tanyon, à présent prisonnier èsdictes prisons, ou si
« icelluy Tanyon a esté présent que l'on en ait faict ou exposé
« et alloué sciemment. Et il a dict que non ; bien a oy dire
« que ledict Tanyon faisoit de la faulse monnoye, mais n'a
« sceu ou voullu dire, nommer à qui il avoit oy dire ; et dict
« que ung an a, Pierre Delacroix fut trouvé saisy, en la ville
« de Nyort, de douze faulx douzains qu'il voulloit allouer ; à
« ceste cause, ledict Delacroix fut prins prisonnier, et parce
« que ledict Delacroix dist au juge que le frère dudict con-
« fessant et ledict Aguillon luy auroient baillé les douze faulx
« douzains, sondict frère et Aguillon furent prins prisonniers.

« De ce adverty, il confessant s'en fouyt à Thouars, où il a
« esté depuis prins prisonnier, et, ce pendant qu'il estoit
« fugitif audict lieu de Thouars, le sacrileige dont on a voulu
« charger il confessant fut commis en ladicte église de Champ-
« denier, ainsi qu'il a oy dire, autrement ne le scet. A esté
« enquis qui a commis ledict sacrileige, et s'il en a riens
« sceu. Dict qu'il ne scet qui a commis ledict sacrileige ; bien
« dict que ung nommé Taupineau, demourant audict Champ-
« denier, luy a dict que une nommée Guillemecte, femme
« de Estienne Girardeau, notaire, demourant audit Champ-
« denier, auroit [dict] qu'elle ne fust frappée ne poussée et
« qu'elle méneroit la justice où estoient les calices ; c'est
« assavoir en ung monceau de blé, et la croix de ladicte
« église estoit en ung monceau d'avoyne ; mais ne luy dé-
« claira en quel lieu ou maison estoient lesdicts seigle et
« avoyne. Et autant en a dict ladicte Guillemecte à Jehan
« Bourreau, Jehan Taupineau, barbiers, demourans audict
« Champdenier. Et, lors que ladicte Guillemecte luy dist les-
« dictes parolles, n'y avoit qu'elle et il confessant qui estoit
« lors prisonnier. — Si Jehan Pain, dict Bourreau, à présent
« prisonnier, a esté présent que l'on ayt faict de la faulse
« monnoye et s'il en a faict ; et il a dict que non ; et aussi
« n'a sceu qui en a exposé et alloué ; et, sur ce enquis, dict
« que jamais ne luy bailla aucuns coings pour faire monnoye
« et ne luy en a veu ; bien a oy dire, ne scet à qui, que ledict
« Pain avoit eu des faulx coings.

« Enquis s'il a oy dire qui a commis ledict sacrileige ; dict
« que non et n'en a riens entendu, sinon comme dessus a
« dict ; si à la vérité il, son frère, ledict Aguillon et Pain ont
« esté à commettre ledict sacrileige ; dict que jamais n'y fut.
« Et, sur ce que luy ay remonstré qu'il a confessé, pardevant
« le juge, avoir esté au dict sacrileige et aussi que sondict
« frère y avoit esté, et qu'il n'est à présumer que sondict
« frère ne le charge à tort dudict sacrileige ; et il a dict que
« jamais ne fut à commettre ledict sacrileige, et que ce que
« il et son frère en ont confessé ce a esté par force de ques-
« tion, et qu'il n'est riens plus certain que sondict frère a
« esté mis en question par unze foys et à diverses foys. Aussi
« luy ay remonstré qu'il povoit estre qu'il ne se voulloit
« charger dudict sacrileige, pour craincte que sa femme et
« ses enfans fussent destruictz pour la restitucion dudict sa-

« crileige; et il a dict que, sur le dampnement de son âme,
« il n'avoit commis ledict sacrileige et ne sçavoit qui l'avoit
« commis, et que sesdicts femmes et enfans ne l'empesche-
« roient d'en dire la vérité, si la sçavoit, et ne vouldroit que
« son âme en souffrist par faulte d'en dire la vérité.

« Et, parcequ'il n'a voulu autre chose confesser, a esté
« extraict des dictes prisons, mis en une charrecte et mené
« au Vieulx-Marché. Et, ainsi qu'il estoit en l'eschelle, luy ay
« demandé s'il sçavoit autre chose dudict sacrileige, et où
« estoient les choses mal prinses et desrobbées; et il a dict
« que, sur le dampnement de son âme, il n'en scet autre
« chose, et de soy-mesmes m'a dict que cejourd'hui il avoit
« confessé pardevant moy que ledict Aguillon luy avoit baillé
« les coings sur lesquelz furent faictz lesdicts cinquante dou-
« zains, mais [que] la vérité estoit au contraire, car luy-
« mesmes avoit faict et gravé lesdicts coings; et sur ce que
« l'ay enquis qui estoient ses compaignons faisans de ladicte
« faulse monnoye, a dict qu'il n'en avoit autres que ceulx
« qu'il a nommez ci-dessus. Et à tant, après quelques orai-
« sons par luy dictes, a esté pendu et estranglé selon ledict
« arrest. » (1)

Nous avons reproduit le texte entier de cet arrêt parce qu'il donne une idée exacte de la procédure criminelle au XVI° siècle. Il n'y eut dans cette session que ces deux affaires criminelles ayant rapport à la ville de Niort.

François Ier, dès son avénement au trône, en 1514, avait confirmé les priviléges de la ville de Niort. Par lettres patentes datées du 6 mars 1534, il est fait mention de l'anoblissement des maires, échevins et conseillers de Niort. Ces lettres disent que cette ville est close et fermée de murailles, tours, poteaux et fossés, que c'est une des bonnes et fortes villes du royaume, et après Poitiers la meilleure et principale du pays de Poitou, située à cinq lieues de la mer. Ces lettres rappellent les exemptions de franchise dont jouissent les maires, échevins et conseillers qui auront été anoblis, « pourveu toutes-

(1) *Registres criminels des Grands-Jours de Poitiers*, publiés par H. Imbert. — Mémoires de la Société de Statistique des Deux-Sèvres, année 1878.

« foys que iceulx subgects à nosdits ban et arriere-ban seront
« tenuz eulx presenter et faire leurs montres montez et
« armez, selon la nature de leurs fiefz, dedans troys moys
« prochainement venant devant le seneschal de Poictou, ou
« son lieutenant audit Nyort pour la garde et deffence de
« ladite ville. » (A. H. V. — A. T.)

Afin de se conformer à ces lettres patentes, le corps de ville fit dresser par le secrétaire, J. Coyault, le tableau des cent échevins, conseillers et pairs de la commune en 1535. Nous publions ce tableau d'après le registre de 1538 et avec l'indication des décès survenus depuis l'année 1535, c'est-à-dire pendant une période de trois années qu'avait duré le secrétariat de J. Coyault.

Echevins, nobles et honorables hommes et sages maistres. — Philippes Laydet (mort), sire Jehan de Saint-Martin, M° Jehan Berthelin (mort), M° Guille Vieille Seigle, M° Jehan Bastard, Jehan Macé, M° Pierre Laydet, M° Jacques Berland, Guy de Villiers, Léon Thibault, Jehan Duboys, M° Jehan Pelletier, M° Antoine Sinson (mort).

Conseillers. — M° Jacques Yver (mort), sire Guillaume Tarquex, M° Jehan Jau, M° Jacques Laurens l'ayné, M° François Arribat, François Guilhen, M° Bertrand Laydet, M° François Perrin, Léon Bouhier, M° Olivier Roy (mort), M° Jehan de Grondry (mort), André Bidault, Gelays Coyault (mort), M° Jacques Laurens le jeune, André Savignac, M° Philippes Berland, Pierre Alleri, André Coyault (mort), Durand Maignen, Thomas Laurens (mort), M° Antoine Fremault, Jehan Indre, Hugues Bizard (mort), André Savignac, M° Hillairet Blanchard.

Pairs. — M° Jacques Jau, Valentin Houmeau, Jehan Bouhier, M° Pierre Thibault, Guillaume Gentilleau (mort), Pierre Giraudeau (mort), Guillaume Menson (mort), Jehan de la Ronce (mort), Bernard Mulot, Mongin de la Rivière, François Sabourin (mort), Chistofle Poignard, Gilles Maboul, Meri Laurens, M° Jehan Guillemin, François Fauldry, Jehan Adrien, Jehan Jouslard (mort), Georges Compaing, Jehan Clerc (mort), Jehan Baudin, Pierre Gentilleau, François Poignart, Jehan Janvre, Robin Lucazeau, Guillaume Blenc, Jehan Berlays, Pierre Thibault, Jacques Sarreau, M° Pierre

Jodin, Colas Durand, Jacques Sabiron, Jehan Guyschard, Bastien Fayfeu (mort), Macé Mension, Raoul Bidault, Jehan de Saint-Martin le jeune, François Urtebize, Jehan Richier, Philippe Mangard, Simon Cochet, Pierre de la Rivière, Laurens Moynard, Guille Pastureau, M° Philippe de Villiers, M° Jacques Jau, Pierre Macault, M° Bertrand Bourguignon, Pierre Gibault, M° Toussaint Mestier, Jehan Chabot, M° Jacques Chalmot, Guillaume Joyeulx, Bastien Gorrin, Jacques Savignon, François Chabot, François Nivard, M° Philippe Berland, Charles Gentilleau, Pierre du Pin, Françoys Perin, François Dabillon, Jehan Vigier, Micheau Pannier, Guillaume Vyault, Jehan Hugueteau, Richard Voustand, Crespin Brisset, Guillaume de Villiers, Pierre Bellot. (A. H. V.)

Niort possédait, à cette époque, des libertés municipales plus larges que de nos jours. L'assemblée des pairs et échevins présentait au sénéchal du Poitou une liste de trois candidats, sur laquelle le sénéchal était obligé de choisir le maire et capitaine de la ville, pour l'année commençant le jour de la fête de Saint-Barnabé et finissant à pareil jour de l'an suivant.

L'assemblée tenue au mois de mai 1536, sous la présidence de M° de Vieille Seigle, désigna de vive voix : M° Jacques Berland, procureur du roi, M° Jacques Laurens, l'aîné, et M° Philippe Berland, sieur de la Gitonnière. Le sénéchal choisit M° Philippe Berland, le premier inscrit sur la liste de présentation, et le fit installer le 11 juin 1536.

Les fortifications de Niort n'avaient pas été réparées depuis longtemps. Le 25 juin 1536, la municipalité procéda à une visite des murailles, ceintures, portes, fossés, ponts, hâvre de la ville, ainsi que des portes de la Roussille et des autres lieux soumis à la surveillance des maires et échevins. Voici le procès-verbal de cette visite qui offre un vif intérêt. Nous pouvons, en suivant les édiles niortais, reconstituer l'enceinte de Niort au XVI° siècle :

« Sortie par la porte du Pont, la fontaine hors du hâvre est sale et remplie de la boue qu'y portent les égouts lors des inondations. Il faudrait faire une tranchée au-dessus de la fontaine pour lui rendre son ancien cours. Le curage du hâvre (port) est indispensable pour permettre au gabares d'arriver jusqu'à la fontaine, ainsi que le nettoyage de la rivière et la réparation de la chaussée du moulin de Comporté.

« Retour par la porte Saint-Jehan, visite des murailles en allant de cette porte à la porte Saint-Gelays. Il faut recepper le mur entre la 7ᵉ et la 8ᵉ tour, à compter de la porte Saint-Jehan à la porte Melaize, et refaire une crevasse près la tour carrée.

« La 2ᵉ tour, à partir de la grosse tour des Cordeliers, ruinée par le bas, est à réparer ; plus la crevasse près la tour des Cordeliers, en montant au portail de la rue de Souché.

« Il est nécessaire d'établir un contre-mur de trois pieds de hauteur, hors la porte Saint-Gelays, de cette porte au cimetière. Refaire, entre les portes regardant Souché, les gardes, dès le coin de la muraille jusqu'à la grosse muraille des boulevards.

« Réparation au pont-levis.

« La tour Follye, du côté de la Sayvre, est ruynée et démolye, y mettre 12 quartiers de pierres.

« De la poterne, les maire et eschevins ont été hors la ville, le long de la Sayvre à la 2ᵉ poterne où le mur qui tient les gonds de la porte et la porte sont à refaire.

« Oter les terriers le long des murs à la poterne de Guillaume, et défendre qu'on ne détourne le cours de l'eau.

« Un arceau rompu, le premier du côté de la grande chaussée de pierres liée à la muraille du pont et aux terriers des moulins de la Tiffardière. Il pleut à travers l'autre premier arceau ; les piliers et les crevasses sont à réparer entre les arceaux près du moulin du Roc.

« Recepper les murs de la tour carrée à la porte du pont ; nettoyer le canal du Merdusson ; boucher la crevasse entre la tour carrée et la tour du Merdusson.

« Après le dîner, visite à la tour du maire. On décide que les boulets, traits, poudre de canon et soufre seront transportés à la maison de ville, parce que la charpente était trop faible.

« Auprès de la tour Bourdon, les fossés étaient comblés et presque de plain pied. Ordre de les creuser et de faire des réparations.

« Oter les cemères de la rivière, réparer les ponts des portes, voir si de nouvelles portes sont nécessaires pour la navigation.

« Vérification des titres et droits coutumiers du port. »

Ce procès-verbal constate que les fortifications de la ville sont en mauvais état. Mais où trouver des finances pour les réparer ? Les habitants ont beaucoup de charges à supporter. Le logement des gens de guerre est très onéreux. En outre, le commerce est en souffrance. Autrefois, les taxes perçues sur la navigation de la Sèvre permettaient, quand elles n'étaient pas détournées de leur véritable destination, d'entretenir en bon état le lit de la rivière et les fortifications de la ville; mais le commerce maritime a considérablement diminué, et il ne reste plus que les foires qui ne fournissent pas assez de ressources pour faire face à toutes ces dépenses. Les murs de la ville ne seront donc réparés que plus tard.

Le corps de ville ne put obtenir les subsides dont il avait besoin pour les réparations de la ville, mais il reçut, en compensation, la confirmation de ses privilèges. Le 8 septembre 1536, Philippe Berland, licencié-ès-lois, maire et capitaine de la ville, et Jacques Laurens, l'un des échevins, obtinrent du roi la reconnaissance du privilège anciennement octroyé qui exemptait des bans et arrière-bans les échevins, conseillers et membres du collège de la ville, ainsi que les veuves et enfants des échevins et conseillers « moyennant, dit la charte, qu'ils demeurent en la dite ville pour la garde d'icelle et temps de faire montres en armes, selon la qualité de leurs fiefs. »

Une montre ou revue avait été passée à Niort, le 18 août 1535, par le lieutenant du sénéchal du Poitou, et ce fut d'après son procès-verbal que les exemptions furent accordées.

La mort avait occasionné de nombreux vides dans le conseil de la ville. Les pairs Saint-Martin, Bastard, Berland, Pelletier, Turquex et Laurent aîné, furent nommés membres du conseil. Ce conseil avait mission de veiller à la défense de la ville, de concert avec les officiers de la garnison.

Il fut décidé, dans l'assemblée de l'hôtel de ville tenue le 15 septembre 1536, qu'on ferait l'acquisition d'arquebuses pour armer les bourgeois. Un armurier de Poitiers en fournit un grand nombre. Les habitants furent armés et formèrent une garde pour veiller à la sûreté de la ville. On les força de curer les fossés et de les entretenir en bon état.

J. Baudin est nommé inspecteur de l'artillerie de la ville. Il dresse l'inventaire des armes qui se trouvaient dans l'arsenal; elles étaient en petit nombre et fort mal entretenues. Elles consistaient en 21 vieux fauconneaux, 3 arquebuses à crochet de fer, 7 grosses pièces d'artillerie, dont deux montées sur des roues, 1 hallebarde et 3 fauconneaux nouvellement achetés. La poudre était en mauvais état et hors de service.

Une maison située près du couvent des cordeliers servait d'arsenal, mais la toiture était enfoncée et les murailles lézardées. Elle ne pouvait pas abriter l'artillerie.

Au mois d'avril 1537, le maire et les échevins visitèrent cette maison afin de s'assurer si, avec des réparations, elle serait convenable pour recevoir l'école et le régent qu'on y établirait d'une manière fixe. Il paraît que les régents, à cette époque, n'étaient point très instruits, car le procès-verbal de la visite porte que si l'on avait un bon local à offrir, on pourrait avoir *des régents plus fameux, plus doctes et sçavants* qui habiteraient plus longtemps la ville. (C. A. B.)

Le seul et unique maître d'école de Niort mourut en 1537, et il fut impossible de lui trouver un successeur. Le maire écrivit à Poitiers, pour en réclamer un nouveau. Le sénéchal du Poitou envoya le sieur Martial, qu'on refusa d'abord, mais qui fut ensuite accepté par le prieur de Notre-Dame. Cet ecclésiastique avait alors la prérogative, qu'il perdit pendant les guerres protestantes, de faire subir aux candidats un examen et de choisir le plus capable. On alloua au nouveau maître d'école une somme de dix livres tournois d'appointements annuels, et on fit défense aux prêtres de tenir, dans leurs maisons, des écoles publiques ou privées.

Le 1er février 1537, le roi envoya en Poitou la compagnie du seigneur de Saint-Paul, duc d'Estouteville, pour y tenir garnison. Elle fut répartie de la manière suivante : 6 hommes d'armes et 9 archers pour le ressort de la ville de Niort, plus les aides de Tusson et Villefaignen, plus un homme d'armes et archer pour la principauté de Marsillac ; — 4 hommes d'armes et 8 archers pour les baronnies de Vouvent et Mervent, compris la Grande-Faugère, et 1 homme d'armes sans archer pour Villeneuve-la-Comtesse et son ressort ; — 2 hommes d'armes et 4 archers pour la châtellenie de Sainte-Hermine et ses aides.

Il paraît que ces hommes n'étaient pas très régulièrement payés ou qu'ils étaient trop exigeants, car nous voyons que dans l'assemblée communale tenue à Niort le 12 mars 1537, il fut décidé que Jacques Chalmot serait envoyé à

Thouars avec vi livres tournois de subsides pour « sçavoir le
« vouloir du seigneur de La Trimouille et du roy au sujet
« de ce que la compagnie du comte de Saint-Pol persiste à
« tenir les champs exigeant pour rentrer dans les garnisons
« être fournie gràtis de tous vivres et exemptée de tous
« impôts sur le vin pour eux et leurs chevaux jusqu'à la
« monstre tant à Nyort qu'à Fontenay et Parthenay. »

Le seigneur de Thouars poussa très loin ses exigences, et la municipalité niortaise fut obligée de céder et d'accorder tout ce qu'on demandait.

Lors de la visite annuelle des murailles de la ville, faite le 6 juillet 1537, le procès-verbal constate que la muraille était rompue au tiers passage des gabares, au droit du jardin de J. Baudin. Le port était donc au-dessus des îles.

La chaussée de la Roussille était en mauvais état. Le haut et le bas de la tour, près la porte Saint-Jehans, en descendant à la porte Melaize, étaient en ruine. Des réparations étaient nécessaires entre la 7e et 8e tour, en descendant à la porte Melaize, ainsi qu'un rabillage à la grosse tour des Cordeliers, et le curage des fossés nécessaire entre les portes Melaize et Saint-Gelais.

A cette époque, le pavage des rues n'existait pas. On ne voyait point circuler de charrettes pour le nettoyage de la voie publique. Les immondices restaient devant les habitations et étaient fouillées par les chiens et surtout par les porcs. Le commandeur de l'abbaye de Saint-Marc-la-Lande avait obtenu, par *lettres royaulx*, d'avoir à Niort le nombre de pourceaux portant clochettes qu'il lui conviendrait. Le procureur de la ville, en 1537, consulté, pensa que ce droit était sujet à débat, et que si le commandeur avait eu des pourceaux dans la ville, c'était du vouloir des habitants.

Cette décision fut portée devant le sénéchal du Poitou, qui maintint le commandeur de Saint-Marc-la-Lande dans ses droits. Les porcs purent circuler, mais ils devaient porter une clochette.

Qu'on juge du spectacle qu'offraient ces rues fangeuses fouillées constamment par des bandes de porcs qui pullulaient dans tous les quartiers. La ville ne devait pas être très salubre ; aussi les habitants furent-ils décimés, à plusieurs reprises, par des maladies épidémiques et même par la peste.

Guillaume Le Riche raconte dans son *Journal* que le lundi

pénultième du mois de novembre 1546 « fut faict bail, à Saint-Maixent, par l'un des Eslus en Poitou, M. d'Elbenne, du huitième de vin vendu en Poitou. Et y vinrent plusieurs gens dudit pays, pour lequel bail, qui souloit (avait l'habitude) estre fait à Niort, et fut remis en cette ville [Saint-Maixent] par la mortalité de peste qui est audit Niort. »

Ainsi donc, une épidémie si meurtrière existait à cette époque, à Niort, qu'on fut obligé de renoncer à faire procéder à une adjudication dans cette ville et qu'on dut se réunir à Saint-Maixent.

A la fin du mois d'août 1544, des aventuriers, au nombre de 7 ou 800, parcouraient les environs de Niort en plusieurs bandes ; ils gâtaient les récoltes des *pauvres gens* des champs, prenaient leurs meubles, leurs bestiaux et commettaient de grands excès. Ils demandèrent à entrer dans la ville, et plusieurs habitants y consentirent par crainte ; mais d'autres, plus énergiques, ne voulurent pas les recevoir. Ces bandits n'osèrent pas attaquer la ville et se retirèrent en pillant les fermes et les maisons isolées. (G. L. R.)

L'année suivante, une de ces bandes, composée de 450 hommes, commandée par le capitaine La Tour, fut défaite, le 15 avril 1545, près de Chef-Boutonne, par le seigneur de la Voulte, prévôt de l'hôtel du roi. Beaucoup de ces bandits furent tués en combattant, 30 furent pendus, au nombre desquels se trouvait *le petit Roi de Niort*, les autres furent envoyés aux galères. (G. L. R.)

Une assemblée du corps de ville de Niort, tenue le vendredi 29 août 1550, jour de marché, nous montre comment se recrutait l'ordre des vingt-cinq nobles et conseillers du corps et collège de l'hôtel-de-ville.

A cette assemblée générale et ordinaire qui, selon l'usage, avait été annoncée à son de trompe et de *campanes* (cloches), assistaient : Guillaume Pastureau, sieur de Chauray, maire et capitaine de la ville, les sires Jehan du Boys, Guillaume Viault et Bastien Gorrin, échevins et conseillers, Jehan Vigier, contrerolleur (contrôleur) des deniers communs de la ville, Jehan Adam, François Caillaud, Pierre Gombaud, Jacques Maboul, Raoul Bidault, Jehan Dupin, Pierre Doreil, Bernard Rochereuil, Paris Dupin, Noël Mestivier et Jacques Yver, tous pairs et bourgeois de la ville.

« Sur la requête faite par ledit Viault disant que Jehan Vigier est d'honnête conversation et pair de céans, qui requiert être reçu en estat et office de vingt-cinq nobles et conseillers du corps et collège de céans, vacant par le décès et trépas de feu Guillaume Coyaud, en son vivant l'un des vingt-cinq nobles et conseillers de céans ; et d'aviser aussi de pourvoir ledit Maboul de l'estat et office de vingt-cinq nobles et conseillers de céans vacant par la résignation, délai et quittement faits de ladite office de vingt-cinq nobles et conseillers de céans présentement par Jehan Arnauldet, l'un des vingt-cinq nobles et conseillers du corps et collége de céans.

« Sur quoi a été délibéré, et par nous conclu unanimement et par tous les dessus-dits, que lesdits Vigier et Maboul seront et les avons reçus auxdits estat et office de vingt-cinq nobles et conseillers du corps et collége de céans, vacants comme dessus, moyennant serment ;

« Et quant audit Vigier qu'il sera tenu et a promis payer à Guillaume Joyeux, pour et à la décharge du corps et collége de céans, la somme de quarante-cinq livres tournois pour les causes contenues en l'assemblée du onzième de juillet dernier passé pour raison de certain pré, et assoumis icelui du corps et collége de céans envers ledit Joyeux, et prenant acquit dudit Joyeux demourra ledit Vigier quitte de ladite somme de quarante-cinq livres ;

« Et quant audit Maboul, ayant égard qu'il est fils de l'un des vingt-cinq nobles de céans qui doivent être les premiers promus auxdits états, et que ledit Arnauldet a présentement quitté ladite office des vingt-cinq nobles et conseillers de céans, en faveur toutefois dudit Maboul et non autrement ; et lequel dit Arnauldet a ci-devant payé, comme apparaît par sa réception, pareille somme de quarante-cinq livres tournois, du 22 décembre dernier, présentement veut que lors en demeure icelui Maboul, moyennant ce, quitte de ladite somme de quarante-cinq livres tournois : laquelle somme de quarante-cinq livres, partant que le soussigné, lui a été quittée et remise.

« Et, de tout, suivant ladite réception, nous dit maire avons fait faire auxdits Vigier et Maboul le serment à ce cas requis desdits estat et office de vingt-cinq nobles et conseillers de céans.

« Et sur ce que ledit Arnauldet a déclaré avoir quitté ladite office de vingt-cinq nobles et conseillers en la faveur dudit Maboul seulement, moyennant que ledit Arnauldet demeure en son estat et office de pair du corps et collège de céans, suivant la réception de lui faite auxdits estat et office de pair, demourra icelui Arnauldet, auxdits estat et office de pair au rang qu'il était ci-devant, auparavant qu'il fût reçu auxdits estat et office de vingt-cinq nobles et conseillers de céans.

« Ce qui a été délibéré unanimement par tous les dessus-dits. »
(A. H. V.)

Ce document établit que le corps de ville de Niort était électif, mais que les échevins et pairs avaient seuls le droit de voter.

L'élection restreinte a produit à Niort d'excellents résultats, et le corps de ville a constamment été composé d'hommes honorables et dévoués aux intérêts de leur cité. Ils ont toujours été à la hauteur de leur mission. Nous les voyons dans les guerres, dans les épidémies, dans les troubles, déployer le plus grand courage et rester à leur poste. Aussi leurs noms doivent-ils trouver place dans l'histoire de Niort, pour servir d'exemples.

Le commerce baissait sensiblement ; il consistait dans l'exportation de denrées du pays et dans la vente du sel sorti des greniers royaux. Il fallait veiller à l'entretien de la navigation de la Sèvre ; mais, comme nous l'avons fait remarquer, les ressources pour empêcher l'envasement du canal et les réparations à faire aux portes des écluses et aux chaussées étaient des plus restreintes. Les navires n'arrivaient qu'à Saint-Martin, à un quart de lieue de la ville.

Au mois de mai 1553, Henri II envoya un inspecteur général pour examiner l'état de la Sèvre, afin de se rendre un compte exact des réparations qui devaient être faites à cette rivière. Voici la copie du procès-verbal de cette inspection :

Année 1553, le 24e jour de may, nous Guillaume de Moraynes, seigneur de la Borde, conseiller du Roy, nostre sire, trésorier de France et général des finances des pays de Poictou, Chastellairault, Xainctonge, ville et gouvernement de la Rochelle ; estans en la ville de Nyort, pour l'exécution desd. lettres, nous transportasmes, et avec nous lesd. officiers du Roy et les dessusd. maire, bourgeoys et eschevins, aud. port et havre de Nyort que nous vismes et visitasmes ensemble, et trouvasmes qu'il estoyt besoin et nécessaire de faire les choses suyvantes : 1° Nettoyer le havre des bouches et viscosités estanz en grande quantité en iceluy et reparer la fontayne estant au-dessus l'entrée dud. navigage et fluant en iceluy, et que, pour donner l'eau vive aud. port mesmement en temps d'esté que les eaues sont petites et basses, seroit requis avoir ung canal prenant ou grand cours de lad. rivière passant soubz les maisons et venant tomber aud. havre, lequel canal seroit touttefois retenu par une bonde pour icelle seullement ouvrir lorsque les gabares et vaisseaulx montans contremont entreroient aud. navigaige à l'endroit des moulins de Comporté cy après mentionnez ; — plus, ung peu au dessoulz le commancement dud. havre descendant vers lesd. moulins de Comporté, la grosse muraille dud. havre rompue et tombée en lad. rivière d'environ quatre à cinq toises, qu'il est besoing réparer et oster plusieurs pierres et graviers estant ondit havre à l'endroit de la berche, pour ce quelz donnent empeschement aux gabares et vaisseaulx de pouvoir librement aborder aux descentes et entrées dud. ; — plus, à la fin de la grosse muraille dud. navigage du costé de Jamoneau, trouvasmes que les terres touchant aud. navigage ne sont retenues d'aucune muraille et tombent audit navigage, et pour ce : qu'il est très requis faire lad. fin de lad. grosse muraille jusques à l'autre desd. terres pour icelles retenir à tout le moings jusques au pas pour lequel l'on entre ès près de Jamoneau : contiendroit lad. muraille de longueur environ cent cinquante toizes. — Aussi aud. endroit de pas pour entrer ès près Jamoneau, trouvasmes une grosse sounyère de sable, et estant près desd. moulins de Comporté et ung peu au dessus, trouvasmes qu'il est requis y faire une porte de la façon d'icelles de la Roussille, de grosses pierres de taille, ad ce que les gabares et vaisseaulx montans aud. port y peussent plus aisément monter signement en esté... ce qu'elles ne peuvent aud. temps d'esté faire, comme cougneusmes et de ce feusmes adverty aussi par lesd. officiers du Roy, ains quelles demeureroient beaucoup plus bas au dessoulz desd. moulins. — Et en descendant et environ douze thoizes plus bas, trouvasmes en lad. rivière une grosse sounyère de sable... ; — plus, une autre grosse sounyère de pierres et de sable, en descendant au lieu appelé le pas des Gendarmes ; — plus, une autre en descendant plus bas et à l'endroit de Tholoze. — Et quant auxdictes portes de la Roussille, avons trouvé l'havre d'icelles qui est entre *les deux portes* grandement ruyné et desmolly... et la chaussée qui est près desd. portes et entre icelles et le moulin neuf, aussi rompue et desmollye en trois endroitz, par lesquels l'eaue se pert en grande abondance, et plus fera... Signé : DEMORAYNES. (A. H. V.)

Cette enquête ne paraissait pas devoir produire d'effets immédiats. Elle avait été faite au mois de mai 1553, et plusieurs mois s'étaient écoulés déjà sans qu'il fût question de commencer les travaux de navigation. Le corps de ville se décida à agir, et, le 7 décembre 1553, il présenta une nouvelle requête au roi afin de consacrer à la Sèvre les six deniers pour livre provenant des tailles de l'élection de Niort, qui produisaient chaque année une somme de 1,058 livres, ce qui équivaudrait, à notre époque, à une somme de 10,000 francs. Les habitants faisaient valoir « comme lad. ville de
« Nyort soit assise sur la rivière de Saivre qui est navigable
« de lad. ville jusques à la mer, et que par icelle entre ondit
« pais de Poictou la plus part du sel qui se vend et debite en
« icelluy et en vos greniers à sel de Loudung et Thourenne,
« et plusieurs autres marchandises comme laines, vins, foings,
« blés et autres sur lesquelles vous prenez gros debvoirs et
« impositions tant ès foires de Poictou qui se tiennent en lad.
« ville où affluent grande quantité de marchans tant de toutes
« parts de vostre royaulme que estrangiers ; et que par icelle

« rivière s'emportent hors led. pais les bleds, vins et autres
« choses qui superabondent en icelluy sur lesquelx vous pre-
« nez autres gros devoirs et impositions au passaiges de la
« traicte foraine, et soient de present les passaiges de lad.
« rivière en plusieurs endroits endommagés et gastez tant à
« l'entrée de lad. rivière en la mer pour les digues de lad.
« mer sont rompues, que on cours d'icelle rivière diffluent de
« lad. ville de Nyort jusques à lad. mer pour les sables ha-
« raines qui s'acumullent et s'agèrent par innundations
« d'eaues et agitations de ventz en certains lieux de ladite
« rivière qui empeschent le droit et libre cours des bateaulx
« et rendent le navigage plus difficile et de plus grands fraiz
« aux marchans fréquentant lad. rivière qui sont contrainctz
« pour ceste cause bien souvent descharger leurs bateaulx à
« moictié pour passer iceulx sables et haraines. Ce considéré,
« et qu'il se lieve sur lesd. supplians six deniers pour livre
« avec le principal de vos tailles pour employer en répara-
« tions des digues de la mer et qu'il n'y a pour cejourd'hui
« réparation plus nécessaire ne contraincte pour la commo-
« dité dud. pays que lesd. réparations de lad. rivière, il vous
« plaise ordonner que lad. crue de six deniers qui se lieve
« sur eux pour lad. cause et payez a la recepte et tablier des
« tailles du ressort dud. Nyort estre employez à lad. répara-
« tion et entretenement de lad. rivière de Sèvre dès l'embou-
« chement et entrée de mer d'icelle jusques en lad. ville de
« Nyort port et havre dud. lieu. » (A. H. V.)

Henri II fit droit immédiatement à cette requête, et, le 1er janvier 1554, il accorda aux maire et échevins de Niort l'autorisation de prendre les six deniers pour livre qu'ils réclamaient pour rendre la Sèvre navigable. (A. H. V. — A. T.)

Le mal était trop grand pour être réparé. Les guerres de religion allaient interrompre complétement le commerce et forcer la commune de Niort à consacrer toutes ses ressources à la défense de la ville.

En 1566, la commune s'adressa de nouveau au roi afin d'obtenir les 6 deniers pour livre levés avec le principal de la taille sur le tablier de l'élection pour l'entretien du *navigage* de la Sèvre jusqu'à la mer.

Ces lettres patentes furent accordées, mais à la condition que les 6 deniers seraient consacrés exclusivement aux travaux de la navigation. « La communauté s'engage par obligation

« passée devant maîtres Laurens Gorrin et Jehan Mullot no-
« taires et tabellions royaux de cette ville, envers le receveur
« général à restituer l'argent qu'ils employeraient à autre
« chose qu'à faire les réparations au navigage, au receveur
« des tailles. Le maire s'entendra avec les esleuz pour la
« visite de la Saivre, les suppliant d'y assister. Les échevins
« Chabot, Pastureau, Maboul, Rochereuil, Dabillon, Bour-
« gougnon, et les pairs Jehan Mullot et René Michel furent
« désignés pour accompagner à la visite le maire et le
« secrétaire. »

La visite eut lieu le 15 juillet suivant. Tout le monde fut exact à se trouver sur le port. A l'heure dite arrivèrent le maire, les échevins et pairs désignés dans l'assemblée du 13 juillet, puis le procureur de la ville, Laurens Gorrin, le secrétaire Frédéric Guyot, plusieurs charpentiers et maçons requis pour apprécier la valeur des travaux à exécuter. Voici le résultat de cette enquête, d'après le procès-verbal consigné sur les registres de l'Hôtel-de-ville :

1º A l'entrée du port mesurée et contenant de longueur vingt et une brasses d'un côté, et de largeur quatorze, et à l'opposite vingt-huit brasses jusqu'à la première eschelle : a été jugé nécessaire de faire une autre eschelle, et un mur de trois pieds de hauteur, pour servir de garde, vu l'étroitesse du chemin.....; un autre mur pour empêcher les viscositez qui arrivent au havre par les inondations...; plus, une contre-muraille de trois pieds de large, six de haut, huit brasses de long, à faire près de la maison et jardin de René Michel jusque au moulin du Roc, et on laissera une passée de trois pieds de large : le tout estimé par les jurés mille neuf cent cinquante livres. — 2º Refaire trente-trois brasses de mur depuis l'eschelle jusqu'aux saulneries de Françoys Pyon, et curer ledit endroit où il n'y a plus qu'un pied d'eau... sept cent cinquante livres. — 3º Plus, un mur de quatre-vingt-huit brasses à l'opposite, depuis les chauls-sées dudit moulin du Roc jusques aux Vielles Portes, pour soubtenir les terres qui encombrent le canal et depuys la deuxièmes eschelle jusque auprès des anciennes portes du costé des saulneries et des descharges : reffaire le fondement de soixante-dix brasses de murs en lesquels y aura quatre descentes de onze pieds de large environ ; et curer à quatre pieds dans un endroit où il n'y a qu'un pied d'eau... deux mille cinq cents livres. — 4º Plus, pour curer depuys les an-ciennes portes jusques à un noyer près des saulneries de Laurens Janvier, cent brasses : la rivière a là de large cinquante pieds...... quatre cent cinquante livres. — 5º Quatre-vingt brasses à curer plus bas au pas de la Foulye ; la rivière a quarante pieds de large... trois cents livres. — 6º A l'endroit plus bas appelé la Goulle de Charrante, où la rivière n'a qu'un pied profond sur cinquante pieds de large, quatre-vingt-dix brasses à curer..... trois cent quarante livres.

— 7° Au-dessoulz des moulins de Comporté et de l'Aubarrée, d'iceulx jusques au pré Baudin appelé la Nesde, la rivière ayant soixante-dix pieds de large, cent cinquante brasses de longueur à curer... mille cent livres. — 8° Au pas de Thelouze, à l'endroit d'ung ancien pont édiffié pour le navigage, la rivière a soixante-quinze pieds de large ensablés, quatre cens livres. — 9° Réparer le pont... quarante livres. — 10° Au dessoulz, vingt brasses de la rivière à curer... cent quarante livres. — 11° Plus, au dessoulz avons trouvé ung pont, l'arceau duquel est tombé de longueur de sept brasses et demye... coûst des réparations, cent livres. — 12° Construction de bastardeaux... huit cent livres. — Et arrivés aux portes de Roussille, elles sont tellement fendues et crevassées qu'il faut pour les réparer douze cents livres ; réparations accessoires, sept cents livres ; curage, cent cinquante livres.... Et vu l'heure avancée, tout le monde est rentré en ville considérant que, malgré la demande du seigneur général, il y avait lieu de passer oultre, parce que la visitation jusques à Marans ne se pourroit faire de dix ou douze jours, et que de Nyort à la Roussille y a bien assez de réparations pour justifier l'emploi des deniers des six deniers pour livre.

Cette enquête ne produisit encore que fort peu de résultats, les préoccupations étaient ailleurs. Les bruits de la guerre civile couvraient toutes les voix qui s'élevaient en faveur du commerce.

La population de Niort était travaillée, depuis plusieurs années, par des agents de la religion protestante. En 1558, un nommé Pinet ou Pivet s'y fit l'ardent propagateur des doctrines nouvelles. « Il preschoit l'hérésie dans les maisons
« particulières, en cachette ; il prescha publiquement sous
« les halles dudict Niort, le dimanche des Rameaux (1559)
« à une grande multitude de commun peuple, qui le
« suivoient et faisoient que les officiers de justice n'osoient
« l'empescher, et néanmoins enfin le chassèrent de leur
« ville. » (1)

La situation de l'autorité était devenue déjà très difficile en Poitou, elle hésitait à remplir son devoir et cette mollesse était de nature à encourager les protestants. Ainsi, les officiers de justice n'osèrent tout d'abord empêcher les prédications de ce Pinet, et ils furent obligés de prendre des précautions pour l'expulser de Niort, afin d'éviter une émeute. Pinet n'alla pas loin, il se rendit à Saint-Maixent où il continua ses prédications qui portèrent leurs fruits, puisqu'en 1562 la plupart des églises du Poitou furent saccagées par les hugue-

(1) *Journal de Michel Le Riche*, pages 77 et 78.

nots. Ils brisèrent les statues, les ornements et enlevèrent les vases sacrés. Niort évita d'abord ces profanations, mais ce ne fut pas pour longtemps, car le 1er juin de la même année les églises de cette ville furent livrées au pillage.

Louis III de La Trimouille était favorable aux calvinistes. Il les accueillit à Thouars. Ils se rendirent maîtres de la ville, chassèrent les prêtres catholiques et commirent de nombreux excès. Louis de La Trimouille mit un terme à ces désordres, et Charles IX, qui avait intérêt à ménager ce *petit roi de Poitou*, érigea la vicomté de Thouars en duché.

Au mois de mai 1562, le comte du Lude, gouverneur de Poitiers, chassé par les protestants, se réfugia à Niort. Le comte du Lude était baron de Villiers, seigneur de Magné et de Saint-Maxire.

En 1565, Charles IX fit une excursion dans les provinces de l'Ouest, afin de se rendre compte de la disposition des esprits.

Voici un extrait de ce voyage, en ce qui concerne le séjour du roi dans la partie du Poitou, qui depuis a formé les Deux-Sèvres : « Le 18 septembre (1), le roi alla coucher à
« Mozé (*Mauzé*), beau et grand village. Le 19e jour du dict
« mois, disner à Frontenay-le-Battu (*Frontenay-l'Abattu*), qui
« est un petit village et chasteau, et le commencement du
« pays de Poictou. Ce dict jour, coucher à Nyort, qui est une
« belle et bonne ville, première ville de Poictou, en laquelle
« le roy fict ce dict jour son entrée. Le 20 du dict mois,
« disner à Echéroé (*Echiré*), pauvre village, au sortir duquel
« le roy passa la rivière de la Seure (*Sèvre*), par-dessus un
« pont de pierre nouvellement faict, et alla coucher à Chant-
« denier, qui est un beau et grand village. Et, le 21 du dict
« mois, disner à Baubarre, qui n'est qu'une petite métairie ;
« puis, après disner, alla passer par-devant Partenay, qui est
« une belle ville sur montaigne, et alla coucher à la Roche-
« faton, qui n'est qu'un petit chasteau. Le 22 du dict mois,
« disner à Heruaut (*Airvault*), qui est une belle petite ville,
« et coucher à Oueron (*Oiron*), petit village et beau chasteau,
« qui est à monsieur de Boisi. Le roy séjourna deux jours au
« dict lieu d'Oueron, et en partit le 25e jour du dict septem-
« bre, pour aller faire son entrée et disner à Thouars, qui

---

(1) Abel Jouan, *Relations du voyage de Charles IX*.

« est une belle petite ville et chasteau appartenant au sei-
« gneur de La Trimouille, lequel envoya au-devant du roy,
« jusqu'à une demi-lieue hors la ville, huit ou neuf cents
« Grisons, qui sont les Poitevins, c'est-à-dire, les bonnes gens
« des champs du pays, qui étoient ses subjets. Le roy alla
« disner au chasteau du seigneur de La Trimouille, auquel il
« fit un beau festin ; puis, après disner, fut faict le baptesme
« de la fille du dict seigneur de La Trimouille, laquelle le roy
« et la reine sa mère nommèrent Charlotte-Catherine ; à
« l'issue du baptesme, fut présentée une belle collation de
« toutes sortes de confitures ; puis le roy s'en retourna cou-
« cher à Oueron. Auquel lieu séjourna trois jours, pendant
« lesquels prenoit plaisir aux danses que l'on appelle *les*
« *branles de Poictou*. Puis en partit, le 26 septembre, après
« disner, pour aller faire son entrée à Loudun. De là à Cham-
« pigny, Fontevrault, Chemillé, Beaupreau et Nantes. »

Lors du passage de Charles IX à Niort, les habitants sollicitèrent l'établissement d'une cour consulaire. Ils exposèrent
au roi l'importance du commerce de la ville, qui attirait à
leurs foires des étrangers de toutes les parties de la France.
C'était à cette époque un point central de négoce entre les
Gascons, les Bretons et les Normands, qui venaient faire des
acquisitions de toutes sortes, en vins, laines, sel de l'Aunis,
mules, chevaux, etc. Charles IX donna satisfaction aux vœux
des Niortais, et il leur octroya un tribunal consulaire par une
charte datée, de Nantes, du 15 octobre 1565.

Cette charte réglait, d'une manière complète, la nomination
des juges et leurs attributions. Ils étaient électifs et jouissaient
d'une entière indépendance. Leurs fonctions étaient gratuites,
comme elles le sont encore aujourd'hui.

Voici les principales dispositions de cette charte. Sur cinquante notables appelés, le maire et les échevins choisiront
trois personnes ; la première sera juge, les deux autres seront
consuls, et la durée de leur charge ne pourra être que d'un
an. Au bout de cette première année et à l'avenir, les élections
se feront ainsi. Trois jours avant l'expiration de leur année,
les juges consuls assembleront trente marchands, lesquels en
éliront vingt autres, et ces derniers, sans désemparer, choisiront les juges qui prêteront serment devant les Anciens.
L'appel de ces élections ne se fera pas au Parlement, mais
au conseil du roi.

Les jugements seront rendus en forme sommaire, et à la partie défaillante il ne pourra être accordé qu'un seul délai.

Les jugements seront obligatoires jusqu'à 500 livres, et l'appel ne sera pas suspensif de leur exécution.

Les intérêts des sommes litigieuses courra à partir du premier ajournement donné au débiteur (ceci fut fixé par l'édit d'Orléans), et ils seront taxés au denier douze.

Les marchands seront autorisés à lever sur eux une taxe pour acheter le lieu de leur tribunal; ils formeront un conseil de vingt-cinq marchands et notables, et ces vingt-cinq personnes en éliront quatre pour faire la répartition entre les marchands de la somme votée.

Les heures de bourse sur place seront de neuf à onze heures du matin, et de quatre à six heures du soir.

La ville de Niort fut la cinquième du royaume à recevoir du roi les lettres de création d'un tribunal consulaire; elles furent enregistrées en parlement le 13 décembre de la même année, et, l'année suivante, un édit du roi régla les juridictions commerciales en général et étendit ces dispositions à tout le royaume. (C. A. B.)

La création d'une justice consulaire à Niort ranima, dans cette ville, l'activité commerciale. La navigation de la Sèvre perdait de son importance, mais les foires de Niort devenaient très considérables. Une foule d'étrangers s'y rendaient et la ville paraissait regagner de ce côté la perte qu'elle éprouvait par la décadence de son commerce maritime.

FAITS ET DOCUMENTS DIVERS.

Un arrêt de la cour du Parlement de Paris, du 17 mai 1532, contradictoirement rendu, déclare la ville de Niort limitrophe et frontière, et ordonne aux manans et habitans des paroisses de Souché, de Sainte-Pezenne, de la Ville-Dieu, d'Aunay, de Saint-Liguaire, des Esdeutz et d'Ensigné, de faire le guet et garde à Niort.

—

Le 13 juillet 1535, un arrêté de police, au sujet de la *monstre*, porte défense aux compagnons et enfans de la ville de Niort de sortir armés, et à leurs maîtres est confié le soin de leur faire observer cette défense, à peine de porter en leur privé nom la responsabilité.

Le sénéchal du Poitou arrive à Niort le 14 juillet 1535. Le corps de ville va au-devant de lui et lui fait présent de 6 barriques de vin vieux. C'était habituellement du vin de la Foye-Monjault, renommé par sa bonne qualité.

—

On arrête que la visite de la ville par le maire sera faite dorénavant le soir de chaque premier jour de foire, pour l'honnêteté de la ville. 12 torches d'une livre et demie sont commandées *ad hoc*.

—

Comme plusieurs échevins n'assistaient pas régulièrement à l'assemblée de l'hôtel-de-ville, il est décidé qu'une amende de cinq sous sera prononcée contre les absents.

—

Le 24 décembre 1535, des réparations sont faites à la maison commune.
Où était située cette maison commune ? Est-ce l'hôtel de ville de la place du Pilori ? Est-ce l'hôtel de ville plus ancien qui devait être placé entre la rue du Minage et le couvent des Cordeliers, près d'un endroit où était une boucherie ? On ne paraît pas fixé sur ce point de notre histoire locale.

—

Le corps de ville offre au sénéchal du Poitou, à l'occasion de la monstre (revue) des gendarmes, 10 aunes de satin cramoisi teint en grenat vénitien, et 6 barriques de vin vieux. Le prix du satin était de 8 livres 10 sous l'aune, et celui du vin de 6 livres tournois la barrique.

—

Voici le prix de la farine et du pain, à Niort, en 1537 : farine, 4 sous 6 deniers le boisseau ; pain de 18 onces, 2 deniers ; de 36 onces, 4 deniers, etc. Le vin vieux de la Foye-Monjault se vendait de 5 à 6 livres tournois la barrique.

—

Pierre Alleri est reçu pair, en payant 10 livres tournois, à la place de Pierre Laydet, dont la renonciation est acceptée moyennant que selon l'habitude il paye une pièce d'artillerie de la valeur de 50 livres tournois.

—

Par un jugement, en date du 4 juin 1549, il appert que les maire et échevins de Niort ont toute juridiction haute, moyenne et basse, qu'ils la tiennent hommagement du roi, que la ville est exempte de payer les lots et les ventes au fief du roi audit Niort, mais seulement le double cens, etc. Ces droits avaient été reconnus par Charles VII, le 4 juin 1443. (A. H. V. — A. T.)

—

Henri II confirme les privilèges du corps de ville de Niort, le 2 mai 1552. (A. H. V. — A. T.)

—

Exemption des francs-fiefs. — Les échevins non nobles et leurs descendants jouissaient de l'exemption des francs-fiefs et nouveaux acquêts. « Ce privilege est parfaitement bien exprimé en les lettres patentes de concession, et depuis a esté confirmé par plusieurs sentences et arrests donnez en divers temps, notamment par une sentence des commissaires des francs-fiefs rendue à Paris au profit des eschevins, conseillers et leurs descendans de la maison commune de Nyort, du 5 juillet 1552. » (A. H. V. — A. T.)

Le roi François II confirme, au mois de mars 1559, les privilèges du corps de ville de Niort, dans les mêmes termes que ses prédécesseurs.

Charles IX fait la même confirmation de privilèges le 9 décembre 1560. Ces lettres patentes spécifient d'une manière toute particulière : « Et quant à ceulx de noz dictz officiers et subjectz previllegiés restans à confirmer en leur dictz estatz et previlleges, ilz seront tenuz en prendre et lever lettres de confirmation dedans le temps a eulx prefix et tout ainsy qu'ilz eussent faict et dheu faire du vivant de nostre dit feu seigneur et frere soubz les peynes pour ce à eulx indictes ; lesquelz en ce faisant en demeureront en semblables descharges et au dit cas des a presant comme pour lors les en deschargeons. » (A. H. V. — A. T.)

Au mois de mai 1562, les maires et échevins furent convoqués pour faire partie du ban et de l'arrière-ban. Ils se réunirent le 6 mai, et se firent exempter en exhibant leurs privilèges.

Le 5 juillet 1566, des lettres patentes de Charles IX permirent aux juges et consuls des marchands établis à Niort, de faire une imposition sur tous les marchands vendant en gros et en détail dans cette ville, afin de couvrir les frais d'achat d'une maison destinée à servir de place commune aux marchands, et d'autres dépenses qui intéressaient le commerce de la ville.

Le corps de ville constate, le 12 août 1566, que beaucoup de chartes et de pièces concernant la commune ont disparu. Il décide qu'on fera toutes diligences pour recouvrer ces pièces, vu que les coffres qui les contenaient ont été brisés et faussés, les serrures rompues et qu'on a soustrait des pièces, en particulier celles des privilèges, dons et octrois principaux de la ville, au sujet du droit de dixième.

Des députés sont envoyés par la ville pour soutenir, devant le Parlement et le conseil privé du roi, les procès engagés entre la commune et le lieutenant-général Philippe Laurens.
Ces députés obtinrent les satisfactions qu'ils désiraient, et le lieu-

tenant-général Laurens fut contraint à purger les frais de l'accusation dirigée contre lui par la commune de Niort.

Le lieutenant-général Laurens ne parut pas vouloir tenir compte de l'arrêt du Parlement. Une délibération du corps de ville du 11 décembre 1566 établit que « le dit Laurens et ses assesseurs contreviennent « chaque jour, car quand la cause de quelques ung de la commune « est appelée au tour du rolle, ils la font passer et remettre à l'issue « de la cour laquelle tenue là, il ne se trouve aulcun advocat pour la « connoître. Joint à ce que les greffiers et sergens ne veillent « audiencer ni appel les dites causes, disent que la cour est levée. » — La commune se décide à porter de nouveau l'affaire en Parlement. Cette fois le Parlement rend un arrêt devant lequel le lieutenant-général Laurens est obligé de s'incliner.

« Si l'on réfléchit, fait remarquer M. A. Bardonnet, que les Laurens se sont élevés par la protection de la famille de Lude, qu'ils sont restés catholiques et devenus ligueurs ; si l'on pense d'un autre côté que la réforme fut prêchée publiquement à Niort dès 1538, et que parmi les familles protestantes, la famille Chabot fut une des premières et des plus célèbres, on reconnaît dans ces conflits privés les grandes dissensions religieuses, et l'on ne s'étonne pas qu'ils aient duré cent ans. »

Dans la session des *Grands-Jours* tenue à Poitiers en 1567, la cour n'eut à s'occuper que d'une seule affaire concernant un habitant de Niort. Le registre criminel la mentionne en ces termes :

MERCREDI 1er OCTOBRE. — « Veu, par la court, etc..., le procès criminel faict par le seneschal de Poictou ou son lieut. à Nyort, etc... à l'encontre de Michau Bernard, prisonnier, etc... appellant de la sentence contre luy donnée, par laquelle auroict esté ordonné qu'il seroit mis en la question extraordinaire appellée bordequins, pour sçavoir la vérité des accusations mentionnées aud. procès ; aultres procès criminel faict par le prévost des mareschaulx de Poictou contre Françoys Raoul, exécuté à Nyort, etc...

« Il sera dict que lad. court a mis et mect lad. appellation et sentence au néant sans amende, et néantmoins, pour raison des cas mentionnez, a condemné et condemne led. prisonnier rendre et restituer à Jehanne Gaultreau, vefve de feu André Clémenson, les deniers à elles prins et recellez par ledit appellant, de la quantité desquelz elle sera creue par serment jusques à la se de 400 liv. paris., et à tenir prison, jusques à plain paiement d'ycelle somme, ès prisons de Nyort, esquelles il sera mené à ceste fin, et aux despens, etc.

« DUDRAC. MYRON. » (1)

---

(1) *Registres criminels des Grands Jours de Poitiers*, par H. Imbert. — Mémoires de la Société de Statistique des Deux-Sèvres, t. XVIII.

CHAPITRE XII.

Sommaire. — D'Andelot s'empare de Thouars, de Parthenay. — Niort capitule. — Violation de la capitulation par les protestants. — Ils fusillent le curé de Notre-Dame. — La garnison de la tour de Magné est livrée au supplice. — Prise de Saint-Maixent par Pluviault. — Combat de Pamproux. — La reine de Navarre à Niort. — Mise en vente des propriétés ecclésiastiques. — Tentatives des catholiques sur La Mothe-Saint-Héraye. — Siège de Niort par le comte du Lude. — Pluviault parvient à jeter des forces dans la ville. — Journal du siège par La Poplinière. — Combat de Frontenay-l'Abattu. — Le comte du Lude est obligé de lever le siège de Niort. — Note d'un Niortais sur ce siège.

Les guerres de religion furent désastreuses pour le commerce et la prospérité de Niort. Cette ville fut tour à tour occupée par les catholiques et les protestants ; elle compta même parmi sa population un grand nombre de partisans de la religion réformée.

En 1568, la reine de Navarre avec son fils et sa fille quittent le Béarn et se réfugient à la Rochelle, pour ne pas tomber entre les mains de Catherine de Médicis. D'Andelot entre en Poitou à la tête de troupes calvinistes. Thouars lui ouvre ses portes. Il s'empare de Parthenay et fait pendre le gouverneur. En quittant cette ville, il opère sa jonction avec l'Amiral, son frère, qui lui amenait de la Rochelle quelques centaines d'hommes. Ils organisent leur petite armée et se présentent devant Niort. Le comte du Lude avait fait relever les fortifications de la ville, et il avait renforcé la garnison commandée par La Marcousse.

Les protestants avaient reçu de la Rochelle une nombreuse artillerie ; celle de Niort était insuffisante et n'avait pas été augmentée. Aussi La Marcousse, après avoir refusé d'accueillir les premières sommations, fut obligé de capituler ; il se rendit *la vie et bague sauve* (1). Les articles de cette capitulation

(1) La Pop. liv. IV, p. 140.

furent violés par les protestants qui commirent de grands excès. Ils avaient promis de respecter les propriétés et la vie des habitants, mais ils pillèrent plusieurs maisons de catholiques et ils fusillèrent le curé de Notre-Dame, Etienne Texereau, qui avait payé une rançon de 1,000 livres. La tour de Magné fut prise et les protestants pendirent presque tous les soldats qui en formaient la garnison. Pluviault marcha sur Saint-Maixent et se rendit maître de cette ville par surprise.

L'hiver de 1568, qui était très rigoureux, ne suspendit pas les opérations militaires. Les catholiques et les protestants se rencontrèrent entre Poitiers et Lusignan. Le duc d'Anjou, qui commandait les catholiques, avait porté son armée dans les environs de Jazeneuil, et les protestants, conduits par le prince de Condé, occupaient les environs de Coulombiers.

Le village de Pamproux, situé près de Saint-Maixent, fut vivement disputé. « Les maréchaux des deux camps s'y trouvèrent quasi en même temps avec leurs troupes, d'où ils se chassèrent et rechassèrent par deux ou trois fois. Mais, parce que les uns et les autres savoient bien qu'ils seroient soutenus, nul ne prit la fuite; ils se retirèrent à un quart de lieue de là, où ils se mirent en bataille. Après, arrivèrent pour le soutien des uns, messieurs l'Admiral et d'Andelot, avec seulement cinq cornettes de cavalerie; et, du côté des catholiques, se présentèrent 7 ou 800 lances, sous les ordres de Martigues. Il n'est plus question, dit alors monsieur l'Admiral, de loger, ains (mais) de combattre. Et tout soudain advertit monsieur le prince, lequel estoit à plus d'une grosse lieue de là, qu'il s'avançast, et que cependant il feroit bonne mine. Il commanda qu'on se mist en ordre *sur une croupe de montagne,* pour oster aux ennemis la vue d'un vallon, et leur faire penser que nous avions grosse cavalerie et infanterie cachée dedans.

« Etant donc rangés à une canonnade les uns des autres, l'Admiral dit à un capitaine d'arquebusiers à cheval qu'il s'avançast cinq cents pas, et qu'il se tint près d'une haie, ce qu'il fit. Mais comme ces gens-là ne sont pas soldats entendus, ils n'y eurent pas été six patenostres (quelques minutes), que la moitié s'ébranla pour aller escarmoucher, et après, leur cornette marcha pour les soutenir. Les ennemis voyans cela, jugèrent qu'on vouloit aller à eux, ce qui les fit serrer, et, avec trois ou quatre grosses troupes de lances, commencèrent à s'avancer. Certes, dit La Noue, je vis alors ces deux chefs (Coligny et d'Andelot) bien faschez de n'avoir prévenu l'indiscrétion de ce capitaine, et encore plus pour ne savoir quelle résolution prendre, voyans leurs ennemis beaucoup plus forts qu'eux. »

D'Andelot était d'avis d'éviter le péril par une honorable retraite. Son frère refusa de se retirer, disant qu'il était nécessaire de cacher sa faiblesse par une bonne contenance. Il envoya de suite quérir et rappeler les arquebusiers, ce qui fit arrêter le mouvement des ennemis.

« Je demandai depuis, ajoute La Noue, à monsieur de Martigues, qui commandoit en ceste troupe de lances, s'il sçavoit que messieurs l'Admiral et d'Andelot fussent en ces cinq cornettes. Il me dit que non, et que s'il l'eust sçu, il en eust cousté la vie à tous, ou il les auroit eus vifs ou morts. »

Le prince de Condé arrive avec toute son armée et met en déroute les catholiques qui, après avoir seulement engagé leur avant-garde, se replient sur Jazeneuil. A la suite de quelques escarmouches, le prince de Condé se dirige sur Mirebeau, et le duc d'Anjou se rend à Poitiers. Ce combat n'eut aucun résultat décisif.

Au mois de décembre 1568, les chefs des protestants laissent quelques régiments à Loudun et se rendent à Niort, où la reine de Navarre vient les trouver, pour délibérer sur le plan de campagne à adopter. Il fallait de l'argent, on décida de mettre en vente les propriétés ecclésiastiques. La reine de Navarre, les princes de Coligny, d'Andelot et Larochefoucaud couvrent de leurs noms cette spoliation qui devait provoquer des représailles (1). La reine d'Angleterre, intéressée à entretenir des troubles en France, envoie des canons et des munitions de toutes sortes avec un don de 100,000 angelots. Les protestants profitent de ces secours pour lever des troupes, réparer les fortifications de la ville de Niort et lancer des manifestes faisant appel aux armes. François de La Noue est nommé gouverneur de la Rochelle.

Dans les premiers jours de février 1569, les catholiques tentent d'enlever la Mothe-Saint-Héraye. Ils avaient déjà péné-

---

(1) L'édit porte la date du 29 janvier 1569. Des titres conservés dans les archives du Poitou constatent la vente d'un très grand nombre de domaines ecclésiastiques.

tré dans la ville et tué de 20 à 30 soldats, lorsque le commandant Montgommeri se réfugie dans le château, dont l'artillerie force les catholiques à opérer une prompte retraite.

La bataille de Jarnac, le 13 mars 1569, fut un désastre pour les réformés, mais le duc d'Anjou ne sut pas profiter de sa victoire. Jeanne d'Albret s'empressa de relever le courage des vaincus et mit à leur tête son fils. Elle envoya d'Andelot en Poitou avec 4,000 hommes de cavalerie pour garder cette province et « y tenir la main aux commissaires, tant pour
« vendre, arrenter et affermer les biens ecclésiastiques, que
« pour hâter l'argent des emprunts que faisoient les princes
« sur tous les Poitevins, tant protestans qu'autres (1). »

A peine d'Andelot est-il arrivé en Poitou, qu'il tombe gravement malade et meurt à Saintes.

Le comte du Lude, gouverneur du Poitou, profite de l'éloignement des protestants, qui étaient en Limousin, pour chercher à s'emparer de Niort, considéré avec raison comme un point stratégique très important. En effet, c'était une position qui permettait d'agir sur la Rochelle, St-Jean-d'Angély, Poitiers et Fontenay. Le duc d'Anjou donne son adhésion à ce projet et envoie des ordres à Puygaillard, gouverneur d'Angers, pour réunir toutes les troupes de l'Anjou, de la Touraine et de la Bretagne dont il pourrait disposer, et aller se joindre au comte du Lude. Dulandreau et Richelieu reçoivent la même invitation.

Le 20 juin 1569, le comte du Lude arrive devant Niort avec 5,000 hommes de pied. Dans la ville se trouvaient quatre enseignes du régiment du comte de Brissac, qu'on nommait le régiment d'Onoux, maître de camp, et quatre canons avec quelques couleuvrines. Personne ne se présentait pour venir au secours de Niort, car La Noue et l'armée des princes étaient en Limousin.

Du Vigean s'empressa d'avertir Coligny; mais l'Amiral était si loin, qu'il ne pouvait arriver à temps. Pluviault, resté en Saintonge pour protéger les convois d'artillerie qui, de la Rochelle, se dirigeaient sur le Limousin, se hâta d'assembler le régiment de ses enseignes, au nombre de six

---

(1) *Hist. d'Aquit.*, t. II, pag. 456. — La Pop., pag. 189.

environ, et de sa cornette, qui pouvait avoir 80 pistoliers et 12 à 15 lanciers avec quelques arquebusiers à cheval. Il leur donna à tous rendez-vous immédiat à Frontenay-l'Abattu.

Le comte du Lude, qui avait bon nombre d'espions par le pays, fut aussitôt informé des projets de Pluviault, et de la concentration de troupes qu'il opérait aux portes de Niort. La Poplinière fait à ce sujet de très justes réflexions, que malheureusement nos hommes de guerre n'avaient pas sous les yeux en 1870 : « Ceux-là sont dignes d'estre nommez braves
« généraux, et conducteurs d'armées : qui font en sorte, que
« les affaires, les conseils et desseins des ennemis leur soyent
« descouverts. »

Afin de faire échouer la tentative de Pluviault qui voulait jeter des forces dans Niort, le comte du Lude envoie quelques cornettes et des fantassins qui se portent au château de Fors, par où devaient passer les protestants. Pluviault, de son côté, instruit de tous les mouvements de l'ennemi, lance à droite le capitaine Bois avec ses arquebusiers à cheval, pour côtoyer le château et couvrir son infanterie, que la cornette suivait au pas. Grâce à ces précautions, ils atteignent Frontenay sans avoir aucun mal. Il commande à tous ses hommes de laisser leur bagage dans cette petite ville, pour marcher plus dispos et plus résolus. « *Ce fait les voulut bien encourager*
« *par ses remonstrances, et leur faire entendre quel estoit leur*
« *devoir, pour l'exécution de ce qu'ils avoyent entreprins.* Le
« sujet de ses propos tendoit à ce but, qu'ils prinssent garde
« à la conséquence de ceste entreprinse. Savoir est, le bien
« qu'ils causeroyent à tout le pays : qu'il se rendroit rede-
« vable, et obligé pour ce bien-fait : l'honneur qu'ils en
« acqueroyent, et des leurs, et des assiégeans : qu'ils ne se
« devoyent estonner de la grande force du comte [du Lude],
« d'autant que la puissance de Dieu (pour le nom duquel
« ils s'employoyent) estoit bien plus grand : laquelle mesme
« leur accroistroit la leur, par l'anéantissement de la sienne :
« autrement que les promesses divines seroyent fausses :
« esquelles seules, regardans, devoyent fermer les yeux à
« tout ce qui se pourroit présenter. Et d'ailleurs, que souvent
« le moindre nombre, bien conduit et ordonné, surmonte le
« plus grand. Pour fin, qu'ils regardassent à la droiture de
« leur cause, que pour estre du pays, ils alloyent combatre
« pour eux, leurs femmes, enfans et propres maisons : les-

« quelles autrement seroyent les bordeaux des estrangers,
« qui tourneroyent leurs desseins en risée et moquerie. »

Quant à la disposition de ses troupes, Pluviault, après qu'il les eut mis en bon ordre pour marcher comme en bataille, s'avance le premier avec quelques lanciers, accompagné par les arquebusiers à cheval, pour soutenir l'infanterie, suivie de très près par la cornette (escadron), qui comptait un assez bon nombre de *pistolliers*. Le tout, avec une telle apparence, que de loin on eût jugé la masse beaucoup mieux remplie qu'elle n'était. Ils marchèrent en cet ordre jusqu'au moment où ils découvrirent trois ou quatre cavaliers qui se repliaient sur le village de Saint-Florent. A la maison de Pied-de-Fond quinze ou seize lanciers catholiques se présentèrent à l'escarmouche, en un pré qui était entre le village et la route. Pluviault jugea, à leur contenance, que les cornettes (escadrons) qui étaient à Saint-Florent se mettaient en campagne pour le charger. Trouvant l'occasion favorable, il se mit de rechef à exhorter les siens, encore plus *animeusement que paravant*, comme il faisait ordinairement quand il se voyait voisin du combat et près du danger.

« Mes compagnons et bons amis, leur dit-il, pour vous
« cognoistre tous gens de cœur et de vertu, je ne vous userai
« de longues paroles : et mesmes les employeray plus, pour
« vous réduire en mémoire ce qu'avez à faire, que pour vous
« exhorter. Somme, il nous faut entrer dans ceste ville : pour
« signal, ayez devant vos yeux ces deux grandes pyramides
« (c'estoyent les clochers) ausquelles il vout faut aller : c'est
« vostre rendé-vous : ce sont vos enseignes déployées : ce
« sont les cornettes et drapeaux, que pour vous on a mis au
« vent. Sus, qu'un chascun s'évertue, et qu'on prenne cou-
« rage : ils ont de grandes forces, mais ce n'est que pour la
« crainte qu'ils ont de nous. Allons franchement. »

Cela dit, et leur ayant renouvelé ses recommandations pour l'attaque, il se jette sur un côté avec bon nombre de pistoliers et d'arquebusiers. La Roche aîné, de la maison de la Louverie, prend l'autre côté avec quelques lanciers, pour empêcher la charge première, laissant la conduite de la cornette (escadron) à son lieutenant de l'Estang. En avançant, ils remarquent sept ou huit cornettes sortir d'un village, qui suivaient les escarmoucheurs lancés en avant.

Les capitaines protestants les voyant approcher, se mettent

à redoubler le pas, non point pour combattre, mais pour se rapprocher d'une porte et se jeter dans la ville. Les piétons ne purent tous suivre la cavalerie. Ceux qui restèrent en queue furent chargés par les catholiques qui en tuèrent et dispersèrent une centaine. Mais Pluviault avait réussi et était parvenu à entrer en ville avec sa cornette et presque tous ses gens (600 fantassins et 120 cavaliers). Il fut accueilli en véritable libérateur et reçut le commandement de la place.

Ce même jour, sur les trois à quatre heures du soir, jusqu'à la nuit, le comte du Lude fit mettre en batterie deux canons qui tirèrent sur la porte du pont et ses abords. Le gouverneur y fut blessé d'une arquebusade, un soldat et trois artisans y furent tués. Les catholiques voyant que leur artillerie ne produisait aucun effet dans cette direction, se mirent à battre en brèche, le mercredi, la tour de l'Espingole et sa courtine, défendues par le capitaine Gargouillaut. Ce capitaine fut blessé, et deux ou trois Niortais furent tués.

Le jeudi, le feu ouvert contre la même tour fut très nourri, et on pratiqua une brèche de plus de trente pas à la porte du Port. Cette brèche était si basse et si bien esplanadée, qu'un homme armé y eût monté à cheval. Quinze ou seize soldats se firent tuer en la bouchant, et plusieurs Niortais, au nombre desquels se trouvait un femme, reçurent de graves blessures.

Le comte du Lude, jugeant que la brèche était assez ouverte, résolut de donner l'assaut. Pour chasser les assiégés qui s'efforçaient de la boucher, il braqua deux couleuvrines en flanc et personne ne put approcher sans être tué. Cela n'empêcha pas les protestants d'occuper cette dangereuse position; mais ils préféraient la mort à livrer la ville à leurs ennemis.

Le signal de l'assaut fut donné, et trois enseignes bien appuyées parvinrent jusqu'au pied de la tour de l'Espingole. « Mais, dit La Popelinière, il y en eut tels qui s'y présentèrent « d'un côté et d'autre, qu'ils ne s'en plaignirent oncques. »

Le combat dura plus d'une demi-heure. Le capitaine Membrolle, enseigne de la compagnie du gouverneur de la ville, y fut tué avec cinq ou six autres. Les assaillants perdirent 25 à 30 soldats et se retirèrent. D'autres tentatives furent faites sur d'autres points contre les murailles de la ville, mais nulle part n'eurent de succès. Les catholiques qui s'aventurèrent sur des échelles furent précipités dans les fossés. Les assiégés repoussèrent l'ennemi sur tous les points où ils se montrèrent.

L'ardeur des habitants allait jusqu'à l'héroïsme. Tout le monde prenait part au combat. Pendant que les hommes étaient sur les remparts, les femmes, les enfants apportaient les munitions ou les matières à lancer sur l'ennemi. Toute la nuit fut employée à réparer les brèches, ouvertes depuis la tour de l'Espingole jusqu'à la porte Saint-Jean.

Le jour suivant, le comte du Lude donna ordre de renverser la tour de l'Espingole. Deux pièces d'artillerie furent placées en batterie de l'autre côté de la Sèvre, du côté des vignes, aussi rapprochées que possible de la muraille, et commencèrent à tirer sur les cinq heures du matin. Dans la soirée, les munitions vinrent à s'épuiser et le feu cessa vers les six heures. La tour n'était plus qu'un monceau de ruines. Les catholiques occupaient le premier étage, mais les assiégés conservaient la partie supérieure. « Les uns et les
« autres, dit La Popelinière, y pouvoyent seurement loger et
« furent ouis les catholiques au premier estage, sur lequel
« estoyent les assiegez. Sur ces entrefaites, Pluviault, soi-
« gneux de remédier à tout inconvénient qui en pouvoit sur-
« venir, voulut voir les grandes ruines que la furie du canon
« avoit fait à ceste tour. Mais le malheur luy envoya un grand
« nombre d'esclats d'une grosse pierre, que la grand' véhé-
« mence du canon fit sortir de sa place : de quoy Pluviault
« terrassé, fut tellement blessé, qu'à l'instant on le tint pour
« mort. Dequoy tous les soldats et habitans, pour lui estre
« fort affectionnez, furent si esbahis et esperdus, qu'ils res-
« tèrent sans cœur et force : si on n'eust usé de la ruse, la-
« quelle les Impériaux pratiquèrent, quand Bourbon fut
« frappé devant la ville de Rome : le couvrant pour n'estre
« apperçu mort des soldats. »

Ainsi fut fait pour Pluviault. « Les Niortois reprindrent
« cœur, quant les capitaines les asseurèrent que ce n'estoit
« rien, et qu'en peu d'heures il retourneroit à la brèche. Mais
« (sans doute) s'il n'eust eu sa bourguignote en teste, la cui-
« rasse et ses braçats, qui furent tous mis en pièces, il n'en
« eust jamais relevé. Encore est-il tel qu'après avoir demeuré
« dix mois ès mains des chirurgiens, ils n'ont seu tant faire,
« qu'il n'ayt perdu l'œil droit, et le mouvement de trois
« doigts de la droite : et bien lui print, et la ville, que para-

« vant sa blesseure il avoit harangué ses soldats, qui atten-
« doyent l'assaut : car sans doute ils n'eussent soustenu la
« furie des catholiques (1). »

Le samedi, comme les munitions manquaient aux assiégeants, ils se bornèrent à remuer deux canons pour les pointer contre la tour de Pelet, quand ils auraient reçu de la poudre. Ceux qui occupaient la seconde chambre de la tour de l'Espingole, sortirent sur les huit heures du matin et y retournèrent sur les dix heures du soir, « et après avoir fait tout devoir pour gaigner plus d'avantage se retirèrent, le capitaine La Salle restât mort d'une grosse pierre qu'on luy avoit jettée du haut. »

Le dimanche 26, sur les 5 heures du matin, les catholiques commencèrent à tirer furieusement contre la tour de Pelet, qui était un des points les plus fortifiés pour la défense de la ville. Cette tour et ses défenses étaient tellement couvertes de projectiles, qu'il était impossible d'y placer des sentinelles sans les exposer à une mort certaine.

Dans les journées du lundi et du mardi, les assaillants, au lieu de livrer l'assaut, *s'amusèrent* à battre une tour qui joignait le château à la tour de Pelet, où quelques Niortais furent tués. Le gouverneur en profita pour faire réparer la brèche ouverte dans la tour de Pelet.

Le comte du Lude, voyant que les défenses du château pouvaient inquiéter les soldats qu'il enverrait à l'assaut, commença le mercredi à les abattre, « ce qui fut fait, tellement
« que le degré, par lequel on montoit au premier estage, où
« estoyent quelques pièces, fut abattu, dont les assiegez re-
« ceurent de grandes incommoditez : en sorte qu'on fut
« contraint de descendre les pièces dont ils se servoyent :
« et ne s'en peurent accomoder puis après. Nonobstant le
« povre estat de la ville, les soldats neantmoins, peu à peu
« s'opiniastrerent à la defense. A quoy faire les habitans, par
« tous devoirs qu'on requeroit d'eux : si bien que le soldat
« n'eust seu se mescontenter de chose qu'il eust peu sou-
« haiter : mesmes les femmes et petits enfans se monstroyent
« si encouragez, tant à remparer qu'à porter aux soldats ce
« qui leur fesoit mestier : qu'un chacun de tout sembloit
« combatre, et faire le devoir à qui mieux mieux. La cornette

(1) La Pop. p. 205.

« de Pluviault n'y estoit oiseuse : car ils s'employoyent aussi
« bien à remparer, à tirer, et à autres devoirs que les plus
« simples soldats. Aussi plusieurs y fussent blessez, et aucuns
« tuez, comme je vous diray cy-aprés. »

Avec tout cela, néanmoins, ils n'eussent su empêcher que le comte ne se fût enfin rendu maître de la ville, autant par les effets de l'artillerie que par les nombreux assauts qu'il livrait sans relâche. Il était repoussé, il est vrai, avec courage par les Niortais ; mais chaque fois ils éprouvaient des pertes qu'ils ne pouvaient réparer, tandis que les assiégeants recevaient constamment de nouveaux renforts. Le moment devait donc arriver où la ville ne pourrait plus avoir assez de défenseurs pour garnir ses murailles et repousser l'ennemi. Avec cela, le principal chef des protestants était cloué sur son lit par les graves blessures qu'il avait reçues à la tour de l'Espingole, sans pouvoir prendre aucune part à la défense. « A
« cette occasion plusieurs murmuroyent cachettement de se
« rendre à la dévotion du comte, avec quelque honorable
« composition. » (1)

Pluviault, informé de ces défaillances, manda les principaux officiers et, après leur avoir fait entendre des paroles énergiques pour relever leur courage et pour les engager à résister, il leur fit jurer qu'ils défendraient la ville jusqu'à leur dernier soupir. Mais plusieurs « au cœur desquels la
« froide peur avait déjà trouvé place (2) » ne se pouvaient contenter de semblables raisons, et la disposition des esprits était telle que, sans un secours prochain, la ville allait passer aux catholiques.

Le capitaine Du Vigean, qui voyait la position critique où se trouvait la ville de Niort, insista si vivement auprès de l'amiral de Coligny, que La Noue reçut mission d'assembler le plus qu'il pourrait de gens en Poitou et en Saintonge, pour marcher au secours des Niortais. S'il ne pouvait forcer le comte du Lude à se retirer, il devait, comme Pluviault, jeter des forces dans la ville et permettre ainsi la résistance, jusqu'au moment où l'on parviendrait à chasser le comte du Lude. Il était impossible de faire mieux, car l'amiral se trouvait en présence, à la Roche-Abeille en Limousin, de l'armée du duc d'Anjou. (3)

(1) La Popelinière, éd. in-8º, p. 206. — (2) Id. — (3) Id.

La Noue, malgré tous ses efforts et ses appels réitérés, ne put réunir plus de trois à quatre cents chevaux et deux enseignes (deux compagnies), encore c'étaient celles destinées pour la garde de La Rochelle, commandées par Lagarde et Boisville. A ce petit nombre d'hommes, il ajouta le régiment du comte de Saint-Maigrin, mort à La Rochelle, qui se composait de neuf enseignes, et il marcha sur Niort. Non-seulement la route était longue à parcourir, mais les chemins à suivre étaient dans le plus mauvais état. Plusieurs compagnies restèrent en arrière et on ne put être devant Niort à la diane (c'est-à-dire au point du jour), pour y faire entrer des arquebusiers, de la poudre et des munitions, à l'aide d'une escarmouche qu'on eût livrée aux catholiques. Il fallut donc renoncer à cette tentative.

Toutefois, pour ne pas se retirer sans combattre, La Noue, informé que plusieurs compagnies catholiques avaient leur quartier à Frontenay-l'Abattu, à deux lieues de Niort, fit marcher ses troupes sur ce point, afin de faire éprouver des pertes au comte du Lude, « attendant *meilleurs moyens de l'endommager.* » (1)

Frontenay était une petite ville appartenant à la maison de Rohan : « assez mal murée, mal fossoyée : et encore plus « mal pourveuë d'autres défenses. » (2) Les compagnies de Richelieu, de Dulandreau, de Dante et autre capitaine « s'y estoyent barrées pour plus grande asseurance. Car c'estoit la première avenue du camp catholique. » (3)

Aussitôt que La Noue s'en voit près, il avance et commande au capitaine Lagarde de gagner les barrières avec ses arquebusiers. Le capitaine Boisville reçoit l'ordre de donner en même temps l'alarme du côté de Niort, afin que, surpris et étonnés de se voir assaillis en deux endroits à la fois, les assiégés ne soient si résolus à la défense.

Lagarde y marche « et donnant de cul et de teste sur ceste
« avenue apres quelque combat (que rendirent ceux de Du-
« landreau, sous la charge des Granges-Marronnières) enfin
« gaigna les barrières : lesquelles neantmoins estoyent si
« fortes et bien liées que devant que les protestans les eussent
« passées : les catholiques eurent loisir de se retirer, demi
« effrayez de se voir attaquer en tant de lieux. Car copen-

(1) La Popelinière, p. 206. — (2) Id. p. 207. — (3) Id. p. 207.

« dant, Boisville ravageoit ailleurs : lequel s'estant fait ouver-
« ture par une meschante porte, en surprint, et tua plus de
« cinquante de ceux de Dante mesmement, premier qu'ils
« eussent loisir de se mettre en estat. Puis ces deux compa-
« gnies entrées, soustenues de plusieurs cuirasses qui s'es-
« toyent jà mis au pré, en tuèrent plus de deux cens, et y
« prindrent presque tout le bagage des catholiques. Sur ces
« entrefaites, le porte-cornette de Landereau absent, (la com-
« pagnie duquel, on hayoit, et cerchoit-on plus que d'autres,
« pour ce qu'il avoit autrefois esté des leurs) se voyant im-
« portuné d'arquebuzades, pour luy faire quitter son tafetas :
« se jette, comme à corps perdu, parmi quelques chevaux
« protestans, et nombre d'harquebuziers à pied, que le ser-
« gent major de saint Maigrin, monté à cheval, pour conduire
« gens de pied, menoit (comme je say plusieurs autres avoit
« fait en ces guerres, et mesmes en rencontres notables, où
« les soldats descouragez par la prochaine fuite, qu'ils crai-
« gnoyent en leur chef, eussent mieux fait qu'ils ne firent)
« contre toute discipline militaire, et ancienne façon des
« François. Et pour avec la vie, remporter l'honneur d'un
« beau coup : couche la lance qui portoit l'enseigne sur le
« sergent, duquel toutesfois il ne rasla que le costé du visage :
« et piquant tousjours se sauve plus heureusement que plu-
« sieurs de ses compagnons qui demeurerent pour y faire le
« guet eternel. Et en eust esté la deffaite plus grande, si La Noue
« eust permis que la cavallerie (pendant que l'infanterie fure-
« toit les logis) eust donné par delà sur le chemin de Niort.
« Car elle les eust trouvé se retirans en desordre pour se
« joindre au secours que le comte averti par les fuyars, leur
« envoyoit. Mais ayant eu advertissement, soit vray soit faux,
« que le comte du Lude adverti de telle entreprinse, avoit
« envoyé quatre cornettes, pour secours, qui ja marchoyent :
« ayant en queuë bon nombre d'infanterie, craignoit que
« pendant qu'ils se fussent amusez à combatre ceux qui se
« retiroyent : les autres fussent survenus tous frais, et les
« uns reprenans cœur pour la venuë de leurs compagnons,
« devant qu'on eust retiré l'infanterie, qui vagoit par la ville,
« on eust eu trop d'affaires pour se retirer bagues sauves.
« Occasion qu'il print parti de se retirer apres ceste deffaite.
« Le comte ne faillit y envoyer frais secours : mais ils n'y
« trouverent personne de defense : car ils estoyent desja à

« Mosé. Les assiegez avertis de ceste deffaite le jeudi, en
« furent quelque peu consolez, si bien qu'ils soustindrent en-
« cores quelque temps, se persuadans que La Noue entre-
« prendroit quelque autre fait de plus grande consequence.
« Sur les onze heures du soir, cinq soldats descendirent har-
« diment par la breche premiere de l'Espingalle, resolus de
« mettre bas tous les gabions des assaillans, à la faveur des-
« quels il estoit aisé d'entrer en la tour, et puis aller à l'assaut
« à couvert. Ce qu'ils executerent promptement : nonobstant
« la resistence de quelques soldats, qui se trouverent là,
« pour la garde desdits gabions. (1) »

Les événements paraissaient donc se précipiter. Le comte du Lude, afin de ne pas avoir à soutenir à la fois une attaque de La Noue sur ses derrières et une sortie des assiégés en avant, se décida à livrer un *assaut colonel*, c'est-à-dire une attaque générale, avec toutes les troupes et le matériel de guerre dont il disposait. Une vague rumeur du péril qui menaçait la ville était déjà arrivée le soir aux Niortais, lorsque dans la nuit un soldat des assiégeants, ayant laissé ses armes à son corps de garde, se présente à une des sentinelles de la ville, lui donnant à entendre qu'il avait quelque chose à dire au gouverneur et au capitaine Pluviault. Il est conduit au gouverneur et lui raconte que le comte du Lude avait reçu de nouvelles forces et des munitions, et que dès l'aube du jour il ferait battre la ville par son artillerie, avec une furie bien plus grande que par le passé. Aussitôt que la brèche serait ouverte, ce qui devait être sur les midi, l'assaut général serait donné. Ce soldat ajouta que, prévoyant la prise, désolation et ruine piteuse de la place, il était venu pour avertir et sauver quelques-uns de ses amis qui s'y trouvaient.

Le gouverneur de Niort profita de ces renseignements pour redoubler de vigilance.

« Le vendredy matin, la batterie commença le plus roide
« et épouvantable qu'elle n'avoit encore fait, contre la mu-
« raille joignant la tour de l'Espingole, vers le port, et jusques
« à midi, tirèrent bien cinq cens canonnades, qui firent deux
« brèches : l'une de vingt pas, l'autre de dix ou douze, avec

---

(1) Nous citons le texte de l'historien La Popelinière, afin de ne point affaiblir son récit par une version qui n'aurait pu rendre les faits avec la fidélité d'un témoin oculaire.

« deux grandes ouvertures aux deux tours, où l'on pouvoit
« aisément entrer, comme par les brèches, et jusques au
« plain desquelles un cheval eust facilement été aussi bien
« que sur la première, joignant la tour de l'Espingole, laquelle
« avoit été assez bien remparée les jours précédens. (1) »

Le comte du Lude, persuadé que ces brèches et la mort d'un grand nombre de soldats protestants, ainsi que l'épuisement des munitions, décideraient les assiégés à se rendre dès la première sommation, envoya au gouverneur les trois capitaines Lavacherie, Larade et Canadet. Ils s'approchèrent de la porte Saint-Jean et se firent reconnaître comme parlementaires. Le gouverneur se présenta sur le boulevard. Ils lui remontrèrent, au nom du comte du Lude, que vu le peu de forces qu'il avait pour soutenir l'assaut de tant de braves et vaillants soldats, le peu de munitions, les nulles défenses de la place, il agirait dans l'intérêt de la ville et de tout le pays, en n'exposant pas tant d'hommes à leur ruine certaine et évidente. Ils ajoutèrent qu'il ne saurait acquérir honneur en s'opiniâtrant dans une résistance désespérée, et qu'il serait sage de remettre la ville en la sujétion du roi, entre les mains du comte, avec l'assurance que lui et tous les habitants « ne
« recevoyent tant peu de perte ne deplaisir : pourvu aussi
« qu'il se mist à composition raisonnable. (2) »

Le gouverneur Labrousse répondit fort simplement qu'il n'était point le maître de disposer de la ville, qui lui avait été confiée par le prince de Navarre. Il déclara qu'il ne pouvait faire aucun traité sans connaître sa volonté.

Les trois capitaines envoyés en parlementaires, considérant cette réponse comme un refus, s'en retournèrent afin de faire leur rapport au comte, « lequel pensa bien dès lors que la ville
« luy cousteroit bien cher. (3) »

Beaucoup d'habitants désapprouvèrent vivement le gouverneur Labrousse de sa persistance à soutenir un siège qui pouvait amener la ruine de la ville et le massacre de la population. « Neantmoins, raconte La Popelinière, que plusieurs
« assiegez eussent bien voulu conseiller au reste de leurs
« gens de se rendre, et grinçans les dents de despit contre
« le capitaine Puviault, murmurassent de la reddition de la
« ville, ou de se sauver par quelques moyens qu'il imagi-

(1) La Popelinière, p. 208. — (2) Id. — (3) Id.

« noyent soudain que les assaillans auroyent franchi la bre-
« che. A quoy Pluviault par toutes remonstrances, pourveut
« au mieux qu'il peut : et sur tout confirma en sorte son
« regiment, qu'il soustint cest assaut, comme vous enten-
« drez. (1) »

Vers les cinq heures du soir, toute l'armée catholique, avertie que l'assaut général allait être donné, était rangée en ligne d'attaque au pied des murailles et attendait le signal de marcher à la brèche. La cavalerie même était en bataille sur les ailes de l'infanterie, « tant pour leur donner courage
« de leur presence et paroles, à ce coustumiere, que pour
« rembarrer ceux qui voudroyent sortir de la ville, et aussi
« pour estre participans au butin d'icelle, qu'un chacun tenoit
« comme prinse et saccagée.

« Le signal donné, l'infanterie commence à bransler ; l'en-
« seigne colonelle la premiere, et un peu plus avancée que
« les autres, qui la suyvoyent. Devant elle marchoyent plu-
« sieurs capitaines tous couverts de leurs rudaches, et
« la pluspart fort bien armez : devant tous un capitaine
« qui marchoit de une asseuree contenance, portant en sa
« main un fort et roide espieu, suyvi de plus de vingt capi-
« taines, qui tous avoyent le port et contenance assez asseu-
« rée, pour donner à penser aux plus braves des assiegez.
« Ils estoyent suyvis d'un grand nombre de harquebuziers,
« qui comme enfans-perdus, estoyent destinez pour donner
« et recevoir les premiers coups : et pour les soustenir, grand
« nombre de piquiers et halebardiers alloyent apres : au
« milieu desquels se voyoit l'enseigne colonelle destinée pour
« tracer le chemin, et monstrer l'exemple de hardiesse aux
« autres qui la suyvoyent, avec telles demarches, et si bon
« ordre : que s'ils eussent continué ceste asseurance jusques
« à la breche, les assiegez en eussent esté beaucoup plus
« estonnez qu'ils ne furent : car leur ordre et rang de bataille
« fut soudain enterrompu par l'eau de la riviere : laquelle,
« d'autant qu'elle lave le pied de la muraille, leur convenoit
« passer, et s'y mettre par dessus les genoux (chose qui leur
« fut autant prejudiciable, qu'avantageuse aux assiegez.) Ce
« qui avoit esté fait tout à propos la nuict precedente, durant
« laquelle les assiegez envoyerent un homme au prochain

(1) La Popeliniere, p. 208.

« moulin, pour retenir l'eau, et la faire par ce moyen enfler
« à l'endroit des murailles : à quoy ne prenant garde les
« assaillans, se trouverent plus avant en l'eau qu'ils n'eussent
« jamais creu.

« Ceste incommodité neantmoins ne leur fit perdre tant
« soit peu de cœur, pour le commencement : car l'enseigne
« colonelle, voyant la pluye des harquebuzades de la ville
« tomber si drue sur eux, vid bien qu'il ne falloit pas demeu-
« rer là, et d'une gaillarde hardiesse passe l'eau, et donne
« jusques au pied de la tour : resoluë de passer outre, et se
« planter sur la breche, si une harquebuzade à mesme instant
« ne luy eust percé la teste, et fait tomber le drapeau des
« poings.

« Et comme les capitaines rudachers qui l'accompagnoyent
« voulussent, les uns donner plus avant, les autres la relever,
« pour signe aux autres qu'ils enfonçassent, tant d'harque-
« buzades les tastoyent si au vif, que les suyvans voyant la
« pluspart de ces chefs morts : tant de feux artificiels, huiles,
« eaux bouillantes, grosses et menues pierres leur tomber
« sur la teste, furent contens pour ceste heure de surseoir
« l'entreprinse, et se retirer au dela l'eau. Joint que de com-
« batre, et ruer beaucoup de coups ne leur estoit possible,
« pour avoir le pied mouillé, et en lieu humide, si que la
« pluspart d'eux ne pouvoyent s'affermir le pied, pour com-
« batre asseureement, qui estoit cause que pour un coup
« qu'ils donnoyent ils en recevoyent quatre. Et ce qui aida
« fort à les estonner, fut que tout à l'instant, ils virent les
« assiegez comme s'ils eussent reprins nouveau cœur, des-
« cendre de la breche pour achever de tuer ceux, qui blessez
« ou demy morts estoyent demeurez au pied de la muraille,
« et mesme remporterent soudain dedans la ville l'enseigne
« colonelle, et les armes des decedez, en signe de triomphe :
« voire que puis apres ils firent descendre un ministre, pour
« rendre graces à Dieu, et les encourager à faire mieux à
« l'avenir. (1) »

La crue subite des eaux de la Sèvre, dans les fossés de la
ville, avait été, comme le raconte La Popelinière, la cause de
l'échec des assiégeants. Ce fut un grand bonheur pour la
garnison protestante, car le comte du Lude avait établi des

(2) La Poplinière, p. 208, 209, 210.

négociations secrètes avec certains habitants, mécontents de cette résistance, qui avaient promis de se soulever pendant le combat. Aussi « c'est une chose assurée, dit La Popelinière,
« que si les premiers [assaillants] eussent esté rafraischis,
« une ou deux fois seulement : les assiegez eussent tout
« quitté : tant pour n'estre nombre competent, que pour
« avoir à se defendre devant et derriere : Savoir est, de ceux
« qui avoyent secrette intelligence avec le Conte, qui s'en-
« nuyoyent de la longueur de ce siege : intimidez du peril
« qu'ils se paignoyent, comme certain, devant les yeux. Car
« lors de l'assaut, on s'apperceut qu'on avoit tiré par derriere
« quelques coups d'harquebuzade, à ceux qui gardoyent la
« breche ; et quand les femmes, filles, et enfants portoyent
« de l'eau pour esteindre le feu, qui par fois prenoit aux
« balles de la breche, ou pour s'en servir ailleurs, on leur
« tiroit des pierres dessous la halle : voire que le poudrier et
« canonnier, qui estoit à la tour du pôt, mit le feu à la pou-
« dre, jettant les pieces au bas du fossé, qui depuis ne fut
« veu ; avec plusieurs autres menees qui furent descouvertes ;
« tellement que si l'assaut eust duré plus longtemps, sans
« doute ils se fussent declarez plus ouvertement : ce qu'ils
« n'oserent faire pour la brieveté d'icelny.

« Ceste journee toutesfois ne se passa avec si douces
« alarmes : car les soldats Catholiques, retournez au gros de
« l'infanterie, fussent tellement tancez par les principaux
« Chefs, de n'avoir fait autre devoir, et si aigrement reprins
« par leurs Capitaines, qui blessez leur avoyent tracé le
« chemin de si bien faire ; qu'avec l'espoir du sac et butin de
« la ville qu'on leur presentoit : ils s'encouragerent les uns
« les autres, de reprendre l'assaut plus furieux que devant.
« Ce qu'ils firent : tellement que d'une grande huee qu'ils
« jetterent en l'air, comme pour signal de ville prinse : tous
« marcherent si courageusement pour entrer dedans, que
« c'est chose impossible de croire. Mais voyant l'eau qui les
« avoit arrestez, et tant ennuyez par le passé, resterent
« comme refroidis au bord de la riviere. Plusieurs toutesfois,
« comme les plus courageux, se jetterent dedans ; et passans
« outre, attaquerent assez chaudement l'escarmouche, s'esti-
« mans secondez de leurs compagnons ; lesquels restans au
« bord de l'eau, furent occasion que les assiegez n'ayans en
« mire que ceux qui estoyent passez, les tuerent ou blesse-

« rent presque tous, si qu'en fin les moins offensez se
« retirerent sous leurs enseignes. (1) »

Dans ces deux assauts, les catholiques firent de grandes pertes. Plusieurs braves officiers furent tués, ainsi que beaucoup de soldats. Le comte du Lude, apprenant que des troupes protestantes s'avançaient pour faire lever le siège de Niort et voyant le découragement de son armée, assemble son conseil le soir même et propose de se retirer sur Poitiers. Le capitaine Puygaillard, qui venait d'arriver au camp avec une troupe d'Angevins, ne partage pas cet avis, et il déclare qu'il se faisait fort de s'emparer de la ville dès le lendemain, si on lui donnait le commandement de l'assaut. Le comte ne voulut point le lui refuser et donna immédiatement des ordres à son armée pour livrer un nouvel assaut.

A la pointe du jour, Puygaillard fait battre aux champs et assemble les troupes. Il les harangue, leur met d'un côté le profit et honneur devant les yeux, de l'autre la perte et honte d'être venus de si loin pour ne pas faire mieux que les autres. « Somme, qu'ils se devoyent d'autant plus enhardir d'y
« entrer, que les vieilles bandes du feu comte de Brissac, que
« conduisoit Onoux, en avoyent été repoussées ; acquérant
« un honneur immortel par la honte des plus expérimentez
« qui fussent en tout le camp. » (2).

Après les avoir ainsi chaleureusement exhortés, il les lance en avant ; mais les obstacles qui avaient empêché les premiers assaillants d'enlever la brèche, arrêtèrent les Angevins. Ils ne purent parvenir qu'aux pieds des murailles, et voyant l'impossibilité de monter à l'assaut, ils se retirèrent en désordre, humiliés et confus de leur jactance de la veille, qui aboutissait à un si piteux résultat.

Le comte du Lude leva son camp le samedi 2 juillet 1569. Ce siège lui coûtait 400 hommes tués et un grand nombre de blessés. Les assiégés n'avaient éprouvé que peu de pertes. Ils ne comptaient qu'environ 50 morts. Pluviault et Labrousse s'étaient conduits en héros. Leur courage, leur énergie, leur firent trouver des ressources qui leur permirent de repousser tous les assauts et de forcer le comte du Lude à renoncer au siège.

Un témoin oculaire de ce siège, maître Brisset, notaire à

(1) La Popelinière, p. 209. — (2) Id., p. 210.

Niort, a consigné sur un cahier cette note, qui a été recueillie par M. A. Bardonnet :

« Le lundi au soir, vingtième jour de juin 1569, cette ville
« de Nyort fut assiégée par monseigneur le comte du Lude
« et ses trouppes ; et durant le dit siége, puis le dit jour
« jusques au sabmedi, deuxiesme de juilhet, au dit an, que
« le dit seigneur fist lever le dict siége et s'en alla avecques
« trouppes et canons vers Saint-Maixent ; il fust tyré, comme
« l'on dict, douze cent quatre-vingt-douze coups de canon.
« Le dit seigneur du Lude avoit environ quatre mille hommes
« tant de cheval que de pied, et en autres chiefz de cavalerie
« estoyent les sieurs de La Trimouille, de Ruffec, du Lande-
« reau, de Richelieu, etc. »

Le pauvre notaire, bon catholique et fort effarouché, avait écrit sur la page suivante une devise latine que voici : « *Da*
« *pacem, Domine in diebus nostris quia non est alius qui pugnet*
« *pro nobis nisi tu, Deus noster. Fiat pax in virtute tua.* »

Ce qui veut dire, il nous semble : « Si tu ne nous aides pas, ô mon Dieu, catholiques ni protestants ne nous viendront beaucoup en aide. »

CHAPITRE XIII.

Sommaire. — Le comte du Lude assiégé dans Poitiers par Coligny. — Il reçoit des renforts et les protestants se retirent. — Bataille de Moncontour. — Défaite des protestants. — Coligny, en se retirant, incendie le château d'Airvault, se replie sur Parthenay et se rend à Niort. — Le capitaine Moüy est chargé de la défense de cette ville. — Armement des artisans. — Le duc d'Anjou s'empare de Parthenay et fait sommer Niort de se rendre. — Tentative d'assassinat, à Cherveux, sur le capitaine Moüy. — La garnison de Niort capitule. — Siège de Saint-Jean-d'Angély. — Charles IX à Coulonges. — Siège du fort de Luçon. — Bataille de Sainte-Gemme. — Les calvinistes s'emparent de Fontenay. — La Saint-Barthélemy à Niort. — Mesures prises par le comte du Lude pour maintenir l'ordre. — Organisation d'une milice niortaise. — Troubles à La Rochelle. — Le duc de Montpensier se rend maître de Saint-Maixent, La Forêt-sur-Sèvre, Cherveux, Aulnay, Melle et Chizé. — La Noue fait une tentative sur Niort et échoue. — Le roi de Navarre à Niort. — Son abjuration du catholicisme. — Son séjour à Mursay. — La ligue à Niort. — Tentative des calvinistes pour chasser les ligueurs de Niort. — Dispositions prises par l'échevinage pour mettre la ville en état de défense. — Niort place de garantie. — Situation financière et commerciale de Niort. — Droits possédés par les membres de l'hôtel-de-ville. — La noblesse *de la Cloche*.

Le comte du Lude, après avoir levé le siège de Niort, se dirige vers Poitiers. Il passe par Cherveux et se rend à Saint-Maixent. Comme il tenait beaucoup à la conservation de cette place, il y laisse 1,000 à 1,200 soldats, sous les ordres d'Onoux, avec des munitions et quatre pièces d'artillerie.

Le comte du Lude arrive à Poitiers et est assiégé à son tour par l'amiral Coligny. Il regretta alors de s'être séparé du brave d'Onoux. Afin de réparer cette faute, il fit sortir de Poitiers, par la porte de la Tranchée, des hommes qui *connoissoient bien les adresses* (chemins) *du pays et toutes les avenues de Poitiers à Saint-Maixent*, avec ordre d'examiner si les protestants faisaient bonne garde à Jazeneuil, à Lusignan et sur toute la route, pour en informer d'Onoux et lui porter l'ordre de revenir à Poitiers, par une marche de nuit, avec ses meilleures troupes, en mettant à profit les renseignements qui lui étaient fournis.

D'Onoux, qui souhaitait, par-dessus tout, d'avoir un vaste théâtre pour déployer ses talents militaires, se hâte de répondre à cet appel. Il fait jeter les canons dans un puits, distribue ses munitions aux troupes, donne ses farines aux habitants, fait sortir ses soldats de la ville, place des sentinelles aux portes afin que l'ennemi n'ait aucune nouvelle de ses mouvements. Puis il choisit 500 hommes d'élite, envoie à Parthenay, où commandait le capitaine Allard, le reste de ses troupes et les bagages, et, dans la soirée du 30 juillet 1569, se met en marche sur Poitiers, où il pénètre à trois heures le lendemain matin. Coligny, au comble du dépit, lève le siège de cette place.

Les réformés, qui tenaient la campagne dans les environs de St-Maixent, apprennent le départ d'Onoux et s'empressent de s'emparer de cette ville où ils établissent une garnison.

Coligny, en s'éloignant de Poitiers, avait marché sur Châtellerault assiégé par le duc d'Anjou qui se retira à l'approche des réformés ; mais il reçut des renforts et prit l'offensive. Les deux armées se rencontrèrent entre la Dive et le Thouet, dans les environs de Moncontour. Les catholiques occupaient la plaine d'Assais, et les réformés étaient placés entre le bourg de Marnes et celui d'Availles. Coligny avait posté des troupes à Pas-de-Jeu et à Airvault, pour assurer sa retraite en cas de revers. Les protestants furent mis en déroute. Le combat avait à peine duré une demi-heure.

Coligny, en se retirant, incendie le château d'Airvault et se replie sur Parthenay. Dans le combat, il avait eu trois dents cassées d'un coup de pistolet et souffrait beaucoup. Dès le lendemain matin, il prend la route de Niort avec toutes les troupes qu'il avait pu rallier. Il trouve dans cette ville Champernon avec cent gentilshommes envoyés par la reine Elisabeth. Comme une attaque des catholiques était probable, il met Niort en état de défense et confie la garde de cette place importante à Moüy, brave officier calviniste, auquel il laisse sa cornette (escadron), deux régiments d'arquebusiers et les piquiers ; les artisans de la ville avaient reçu des armes et paraissaient disposés à se battre vaillamment.

Les prévisions de Coligny ne furent pas longtemps à se justifier. Le duc d'Anjou, suivant le conseil donné par Montmorency, comprit qu'après deux victoires en bataille rangée et la levée du siège de Poitiers, la prise de Niort produirait une vive impression et amènerait la soumission des places du Poitou qui tenaient encore pour les réformés. Des hérauts vont sommer ces villes de se rendre. Lusignan seul obéit à cette injonction.

Le duc d'Anjou entre à Parthenay sans rencontrer de résistance, et en confie la garde au capitaine Allard. « *Puys, Monsieur envoya de rechef sommer la ville de Niort. Quelques avant-coureurs vont donner jusqu'aux portes pour effrayer.* »

Le capitaine Moüy cherche à les punir de leur témérité ; il sort de la ville avec sa cavalerie et les poursuit jusqu'à Cherveux. Les voyant fuir sans opposer de résistance, « il met pied
« à terre, raconte une historien, pour satisfaire à quelques
« besoins. Maurevel à qui il faisoit part de sa table, de sa
« bourse et de son lit, lui servant, comme lui-même disoit,
« de père, donne alors à son bienfaiteur un coup de pistolet
« dans les reins, et sautant sur un cheval qu'il avait eu de
« lui, se sauve dans Champdeniers où il y avoit déjà des
« catholiques logés. » Cette infâme trahison indigne les catholiques eux-mêmes.

L'infortuné Moüy, victime d'une si odieuse trahison, avait reçu une blessure très grave; on le transporte à Niort où il voulait continuer son service et soutenir le siège, mais ses officiers lui démontrent l'impossibilité de résister au duc d'Anjou, et il est obligé de se rendre à leur avis. Niort est donc évacué, et le gouverneur Labrousse conduit la garnison à La Rochelle.

A cette nouvelle, toutes les places fortes et les châteaux du Bas-Poitou, qui soutenaient le parti des réformés, sont abandonnés par les protestants. « La Popelinière raconte que
« les chemins étoient tous couverts d'hommes, de femmes,
« d'enfans, et de bêtes de toutes sortes, qui trainoient leur
« bagage. La Rochelle fut le refuge de ces malheureux. Il s'y
« trouva jusqu'au nombre de 76,000 personnes, quoique la
« ville fut peu logeable alors. »

Le 8 octobre 1569, le duc d'Anjou trouve les portes de Niort ouvertes et s'empare de cette ville, dont il traite les habitants avec humanité. Puis, le 16 octobre, il assiège la ville de Saint-Jean-d'Angély. Charles IX, afin de se rapprocher du théâtre de la guerre, se rend à Coulonges-les-Royaux, où il

arrive le 26 octobre 1569. « En résolution de n'en partir, dit
« Castelnau (1), que la ville (Saint-Jean) ne fut prise : ayant
« par sa présence autant animé le courage des soldats, que
« celui de Piles rendit obstinés les siens. Ce qui fut cause que
« Biron, par la permission de sa Majesté, pour épargner la
« vie de beaucoup de gens de bien, écrivit à Piles pour lui
« persuader de rendre la ville, l'assurant pour lui et les siens
« d'une honnête composition. A quoi il fit réponse qu'il y
« prêteroit volontiers l'oreille, si cela pouvoit apporter une
« paix générale. Et il envoya, pour parlementer, le capitaine
« Lapersonne, lequel arrivé à Coulonges-les-Royaux discourut
« amplement du bien que la paix pouvoit apporter à tous en
« général. » Cette conférence aboutit à une trêve de dix
jours. Saint-Jean ne capitula que le 2 décembre.

Le roi, « après avoir pourvu à toutes les places de Poitou
« et de Xaintonge, ayant décampé, sur la fin du mois de
« décembre, de Coulonges-les-Royaux, où il fit son Noël, va
« à Brissac ; puis à Angers, pour célébrer les Rois ; ayant
« assigné les députés protestans pour la paix, de l'y venir
« trouver, ce qu'ils firent (1). »

Ces conférences ne suspendent point les hostilités. Les chefs
protestants, Pluviault, La Noue, Soubise, agissaient vigoureusement dans le Poitou et la Saintonge. De son côté, Puygaillard, afin de tenir tête aux calvinistes de Marans, avait
construit un fort à Luçon où il avait mis quatre compagnies
commandées par Mascaron. Puis il cantonne ses troupes à
Niort, Saint-Maixent et Bressuire, prêt à les concentrer dès le
premier mouvement un peu sérieux des réformés.

Les trois chefs calvinistes se concertent pour enlever le fort
de Luçon et la place de Sainte-Gemme. La Noue et Soubise
marchent sur Sainte-Gemme, située à deux kilomètres de
Luçon, et bientôt ils sont rejoints par Pluviault. Le siège est
poussé alors avec vigueur. Puygaillard croit le moment favorable pour envelopper les calvinistes. Il appelle ses troupes
de Bressuire, de Saint-Maixent, et quitte Niort sans les faire
reposer. Il arrive au milieu de la nuit à Sainte-Gemme, et sans
donner un instant de repos à ses soldats, qui avaient marché
deux jours et une nuit *sans repaître qu'une fois à la légère*, il

---

(1) Castelnau, *Mém.* p. 486.
(1) *Mém. de Vieilleville*, p. 215.

se précipite sur les calvinistes que Pluviault, averti par ses vedettes, avait eu le temps de ranger en bataille dans un vallon, avec La Noue et Soubise sur ses deux ailes.

Puygaillard était tellement convaincu qu'il allait surprendre l'ennemi, qu'il crut n'avoir à combattre que les avant-postes de Pluviault. Mais il fut promptement tiré de son erreur. Sa cavalerie, qu'il avait lancée en avant, fut chargée avec une extrême vigueur par Pluviault et rejetée sur l'infanterie, où elle répandit le désordre.

Soubise et La Noue agirent alors sur les flancs des troupes catholiques qui furent mises en complète déroute. G. Tavannes assure que les catholiques laissèrent sur le champ de bataille de Sainte-Gemme 3,000 hommes de pied et 200 chevaux. Le fort de Luçon se rendit.

Puygaillard s'était retiré en toute hâte à Niort, en ne laissant que quatre compagnies à Fontenay, afin de résister pendant quelques jours et de ralentir la marche de l'ennemi. Les calvinistes arrivèrent le 17 juin devant Fontenay. La petite garnison qui s'y trouvait leur opposa une vive résistance, et ce ne fut que le 28 juin qu'elle capitula, avec la condition de se retirer à Niort. Cette ville était alors le refuge des catholiques, refoulés de tous côtés par les protestants vainqueurs. Brouage, Moric, Saintes venaient de tomber entre les mains des calvinistes. Saint-Jean-d'Angély était menacé, et Niort, quartier général des calvinistes, allait être attaqué, lorsque la cour, effrayée des victoires des protestants, leur proposa des conditions qu'ils acceptèrent. Il y eut une suspension d'armes, et, avant l'expiration de la trêve, la paix fut conclue à Saint-Germain-en-Laye, le 8 août 1570.

La Saint-Bathélemy ne fit point de victimes à Niort, et cette ville, dont la garnison catholique était nombreuse, ne fut le théâtre d'aucun trouble. Le 13 septembre 1572, les membres de la commune écrivirent au roi que la ville était tranquille et affectionnée. On s'y règle, disait le maire, sur les édits de pacification. On fait garder les portes par six bourgeois notables, quatre catholiques et deux prétendus réformés. Tous les soirs les clefs sont remises au maire.

Le comte du Lude ordonna d'exclure les protestants de la garde des portes. Défense fut faite aux habitants de quitter la ville sans une permission spéciale. Les fortifications furent réparées, les brèches comblées. La ville fut mise en état de résister et de supporter un siège, dans le cas où les protestants voudraient l'attaquer.

Par ordre du comte du Lude, une milice est organisée à Niort, mais les habitants catholiques seuls en font partie et reçoivent des armes. Bastien Chabot, assesseur du sénéchal du Poitou, et Jacques Daillant sont élus chefs de cette milice, et acceptés par le comte du Lude.

Toutes ces mesures prises rapidement montrent combien était grande l'inquiétude de la cour, qui redoutait l'effet du désespoir et de la vengeance de la part des protestants, victimes d'un si infâme guet-apens.

Des troubles éclatent à La Rochelle à la nouvelle des massacres de la Saint-Barthélemy. Les habitants refusent de recevoir le gouverneur Biron. Le duc d'Anjou vient assiéger cette ville, mais il éprouve une résistance des plus énergiques, et il est obligé d'accepter les conditions stipulées dans l'édit de pacification de 1573.

Cet édit fut mal observé et, en 1574, La Noue, chef des calvinistes de La Rochelle, s'empara de Royan, de Melle, de Lusignan, de Fontenay et de plusieurs autres places.

Le comte du Lude, gouverneur de Niort, fait expulser plusieurs habitants, qu'il soupçonnait d'avoir des relations avec les huguenots pour leur livrer la ville. Tout le Poitou était en armes. Le duc de Montpensier arrive avec une armée et se rend maître de Saint-Maixent, de la Forêt-sur-Sèvre, de Cherveux et d'Aulnay.

Le capitaine Tourne-Coupe, qui commandait à Melle, fait tirer sur les troupes royales, et est pendu avec 12 de ses soldats.

Chizé est pris, et la garnison du château passée au fil de l'épée; Fontenay résiste quelques jours seulement. Le savant ministre Dumoulin se trouve au nombre des prisonniers. On le conduit à Niort, où le duc de Montpensier, sans respect pour son mérite, le fait pendre.

La Noue avait fait une tentative infructueuse sur Niort, pendant le siège de Fontenay. Lusignan, défendu par Jean, vicomte de Rohan, seigneur de Frontenay-l'Abattu, oppose une résistance qui se prolonge jusqu'à la fin de janvier 1575.

Les calvinistes étaient maîtres de la Rochelle, mais ils tenaient beaucoup à s'emparer de Niort. La Noue renouvelle une tentative pour enlever cette ville. Il livre l'escalade au milieu de la nuit, et il est repoussé par le comte du Lude qui, prévenu des intentions des protestants, était accouru afin de diriger lui-même la défense de cette ville, considérée avec raison comme la clef du Bas-Poitou. Mais pendant son absence de Poitiers, Lahaye, ancien maire, qui entretenait des intelligences avec La Noue, organise une conspiration pour livrer la capitale du Poitou aux protestants.

Au mois de septembre 1575, Niort fut donné comme ville de sûreté au duc d'Alençon, qui s'était enfui de la cour. Le roi de Navarre prit aussi la fuite, dans la nuit du 4 février 1576. « Le roi de Navarre fut quelque temps à Saumur, dit Mézeray (1), demeurant encore dans la religion catholique, sans en faire néanmoins aucun exercice. Mais il retourna enfin dans sa première religion, par une profession publique qu'il fit dans le temple de Niort, où il déclara qu'il ne l'avoit abjurée que des lèvres et par la crainte de la mort. Ensuite de quoi il envoya Fervaques quérir madame Catherine sa sœur. » Sully raconte qu'il *délibéra de l'attendre en chassant vers Parthenay.*

Les historiens ne sont pas d'accord sur le lieu où le roi de Navarre revint à la religion réformée. Thibaudeau dit que ce fut à Saumur, et Briquet se prononce pour Niort. Cet événement eut lieu à Alençon, ainsi que l'atteste Elie Benoist, auteur très exact, dans l'*Histoire de l'Edit de Nantes*.

Une nouvelle paix fut signée à Sens, au mois de mai 1576; elle ne fut publiée à Niort que le 11 juin. « La paix
« étant conclue, écrit Marguerite de Valois dans ses mémoi-
« res, la reyne ma mère se disposant à s'en retourner, je
« receus lettres du roy mon mari (il était alors à Niort), par
« lesquelles il me faisoit paroistre qu'il avoit désir de me
« voir, me priant, soudain que je verrois la paix faite, de
« demander mon congé pour le venir trouver. J'en suppliay
« la reyne ma mère. Elle me rejette cela, et par toutes sortes
« de persuasions tasche de m'en divertir (détourner), me
« disant que lorsqu'après la Saint-Barthélemi je ne voulus
« recevoir la proposition qu'elle me fit de me séparer de
« nostre mariage, elle loua lors mon intention, parce qu'il
« s'estoit fait catholique ; mais qu'à *cette heure qu'il s'estoit*

(1) Tome III, page 402.

« *fait huguenot*, elle ne me pourroit permettre que j'y
« allasse. »

Catherine de Bourbon eut moins de difficulté pour se rendre près de son frère, le roi de Navarre, qui se trouvait au château de Mursay, placé sur le bord de la Sèvre, à quelques kilomètres de Niort, dans une situation délicieuse au fond d'une vallée des plus pittoresques. Henri passa, dans cette retraite, comme il l'a souvent répété depuis, les plus heureux jours de sa vie. Il chassait, pêchait et, au milieu de ces temps de troubles, il se livrait avec ses compagnons à ces gaies causeries relevées de sel gaulois, qui charmaient le Béarnais.

Les plaisirs de Mursay lui faisaient oublier de se rendre dans son gouvernement de Guyenne, lorsque des infractions commises par les catholiques, à l'édit de pacification du 14 mai, l'arrachèrent à ses doux loisirs. Ne voulant pas s'éloigner du Poitou, il fit demander aux Rochelais de le recevoir, mais ceux-ci le supplièrent d'ajourner son voyage. Le roi de Navarre, pour calmer leur inquiétude, adressa la lettre suivante au corps de ville : « Je ne veux aucunement, dit-il,
« diminuer en rien vos anciennes franchises ; au contraire,
« je désire vous les conserver de tout mon pouvoir, vous ne
« devez point craindre que mon autorité vous porte préjudice,
« et si, de mon vivant, aucun le vouloit faire, je me sens
« assez fort pour l'en empêcher très bien, et y employerois
« tous mes moyens, jusques à ma propre vie. Tenez-vous
« assurés que je ferai en sorte que l'on connoitra plutôt
« l'union qui doit être entre nous tous, et l'affection particu-
« lière que je vous ai toujours portée, qu'aucune diminution
« de ce qui vous peut appartenir.

« A Niort, le 16 juin.

« Votre bon ami, HENRI. »

Cette lettre ne rassura pas encore complètement les Rochelais. Ils n'admirent le Béarnais dans leur ville qu'après avoir reçu sa promesse écrite de ne se présenter parmi eux, ni comme gouverneur ou lieutenant du roi, ni avec personne qui pût leur être suspect ; mais de les visiter *privément comme ami, et avec sa maison seulement.*

La Ligue, qui avait pour chef, en Poitou, Louis de La Trimouille, duc de Thouars, comptait d'ardents partisans à

Niort. Les calvinistes essayèrent de les chasser de cette ville; mais les catholiques découvrirent le complot et l'attaque échoua.

« Saint-Gelais ayant dressé une intelligence dans
« Niort(1), et attiré gens pour saisir la porte de son nom, de
« laquelle ils devaient couper les barres, s'avança et fit don-
« ner cinq gentilshommes de marque, et par quelques autres,
« l'alarme vers la porte de Saint-Jean ; et soit dit en passant
« qu'un de ceux-là, étant tombé armé et à cheval dans le
« fond du fossé, s'en retira sans être offensé. Ceux qui don-
« nèrent à la porte furent receus d'arquebusades, et oioient
« (*entendaient*) les coups et les cris de dix de leurs confidens
« qu'on tuoit de l'autre côté. L'abbé des Châtelliers se gou-
« verna en homme de guerre sur cet accident; il fit pendre
« dix des conjurés, principalement sur ce que la plupart
« d'eux s'étoient le jour même trouvés à la maison de ville à
« une promesse générale de garder les portes unanimement :
« quelques-uns des plus consciencieux ne voulurent pas se
« trouver à cette assemblée pour être à l'exécution; les autres
« ne voulurent pas exécuter pour avoir été à l'assemblée, et
« par ceux-la fut l'entreprise découverte ; quelques autres n'y
« regardèrent pas de si près, et furent justement pendus.
« Meru, frère du maréchal de Montmorenci, se trouva en
« l'entreprise de Niort. »

Michel Le Riche raconte dans son journal du temps que :
« les habitants de Niort avoient failli estre surpris par le
« moyen de quelques traitres, en grand nombre, de ceux du
« dit Niort, qui avoient intelligence avec plusieurs gentils-
« hommes huguenots et autres, qui ne faillirent au soir, se
« trouver ès lieux et endroits où ceux de dedans leur avoient
« enseigné. Mais ils faillirent à leur sort, et furent pris et
« constitués prisonniers plusieurs personnes dudit Niort, qui
« s'étoient efforcées y faire entrer les huguenots de dehors,
« dont plusieurs furent tués et pendus et étranglés et, en
« leur exécution et par leur procès, confessèrent que ce qu'ils
« avoient fait estoit à la persuasion de leur ministre. » (*Jour-nal de Michel Le Riche*, p. 278, 279.)

---

(1) Mémoires de d'Aubigné.

Les protestants ne se découragèrent pas, et ils organisèrent dans Niort un nouveau complot qui fut encore déjoué. Le gouverneur prit les dispositions les plus énergiques afin de mettre la ville à l'abri d'une attaque ou d'une surprise. Il ordonna que les gardes se feraient de jour et de nuit ; les portes de la ville devaient être ouvertes à 7 heures du matin et fermées au soleil couchant.

Vingt hommes, choisis par le gouverneur, étaient toujours prêts à monter la garde pour remplacer les absents frappés de fortes amendes.

Les brèches qui existaient dans les murs de la ville sont bouchées à la hâte. On n'avait pas le temps de recourir à la maçonnerie, on les ferme avec des barriques prises chez les hôteliers et des troncs d'arbres. L'entrée de la ville est refusée à tout étranger suspect ou portant des armes.

Les maire et échevins se réunirent le 13 avril, afin de se concerter sur les moyens à employer pour empêcher la ville d'être livrée à l'ennemi par trahison. On savait que les protestants étaient en rapport avec des habitants de Niort, qui leur avaient promis de leur ouvrir les portes de la ville. Afin d'éviter toute surprise, les membres de l'échevinage décident que « tous les susdits (protestants) seront prins et
« auront prisonniers les prisons royales de la ville, et pour
« ce exécuter ont été commis deux échevins et quatre pairs
« avecque aultres qu'ils adviseront. »

Il est décidé que, outre les trois corps de garde qui existaient déjà à la tour Folie, aux Cordeliers et à l'Espingole, on en établirait trois autres sur les remparts, à la tour Valleton, à la porte de Saint-Gelais et à la tour du Maire. Un poste de volontaires est placé sous les halles.

Cette séance du corps de ville fut très agitée. Plusieurs échevins assurèrent que les protestants qui résidaient dans la ville avaient formé un complot pour s'en emparer, et qu'ils avaient des relations avec La Rochelle et Saint-Jean.

A la suite d'une délibération, le maire fut chargé de mander les membres du consistoire et de les prévenir que leur dessein était dévoilé, « leur déclayrant, ajoute le procès-verbal
« de la séance, que ils aient à faire retirer au champ pour
« huict ou dix jours tous ceulx de la religyon qui ont porté
« les armes cy-devant et qui les peuvent porter, leur enjoi-

« gnant de satisfayre aux dits commandements devant de-
« main mydy, à peine d'estre puniz comme désobéissants,
« leur déclayrant que à faulte de se faire par eux, les dits
« de la religyon qui peuvent porter les armes seraient mis
« dehors pour obvyer à ce qu'ils ne fassent effort pour sur-
« prendre ceste ville, comme ils voullurent faire aux Roys
« de l'an 1577, et pour exécuter ce que dessus, ont été com-
« mis et esleuz le maire Me Jacques Laurens l'esné, Me Ma-
« thieu Pastureau et Me André Girauldeau. » (A. H. V. — D. F.)

Ces mesures furent rigoureusement appliquées, et la foire de mai fut supprimée.

L'année suivante, les Niortais apprirent avec le plus vif mécontentement que leur ville était désignée comme place de garantie remise aux protestants. La population, qui était en grande majorité catholique, s'émut vivement de cette décision. Le 2 mai 1581, le corps de ville de Niort chargea deux de ses membres, A. Dabillon et P. Pastureau, de porter au roi les doléances des habitants. « Ils devaient offrir tout
« le pouvoir des habitans pour son service et lui donner à
« entendre qu'on est adverti que par les articles secrets
« accordés entre Son Altesse et le roi de Navarre et les dépu-
« tés de la religion prétendue réformée, cette ville doit leur
« être donnée au lieu et en échange de Périgueux, que Mgr
« vient pour cela à Niort. Si cela est vrai, ce qu'on ne peut
« croire, Son Altesse sera suppliée de donner aux catholi-
« ques le temps suffisant pour se retirer avec leurs familles
« dans des villes, sous l'obéissance du roi et où l'exercice de
« la religion catholique est libre, d'autant que ceulx de la
« religion P. R. ont plusieurs fois, en temps de paix, tenté de
« surprendre la ville et conçu, à cause de la résistance des
« catholiques, mortelle inimitié contre les dits catholiques et
« fidèles sujets du roi. » (A. H. V.)

Les envoyés niortais ne purent faire modifier les articles du traité de paix. Ils revinrent rapporter cette nouvelle aux catholiques, qui l'apprirent avec consternation.

La ville de Niort avait éprouvé de si grandes pertes pendant la guerre civile, qu'elle se trouva dans l'impossibilité de payer la totalité de 586 écus deux tiers, à laquelle les habitants avaient été taxés pour leur quotité de la solde de 50,000 hommes de pied. Henri III accueillit les réclamations des habitants et leur fit remise du tiers de cette somme, « à cause,

« disent les lettres royales, de la pauvreté de la dite ville,
« des pertes et ruines que les habitans ont souffert à l'oc-
« casion des troubles et de leur bon devoir à la conservation
« de la dite ville sous son obéissance. » Le roi accorda aux
habitants les six deniers pour livre du principal de la taille
de l'élection de Niort, destinés à rendre navigable la rivière
la Sèvre. Ces six deniers pour livre devaient être levés sur
les paroisses distraites de l'élection de Niort pour former
celles de Cognac et de Parthenay. (A. H. V.)

Cette taxe fut, comme par le passé, détournée de sa véritable destination. Le lit de la Sèvre était tellement envasé qu'il eût fallu consacrer des sommes considérables aux travaux de la navigation. Le commerce maritime avait pris une autre direction et était allé à la Rochelle et à Bordeaux. Niort, à cette époque, n'avait plus de commerce de transit. Non-seulement les barques ne pouvaient plus circuler sur la Sèvre, mais une ligne de douanes royales élevait une barrière sur les frontières de la Saintonge et de l'Angoumois. Les nouvelles foires de Bordeaux faisaient une désastreuse concurrence à celles de Niort ; enfin, les familles niortaises enrichies par le commerce abandonnaient le négoce après avoir obtenu des titres de noblesse à l'aide de leurs fonctions municipales. Toutes ces causes amenèrent la décadence du commerce de transit de Niort. Il ne resta plus à cette ville que ses foires et les industries spéciales, qui consistaient en tannerie, mégisserie, fabriques de draps et dépôts de sel. Toutes les tentatives faites depuis cette époque pour ramener à Niort un grand courant commercial sont restées presque sans résultats. Bordeaux et le Havre enlevaient les transactions qui s'opéraient sur le transit. Les échanges avec les étrangers se firent principalement par La Rochelle et Bordeaux ; les grains seuls continuèrent à descendre la Sèvre lorsque la navigation était praticable. Les barques pontées ne remontèrent plus jusqu'à Niort ; elles restèrent à Marans.

Un aveu, rendu au roi par les maire, échevins, conseillers et pairs de l'hôtel-de-ville de Niort, le 13 juillet 1579, mérite un examen particulier. C'est l'énumération de tous les droits possédés par les membres de la commune.

L'hôtel du corps de ville était situé sur la place du Pilori, tenant des deux parts à la rue par laquelle on va de la halle, d'une part, à l'église Saint-André, et de l'autre à la porte Saint-Gelais.

Le maire jouissait des droits suivants :

« 1° De donner et conférer tuteurs aux enfants mineurs des jurés, après le décès de leur père ;

2° De veiller aux poids et mesures pour peser toutes les marchandises qui se vendaient dans la ville et les faubourgs au poids, ou mesurer le blé, le vin, le sel, l'huile et toutes choses se vendant à la mesure et à l'aunage, comme draps, toiles, etc. Tous les marchands vendant en gros ou en détail aux foires et marchés étaient tenus, sous peine de saisie de leurs marchandises, de prendre des poids et des mesures marqués par le maire, en payant les droits établis par le corps de ville ;

3° De tenir le marc à draps pour marquer tous draps raisonnables (c'est-à-dire bien conditionnés) fabriqués dans la ville et les faubourgs. Les fabricants devaient payer 10 s. tournois et 5 d. pour chaque plomb appliqué sur une pièce de drap. Ceux qui auraient mis en vente les draps avant de les avoir fait visiter par les maîtres-jurés de l'état de tondrie, et marquer, étaient soumis *à punition et correction* ;

4° De porter ou faire porter, les jours de marché, au minage de la ville, un boisseau pour la montre de chaque espèce de blés qu'ils voudront vendre, sans payer aucun droit de minage pour la montre et le blé vendu ;

5° De désigner chaque année un personnage pour être administrateur des aumôneries de Saint-Jacques et de Saint-Georges, et de recevoir à la fin de l'année le compte de sa gestion ;

6° De pouvoir acquérir dans la ville, ainsi que les autres habitants, biens-immeubles et héritages tenus à cens et rentes *dudit sieur* (le roi), sans être tenu d'exhiber ni d'apporter aux officiers du roi les contrats d'acquêts, ni de lui payer aucune vente et honneurs pour ces acquisitions, mais seulement le double cens ou autres *devoirs* qu'a le roi sur ces immeubles et héritages ;

7° D'interdire à tout marchand forain de vendre aucune denrée ou marchandise dans la ville et les faubourgs, sinon que pour les jours de foires et marchés ;

8° De tenir la juridiction de la police avec la juridiction sur tous marchands de la ville et les marchands étrangers venant aux foires et marchés. Cette juridiction donnait le droit de visiter toutes les marchandises, et s'il y avait fraude ou tromperie, d'infliger amendes et punitions corporelles;

9° De tenir la communauté de la ville, composée de 100 hommes, savoir : un maire annuel, douze échevins, douze conseillers et soixante-quinze pairs. Les enfants mâles des maire, échevins et conseillers pouvaient être faits chevaliers, avec puissance de pouvoir « *acquérir et conquester par tout « le royaume de France et ceux qui ont esté acquestez, avoir et « posséder à toujours mais soient fiefs, et arrière-fiefs, terres, « possessions, héritages, justices, seigneuries et quelconques « autres choses nobles et de noble condition,* » sans payer aucune finance au roi;

10° De tenir à droit perpétuel de dixième et apetissement de vin vendu dans la ville, avec les droits de barrage et de coutume sur la rivière de la Sèvre et sur les ports de cette rivière, sujets à cette coutume;

11° De tenir le droit et de toucher les émoluments de juridiction, haute, moyenne et basse, et de tous les autres droits et privilèges que les maire, échevins, conseillers et pairs du corps et collège de la ville sont accoutumés de jouir et user de toute ancienneté;

12° De lever et prendre une somme annuelle de 5 sols 2 deniers tournois sur les habitants des paroisses de Saint-Hilaire-la-Palud, Monfaucon, la Rivière, Arsay, la Nevoire, Sazay, Mazin, toute la grande rue de Mougon appelée la rue de Fenestriou, Vaumoreau, la rue appelée le Fief de la Cour-l'Evêque, au bourg de Vouillé, Saint-Florent, la Tranchée et Mairé. Moyennant cette somme annuelle, les habitants de ces diverses localités étaient exempts des droits de barrage, c'est-à-dire d'octrois, à l'entrée de la ville.

Les marchands de la ville qui achetaient en gros pour revendre en détail, jouissaient de cet avantage en payant chaque année une somme de 4 sous 2 deniers tournois. Avant de lever boutique, ils devaient, ainsi que les habitants des localités énumérées plus haut, prendre, sous peine d'amende, lettres de franche-commune et de payer au maire de Niort la somme de 8 sous 4 deniers tournois;

13° De chasser à poil et à plume en la banlieue de Niort, avec droit de garennes le long des murs de la ville;

14° De recevoir des maîtres bouchers de la ville, chaque

vigile de Noël, une poitrine de bœuf du meilleur exposé en vente ce jour ;

15° D'accroître ou de diminuer le présent fief, avec et dénombrement, en ce qu'il y aurait trop ou peu, sans toucher au droit de cens dû au roi pour la partie de l'hôtel de ville construite sur un tènement appartenant anciennement au domaine royal. »

Ce document est d'une très grande importance pour l'histoire de notre ville. Il nous fait connaître les droits et privilèges que possédaient les maires, les échevins et conseillers de l'Hôtel de ville.

Ainsi le maire avait l'exercice de la juridiction, tant en actions civiles que criminelles ; il possédait le droit de nommer les tuteurs des enfants mineurs des jurés de la commune ; il avait la surveillance des poids et mesures avec la perception de droits sur le pesage et l'aunage ; il marquait les draps fabriqués dans la ville et la banlieue ; il jouissait du droit de montre pour son blé ; il nommait les administrateurs des aumôneries ; il pouvait acquérir biens, immeubles et héritages en ne payant que des droits peu élevés ; les marchands forains devaient se conformer aux règlements établis par le maire. Les enfants des maires, échevins et conseillers, et même leurs descendants *perpétuellement,* nobles et de noble condition, pouvaient être faits chevaliers. Le maire avait aussi le droit de franche-commune sur plusieurs localités. Enfin les maire, échevins et conseillers pouvaient chasser le poil et la plume dans la banlieue.

Ces droits dont ils jouissaient, et bien d'autres encore, nous expliquent l'ardeur avec laquelle étaient recherchées les fonctions de membres du corps de ville de Niort. Non-seulement ils y trouvaient des avantages pécuniaires, mais ils en tiraient de grands honneurs qui allaient jusqu'à la noblesse. Aujourd'hui, tout ce que peut espérer un membre de notre municipalité, c'est la croix d'honneur. Autrefois, sous la royauté, qu'on représente si dure pour le peuple, un simple manant pouvait devenir échevin, maire et noble. Il est vrai qu'il était noble *de la cloche,* mais cette noblesse en valait bien une autre, surtout quand elle reposait sur des services réels rendus à la cité, et sur une grande fortune amassée honorablement dans le commerce. C'était le meilleur moyen d'appeler les nouvelles couches sociales aux affaires et de leur permettre d'arriver à la fortune et aux honneurs, sans convulsions révolutionnaires, sans trouble. Le jeu même des institutions ouvrait les plus brillantes carrières aux hommes qui, par leur travail, leur intelligence, leur honorabilité, avaient exercé les fonctions municipales.

FAITS ET DOCUMENTS DIVERS.

Le 16 juillet 1572, une délibération du corps de ville est prise au sujet des prieurés de Saint-Martin, de Saint-Etienne et de Saint-Gaudens, démolis pendant les dernières guerres et dont les prieurs ne faisaient plus aucun service religieux. On demande que ces prieurs consacrent une partie de leurs riches revenus à la réparation de l'église de Notre-Dame. Les églises de Saint-Etienne et de Saint-Gaudens ne furent pas reconstruites. C'est dans la chaire de cette dernière église que la religion nouvelle fut professée publiquement, pour la première fois, à Niort, en 1538. Elle était située sur l'emplacement même de la rue qui aujourd'hui porte le nom de Saint-Gaudens.

Le prieuré de Saint-Remy, près de Niort, ainsi que les autres prieurés des campagnes occupées par les protestants, se virent enlever presque toutes leurs terres, qui furent vendues en détail. (C. A. B.)

L'assemblée du corps de ville, du 20 juillet 1572, délibère qu'on fera remarquer au roi que le navigage est miné, qu'aucun navire ne remonte plus, que les portes de la Roussille sont rompues, qu'il faudrait une somme de 1,200 livres, et que les trésoriers ne laissent pas à la ville les 6 deniers pour livre, au contraire qu'ils les emportent.

Au mois de juillet 1576, confirmation par Henri III, selon l'habitude, des privilèges accordés aux habitants de Niort.

Le 17 janvier 1579, les protestants se disposent à marcher sur Niort, et on se hâte de faire des préparatifs de résistance. En janvier 1579, les brèches de la ville sont fermées avec des barriques prises chez les hôteliers. Une brèche de 50 à 60 pieds, produite à la tour Folie par les grandes eaux, est bouchée avec des pieds d'aubiers.

Pendant la foire de la Sainte-Agathe (1579), l'entrée de la ville est refusée aux étrangers suspects et en armes.

Dans les derniers jours de mai 1579, a lieu l'élection des trois candidats pour la mairie. Les sieurs Demodon, L. de Villiers et F. Chabot sont les trois candidats présentés au sénéchal.

Le 26 juin 1579, la maison commune ayant été saisie pour non reddition d'hommage, le corps de ville décide que l'hommage sera fait suivant la dernière réception, dont l'on retirera le procès-verbal de chez la veuve de feu maître Jehan Morin, ancien maire, et qu'il sera fait tout ce qui est requis pour la façon de l'hommage, la foi, le serment de fidélité et tout ce qui en dépend.

A cette époque la misère était grande à Niort. Le 31 juillet 1579, il est impossible aux manants et habitants de supporter les frais de la réparation des six brèches qui existent aux murailles de la ville, et de pouvoir payer ni faire l'avance des 1200 écus exigés, vu leur pauvreté. L'assemblée de l'hôtel-de-ville demande que cet impôt soit réparti sur la généralité du Poitou. La somme est réduite à 333 écus. Il y eut beaucoup de difficultés pour le recouvrement de cette taxe.

Le 8 juillet 1580, les seigneurs de Chirouails frères furent décapités à Angoulême, pour avoir tué un marchand de Niort, nommé Bourdin, à la foire de Mougon, et commis plusieurs autres crimes. (*Journal de Michel Le Riche*, p. 328.)

Le 8 novembre 1580, les catholiques du port qui assistent aux gardes se plaignent que leurs maisons sont pleines de gens d'armes de la compagnie du sr de Roustin, que conduit Msgr de Sourdis. Ces gens exigent leurs vivres et nourriture. Le corps de ville supplie humblement Msgr de la Frezelière de faire déloger les gens de guerre et de payer leurs dépenses, et d'envoyer la dite compagnie en logement à 4 ou 5 lieues de la ville, du côté de St-Jean, où sont les forces de l'ennemi, soit à Chizé, Aulnay, Villeneuve-la-Comtesse et autres, au choix du gouverneur, pour être propre à repousser les rebelles.

La foire de la Saint-André a lieu le 28 novembre 1580, mais les marchands catholiques ne sont reçus qu'après avoir déposé aux portes leurs armes, qui leur seront rendues à leur départ. L'entrée est refusée aux marchands de la religion prétendue réformée.

D'après une délibération du corps de ville du 25 janvier 1581, il n'était permis d'habiter la ville qu'à des gens honnêtes, et pour cela à cause du serment fait par les maire et échevins de garder la ville en l'obéissance du roi et d'en répondre sur la vie, il sera fait dénombrement et vérification des habitants. Ceux qui voudront habiter la ville se feront reconnaître aux jours de Mézée, donneront des détails sur leur vie, prouveront leur probité, etc..., et la dite délibération sera lue dans les carrefours de la ville. On fera des visites de trois semaines en trois semaines, dans les maisons, etc.

La dite délibération, communiquée aux officiers du roi, est lue et approuvée par les assistants. Des fabricants reçoivent invitation de n'accepter apprentis que s'ils sont approuvés.

CHAPITRE XIV.

SOMMAIRE. — Les ligueurs de Niort demandent des secours au duc de Mercœur. — Le prince de Condé à Fors et à Champdeniers. — Les ligueurs battus à Melle. — La peste de 1584 à Niort. — D'Aubigné à Beauvoir, à Marigny, à la Mothe-Saint-Héraye. — Le roi de Navarre abandonne Melle, Chizé, Sazay, et se retire à Marans. — Catherine de Médicis à Niort. — Siège de Talmont. — Attaque du château de Chizé. — Prise de Saint-Maixent. — Le duc de Joyeuse massacre la garnison protestante de la Mothe-Saint-Maixent; il livre Saint-Maixent au pillage et fait pendre un ministre protestant. — Assassinat du duc de Joyeuse à Coutras. — Défaite des calvinistes au gué de la Tiffardière; les cadavres de deux de leurs officiers traînés sur la claie dans les rues de Niort. — Pillage de la ville de Niort et de Maillezais par les protestants. — Le roi de Navarre à Niort; il traite les habitants avec humanité. — Le capitaine Saint-Gelais nommé gouverneur de Niort. — Lettre de Henri IV sur la prise de Saint-Maixent et de Maillezais. — Maladie de Henri IV au Champ-Saint-Père. — But anti-national de la Ligue.

La Trimouille, ardent ligueur, exerçait une grande influence sur les catholiques de Niort, qui demandèrent des secours au duc de Mercœur, gouverneur de la Bretagne. Ce duc leur envoya 80 lances et des arquebusiers à cheval, sous le commandement de d'Hervilliers. Lui-même se rendit en Bas-Poitou, avec 2,000 hommes, persuadé qu'il n'avait qu'à se présenter pour recevoir la soumission de toutes les places : mais il ne tarda pas à être détrompé.

Le prince de Condé, qui était à Fors avec une petite armée, se porte sur Champdeniers afin d'observer les mouvements de l'ennemi, qui s'était avancé jusque sous les murs de Fontenay. Il envoie un de ses mestres-de-camp reconnaître les positions occupées par le duc de Mercœur.

La petite expédition fut vaillamment conduite. Le mestre-de-camp poste dans Saint-Maxire le prince de Genevois avec 120 cavaliers et 400 arquebusiers à cheval. Il fait occuper Coulonges-les-Royaux par 120 arquebusiers et 25 cavaliers, et lui-même marche à la tête d'un peloton de cavaliers vers Fontenay. Un peu avant Chassenon, il rencontre d'Hervilliers avec 40 cavaliers qui battaient le pays. Le mestre-de-camp fait sonner la charge et s'élance à la poursuite de d'Hervilliers qui, se croyant attaqué par l'armée du prince de Condé, se hâte de partir bride abattue vers le camp de Mercœur. Le prince de Condé et le prince de Genevois, avertis de ce qui se passait, accourent à Coulonges-sur-l'Autise.

Le lendemain, le prince de Condé paraît sous les murs de Fontenay. Mercœur, déconcerté par cette marche hardie, demande au gouverneur de le recevoir avec ses troupes ; mais celui-ci, pour toute réponse, ferme les portes de la ville. Le duc, craignant d'être tourné, profite de la nuit et opère sa retraite, dans le plus grand désordre. Le prince de Condé lance des arquebusiers à sa poursuite, puis il se replie sur Coulonges. A la suite de cette expédition, il se rend à Jarnac.

A la fin de septembre, Saint-Gelais et d'Aubigné sont appelés à Melle. Le lendemain de leur arrivée, ils apprennent qu'une troupe de ligueurs, commandée par Sainte-Catherine, cherche à les envelopper. Saint-Gelais ordonne à un régiment cantonné à deux lieues de là de se rendre à Melle. Dès le lendemain, il prend l'offensive et c'est lui qui enveloppe les ligueurs. Tous sont obligés de capituler. Sainte-Catherine éprouve un si vif découragement qu'il abandonne la Ligue et passe du côté des calvinistes.

De nombreuses défections s'opèrent alors dans les rangs des catholiques. Claude de La Trimouille, malgré les instances de sa mère, renonce à la Ligue. Il vient, au mois d'octobre, avec 200 chevaux, se mettre sous les ordres du prince de Condé, qui marchait sur Angers.

D'Aubigné, qui avait épousé, le 6 juin 1583, Suzanne de Lezay, dame de Mursay, se met à la tête de l'avant-garde. Les chefs ligueurs sont obligés d'aller chercher un refuge en Angleterre. Les troupes calvinistes prennent la route de La Rochelle, sous la conduite du baron capitaine Laval. A Saint-Maxire, au-dessus de Niort, elles sont arrêtées par une crue subite de la Sèvre, qui avait emporté le pont. Il fallut en construire un autre avec des charrettes et des troncs d'arbres. Ce fut un retard de quelques heures. Laval parvint à gagner Fors. Des Albanais, sortis de Niort, se présentèrent pour l'attaquer, mais il mit ses troupes en bataille et son attitude intimida l'ennemi, qui se retira.

La châtelaine de Mursay, Suzanne de Lezay, n'avait aucune nouvelle de d'Aubigné, son mari. Elle était plongée dans la plus grande anxiété, lorsqu'elle vit arriver dans la cour de la ferme du château 15 chevaux et 7 mulets, avec un cheval portant l'épée et le chapeau de son époux. Frappée d'un terrible pressentiment, elle s'abandonne au plus violent désespoir. Elle croyait son mari tué et elle n'espérait plus le revoir, lorsqu'au bout de quelques jours elle reçut un billet, puis un second, lui annonçant le retour de celui dont elle pleurait la mort. D'Aubigné, par une attention délicate, afin d'éviter une émotion trop vive à sa femme, la prévenait de son arrivée par deux billets écrits de dix lieues en dix lieues.

La peste éclata à Niort au commencement du mois de juillet 1584, et causa une grande mortalité parmi les habitants et les soldats de la garnison. Guillaume Le Riche raconte, dans son journal du temps, « qu'à Niort il y avoit très grande
« contagion, et de telle sorte qu'aucuns des principaux [habi-
« tants] retirés aux champs, dès le commencement du mal,
« me dirent à Benet, où j'estais le 7 du mois de septembre
« 1584, qu'ordinairement il mouroit chaque jour 30 à 40
« personnes, du peuple commun, et certains [jours] y avoit
« eu qu'il en estoit décédé 45 à 50 et que jamais l'on ne vit
« telle contagion. »

Cette peste dura jusqu'au commencement de l'année 1585. A Saint-Maixent, elle fit périr beaucoup de monde. Cette terrible maladie reparaîtra en 1603 à Niort, où elle fera de nombreuses victimes.

Les édits contre les protestants étaient sévères, mais rien ne pouvait abattre le courage de d'Aubigné. La fin de l'année 1585 le trouve, comme toujours, inébranlable dans ses convictions religieuses. Pendant qu'un grand nombre de calvinistes passaient au catholicisme, il se montre partout dans les environs de Niort, en prouvant que les réformés n'étaient pas anéantis.

A la tête de son régiment et de plusieurs compagnies, il brave l'armée de Malicorne et de Lavardin. On le voit tantôt sur un point, tantôt sur un autre, toujours insaisissable ; il fatigue et harcèle ses ennemis.

Enfin, on apprend qu'il a paru à Beauvoir, et que 50 de

ses hommes, commandés par le capitaine Laberthe, sont à Marigny. Lavardin court sur ce point et fait enlever 16 hommes qui s'étaient avancés imprudemment. D'Aubigné avait prévu la tentative de Lavardin, il arrive devant Marigny au moment où la fusillade s'engageait. A cet instant, raconte d'Aubigné (1), « *Lavardin voit les plus diligens des siens ramenés rudement* « *hors de la bourgade, et les seconds mal préparés pour y* « *donner.* » Une panique se met dans les rangs des catholiques, qui se replient en désordre sur Niort.

Malicorne, irrité de cette débandade, fait sortir de la ville les régiments de Villeluisant et de Lamagnasse. Le premier reçoit l'ordre de tenir la campagne dans les environs de Saint-Gelais, le second s'avance jusqu'à Melle. D'Aubigné ne se laisse point intimider par ce déploiement de forces. A minuit il quitte Prahecq, où il se trouvait, en paraissant se diriger sur Saint-Gelais, mais il change brusquement de direction et se rabat rapidement sur Melle. Il se met à la poursuite du régiment de Lamagnasse, qu'il rejette sur Rom et qu'il poursuit jusqu'à Couhé, où ce régiment se débande complètement. D'Aubigné n'était arrivé jusqu'à cette localité qu'avec sept de ses plus braves compagnons qui l'avaient suivi et, à la faveur des ténèbres, avaient répandu l'effroi parmi les ligueurs.

D'Aubigné se porte ensuite sur La Mothe-Saint-Héraye, d'où il menace Saint-Maixent. Malicorne se met à la tête du régiment de Villeluisant, pour aller renforcer cette place. Arrivé à Boisragon, ses coureurs sont poursuivis par les calvinistes. Malicorne apprend au même instant que d'Aubigné arrive de Breloux avec la cavalerie postée dans ce village. Le chef des ligueurs veut éviter un engagement, et il reprend en hâte le chemin de Niort. Ses traînards seuls échangent quelques arquebusades avec les réformés.

Le 3 janvier 1586, le prince de Condé débarque à La Rochelle avec Claude de La Trimouille, duc de Thouars, et fait appel à ses partisans, qui accourent à ses côtés. D'Aubigné n'est pas l'un des derniers.

Entre deux combats, le 16 mars 1586, le prince de Condé épouse Catherine de La Trimouille, à Taillebourg. Ce mariage décide le duc de La Trimouille à embrasser la religion réformée. Ses vassaux suivent son exemple. Les réformés se

(1) *Mémoires*, t. III, p. 80.

mettent en campagne et remportent un avantage marqué, le 7 avril, dans les environs de Saintes. Henri III, préoccupé du succès des réformés, envoie en Poitou le maréchal de Biron, avec ordre de refouler les calvinistes dans La Rochelle et de les y assiéger.

Le roi de Navarre, en apprenant l'arrivée de Biron, abandonne Melle, Chizé, Sazay, et se retire à Marans, où il est assiégé le 10 juillet. Le maréchal de Biron, blessé par une décharge d'artillerie, fait venir des canons de Niort, sur des barques qui descendent la Sèvre. Lorsque la brèche est ouverte, le roi de Navarre est obligé de capituler, mais il obtient la liberté de sortir de la ville avec ses soldats. Sur la route, il rencontre un détachement d'Albanais qui escortait un convoi d'argent. Il les disperse et pille le convoi, puis il se retire à La Rochelle. Tous ses compagnons n'ont pas cette prudence et sont cruellement châtiés, car des troupes sorties de Niort les poursuivent et, après les avoir massacrés, reprennent une partie de l'argent du fisc, qu'ils trouvent sur les cadavres.

La guerre, dans les environs de Niort, n'est plus qu'un vrai brigandage, jusqu'au mois de mai 1587. La campagne est infestée de bandes de pillards qui, sous prétexte de religion, se livrent aux plus criminels excès. Les Albanais, cantonnés à Niort, imitent cet exemple, et la sécurité des routes est détruite. Il n'y avait même plus de sûreté dans aucun village et dans aucune ferme. Catherine de Médicis, loin de sévir contre ces bandits, les encourage à continuer leurs excès.

Les conférences avec le roi de Navarre, commencées à Saint-Bris, venaient d'être rompues. Les conseillers de la reine ne savaient à quel remède avoir recours. « Vraiment,
« leur dit Catherine, vous êtes bien esbahis sur ce remède,
« ne sçavez-vous autre chose ? il n'y a qu'un point en cela,
« vous avez à Maillezais le régiment de Neuvil (1) et de Sorlu,
« huguenots, faites-moi partir d'ici (de Niort) le plus d'arque-
« busiers que vous pourrez, et allez-les-moi aussitôt tailler en
« pièces, et voilà aussitôt la trêve décriée et décousue sans
« autrement se peiner. »

Ce qui était dit fut aussitôt exécuté, et la trêve se trouva

---

(1) Brantôme, *Vies des Dames illustres*, p. 58.

ainsi *décousue*. Cependant les deux régiments ne se laissèrent pas égorger sans résistance; mais, accablés par le nombre, ils finirent par être massacrés. Quelques-uns sont conduits à Niort et présentés à Catherine de Médicis qui, à la vue de ces hommes blessés et couverts de sang, se borne à dire de les renvoyer chez eux, afin qu'ils puissent apprendre aux réformés comment on traitait les rebelles.

Catherine redoutait les vengeances, aussi voulut-elle avoir bonne garde pour quitter Niort et écrivit-elle la lettre suivante à Guron : « Mons de Guron, d'autant que la trêve que mon
« fils le roi de Navarre et moi avions accordée, sera expirée
« dans deux ou trois jours, et que je délibère de me retirer,
« je vous prie assembler promptement ce que vous pourrez
« de votre compagnie, pour me venir trouver en ce lieu dès
« à six jours, pour m'accompagner en me retournant, ayant
« aussi écrit à quelques autres me venir aussi trouver avec
« ce qu'ils pourront de leurs amis, affin que je me puisse re-
« tirer plus sûrement, et outre que vous ferez chose que je
« m'assure qui sera bien agréable au roi, M. mon fils, vous
« me ferez aussi plaisir, dont j'aurai bonne souvenance :
« cependant je prie Dieu, M. de Guron, vous avoir en sa
« sainte et digne garde.

« Ecrit à Niort, le 18° jour de janvier 1587.

« CATHERINE. »

Au mois d'avril 1587, le roi de Navarre envoie le duc de Thouars attaquer Talmont. Comme le siège traînait en longueur, il se rend devant ce château avec des forces considérables levées à La Rochelle, à Saint-Jean-d'Angély, à Melle et à Saint-Maixent. Dès que les assiégés apprennent l'arrivée du roi de Navarre, ils font leur soumission et sont traités honorablement.

Le roi de Navarre, après ce succès, veut utiliser le matériel de siège qu'il avait sous la main pour s'emparer du château de Chizé, *place fortifiée à l'antique*, dit d'Aubigné, *démantelée aux troisièmes guerres, et rebâtie par le comte du Lude*. Le château était défendu par une garnison de 100 hommes d'élite, commandés par le capitaine Fayolle. Les assiégés opposent une vigoureuse résistance. Leur artillerie surtout fait un grand mal aux protestants. Le capitaine Fayolle avait établi une couleuvrine sur la plate-forme d'une tour élevée, qui empêchait les assiégeants d'approcher. Ils ne purent placer leurs pièces en batterie qu'en perdant beaucoup de monde. Un officier, envoyé par Catherine de Navarre inquiète de son frère, eut son cheval tué sous lui d'une singulière façon, rapportée par Sully. Un boulet, parti de la couleuvrine de Chizé, traversa entièrement le corps du cheval et vint sortir par le poitrail. « Demeurant le cheval tout roide mort sur ses « quatre pieds, sans se mouvoir ni tomber de plus de demi- « quart d'heure après. »

Sully raconte que pendant le siège de Chizé, un officier allemand apportait un message au roi de Navarre, mais d'une telle importance que l'envoyé ne devait en faire part que verbalement au prince. L'officier allemand, arrivé en sa présence, le salue et, après lui avoir présenté ses lettres de créance, lui dit : « Sire, messieurs de Clervau et de Guitry « m'ont dépesché de Heydelberg vers votre Majesté, pour lui « faire entendre... » A ce dernier mot il tombe roide mort, frappé à la tête d'une arquebusade, *tellement que le roi de Navarre demeura aussi incertain de l'estat de son armée, et de ce que ses serviteurs désiroient sçavoir de luy, comme auparavant.*

Le capitaine Fayolle voyait ses munitions s'épuiser et ne recevait aucun secours de Niort. Il propose alors une capitulation qui est acceptée, et il sort de Chizé à la tête de sa petite troupe, avec les honneurs de la guerre.

Le roi de Navarre envoie un détachement de son armée investir Sasay, qui est pris au bout de deux jours. Plusieurs Albanais, venus de Niort pour défendre ce château, sont faits prisonniers et pendus. Il se rend ensuite sous les murs de Saint-Maixent, dont l'investissement commence le 12 mai 1587. Dès les premiers coups de canon, les habitants offrent d'ouvrir leurs portes, ce qui est accepté. Le roi de Navarre entre dans cette place et reçoit un accueil enthousiaste. Il traite les habitants avec les plus grands ménagements et empêche les soldats de se livrer à aucun excès. Jean Chevallereau de la Tiffardière, qui avait conseillé l'expédition sur Saint-Maixent, fut nommé gouverneur de cette place.

Malicorne, gouverneur du Poitou, était accouru à Niort pour organiser la résistance ; mais il voyait avec désespoir la cour rester sourde à toutes ses demandes, et il comprenait qu'il allait perdre les places du Bas-Poitou. Voici la lettre que, dès le commencement de mai, il adressait au maire de Poitiers, pour lui exposer la situation critique où il se trouvait :

Niort, le 5 mai 1587.

Monsieur le maire,

Envoyant ce présent porteur à Poitiers, je l'ai bien voulu accompagner de la présente, qui servira, tant pour vous que messieurs de votre compagnie, pour vous prier tous de la continuation de votre bon et fidèle devoir accoutumé au service du roi, et à votre conservation. Je suis toujours sous le faix, en attendant le secours duquel Sa Majesté m'a promis de m'assister, mais ce sera dorénavant si tard, que les ennemis auront gagné beaucoup d'avantages, et apporté de très grandes ruines au pauvre peuple. Le roi de Navarre est maintenant à Fors, et M. le prince devant le château de Chizé, avec le principal de leur armée et quatre pièces, et deux autres qu'ils font venir de La Rochelle. J'ai accommodé, il y a plus de trois semaines, le capitaine Cossard, qui commande dedans, de tout ce qui est requis, et qu'il m'a demandé pour la défense de la place, en espérance qu'il ne fasse, comme je crois qu'il ne fera, ce qu'a fait la Grange-Màronnière ; qu'il n'adviendra pas comme il a fait de Talmont, et qu'ils consumeroient beaucoup là du temps, et donneroient moyen à nos forces de s'assembler, lesquelles j'ai de toutes parts envoyées avancer, portant un indicible regret de me voir sans assistance de ceux qui ont les charges et compagnies de ce pays, qui aiment tant la cour qu'ils ne peuvent s'en distraire, quelque requête que j'aye fait à Sa Majesté de leur commander. Je leur ay rompu leur coup sur Fontenay et Maillezais : mais je crains la mauvaise créance de ceux de Saint-Maixent, qui ne se veulent fortifier que d'eux-mêmes ; sçachant bien et étant par moy averti de l'entreprise qui est sur eux. Je vous prie, monsieur le maire, me mander des nouvelles de ce que vous sçaurez digne de m'avertir, et vous assurer et tous messieurs de votre ville, que je suis votre bien bon ami.

MALICORNE.

Cette lettre reste sans réponse, et le roi de Navarre poursuit le cours de ses conquêtes. Il se rend maître de Fontenay, de Mauléon, renforce les garnisons de Saint-Maixent et, afin d'assurer la subsistance des régiments de Charbonnières et de Desbories, il les cantonne à la Mothe-Saint-Héraye, avec ordre de s'emparer du château.

Le duc de Joyeuse, prévenu par Saint-Pompain que les réformés postés à la Mothe-Saint-Héraye vivaient en pleine sécurité, résolut de les surprendre. Il opère sa jonction, dans la garenne même de la Mothe-Saint-Héraye, avec les forces que Malicorne avait amenées de Niort, et enveloppe les protestants, qui n'avaient pas même élevé une barricade dans les rues de la ville.

Le combat est terrible et la résistance très longue. Le gouverneur du château se tourne, au mépris de la parole donnée, contre les réformés, et fournit deux pièces de canon pour forcer les retranchements que les calvinistes avaient élevés à la hâte. Ce n'est qu'après deux jours de défense qu'ils se rendent, avec la promesse d'avoir la vie sauve; mais le duc, qui avait laissé sur la place 1,000 à 1,200 morts, était furieux. Il n'observe pas la capitulation et ordonne de passer au fil de l'épée tous ses prisonniers. Cet ordre barbare n'est exécuté qu'en partie. Malicorne parvient à sauver beaucoup de ces malheureux, qu'il cache dans son camp. Ceux qui peuvent fuir se retirent à Saint-Maixent.

Dès le lendemain, Joyeuse vient assiéger cette ville, qui ne se rend qu'au bout de quinze jours. La garnison put sortir avec armes et bagages, mais la ville fut livrée au pillage, et le barbare Joyeuse fit pendre le ministre protestant Antoine Hilairet, sieur de la Jariette, un des hommes les plus savants de l'époque.

Le duc de Joyeuse s'empare ensuite de Tonnay-Charente, surprend un régiment auprès de La Rochelle, qu'il fait massacrer, et se rend maître de Maillezais. A la nouvelle de l'approche du roi de Navarre, il se retire à Niort, puis fait secrètement ses préparatifs de départ et se rend à Paris. Mais à peine est-il arrivé à la cour qu'il apprend les victoires remportées par le roi de Navarre sur les catholiques et la retraite en Touraine de Lavardin.

Il se met à la tête d'une armée nombreuse, court en Poitou, qu'il traverse, et rencontre les troupes du roi de Navarre à Coutras, où il éprouve une complète défaite. Là se trouvent les quelques soldats de Charbonnières échappés au massacre de la Mothe-Saint-Héraye. Ils vengent leurs frères d'armes aux cris de: *La Mothe-Saint-Héraye ! La Mothe-Saint-Héraye ! Vengeance !*

La vengeance est complète. Joyeuse, échappé au carnage, est tué de sang-froid. Il avait été impitoyable et cruel; à son tour, il trouve des gens sans pitié.

Les Gascons avaient lâché pied au commencement de l'action. Le seigneur poitevin Vaudoré s'écria : « *Ce ne sont là ni Poictevins, ni Naintongeais.* » Cette remarque produisit son effet, et ils retournèrent occuper bravement leur premier poste de combat.

Le prince de Condé mourut empoisonné, à Saint-Jean-d'Angély, le 4 mars 1588. Charlotte de La Trimouille, sa femme, soupçonnée de ce crime, fut arrêtée et retenue en prison pendant huit ans, avant qu'on instruisît son procès.

Lavardin qui, après Coutras, s'était réfugié à Niort, se mit en campagne à la fin de mars 1588 et s'empara de Marans. Il ne conserva pas longtemps cette place. Le roi de Navarre la reprit dès le mois de juin suivant.

Au mois d'août, le gouverneur de Niort reçut avis qu'un corps de cavalerie et une compagnie d'arquebusiers calvinistes se proposaient de passer la Sèvre, au gué de la Tiffardière, pour aller rejoindre le roi de Navarre, qui voulait secourir Montaigu, assiégé par Mercœur. Il fit poster sa garnison sur les coteaux qui bordent la Sèvre et, au moment du passage des réformés, il les attaqua vigoureusement et leur tua beaucoup de monde. Parmi les morts se trouvèrent le grand prévôt Jean Valette, et Jean de Peray, gentilhomme de Saintonge. Leurs cadavres, couverts d'honorables blessures, furent portés à Niort et livrés à Jacques Laurens, lieutenant général de la ville, qui les fit traîner par toutes les rues attachés à la queue de deux chevaux. Il ordonna ensuite de suspendre ignominieusement à un gibet ces débris de chairs informes.

Les passions, surexcitées par les guerres civiles, ne se bornaient plus à tuer et à massacrer ; pour les assouvir, il fallait encore souiller les cadavres d'ennemis tombés sur les champs de bataille. On ne respectait ni le courage, ni la mort.

Le 4 octobre 1588, le roi de Navarre se rapproche de Niort ; mais, comprenant qu'il ne peut s'emparer de cette ville, défendue par une nombreuse artillerie et une forte garnison, il se jette sur Beauvoir, qui résiste et ne capitule qu'après un siège de trois semaines.

Bientôt, l'occasion qu'il attendait depuis si longtemps se présente. Un courrier lui apporte à Saint-Jean-d'Angély, où il se trouvait, la nouvelle de l'assassinat du duc de Guise. Il en prévient aussitôt Duplessis-Mornay, qui était à La Rochelle, en lui donnant ordre de préparer des échelles et des pièces d'artifice (bombes et pétards), afin de livrer assaut à la ville de Niort. Dès le surlendemain, tout était prêt pour cet assaut.

Le 27 décembre 1588, il envoie Saint-Gelais et Ranques

se mettre à la tête de 400 arquebusiers et de 100 gendarmes, conduits par d'Arambure. Hector du Préau, Parabère et plusieurs autres capitaines, afin d'occuper un carrefour près du bourg de Sainte-Blandine.

Cette manœuvre s'exécute dans la journée même. Le capitaine Ranques, à la tête d'un piquet de cavalerie, quitte Saint-Gelais et s'avance sur le chemin de Fors, afin d'éclairer la route de ce côté. Il rencontre 12 cavaliers ennemis, il en tue un et poursuit les autres, qui se réfugient dans la forêt de Chizé. Il se porte alors sur Niort par la route de Saint-Jean, afin d'empêcher les cavaliers d'aller annoncer la présence des protestants.

Pendant que ces faits se passaient, les soldats du capitaine Saint-Gelais, postés à Sainte-Blandine, avaient saisi, sur un espion, une lettre qui avertissait Malicorne, gouverneur de Niort, de l'arrivée des protestants et de leur dessein sur la ville. Saint-Gelais précipite alors le mouvement. Il avait reçu six mulets chargés de pièces d'artifice, d'échelles de corde et tout ce qui était nécessaire pour donner l'assaut et escalader les murailles.

Dans la soirée du même jour, sa troupe se met en marche et atteint une vallée sur le bord du Lambon. Les cavaliers mettent pied à terre et laissent aux valets la garde des chevaux. « On y pensoit aussi décharger les échelles et
« petards ; mais la distance de là à la muraille de la ville
« étant encore longue, on fit marcher les mulets à travers
« champs jusques à une perrière (*carrière de pierres*) proche
« de la ville, et distante de la muraille d'un trait d'arc. Là
« furent déchargées les échelles, et distribuées à ceux qui
« s'en devoient servir. Là même furent préparés les petards
« par les sieurs de Villesavé et Gentil, qui les devoient faire
« jouer. »

Il était minuit ; on s'avance alors avec de grandes précautions près des murs de la ville. Des soldats se glissent jusqu'au bord des fossés, afin de reconnaître les lieux où l'escalade serait le plus facile et les portes où devaient être placés les pétards.

Ces mouvements avaient été opérés au milieu du plus grand silence et avec d'extrêmes précautions ; aussi, malgré le clair de lune qui régnait, les sentinelles ne remarquèrent pas l'approche de l'ennemi. Il faisait d'ailleurs un froid des plus rigoureux. Les protestants attendirent le coucher de la lune, qui eut lieu vers 3 heures. Profitant de l'obscurité, les assaillants s'approchent de la porte Saint-Gelais, glissent les échelles dans les fossés, les appliquent contre le mur. Les capitaines Saint-Gelais et Parabère, accompagnés de Pierre Gentil, très habile artificier, vont droit à la porte Saint-Gelais et y glissent des pétards. A cet instant, la sentinelle crie *fort furieusement:* Qui va là ? Puis tout fit silence. L'officier du poste demanda à la sentinelle: *Qui est là ? que veux-tu ?* A quoi elle répondit: *Je croyois avoir entendu quelque bruit ; mais ce n'est rien* (1).

Au bout de quelques minutes, le signal est donné et 50 hommes s'élancent à l'escalade. Les premiers qui arrivent au haut de la muraille précipitent la sentinelle dans le fossé. Tous marchent ensuite sur le corps de garde, où ils ne trouvent que des artisans qui montaient la garde. On les désarme.

Un soldat crie : *Au petard ! au petard !* A ce signal, une pièce d'artifice fait sauter la porte du Ravelin. Un second pétard, placé contre la deuxième porte où se trouvait la herse, crève et ne produit qu'une ouverture pouvant seulement donner passage à un homme ; mais elle suffit, et Saint-Gelais, Parabère, plusieurs gentilshommes et soldats pénètrent dans la ville par cette ouverture. Ranques, du Préau, d'Arambure se mettent à la tête des hommes qui avaient escaladé la muraille, et conduits par un soldat nommé Renaudière, qui connaissait la ville, ils descendent en courant la rue Saint-Gelais et arrivent aux halles. Tous les habitants qui voulaient sortir étaient sommés de rentrer immédiatement et de mettre des lumières à leurs fenêtres.

L'alarme était donné. Beaucoup de bourgeois avaient couru aux armes. Les protestants, en arrivant aux halles, trouvent 400 hommes rangés en bataille, sous le commandement de Laurens, lieutenant général de la ville, de Duvert, de Labarre et de Villiers de Princé, receveur des tailles. Ce dernier, qui s'était levé de très grand matin pour écrire à ses enfants, écoliers à Poitiers, avait le premier entendu le bruit occasionné par les assaillants. Il s'était armé d'une rondache, était descendu dans la rue, avait appelé ses concitoyens aux armes. Aussi, dès que les protestants parurent, ils furent vigoureu-

(1) Cayet, t. 1, p. 481. — *Mém. de la Ligue.* Ce fait est démenti par d'Aubigné.

sement repoussés jusqu'au *Puits-Dauphin* (1), à l'angle de la rue Saint-Gelais et de la rue Vieille-Rose. D'Arambure tombe blessé. C'en était fait des protestants, qui allaient tous périr ou être faits prisonniers, lorsque Saint-Gelais et Parabère paraissent avec leurs troupes, aux cris de : *Vive Navarre !* En même temps, les arquebusiers de Ranques font feu. Plusieurs chefs catholiques, au nombre desquels se trouvent Villiers de Princé et Duvert, sont tués. Le lieutenant de ville Laurens, blessé à mort, est emporté par les gardes de Malicorne. Les Niortais se retirent en désordre et les religionnaires, ne rencontrant plus de résistance, descendent jusqu'à l'hôtel-de-ville. Ils donnent contre un groupe de bourgeois qui tentent une dernière résistance, mais une vive fusillade leur prouve que tout effort est inutile et ils courent se renfermer dans le château, occupé par Malicorne et par la garnison catholique. Deux seigneurs, Pont de Courlay et La Rochejaquelein, avaient été offrir leur épée à Malicorne.

Le capitaine Saint-Gelais, dès qu'il s'était vu maître de l'hôtel-de-ville et des halles, avait rapidement pris des mesures pour occuper les principales positions de la ville, en ordonnant de ne commencer le pillage qu'au point du jour. Un courrier est aussitôt envoyé au roi de Navarre, qui se trouvait à Saint-Jean-d'Angély, pour lui annoncer la prise de Niort.

Par une impardonnable incurie, le gouverneur Malicorne avait laissé toute son artillerie dans la ville; aussi n'avait-il aucun moyen de résister et fût-il obligé de capituler le 28 décembre. Des otages sont échangés et deux soldats de la garde du roi de Navarre entrent dans la ville pour maintenir l'ordre dans l'intérieur du château.

Le roi de Navarre arrive à Niort, le 29 décembre, avec de la cavalerie. Il traite avec humanité Malicorne, la garnison et les catholiques de la ville, très dévoués à la Ligue, et qui avaient exercé des vexations et des actes de brigandage envers ses partisans. Seul, Jamart, fougueux ligueur, convaincu de s'être rendu coupable de vols et d'assassinat, fut pendu.

On ne respecta pas le cadavre du lieutenant général de la ville, Laurens, trouvé dans *une pauvre maison, près la porte Saint-Gelais*. C'était une représaille du traitement que Laurens avait fait exercer sur les corps du grand-prévôt Jean Valette et

---

(1) Ce puits a existé jusqu'en 1860.

de Jean de Peray, tués auprès de Niort, et dont les cadavres avaient été traînés sur la claie et accrochés à des poteaux d'infamie. Les haines, excitées par les plus violentes passions, ne s'arrêtaient pas devant un cadavre, il fallait encore souiller ce corps mort et le déshonorer avant de lui laisser la paix de la tombe.

Voici le récit que d'Aubigné a fait de la prise de Niort et de celle de Maillezais. Ce récit renferme des détails d'un vif intérêt, puisqu'il émane d'un historien qui assistait aux attaques de ces deux places :

« Sainct-Gelais, qui avoit desjà fait plusieurs entreprises sur Niort avec de très grandes despences, et aiant eu promesse de ses amis de lui aider encor à ceste prise vingt fois, sans se prendre à lui du succez, fit encor une entreprise moins aparante qu'aucune des autres ; car c'estoit une escalade où il faloit quarante pieds d'eschelle à huit pas d'une santinelle, à quoi on adjousta un couple de pétars, comme vous verrez. Il pria donc le roi de Navarre de lui donner quelques compagnies de celles qui estoient demeurées en arrière, ce qui lui fut accordé à grand regret, pour la défaveur, voire la haine où il estoit lors. Il fut donc asseuré de Parabère avec trois cents harquebusiers de son régiment, parmi cela de très bons officiers ; d'ailleurs Sainct-Gelais avoit quelque cent de ses amis, la pluspart gentils-hommes bien armez ; tout cela ne passant que de fort peu quatre cents hommes, qui alèrent prendre leur logis à Ansigni.

« Aubigné estoit demeuré à Sainct-Jean-d'Angeli pour attendre quelques gentils-hommes qu'il devoit mener à l'entreprise. Comme il estoit prest de monter à cheval, arrive en poste Beaujeu de la part du roi, qui aportoit la nouvelle de Blois (1) ; cela fit faire halte pour redemander la volonté du roi de Navarre sur un tel changement. Elle fut d'aler rendre graces à Dieu par une prière publique et extraordinaire, et qu'on essaiast l'entreprise de laquelle il n'espéroit rien. Le porteur de ceste nouvelle trouva la file des entrepreneurs une heure après minuit entre Saincte-Blasine (2) et Niort ; ceste réjouissance (bien que soupçonnée pour feinte des plus vieux) donna une grande alégresse aux compagnons.

« Toutes choses venoient à souhait pour ceste exécution, comme en ce que Ranques, qui avoit travaillé aux préparatifs, aiant pris un chemin à part pour se trouver au rendez-vous, avoit rencontré et pris quatre hommes de cheval de la garnison de Niort qui s'y aloient jeter, aiant veu et recognu les troupes qui marchoient. D'ailleurs les domestiques de Sainct-Gelais avoient fait pareille rencontre d'un messager de Ferrière, guidon de Malicorne, qui portoit un advis certain avec les particularitez.

(1) L'assassinat des Guises aux Etats de Blois.
(2) Sainte-Blandine.

« Sur cet heur, les gens de cheval allèrent mettre pied à terre en une valée dessous Vouillé, loin de tous chemins, et de là, après la prière faite, marchèrent les armes à dos et firent aller par les champs les mulets qui portoient les eschelles et les pétars.

« Arrivez près de la ville, il fallut attendre dans les pierrières que la lune fust couchée ; là ils pensèrent périr de froid. L'heure venue, ils partagent leurs deux eschelles, de chacune six pièces, et chaque pièces de sept pieds. Il n'y eut point de *qui va là*, comme on a escrit ; car la sentinelle ne pouvant endurer la bise trenchante qui embouchoit son carneau (1), avoit la teste contre la muraille à huit pas de l'eschelle de main droite, et n'ouït point de bruit, pource que les rouetes de la première pièce estoient feutrées.

« Ces deux eschelles donc furent emboîtées et apliquées à six pas l'une de l'autre dans une retrete de muraille, où il y avoit deux carneaux. Quant aux pétars, le premier estoit porté par le capitaine Cristophle, qui le devoit faire jouer quand Aubigné lui diroit ; et c'estoit au premier bruit d'alarme ; le second, par le capitaine Gentil, avec de grandes perches pour l'apuier du fond du fossé, et deux eschelles pour mettre en croix Sainct-André, pour passer de l'une dans l'autre, et non la remuer comme on a escrit.

« A l'une des grandes eschelles montèrent Jonquères, Arambure, un soldat Renaudière, qui sçavoit les avenues, et quelques autres hommes choisis ; à l'autre les Litres, quoiqu'il fust estropié, et Préau le second ; et furent onze sur le corridor avant qu'estre aperceus de la sentinelle, pour la raison que nous avons dite, cet homme se trouva un coup d'espée à travers le corps, s'escriant sans dire *qui va là*.

« Préau et quelques autres donnèrent à main droite au corps-de-garde de la tour Folie. Sept hommes qui estoient là en garde se jettèrent au bas des murailles sur des fumiers, et là quelqu'un de la ville tira une arquebusade ; celui qui commandoit au premier pétar venoit de voir les eschelles abandonnées, n'y aiant que dix-huit de montez pour cela, et à l'ouïr de ce coup il fait mettre le feu. L'effait fut tel que si on eust ouvert la porte à plaisir, pource qu'on avoit tasté par les cloux l'endroit de la barre avant poser. Le capitaine Gentil porte le second et le planta avec grandes difficultez et longueurs.

« Or ce pendant que toute la foule, qui estoit dans le ravelin estoit couchée du ventre pour n'avoir autre couverture, les Niortois, resveillez du pétart, des trompettes et des tambours, se trouvent en un moment dans la hale jusqu'à quatre cents hommes, voient à leur teste premièrement Prinçai et puis le lieutenant Laurens, un gentilhomme nommé du Vert et le capitaine la Barre. Ce dernier se met devant, et du Vert, qui marchoit soixante pas devant le gros. La Barre à droite rencontre premièrement Arambure, auquel il porta un coup de pique qu'il traînoit aussi froidement qu'à une barrière ; ces deux recongnez jusques au gros, tout donne en foule jusques au puits du dauphin, et là quelques harquebusiers des

(1) Créneau.

gardes jouèrent parmi une multitude, où il y avoit le tiers de lanternes ; les fenestres garnies de lumière, rendirent la nuict claire comme le jour.

« Le Vert et deux autres estant tuez, et le lieutenant la jambe cassée, la foule s'arresta, aiant pourtant ramené les dix-huict plus de six cents pas, un desquels demanda secours de dessus la porte d'une voix tremblante, et les plus mauvais garçons méditoient de sauter la muraille, quand le second pétart joüa et fit un pertuis fort estroit à travers lequel ne put passer le premier homme armé, qui s'y convia ; il fallut élocher les bandes, et puis entrèrent à troupes, Aubigné à la première, Parabère à la seconde, Sainct-Gelais à la troisiesme, et puis le reste. Celui qui menoit la première rencontra Arambure qui venoit de faire quitter à ceux de la hale un amas de coffres dont ils avoient bouché la rüe. Arambure, le prenant pour ennemi, se couvre des mesmes coffres, les autres l'enfoncent et se portent les espées, les harquebusades et les pistolets tout à la fois dedans les dents ; il y eut, du costé de ceux que menoit Aubigné, Vilpion et un autre gentilhomme tuez, et trois blessez du costé d'Arambure, un homme de commandement mort, deux blessez, et lui pour un y perdit l'œil.

« N'y aiant plus de résistence à la ville, plusieurs gentilshommes et hommes d'aparence gagnèrent le chasteau, où estoit Malicorne, qui s'y trouva enfermé avecques vingt-sept gentilshommes, entre ceux-là Chatignerai le mestre de camp, la Roche de Maiene (1), et Espane-Bougouin, la Roche-Faquelin (2) et Pont de Courlai, son cadet, huict ou neuf capitaines, vingt-quatre soldats des gardes, et cent vingt soldats, et plus de cinquante habitants moienez. Cela garnit le corps-de-garde qui est auprès du pont et le circuit de la grande basse-court.

« Ce pendant que les citadins sautoient les murailles et se rompoient jambes et bras, et quelques-uns le col, le premier soing de Sainct-Gelais fut de poser des gardes par tout pour empescher le pillage trois heures, durant lesquelles ce qui estoit resté eut moien de sauver le plus précieux, et cela se fit principalement par une grande authorité que Parabère monstra sur les siens.

« Après cela, il falut sommer le chasteau ; Malicorne refusant de parlementer avec Sainct-Gelais, pour la haine qui estoit entre eux, en second lieu avec Parabère, faute de cognoissance, demanda Aubigné, qu'on avoit nommé le troisiesme, pource qu'il l'avoit bien traité estant son prisonnier. Ce vieillard lui dit à l'abordée qu'il se rendoit à sa discrétion ; l'autre ne voulut pas abuser de cet effroi, mais ménageant l'aage, la qualité et l'obligation, lui fit une capitulation qu'il n'osoit demander, à sçavoir que la capitulation de la place se faisoit dès l'heure ; pour foi de quoi, il choisist quatre hostages et les envoiast en la ville ; mais que la redition de la personne et de la place ne s'accompliroit qu'entre les mains du roi de Navarre, disoit qu'un gouverneur de province estoit un morceau de roi. Par ce moien, il osta ceux du chasteau du danger de l'inso-

(1) Du Maine. — (2) La Rochejaquelein.

lence, et laissoit à son maistre quelque part à la curée. Ainsi fut pris Niort le jour qu'on appelle les Innocens, avec meurtre de quatorze habitans seulement, et les preneurs ne perdirent qu'un homme et deux blessez outre ce qui fut tué à la rencontre d'Arambure....

« Aubigné aiant donné ordre au chasteau, et pris les clefs de la ville, rendit compte de sa gestion à Sainct-Gelais, et Parabère fit monter à cheval ceux qui l'avoient suivi, particulièrement en envoia deux pour faire partir les régiments qui estoient vers Fontenai, comme nous avons dit. Cherbonnière, Sainct-Jean de Ligourne, la Grand-Ville, celui qui menoit le régiment de Préau, les compagnies de Féquières et autres marchent droit à Maillezais, et aiant trouvé la porte de l'isle abandonnée, pource que leur mareschal de camp avoit desjà saisi le passage de Bouliers et du Courtiou, ils se vindrent joindre à lui à l'entrée du Bourg ; et ainsi commençoient le siège, quand Sainct-Pompoint sommé par Aubigné condescendit de venir parler à lui sur sa foi, et avec l'efroi qu'aportoit le vent de Niort, il aima mieux capituler avec son cousin, aiant alors toute authorité, que d'attendre le roi à venir, et avec lui la Boulaie, qu'il sentoit avoir offencé. Il se rendit donc, à la charge d'envoier premièrement vers son gouverneur provincial voir s'il estoit en estat de le secourir. Maillezais commençoit d'estre une bonne place comme fortifiée par les deux partis, il y avoit dedans soixante et dix soldats, une couleuvrine bastarde, quelques autres petites pièces, assez de magasin pour bouche et pour guerre ; mais les glaces pouvoient lors porter un canon, et n'y avoit point de bois pour cuire un pain ; à la vérité et le chasteau de Niort et celui de Maillezais pouvoient attendre quatre jours le secours du duc de Nevers, qu'ils eussent eu en trois jours. Maillezais demeura à son preneur (1). »

La prise de Niort n'avait coûté que 5 ou 6 soldats aux protestants, mais les vaincus perdirent de 25 à 30 hommes qui appartenaient à la bourgeoisie de la ville. Beaucoup de maisons furent pillées et fournirent un énorme butin aux vainqueurs, qui trouvèrent dans la place cinq canons de batterie montés et équipés, deux couleuvrines fort longues que le lieutenant Laurens avait fait fondre pour, disait-il ironiquement, en saluer le roi de Navarre quand il approcherait des murailles, trois autres moyennes couleuvrines avec vingt milliers de poudre. On découvrit aussi une provision de blé capable de nourrir une armée de 20,000 hommes pendant deux ans. Ce fut une précieuse ressource pour les protestants, qui manquaient de vivres et qui envoyèrent ce blé dans les diverses places du Poitou qu'ils occupaient. Ces armes, ces

(1) *Hist. univ.*, t. III, p. 155 et suiv., l. II, ch. XVI (éd. de 1626, ch. XV).

munitions, ces approvisionnements n'avaient pas retardé d'une minute la prise de la ville, dont la défense était confiée à des gens qui n'avaient pas même su en garder les murailles et qui avaient laissé le château désarmé.

L'historien de Thou rapporte que « des gens sans honneur « et sans jugement firent une relation affreuse des meurtres « et des excès commis par les protestans à la prise de cette « place. Mais en passant par là, quelques mois après, je re- « connus par moi-même la fausseté de ces calomnies. » Nous admettons la bonne foi de cet historien, mais nous sommes persuadé qu'il était mal renseigné ; il n'avait pas aperçu de maisons incendiées et en ruine, c'est vrai, mais il n'avait pas pénétré dans les habitations et il n'avait pas vu leur intérieur vide et dévasté. Une ville livrée au pillage conserve longtemps les traces des excès commis par des bandes mal disciplinées et qui obéissent à leurs instincts de violence et de rapine. Il y eut peu de meurtres, c'est possible, puisque personne ne résistait, mais enfin les demeures des catholiques n'en furent pas moins mises à sac. Le Béarnais consola-t-il, par une gasconnade spirituelle, les habitants ruinés ? nous en doutons. Il agit habilement en arrêtant le pillage, dès son arrivée, et en faisant respecter les propriétés. Il fit aussi tous ses efforts pour détacher les Niortais de la Ligue, mais ce n'est pas en un jour qu'on change les convictions religieuses d'une population. Les catholiques étaient vaincus ; ils parurent se rendre aux instances du roi de Navarre, mais c'était plutôt pour éviter de mauvais traitements qu'avec la résolution d'abandonner leurs croyances.

D'Aubigné rapporte un fait singulier, qui eut lieu au moment où les protestants envahissaient la ville. Louis de Larivière, sieur de l'Hometrou (1), paralytique cloué sur son lit depuis trois ans, réveillé par l'explosion des pétards, le bruit du tambour et des trompettes, et par les cris des combattants, éprouve une si vive commotion qu'il recouvre immédiatement l'usage de ses membres. *Il saute de son lit pour aller mourir avec ses combourgeois. Il a depuis vécu douze ans en parfaite santé.* Voilà une cure produite par un sentiment de patriotisme qui se comprend très bien. La volonté a

---

(1) Manoir qui était situé sur le coteau de Sainte-Pezenne, près du moulin de Grange.

exercé, à cet instant, une telle action sur le corps qu'elle l'a dominé et lui a rendu la souplesse et la vigueur qu'il avait perdues depuis longtemps.

Le capitaine Saint-Gelais s'était particulièrement fait remarquer par son habileté et sa bravoure dans cette expédition. Le roi de Navarre, pour le récompenser, le nomme gouverneur de Niort et de ses dépendances. La garde du château est confiée à Parabère, qui le fait occuper par les huit compagnies de son régiment. Le maire Jacques Pastureau, sieur de la Roche-Cartault, est remplacé par Pierre Miget, sieur de Malmouche.

C'est de Niort que le roi de Navarre adresse la lettre suivante à sa maîtresse Corisandre d'Andouin :

Niort, le 1er janvier 1589.

Ne vous manderay-je jamais, que prinses de villes et fort ? Anuit se sont rendus à moi, Saint-Malxent (Saint-Maixent) et Maillesage (Maillesais), et espère, devant la fin de ce mois que vous oires parler de moy. Le Roy triomphe : il a faict garoter en prison le Cardinal de Guise, puis monstrer sur la place, pendant vingt-quatre heures, le Président de Neuilly et le Prévot des Marchands, pendus, et le Segrétaire de feu Monsr de Guise et trois aultres. La Royne mère luy a dit : « Mon fils octroyés moy une requestre que je vous veulx « faire. — Selon que ce sera Madame. — C'est que vous me donniés » Monsr de Nemours et le Prince de Genville. Ils sont jeunes, ils « vous fairont un jour service. — Je le veulx bien, dit-il, Madame. « Je vous donne les corps et en retiendray les têtes. » Il a envoyé à Lyon pour attraper le duc du Mayne. L'on ne sçait ce qu'il en est réussi.

L'on se bat à Orléans, et encores plus près d'icy, à Poitiers, d'où je ne seray demain qu'à sept lieues. Si le Roy le voulait, je les mettrois bien d'accord. Je vous plains, s'il faict tel temps où vous estes qu'icy, car il y a dix jours qu'il ne desgèle point.

Je n'attends que l'heure de ouïr dire que l'on aura envoyé estrangler la feu Reyne de Navarre. Cela, avec la mort de sa mère, me feroit bien chanter le cantique de Siméon.

C'est une trop longue lettre pour un homme de guerre. Bon soir, mon âme, je te baise cent millions de fois. Aimés-moy comme vous en avez subject. C'est le premier de l'an. Le pouvre Harambure est borgne, et Fleurimont s'en va mourir. HENRY.

Le 7 janvier 1589, le roi de Navarre quitte Niort pour aller au secours de la Garnache, assiégé par le duc de Nevers. Mais, atteint d'une pleurésie, il est forcé de s'arrêter au Champ-Saint-Père. La garnison de la Garnache, n'étant pas secourue, capitule et obtient les honneurs de la guerre ; elle se retire à Niort.

La forte constitution du roi de Navarre triomphe de la maladie qui l'avait arrêté au Champ-Saint-Père. Il se remet en campagne et s'empare de plusieurs places occupées par les catholiques.

Ces succès engagent Henri III à s'unir au roi de Navarre pour lutter contre la Ligue qui chaque jour devenait plus menaçante.

Il veut commencer par dompter les ligueurs de Poitiers, et paraît devant cette ville le 17 mai 1589 ; mais les ligueurs ferment les portes et *le saluent ironiquement de quelques volées de canons*. Il va passer la nuit au château d'Ausance, et le lendemain reçoit les députés de Poitiers qui avaient réfléchi et venaient implorer sa clémence. Cette soumission paraît le fléchir, mais il refuse d'entrer dans la ville et se retire à Châtellerault, où il rend un édit par lequel il déclare la ville de Poitiers déchue de toutes ses immunités, de ses foires, de sa justice et de ses écoles. Le siège présidial, *le plus beau de toute la France*, est transféré à Niort, et Parthenay reçoit le bureau des finances.

Henri III avait voulu se servir de la Ligue pour dompter les protestants, mais il n'avait pas tardé à être effrayé lui-même des projets menaçants du roi d'Espagne, qui ne songeait à rien moins qu'à s'emparer du trône de France. La Ligue était l'œuvre de Philippe II, qui ne fournissait aux Guises des subsides et des soldats que pour réaliser ses ambitieux desseins. Le rôle des Guises était donc des plus méprisables ; ils visaient la couronne royale, sans comprendre qu'ils n'étaient que les criminels agents de l'Espagnol.

La révolte des ligueurs était anti-nationale, anti-française, et le succès des Guises eût été une calamité pour notre pays, qui fût tombé sous le joug d'un roi étranger. L'Espagnol maître de Paris, tout était perdu, et cependant c'est ce que voulaient les Seize. Dans leur aveuglement, ils allèrent jusqu'à offrir le trône de France à Philippe II. Une énergique réaction se prononça heureusement contre cette infâme trahison, et les intrigues espagnoles furent déjouées.

Philippe II en fut pour son or, pour le sang de ses soldats et pour la honte, après avoir joué les Guises, trompé la perfide Catherine de Médicis et caressé ces féroces ligueurs, qui n'avaient pas hésité à appeler l'assassinat à leur aide pour terroriser la capitale. Henri IV sauva la France et lui conserva sa nationalité. Ce sont là ses droits à la reconnaissance du pays, et à son titre de grand roi que l'histoire, avec justice, lui a décerné.

CHAPITRE XV.

Sommaire. — L'exercice de la religion catholique rétabli à Niort. — La terre de Thouars érigée en duché-pairie. — Mécontentement des seigneurs protestants du Poitou. — Exécution de l'édit de Nantes confiée à Parabère pour le Poitou. — Les Niortais menacent d'abandonner la ville si on les accable d'impôts. — Les impôts sont réduits. — La peste éclate à Niort et cause une grande mortalité. — Courageuse conduite des membres du corps de ville ; mesures qu'ils prennent pour combattre le fléau. — L'épidémie disparaît. — Triste état de la ville ; la misère y est générale. — Arrêt concernant la noblesse des échevins. — Manque de sécurité dans la ville. — Désordre de la comptabilité communale. — Réclamations de la Chambre des comptes. — Un créancier de la commune obtient l'emprisonnement du maire. — Le corps de ville paye la dette. — On constate que les archives municipales ont été pillées. — Liste des fiefs possédés par les maires, échevins, conseillers, et les familles d'échevins de l'Hôtel-de-Ville jouissant des immunités et exemption du paiement des francs-fiefs.

L'assassinat de Henri III, le 1er août 1589, fait passer l'autorité royale aux mains du roi de Navarre, qui prend le nom de Henri IV. Les seigneurs du Poitou redoublent d'activité afin de mettre un terme à la guerre. Ils sont aux côtés de Henri IV à la bataille d'Arques, au siège de Paris, à Ivri, à Fontaine-Française et dans tous les combats qu'il livre.

L'abjuration du roi met fin à la guerre. Un édit ordonne que « l'exercice de la religion catholique, apostolique et « romaine sera remis et rétabli ès villes de Niort, Fontenay, « Chatellerault et autres lieux du diocèse, où il peut avoir été « interdit. »

La Trimouille, en récompense des grands services qu'il avait rendus à Henri IV, voit sa terre de Thouars érigée en duché-pairie. Les lettres patentes, datées du 7 août 1595, furent enregistrées au Parlement le 7 décembre 1599. Le duc de Thouars profite des bonnes dispositions du roi en sa faveur, pour obtenir que Charlotte de La Trimouille, veuve du prince de Condé, serait enfin envoyée devant le Parlement de Paris. Le moment était favorable. Le jugement, rendu le

24 juillet 1596, déclara cette princesse innocente du crime d'avoir pris part à l'empoisonnement de son mari, le prince de Condé.

Les seigneurs protestants trouvaient que Henri IV oubliait leurs services et se rapprochait trop des catholiques, qu'il comblait de faveurs. Parmi les plus irrités figuraient La Trimouille, Parabère, Duplessis-Mornay et d'Aubigné. Le roi craignait une prise d'armes, mais l'édit de Nantes apaisa un peu les mécontents. L'exécution de cet édit fut confiée, pour le Poitou, à Parabère, Langlois et Malicorne, qui firent rétablir l'exercice du culte catholique à Niort, à Thouars et dans les autres villes de la province occupées, pendant les guerres, par les protestants.

Sully avait besoin d'argent pour remplir les coffres de son maître, Henri IV. Il ordonne aux collecteurs du fisc de faire rentrer tous les impôts arriérés. Les Niortais, ruinés par la guerre, ne pouvaient payer. En 1601, réduits au désespoir, ils déclarèrent qu'ils abandonneraient leur ville, si on voulait les contraindre à un payement qu'il leur était impossible de faire. Le corps de ville envoya des députés à Henri IV, pour lui faire part de la résolution désespérée des habitants de Niort. Henri IV se souvint du proverbe qui dit « où il n'y a rien le roi perd ses droits ». Les impôts arriérés montaient à la somme de 5,200 écus ; ils furent réduits à 1,700 écus ; mais un nouvel impôt de 3,000 livres fut établi. Cependant, les receveurs du fisc ne voulurent pas tenir compte de la remise accordée par le roi, et ils exigèrent des habitants les subventions arriérées des années 1599, 1600 et 1601, de plus une subvention de 1,700 écus pour 1602, ce qui formait un total de 6,900 écus, soit environ 70,000 francs de notre monnaie, somme énorme pour l'époque, impossible à réaliser par les Niortais, réduits à la plus extrême misère.

Les receveurs du fisc se montrèrent impitoyables. Ils firent emprisonner les collecteurs et saisir les impôts destinés à l'entretien du canal de la Sèvre, ainsi que le domaine de la Mairie. Le corps de ville était obligé d'emprunter 25 écus pour les dépenses municipales les plus urgentes.

La misère était partout ; les habitants mouraient de faim. Ils allaient cependant subir encore une épreuve, la plus horrible de toutes. La peste éclata dans leur malheureuse ville. Cette terrible maladie les avait déjà visités au XIVe, au xv⁰ et au xvi⁰ siècle, mais elle n'avait pas produit des ravages aussi affreux que ceux qu'elle allait causer.

Comme le fait remarquer M. A. Briquet, le quartier le plus populeux de la cité était placé sur un ancien marais mal desséché, et dont le sol recevait les eaux des deux collines. Au centre de ce vallon humide étaient construites des halles dont les voûtes, surbaissées et sans air, servaient de point d'appui au premier étage des maisons voisines. Là se trouvaient les deux boucheries, la poissonnerie et le commerce des cuirs, et tout auprès était le canal du Merdusson, à ciel ouvert, rempli de débris de toutes sortes et d'immondices qui répandaient en tout temps une odeur infecte. Les bourriers n'étaient jamais enlevés, et les pourceaux circulaient dans les rues. Enfin les foulons de drap et les industries les plus malsaines étaient placés au centre de la ville. Niort avait un aspect si sale, même au siècle suivant, qu'en 1730 un intendant du Poitou prétendait que l'étymologie du nom de cette ville devait provenir de *nid hord*, c'est-à-dire ville sale, malpropre et encombrée d'ordures.

On comprend qu'une épidémie, éclatant au milieu d'un pareil foyer d'infection, devait produire les plus terribles ravages. C'est ce qui arriva en 1603. La foire de mai de cette année, qui avait attiré, selon l'habitude, une grande quantité de marchands étrangers, venait à peine de commencer qu'un cas de peste se manifesta à l'hôtel de l'Hercule, situé près des halles. Le maire tint à cacher cette nouvelle tout d'abord, dans l'espoir qu'il s'agissait d'un cas isolé. Mais deux jours après, la peste se déclarait dans les auberges et dans les maisons de la ville. Les étrangers s'enfuirent, les habitants qui purent s'éloigner se retirèrent à la campagne. Niort fut bientôt presque désert.

Le maire, les échevins et les pairs firent, dans cette circonstance, courageusement leur devoir. Le 14 mai, ils se réunirent à l'hôtel-de-ville pour chercher un remède au mal, ou tout au moins pour prendre des mesures afin d'en atténuer les effets, et de le faire disparaître le plus promptement possible. A cette séance assistaient Etienne de Savignac, sieur du Vieux-Fourneau; Jehan Maignen, écuyer, sieur d'Aille, lieutenant-général du sénéchal à Niort; Aubin Girault, écuyer, sieur des Gourfailles, lieutenant-particulier; Jacques Devilliers, procureur du roi, 13 échevins et 17 pairs.

Voici un extrait du procès-verbal de la délibération prise par le corps de ville dans cette séance :

« Plusieurs habitans de cette ville nagueres sont décédés par le moyen du mal contagieux et autres des dits habitans sont tourmentez par le moyen dudit mal. C'est une chose à laquelle il est requis de remédier, pour eviter un plus grand peril, après que les maîtres chirurgiens de cette ville ont representé ce que dessus delibéré et conclud qu'il sera fait injonction à tous les habitans de la dite ville de faire oter les fumiers et viscosités qui sont dedans les rues d'icelle et leurs maison et leurs appartenances le plus proprement que faire se pourra à peine des dix livres d'amende.

« Il sera enjoint à tous les pauvres etrangers à vuider la dite ville, et à faute de vuider, qu'ils seront mis hors d'icelle. Il sera par châcun jour envoyé par nous six personnes des dits habitans, deux desquels seront châcune dix jours à une des trois portes de la dite ville pour empescher que les pauvres etrangers n'entrent en la dite ville, ausquels pauvres neanmoins il sera donné en ausmone ce qui sera advisé par ceux qui seront ausdites portes. Pour recueillir les deniers, que plusieurs des habitans voudront donner a été commis à messire Jacques Chargé et Hiérosme Sacher échevins, qui delivreront les dits deniers à ceux qui seront ausdites portes les sommes que nous adviserons.

« Que si le mal s'augmente et pullule, qu'il sera commis aux compagnons Barbier pour traiter et medicamenter en ce qui depend de l'art des chirurgiens ceux des dits habitans qui seront affligez du dit mal contagieux. Pour recompenser les compagnons Barbier ils seront pourvus en l'etat de maître chirurgien en cette ville, au cas toutes fois qu'il soit besoin à l'advenir qu'ils y soient employez, et au cas aussi que pendant le temps necessaire ils s'emploiront à ce que dessus et ne quitteront et abandonneront cette ville et les malades pendant le temps d'affliction dudit mal, et leur sera par nous pourveu de gages raisonnables.

« Les maisons de ceux ausquelles aucuns des dits habitans sont décédés naguerres par le moyen dudit mal contagieux et qui décéderont cy-après par le moyen d'icelui, seront fermées des clefs et cadenats. Les habitans de cette ville, qui sont tourmentés dudit mal, sera deffendu de frequenter les autres habitans de cette dite ville à tous les moins sans avoir une verge blanche à la main pour signifier aux dits habitans qu'ils sont touchés dudit mal.

« L'hopital de cette ville sera blanchi et chaumenté de chaux et sable afin d'oter le mauvais air, qui y peut être.

« Les deniers, qu'il conviendra à employer, seront delivrés par l'aumosnier de l'aumonerie de Saint-Jacques et de Saint-Georges de cette dite ville, ce qui sera lui alloué en son compte etc.

« Il est ordonné d'oter de la ville tous cochons, chiens et pigeons. »
(A. H. V. — D. F.)

Nous reproduisons le texte de cette délibération qui nous reporte au moment même où la terrible épidémie régnait à Niort dans toute son horreur. Nous voyons les membres de l'échevinage de notre cité délibérer avec le plus grand calme, sans peur et sans affolement. Ils prescrivent des mesures hygiéniques, l'enlèvement des fumiers, la suppression des porcs, des chiens et des pigeons. Des précautions rigoureuses sont prises pour laisser inhabitées les maisons visitées par la peste. Les personnes atteintes qui ne sont pas assez malades pour rester chez elles ne peuvent circuler qu'une baguette blanche à la main ; enfin, les compagnons barbiers qui se seront signalés par leur dévouement à soigner les pestiférés, passeront maîtres chirurgiens.

Voici les noms des jeunes compagnons barbiers qui restèrent courageusement à leur poste : Samuel Courteneufve, Philippe Hucheloup, Abraham Cusson, Pasquet Gaultier et Emeri Racapé.

Le 7 juin eut lieu une nouvelle réunion du corps de ville, dans laquelle furent prises les décisions suivantes :

Toute personne visitant les pestiférés ou approchant des morts devra porter à la main une baguette blanche ;

Les employés des pompes funèbres recevront un costume particulier, de nature à les faire reconnaître de loin et à permettre de les éviter ;

Les morts seront enterrés avant le lever du soleil, sans cérémonies religieuses et sans être accompagnés au cimetière ;

Les habitants atteints de la peste seront immédiatement transportés hors de la ville, dans une grange disposée à cet effet.

Le 11 juin, Nicolas Gallet, écuyer, sieur de la Roche, fut nommé maire et, comme son prédécesseur, il accomplit sa mission avec un énergique dévouement. L'ancien maire Etienne de Savignac, en quittant ses fonctions, n'abandonna point Niort ; il continua à résider dans l'intérieur de la ville, sans même aller se fixer dans sa maison du Vieux-Fourneau.

Parmi les membres du corps de ville qui restèrent à Niort pendant tout le cours de l'épidémie, nous citerons les échevins Jacques Pastureau, Symon Demairé, Philippe Chalmot, Pierre Rousseau, Laurens Chabot, Jacques Jacquelin, Loys Arnauldet ; et les pairs Jacques Manceau, Pierre Sabourin, Pierre Savignac, Benjamin Ferré, apothicaire, Noël Piet, André Hersant, Pierre Pelletier, Pierre Thibault, Jehan Bernier, Loys Viette, Jehan Dabillon, Sébastien Assailly, notaire, Jehan Texier et Pierre Roy. Les noms de ces Niortais méritent d'être inscrits sur le livre d'honneur de notre cité. Il en est dont les familles existent encore, et elles doivent être fières de compter parmi leurs ancêtres des hommes qui ont si admirablement compris leurs devoirs et accompli leur mission avec tant d'abnégation.

La peste s'était montrée à Niort le 6 mai 1603; elle ne disparut qu'au mois de décembre de la même année. Cependant, elle ne quitta point notre région, et nous la voyons, dans le cours de l'année 1604, exercer ses terribles effets à Parthenay, à La Rochelle, à Saintes, à Châtellerault et dans plusieurs bourgs et villages des environs de Niort.

La municipalité adopta des mesures sévères, afin d'empêcher l'entrée dans la ville d'étrangers ou de marchandises venant de lieux infectés par la peste. Elle put ainsi prévenir le retour de cette épidémie, qui avait fait de si nombreuses victimes.

Il n'y avait plus à Niort ni industrie, ni commerce. Cette triste situation toucha enfin Henri IV, et le 30 septembre 1604, un arrêt du Conseil d'Etat décharge les habitants des sommes dont ils pouvaient être redevables pour les deniers de subvention. La supplique remise au roi disait que « les « habitans de Nyort sont tellement demeurés incommodés « que s'il ne plait à sa Majesté pourvoir à leur misère, il « leur sera dutout impossible de se remettre et de faire « retourner en la dite ville la pluspart des habitans que la « peste et la pauvreté en ont bannis depuis ces dernières « années. » (A. H. V. — D. F.)

L'année suivante, il fallut payer les deniers de subvention. Une ordonnance du 31 mars 1606 décide que les descendants d'échevins paieront la taille; ils n'ont pas satisfait aux privilèges, n'ayant pas servi le roi dans ses armées, et plusieurs arrêts les ont déboutés de leurs prétentions. M. Jacques Chateau sera exempt de la taille, comme étant de la maison du prince de Condé et non comme échevin.

La taille de l'année 1607 fut livrée à 3,200 livres; le taillon, à 704 livres, et les rôles, à 32 livres.

La sécurité n'était point complète à Niort. Nous trouvons une plainte, portée le 16 juin 1607 au gouverneur Parabère, de la part du corps de ville : « On sort, disait-on, passé 9

« heures, sans feu ni chandelle, ce qui est défendu, à cause
« des voleries; et on publie de la part du roi de l'arquebuse,
« sans permission du maire, un jeu du prix pour le lende-
« main, tandis qu'un échevin marchait toujours en tête du
« cortège. » Le gouverneur de Niort prit des mesures pour
contraindre les habitants à ne sortir la nuit qu'avec des lumières, et il fit respecter les droits des échevins au sujet du
jeu de l'arquebuse.

De graves abus s'étaient produits à l'occasion de la succession héréditaire de la noblesse des échevins. Un arrêt du
16 mars 1608 déclare que les échevins nobles de la ville de
Niort ne peuvent transmettre la noblesse à leurs enfants
qu'en mourant *vêtus et saisis* de leurs places. (A. H. V. — D. F.)

La comptabilité de la ville était aussi en désordre que les
archives municipales. Au milieu des troubles causés par les
guerres religieuses, on n'avait tenu aucune comptabilité. La
Chambre des comptes voulait éclaircir cette situation. Le 24
décembre 1608, le commissaire ordinaire de l'artillerie certi-
fia que, lors de la prise de Niort par le seigneur de Parabère,
il existait dans la ville une bonne quantité de poudre, bon
nombre de boulets et deux pièces de canon appelées couleuvrines bastardes, fondues à Niort en 1588.

La Chambre des comptes envoya une assignation au
corps de ville, afin de régulariser les comptes des années
1568, 1569 et 1570, pendant lesquelles la ville avait été
prise et reprise par les catholiques et les protestants.

Le 5 mars 1609, afin de mettre un terme à ces réclamations, la ville envoya à Paris trois échevins. Ce ne fut qu'en
1613 qu'à force de suppliques et d'argent, on obtint des
lettres de validation du roi pour comptes arriérés et une dispense de fournir les pièces de la comptabilité qui avaient été
détruites pendant les guerres civiles.

Si les privilèges des maires de Niort étaient étendus, ils ne
l'étaient pas assez pour les mettre à l'abri des poursuites les
plus rigoureuses des créanciers. A l'assemblée générale
de l'Hôtel-de-ville du 9 mai 1608, on signala un fait très
grave. Le maire avait été arrêté et conduit en prison à
Saint-Maixent, sur la plainte d'un sieur Barat, qui le pour-
suivait pour le paiement d'une somme de 620 livres. Tout ce
que le maire put obtenir fut d'être élargi sans caution, et
après avoir prêté serment de se représenter à première ré-

quisition et de remettre la somme qui lui était réclamée avec si peu de déférence.

Le corps de ville de Niort se chargea de payer la dette contractée par le maire, et il enjoignit au receveur municipal, qui avait montré beaucoup de mauvais vouloir, de verser immédiatement cette somme avec les plus clairs deniers de sa recette.

Le créancier Barat refusa les 620 livres et exigea 1,000 livres de dommages et intérêts. Le corps de ville, qui avait hâte de faire cesser la persécution dirigée contre le maire, vota une indemnité de 200 livres. L'impitoyable créancier rejeta cette offre et persista dans ses prétentions de recevoir 1,000 livres de dommages et intérêts. Le différend fut soumis au procureur qui taxa les frais à 200 livres.

Ainsi fut terminé ce procès. On voit que les maires de Niort avaient une responsabilité fort grande, qui allait jusqu'à engager leur liberté personnelle.

Les chartes municipales contenant les privilèges et droits accordés à la commune, aux maires et aux échevins, étaient conservées dans un grand bahut portant le nom de *Thrésor de Niort*, fermé à clef, et qu'on n'avait pas visité depuis longtemps. Le 28 novembre 1608, les membres de l'Hôtel-de-ville décidèrent qu'un examen en serait fait avec soin; mais les clefs avaient été perdues. Il fallut en faire de nouvelles. Lorsqu'on procéda à l'ouverture de ces archives municipales, on constata qu'elles avaient été pillées, et plusieurs chartes très précieuses enlevées. Ainsi, il fut impossible de retrouver la charte contenant l'exemption des ventes et honneurs pour les habitants du port, les dernières confirmations des privilèges de la ville et d'autres documents importants. Des invitations pressantes furent adressées aux personnes qui les auraient en leur possession à les rendre à la commune; mais cet appel resta sans écho, et la plupart des pièces soustraites ne reparurent plus aux archives. (c. A. b.)

Il s'agissait, après une période de troubles et de perturbations générales, de porter partout l'ordre et la régularité. Des commissaires du roi vinrent à Niort pour dresser la liste des fiefs possédés par les *gens tenans la maison commune de Nyort, afin de les maintenir dans la continuation des immunités et exemption du paiement des francs-fiefs et nouveaux acquets*. L'assemblée générale se tint le 28 août 1609 à l'Hôtel-de-ville.

Voici le rôle qui fut dressé par les commissaires royaux dans cette assemblée. Il est d'un si haut intérêt pour l'histoire des anciennes familles de notre cité, que nous le reproduisons :

C'est le roole, liste et estat des Maire, Echevins et Conseillers de la ville de Niort, en Poictou, leurs veuves, enfens et descendanz ; ensemble des fiefs et choses nobles, qu'ilz possedent maintenant. Que presentent à tous, nos seigneurs les commissaires députez par le roi au ressort du parlement de Paris par le fait des francs fiefs et nouveaux acquetz. Suivant l'edit et lettres patentes de Sa Majesté, les dits Maire, Echevins, Conseillers ou leurs veufves et descendans aux fins de l'immunité et d'exemption des dits francs fiefs et nouveaux acquêts à eux octroyées par les defunts rois de France, de bonne memoire et confirmées par le roi a présent regnant, o protestation de ne desroger à leurs privilèges suivant leur deliberation et assemblée generale tenue en la maison commune de Niort, le vendredi 28 aougst 1609.

PRÉMIEREMENT.

André Dabillon, ecuyer, sieur de l'Imbaudière, maire et capitaine dudit Niort l'année présente, sieur du fief et maison noble dudit lieu de l'Imbaudière, en la paroisse de Benest, ressort et election de Niort ; du fief des Dabillon, en la paroisse de Gript, aussi ressort et election dudit Niort ; de la maison noble et fief du petit Paconnay, en la paroisse d'Oulmes, ressort et election de Fontenai-le-Comte ; du fief de la Culasse-Dannert paroisse de Courdault, ressort et election dudit Fontenai-le-Comte ; du fief de la Roche, sis partie en la dite ville de Niort, partie ès-paroisses de Souché et St-Florant-lez-le-dit-Niort.

Mathurin Pastureau, ecuyer, sieur des Granges et Vaumoreau, fief, maison noble et metairie dudit lieu, en la paroisse de Vouillé, ressort et election dudit Niort.

Noble homme Jacques Pastureau.

Noble homme Loys de Villiers, sieur de Compairé et du Masgnou et des fiefs et choses nobles qui en dependent, en la paroisse de Montigné ; du fief de la Barre, en la dite paroisse de Montigné ; du fief de Prefourré, en la paroisse de Hervault ; des deux tierces parties du fief et maison noble de la Tousche-aux-Pilletz, autrement du fief de Lambertière, en la paroisse de Brechauhée, le tout au ressort de Poitiers, en l'élection de Thouars. Plus du fief Compaignon, en la paroisse de Sainte-Pezenne, ressort et election dudit Niort ; et d'un petit fief de vigne appellé Buffageasse, en la paroisse de Sihec, ressort et election de Fontenai-le-Comte.

Noble homme Loys Arnauldet, sieur de la Guyonnière.

Aulbin Giraud, ecuyer, sieur de Gourfailles.

Gamalul Toucquard, ecuyer, sieur de l'Herse et des fiefs de Tousche-Moreau, en la paroisse de St-Saulvent, ressort de Lusignan ; du fief Laydet, autrement la Laydetrie et port Laydet, en la paroisse de Saint-Maxire, ressort et election de Fontenai-le-Comte ; des fiefs des Marbues et des Espinettes-lez-Niort, paroisse de Saint-André dudit Niort ; des fiefs de Vaux-le-Peu et Porte-Melaize aussi lez-ledit-Niort, et au ressort d'icelui.

Noble homme Philippe Chalmot, sieur de la Guillarderie et du fief de La Fere, paroisse de Regné, plus des fiefs de la Berauldère, en la paroisse de Saivre, le tout ressort et election de Saint-Maixent ; outre de ses droits, parts et portions ès fiefs et choses nobles, declairées cy-après par demoiselle Florence Devilliers, sa mère.

Noé Laurens, écuyer, sieur d'Escuré.

Hierome Avice, écuyer, sieur de la Chaource et des fiefs de la Motte-Claveaux, en la paroisse de Mougon, ressort et election de Saint-Maixent ; des fiefs, maison noble, metairie et moulins nobles de Maignentait (ou Maignentrout) et Bonnet, en la paroisse de Perigné, ressort de Civray et election de Saint-Maixent ; plus d'une rente noble de deux boisseaux de froment et deux chapons, en la paroisse de Montigny, audit ressort de Civray, et d'autres rentes nobles de 77 livres sur le chateau de la ville de La Rochelle et grand fiefs d'Aulnys, la dite rente tenue à hommagement du roi notre Sire. Item de la maison noble du Boys de Roussay avec toutes ses appartenances et dependances.

Joseph Audouard, ecuyer, sieur de Saint-Thibaud.

Pierre Rousseau, ecuyer, sieur de Mans.

Noble homme Pierre Texier, sieur de la Hautise.

Noble homme Jacques Berlouin, sieur du fief de la Voulte et d'un herbergement en terres nobles qu'il tient en parage de la seigneurie de Conzay, en la paroisse de Thorigny, ressort de Saint-Maixent et election dudit lieu.

Noble homme Hierôme Sachier, sieur de la Salle, sieur chemyer des fiefs de la Bertière et dudit lieu de la Salle, plus du fief de Bourgeron, le tout sis en la paroisse de Brulain, ressort et election dudit Niort.

Noble homme Etienne Savignac, sieur du Vieux-Fourneau et de la maison noble et fief du Breuillac, en la paroisse de Saint-Gelais, ressort et election de Saint-Maixent.

Noble homme Symon de Mayré, sieur des fiefs de la Randoninière et Ruserye, en la paroisse de Marnay, ressort et election de Poitiers.

Nicolas Gallet, ecuyer, sieur de la Roche et du fief d'Izay, paroisse de Benetz, ressort et election de Niort.

Noble homme Mathurin Morin, sieur du fief Joyeux, en la paroisse de Souché, ressort et election de Niort ; et d'une 6e partie au total d'une rente noble de 40 boisseaux de blé, sur les maisons et metairies de la grande et petite Pilloterie, en la paroisse de Saint-Christophe-sur-Roc, ressort et election de Saint-Maixent.

Jacques Devilliers, ecuyer, sieur des fiefs et maison noble de Prinçay en Lesson, avec toutes leurs appartenances, sises en la paroisse de Benetz, ressort et election de Niort ; de la maison noble, terre et seigneurie de Vauldelaigne ; du fief de Breuil-Gallery et autres fiefs dependans de la dite seigneurie de Vauldelaigne, paroisse de Françoys, ressort et election de Saint-Maixent ; de la maison noble de l'alleu, paroisse de Thorigné ; de la 4e partie des dismes nobles de Sainte-Eanne ; du fief de la Croizade, paroisse dudit Sainte-Eanne, ressort de Saint-Maixent et election dudit Niort.

Noble homme Jacques Chasteau, sieur du Mazeau.

Noble homme Guillaume Giraudeau, sieur du fief des Arlonnyères, autrement Nirsonnières, paroisse de Saint-Remy-en-Plaine, ressort et election de Fontenai-le-Comte ; plus du fief de Vachette, en la paroisse de Sainte-Pezenne, ressort et election de Niort.

Nicolas Bodin, ecuyer, sieur de la maison et fief et seigneurie de Thelle, paroisse de St-Leger-de-Montbrun ; de la maison, moulin de Vionnay, paroisse de Saint-Pierre-de-Missé, en l'election de Thouars.

Noble homme Jean Regnauld, sieur des fiefs du grand et petit Montbrun, et autres cens et rentes, douzaines et heritages nobles assis au village de Villeneuve, paroisse de Notre-Dame-de-Monts, en la principauté de Marsillac, ressort et election de Niort.

Noble homme maître Pierre Angevin, sieur des fiefs du Pas-David et du Clion, paroisse de la Faye-Monjau ; du fief de la Clervaudiere, avec ses appartenances ; des fiefs de Retz et quart, au fief de la Perche, et du quart moins une cinquième partie du fief et terragerie de la Grande-Baillie de Poyvendre ; de la moitié du fief de la Lore ; du fief Merigot-Mergier et du fief Clervault, plus de la moitié du fief du Bueuil, tout sis en la paroisse de St-Jean-de-Marigny et ès environ au ressort et election de la ville de Niort. Item de la moitié et une huitième partie de l'autre moitié du fief de Dieu-le-fit, autrement des Grimacts, en la paroisse de Villiers-en-Plaine, avec ses appartenances et dependances ; des fiefs aux Dames, Champapon et de l'Orme-Guillaume ; de pareil droit en une moitié et une sixte en l'autre moitié du fief de Rousty ; de pareil droit en sept sixièmes parties du fief Fermant ; plus est sieur, le dit Angevin, du fief Baiser ; du fief au Prevost ; du tiers et une sixte partie en une moitié du fief Personnier : des deux quarts et demi en une moitié, et la 7e partie en l'autre moitié du fief de Joux (1) ; plus, de la maison vulgairement appelé la Vieille-Garde ; tous les dits lieux sis et situés en la dite paroisse de Villiers-en-Plaine, ressort et election de St-Maixent.

S'ensuivent les noms des veuves des echevins du corps et college de la ville de Niort, et de leurs fiefs, maisons et autres choses nobles :

DAMOYSELLES

Florence Devilliers, veuve de feu noble homme Jacques Chalmot, et fille de feu noble Gui Devilliers, quand vivaient echevins dudit Niort, dame du fief, ou rente noble de dix septiers et demi de froment, sur et par raison des maisons, metairies, terres et apparte-

---

(1) Auprès de Joux existent des ruines de l'époque gallo-romaine, et dans les environs d'Ardin se trouve la *Cité à Diane*. Le nom de Joux vient évidemment de *Jovis*, Jupiter. N'y aurait-il pas là les souvenirs de deux temples, l'un consacré à Jupiter et l'autre à Diane ? On sait qu'Ardin a été un centre gallo-romain et est devenu plus tard la capitale civile et religieuse d'une partie du Bas-Poitou.

nances de Massigny, paroisse de Saint-Pompin, ressort et election de Fontenai-le-Comte; de la seigneurie de la Mothe-Genouillé, paroisse de Breuil-sur-Chizé, ressort de Civray, election de Niort ; de la seigneurie et fiefs du Brieuil-d'Aigonnay, autrement le Breuil-de-Malicorne, paroisse dudit Aigonnay, ressort et election de Saint-Maixent ; du fief et maison noble de Sainte-Rhue, paroisse de Saint-Médard, ressort et élection de Saint-Maixent ; du fief et maison noble de la petite Vessière, autrement la Grange, paroisse de Praille, au dit ressort et election ; des fiefs de l'Aubinerie et fiefs Pasquier, en la paroisse de Brenegoue ; du fief d'Angoullevent, autrement de Saint-Maixent, en la paroisse de Saint-Maurice ; des fiefs de la Chaintre, de l'Abbaye, de la Tonnele, de Champchevrier, de Vignault et fiefs de Guets, paroisse de Faye-sur-Ardin, le tout en ressort et election de Niort ; du fief de la Servantière, paroisse de Xintray.

Magdeleine Chargé, veuve du feu Philippe de Villiers, aussi l'un des dits echevins, dame des fiefs et maisons nobles de la Porte, Boutin, et Dabillon, en la paroisse de Villiers-en-Plaine, ressort de Saint-Maixent et election de Niort.

Jeanne Baudouin, veuve de feu noble homme maitre Saturnin Sacher, echevin, dame des fiefs de Puy-Cendron, en la paroisse de Prahecq, ressort et election de Niort ; du fief Coyraud, en la ville de Niort ; du fief de la Jaudouinière, en la paroisse de Pamproux, ressort de Lusignan et election de St-Maixent ; plus, d'un herbergement ou maison noble, en la susdite paroisse de Prahecq.

Magdeleine Arnauldet, veuve du feu noble Jean Coyault, sieur de Saute, vivant echevin, dame du fief de Vigneronne et d'une moitié du fief de Pourtigaul, et part prenant au fief de Beaune, les dits fiefs situés en la paroisse Saint-Gelais, au ressort et election de Saint-Maixent.

Marguerite Dupont, veuve de feu noble Laurent Bourgougnon, vivant echevin et sieur de Béceleuf, dame pour une moitié du fief Pignon, autrement du Rivollet, en la paroisse de St-Remy, au ressort et election de Fontenai-le-Comte.

Perrette Pastureau, veuve du feu noble Laurens Chabot, vivant echevin, dame du fief de Challye, en la ville de Niort.

Marguerite Cassot, veuve du feu noble Jacques Jacquelin, vivant echevin, dame pour une quatrième partie des fiefs et maisons nobles de Leigne, et d'une moitié maison et fief de la Pascauderie, autrement la Cousture, le tout assis en la paroisse de Aiffres, ressort et election de Niort.

Renée Mestivier, veuve du noble homme Toussaint Meslier, aussi vivant echevin, et secretaire du roi, dame du fief et maison noble de Forges, en la paroisse de Saint-Maxire, ressort et election de Fontenai-le-Comte.

Anne Blouin, veuve du feu maitre Charles Sachier, vivant sieur de Vauldelaigne et l'un des 25 nobles et echevins dudit Niort, dame des fiefs et maison noble de la Petite Grange, de Demizélières, Marquisières et Cheminotière, sis ès paroisses des Loges-Fougereuses et Saint-Hilaire-de-Vouchiz, ressort de Poitiers, election de Thouars et Fontenai-le-Comte.

S'ensuivent les noms des enfens et descendanz des echevins dudit Niort, ensemble les noms de leurs fiefs et choses nobles :

Maitre Pierre Pelletier l'aîné, fils de autre maitre Pierre Pelletier qui aussi était fils de maitre Jehan Pelletier, quand vivait l'un des dits 25 nobles et echevins dudit Niort, sieur du fief et maison noble de la Goupillere, paroisse de St-Remy, ressort dudit Niort et election de Fontenai-le-Comte ; plus du fief de Barbeziere et d'une maison noble sise en la dite ville de Niort.

Paul Pelletier, fils emancipé dudit maitre Pierre Pelletier, heritier sous benefice d'invantaire de defunt maitre Mathurin Jamard, quand vivait echevin dudit Niort, et Marie Prevost, son ayeul et ayeulle maternels, et pour la moitié des fiefs de la Bourgeoisie et des Bernards.

Maitre Pierre Viault l'aîné, fils du feu noble homme Guillaume Viault, aussi quand vivait echevin, sieur du fief et seigneurie de Ste-Pezenne, et de la Cour-de-Maigné, ès paroisse dudit Sainte-Pezenne, Sihec, Notre-Dame et St-André de Niort, ressort et election dudit Niort ; des fiefs, maisons nobles et metairie du Puy-Mervent, la Frotterie et des Vallées, en la paroisse de Benet, ressort et election susdits ; des fiefs et maisons nobles et metairie de la Nouzière, sis en la paroisse de Fors, aussi au ressort et election dudit Niort ; de la maison noble de la Règle, fiefs, dixmes nobles, four à ban, paroisse de Beceleuf au baillage de Parthenay, ressort de Poitiers, election de Niort ; du fief et de la maison noble de la Torzaiserye, paroisse de Perigné, ressort de Civray, election de Saint-Maixent ; plus tient ledit Viault en aide de debvoir les terres de Lespinasse, en la paroisse de St-Maxire, ressort et election de Fontenai-le-Comte.

André Viault, fils du feu noble homme Guillaume Viault, vivant echevin dudit Niort, sieur du fief des Bernards et de la maison noble de Mazerolles, cens, rentes et autres choses nobles et dependans, en la paroisse de Perigné, ressort et election de St-Maixent.

Maitre Jean Bastard, fils aîné de autre maitre Jean Bastard, qui aussi fut fils de maitre Jean Bastard, quand vivait l'un des dits 25 nobles et echevins, sieur de la maison noble et fief de la Raimondière, en la paroisse de Fenioux, au baillage de Parthenay, ressort de Poitiers et election de Niort ; plus du fief et maison noble de Champugnet, sis en village de Lesson, en la paroisse de Benetz, ressort et election dudit Niort.

Noble Guillaume Pastureau, fils dudit Mathurin Pastureau, ecuyer et echevin susdit, sieur du fief et terre noble de Champdoré, en la paroisse de Vouillé, ressort et election de Niort.

Noble François Dabillon, fils du feu André Dabillon, ecuyer, sieur de l'Imbauldière et l'un des dits 25 nobles et echevins dudit Niort ; sieur, pour une quatrième partie par indivis, du fief appelé les Tousches-Thoupinères, autrement Verrines, appartenances et despendances, sis en la paroisse de Thorigny, ressort de Civray et election de Saint-Maixent.

Maitre Emanuel Fauldry, sieur du fief de la Briaude, en la paroisse de Germond et ès environs, ressort de Poitiers et election de Niort, fils unique et seul heritier du feu maitre Bertrand Fauldry, vivant aussi sieur dudit fief de la Briaude et l'un des dits 25 nobles, echevins, conseillers de l'hotel et maison commune et college de la ville de Niort.

Noble maitre Jehan Arnauldet, sieur du fief de Nouaillé, autrement de Robins, sis au village dudit Nouaillé, en la paroisse du Champ-Saint-Pere et ès environs, ressort de Fontenai-le-Comte ; et du fief de la Coussotière et és environs, paroisse de St-Provent, ressort de Poitiers, fils ainé de noble maitre Louis Arnauldet l'ainé, sieur de la Guerinière, aussi un des dessusdits echevins.

Noble maitre Loys Arnauldet le jeune, conseiller du roi, maitre des ports et havres du Poictou, Aulnys, Xaintonge et Angoumois, sieur chemier du fief du Bouillac, sis en la paroisse et election des Sables-d'Olonne et ès environs, au ressort de Fontenai-le-Comte ; fils puisné de maitre Loys Arnauldet l'ainé, echevin susdit, et encore le dit Loys Arnauldet le jeune.

Noble monsieur maitre Jacques Chalmot, conseiller du roi en sa cour de parlement de Paris, fils ainé de defunt noble homme maitre Jacques Chalmot, vivant echevin, sieur du fief de la Tour et Bois-Vasselot, en la paroisse de Prailles, ressort et election de Saint-Maixent ; oultre de ses droits, parts et portions aux fiefs et choses nobles, declarés cy-dessus par damoiselle Florence Devilliers, sa mère.

Maitre Laurent Coyauld, fils de feu noble homme Guy Coyauld, qui était fils de feu André, et le dit André de noble homme Gelais Coyauld, vivant echevin sieur en partie des fiefs de Marais-en-Tauché, paroisse de Sainte-Blandine, ressort de Niort et election de Saint-Maixent.

Maitre André Bidault (qui était fils de Jacques Bidault qui était fils de Raoul Bidault), et le dit Raoul de noble homme André Bidault, vivant echevin.

Noble homme maitre Pierre Viault le jeune, fils de maitre Pierre Viault l'ainé.

Jacques Thibaut, fils de Rolland Thibauld, quand vivait echevin de la dite ville de Niort, sieur du fief de la Haute-Marière, en la paroisse de Pamplie, baillage de Gastine, ressort de Poitiers et election de Niort.

Bertrand et Alexandre Gorrin, enfans de feu Emerry Gorrin, qui etait fils de feu noble homme Sebastien Gorrin, vivant echevin, seigneur chemier du fief Rivollet, sis en la paroisse de St-Remy-en-Plaine, ressort et election de Fontenai-le-Comte, lesquels Bertrand et Alexandre heritiers sous bénéfice d'inventaire dudit feu Emerry Gorrin.

Honorables hommes : Jehan, Pierre, Jacques et Jeanne Maboul, enfans de feu Jehan Maboul, qui fut fils de feu Jacques Maboul quand vivait l'un des dits echevins, sieurs du fief et maison noble de la Douilleterie, sis en village de Bourbias, paroisse de St-Gelais, ressort et election de St-Maixent ; et encore ledit Pierre, sieur du fief et metairie noble de Roussillon, au gouvernement d'Aulnys.

N... et René Guischard, enfans de feu dame Jacquete Viault, fille de feu noble homme Guillaume Viault, l'un des dits echevins du dit Niort, sieur de la maison noble dite de la Cour-de-Maigné et des fiefs de vigne de la dite Cour de Maigné et Fretauld, en la paroisse de Ste-Pezenne, ressort et election de Niort, à eux échus par le decès de feu Guillaume Viault, leur ayeul.

Dame Marie Coyault, veuve de feu maitre Jehan Arnauldet, sieur de la Repoussonnière, fils de autre maitre Jehan Arnauldet, vivant echevin dudit Niort, dame du fief et maison noble de la Repoussonnière, paroisse de Ruffigny, ressort et election de Saint-Maixent.

Damoiselle Anne Hillayret, veuve de feu noble Guy Bourgougnon, vivant sieur de l'Autremont, fils de noble Amaury Bourgougnon, quand vivoit l'un des dits echevins, dame du fief de l'Autremont en Prahecq, paroisse dudit lieu, ressort et election de Niort; plus du fief de Fonschatre, paroisse de Baussay, ressort et election de Saint-Maixent.

Damoiselle Perrette et Anne Bourgougnon, filles (à marier) dudit feu Guy Bourgougnon, dames chemières du fief et maison noble de Lorigné, et encore pour une quatrième partie en une moitié de la maison noble et fief de la Pasqueterie, le tout en la paroisse d'Aiffres, ressort et election de Niort.

Damoiselle Jehanne Laurens, fille de feu noble Jacques Laurens, sieur de la Chaignée, lieutenant general et l'un des dits echevins dudit Niort; plus de la maison noble dite de Gorze et terres de la Petite Gannerie, en la paroisse de Saint-Maxire, ressort et election de Fontenai-le-Comte; plus dame du fief de la Ratauldière, paroisse de Sainte-Pezenne, ressort et election dudit Niort.

Dame Aliénor Rochereuil, fille de feu noble homme Bertrand Rochereuil, vivant echevin, dame pour une sixième partie du fief de Pallatreau et ses appartenances, en la paroisse de Thorigné, ressort de Civray et election de Saint-Maixent; plus d'une maison dite la Grand-Maison noble de la Guigneraie, avecque ses appartenances et despendances quelconques, sises on village de la Guigneraie, paroisse, ressort et election susdites.

Dame Jeanne Bertheron, femme de noble homme Jacques Chargé, sieur des Puys, et fille de noble homme Guillaume Bertheron, quand vivait echevin dudit Niort, dame, à titre de succession dudit Bertheron son père, d'une tierce partie du fief et maison noble de la Tousche, en la paroisse de Baussay, ressort de Civray et election de Saint-Maixent; plus du fief Ratier et Torte-Voye, sis à Surimeau, paroisse de Sainte-Pezenne, ressort et election dudit Niort.

Fait par devant nous, André Dabillon, ecuyer, sieur de l'Imbauldiere, le dit jour 28 d'aougst 1609. Signé : J. Dabillon, maire ; J. Simon, procureur syndicq ; Pelletier, secretaire.

Noble homme André Berland, fils de feu noble homme Bernard Berland, qui aussi fût fils de noble Jacques Berland, quand vivait l'un des dits echevins de cette dite ville, sieur des fiefs et maisons nobles de la Cour-d'Augé, de Brethignolles, de Beauchamp, de l'Houmeau, des Versières, Aironnières, des Moullins-Banniers de la paroisse de Saint-Maxire, le tout en la dite paroisse, ressort et election de Fontenai-le-Comte ; des fiefs d'Aunac, Saint-Saulveur et de Flors, autrement des Malletz, en la paroisse de Benetz, ressort et election de Niort ; des fiefs et terres nobles de Genouillé, de la Chauvelle, de la Petite Faugère et de la Navette, au ressort et election de Saint-Maixent ; de la moitié du fief et terre noble de Chamaillard, du Plessis-Laydet, au dit ressort et election de Niort ; des fiefs et terres nobles de Nyon et Taugon, on ressort et election de La Rochelle ; de la moitié du fief et terre noble de Saint-Mear, on ressort et election de Civray et de Melle.

Noble homme Jehan Berland, fils de feu noble homme Bernard Berland, qui aussi fut fils de feu noble homme Jacques Berland, quand vivoit echevin susdit, sieur des fiefs, maisons et choses nobles d'Oriou et de la Daroterye, autrement le fief Pinau, en la dite paroisse de Saint-Maxire, ressort et election de Fontenai-le-Comte.

Noble homme Jacques Berland, fils de défunt Philippe Berland, vivant fils dudit feu Bernard Berland, qui aussi fut fils dudit Jacques Berland, quand vivait echevin susdit, sieur de la maison noble du Plessis et des fiefs de vigne appelés les Groix-Guérin, en la paroisse de Sainte-Pezenne, ressort et election de cette dite ville.

Noble homme Philippe Bastard, fils de defunt noble Jehan Bastard, quand vivait l'un des dits echevins, sieur de la maison de la Coudardière, en la paroisse de Benetz, ressort et election dudit Niort.

Dame Louise Coyault, veuve de noble homme Pierre Savignac, et fille de feu noble homme André Coyault, qui fut fils de noble homme Gelais Coyault, vivant l'un des echevins de cette dite ville, dame des moulins nobles du Pissot, leurs appartenances, et du fief de Bon-Appetit, ressort et election dudit Niort.

Signés : J. Dabillon, maire ; J. Symien, procureur syndic ; J. Pelletier, secretaire. (A. H. V. — D. F.)

Nous n'avons pas hésité, malgré l'étendue de ce document, à le publier, parce qu'il offre un intérêt des plus grands au point de vue de l'histoire locale.

Nous y trouvons beaucoup de noms éteints qui ont été l'honneur de notre ville, mais nous en rencontrons aussi, avec une vive satisfaction, plusieurs qui sont arrivés jusqu'à nos jours et qui sont encore portés dignement.

La noblesse de l'echevinage n'a pas, aux yeux de certaines personnes, le prestige de la noblesse d'épée ; mais ceux qui ont été anoblis pour avoir administré notre cité avec dévouement et avec probité, ceux qui, aux jours de périls, sont restés courageusement à leur poste, ceux qui, à l'appel du roi, sont partis pour combattre sur les champs de bataille, ont certes conquis une noblesse qui peut aller de pair avec la plus ancienne. En France, il existe plusieurs noblesses :

d'abord la noblesse féodale, qui compte bien peu de représentants ; la noblesse de l'échevinage, dite de la *cloche*, à cause du beffroi municipal ; la noblesse acquise par des achats de titres ou de fonctions publiques sous l'ancienne monarchie, et enfin la légion d'honneur.

FAITS ET DOCUMENTS DIVERS.

Au mois d'août 1591, Henri IV confirme les priviléges accordés aux maire, échevins, conseillers et pairs de la ville de Niort.
Lors de l'enregistrement de ces lettres patentes, en la cour des Aydes, il fut dit : « les membres de l'échevinage ne pourront « transmettre à leurs enffans les dits privilleiges, sinon en cas qu'ilz « meurent vestus et saisis des dites charges. » (A. H. V. — D. F.)

Les anciens pairs n'avaient pas plus de titres que les nouveaux pour les places d'échevins qui venaient à vaquer. Cette question fut tranchée le 16 février 1593 et confirmée plus tard par plusieurs arrêts. (A. H. V. — D. F.)

Une querelle s'élève, en 1594, entre les maîtres apothicaires de Niort et les droguistes. Les apothicaires obtiennent qu'il serait interdit aux droguistes de vendre et débiter aucune drogue ou médicament composés de leurs mains ou autres. (A. H. V. — A. T.)

Exemption de ban et d'arrière-ban est accordée, le 10 décembre 1594, au nom du roi Louis XIII, par Loys de Sainte-Marthe, écuyer, conseiller du roi, lieutenant-général en la sénéchaussée de Poitiers, aux maire et échevins de Niort, aux conseillers, à leurs veuves, ainsi qu'à leurs enfants.

Le 22 mai 1599, les commissaires nommés par le roi pour le regallement des tailles et abus commis au faict de ses finances en la généralité de Poictou, rendent un jugement en faveur des maire, échevins et conseillers de Niort, portant exemption des tailles pour ceux qui vivront noblement, c'est-à-dire qui ont servi ou qui serviront le roi en armes quand les nobles du pays seront mandés. Ceux qui ne vivent noblement restent astreints à payer les tailles et aides, mais ils ne seront pas tenus de se présenter aux *monstres*, ni *issir hors de la dite ville pour servir en armes*, etc. (A. H. V. — A. T.)

De graves abus s'étaient glissés dans le règlement des tailles. Beaucoup de riches bourgeois, afin de s'en exempter, s'étaient fait passer pour membres de l'échevinage, jouissant noblement de leurs biens. Henri IV chargea Charles Huault, écuyer, maître des requêtes, et Gauchier de Sainte-Marthe, trésorier général de France en Poitou, de faire une enquête pour le règlement des tailles. Après avoir examiné les titres que possédaient les maire, échevins et conseillers de Niort, ils rendirent le jugement suivant :

« Entre les maire et les eschevins de la ville de Nyort demandeurs et requerans estre maintenus en la possession des previlleges à eulx octroyez par le roy et les predecesseurs de sa majesté ; et ce faisans qu'ils soient declarez exemptz, comme nobles de la contribution des tailles et aydes d'une part, et les procureurs fabricqueurs des parroisses de Nostre-Dame, Sainct-André et S. Gaudans dudit Nyort deffandeurs d'aultre part : Veu par nous la coppie des lettres patentes en forme de chartres du mois de janvier mil trois cens soixante-dix, contenans que les maire et bourgeois dudit Nyort ne pourront tomber en autre main que des enffans de France etc.

« Avons ordonné et ordonnons que les maire, douze eschevins et douze conseillers jurez de ladite ville de Nyort, et leurs enffans masles procreez et à procreer en loyal mariage et leurs lignées masculines qui vivent et vivront noblement et qui ont servy ou serviront le roy en armes continuellement en personne, quand les nobles du pais seront mandez, ou qui par vieillesse ne le pourront plus servir et non autrement, demeureront quittes et exemptz de la contribution des tailles et aydes ; et pour le regard de ceux des maire, eschevins et conseillers jurez de ladite ville qui ne vivent noblement ainsy et en la forme et maniere que dit est, les avons declaré et declarons, contribuables ausdites tailles et aydes, et moyennant ce, ne seront tenus de se presenter aux monstres qui seront faictes de par le roy, des nobles dudit pays ; ne issir hors de ladite ville pour servir en armes, ains seulement serviront en armes en ladite ville pour la garde d'icelle sans prejudice des autres previlleges à eulx octroyez par lesdites lettres patentes en forme de chartres, du mois de novembre 1461, sans despens de ladite instance. »

Ce jugement fut remis aux mains de maître Loys Arnauldet, advocat du roi, chargé de le faire enregistrer au greffe de l'élection de Niort. Une copie en fut délivrée à maître Jean Manceau, receveur des tailles. (A. H. V. — D. F.)

———

Une adjudication, faite le 12 septembre 1599, nous fait connaître l'ancien emplacement de l'hôtel de ville. Il était situé au bas de la rue Saint-François et a été remplacé par une petite boucherie. Cette rue a porté longtemps le nom de rue de la Petite Boucherie et s'appelle aujourd'hui rue des Cordeliers. (A. H. V. — D. F.)

———

Le 4 août 1600, l'assemblée du corps de ville répond aux lettres du roi, demandant un don de 4,000 écus à la ville de Niort, à l'occasion de son mariage. La ville refuse ; « elle vendrait ses meubles, dit le corps de ville, qu'elle ne pourrait payer. »

Le 2 mars 1601, l'hôtel de ville adresse des réclamations au roi au sujet des subventions et du subside appelés la pancarte.

« La ville, disaient les Niortais dans cette pièce, a été pillée pendant les troubles et rançonnée. Elle a payé depuis, outre les tailles, taillons, une infinité de subsides extraordinaires ; elle a logé et loge encore des gens de guerre, les habitants vendent leurs biens pour payer les tailles. Depuis les troubles, les foyres ne voyent plus la vingtième partie des marchands, et encore on vient de créer de nouvelles foyres royales à Bordeaux ; estant déjà à la mendicité, si on les grève de la pancarte, les habitants laisseront la ville... », etc.

Il est probable que le corps de ville n'obtint rien, car, en 1601, les agents du fisc imposèrent à la ville un subside de 2,000 écus.

———

Les seps s'étant perdus lors de la prise de la ville de Niort, en 1588, il fut arrêté par l'assemblée tenue le 29 décembre 1606, qu'il en serait fait d'autres. En exécution de cette délibération, les maire et eschevins présentèrent leur requête à la cour des monnaies, qui rendit un arrêt, le 23 janvier 1608, leur permettant de faire étalonner une pile de seize livres sur celle qui est au greffe de la cour des monnaies. (A. H. V. — D. F.)

———

Un arrêt du 7 mars 1608 dit que les échevins nobles de la ville de Niort ne peuvent transmettre la noblesse à leurs enfants qu'en mourant *vêtus* et *saisis* de leurs places. (A. H. V. — A. T.)

———

A la fin du mois de septembre 1608, M. de Parabère, gouverneur de Niort, fut chargé de faire une expédition contre la bande de Guilleri, le héros d'une chanson populaire. Ce Guilleri appartenait à la noblesse de la Bretagne et il avait combattu, pendant la Ligue, sous les ordres du duc de Mercœur. Lorsque la guerre fut terminée, il ne put se résigner à rentrer dans son château et à mener une existence tranquille. Il se retira avec ses deux frères au Bois-Potuyau, à une lieue environ des Essarts, dans une sorte de forteresse, où il rassembla quatre à cinq cents bandits. Pendant six ans, ils pillèrent le pays, dévalisèrent les voyageurs et tuèrent les prévots et les archers envoyés pour les arrêter. Henri IV ordonna à M. de Parabère d'aller détruire ce repaire de bandits. Le gouverneur de Niort se rendit aux Essarts, avec une petite armée de quatre mille cinq cents hommes et quatre pièces d'artillerie. La forteresse de Bois-Potuyau fut cernée. Presque tous les bandits furent tués en combattant ; quatre-vingts seulement furent faits prisonniers et pendus. Le capitaine Guilleri fut rompu vif. Ce fut à l'occasion de sa mort que fut composée la chanson populaire de *Compère Guilleri*.

———

Par une décision du 13 mars 1609, les membres de l'Hôtel de ville décident que les enfants des pairs auront, à l'avenir, droit par préférence à la place que le décès de leur père laissera vacante au corps de ville.

CHAPITRE XVI.

SOMMAIRE. — Effet de l'assassinat de Henri IV sur la population niortaise. — Les principaux habitants, réunis à l'hôtel-de-ville, acclament Louis XIII et la reine régente. — Deux députés sont envoyés pour offrir au roi l'hommage des habitants. — Le gouverneur de Parabère rend compte à la régente des bonnes dispositions des Niortais. — Lettre de Marie de Médicis aux maire, échevins et habitants de Niort. — Confirmation des privilèges de la commune. — Le pair P. Thibault est envoyé auprès de la cour, afin de défendre les droits du corps municipal attaqués par le lieutenant du roi. — Louis XIII intervient en faveur des Niortais. — Cadeau offert par le corps de ville au gouverneur de Niort. — M. de Parabère obtient la démolition de la tour du Maire. — Réparation des fortifications. — Un arrêt du Parlement régularise la situation financière de la commune. — Difficultés au sujet de l'élection du maire. — Mesures de police adoptées par le corps de ville pour la sécurité des habitants. — Une ordonnance royale rétablit les juges consulaires dans leurs anciens pouvoirs. — Utilité de la justice consulaire. — Construction d'un couvent de capucins dans le faubourg du Port. — Composition du siège royal de Niort.

Henri IV avait vécu longtemps dans le Bas-Poitou, où sa bravoure chevaleresque, son esprit gaulois, son caractère bon et expansif l'avaient rendu populaire. Aussi apprit-on à Niort, avec un sentiment de douleur et d'indignation, qu'il venait de tomber sous les coups d'un assassin. Jean de Baudéan de Parabère, lieutenant-général du roi en Poitou, gouverneur de la ville et du château de Niort, homme modéré et conciliant, se trouvait à Paris, le 14 mai 1610, au moment de l'assassinat de Henri IV. Aussitôt il reçut l'ordre de retourner à Niort, et Louis XIII adressa aux maire et bourgeois de cette ville une lettre pour les informer de la mort de Henri IV.

Le 20 mai 1610, André Dabillon, maire et capitaine de la ville, convoque les principaux habitants en assemblée extraordinaire, dans la maison commune. Il leur recommande de se « contenir chascun en son debvoir, sans rien remuer n'y
« entreprendre les uns sur les aultres, au préjudice des édits
« de pacification, ains (mais) de les entretenir et observer de

« poinct en poinct, selon leur forme et teneur. » La réunion répond à cette recommandation par les cris de : Vive le roi! vive Louis XIII! et vive la Reine régente!

Les membres de l'échevinage et les principaux habitants se rendent ensuite dans les différents quartiers de la ville, où les mêmes recommandations sont faites. Partout ils sont accueillis par des acclamations en faveur de Louis XIII.

Dans la soirée, le corps de ville désigna deux députés, Etienne Savignac, écuyer, sieur du Vieux-Fourneau, échevin, et Pierre Symon, procureur syndic, pour aller à Paris, auprès du roi, lui offrir l'hommage des habitants de la ville.

Le gouverneur de Parabère, en arrivant à Niort, put constater le bon esprit qui régnait dans la population. Il s'empressa d'en faire part à la régente, qui fut très sensible aux excellentes dispositions d'une ville dont la moitié de la population était protestante et qui se trouvait placée si près de la Rochelle, ce boulevard du protestantisme en France. Aussi, le 12 juin, la reine adressa au corps de ville la lettre suivante :

« DE PAR LA ROYNE RÉGENTE,

« Chers et bien-aimez, nous avons desjà sceu par les lettres du sieur de Parabère avec combien de douleur et de regret vous avez participé au malheureux accident arrivé en la personne du feu Roy, notre très-honoré seigneur, et avons aussi entendu par vos depputez les protestations publiques que vous avez faict de vos fidélités et obéissance que vous devez au Roy, seigneur et filz, qu'ilz nous ont icy confirmées, dont nous avons tout contantement, et vous exhortons de persévérer, et comme nous ne doubtons point de la bonne affection que vous avez au service de notre dit seigneur et filz, vous debvez aussy prandre toute asseurance de sa bienveillance en votre endroict ; et, pour notre regard, nous aurons tousjours soing de votre conservation, bien et repos de votre ville, et de vous gratiffier aux occasions qui s'en présenteront.

« Donné à Paris, le XIIe jour de juing 1610. »

Signé : « MARIE. »

Et plus bas:

« PHELIPPEAUX. »

Et en la suscription :

« A nos chers et bien-aimez les maire, eschevins, conseillers et pairs, mananz et habitans de la ville de Nyort. »

La reine envoyait en même temps des lettres patentes signées par le roi, confirmant les privilèges des maires, échevins et habitants de la ville de Niort.

M. Louis Duval, qui a publié un mémoire sur les registres de la commune de Niort, constate que, dans ces lettres patentes, la mention expresse des habitants de la ville de Niort
« avait la plus grande importance : car cette formule ayant
« été omise dans les dernières chartes de privilèges octroyés
« aux habitans, les gens du roi pouvaient arguer de cet
« oubli et prétendre restreindre ces immunités au corps de
« ville. »

Les habitants des faubourgs de Niort n'étaient point mentionnés dans ces privilèges ; le receveur royal fit saisir plusieurs maisons du faubourg du Port, appartenant à Jacques Gouvrier, Toussaint Micheau, Robert Bazerie, Marguerite Nigot et autres marchands de ce faubourg, qui ne voulaient ni exhiber les contrats de leurs acquisitions, ni payer les droits de vente. Cette difficulté fut portée devant Louis XIII, qui, le 31 décembre 1610, adressa des lettres au Parlement, portant commission de maintenir « les maire et eschevins et habitans de la ville et fauxbourgs de Nyort, dans le privilège de ne point payer de lots et ventes pour les acquisitions faites dans le domaine du roy. »

Les deux députés qui avaient été envoyés à Paris pour offrir au nouveau roi l'hommage des habitants, revinrent le 25 juin 1610. Les frais de leur voyage s'étaient élevés à 505 livres, y compris les cadeaux qu'ils avaient été obligés de faire, pour obtenir les bonnes grâces de certaines gens de la cour qui leur étaient utiles. Les lettres patentes qu'ils rapportaient furent lues en séance extraordinaire du corps de ville et en présence des principaux habitants. Le procès-verbal constate que l'opinion unanime des assistants a été de vivre et mourir au service de leurs Majestés. Il fut aussi décidé que les frais du luminaire et des armoiries, qui devaient figurer au service qu'on célébrerait en l'église Notre-Dame, « pour le repos de l'âme du deffunct roy Henri IV, de très bonne et heureuse mémoyre, » seraient au compte de la commune. Ces frais s'élevèrent à la somme de 42 livres. (A. H. V. — D. F.)

Les dispositions de la cour parurent si favorables au corps de ville, qu'il s'empressa d'en profiter. Il vota une somme de 300 livres pour envoyer à Paris un de ses membres, Pierre Thibault, pair, chargé d'obtenir l'exemption des droits de francs-fiefs et nouveaux acquêts pour les enfants et descendants d'échevins, et la ratification des comptes des précédents

receveurs, où se trouvaient des articles irrégulièrement intercalés. Il est vrai qu'il avait reçu un certificat constatant que ces articles intercalés avaient été consacrés « tant pour le
« service du roy qu'en l'assurance de ceste ville. Les pièces, y
« est-il dit, qu'ils en pourroient avoir ont esté perdues à la
« prinse et reprinse de ceste ville de Niort ; que les portes
« de ceste maison et coffres du trésor d'icelle furent rompus,
« et pour ces causes estre impossible audit corps de céans
« de pouvoir compter des années pour lesquelles ils sont
« poursuivis. » (A. H. V. — D. F.)

Le voyage à Paris de Pierre Thibault n'eut pas de succès : il revint sans avoir rien obtenu. Les dépenses de son voyage étaient considérables, elles s'élevaient à 781 livres. Le corps de ville ne se découragea pas ; il savait qu'il avait en Philippe Laurens, sieur de Beaulieu, lieutenant du roi à Niort, un ennemi déclaré ; aussi prit-il ses mesures afin de détruire les fâcheuses impressions produites sur les gens du roi chargés d'examiner cette question. Pierre Thibault reçut une somme de 450 livres pour retourner à Paris, défendre les droits du corps municipal. Ses démarches eurent un résultat assez significatif, et, le 31 décembre 1610, Louis XIII manda au Parlement de maintenir les habitants de la ville et des faubourgs de Niort dans l'exemption des droits de lots, ventes et ensaisinement, et de juger en ce sens le procès dont il était fait appel sur la sentence rendue par le sénéchal du Poitou, le 14 mars 1610, au préjudice des habitants de Niort, et sur la requête du receveur des domaines. (A. H. V. — D. F.)

Les membres du corps de ville, reconnaissants envers le gouverneur, M. de Parabère, qui a usé de l'influence qu'il possède à la cour pour appuyer leur requête, veulent lui offrir un présent ; dans la séance du 15 janvier, on décide qu'il sera
« achapté des deniers communs de céans deulx douzaines de
« nappes et trente douzaines de serviettes de chanvre et de
« lin commun, pour le service de la table de monseigneur
« de Parabère lorsqu'il sera en ceste ville, comme il est de
« présent ; et pareillement a esté conclud que le tonneau de
« vin dont ledit corps a fait présent audict seigneur sera payé
« par le receveur de céans à Bertrand de Bonnaye : montant
« soixante et trois livres. » (A. H. A. — D. F.)

M. de Parabère accepta le présent, mais il exprima un désir

dont la réalisation fut pénible pour le patriotisme des Niortais. Cependant ils n'osèrent opposer un refus à leur gouverneur qui avait pris si chaleureusement en main leurs intérêts. Il s'agissait de la démolition de la *tour du Maire*. Cette forteresse portait ombrage au gouverneur de Niort, qui tenait à la voir disparaître. Le corps de ville se résigna à donner cette satisfaction à son gouverneur, et la tour fut démolie. En même temps, il fit réparer les fortifications de la ville. La brèche de la tour Folye fut bouchée, le portail Saint-Jean réparé et des mesures prises pour fermer, au printemps, la brèche de la porte Saint-Gelais.

La commune de Niort possédait des privilèges qui lui conféraient une grande somme d'indépendance municipale, mais comme ils avaient été octroyés par les rois, elle se trouvait placée sous le vasselage immédiat de la couronne. Ainsi les membres du corps de ville tenaient du roi, « à droit de baro-
« nie, à foi et hommage lige, au devoir d'un gant ou cinq
« sols tournois, pour tous devoirs, payables à chaque muta-
« tion de seigneur, la mairie et capitainerie de la ville, et la
« juridiction haute, moyenne et basse, tant en matière civile
« que criminelle. » Depuis plus d'un an que Henri IV était mort, le corps de ville de Niort n'avait pas encore rendu cet hommage, qui nécessitait de grands frais. Le procureur des fiefs, en Poitou, fit payer cette négligence en opérant une saisie des revenus de la ville. Aussitôt le maire, Pierre Symon, partit pour Poitiers, assisté du sieur Savignac et de Jacques de Villiers, écuyer, seigneur de Prinçay, et le 2 juillet 1611 il rendit l'acte d'hommage au roi.

Cette difficulté était résolue, mais une autre beaucoup plus grave restait en suspens. Le corps de ville de Niort était en lutte permanente avec le lieutenant criminel Philippe Laurens, dont le but était de restreindre les privilèges les plus importants de la commune, et surtout de remplir les coffres du roi en forçant les Niortais à payer leurs taxes arriérées. La ville envoyait des délégués à Paris pour soutenir ses intérêts, tandis que, de son côté, le lieutenant criminel expédiait des messages afin de détruire l'effet des démarches des délégués, et de prouver qu'il agissait dans l'intérêt du fisc.

La cour des comptes persistait à refuser la gestion irrégulière des années 1564, 1568, 1569, 1570, 1571 et 1572. Le 31 octobre 1611, elle envoya une assignation au corps de

ville à ce sujet, qui demanda et obtint un délai de 6 mois pour y répondre. Il avait pris cette décision: « L'on envoyera à ladite
« assignation, de laquelle sera demandé délay de six mois,
« pour s'enquérir par ledit corps de ceulx qui estoient rece-
« veurs en ce temps-là, les appeler et faire recherche par
« ledit corps des pièces nécessaires, combien que ledit corps
« estime que tout a esté perdu et adchevé ès dernières
« guerres et prise de ceste ville, dont, pour fournir pièces et
« en informer, suivant l'arrest de la chambre, sera requis et
« demandé par ledit corps conseil à aulcuns officiers du siége
« royal de ceste ville, attendu les grans privautés que le
« corps de céans a entre eulx. » (A. H. V. — D. F.)

Une somme de 400 livres fut remise à Pierre Thibault pour aller à Paris terminer définitivement cette affaire. Enfin, le 19 mars 1612, un arrêt est rendu portant décharge pour le corps de ville de Niort, tant des comptes arriérés des années 1556 à 1588 inclusivement, que de la justification de l'emploi de 4,500 livres de poudre données à la ville par le roi Henri III, et disparues lors du siège de 1588. Pour les comptes établis depuis 1588, ils durent être déposés entre les mains du maire. (A. H. V. — D. F.)

Un nouveau conflit de juridiction éclate entre le maire et le lieutenant Laurens, au sujet de la tutelle et curatelle des enfants d'Antoine Guerrier, pair. Le maire nomme le tuteur et lui défend de comparaître ailleurs que devant lui. De son côté, Laurens donne ordre aux parents de désigner un autre tuteur. Le corps de ville proteste et maintient la nomination du premier tuteur. Un incident de même nature se produisit au bout de quelques jours.

L'élection annuelle du maire amena encore de nouvelles difficultés. Le corps de ville persistait à nommer directement le maire, tandis que le lieutenant criminel exigeait qu'on lui présentât trois candidats. M. de Vicq, conseiller d'Etat, qui se trouvait alors à Saint-Maixent, fut consulté, et le lieutenant Laurens déclara qu'il s'en remettrait à l'avis de MM. de Vicq, de Parabère et de Saint-Germain, pour tous les différends qu'il avait avec le corps de ville. Ces propositions furent acceptées, et on convint d'un compromis à ce sujet, à peine de 3,000 livres en cas de dédit. On procéda à une nouvelle élection : Jacques Manceau, écuyer, fut nommé maire et installé dès le lendemain par le lieutenant.

Des mesures sont adoptées pour assurer la sécurité des habitants. Un arrêté est pris par le corps municipal : « Pour
« obvier aux larcins et volleries nocturnes qui se commettent
« en ceste ville, deffenses seront faites à toutes personnes de
« ne sortir de leurs maisons sans nécessité et sans feu, passé
« neuf heures ; à tous pères de famille de ne laisser vaguer
« leurs enfans, et à tous hosteliers de ne bailler à boire passé
« ladite heure, sous peyne de punitions corporelles, et sera
« fait patrouille, selon qu'il sera advisé par nousdit maire. »

Par une décision prise le 8 octobre, l'assemblée municipale décide « que l'on fera faire un cachot en la chambre basse de « céans, pour servir de prison aux malfaiteurs. » (A. H. V. — D. F.)

Dans ce même mois, le corps de ville s'occupe du quartier des Tanneries et décide que « sera la porte des Tanneries
« fermée tous les soirs par les gagés de céans et la clef appor-
« tée à nousdit maire ; et, sur la représentation faite par
« ledit scindicq que les *coetz* (1) et canals que tiennent les
« particuliers, tanneurs, chapelliers et ayguilletiers, ès mu-
« railles de ceste ville, pourrissent et gastent lesdites mu-
« railles, combien que lesdits particuliers ne font et ne payent
« aulcun debvoir au corps de céans, a esté par tous délibéré
« et par nous conclud que lesdits particulliers qui ont leurs
« canaulx ès dites murailles seront appelez par-devant nous,
« à la prochaine *mesée* (2) de céans, pour informer des pas-
« sages qui leur ont esté conceddés de tenir lesdits coetz et
« canaulx, se voir faire deffense de gaster et ruyner, par le
« moyen desdits canaulx, lesdites murailles, et imposer deb-
« voir audit corps où lesdits canaulx leur seront continuez ;
« et que aussi inhibitions et deffenses seront, comme autre-
« foys, faites auxdits ayguilletiers, et autres personnes proches
« des murailles de ceste ville, de mettre des picquetz ès dites
« murailles, à peyne de cinquante livres d'amende contre
« chascun des contrevenans. » (A. H. V. — D. F.)

Une ordonnance royale du mois d'octobre 1610 avait restreint la juridiction des juges et consuls des marchands de Niort, qui réclamèrent à ce sujet. Une déclaration du roi, de janvier 1612, rétablit les juges consulaires en leurs anciens

(1) *Coetz*, conduits d'eau.
(2) On appelait *mesée* l'assemblée mensuelle du corps de ville.

pouvoirs. Dans cette déclaration, il est dit que « les juges et
« consulz de Nyort connaîtront des causes et différendz entre
« marchands suivant nos édits et déclarations, meme pour
« argent presté et baillé à recouvrer l'un à l'autre, par obli-
« gations, cedulles, missives et lettres de change pour mar-
« chandises seulement, et ne pourront être pris à partie,
« sinon ès cas de nos ordonnances. » (1)

Cette déclaration fixa d'une manière très nette la juridiction des juges consulaires, tellement alarmés de la responsabilité que l'ordonnance de 1610 faisait peser sur eux, qu'ils
avaient pris la résolution de ne plus accepter ces charges. Ils
continuèrent, dès lors, à rendre cette justice rapide, intelligente et gratuite, si utile au commerce et à l'industrie.

FAITS ET DOCUMENTS DIVERS.

Le 10 septembre 1610, un conflit de juridiction éclate de nouveau
entre Ph. Laurens, sr de Beaulieu, lieutenant-général, et le corps
de ville, au sujet d'un crime. Opposition est signifiée par le lieutenant au corps de ville, tendant à l'empêcher d'instruire le procès.
La ville réclame ses droits et intente un procès au lieutenant-général pour abus de pouvoir. Une signification est faite à Laurens, de
cette décision. Le lieutenant-général condamne la ville à 300 livres
tournois d'amende, le syndic à même somme.

Assignation est donnée à Laurens par le corps de ville, qui présente au roi une requête pour faire évoquer l'assignation en cour du
Parlement. Une somme est votée par la ville, à ce sujet. (A. H. V.—D. F.)

19 novembre 1610. — Chasteau, avocat du roi et échevin de Niort,
est privé du droit d'assister aux séances du corps de ville, pour avoir
porté atteinte aux privilèges de la ville dans l'affaire Laurens, jusqu'à
la fin du procès. Protestation de Chasteau. Il n'a rien fait que du
devoir de sa charge : son premier serment est d'obéir au roi, et quant
aux privilèges de la ville, il n'y a pas porté atteinte, etc. (A. H. V.— D. F.)

Par décision du corps de ville du 16 novembre 1610, le maire,
non pair, aura droit après sa mairie à la première place d'échevin
vacante, sauf le droit de chaire que conservera toujours le maire
actuel. (A. H. V. — D. F.)

---

(1) Voir, pour le texte complet de cette pièce, le *Thrésor de
Nyort*, édition de 1866, publiée à Niort par L. Clouzot.

Le 29 décembre 1610, la ville prend le gariment (la garantie) des gagés poursuivis par le lieutenant Laurens, comme faisant exécuter les sentences de police du maire. Les gagés récuseront le lieutenant et procès du roi étant justiciables du maire, surtout quand ils accomplissent ses ordres de police comme ils ont fait, puisqu'ils sont attaqués par des gens auxquels ils voulaient faire payer amende pour leur nettoyage des viscosités sises devant leurs maisons. Les gagés ont été emprisonnés pour n'avoir pas répondu devant le lieutenant à l'assignation portée contre eux, au sujet de l'enlèvement des immondices.

Le maire et les assistants vont les délivrer, en corps, après délibération, offrant de les faire présenter quand besoin sera. (A. H. V. — D. F.)

Le 3 janvier 1611, le corps de ville se porte partie pour les gagés, contre le lieutenant du roi et en appelle de ses sentences, comme juge incompétent. (A. H. V. — D. F.)

Le 15 janvier, Laurens décrète contre le maire et les membres assistants pour l'affaire des gagés. La ville déclare nuls tous les actes qu'il fait à ce sujet, comme attentatoires à ses privilèges, défend à tous huissiers ou sergents d'exécuter ses ordres à ce sujet. (A. H. V.)

Dans une assemblée générale tenue le 25 avril 1611, les manants et habitants catholiques de la ville de Niort demandent que l'emplacement de l'ancien prieuré de Saint-Etienne-lez-Niort, situé dans le faubourg du Port, sur la route de Sainte-Pezenne, soit cédé pour la construction d'un couvent de capucins. Cette cession a lieu à la condition que les habitants payeraient la somme de 800 livres tournois, pour être employées en *requetes et immeubles*. L'évêque de Maillezais, de qui relevait ce prieuré, ratifie cette cession. Le brevet du roi pour l'établissement des capucins à Niort porte la date du 21 octobre 1613. (A. H. V. — D. F.)

Le 20 juin, le Parlement rend un arrêt contraire aux prétentions de la ville, dans l'affaire du lieutenant-général Laurens. La ville se pourvoit devant le roi. (A. H. V. — D. F.)

Voici la composition du siège royal de Niort, au mois de juillet 1611 : *Lieutenant du roi*, Ph. Laurens ; *assesseur*, Aulbin Girault ; *avocat du roi*, Jacques Chasteau ; *procureur du roi*, Pierre Voyon ; *enquesteur*, Pierre Pastureau. (A. H. V. — D. F.)

CHAPITRE XVII.

Sommaire. — Les environs de Niort sont dévastés par la grêle. — La ville sollicite la décharge de la moitié de la taille pendant trois ans ; cette demande est rejetée. — M. de Parabère, gouverneur de Niort, donne sa démission ; il est remplacé par son fils. — Installation du nouveau gouverneur. — Prix du vin de la Foye-Monjault. — Révolte du prince de Condé ; mesure prise par le corps municipal de Niort pour veiller à la sûreté de la ville. — Convocation des Etats-Généraux à Sens. — Assemblée générale des habitants de Niort pour députer trois personnes à ces Etats ; abstention des Niortais. — Sully fait réparer la route de Niort à Saint-Maixent. — Ordonnance de Sully concernant les gardes du roi et de la reine, séjournant dans les ressorts de Saint-Maixent et de Niort. — Insulte dirigée contre Sully en plein conseil du corps de ville ; l'auteur de cette insulte est dégradé de son titre de pair. — Parabère refuse de prendre part à la révolte des protestants. — Réparation des murs de la ville. — Escarmouche dans les environs de Saint-Maixent. — Des commissaires se rendent à Niort pour traiter de la paix. — Conférence tenue à Loudun. — Avidité des princes et des seigneurs. — Ordonnance de Sully pour arrêter les pillards. — Le corps de ville prend des mesures pour empêcher les partisans de Condé de s'emparer de Niort. — Etablissement des pères de l'Oratoire à Niort.

Une nouvelle calamité vint fondre sur les habitants de Niort, déjà si éprouvés par les guerres, les spoliations, les pestes. Au mois de juin 1613, un nuage de grêle dévasta tous les environs de la ville. Les jardins, les vignes, les champs furent hachés. Des hommes, des femmes et des enfants, qui se trouvaient en ce moment sans abri, furent grièvement blessés par d'énormes grêlons. Une demande fut adressée au trésorier des finances de Poitiers, et transmise au roi, pour solliciter la décharge de la moitié au moins de la taille, pendant trois ans. (La taille de l'année était d'environ 4,000 livres tournois.) Cette requête exposait « qu'une grande grêle avait tout écrasé dans le ressort de la ville et dans les environs. Non-seulement les habitants ne récolteront rien, mais les maîtres seront obligés de nourrir leurs fermiers. Des pluies continuelles, dans les lieux où n'a pas porté la grêle, ont fait étouffer les blés par des herbes, et la récolte ne produira rien. Il est donc impossible aux habitants de Niort de payer la taille dans sa totalité. »

Voici le compte-rendu de la séance de l'assemblée générale des habitants de la ville, tenue le dernier jour de juin 1613, dans laquelle fut discutée et votée cette requête :

Assistans les procureurs fabriqueurs soubsignez Mre Jehan Texier, m^re André Bidault, m^e Jacques Arnault, m^e Pierre Racapé, Jehan Esserteau, François Richer, Pierre Coyault, m^re Pierre Plumail, Yzaac Bastard, Jehan Fradet, Joseph Doreil, Claude Chamarre, Jozué Symonnet, Jehan Barré, Vincent Brisset, Pierre Bouhault, Thoussaintz Ayrault, Pierre Bodin, Morice Ogier, Mathieu Passebon, François Rouget, Abel Lucave, Pierre Fourré, Bernard Autien, Jehan Carré, Mathieu Loudun, m^e Daniel Angevin, m^e Jehan Parthenay, m^e Pierre Augier, m^e Daniel Bineau, m^e Anthoine Delaunay, m^e Pierre Birault, Pierre de Villars, François Picart, François Dupin, Mathurin Marsillac, Josuhé Doreil, m^e Thomas Guittard, m^e Pierre Jousseaulme, Claude Baouhet, François Maugart, Pierre Mousset, Jacques Chandellier, m^e Jehan Chandellier, René Veillon, René Morin, Allexandre Esserteau, Estienne Maugart, François Bigot, François Lambert et plusieurs autres habitans de cette ville.

Pour adviser à depputer aulcunes des plus notables personnes de ceste ville pour se transporter, tant pardevant m^rs les tresoriers en la ville de Poitiers, que ci-après pardevant leurs majestez et nosseigneurs de leur conseil, pour présenter les cahiers et procès-verbaux de m^rs les esluz de ceste ville sur les pertes et ruynes advenues, tant ès environs de ceste dite ville que on ressort et eslection d'icelle, par la grande quantité de grosse gresle qui seroit tumbée le ve de ce mois de jung, en sorte que tout le pays où la dite gresle seroit tumbée est tout ruynée, sans espérance de pouvoir récolter aulcuns bledz ne autres fruitz. Et fault que ceulx à qui appartiennent les mestairies fournissent de bled leurs mestayers, tant pour leur nourriture que pour ensemanser leurs terres.

Et oultre pour remonstrer à leurs dites majestez et nosditz seigneurs du conseil que les grandes et continuelles pluyes qui sont advenues auparavant ladite gresle et deppuis, voyres encores à présent se continuent, ont desja ruyné et couschée sur la terre les autres bledz sur lesquelz ladite gresle ne se seroit estendue ; ce qui est advenu par le moyen que les herbes les ont surmontez, qui cause desjà et causera de plus en plus une grande quantité de paulvres en ceste dite ville, en laquelle se sont ja retirez et retireront tous les paulvres desdites parroisses ruynées circonvoisines, èsquelles la pluspart des habitans de la dite ville ont leurs biens et ès autres parroisses des eslections de Saint-Maixent, Fontenay-le-Comte, Sainct-Jehan-d'Angély et la Rochelle où la dite gresle est aussi tumbée, de sorte que si lesditz habitans de ceste ville ne sont deschargez pour ce qui reste à payer de l'assiette des tailles de ceste année et diminuez du moings de la moitié de leurs tailles trois années suivantes, ceste dite ville demeureroit déserte et inhabitée, lesditz habitans ayant le trafficq et commerce cessé et les fruictz destruiz, en telle façon que les artisans ne trouveront à travailler de leur mestier ; lesquelz artisans font les deulx tiers des personnes taillables de ceste dite ville ;

A esté délibéré par tous unanimement et par nous conclud que requestes seront portées ausditz seigneurs trézoriers, à leurs majestez et à nosseigneurs de leur conseil, aux fins que dessus.

Et pour cet effet a esté nommé ledit m^re Loys Coyaud, advocat au siège royal de ceste ville et l'ung desditz fabricqueurs, pour se transporter en ladicte ville de Poictiers pour présenter ladite requeste. Et attendu que les fabricqueurs ont dit n'avoir aulcuns denyers de leurs fabrice, ont les ditz habitans, consenty et consentent que les rolles d'assiette et esgallement seront obtenues sur ceulx de la somme de trois cens livres tournoiz. Et en ont donné et donnent pouvoir et puissance auxditz fabricqueurs.

Signé : BASTARD, maire, LOYS COYAUD, BERTHEAU, fabricqueur de l'église Notre-Dame. (A. H. V. — S. S. D. S.)

Cette requête ne fut point écoutée, et les malheureux habitants de Niort furent contraints de payer les énormes impôts dont ils étaient frappés.

Au commencement de l'année 1613, ils virent avec regret leur gouverneur, M. de Parabère, donner sa démission. Il fut remplacé par son fils Henri de Beaudéan, vicomte de Pardaillan. Voici un extrait des lettres patentes de cette nomination qui portent la date du 6 février 1613 :

« LOUIS, par la grace de Dieu... Le sieur de Parabère, cappitaine de cinquante hommes d'armes de nos ordonnances et notre lieutenant général au gouvernement de notre païs de Poictou, ayant volontairement remis en noz mains l'estat et charge de gouverneur de nostre ville et chasteau de Nyort dont il estoit pourveu, et estant, à ceste occasion, besoing, pour le bien de nostre service et la conservation de ladite ville, de pourvoir à ladite charge de quelque aultre personne qui la puisse dignement tenir et exercer ; ayant estimé ne pouvoir, pour ce, faire meilleur choix et ellection que la personne de notre cher et bien-aimé le sieur vicomte de Pardaillan, Henry de Beaudean, fils dudit sieur de Parabère, et nous asseurans qu'à son imitation et exemple il nous y servira utilement...... savoir faisons que nous, pour les causes..., icelluy sieur vicomte de Pardaillan avons fait, ordonné et estably, faisons, ordonnons et establissons par ces presentes gouverneur de nostredite ville et chasteau de Nyort, et ladite charge luy avons donnée et octroyée, donnons et octroyons pour l'avoir, tenir, exercer et jouir aux honneurs, auctoritez, prééminences, franchises et libertez qui y appartiennent, et aux appoinctemens et entretènemens qui luy seront ordonnez par noz estatz, tout ainsy et en la mesme sorte et manière que la tenoit, exerçoit et en jouissoit ledit sieur de Parabère, son père, mesme avec pareil pouvoir de contenir et faire vivre nos subjectz, manans et habitans de ladite ville, en bonne paix, amitié et concorde les uns avec les aultres, leur commander et ordonner, comme aussy aux gens de guerre estans de présent ou qui seront cy-après en ladite ville et chasteau, ce qu'il verra estre requis et nécessaire pour le bien de nostre service et le repos et tranquilité et conservation de notredite ville, et génerallement faire par luy tout ce qui sera et deppendra du fait de ladite charge et gouvernement, tant qu'il nous plaira et soubs l'auctorité toutesfois de notre cher et bien-aimé cousin le duc de Sully, pair de France, gouverneur et nostre lieutenant général en nostredit païs de Poictou, et, en son absence, dudit sieur de Parabère, nostredit lieutenant général audit gouvernement. Ausquels mandons... Car tel est nostre plaisir.

« An tesmoings de quoy nous avons fait mettre nostre séel à cestedite presente, donnée à Paris le vi⁰ jour de febvrier, l'an de grace mil six cens treize et de notre règne le troisiesme.

Signé « LOUIS.

« Par le Roy, la Royne régente, sa mère, présente,
« PHELIPEAUX. »

Le nouveau gouverneur fut installé le 5 mars de cette année. Le maire alla au-devant de lui à Saint-Maixent. Le corps de ville, qui avait fait un emprunt de 600 livres, lui offrit un présent. D'habitude, ce présent consistait en un tonneau de vin de la Foye-Monjault, qui valait à cette époque 36 livres, soit 9 livres la barrique. Le maire donna lecture au corps de ville de deux lettres du roi: la première était la commission de gouverneur de M. de Pardaillan ; la seconde une lettre de Louis XIII, qui nommait « M. de Pardaillan comme gouverneur en titre du château. Pendant ce temps, M. de Parabère, ancien gouverneur, continuera, comme par intérim, de commander dans le château. » L'échevinage acclama le nouveau gouverneur et procéda à son installation. (c. a. b.)

Les gouverneurs de Niort ne devaient point rester longtemps en charge. Au mois de septembre suivant, ce fut le marquis de Noirmoutiers, puis au bout de quelques mois le marquis de Rochefort, un des agents du prince de Condé qui cherchait à prendre position dans le Poitou, avec l'espoir d'y soulever l'ancien levain de troubles des guerres de religion. Mais le comte de Parabère était resté gouverneur par intérim, et il veillait avec soin afin de déjouer les intrigues qu'on aurait pu ourdir dans son gouvernement. Aussi, dès que le prince de Condé se fut révolté, les villes du Poitou reçurent ordre de faire bonne garde afin d'éviter toute surprise. Le corps municipal de Niort prit des mesures, et la ville fut gardée avec le plus grand soin.

Comme dans les villes d'Orient, les bourriers et les immondices qui encombraient la ville de Niort n'étaient enlevés que par les pluies et par les pourceaux qui parcouraient les rues, et les salissaient plus qu'ils ne les nettoyaient. Le 31 décembre 1614, des gagés furent chargés, moyennant 40 livres, du nettoyage de toutes les rues et *venelles* de la ville, et du faubourg du Port. Ils avaient un tombereau qui passait deux fois par semaine. Les habitants devaient garder chez eux les bourriers jusqu'au passage du tombereau. L'ordonnance accordait trois jours aux *gargotiers* pour l'enlèvement du fumier.

Ces mesures eurent un excellent effet hygiénique. Elles firent disparaître ces exhalaisons, qui se transformaient en miasmes et étaient une cause de maladies pour les habitants des quartiers les plus pauvres et les moins aérés.

En 1614, eut lieu la convocation des Etats généraux, à Sens. Le corps de ville donna, dans cette circonstance, une nouvelle preuve de sa déférence pour le marquis de Parabère en lui envoyant, le 3 septembre 1614, une députation chargée de prendre son avis.

Selon l'avis de M. de Parabère, il fut décidé qu'une assemblée générale des pairs, échevins et habitants, serait convoquée le lendemain au parquet royal de la ville, « afin de depputer
« trois personnes de chascune des paroisses de ceste ville,
« pour se trouver à l'assemblée des trois estats de ce ressort,
« et assignée à mardy prochain par le sieur lieutenant, et
« pour le requérir de faire apparoir du pouvoir qu'il a de
« Leurs Majestez d'assembler les trois estats de cedit ressort
« et depputer aux estats généraulx à Paris, et, en cas de
« pouvoir vallable, nommer et depputer par lesdits habitans
« personnes capables pour se transporter auxdits estatz généraulx à Paris, synon et qu'il n'apparoisse dudit pouvoir,
« luy déclarer que lesdits habitans envoyront leurs mémoyres
« et cahiers aux depputez généraulx de la province nommez
« en la ville de Poitiers, sauf sy, de l'advis de ceulx qui seront
« convoquez, n'est advisé d'envoyer et députter personnes
« capables par devers Leurs Majestez, ou par devers monseigneur le chancelier, pour estre plus amplement esclaircys
« de leurs volontez sur ce subject.

« Et ledit jour lendemain dimanche vii⁰ dudit moys de
« septembre audit an 1614, en l'assemblée générale des ma-

« nans et habitans de ceste ville, convoquez en la manière
« accoutumée, par nous Savignac, escuyer, maire, se sont
« trouvez audit parquet royal les procureurs, fabriqueurs
« soubsignez, lesquels, en présence de Vincent Audebert,
« scindicq, et autres assistans, nous ont requis acte de leurs
« dilligences et de ce qu'ils ont déclaré avoir fait publier la
« présente assemblée généralle à ce jourd'hui et heure pré-
« sente d'une heure après midy, tant ès prosnes des messes
« parroissialles des églises Notre-Dame et Saint-André que à
« son de trompe et campane, selon qu'on a accoustumé, et
« néantmoins, après avoir attendu jusques à l'heure de trois
« heures, ne s'est trouvé que M. Pierre Viault, advocat ;
« M. H. Texier, aussy advocat ; M. Jean Texier, procureur ;
« André Chesne, Philippe Barbot, Simon Bouchault, Emma-
« nuel Fauldres et Fr. Rouvreau, dont encores lesdits Bou-
« chault, Fauldres et Rouvreau se sont absentez ; et, par ce,
« attendu le peu d'assistans qui ne sont en nombre suffisant
« de nommer, avons octroyé acte auxdits fabriqueurs de
« leurs dilligences pour valloir et servir à ce que de
« raison. »

Les habitants répondirent à cette convocation par une abstention presque complète. Niort n'envoya pas de représentant. Au nombre des députés du tiers aux Etats généraux qui se réunirent en 1614, non plus à Sens, mais à Paris, Augustin Thierry ne fait figurer que René Brochard, écuyer, sieur des Fontaines, conseiller au présidial de Poitiers, sire Coste Arnaut, marchand, de Poitiers, et maître François Brisson, écuyer, sénéchal de Fontenay. (C. A. B.)

Une des grandes préoccupations de Sully était l'établissement et l'entretien des routes, afin de faciliter les transactions commerciales et de favoriser l'agriculture. Le 22 juin 1615, il fit procéder à une adjudication « pour réparations de pavés,
« coupement de roc, remplissement de chemins et autres
« ouvrages nécessaires à faire entre les villes de St-Maixent,
« Niort et autres lieux. » Il accompagna son ordonnance de la lettre suivante adressée au corps municipal de Niort :
« Messieurs, je vous envoye une ordonnance que j'ai fait
« expédier en vertu des lettres patentes de la magesté, comme
« verrés par la dite ordonnance que vous ferés publier et me
« la renvoyerés avec la publication, ayant reconnu au voyage

« que j'ai fait un jour en vos quartiers être nécessaire de
« reparer plusieurs mauvais chemins entre Saint-Maixent,
« Niort et autres lieux. J'ai fait faire une affiche que je vous
« prie faire publier et menvoyer au jour de l'assignation des
« ouvriers et entrepreneurs, comme paveurs, coupeurs de
« roc et brissons que je recevray à faire la condition du Roy
« meilleure, à quoi Messieurs ne manquerés. Je prie Dieu
« vous tenir en sa garde, à Saint-Maixent le 22 juin mil six
« cent quinze, votre plus affectionné ami à vous servir, le
« duc de SULLY. » (A. H. V. — D. F.)

Cette lettre nous montre que le grand ministre tenait à juger par lui-même de l'état des routes. C'est lui qui, le premier, les fit planter d'arbres qui, pendant l'été, donnaient de l'ombre aux voyageurs. Quelques-uns de ces arbres séculaires, qui ont échappé à la hache des bûcherons, portent encore le nom de Rosni ; hommage du paysan pour le ministre qui mettait l'agriculture au premier rang des arts utiles à l'humanité.

Le lendemain 23 juin, Sully expédia au corps de ville de Niort une seconde ordonnance portant injonction aux gardes du roi et de la reine, séjournant dans les ressorts de Saint-Maixent et de Niort, de se trouver avec armes et chevaux, le 10 juillet, dans le Gâtinois. Cette ordonnance est ainsi conçue :

« De par le Roy et monseigneur le duc de Sully, pair, grand maître de l'artillerie et grand voyer de France, gouverneur et lieutenant général pour Sa Majesté en son pays du haut et bas Poitou, Chastelleraudais, Loudunois, etc.

« Ayant ce jourd'hui receu lettre de Sa Majesté, par laquelle Elle nous ordonne de faire publier en chascune séneschaucée de notre gouvernement que tous ceulx des quatre compagnies des gardes de son corps et de cellui de la Reyne sa mère ayent à se trouver aux lieux cy-après désignez, nous aurions à l'instant fait ladite dépesche ès dites séneschaulcées ; et estant besoin, pour le service du Roy, que pareille injonction soit faite ès villes de Saint-Maixent et Niort pour estre les ressorts et jurisdictions d'icelles de grande estendue, nous, conformément à l'intention de Sadite Majesté, enjoignons à tous ceux desdites gardes cy-dessus déclarez de se trouver avecq leurs armes et chevaux, sçavoir : lesdites gardes du corps du Roy, dans le dixiesme du mois de juillet prochain, au lieu de Puyseaux en Gastinois, entre Pluviers et Montargis, et ceux de ladite dame Reyne, dans le xx⁰ du mesme mois, à Chasteauneuf-sur-Loyre ; auxquels lieux ils recepvront de leurs cappitaines le commandement de ce qu'ils auront à faire pour le service de Sadite Majesté. Et, afin que nul n'en ignore, seront ces présentes publiées à son de trompe

et cry public par lesdites villes de Saint-Maixent et Niort aux lieux
acoustumez en tel cas.

« Fait et donné par nous duc de Suilly, pair, grand maître de
l'artillerie et gouverneur susdit, le xxiiie juin mil vi^c quinze.

« LE DUC DE SUILLY. »

Et plus bas : « Par mondit seigneur,

« NICOLAS. »

(Registre original de la maison de ville de Niort.)

Les services que Sully avait rendus à son pays ne pouvaient lui faire pardonner, par certains hommes exaltés, d'être resté fidèle à la religion réformée. En plein conseil du corps de ville de Niort, le 26 juin 1615, il fut insulté par un pair, Pierre Texier. A la réquisition du procureur-syndic, l'insulteur fut dégradé de son titre de pair.

Le 30 juillet 1615, le roi, inquiet de la révolte du prince de Condé, « envoya ordre aux échevins, consuls, manans et habitants de Niort de faire bonne et exacte garde aux portes de la ville, pour que les princes et seigneurs révoltés n'y entrent sans lettre et passeport, et *qu'il n'y soit fait aucunes pratiques et menées contraires et préjudiciables à notre autorité et service.* »
(A. H. V. — D. F.)

Après avoir reçu communication de cette lettre dans son assemblée générale et extraordinaire du 11 août 1615, le corps de ville prit la décision suivante :

« Letture faite des lettres de Sa Majesté du 30 juillet dernier cy-après insérées, a été par tous délibéré et par nous conclud que l'on obéira entièrement à la volonté du Roi et que suivant et au désire des dites lettres l'on fera garde, et à cet effet sera envoyé vers Mrs de Sully et de Parabère pour sçavoir leur intention sur les dites gardes, et ont été nommés à la pluralité des voix le dit Savignac, echevin, et F. Dabillon, pair, aussi a été presentement baillé par le dit Maronneau, receveur pour leur voyage, la somme de neuf livres tournois. » (A. H. V. — D. F.)

MM. de Sully et de Parabère se bornèrent à conseiller aux maire et échevins de *tenir les ponts, portes et porteaux de bois fermés et en bon ordre.* La situation cependant devenait grave, et les chefs protestants levaient en hâte des troupes. On était à la veille d'une nouvelle guerre civile. Le prince de Condé écrivit à La Rochelle et aux seigneurs poitevins qui avaient embrassé le parti de la réforme, pour demander leur appui.

Marie de Médicis accepta la lutte. Elle prit toutes ses

mesures pour résister aux protestants et arriver à la réalisation de ses désirs, qui étaient les mariages espagnols. Il s'agissait de faire épouser l'infante Anne d'Autriche par Louis XIII et de marier la sœur du roi de France avec le prince d'Espagne. Ces mariages ruinaient les projets du prince de Condé et de ses amis. Aussi cherchaient-ils, sinon à les empêcher, du moins à les faire ajourner.

Louis XIII fit ses préparatifs pour se rendre à Bordeaux, et la cour quitta Paris le 17 août 1615. Le roi, dans son voyage, devait traverser le Poitou. Sully en prévint le corps de ville de Niort, qui s'empressa d'élire des députés pour aller saluer le roi à son passage à Châtellerault. Les députés désignés étaient Bastard, écuyer, sieur de la Millaizière ; Gallet, écuyer, sieur de la Roche ; André Dabillon, sieur de l'Imbaudière ; F. Dabillon, sieur de Touillère, et Jouslard, écuyer, sieur de la Règle. Le sieur Coutocheau, receveur des deniers patrimoniaux, était chargé de tenir note des frais du voyage, qui devaient être remboursés à leur retour. Ces frais s'élevèrent à la somme de 123 livres tournois 6 sous.

Pendant son séjour à Poitiers, le roi qui, pour ne pas être enlevé par les troupes de Condé et de Rohan, avait dû se faire accompagner d'une véritable armée, déclara Condé et ses partisans criminels de lèse-majesté, s'ils ne faisaient pas leur soumission dans le délai d'un mois (10 septembre). La déclaration royale fut envoyée de Poitiers au Parlement de Paris, qui enjoignit à tous princes, seigneurs et autres révoltés de déposer les armes sous un mois, à peine de lèse-majesté (18 septembre).

Condé et ses adhérents, loin de se soumettre, publièrent une audacieuse contre-déclaration, dans laquelle ils signifiaient à leurs adversaires, qui usurpaient, disaient-ils, l'autorité royale durant le *bas-âge* du roi, de déposer les armes avant un mois, sous peine de lèse-majesté.

Cette déclaration n'empêcha pas l'accomplissement des mariages espagnols, qui furent célébrés le 18 octobre 1615, par procuration, à Bordeaux et à Burgos.

Ces mariages redoublèrent l'irritation des protestants, qui avaient échoué en Gascogne, mais qui avaient des forces considérables dans la Haute-Guyenne, le Languedoc et le Poitou.

Parabère, gouverneur de Niort, était protestant, mais il

refusa de prendre part à l'insurrection et resta fidèle à Louis XIII. Niort eut beaucoup à souffrir de cette guerre civile. Les habitants furent obligés de loger pendant plusieurs mois des troupes mal disciplinées, et le commerce fut complètement anéanti. Ils réclamèrent, mais tout ce qu'ils purent obtenir fut la promesse d'être délivrés de ces hôtes incommodes, aussitôt la fin des troubles. Dans une séance tenue à l'hôtel de la commune, le 6 novembre 1615, le corps de ville décida qu'on obéirait aux ordres du gouverneur de Parabère, au sujet du logement des soldats, « ainsi que pour tout autre
« commandement qu'il leur ferait pour la conservation de
« cette ville en l'obeissance du Roi ; et a été conclud à la
« pluralité des voix que tous habitans catholiques de cette
« dite ville logeront les dits soldats en leurs maisons pendant
« les présens troubles et mouvemens sans le tirer à consé-
« quence pour l'avenir, et pour rapporter la présente assem-
« blée à mon dit s^r de Parabère, ont été nommés à la
« pluralité des voix le dit André Dabillon, s^r de l'Imbauldière,
« et Pastureau, s^r du Lymon, échevin, avec nous dit maire.
« P. VIAULT, maire. » (A. H. V. — D. F.)

Cette délibération constate que les fortifications de la ville étaient en fort mauvais état, et qu'il était urgent de faire des réparations, mais qu'il était impossible de contracter un emprunt. Pierre Dabillon, sieur de la Nouhe, offrit 600 livres tournois, qui seraient remboursées sans intérêts à ses héritiers, lorsque la ville serait dans un état plus florissant. Cette offre généreuse fut acceptée, et le corps de ville décida que la première place d'échevin qui deviendrait vacante serait réservée à Pierre Dabillon.

Les 600 livres tournois furent bientôt absorbées. Le seigneur de Parabère, gouverneur du château, offrit aussi une somme de 600 livres tournois ; mais, moins désintéressé que Dabillon, il se fit payer des intérêts et prit hypothèques sur les biens du corps de ville.

Une simple escarmouche avait eu lieu le 1er janvier 1616, dans les environs de Saint-Maixent, entre les troupes royales et les soldats du prince de Condé. Peu de jours après, les négociations pour la paix, qui avaient été entamées au mois de décembre 1615, furent reprises le 11 janvier suivant. Le roi donna ordre à Brissac, à Villeroy et au duc de Nevers, de traiter avec son cousin le prince de Condé. Ces commissaires se rendirent à Niort, où ils se mirent en rapport avec le duc de Sully et MM. de Courtenay, Thianges et Desbordes-Mercier, agents du prince de Condé. Les conditions ne donnèrent lieu qu'à un court débat, et dès le soir même la trêve fut acceptée.

Le lendemain, les négociateurs se rendirent à Fontenay, où se trouvaient le prince de Condé et Bouillon. A la suite d'un échange de messages, une conférence fut tenue à Loudun et aboutit à une paix publiée, à Blois, le 4 mai 1616. Les princes et les seigneurs reçurent des pensions et d'énormes sommes d'argent. Ils savaient se faire acheter, car pour eux la religion n'était qu'un prétexte afin d'obtenir de riches traitements et des faveurs. La paix de Loudun coûta au roi, suivant Richelieu, plus de 6 millions, et au pays plus de 20. Quant au peuple, il eut une augmentation d'impôt sur le sel et la création de nouveaux péages sur le transit des rivières. Il fallait payer ces pensions et la solde des gens de guerre.

Le 10 mai, le duc de Sully, gouverneur du Poitou, adressa le mandement suivant aux prévôts des marchands, juges, officiers et magistrats de son gouvernement, afin de convoquer la noblesse pour arrêter les infracteurs des ordonnances et les perturbateurs du repos public :

« Le seigneur duc de Sully, pair de France, etc.

« Estant nécessaire, pour le soulagement du paulvre peuple, de satisfaire promptement aux commandemens que nous avons receuz du Roy à nous réitérez par les ordonnances et lettres de Sa Majesté, et empescher les désordres et pilleries qui se commettent par les gens de guerre qui ont suivy l'un ou l'autre party dans l'estendue de nos gouvernemens, à ces causes, et suyvant le pouvoir à nous donné par Sa Majesté, nous ordonnons et commandons à tous soldatz, cappitaines, chefs et conducteurs de guerre, tant de cheval que de pied, de quelque qualité ou condition qu'ilz soient, qui ont suivy l'un ou l'autre party, qu'ilz ayent à sortir hors de l'estendue de nosdits gouvernemens de Poictou, Chastelleraudois et Loudunois, dans quatre jours pour tous délais après la publication desdites ordonnances et de ces présentes ; leur faisans très-expresses inhibitions et deffenses de loger plus d'une nuict en chascun lieu n'y d'emporter ou fourager aulcuns biens et vivres dans les métairies, hameaux, villages, bourgs et paroisses, prendre et emmener les bestiaux, battre, molester ou faire aulcun dommage aux subjectz de Sa Majesté, le tout à peine de la vye ; mandans et enjoignant, à ceste fin, à tous prévosts des mareschaux, juges, officiers et magistrats et tous aultres qu'il appartiendra, de tenir soigneusement la main à l'observation et exécution de ce que dessus, en sorte que le paulvre peuple en reçoive le bien et l'utilité que chascun cognoist luy estre tant nécessaire. Et, en cas que lesdits gens de guerre usassent de longueur ou contrevenissent au contenu de la présente ordonnance, par vive force, dellays supposez ou aultrement, nous mandons auxdits prévosts des mareschaux, juges et magistrats, de convoquer la noblesse et assembler en armes les habitans des villes et les communes des paroisses au son du tocxain pour leur courir sus et les tailler en pièces, les faire punir et chastier comme infracteurs des ordonnances de Sa Majesté et perturbateurs du repos publicq.

« Faict à Loudun, le xᵉ jour de may mil six cens seize.

Signé « Le duc de Sully. »

Et plus bas : « Par Monseigneur,

« Nicollas. »

En envoyant ces ordonnances au corps de ville de Niort, Sully y joignit cette lettre missive :

« Messieurs les maire et eschevins de la ville de Nyort, je vous envoye coppie de la despesche que Sa Majesté m'a faicte sur la publication de la paix et le licenciement des gens de guerre qui ont esté levez durant ces mouvemens : sur laquelle despesche j'ay expédié mon attache, afin que vous faciez le tout publier et soigneusement observer en votre ville, selon l'intention de Sa Majeste et pour le repos de ses subjectz en ceste province. A quoy je vous prie tenir la main et de faire estat de mon affection aux occasions qui se présenteront de la vous tesmoigner, vous baisant les mains.

« De Lundun, ce xᵉ jour de may 1616.

« C'est votre plus affectionné amy à vous servir,

« Le duc de Sully. »

Et en la suscription de ladite lettre :

« A Messieurs les maire et eschevins de la ville de Nyort, à Nyort. » (A. H. V. — D. F.)

Ce fut dans l'assemblée générale du 14 mai, que le corps de ville de Niort procéda à l'ouverture des lettres de Sa Majesté annonçant la paix conclue à Loudun :

« Pour faire ouverture des lettres de Sa Magesté [du 4 mai 1616] par nous dit maire présentement receuës et la dite ouverture faite après que les dites lettres de Sa Magesté, ensemble celles [du 10 mai 1616] de Mʳ le duc de Sully gouverneur de ce pays de Poitou, ont été leuës par le secretaire de céans portant commandement au corps de céans de faire publier la paix conclue à Loudun et avoient mandement pour le licenciement des gens de guerre. A été par tous unanimement délibéré et par nous conclu que les dites lettres de Sa Magesté et de Mʳ le duc de Sully et mandement pour le licenciement des gens de guerre seront régistrées au papier secretarial de céans pour y avoir recours quant besoin sera, et publiées à son de trompe et ouy public par les cantons et carrefours de cette ville, lieux accoutumés à faire proclamation à ce que nul n'en prétende cause d'ignorance et que toutes personnes aient à y obéir et que le

Te Deum Laudamus en sera chanté cejourd'hui à issue de vèpres ès paroisses de cette ville et à l'issue le feu de joie et autres réjouissances publiques de grand benefice. Et le dit jour emprès midi les lettres et ordonnances de Sa Magesté et de Monseigneur le duc de Sully cy après insérées, ont été leues et publiées par moi Pierre Pelletier, secretaire du college de Niort, par tous les cantons de cette ville ayant avec moi Jacques Civier, huche et trompette de la dite ville suivant et au désir de l'assemblée cy dessus. » (A. H. V.— D. F.)

La paix de Loudun, proclamée dans toutes les villes avec une si grande pompe, n'eut pas une longue durée. Condé avait eu la maladresse de prendre une attitude menaçante. Marie de Médicis, effrayée, obtint du roi l'arrestation de son ennemi, et Condé fut conduit à la Bastille, où il montra une honteuse pusillanimité (1er septembre 1616). Afin d'obtenir la liberté, il eut la bassesse d'offrir de révéler toutes les cabales de ceux de son parti. La reine répondit qu'elle en savait assez.

M. de Parabère, gouverneur de la ville et du château de Niort, fut informé (le 7 septembre) de l'arrestation et de l'emprisonnement du prince de Condé. Il avait ordre de prendre des mesures énergiques afin de faire échouer toutes les tentatives qui seraient faites de la part des révoltés, pour s'emparer de la ville. Il fit réunir immédiatement le corps de ville, qui mit Niort en état de défense. Les portes et les murs furent garnis de sentinelles, et on fit partout bonne garde.

Le 23 septembre 1616, le roi adressa des lettres aux maire et échevins de Niort, pour les avertir qu'il venait de nommer le duc de Rohan lieutenant-général en Poitou, par suite de la démission du duc de Sully. Il invitait les habitants à le recevoir dans leur ville avec respect et honneur, et les engageait à l'union et à la concorde.

Le corps de ville se réunit et accueillit avec empressement les recommandations qui lui étaient faites. Il prit la délibération suivante :

« A été par nous délibéré et par nous conclu que entrée sera faite à mon dit seigneur de Rohan selon le commandement de Sa Magesté et l'intention de Mr de Parabère contenuë en sa lettre du jour d'hier et que néantmoins pour plus emplement se régler a ce qu'il en ordonnera ont été députés à la pluralité des voix pour le transporter par devers mon dit sr de Parabère, le dit Savignac echevin, et J. Dabillon pair, lequel Dabillon fera les frais du dit voyage, comme receveur des deniers patrimoniaux, dont il rapportera l'extrait pour lui être alloué, et que pareillement les frais de la dite entrée tant pour la tour d'argent que pour autrement seront payés par le dit Maronneau, receveur sur ces ordonnances qui en seront par nous faites les dites lettres sont demeurées par devers nous. REGNAULT, maire. » (A. H. V. — D. F.)

Le duc de Rohan fit son entrée à Niort le 6 décembre, et fut reçu par le corps de ville avec de grands honneurs, et par la population avec des cris de joie.

Le duc de Rohan ne remplit pas longtemps les fonctions d'intendant du Poitou ; il fut remplacé, le 27 septembre 1617, par M. de Montelon. Le roi donna avis de cette nomination au corps de ville de Niort.

Le maire, François Dabillon, écuyer, sieur de la Nouhe, afin de faire part de cette nomination aux échevins et pairs de la ville, les convoqua en assemblée générale et extraordinaire, le 3 novembre, en la maison commune. Cette convocation, à cette époque, se faisait à son de trompe dans tous les quartiers.

Voici les noms des échevins et pairs qui assistaient à cette assemblée :

Echevins : Jérôme Avice, — Jérôme Savignac, — Nicolas Gillet, — P. Viault, — Guillaume Pastureau, — Pierre Thibault, — Antoine Chargé, — L. Coyault, — Pierre Angevin, — Jean Planchon.

Pairs : Jacques Berlouyn, syndic, — Pierre Sabourin, — André Bidault, — Louis Thibault, — Jean Arnauldet, — Odet Chauson, — J. Chaubier, — Isaac Esserteau, — Pierre Bérauld, — Philippe Gauguin, — Philippe Chargé, — Jacques France.

Le maire donna connaissance de la lettre du roi qui annonçait la nomination de M. Montelon à l'intendance du Poitou. Il fut décidé que cette lettre serait déposée aux archives de la ville, et que les députés chargés d'aller à Paris, en passant à Poitiers, salueraient l'intendant de Montelon. Ces députés étaient : Nicolas Gallet, écuyer, sieur de la Roche ; Jean Regnault, écuyer, sieur de Rancongne, et Pierre Viault, écuyer, sieur d'Aigonnay. Le sieur Pelletier fut désigné comme secrétaire de la députation, et il lui fut alloué par la ville la somme de sept livres pour ses frais de voyage.

L'établissement des Pères de l'Oratoire, dans la ville de

Niort, remonte à l'an 1617. Un savant modeste, un homme de bien, Jacques Gastaud, enfant de Niort, s'était fixé à La Rochelle vers la fin du xvie siècle. Il était docteur de Sorbonne, official et grand-vicaire de l'évêque de Saintes. Pendant les guerres de religion, il avait rendu de grands services aux Rochelais, sans distinction de culte. Son esprit élevé et tolérant, son caractère conciliant, lui avaient mérité le respect de tous. Aussi, fut-il d'un grand secours pour les catholiques de La Rochelle pendant la domination protestante. Il était écouté des chefs calvinistes et il obtenait l'adoucissement de mesures de rigueur dirigées contre les catholiques. Sous Louis XIII, en 1617, il songea à établir dans sa ville natale les prêtres de l'Oratoire, qui se consacraient à l'instruction de la jeunesse. Dom Fonteneau nous a conservé le mémoire concernant l'établissement des Pères de l'Oratoire dans la ville de Niort. Nous y trouvons ces détails : « Le R. P. Gas-
« taud, natif de Niort, docteur en Sorbonne et un des six
« premiers prêtres de la Congrégation de l'Oratoire, après
« avoir achevé l'établissement de notre maison de La Ro-
« chelle, vint à Niort en 1617 pour y établir celle-ci. Voyant
« que les protestans de Niort avaient dessein d'acquérir de
« monseigneur de Saint-Gelais, qui était aussi protestant,
« une maison située entre la rue du Saumon et communé-
« ment appelée la Médaille ou le More, il chercha les moyens
« de les prévenir. » Le seigneur de Saint-Gelais n'aurait jamais consenti à vendre sa maison à des prêtres, ni à aucune communauté; aussi M. Tuffet, avocat à La Rochelle, en fit l'acquisition, et la céda, dès le lendemain, au sieur Auboineau, qui déclara avoir fait cet achat avec les deniers du père Gasteau. En 1619, cet oratorien en fit rétrocession au R. P. Berulle, premier supérieur général de la Congrégation de l'Oratoire, pour y établir des prêtres de cet ordre. Cependant, ce ne fut qu'en 1624 que la maison fonctionna. Le père Bonaventure Drouin en fut le premier supérieur (1).

(1) M. I.-A. Bouteiller, ancien élève du collège de Niort, aujourd'hui proviseur, a publié une histoire de l'*Oratoire* et du collège de Niort.

FAITS ET DOCUMENTS DIVERS.

Le 20 janvier 1613, la taille de l'année est fixée à 4.200 livres.

Le 26 janvier, le maire fait droit à des plaintes nombreuses qu'il avait reçues au sujet des fabricants de draps et des meuniers. Il défend aux fabricants de draps, sous peine de confiscation, de les tirer sur des poulies. On augmentait ainsi leur dimension, mais au détriment de la qualité. Il enjoignit aussi aux meuniers de ne pas prendre deux fois plus que ne fixe la coutume du pays. La liberté commerciale était limitée, c'est vrai, mais il fallait empêcher les consommateurs d'être trompés. Les fraudeurs seuls pouvaient se plaindre.

Le 17 mai 1613, une proposition est faite au corps de ville de reporter sur le nouveau collège, à présent établi en cette ville, les 100 livres tournois données à Gasteau. Cette somme lui est conservée, mais on accorde 100 livres tournois au collège.

Le 25 octobre, le corps de ville décide que tout le bien des aumôneries sera donné à bail pour empêcher la perte du bien des pauvres.

Le 16 décembre, le corps de ville décide qu'on bâtira, dans un faubourg, une maison pour recevoir les pauvres, atteints de maladies contagieuses.

Le 30 décembre, Antoine Chargé est reçu échevin gratis, vu les services rendus par lui à la ville.

Le 2 février 1614, la taille est fixée à 4,207 livres tournois. Désormais il y aura deux receveurs de la ville, l'un pour les deniers d'octroi, qui sera Jehan Maronneau, pair ; l'autre pour les deniers patrimoniaux, qui sera Jehan Planchon, aussi pair. Les receveurs n'auront plus que 6 deniers pour livre, au lieu de 12.
Le droit d'entrée est doublé pour les échevins ; de 75 il est porté à 150 livres tournois. Il est triplé pour les pairs, et porté de 10 livres à 30 livres.

Le 24 juillet, on décide que désormais on ne nommera les échevins et pairs qu'aux jours de mezée. On remplacera les catholiques par des catholiques, et les protestants par des protestants.

Le 2 octobre 1614, la ville fait opposition à la création d'une charge de sénéchal et de lieutenant à Niort, charge déjà repoussée par le corps de ville en 1574, 1577, 1585, vu qu'il en coûterait 6,000 livres tournois qui seraient imposées sur le peuple, et qu'il y a eu de tout temps en cette ville un prévôt. Cette réclamation fut prise en considération, et une charge de sénéchal ne fut point créée à Niort.

—

D'après les statuts de la commune de Rouen, appliqués à la ville de Niort, les pairs élisaient trois hommes qu'ils présentaient au roi pour choisir le maire. Jusqu'à la fin du xvie siècle, cette règle subsista, mais il est certain qu'elle n'était plus suivie en 1602. La commune de Niort avait profité des guerres civiles et du relâchement entre la ville et le pouvoir central qui en avait été la suite, pour nommer, chaque année, son maire, sans s'astreindre à présenter au roi trois candidats. Le maire élu était chargé de faire ratifier sa nomination par le sénéchal du Poitou ou son lieutenant à Niort. Cela se fit ainsi jusqu'en 1614; mais, à cette époque, les prétentions de l'échevinage de Niort rencontrèrent une vive opposition de la part du lieutenant du sénéchal. Cette charge appartenait héréditairement à une famille Laurens. Ces Laurens avaient d'abord été de simples procureurs, qui étaient élevés grâce à la protection de puissants seigneurs catholiques, dont ils avaient administré les propriétés. Ils restèrent attachés à leurs protecteurs, et dans toutes les guerres de religion ils se montrèrent ardents catholiques et ennemis implacables des protestants, qui leur rendirent bien cette inimitié. Louis Laurens fut assassiné lors de la prise de Niort par les protestants, en 1588. Il fut remplacé, dans la charge de lieutenant du roi, par un de ses parents, Louis Laurens, seigneur de Beaulieu, qui fut en hostilité constante avec l'échevinage de Niort, où dominait l'élément protestant. Il voulut contraindre le corps de ville à présenter trois candidats pour la nomination du maire. Cette querelle, commencée en 1615, ne se termina qu'en 1622, et la ville fut contrainte à désigner trois candidats pour la mairie.

—

20 mars 1615. — La ville s'oppose, de concert avec le prévôt, à l'entreprise du lieutenant du sénéchal de Fontenay, qui prétend que la charge de prévôt de Niort est sous sa dépendance, bien que ses prédécesseurs aient été déboutés de pareilles prétentions, que le prévôt ne dépend que du roi et des maréchaux de France, comme les autres prévôts de la province, ayant été établi à la requête du corps de ville pour conserver le trafic qui s'y fait tant en foires royales de Niort qu'ailleurs, et en considération des forêts, retraites de voleurs entourant cette ville.

—

Des lettres du duc de Sully, datées du 30 avril 1615, assurent le corps de ville de Niort que, malgré les bruits que l'on a fait courir, le roi ne rétablira pas la gabelle.

—

Le 20 mai se font les préparatifs de l'entrée du nouveau gouverneur de Niort, de M. de Larochefoucauld. Des députés seront envoyés le saluer à Saint-Maixent. La compagnie du maire se réunira

20 livres tournois d'amende pour qui ne viendra pas (amende maintenue dans l'assemblée suivante). L'enseigne blanche sera prise, le logis du grand More préparé, le tout aux frais de la ville.

—

Le 29 mai, partent les députés chargés d'aller à Saint-Maixent saluer M. le duc de Sully.

—

Le 31 mai, a lieu la nomination du maire : Pierre Viault, écuyer, sieur d'Aigonnay, est nommé et installé.

—

Les aumôneries de Niort ne touchaient plus aucun revenu depuis les dernières guerres. Le peu de rentes recouvrées restaient entre les mains des aumôniers, qui refusaient de rendre compte de leur administration. Les malades étaient sans secours, les bâtiments et les chapelles étaient en ruine. Le corps de ville s'adresse au roi afin de pouvoir remédier à une si désastreuse situation. Louis XIII rend une ordonnance, le 3 février 1616, pour nommer une commission afin de faire payer les rentes dues aux aumôneries, et contraindre les aumôniers ou leurs héritiers à rendre leurs comptes. Il fut ordonné que les sommes recouvrées seraient consacrées à la nourriture des pauvres, à des secours pour les malades, et à la réédification des hôpitaux et achat d'une maison pour placer les pestiférés hors de la ville.

—

La proclamation de la paix de Loudun ne fit point cesser tous les abus que la guerre avait laissé s'établir. Le corps de ville de Niort fut obligé de s'adresser au gouverneur du Poitou, afin d'empêcher le sieur d'Aubigné de continuer à lever des impôts sur la navigation de la Sèvre, dans le parcours de Niort à Marans.

D'Aubigné ne tint aucun compte de cette protestation. Le corps de ville, dans sa séance du 27 mai 1616, nomme deux commissaires pour connaître la volonté de d'Aubigné, et s'il persiste à lever impôt ils devront adresser de nouvelles réclamations au duc de Sully, et s'il est besoin à Sa Majesté.

Dans la même séance, le corps de ville décide que le maire écrira à Guillaume Manceau, écuyer, l'un des pairs de la ville et prévôt de Niort, qui est à Paris, pour le prier d'avoir soin des affaires de la ville, contre Philippe Laurens, écuyer, sieur de Beaulieu, lieutenant général de cette ville, qui est allé à Paris pour travailler contre les privilèges de la commune. Il est invité à surveiller les agissements du lieutenant Laurens, pendant tout son séjour à Paris.

CHAPITRE XVIII.

SOMMAIRE. — Continuation de la lutte entre le corps de ville et les gens du roi, au sujet de l'élection annuelle du maire. — Les membres du corps de ville veulent élire directement le maire et s'affranchir de l'obligation de présenter trois candidats. — Le roi fait procéder à de nouvelles élections et donne ordre à ses agents d'agir dans le sens de la conciliation. — Lettre de Louis XII *à ses chers les bien aimés* maire et échevins de la ville de Niort. — Le maire fait réparer les ponts et portes de la ville. — Commencement des troubles. — Lettre du duc de Rohan à M. de Parabère pour faire garder les portes de la ville. — Les Niortais ne prennent point part à la révolte et restent fidèles au roi. — Organisation républicaine des protestants. — Le roi fait convoquer à Niort les chefs des calvinistes pour assister à une conférence. — Les protestants refusent toute concession. — La conférence adresse une déclaration aux Rochelais. — L'assemblée de La Rochelle répond par un manifeste de guerre. — Louis XIII à Thouars, à Parthenay, à Fontenay. — Entrée du roi à Niort, où il est reçu froidement. — Il assiste au siège de Saint-Jean-d'Angély ; cette ville capitule et a ses fortifications rasées. — La milice bourgeoise de Niort se fait remarquer par sa bravoure, pendant le siège de Saint-Jean ; le roi lui accorde le titre de régiment de *Royal-Niort*. — Organisation de ce régiment en douze compagnies. — Noms des officiers catholiques et protestants de ces compagnies. — Délibération du corps de ville exposant la triste situation des habitants de Niort. — Le régiment *Royal-Niort* met un terme au brigandage qui s'exerçait jusque dans la banlieue de la ville.

Les Niortais soutenaient avec persistance leur lutte municipale contre les prétentions des gens du roi, qui voulaient astreindre l'assemblée de l'hôtel-de-ville à présenter trois candidats pour les fonctions de maire. Au mois de mai 1618, le corps de ville procéda à l'élection de trois candidats, mais avec protestation.

Cette élection eut lieu à bulletins ouverts et signés. Les candidats présentés au sénéchal du Poitou pour la mairie furent : Nicolas Gallet, écuyer, sieur de la Roche, échevin ;

Philippe Chalmot le jeune, sieur de la Briaudière, échevin ; et Jacques Gratien, sieur des Gerbaudières, pair.

Ce fut Jacques Gratien, sieur des Gerbaudières, qui fut choisi sur cette liste pour être maire pendant un an. Il fut installé dans ces fonctions, le 11 juin 1618.

L'année suivante, les membres de l'hôtel-de-ville de Niort montrèrent des dispositions moins conciliantes, et ils déclarèrent vouloir élire directement le maire, sans être obligés de présenter trois candidats pour cette fonction. A plusieurs reprises déjà, les échevins et pairs avaient revendiqué ce droit et avaient toujours protesté, afin de le maintenir intact.

Dans l'assemblée communale tenue le 26 mai 1619, la majorité des membres du corps de ville, à la suite d'un très vif débat, prit la résolution de ne pas présenter de candidat et de nommer directement son maire. Un seul échevin, Giraudeau, persista à désigner trois candidats ; mais le maire, qui présidait la séance, fit défense au secrétaire de recevoir ce vote.

Ce fut Pierre Thibault, écuyer, sieur de la Roche d'Allerit, l'un des échevins, qui fut élu et nommé maire et capitaine de la ville pour un an.

Cette nomination de Pierre Thibault à la mairie de Niort fut présentée au lieutenant du sénéchal du Poitou, en résidence à Niort. C'était un de ces Laurens si hostiles à la commune. Après avoir pris les ordres du sénéchal, il refusa de sanctionner une élection faite dans ces conditions. Il la considérait comme illégale. Immédiatement, le 27 mai, il fait convoquer, de sa propre autorité, une assemblée municipale par ses domestiques, sans bruit, sans annonces, sans cloche. Une vingtaine d'échevins, la plupart ses parents, avocats, procureurs et amis, se réunissent sous la présidence de noble homme, Guillaume Giraudeau, son cousin germain. Trois candidats sont élus : Pierre Thibault, sieur de la Roche ; Etienne Jouslard, sieur de la Règle, et Lucas Coutocheau. C'était de la candidature officielle au premier degré. Le corps de ville, profondément ému, envoya immédiatement à Paris deux pairs, afin de présenter de très humbles remontrances au roi ou à son conseil et de le supplier d'accepter pour maire le sieur Thibault.

Le gouvernement trouva que le lieutenant Laurens avait agi avec excès de zèle. « et tout considéré le roi étant en son

« conseil, sans avoir d'égard aux dites élections, nominations
« et acceptations faites du dit maire les 26, 27 et 28 du dit
« mois de may dernier a ordonné et ordonne qu'il sera pro-
« cédé a nouvelle assemblée en la dite maison de ville des
« maire, échevins et pairs d'icelle, en laquelle sera faite
« nomination de trois personnes pour la dite charge de
« maire qui seront présentés au dit sénéchal ou en son ab-
« sence à son dit lieutenant au siège de Niort pour être l'un
« d'eux accepté en la dite charge, fait inhibitions et deffenses
« à ceux qui ont été nommés en la dite charge s'immiscer en
« la fonction d'icelle et cependant jusqu'a ce que en la dite
« assemblée et par le dit sénéchal ou son dit lieutenant y ait
« été pourvu ordonné que le maire ancien demeurera en
« l'exercice de la dite charge pourront neantmoins ceux qui
« ont été dénommés ès dites élections être de nouveau nom-
« més et élus si le cas y échet. Fait au Conseil d'Etat du roi
« tenu à Tours le 4ᵉ jour de juin 1619. Signé Phelippeau. »
(A. H. V. — D. F.)

Tout en maintenant ses prérogatives, le roi ne voulait point se faire l'agent des rancunes des Laurens contre la ville; bien au contraire, il cherchait à apaiser les esprits et à conserver l'amitié des habitants, dont il avait grand besoin dans ces temps de troubles, où une seule étincelle pouvait rallumer la guerre civile.

Le 11 mars de cette même année, Louis XIII avait rencontré de la part des Niortais les dispositions les plus favorables. Alarmé par les menées de plusieurs grands seigneurs, il avait défendu, à toute personne, de faire une levée de gens de guerre. L'assemblée de l'hôtel-de-ville, après avoir reçu communication de la lettre du roi Louis XIII, avait décidé qu'on enverrait à l'intendant du Poitou et à M. de Parabère, gouverneur de Niort, une députation pour certifier l'obéissance du corps de ville aux ordres du roi. Cette députation se composait de Etienne Savignac, écuyer, sieur du Vieux-Fourneau, et de François Dabillon sieur de la Nouhe, maire. Une somme de trente livres tournois leur fut allouée pour ce voyage.

Le corps de ville avait adopté aussi dans cette séance une importante décision. Il avait pris des mesures pour faire réparer immédiatement les ponts et portes de la ville, de manière à les mettre en état de lever, fermer ou ouvrir, afin de mettre la ville à l'abri d'un coup de main. Toutes ces résolutions prouvaient l'attachement des Niortais au roi. Aussi Louis XIII en était-il reconnaissant.

Le 4 juin 1619, il donna commission au sieur Boynet, président du présidial de Poitiers, de se transporter à Niort pour assister à l'assemblée de l'hôtel-de-ville, où il devait être procédé à l'élection d'un nouveau maire.

« A ces causes, dit l'ordonnance royale, nous vous avons
« commis et commettons par ces présentes pour vous trans-
« porter en notre dite ville de Niort ou étant nous vous
« mandons et ordonnons de faire proceder suivant et confor-
« mement à notre dit arrêt à la dite nouvelle assemblée et
« ce pour l'effet que dessus et ainsi qu'il est porté par icelui
« arrêt, vous enjoignant très expressement à cette fin de le
« faire exécuter garder et observer de point en point et selon
« sa forme et teneur, sans souffrir et permettre y être con-
« trevenu en aucune manière. » (A. H. V. — D. F.)

Afin d'adoucir le plus possible la rigueur de cette ordonnance, le roi adressa le même jour une lettre à « ses chers
« les bien amés maire et echevins de la ville de Niort:
« De par le roy, chers et bien amés ayant été avertis de la
« contention qui est arrivée entre vous et le lieutenant au
« siège de Niort sur le sujet de l'élection du nouveau maire
« en notre dite ville, nous y avons promptement voulu pour-
« voir afin quelle ne passe plus avant ainsi que verrés par
« l'arrêt qui a été donné en notre dit conseil, à l'exécution
« duquel nous avons commis le sieur de Montholon conseiller
« en notre Conseil d'Etat ou en son absence le sieur Boynet
« président au siège présidial de Poitiers. Sur quoi nous vous
« avons voulu faire cette cy pour vous ordonner de vous
« conformer à ce qui est en cela de notre vouloir et intention
« et recevoir et admettre en la dite charge de maire celui
« qui y sera nommé et appellé selon l'ordre porté par notre
« dit arrêt, vous exhortant au surplus de vivre les uns avec
« les autres en bonne amitié, union et concorde, ainsi qu'il
« est requis pour le bien de notre service et votre conserva-
« tion. Donné à Tours, le 4 juin 1619, signé Louis et plus
« bas Phelippeau, et au dessus à nos chers les bien amés les
« maire et echevins de notre ville de Niort. » (A. H. V. — D. F.)

Le corps de ville, conformément à cette lettre, se réunit le 16 juin. Le président du présidial de Poitiers, Charles Boynet, se présente à l'ouverture de la séance et donne lecture de la lettre de cachet de Sa Majesté, datée de Tours, le 4 juin, et de l'arrêt du Conseil d'Etat, du même jour, puis il se retire. On procède alors aux élections ; tous les échevins et pairs désignent chacun trois candidats, qui sont Pierre Thibault, Guillaume Symon et François Angevin.

Dès le lendemain, 17 juin, le corps de ville, en assemblée générale, reçoit l'annonce que le lieutenant du roi avait choisi pour maire Pierre Thibault, sieur de la Roche d'Allerit. Ce lieutenant obéissait au roi, qui lui avait enjoint de travailler à la paix, à la concorde, et de désigner pour maire le candidat préféré par les Niortais.

Aussitôt après son installation, « le dit Thibault maire
« prit le serment des echevins et pairs assistant et donna
« deffault des non comparans, le tout oprotestations faites
« que la clause contenuë au dit acte d'acceptation faisant
« mention de l'arrêt de la cour de parlement de Paris du 26
« aout 1617, ne puissent nuire et préjudicier aux droits du
« dit corps et instance pendante au Conseil d'Etat en cassas-
« sion du dit arrêt contre le dit s^r lieutenant. GRACIEN maire. »
(A. H. V. — D. F.)

Il ne s'agissait là que d'une question de principe. Le représentant du roi tenait à maintenir son droit de choisir les maires sur une liste de trois candidats, tandis que la ville voulait se réserver la nomination du maire.

Les candidats à la mairie furent, l'année suivante (31 mai 1620), Paul Chalmot, Jacques Berlouin et Jacques Barbotin. Le corps de ville eut bien soin de déclarer qu'il maintenait ses privilèges et protestait contre l'arrêt du Parlement, envoyé en cassation au Conseil d'Etat. Le lieutenant du roi choisit pour maire Jacques Berlouin, avocat, sieur de la Voulte, qui fut installé dans ces fonctions.

Pendant que ces petites querelles municipales préoccupaient les Niortais, de graves événements se préparaient.

La reine-mère nourrissait toujours le dessein de s'emparer du pouvoir. La paix d'Angoulême, en 1619, lui avait accordé le gouvernement de l'Anjou et trois places de sûreté. Marie de Médicis, loin d'être satisfaite de ce résultat, attirait à Angers tous les seigneurs mécontents et cherchait à nouer des intrigues afin de revenir triomphante à la cour. Louis XIII voulut mettre un terme à cette agitation incessante, et il marcha sur Angers, résolu à poursuivre sa mère en Poitou, si elle se réfugiait dans cette province où elle s'était ménagé des intelligences avec plusieurs seigneurs. Le 6 juillet 1620, le duc de Rohan envoya une lettre à M. de Parabère, gouverneur de Niort, pour faire garder les portes de cette ville :

« Monsieur, lui écrivait-il, je viens de recevoir présentement
« lettres du Roi écrites de Paris le dernier jour du mois
« passé dont je vous envoye copie, suivant icelles vous tien-
« drez s'il vous plait avertis les habitants de la ville de Niort
« a ce qu'ils fassent garde aux portes de leur ville, afin que
« l'on ne s'en saisisse, sans toutefois qu'ils ne prennent ni
« donnent aucune alarme, ains continuent à vivre toujours
« paisiblement et amiablement les uns avec les autres ; si Sa
« Magesté me fait sçavoir de plus particulières nouvelles, je
« ne manqueray a vous en faire part comme je vous supplie
« faire de votre côté si quelque chose survient en vos cartiers
« qui le merite esperant me rendre en Poitou dans trois ou
« quatre jours, etc., etc. » (A. H. V. — D. F.)

Le corps de ville, après avoir reçu communication de la lettre du roi écrite au duc de Rohan, y répond en décidant unanimement : « Que les dites gardes seront faites en cette
« dite ville suivant le commandement de Sa Magesté contenu
« en sa dite lettre qui sera insérée au papier secretarial de
« céans si on la peut retirer du secretaire de mon dit sʳ de
« Parabère et ordonné que le bois et chandelle pour faire les
« dites gardes sera payé par le corps de céans et des plus
« clairs deniers étant ès mains des receveurs du dit corps. »
(A. H. V. — D. F.)

Les Niortais étaient bien résolus à rester fidèles au roi et à ne pas suivre, dans leurs révoltes, les seigneurs qui ne se soulevaient que pour obtenir des pensions et se faire gorger d'or. C'était l'unique mobile des grands, qui, pour satisfaire leur luxe, leurs passions effrénées pour les plaisirs, avaient besoin de puiser à pleines mains dans les coffres de l'Etat. La nation commençait à comprendre que ses intérêts lui commandaient de rester attachée au roi, près duquel elle trouvait protection et appui.

Lors de l'assemblée de Saumur en 1611, les protestants s'étaient donné une véritable organisation républicaine. Ils avaient formé des cercles, c'est-à-dire de grandes divisions provinciales partagées en districts. Un *consistoire* dirigeait l'église, un *colloque* agissait sur le district, un *synode* administrait la province, enfin des *synodes nationaux* devaient se réunir tous les trois ans, pour prendre connaissance des faits qui intéressaient la réforme. Deux mandataires élus avaient mission de résider à la cour et de servir d'intermédiaires entre le parti et le roi. Toutes les fonctions étaient électives. C'était une véritable république. Ce plan n'avait pas été mis à exécution, mais les réformés n'attendaient qu'un moment propice pour l'appliquer.

Les passions religieuses se réveillèrent plus ardentes que jamais, et parurent aux protestants une occasion favorable pour entrer en lutte avec la cour. Dans plusieurs villes, les réformés étaient insultés ; on renversait leurs temples, on déterrait les morts, on chassait les pasteurs. Un édit avait rétabli, dans le Béarn, la religion catholique. Le roi entra dans cette province avec une armée pour faire exécuter l'édit dans toute sa rigueur. Sully et Duplessis-Mornay firent les plus grands efforts afin de calmer les esprits, tout fut inutile.

Les protestants avaient tenu une assemblée à Loudun, le 15 septembre 1619. Les discussions y avaient été très vives ; elles roulèrent sur l'expédition du roi en Béarn, qu'on paraissait considérer comme une menace de la révocation de l'édit de Nantes.

Les protestants, afin d'avoir plus de sécurité pour leur personne, transfèrent leur assemblée à La Rochelle le 25 décembre 1620. Ils se mettent en hostilité ouverte avec le gouvernement, exercent les actes de la souveraineté et adoptent un sceau particulier. Les résolutions les plus violentes prévalent, malgré les conseils d'une prudente minorité. On offre à Lesdiguières le commandement général des forces de la république protestante. Il refuse et, au lieu de se mettre à la tête de la révolte, il va rejoindre le roi. Le duc de Rohan, son frère Soubise, le duc de Thouars, Bouillon et Mornay invitent les membres de l'assemblée à se séparer momentanément pour donner satisfaction au roi, sauf à ne pas s'éloigner et à se réunir de nouveau, si des mesures étaient prises pour révoquer l'édit de Nantes. Les chefs protestants rejettent cette proposition et répondent qu'on se passerait des grands, s'ils ne voulaient pas prêter leur concours au mouvement qui se préparait. Rohan, Soubise et le duc de Thouars n'osent persister dans leur refus. Ils acceptent. (22 février 1621.)

Le roi, informé des proportions que prenait la révolte, veut essayer d'une dernière tentative de conciliation. Il charge Rohan, Mornay et le duc de Thouars d'engager les chefs des réformés à assister à une conférence qui se tiendrait à Niort, et à leur adresser une lettre de convocation.

La conférence s'ouvrit le 2 mars 1621. Rohan, Soubise et le duc de Thouars se réunirent, à Niort, aux commissaires de l'assemblée et aux députés de la ville de La Rochelle. Il y eut de longs pourparlers, mais on ne put tomber d'accord sur les points principaux, et les calvinistes refusèrent de faire aucune concession. La conférence de Niort cessa donc de s'adresser à ceux *qui ne vouloient que mettre du trouble en l'estat;* pour essayer d'isoler les *attise-feux et trompettes de guerre*, elle adressa une lettre et une déclaration aux habitants de La Rochelle.

La déclaration, après les avoir conjurés d'obéir aux édits et ordonnances du roi, se termine par cette conclusion :

« Messieurs nous vous supplions de considerer amplement
« les perils dans lesquels vous pouriez tumber, s'il faut que
« sa Majesté se resente de vostre desobeissance, mettez,
« mettez vous, en vos devoirs et reconnoissez que nous avons
« un Roy à qui il nous faut obeir, n'encourez point son cou-
« roux et indignation, faicte en sorte que sa Majesté oublie le
« passé, et vous reçoive à misericorde, en vous rangeant
« soubs l'obeissance que vous lui debvee et ce faisant vous
« acquererez l'amitié de ceux (qui vous sont en servant et
« obeissant au Roy) vos serviteurs. » (1)

Cette déclaration, comme il était facile de le prévoir, ne produisit aucun effet; au contraire, elle accéléra le mouvement de la révolte, et les protestants firent des préparatifs pour repousser toute attaque à main armée. La cour, de son côté, rassembla des ressources considérables et reçut du clergé trois millions votés pour le siège de La Rochelle.

Le roi lance une déclaration de lèse-majesté contre tous les réformés qui prendraient part à l'insurrection. L'assemblée de La Rochelle, loin d'être intimidée par cette menace, y ré-

---

(1) Lettre et déclaration de l'assemblée tenue en la ville de Nyort, en Poictou, avec permission du roy, par messieurs de la Religion prétendue réformée, envoyée aux habitans de La Rochelle, sur les affaires du temps.

pond par un manifeste qui justifiait la guerre et par un règlement qui l'organisait. Tous les cercles protestants reçoivent des commandants militaires. Le cercle comprenant la Bretagne et le Poitou est confié à Soubise. Le duc de Thouars a le commandement du cercle formé de l'Angoumois, de la Saintonge et de l'Aunis. La Rochelle seule demeure en dehors des cercles, sous la direction de l'assemblée générale des protestants, qui s'était déclarée en permanence et qui seule pouvait conclure paix ou trêve.

Le 10 mai, le roi arrive à Saumur et enlève le commandement de cette place au loyal et honnête Duplessis-Mornay. On fit entendre à Mornay qu'on lui restituerait le gouvernement de la ville dans trois mois, mais on lui manqua de parole. Le roi quitte Saumur le 17 mai et se rend à Thouars, puis de là il va séjourner à Parthenay pendant quatre jours, avec l'espoir que les chefs protestants, effrayés, demanderaient à négocier. Il n'en fut rien. Le 22 mai, il traverse Fontenay, et le 23 il est à Niort. Il loge dans la maison des pères de l'Oratoire. Une brochure du temps, imprimée à Paris chez Nicolas Alexandre, en 1621, renferme les détails suivants sur l'entrée de Louis XIII à Niort :

« La ville de Niort l'une de celles en lesquelles ceux de la
« religion prétenduë réformée ont leur libre exercice, et qui
« est gouvernée par monsieur de Parabelle, seigneur qui
« n'a jamais receu aucun reproche d'infidelle à son Roy, et
« continuant ceste louable action, a voulu encore manifester
« à Sa Majesté, que bien qu'il estoit de ladite religion, et
« faisoit la mesme profession de ceux qui semblent vouloir
« apporter du trouble en son Estat, qu'il n'avoit jamais
« trampé n'y apporté aucun consentement à leurs concep-
« tions, et qu'aucontraire ils s'estoient tousjours cachez de
« luy de peur de luy donner aucune cognoissance de leurs
« affaires, et que quant à luy il supplioit tres humblement sa
« Majesté de croire de luy, qu'il ne vouloit point ternir l'hon-
« neur que luy avoient acquis ses predecesseurs par leur
« fidelité au service de la couronne de France, et qu'il desi-
« roit vivre et mourir en pareille qualité d'estre fidelle servi-
« teur à sa Majesté.

« Pendant icelle protestation, le Roy ne laissoit de conti-
« nuer son chemin vers ladicte ville, prestant toutesfois

« l'oreille aux parolles que luy faisoit ledit seigneur de Para-
« belle avec une tres-gratieuse et vrayement royalle action.

« Le Roy estant donc arrivé à la porte d'icelle ville, sa
« Majesté feust receuë par les juges et magistrats de ladicte
« ville, et de grandes affluences des habitans qui tous c'es-
« toient preparez au meilleur estat qu'il leur avoit esté possi-
« ble, d'une et d'autre religion, qui tous receurent sadicte
« Majesté avec une tres grande joye : Laquelle apres avoir
« receu tous les complimens qui luy estoient faits de la part
« de tout le corps de la ville, elle feust conduitte au chasteau
« d'icelle ville, qui le jour d'auparavant luy avoit esté preparé.

« Quelque temps auparavant l'arrivée de sa Majesté estoit
« entré en icelle deux compagnies françoises et deux de
« suisses pour avant-garde, qui allerent droict prendre pos-
« session du chasteau et de toutes les clefs des advenues
« d'iceluy, ausquelles l'on planta force corps de gardes, et
« mesme en dresserent un de cent à six vingts hommes soubs
« la halle de ladicte ville, qui est proche du chasteau.

« Lors que le Roy fut arrivé en ladicte ville, ceux de la
« religion pretenduë reformée qui sont grand nombre en
« icelle, ont cesse l'exercice de leur religion, ne voulant parce
« moyen enfraindre l'execution des articles des ordonnances
« qui leur deffendent absoluëment de faire aucune exercice
« de ladite religion pretenduë reformée au lieux où est pre-
« sent sa Majesté, et ny à la suitte de sa cour. »

Ce récit montre que l'entrée de Louis XIII, à Niort, ne fut
l'occasion d'aucune réjouissance publique. L'arrivée de la cour
avec un appareil militaire, les troupes envoyées en avant pour
réprimer tout désordre qui aurait pu se manifester, donnaient
à la présence du roi l'apparence d'une sorte de prise de
possession d'une ville par un vainqueur plus disposé à punir
qu'à accepter des fêtes. Les Niortais avaient cependant mani-
festé des sentiments réels de fidélité. Le 19 mai, quatre
commissaires avaient été envoyés par la ville, à Parthenay,
pour saluer le roi. Ces commissaires étaient les sieurs Savignac, Dabillon, Symon et Angevin, qui reçurent de Louis XIII
un bon accueil.

Louis XIII ne rencontra, dans le faubourg de Fontenay,
que quatre compagnies avec des capitaines, lieutenants et

enseignes pris dans le corps de ville. Les maire, échevins et pairs ne s'étaient avancés que jusqu'à la porte du hâvre, c'est-à-dire du port, pour recevoir le roi.

Parabère resta gouverneur de la ville. Il était protestant, mais il faisait passer son devoir avant tout. Le roi connaissait son noble caractère et ne voulut point lui enlever ce commandement; cependant il se montra très froid dans ses rapports avec lui, et s'entoura de précautions de nature à blesser un loyal serviteur.

Louis XIII, pendant son séjour à Niort, rendit plusieurs ordonnances, entre autres celle du 27 mai qui déclarait la ville de La Rochelle, celle de Saint-Jean et tous les adhérents de l'assemblée, criminels de lèse-majesté, et celle du 1er juin qui transférait à Marans le présidial et les autres juridictions de La Rochelle.

C'est à Niort que Louis XIII reçut le baron de la Haye, ambassadeur de la Grande-Bretagne, chargé d'informer Sa Majesté que le roi d'Angleterre ne soutiendrait pas les protestants dans leur insurrection.

Le 1er juin, le roi quitte Niort pour assister au siège de Saint-Jean-d'Angély. Cette ville était défendue par le baron de Frontenay. Le roi est, le 2 juin, à Chizé; le 3 il arrive devant la place assiégée, qui capitule après un siège de 20 jours. Saint-Jean eut ses fortifications rasées.

Une compagnie de la milice bourgeoise de Niort se fit remarquer, pendant ce siège, par sa bravoure. Le roi, pour la récompenser, lui accorda le titre de régiment de *Royal-Niort*. Ce régiment devait être composé en nombre égal de catholiques et de protestants.

La ville de Niort comptait 2,000 feux environ, qui ne pouvaient fournir plus de 1,200 hommes pour un service actif. Dans son ordonnance, M. de Parabère les répartit en douze compagnies,

« Pour, par ce moyen, dit-il, fatiguer moins les habitans et qu'ils se rendent plus gayement à leur devoir et aussi que dans ce nombre de douze on y employe plus d'honnetes gens pour le commandement avec moins de jalousie pris de la maison de ville selon leur reception et ordre de tout temps accoutumé ; scavoir six compagnies dont les capitaines et enseignes seront catholiques et les lieutenants et sergents de la religion (protestante); des autres six les capitaines seront de la dite religion, et les lieutnants et sergents catholiques, tellement qu'une compagnie suffira pour la garde ordinaire, qui doublera ou triplera selon les occasions. »

Voici la composition de ces compagnies :

COMPAGNIES CATHOLIQUES.

Guillaume Girauldeau, sieur de la Pigeonnière, capitaine ; François Texier, lieutenant ; Louis Coyault, sieur de Ste-Marie, enseigne ; Jean Bastard, sieur de la Mellezerie et élu capitaine ; André Hersant, lieutenant ; René Chargé, enseigne ; Pierre Viault, sieur d'Aigonay, capitaine ; André Fretault, capitaine ; Pierre Brault, enseigne ; Antoine Chargé, capitaine ; André Dabillon, sieur de l'Imbaudière, capitaine ; Jacques Gracien, capitaine ; Jean Chaubier, enseigne ; Jean Gautier, lieutenant ; René Morin, enseigne ; Guillaume Pastureau, sieur des Rochers, capitaine ; Jean Roulland, lieutenant ; Philippe Chargé, enseigne.

CAPITAINES DE LA RELIGION PRÉTENDUE RÉFORMÉE.

Jerôme Avice, sieur de la Chaurrée, capitaine ; Odet Chanson, commissaire de l'artillerie, lieutenant ; Jean Gaugaing, enseigne ; Jerôme Sacher, sieur de la Salle, capitaine ; Guillaume Simon, sieur de la Figerasse, lieutenant ; Philippe Mestivier, enseigne ; Etienne Savignac, sieur du Vieux-Fourneau, capitaine ; Toussaint de la Rivière, sieur de Lometrou, lieutenant ; Simon Bouhault, enseigne ; Nicolas Gallet, sieur de la Roche, capitaine ; Etienne Jouslard, sieur de la Reigle, président en l'élection ; Louis Isambard, enseigne ; Laurent Coyault, sieur du fief Fourneau, capitaine ; Jacques Pastureau, sieur des Granges, élu lieutenant ; Pierre Mestivier, enseigne ; Philippe Chalmot, sieur de la Briandière, capitaine ; Pierre de Villiers, sieur de Chantemerle, élu lieutenant ; Jean Mesmin, enseigne.

« Et, ajoute l'ordonnance, pour le regard des habitans du fauxbourg appellé le port qui est d'importance ou il y a nombre d'habitans seront laissés pour y servir aux occasions ainsi qu'il sera avisé par le dit sieur de Parabère, ou le dit sieur maire en son absence. »
(A. H. V. — D. F.)

Le 1er juillet, une ordonnance royale remplace André Dabillon, sieur de l'Imbaudière, capitaine catholique, qui ne résidait pas à Niort, par le sieur Laurens, lieutenant-général au siège de Niort.

La formation du régiment *Royal-Niort* était non-seulement un honneur pour la ville, mais aussi une cause de sécurité. Les derniers troubles avaient répandu dans les campagnes une foule de malfaiteurs, vagabonds et déserteurs, qui ne vivaient que de brigandage. Ils venaient jusqu'aux portes de Niort pour enlever les habitants isolés, les voler, les rançonner et même les assassiner. Une délibération du corps de ville, du 14 juin 1621, expose en ces termes le triste tableau de la situation des Niortais :

« Et ce fait ont les dits fabriqueurs proposé et fait entendre aux assistans que journellement ou a des avis qu'il y a des coureurs ou voleurs qui rodent ès environ de cette ville pour prendre les habitans qui sortoient d'icelle ou les voler, et davantage qu'il y a gens de guerre sortis de La Rochelle qu'on estime avoir l'œil et dessein sur cette ville. Ont tous les dits habitans été unanimement d'avis qu'il en soit parlé à M. de Parabère gouverneur de cette ville et le supplier d'y donner ordre et aux gardes de cette dite ville ce que l'instant a été éxécuté par nous dit maire assisté des dits Viault et Texier échevins, Bidault et Bardon pairs, et Fradet marchand, les quels quelques supplications et remontrance qu'ils auroient pu faire à mon dit sieur de Parabère ne l'auroient pu disposer à faire faire les gardes comme il faisoit auparavant l'entrée de sa Magesté en cette ville, au moyen de quoi la plupart des dits habitans qui auroient attendu au dit parquet royal la réponse du dit sieur de Parabère, auroient été d'avis de se pourvoir par devers sa Magesté, et à cette fin depputer nobles hommes. » (A. H. V. — D. F.)

M. de Parabère se bornait à maintenir l'ordre à l'intérieur de la ville, mais il ne s'occupait nullement de surveiller les environs. Le nouveau régiment fut chargé de garder les portes et de faire des battues dans la banlieue. Il rendit ainsi un grand service aux habitants et surtout au commerce, qui voyait toutes les marchandises volées et pillées, dès qu'elles sortaient des murs de la ville. On put jouir ainsi d'une sécurité qu'on ne connaissait plus depuis longtemps.

FAITS ET DOCUMENTS DIVERS.

Le duc d'Epernon, à la tête de 300 gentilshommes, favorise l'évasion de la reine-mère de Blois. Louis XIII en donne avis au gouverneur du Poitou, avec ordre de prendre toutes les mesures nécessaires afin d'empêcher un mouvement dans cette province. M. de Montholon, qui remplissait ces fonctions, envoie au corps de ville de Niort la lettre du roi, en l'accompagnant de cette recommandation :

« Messieurs vous aurés sçu par les bruits communs comme la reine mère s'est retirée de Blois, dont le roi ayant eu avis il m'a fait entendre son intention sur cette occurence pour celle qu'il lui a plu de m'écrire, laquelle m'ayant commandé de vous faire entendre, j'ai estimé ne le pouvoir mieux faire que par le double de sa lettre même que je vous envoye. Vous vous conformerés à sa volonté et me ferés sçavoir la reception de celle cy, vous assurant que l'occasion se presentant de faire chose qui vous donne contentement, vous trouverez que je suis Messieurs votre très affectionné serviteur, de Montholon. De Poitiers le 27 février 1619, et au dos est écrit à Messieurs, Messieurs les maire et échevins de la ville de Niort à Niort. » (A. H. V — D. F.)

Le 8 décembre 1620, une délibération de l'hôtel-de-ville de Niort est prise, afin d'empêcher que la rivière de Sèvre ne soit chargée de nouveaux droits ou impôts à la décharge de St-Jean-d'Angély.

Janvier 1621. — PAUVRES DE L'HÔPITAL. — « Sur la remontrance faite par Maronneau, sindic, disant que me Jean Roulland, à présent aumônier, fait refus de bailler deniers tant pour nourrir les pauvres malades à l'hôpital, que pour autres pauvres qui n'ont été payés au dernier cartier, au moyen de ce que le dit aumonier disoit n'avoir denier, a été conclu que le dit Roulland, aumonier, empruntera jusqu'à la somme de soixante livres tournois, pour frayer pour les pauvres en attendant qu'on poursuivra ceux qui doivent du reliqua au desir des assemblées dernières. » (A. H. V. — D. F.)

SERVICE DE LA CHAPELLE DE L'AUMONERIE. — « Sur la requête des religieux cordeliers de cette ville, a été conclu qu'ils seront payés de dix livres qu'ils ont accoustumé d'avoir pour le service qu'ils font en la chapelle de l'aumônerie de cette ville, et ce pour l'année échue à Noel dernier, et ce par le dit Roulland, aumonier, qui lui seront allouées en son compte, rapportant la présente et quittance des cordeliers. » (A. H V. — D. F.)

La résistance des protestants, assiégés dans Saint-Jean-d'Angély, était très vive et ils faisaient éprouver de grandes pertes aux troupes du roi. Le nombre des blessés était si considérable, qu'il fallut réquisitionner de tous côtés afin de pouvoir établir un hôpital dans le camp. Le 3 juin 1621, la municipalité de Niort reçut une lettre des commissaires généraux des vivres au camp, qui réclamaient l'envoi d'urgence d'objets de literie pour les blessés. Le corps de ville décide que « seront contraints les marchands et autres habitans particuliers de cette ville qui ont des matelas ou etoffes pour en faire, de fournir promptement es mains de Mr Gilles Paignem, la quantité de quinze matelas, quinze couvertes, quinze traversiers et quinze paillasses de trois pieds de large ou environ, avec soixante linceuls de pareilles proportions pour servir à partie de l'ameublement de l'hopital des blessés du camps de Saint-Jean, et à ce faire y seront contraints au desir de la dite ordonnance par toutes voies et par corps, attendu que ces pour la necessité du service de Sa Magesté, en payant par le dit Paignem le prix raisonnable pour la dite fourniture. BERLOUIN, maire. » (A. H. V. — D. F.)

— 261 —

Juin 1621. — M. Avice quitte le nom de s^r de la Chaurrée pour prendre celui de s^r de Mougon. « Le dit Avice, échevin, a déclaré qu'il prend la qualité de sieur de la Chaurrée par ce que dès il y a longtems il a transporté la dite sieurie de la Charrée au sieur Coutocheau, marchand de cette ville, et qu'il prend la qualité de sieur de la Cour de Mougon et fief de la Vigerie. » (A. H. V. — D. F.)

14 juin 1621. — Une requête des habitants de Fontenay, pour obtenir une juridiction consulaire, souleva une vive opposition de la part du corps de ville de Niort. Dans les humbles remontrances envoyées au roi, on dit « qu'il n'y a nulle apparence de prétendre l'établissement de la dite juridiction consulaire à Fontenay, vu qu'il y en a trois établies en la province de Poitou, et que plus de juridiction seroient plutôt onéreuses que profitables au public. » Le corps de ville, dans sa séance du 14 juin, prend la résolution suivante :

« Après que lecture a été faite de la dite requête des dits habitans de Fontenay, pour l'obtention de la juridiction consulaire au dit Fontenay, ont tous unanimement approuvé la résolution prise ce matin en l'assemblée du dit corps et college de cette ville cy-dessus a été conclu de leur avis que très humbles remontrances seront faites au conseil de Sa Magesté que les dits habitans de Fontenay ne peuvent prétendre l'établissement de la dite jurisdiction consulaire au dit Fontenay, vu le peu de distance qu'il y a de cette ville au dit Fontenay et de La Rochelle, et que tant de jurisdiction seroient plutôt onéreuses que profitables au public, et ont les dits habitans donné pouvoir aux dits fabriqueurs de passer et envoyer procuration à un avocat au dit conseil de Sa Magesté, pour faire humble remontrance et s'opposer partant que besoin sera à la dite requête des dits habitans de Fontenay, et a été conclu que les frais seront faits et avancés par le fermier greffier de la jurisdiction consulaire de cette ville, sauf à répeter contre le propriétaire du greffe ou amandes. » (A. H. V. — D. F.)

Dans cette même séance, le corps de ville décide « que les frais faits pour l'entrée de Sa Magesté seront payés par le receveur des deniers d'octroy de céans, sur le mémoire des commissaires nommés à l'assemblée dernière, présentés, les quels montent le tout la somme de six cent soixante-deux livres dix-sept sols huit deniers, qui lui sera allouée en son compte, rapportant la présente et les dits mémoires. » (A. H. V. — D. F.)

27 juin 1621. — SUPPRESSION DU PAPEGAULT A NIORT. — Par suite de l'organisation du régiment de Niort, Louis XIII révoque la permission qu'il avait accordée aux habitants de cette ville de s'assembler en armes pour tirer au Papegault. « J'ai jugé à propos pour plusieurs considérations de supprimer et révoquer la permission qu'aucuns habitans de la dite ville avoient cy devant obtenue de s'assembler en armes pour tirer au Papegault, et comme la jugeant préjudiciable au repos de la dite ville, et en ay fait expédier mes lettres patentes que je vous envoye pour être enregistré au greffe de

la justice d'icelle, afin qu'ensuite on les fasse observer, je vous prie donc d'avoir cela en recommandation. Ecrit au camp de Saint-Jean-d'Angely, ce 27 juin 1621, signé Louis, et au dessus à M. de Parabère, conseiller en mon conseil d'état, capitaine de cent hommes d'armes de mes ordonnances et gouverneur de Niort. » (A. H. V. — D. F.)

En 1621, Niort avait 2,000 feux et comptait 9,000 âmes, deux tiers de catholiques et un tiers de protestants.

Les grandes familles du pays, élevées à la noblesse par l'échevinage, disparaissaient. En 1621, on voyait inscrite au bureau de bienfaisance la descendante d'une des meilleures familles municipales, Diane Turquex.

CHAPITRE XIX.

Sommaire. — Louis XIII laisse des troupes en Poitou pour empêcher de nouveaux troubles. — Niort est occupé par trois compagnies du régiment de Saint-Vivien. — Lettre de Louis XIII pour en donner avis au gouverneur de Niort. — M. de Parabère voit là un acte de défiance ; lettre du roi qui le rassure. — Louis XIII envoie une lettre explicative au corps de ville, pour lui déclarer que cette garnison n'a pour but que de veiller à la sûreté de la place. — Commission nommée pour répartir les officiers et les soldats chez les habitants. — Arrivée à Niort des trois compagnies de M. de Saint-Vivien. — Réclamation du maire pour la garde des portes de la ville ; réponses du roi au gouverneur et à la municipalité. — Remplacement de deux pairs de la ville. — La municipalité vote une adresse au roi, pour lui demander la démolition des fortifications élevées à Magné et à Maillezais. — Plaintes élevées contre les soldats de la garnison. — Des soldats, atteints de maladie contagieuse, sont envoyés à l'hôpital de Niort. — Dissentiments entre la municipalité et le gouverneur au sujet des franchises, droits et privilèges du corps de ville. — Lettres du roi pour inviter à la conciliation les deux parties. — Députation envoyée à Poitiers, le 4 janvier 1622, par l'échevinage, pour saluer le roi à son passage dans cette ville.

Louis XIII s'était emparé des villes de l'ouest révoltées, mais il savait que leur soumission n'était qu'apparente et que l'agitation recommencerait dès qu'il se serait éloigné de cette contrée avec son armée ; aussi, il prit la résolution de laisser des troupes dans le Poitou. Trois compagnies du régiment de Saint-Vivien reçurent l'ordre de garder la ville de Niort sans occuper le château.

Le roi, en faisant connaître sa détermination à M. de Parabère, gouverneur de Niort, lui disait dans une lettre datée du 3 juillet 1621 :

« J'ai don resollu de laisser pour cet effet en ma dite province de Poitou le régiment que j'ai naguère fait lever sous le nom de sieur de Saint-Vivien, et en loger trois compagnies en ma ville de Niort pour prendre soin de la garde d'icelle, et pour ce que mon intention n'est pas que les dites compagnies s'entremettent en sorte quelconque de ce qui est de la garde du château dont je me confie entièrement sur vous et sur ceux que vous choisirés pour cet effet, estimant qu'il est très à propos d'en augmenter aussi la garnison ordinaire. J'ai avisé d'y faire mettre encore cinquante soldats outre ce qui y est, lesquels vous ferés lever et choisir tels que bon vous semblera et que vous jugerés être plus a propos pour me servir en cette occasion ; et donnerés ordre à ce qu'ils soient au plutôt mis sur pied afin que vous les puissiez loger dedans pour demeurer en un entier repos de ce coté là ; et moi je donnerai ordre de faire pourvoir à l'entretennement d'iceux afin qu'il n'y ait aucun manquement ; encore que j'aye résolu tout ce que dessus comme chose que j'estime très importante au bien de mon dit service, je n'ai voulu pourtant la mettre en exécution ni faire partir les dites compagnies pour entrer dans ma dite ville sans au préalable vous en avoir donné avis, tant pour vous prier de prendre soin de la levée des cinquante soldats que à disposer les dits habitans de la dite ville à recevoir les dites trois compagnies, lesquelles je ne fais état d'y laisser le moins que je pourrai, et tout au plus pendant le temps que ce mouvement durera ; pour cet effet je dépêche vers vous le sieur de Guillaumont qui vous verra de ma part et vous entretiendra particulièrement sur ce sujet, je vous prie de lui donner toute créance et m'en remettant sur lui comme de toutes autres occurances de deça. Je prie Dieu monsieur de Parabère vous avoir en sa sainte garde. Ecrit à Cognac le troisième jour de juillet mil six cent vingt un, signé Louis et plus bas Phelippeaux, et au dessus à M. de Parabère conseiller en mon Conseil d'Etat capitaine de cent hommes d'armes de mes ordonnances et gouverneur de Niort. » (A. H. V. — D. F.)

L'annonce de l'envoi de ces trois compagnies à Niort causa de vives préoccupations à M. de Parabère, qui voyait là un acte de défiance. Le roi s'empressa de le rassurer par une lettre des plus bienveillantes, dont voici le texte :

« Monsieur de Parabère j'ai reçu vos lettres du quatre de ce mois (4 juillet 1621) par lesquelles je vois l'oppinion que vous avez conçue que je suis entré en quelque deffiance de votre fidélité, je vous prie d'oter cette impression de votre esprit et de croire que je reconnois en avoir reçu des preuves trop signalées pour y apporter du doute, et que je n'ai point de serviteur en mon royaume de la fermete et affection duquel j'aye le plus sujet de me louer. Quant à ce qui regarde le logement de trois compagnies que j'ai résolu de mettre en garnison à Niort, c'est chose que j'ai estimé nécessaire sur ces occurances étant averti de divers endroits des entreprises qui sont formées sur quelques places de ces quartiers et ne puis m'éloigner que vous y deviez prendre aucun ombrage puisque je laisse les dites compagnies sous votre autorité et commandement et pour faire tout ce que vous leur ordonnerés pour le bien de mon service et la conservation et sureté de la dite place. Je vous prie donc de n'avoir point de mécontentement sur ce sujet ; et pour le regard de ce que vous me mandés touchant la capitainerie du sr de l'Imbaudière que j'avois destiné au sr Laurent lieutenant à Niort, à la vérité j'en avois disposé de cette sorte sur ce que j'avois été averti qu'il ne faisoit pas sa résidence en la dite ville, mais puisque vous m'assurés qu'il s'acquittera dignement de cette charge, je trouve bon qu'il y demeure et qu'il s'employe comme les autres à ce qui sera du bien de mon service et de la conservation de la dite ville sous mon obéissance, c'est ce que je vous manderai en réponse des vos dites lettres vous assurant du contentement que j'ai de votre conduite et de mon entière bienveillance en votre endroit ; sur ce je prie Dieu M. de Parabère vous avoir en sa sainte garde. Ecrit à Barbezieux le 6 juillet 1621. Signé, Louis. » (A. H. V. — D. F.)

A la même date, Louis XIII adressait une lettre explicative au corps de ville de Niort, qui déclara être prêt à obéir à la volonté de Sa Majesté, et ordonna l'insertion de cette lettre au papier secrétarial. Nous en donnons le texte :

« Chers et bien amés étans avertis de divers endroits des entreprises qui ont été projettées sur mes villes et places du Bas Poitou, nous avons résolu de mettre en garnison en notre ville de Niort trois compagnies du régiment de Saint-Vivien pour la sureté et conservation de la dite place ; c'est pourquoi nous vous faisons cette cy pour la quelle nous vous mandons que vous ayés, à les y recevoir, loger et leur administrer les vivres et autres choses qui leur seront nécessaires en payant de gré à gré selon les taux qui seront faits avec vous par le commissaire ordonné à la conduite du dit régiment, auquel nous avons commandé de faire vivre les dites compagnies en si bon ordre et police que vous n'en recevrez aucune foulle ni oppression, si n'y faites faute, car tel est notre plaisir. Donné à Barbezieux le 6 juillet 1621. Signé Louis et plus bas PHELIPPEAUX et au dessus à nos chers et bien amés les maire et échevins et habitans de notre ville de Niort. La dite lettre est demeurée par devers nous dit Angevin maire. » (A. H. V. — D. F.)

Plusieurs échevins prétendirent être exempts de loger des gens d'armes ; mais cette prétention ne fut pas admise, et le maire lui-même s'empressa de déclarer qu'il en recevrait dans son hôtel. Une commission fut nommée pour répartir les officiers et les soldats chez les habitants. Elle se composait des sieurs : Girauldeau, Coutocheau, Bidault, Ferré, Gauguin, Vivien, du maire et du syndic.

Ce fut le 10 juillet 1621 que les trois compagnies de M. de Saint-Vivien vinrent occuper Niort et reçurent la garde des portes. Le corps de ville réclama et prit la délibération suivante, dans son assemblée extraordinaire du 12 juillet 1621 :

« Sur la remontrance de Coyault sindic disant que la présente assemblée a été convoquée sur les difficultés qui se rencontrent à l'établissement des gardes que doit faire la garnison des trois compagnies le jour d'hier amenées en cette ville par le sr de Saint-Vivien. A été par tous délibéré et par nous conclu à la pluralité des voix que M. de Parabère gouverneur de cette ville sera supplié de laisser les trois portaulx de cette ville aux habitants d'icelle qui y feront les gardes ordinaires, et ceux de la religion aux autres corps de garde ; ce qui a été fait à l'instant et nous sommes transportés avec les dessus dits echevins et pairs au chateau de cette ville pour avoir sur ce la volonté de mon dit sr de Parabère, qui a trouvé bon que l'on députât vers Sa Majesté pour en avoir sur ce plus particulièrement sa volonté ; et par ce avons aussi à l'instant retourné au dit corps de ville ou les voix de nouveau colligées sur les prétentions de nous dit maire et du sr de Saint-Vivien envoyé pour aider à faire les gardes, tant pour l'ordre des dites gardes que pour le mot en absence du dit sieur de Parabère, ont été députés à la pluralité des voix vers sa dite Majesté les dits srs Berlouyn echevin maire antran et Coyault sindic qui supplieront très humblement Sa Majesté vouloir conserver les dits maire et habitants ès prérogatives et prééminences appartenans aux dits maire et echevins pour la garde de cette dite ville ; et cependant a été aussi conclu à la même pluralité des voix que ou mon dit sr de Parabère viendroit à partir de cette ville avant que sa dite Majesté eut ordonné sur les prétentions que nous dit maire ne prendront le mot du dit sr de Saint-Vivien, ainsique nous le donnerons aux capitaines et soldats qui nous ont été donnés que pour aider à faire les dites gardes aux dits habitants de cette dite ville, ausquels sera payé et baillé la somme de quatre vingt dix livres tournois par le receveur des deniers communs de céans Me Etienne Vivien qui lui sera alloué en son compte, rapportant la présente et quittance des dits sieurs ou l'un d'eux. ANGEVIN maire. (A. H. V. — D. F.)

Le roi s'en rapporta à M. de Parabère, pour prendre une décision au sujet de la réclamation du corps de ville de Niort, et il lui écrivit :

« Monsieur de Parabère, j'ai appris par les lettres que vous m'avez écrites le soin que vous avez eu de satisfaire à ce que je vous avois mandé touchant le logement des trois compagnies du sieur de Saint-Vivien, que j'ai envoyées à Niort, et l'ordre que vous avez donné pour leur garde, leur ayant baillé les trois corps de gardes des portaux, et laissé aux habitans les quatre autres. Depuis, j'ai seu les plaintes et protestations des maire et habitans de la dite ville de Niort sur ce suget, lesquelles j'ai fait représenté à mon conseil ou chacun a loué et approuvé ce que vous avez ordonné, vous tiendrés donc la main à ce que les dits portaux soient gardés par les dites compagnies, selon l'établissement que vous en avez fait et que les habitans de la dite ville s'y accommodent, et pour le regard du mot je trouve bien à propos que en votre absence lorsque le dit sieur de Saint-Vivien se trouvera en personne en la dite ville ou les capitaines en chef des dites compagnies qu'ils y donnent le mot, ainsi qu'il s'est pratiqué autrefois, et lorsqu'il n'y aura que les lieutenants et autres membres des dites compagnies, ils le prendront du maire de la dite ville ; c'est l'ordre que j'ai avisé d'avoir à prescrire et auquel je me suis d'autant plus volontiers arrêté qu'il m'a semblé que vous ne vous éloigneriés pas de la même opinion. Vous tiendrés donc la main de le faire observer, et s'il échet quelque autre difficulté ou différent, je trouve bon que vous le jugiés et en ordonnés ainsi que vous le verrés plus à propos, étant si bien informé de votre longue expérience en semblables affaires et de la sincérité de votre affection ou bien de mon service ; que j'approuveray toujours tout ce que vous en ordonnerés et m'en remettrai volontiers sur votre prudence, vous priant de faire sçavoir aux uns et aux autres sur cela qu'ils auront à faire. Au surplus, je vous dirai que voyant l'opiniatreté et rebellion de ces habitans de Clairac, je me suis résolu de les assieger et ay commencé ce jourdhui de les faire investir et loger mes troupes proche de la dite ville dont j'espère que Dieu me donnera bon succès. Je prie Dieu, M. de Parabère, vous avoir en sa sainte garde. Ecrit à Tonneins, ce 23e jour de juillet 1621. Signé LOUIS, et plus bas PHELIPPEAUX, et au dessus à Mr de Parabère, conseiller en mon conseil d'Etat, capitaine de cent hommes d'armes de mes ordonnances et gouverneur de Niort. » (A. H. V. — D. F.)

Le même jour, à la date du 23 juillet, le roi écrivit à la municipalité de Niort pour la prévenir qu'il avait fait connaître son intention au gouverneur. Voici cette lettre :

« Chers et bien amés, après avoir entendu vos prétentions et les plaintes que vous faites sur le suget du logement des trois compagnies que nous avons envoyées à Niort, nous faisons sçavoir au sieur de Parabère ce qu'il est de notre intention pour ce regard, afin de vous le faire entendre, à quoi nous vous mandons et ordonnons de vous conformer et de vivre avec les dites compagnies en l'amitié et bonne correspondance qui est requise pour votre propre sureté et conservation. Donné à Tonneins, le 23e jour de juillet 1621. Signé LOUIS, et plus bas PHELIPPEAUX, et au dessus à nos chers et bien amés les maire et échevins de notre ville de Niort. » (A. H. V.— D. F.)

Par suite de la décision de M. de Parabère, la garnison conserva la garde des portes. Les habitants furent laissés en possession des corps de garde.

Des résolutions très importantes furent adoptées dans l'assemblée du corps de ville, tenue en la maison commune le 6 août 1621.

On procéda au remplacement de deux pairs de la ville. Il s'agissait de donner des successeurs au sieur Bertrand, tué à Saint-Jean-d'Angély en portant les armes contre le roi, et à Coyault, qui avait accompagné son oncle dans cette ville. René Morin et Pierre Racapé furent élus pairs.

L'assemblée vota ensuite une adresse au roi pour lui demander la démolition des fortifications élevées à Magné et à Maillezais, comme préjudiciables à la liberté publique, au commerce et à la navigation de la Sèvre. Elle décida que, dorénavant, la retraite serait sonnée à 9 heures du soir en été, et à 8 heures en hiver, avec défense à toute personne de circuler, passé cette heure, à moins de nécessité absolue et sans lumière. Il fut enjoint aux habitants de faire connaître, tous les soirs, les noms de leurs hôtes, sous peine d'amende pour la première fois, et de prison pour la récidive.

Des plaintes s'élèvent contre les soldats en garnison à Niort, qui perçoivent un sol par charrette entrant en la ville, volent le bois et la paille qu'on amène, et vont piller les villages voisins. Défense est faite de leur acheter aucune chose mal acquise.

Un emprunt de 200 livres tournois est contracté pour subvenir au soulagement des soldats, qui arrivent malades et sont reçus à l'hôpital, où il en meurt beaucoup. Des mesures de précaution sont prises contre les maladies contagieuses. Ne semble-t-il pas que nous soyons dans les derniers mois de l'année 1870, où la guerre avec la Prusse encombrait l'hôpital et les ambulances de Niort de malades et de blessés? Les guerres amènent toujours les mêmes calamités.

D'assez vifs dissentiments avaient éclaté entre le corps de ville et le gouverneur, au sujet de franchises, droits et privilèges dont jouissaient les maire et échevins. Le roi intervint pour calmer les esprits, surtout dans un moment où il avait tout intérêt à ne pas mécontenter les Niortais. Il écrivit à M. de Parabère pour mettre fin à ces querelles locales :

« Monsieur de Parabère, j'ai entendu ce qui m'a été représenté de votre part, touchant les petites altercations qui sont entre vous et les maire et échevins de ma ville de Niort, et vu aussi ce qui est de leurs raisons et prétentions sur ce suget, je reçois beaucoup de déplaisir de ces mauvaises intelligences, et m'a semblé que vous ni les autres n'avés point de juste raison d'en venir aux aigreurs. Je vous dirai sur cela que mon intention est que vous laissiés jouir les dits maire et échevins des franchises, droits, privilèges et prérogatives qui leur ont été concédées, comme aussi je désire et entends qu'ils vous reconnaissent pour leur gouverneur, et qu'en cette qualité ils vous obéissent en tout ce qui sera de la sureté et conservation de la dite ville ; et vous rendent les hommages et respects qu'ils doivent non seulement à votre charge, mais à votre mérite et à la recommandation de vos anciens et fidèles services, et croy que se comportant en votre endroit en cette sorte, et vous les laissant dans leurs petits droits, que ma dite ville demeureroit en grand repos et tranquilité. Je vous prie de contribuer pour cet effet tout ce qui dépendra de vous, et s'il est nécessaire d'aporter quelque règlement sur ces affaires je commanderai au sr Daujay, conseiller en mon conseil d'Etat et me des requêtes ordinaires de mon hotel, qui est par delà, de se transporter en la dite ville pour s'informer et prendre connoissance sur le lieu de vos prétentions et des leurs, pour sur son rapport en ordonner ce qui sera de raison, ne doutés point que sur cette occasion je ne mette en bonne considération ce qui est de vôtre fidélité et affection au lieu de mon service, et que je ne vous témoigne la confiance que j'ai en vous et ma bonne volonté en votre endroit. Sur ce je prie Dieu, monsieur de Parabère, vous avoir en sa sainte garde. Ecrit au camp, devant Montauban, le premier jour de septembre 1621. Signé LOUIS. » (A. H. V. — D. F.)

Quelques jours après l'envoi de cette lettre, Louis XIII en adressa une autre, datée du 11 septembre 1621, aux maire et échevins de Niort, en faisant appel à la conciliation. Voici le texte de cette lettre :

« Chers et bien amés, nous l'avons entendu par vos députés ce qu'ils nous ont remontré en votre nom touchant les différents qui sont entre le sieur de Parabère et vous, et vu aussi ce qu'il nous a mandé et fait représenter sur ce suget, sur quoi nous vous dirons que nous sommes fort déplaisans que ces mauvaises intelligences apportent de l'altercation au repos et tranquilité que nous desirons être en notre ville de Niort, et comme notre intention est que vous soyés maintenant en vos droits, franchises et privilèges, aussi voulons nous et vous commandons très expressement de reconnoitre le dit sieur de Parabère comme votre gouverneur, lui obéir en tout ce qu'il vous ordonnera et rendre à sa charge, à son âge et mérite, et à la recommandation de ses anciens et fidèles services, les honneurs et respects que vous êtes obligés, et même vous enjoignant de ne prendre aucune résolution pour le fait des gardes et autres choses qui regardent le fait des armes et la sureté et conservation de la dite ville, que vous n'en confirés avec lui et recevrés sur ce suget l'ordre qu'il vous donnera comme dépendant de sa charge ; comme aussi nous mandons au dit sieur de Parabère de vous laisser jouir en toute liberté des droits, privilèges, franchises et pouvoirs qui vous sont attribués, ce que nous voulons croire qu'il satisfera.

En cette manière vous pourrés vivre en bonne amitié et intelligence, et néantmoins pour donner ordre sur ce qui pourroit être arrêté entre le dit sieur de Parabère et vous, nous commandons au sieur Daultry, conseiller en notre Conseil d'Etat et me des requêtes ordinaires de notre hotel, de se transporter en la dite ville et prendre connoissance des prétentions et plaintes des uns et des autres, pour nous en faire rapport et ordonner ce que de raison et même y pourvoir par provision, cependant comportés vous en sorte à l'endroit du dit sieur de Parabère qu'il n'aye occasion d'en faire plainte, comme aussi nous vous promettons que de sa part il se conformera à ce que nous lui avons commandé pour ce suget. Donné au camp devant Montauban, le 11 septembre 1621. Signé Louis. » (A. H. V. — D. F.)

Louis XIII avait alors à se préoccuper d'intérêts autrement graves que ces petites querelles. Elles continuèrent cependant. Ainsi, le 1ᵉʳ octobre 1621, M. de Parabère convoque le corps de ville et lui fait notifier de mettre en délibération la question des plaintes adressées au roi contre son administration. Il demande à connaître les auteurs de ces plaintes. Les échevins déclarent ne s'être jamais plaints de leur gouverneur, et être très satisfaits de son administration. Le maire présente des observations et refuse de signer le procès-verbal.

Cet antagonisme entre le gouverneur et le maire ne fut pas de longue durée. Il devait être apaisé le 4 janvier 1622, époque où Louis XIII traversa Poitiers, car la députation envoyée par l'échevinage de Niort dans cette ville, n'eut pour mission que de saluer le roi à son passage, sans lui porter aucune réclamation. Cette députation se composait de P. Girauld, sieur de la Pigeonnière, de A. Dabillon, sieur de l'Imbaudière, échevins, et de la Rivière et Coyault, pairs. Louis XIII lui fit le meilleur accueil. Il s'entretint longuement, avec les députés, des intérêts de la ville de Niort, et les renvoya charmés de cette réception, qui produisit sur la population niortaise une excellente impression.

CHAPITRE XX.

Sommaire. — Révolte de Rohan-Soubise, baron de Frontenay ; il établit son quartier-général dans l'île de Rié. — Louis XIII marche contre les révoltés, pénètre avec son armée dans l'île de Rié, et met en fuite Rohan-Soubise et ses troupes, qui sont taillées en pièces. — Louis XIII se rend à Niort et forme un conseil de guerre pour juger les prisonniers. — La reine-mère arrive à Niort. — Plaintes et griefs des Niortais catholiques et réponses faites par le roi. — Louis XIII invite M. de Parabère à opérer l'union des deux partis religieux. — Lettre du roi, écrite de Chizé au corps de ville de Niort, portant ordre de nommer un maire catholique ou de continuer l'ancien. — Le corps de ville obéit. — Lettre du roi annulant la nomination du maire, parce que les formes accoutumées n'ont pas été suivies. — Le corps de ville présente trois candidats. — Siège de La Rochelle. — Six compagnies du régiment de M. du Châtellier, atteintes de maladies contagieuses, sont envoyées à Niort ; protestation des habitants. — Le corps de ville prend la résolution de ne pas recevoir ces compagnies, mais il y est forcé. — Dures réquisitions qui frappent les Niortais. — Mesures prises contre les pillards qui dévastaient le Poitou. — La paix de 1622. — L'impôt sur le sel soulève une vive irritation ; le corps de ville de Niort réclame. — Le roi ordonne la décharge de cet impôt. — Délibération du corps de ville pour remercier le roi. — Ordonnance royale qui prescrit aux Niortais de désigner trois candidats catholiques pour la charge de maire. — Les Frères de la Charité introduits comme gardiens à l'hôpital ; leur installation. — Procès-verbal de l'installation des Oratoriens.

Le baron de Frontenay, Rohan-Soubise, lors de la capitulation de Saint-Jean-d'Angély, avait pris l'engagement de ne jamais porter les armes contre le roi. Il ne tint point sa parole et, sous le prétexte que son frère le duc de Rohan n'avait pu obtenir une paix générale pour les églises réformées, il viola son serment. Le 8 novembre, il s'empare de l'île d'Oleron, puis il se rend maître des Sables-d'Olonne et du château de la Chaume. Ensuite il établit son quartier général, avec environ 7,000 hommes, dans l'île de Ré, d'où il sortait pour faire des excursions dans la Saintonge et le Bas-Poitou. Les Rochelais lancent des vaisseaux corsaires sur l'Océan, qui pillent tous les navires qu'ils rencontrent. Le but des habitants de La Rochelle était d'occuper les embouchures de la Loire et de la Gironde, et de rançonner le commerce qui s'opérait par ces deux fleuves.

Le roi voulut encore cette fois négocier avant de prendre les armes ; mais, instruit des progrès que faisaient les réformés en Poitou, il se décide à marcher contre Soubise et quitte Paris le 20 mars 1622.

Arrivé à Nantes le 10 avril, Louis XIII apprend que Soubise établissait un camp dans l'île de Rié, canton maritime du Bas-Poitou, séparé de la terre ferme par des marais salants et de petites rivières grossies par la mer aux heures de marées. Il ne voulut pas laisser le temps aux révoltés de se fortifier dans cette forte position. Pendant la nuit du 15 au 16 avril, il profita de la marée basse et, avec dix à douze mille hommes, sans artillerie, il pénétra dans l'île de Rié.

Soubise, déconcerté par cette brusque attaque, ne montre ni habileté, ni bravoure ; il s'enfuit dans la direction de La Rochelle avec cinq ou six cents hommes. Son armée est anéantie. Quinze cents fantassins sont massacrés, six cents faits prisonniers sont décimés, et le reste envoyé sur les galères ; les autres troupes s'enfuient à travers les marais, où elles trouvent la mort ; les uns se noyent, les autres périssent sous les coups des paysans, qui se vengent des brigandages commis par les huguenots.

Telle est la fin de ce pitoyable soulèvement. Les chefs se sauvent, mais les malheureux soldats entraînés à la révolte succombent presque tous.

A la suite de cette expédition, Louis XIII se rend à Niort, où il arrive le samedi 23 avril. Le lendemain il tient un conseil de guerre pour juger les prisonniers qu'on venait de faire. La reine-mère le rejoint dans cette ville.

Pendant son séjour à Niort, les habitants qui professaient la religion catholique lui exposèrent leurs plaintes et leurs griefs. En voici le texte, ainsi que la réponse faite par le roi à chaque article, d'après les documents de l'hôtel-de-ville de Niort :

1° Les catholiques de Niort se plaignent d'être gênés dans l'exercice de leur culte. Ils ne peuvent faire de procession qu'à certains jours et par certaines rues déterminées.

RÉPONSE DU ROI : *Les processions se feront partout, toujours en toute liberté.*

2° Les catholiques n'ont pas le choix des prédicateurs. On a signifié au père Sicard, jésuite, qu'on ne recevrait plus de prédicateurs de cet ordre.

RÉPONSE DU ROI : *Les prédicateurs de tous les ordres seront reçus dans la ville, étant nommés par les évêques.*

3° Il a été fait des désordres chez les capucins et cordeliers ; on a troublé leurs offices.

RÉPONSE DU ROI : *Information sera faite par les juges ordinaires.*

4° On n'a pu faire célébrer la messe au parquet et auditoire de cette ville (messe dotée par Sa Majesté) ni placer un crucifix, par opposition des officiers réformés.

RÉPONSE DU ROI : *Il y aura un crucifix comme dans les autres sièges, et on dira la messe suivant la fondation royale.*

5° Les réformés ne veulent tendre ni qu'il soit tendu devant leurs maisons les jours de la Fête-Dieu, et mettent même en affermant leurs maisons la condition de ne pas tendre.

RÉPONSE DU ROI : *Permis à eux de ne pas tendre, mais ils souffriront qu'il soit tendu par autorité des officiers de la ville, suivant le 2ᵉ article des sûretés accordées à ceux de la religion.*

6° Il faut désarmer ceux de la religion réformée parce qu'une grande partie de la noblesse protestante qui habite les environs de la ville, est dans la rébellion pour la seconde fois et qu'elle entretient des intelligences dans la ville afin de pouvoir la surprendre.

RÉPONSE DU ROI : *Il doit y avoir union des deux parties sous M. de Parabère, en qui je me confie et qui me répond de la ville.*

7° Qu'il soit permis aux maire et échevins de remplacer les échevins et pairs qui sont dans la rébellion par des personnes de probité.

RÉPONSE DU ROI : *Oui, après informations et condamnations par sentences ou arrêts, ils seront remplacés à la manière accoutumée.*

8° Qu'il soit défendu à ceux de la religion réformée d'avoir collège en cette ville, d'autant qu'ils n'ont pour cette ville aucun brevet de Sa Majesté.

RÉPONSE DU ROI : *Il est interdit d'établir tout collège et séminaire dans la ville, sauf la permission expresse du roi, suivant les édits.*

Donné à Niort, le 25 avril 1622.   *Signé :* LOUIS,   PHELIPPEAUX.

Les réponses étaient conciliantes et modérées. Louis XIII cherchait avant tout à apaiser les passions ; mais, de part et d'autre, les haines étaient profondes, et tout ce qu'on pouvait espérer c'était une courte trêve. Le roi, ainsi qu'il le disait, souhaitait voir s'opérer l'union des catholiques et des protestants sous M. de Parabère. Le moment n'était point encore arrivé où l'on pourrait réaliser cette pensée, dans une ville où les deux tiers de la population étaient catholiques et l'autre tiers protestant.

Louis XIII, en quittant Niort, se rendit à Chizé. C'est de cette localité qu'il adressa une lettre au corps de ville portant ordre de nommer un maire catholique ou de continuer l'ancien. Il disait :

« Chers et bien amés, l'affection que nous avons toujours portée au bien et repos de notre ville de Niort, nous donne suget de prendre soin sur ces occurences de ce qui regarde la conservation d'icelle et sachant qu'elle dépend en partie de la vigilance et bonne administration du maire qui est établi, nous vous faisons cette lettre par laquelle nous vous mandons que vous ayés, à la prochaine élection qui se fera du maire de la dite ville, à jetter les yeux sur celui des habitans catholiques que vous connoitrés plus affectionné à notre service et au repos de notre dite ville, et plus capable pour administrer dignement la dite charge et conserver en union et concorde et bonne amitié nos sugets, ou de continuer le maire qui est à présent établi, selon que par vos suffrages il sera trouvé plus expédiant pour notre service et votre commun repos et tranquilité, en quoi nous vous assurons que vous vous conformerés à notre volonté. Nous ne vous en ferons cette ci plus expresse. Donné à Chizay, le 27e jour d'avril 1622. A nos chers et bien amés les maire et échevins de notre ville de Niort. » (A. H. V. — D. F.)

A la réception de cette lettre, le corps de ville se réunit, le 29 avril 1622, et décide à l'unanimité d'obéir entièrement à la volonté de Sa Majesté. Le maire Angevin se rend aux sollicitations des échevins et pairs et accepte la continuation des fonctions de maire. Copie de cette délibération est portée au roi par les sieurs Bastard et J. Dabillon, députés. Voici les noms des nobles et honorables hommes qui assistaient à cette assemblée générale et *mezée* :

Echevins. — Pierre Texier, Jean Bastard, Pierre Viault, Guillaume Pastureau, Antoine Chargé, Guillaume Giraudeau.

Pairs. — André Bidault, Alexandre Gorrin, Pierre Picot Guerrier, Louis Isambard, Angevin, Louis Coyault, syndic, Jean Parthenay, Jouslard, Antoine Richier, Jean Dabillon, Esserteau, Jean Gaultier, Vaslet, Jean Proust, Ph. Gauguin, Pierre Racapé, Jean Fradet, Ph. de Villiers, René Dexmier, Pierre Clémenson, Mathurin Morin, Maronneau, François Guyot, Arnauldet, Gaspard Chargé, Toussaint de la Rivière, Thomas Jamonneau.

Cette élection n'avait point été faite dans les formes exigées par les gens du roi. Le corps de ville avait élu directement le maire, et on sait que ce droit lui était non seulement contesté, mais avait été supprimé. Il devait élire trois candidats, parmi lesquels le roi choisissait le maire. Aussi Louis XIII exprimat-il son mécontentement dans cette lettre adressée de Saintes aux maire et échevins de Niort, qui eurent à procéder à de nouvelles élections:

« Chers et bien amés, encores que par nos dernières lettres de cachet nous vous eussions expressement mandé de procéder par les suffrages et par les formes accoutumées à l'élection d'un maire catholique de notre ville de Niort. Neantmoins nous avons été averti qu'au lieu de vous contenir dans les formalités ordinaires, vous avez anticipé le jour de l'élection, qui ne doit être faite que le dernier dimanche du présent mois ; et en outre n'avés fait nomination de trois personnes, pour en être choisi par le sénéchal de notre pays de Poitou ou son lieutenant à Niort une, ainsi qu'il a coutume de s'observer pour être avisé en la dite charge, dont nous avons reçu du mécontentement, ce que nous avons bien voulu vous faire connoître par cette cy, et vous dire que nous voulons et entendons que sans vous arrêter à la délibération que vous pouvez avoir prise de l'élection du dit maire de notre dite ville, vous avez à procéder de nouveau au jour ordinaire et accoutumé à la nomination de trois hommes catholiques pour être, par le dit sénéchal de Poitou ou son lieutenant en notre dite ville de Niort, choisi un d'iceux qui sera jugé plus capable de la dite charge, vous enjoignant d'observer au surplus les formes anciennes sans aucune innovation n'en faites faute car tel est notre plaisir. Donné à Sainte, le second jour de may 1622. Signé Louis, et en la suscription à nos chers et bien amés les maire, échevins et habitans de notre ville de Niort. »
(A. H. V. — D. F.)

Le corps de ville dut s'incliner devant la volonté royale; il présenta trois candidats, et Antoine Chargé fut nommé par le roi maire de Niort.

Cette lutte durait depuis plusieurs siècles entre la commune de Niort et les gens du roi. Nous ne pouvons qu'admirer l'indomptable énergie du corps de ville de notre cité. Il ne cessait de réclamer un privilège auquel il tenait beaucoup. Chaque année il nommait son maire ; il savait que cette élection serait annulée, mais il n'en persévérait pas moins dans sa résistance. C'était une protestation qui se faisait avec éclat et qui rappelait l'opiniâtreté des anciennes luttes municipales du moyen âge.

Louis XIII avait montré, dans la campagne de l'île de Rié, la décision et le courage de son père. Il ne se laissa point enivrer par la victoire et il agit avec un véritable esprit politique, en repoussant les exigences des députés protestants qui étaient venus le trouver à Niort, mais en ne rompant pas les négociations. Il donna au jeune comte de Soissons la mission de bloquer La Rochelle du côté de terre, tandis que le duc de Guise était chargé d'établir une croisière devant cette ville ; puis il s'occupa de gagner les principaux chefs des calvinistes, en leur accordant de hautes charges militaires, des pensions et des indemnités. Les villes qui résistèrent furent traitées avec une sévérité inexorable. Le Parlement de Bordeaux fit décapiter Paul de Lescun, président de l'assemblée de La Rochelle. Deux arrêts de lèse-majesté furent rendus contre Rohan et Soubise.

Les troupes du comte de Soissons occupaient une position très insalubre devant La Rochelle. Des maladies contagieuses éclatèrent, dès le commencement de mai, dans le camp. Il fallut le faire évacuer en partie. Le comte de La Rochefoucauld, gouverneur du Poitou, donna ordre d'envoyer à Niort six compagnies du régiment de M. du Châtellier, les plus éprouvées par la contagion. On pensait, en les éloignant, diminuer la mortalité qui les décimait. Le corps de ville de Niort s'émut vivement à cette nouvelle. Il se réunit et protesta contre cette décision.

« Lecture faite, est-il dit dans cette protestation, de la lettre écrite au corps de céans par Mgr le comte de La Rochefoucault, le 20 de ce mois, pour loger en garnison six compagnies en cette ville du régiment de Mr du Chatellier. A été par tous unanimement delibéré et par nous conclu que nous nous transporterons présentement au chateau de cette ville pour sur ce entendre la volonté de Mr de Parabère, gouverneur d'icelle, et le supplier d'avoir agréable d'attendre le retour des députés envoyés par le dit corps vers mon dit seigneur le comte premier que recevoir la dite garnison vu même la grande ruine survenue la nuit dernière en cette ville et banlieue par la grande quantité de grosse grêle tombée, et à l'instant nous dits maire et assistans transportés vers mon dit sieur de Parabère, au dit chateau de cette ville, retournés en la dite maison commune. A été de rechef délibéré et ce unanimement qu'on obeyra entièrement à la volonté du Roi, et ont été nommés à la pluralité des voix les dits sieurs Racapé et Vaslet, pairs, pour aller prier les capitaines des dites compagnies d'attendre comme dessus le retour des dits députés envoyés par le corps de céans vers mon dit sieur de La Rochefoucault, et encores à la même pluralité des voix ont été nommés et députés les dits sieurs Coyault, sindic, et Bernard, pairs, pour aller trouver monseigneur le prince de Soissons à Saintes (s'il en est besoin) pour le supplier ne souffrir mettre garnison en cette ville, tant pour le mal contagieux qui commence à y paroitre, que aussi les dites compagnies en sont affligés qui le feroit grandement pulluler, et en ce faisant priver l'armée de Sa Magesté conduite par mon dit seigneur de Soissons des commodités quelle aura de cette dite ville. ANGEVIN, maire. » (A. H. V. — D. F.)

Le lendemain, le corps de ville se réunit de nouveau et prit la résolution de fermer les portes de la ville au régiment de M. du Châtellier, s'il se présentait pour venir s'y cantonner, Il fallut cependant recevoir ces soldats, qui apportaient avec eux la mort.

Comme le disait la requête de l'échevinage, déjà des cas de maladie contagieuse, la variole sans doute, s'étaient produits dans plusieurs quartiers de Niort; en outre, une grêle et un ouragan avaient dévasté tous les environs de la ville (1). La désolation était donc partout, et l'arrivée d'un régiment atteint d'un mal contagieux eût exercé le plus déplorable effet sur le moral des habitants.

La ville de Niort, qui avait éprouvé de si grandes calamités pendant les guerres anglo-françaises et les luttes des catholiques et des protestants sous Charles IX et Henri III, voyait ses anciens malheurs se renouveler. Non seulement son commerce était ruiné, mais elle était forcée de donner asile à des soldats pestiférés, et en outre il lui fallait subir de dures réquisitions. Le comte de Soissons était d'une exigence extrême que rien ne pouvait satisfaire. Il lui fallait nourrir ses troupes qui faisaient le blocus de La Rochelle, et les villes du Bas-Poitou devaient lui fournir les vivres qui lui manquaient.

Ainsi, le 16 juin 1622, il donna commission au corps de ville de Niort de lever sur les paroisses 4,000 boisseaux d'avoine, qui devaient être envoyés sous 15 jours à Marans, afin de ravitailler cette place. La municipalité répondit qu'elle ferait tout son possible.

Peu de mois après, le 21 septembre, le comte de Soissons adressa une lettre au corps de ville de Niort pour l'obliger à contribuer à l'approvisionnement du fort Louis, qu'il venait de faire construire devant La Rochelle.

« Vous mandons et enjoignons, écrivait-il, que vous ayés a fournir, envoyer et faire amener promptement pour la part de votre ville les vivres, ustanciles et choses concernant le dit avictuaillement, à quoi vous avés été taxés et mentionnés à l'extrait dudit département général cy sous notre contre scel attaché et le tout faire délivrer

---

(1) Une grêle survenue dans la nuit du 24 mai avait ruiné tous les fruits, bleds, vins et autres de cette dite ville et banlieue. (A. H. V.)

en espèces dans le dixième jour d'octobre prochain, en ce lieu de Laleu......

« La ville de Niort doit porter et avancer pour sa part : Quinze tonneaux de bled et farine, par moitié ; vingt et un tonneaux et demi de vin ; douze milliers pesant de chair salée, les deux tiers chair de bœuf et l'autre tiers chair de pourceau ; dix-sept boisseaux de fèves et dix-sept boisseaux de pois, mesures de Saintes ; deux cent livres de fromage d'Auvergne, de Normandie et d'Holande ; six boisseaux de sel, deux bariques de vinaigre ; une barique d'huile de noix, partie à manger et le surplus à bruler au corps de garde ; seize livres d'huile d'olives, soixante-huit livres de chandelle ; soixante-huit paillasses chacune de grandeur et largeur pour coucher trois personnes ; soixante-huit couvertes aussi de grandeur et largeur pour servir à trois personnes ; seize paires de linceuls neuf, huit vingt linceuls pour penser les malades blessés. Fait au camp de Laleu, près La Rochelle, le vingt et un jour de septembre 1622. Signé Louis de Bourbon, et plus bas Bresson. » (A. H. V. — D. F.)

Le corps de ville envoya des députés au comte de Soissons pour lui exposer que la commune n'avait pas même de ressources suffisantes pour l'entretien de ses fortifications. Il rappelait que les habitants étaient ruinés par l'anéantissement de tout commerce et par le logement des troupes. En outre, la population était considérablement diminuée, et la grêle du mois de mai avait dévasté la campagne ; il était donc impossible de fournir les réquisitions demandées. Le comte de Soissons se montra inflexible.

Les délégués de Niort allèrent implorer le roi, qui déclara ne pouvoir accorder la moindre réduction, parce que ces objets étaient nécessaires aux troupes du camp de La Rochelle. Le comte de Soissons, craignant de ne rien obtenir du corps de ville de Niort, finit par transiger et le déchargea d'un quart de la taxe.

Tout le pays était infesté de bandits. C'étaient les débris des bandes de Guilleri, auxquels s'étaient joints des déserteurs, des paysans ruinés qui avaient pris les armes et commettaient des vols et des meurtres. Au mois d'octobre, le comte de La Rochefoucauld, gouverneur du Poitou, ordonna de recourir à des mesures de rigueur pour réprimer ces crimes et rendre au pays de la sécurité. « Vu, dit-il dans son ordon-
« nance datée du 23 octobre 1622, les rassemblements faits
« dans la province à l'insu de Sa Majesté, les voleries, courses,
« prises de marchands, etc., le comte ordonne à tous ceux
« qui auront connaissance de faits pareils, de les dénoncer,

« à peine de 300 livres d'amende ; aux gouverneurs, maires,
« lieutenants, échevins, de courir sus aux malfaiteurs, d'in-
« vestir les maisons, d'assiéger les châteaux où se font telles
« assemblées ; en cas d'expéditions pareilles, de le prévenir
« immédiatement pour qu'il joigne ses forces à celles des
« communes. Le comte permet aux gouverneurs de rassem-
« bler les gens armés des villes, de faire sonner le tocsin de
« manière que par ce les paroisses voisines étant averties et
« sonnant à leur tour, les habitants courent sus aux voleurs,
« gens de guerre, etc., jusqu'à saisie et appréhendement ;
« que siège soit fait de leurs lieux de refuge, châteaux, mai-
« sons, etc., et que lesdits voleurs et fauteurs de troubles
« soient remis ès-mains des généraux de Sa Majesté. »

A cette ordonnance était annexée une lettre du maire de Fontenay au maire de Niort, lui expliquant la manière dont il avait exécuté les ordres de M. de La Rochefoucaud et constatant que la liberté du commerce et des routes était surtout avantageuse aux villes, et que, par suite, l'exécution de cette ordonnance était dans leur intérêt. (C. A. B.)

Les mesures de rigueur adoptées par le gouverneur du Poitou ne firent pas cesser complétement le brigandage mais enfin elles amenèrent de nombreuses arrestations et plusieurs exécutions qui rendirent les crimes moins fréquents.

La paix fut signée le 19 octobre 1622. Le roi promit d'observer strictement l'édit de Nantes, et les réformés de leur côté prirent l'engagement de ne plus faire appel à la révolte.

La Rochelle et Montauban gardent seules le titre de places de sûreté. Les réformés sont réintégrés dans leurs dignités et charges, et les chefs reçoivent des indemnités et des pensions. Rohan eut pour sa part 200,000 livres comptant et une promesse de 600,000 livres hypothéquées sur les revenus du duché de Valois. Les chefs des réformés savaient parfaitement tirer parti de leur soumission, tandis que les malheureux qu'ils avaient entraînés à la révolte avaient pour la plupart perdu la vie. C'est toujours l'effet des révolutions religieuses ou politiques.

Pour donner ces grosses pensions, ces énormes indemnités aux chefs des réformés, il fallait de l'argent, et le trésor de l'Etat était vide ; on eut recours à l'augmentation des taxes sur le peuple, qui paye toujours jusqu'au moment où, écrasé, il se soulève et brise tout ce qui se rencontre sous sa griffe de lion. Ce fut sur le sel qu'on mit une nouvelle imposition; et cette taxe souleva la plus vive irritation en Poitou. Les maires et échevins de Poitiers et de Niort se concertèrent pour adresser au roi une énergique réclamation. Dans l'assemblée générale et *mezée* du 30 octobre 1622, des maire, échevins et pairs de Niort, il fut donné lecture de la lettre du corps de ville de Poitiers, et la résolution suivante fut prise :

« Lecture faite de la lettre des maire, pairs, échevins et bourgeois de Poitiers étant ouverte au conseil tenu en la maison de nous dit maire, le 24 de ce mois, portant avis d'une nouvelle commision de Sa Magesté pour imposer cinquante sols sur chaque boisseau de sel ès provinces de Brouage, Aunis, Saintonges et Poitou. A été par tous unanimement délibéré et conclu que le corps de céans se joindra mes dits sieurs les maire, pairs, échevins et bourgeois de Poitiers, pour tous ensemble supplier sa dite Magesté de n'établir le dit impost comme trop préjudiciable au bien de son service, et qui causeroit la ruine totale des pays, et que les dits sieurs de Poitiers seront priés de donner avis au corps de céans de la députation qu'ils feront vers sa dite Magesté afin que le corps de céans fasse aussi députation. » (A. H. V. — D. F.)

A cette importante séance assistaient :

Echevins. — Jérôme Avice, Guillaume Giraudeau, Jérôme Sacher, Jean Bastard, Nicolas Gallet, Perault, A. Dabillon, F. Angevin, G. Pastureau, P. Thibault, P. Pastureau, Louis Coyaud, Philippe Chalmot, Noël Pyet, François Dabillon, Pierre Picot.

Pairs. — Louis Coyaud, sindic, Lucas Coutocheau, Jacques Pastureau, Jean Roulland, J. Pastureau, Parthenay, René Chargé, Jouslard, Brunet, Philippe de Villiers, Maronneau, Arnauldet, Philippe Chargé, Assailly, André Bidault, Pierre Pelletier, secrétaire, Jean Mestivier, Jean Dabillon, Benjamin Ferré, Toussaint de la Rivière, Vivien, Baridon, Esserteau, J. Gauguin, Clémenson, L. Coyaud, sindic, Beraud, Perault, J. Chaubier le jeune, Girault, G. Chargé, M. Morin, Philippe Mestivier, Racapé, Vaslet, Richier, Dexmier, Louveau, S. Texier et J. Chargé.

Ces réclamations produisent leur effet. Les plaintes des corps de ville de Poitiers et de Niort sont écoutées, et, le 11 janvier 1623, le roi donne ordre à M. de Brassac, lieutenant général du Poitou, de publier la décharge de cette imposition,

Le lendemain 12 janvier, M. le comte de La Rochefoucault adresse aux maire, échevins et habitants de Niort la lettre que nous transcrivons, pour leur annoncer la décharge de la nouvelle imposition sur le sel.

« Messieurs, la bonté du Roi a été si grande et l'affection qu'il a euë pour ses peuples telle que soudain qu'il a appris que l'imposition que l'on proposoit de mettre sur le sel étoit à leur oppression, il a commandé que l'on ne lui en parlat plus et a révoqué tout ce que les malheurs de la guerre avoient contraint de faire faire sur ce suget, cela doit redoubler le zèle que vous avez à son service et vous faire bénir ses bonnes et justes intentions, de quoi je vous prie de donner avis à tous vos voisins afin qu'ils joignent leurs vœux à ceux que l'incomparable bonté de Sa Magesté vous oblige de faire pour l'accomplissement de ses desseins. Je serai bien aise que vous apreniés particulièrement comme je me suis porté en cette affaire et que vous croyés qu'en toutes autres je vous témoignerai que je suis véritablement M^{rs} votre affectionné à vous servir, La Rochefoucault. A Paris, ce 12 janvier 1623. Et plus bas, M^r des Bordes qui a été envoyé vers le Roi par Mr de Brassac vous fera entendre les commandemens qu'il a reçu de Sa Magesté, auxquels je m'assure vous obéirés. En la suscription, à messieurs, messieurs les maire et habitans de Niort. » (A. H. V. — D. F.)

Le corps de ville, dans son assemblée du 20 janvier 1623, accueillit avec la plus vive reconnaissance la lettre du roi qui retirait le nouvel impôt sur le sel. Le procès-verbal de cette séance prouve que la population niortaise était profondément attachée à la royauté. Ce document, d'un réel intérêt historique, doit trouver place dans ce récit :

« Lecture faite des lettres (11 janvier 1623) de Sa Magesté écrites de Paris le onze de ce mois à Mr de Brassac, lieutenant général en ce pays, ensemble la lettre (12 janvier 1623) de M^r le comte de La Rochefoucault, gouverneur de ce dit pays, et de mon dit s^r de Brassac, écrite au corps de céans, le tout présenté au corps de céans par Louis Bouhier, écuyer, sieur de Bordes, gentilhomme de la maison du Roi et ayde de marechal de camp en ses armées, qui a fait entendre particulièrement la volonté de Sa Magesté, être que tous ses sugets vivent en bonne paix, union et tranquilité tant catholiques que de la religion prétenduë réformée, que lorsque quelques nouvelles seront raportées on n'y ajoute pas foy si légèrement que premièrement on n'en ait averti messieurs les gouverneurs pour en donner avis à Sa Magesté. Que l'on fasse prières à Dieu et processions generalles pour sa prosperité et santé, heu et repos de l'Etat, et qu'on donne avis à messieurs les ecclésiastiques, noblesse et peuple circonvoisin de ce que sa dite Magesté n'a voulu donner aucun cours aux impositions extraordinaires et particulièrement à celle de Brouage, ains en décharger son peuple. Ce fait, c'est le dit sieur de Bordes retiré, et a été par tous unanimement délibéré et par nous conclu que l'on obéira entièrement à la volonté de Sa Magesté, qu'on donnera le dit avis à messieurs les ecclésiastiques, noblesse et peuple circonvoisins, que les dits sieurs ecclésiastiques seront avertis de faire prières et processions generalles pour la santé et prospérité de Sa Magesté, bien et repos de l'Etat, que messieurs les gouverneurs généraux et que toutes les susdites lettres seront régistrées au papier secreterial de céans pour y avoir recours quant besoin sera, publiées à son de trompe et cry public par tous les lieux et endroits accoutumés à faire proclamations avec réjouissances et aclamations publiques de vive le Roi ; et de fait nous dit maire et tous les assistans avons à l'instant crié vive le Roi par plusieurs fois, en attendant Mʳ Conaux, et d'icelle nous sommes tous transportés en corps sous la halle de cette dite ville ou à son de trompe et cry public a été fait lecture des dites lettres et intentions de Sa Magesté déclarées avec grande aclamation de vive le Roi, ensemble par tous les lieux et endroits publics de cette dite ville. Ensuit les copies des dites lettres. » (A. H. V. — D. F.)

 Cette délibération montre les rapports intimes et directs qui existaient entre l'ancienne royauté et les municipalités. Ni autorité préfectorale, ni Conseil d'Etat n'étaient placés entre elles deux. Il n'y avait que le souverain et la nation en contact immédiat, sans intermédiaires.

 La centralisation est une belle chose ; mais notre ancienne organisation municipale, qui respectait les droits des cités et leur accordait une si large indépendance, avait aussi son mérite. Aujourd'hui, la protestation d'un conseil municipal va au Conseil d'Etat; autrefois, elle parvenait directement au roi qui y répondait avec empressement et sollicitude. Ces rapports directs n'empêchaient pas, cependant, l'autorité royale d'agir avec énergie, lorsqu'il s'agissait de maintenir les droits du pouvoir.

 Chaque année, l'élection d'un maire soulevait des débats très vifs entre le corps de ville et les gens du roi. Louis XIII, afin de faire cesser un semblable conflit, adresse, le 29 mars, des instructions à M. de Parabère, gouverneur de la ville de Niort, et aux maire et échevins, dans lesquelles se trouvait ce passage : « Désirons que l'élection prochaine soit faite selon
« qu'il est requis pour le bien de notre service et le repos et
« la tranquillité de tous nos sujets de la dite ville, nous avons
« mandé au sieur de Parabère ce qui étoit de nos intentions,
« auxquelles nous vous ordonnons de vous conformer selon
« que le sieur de Parabère vous fera entendre de notre part. »

 Tous les membres du corps de ville se rendirent au châ-

teau, et furent reçus par M. de Parabère, « qui fit entendre
« que Sa Majesté lui avait commandé de faire savoir au corps
« de ville qu'il soit nommé la présente année pour la mairie
« de cette ville, trois personnes catholiques, sans brigues,
« dont il en soit accepté une par le sénéchal du Poitou ou
« son lieutenant en cette dite ville, et aussi pour les places
« d'échevins et de pairs qui viendront à vaquer. Sa dite
« Majesté remet tout aux voix et suffrages des échevins et
« pairs du dit corps, selon qu'il souloit se pratiquer ancien-
« nement et qu'il enjoint à un chacun de vivre en paix,
« union et tranquillité conformément à ses édits. »

Après avoir reçu ces instructions, les maire, échevins et pairs retournèrent à la maison commune, et décidèrent que les commandements et volontés du roi seraient soigneusement et pleinement gardés et observés. Le 23 avril 1623, ils élirent trois candidats à la mairie : Jacques Pastureau, sieur des Châtelliers ; Jean Dabillon, sieur de Toullève, et Jacques Laiguillier, sieur du Bois. Ce dernier fut choisi pour remplir les fonctions de maire pendant un an.

Le moment approchait où le droit de présenter trois candidats ne resterait même plus au corps de ville, et où le maire serait nommé directement par le pouvoir central.

FAITS ET DOCUMENTS DIVERS.

Le 5 février 1622, Giraudeau, échevin, fit une proposition au corps de ville pour rendre la Sèvre plus navigable jusqu'à Marans, et pour lui faire porter bateaux couverts, en faisant quelques réparations jugées nécessaires par des connaisseurs, marchands de cette ville et de la *petite Flandre*. Le corps de ville prend cette demande en grande considération ; on en parlera à la prochaine *merée* pour nommer des commissaires.

—

Le corps de ville avait décidé, le 1er mars 1622, que des frères de la Charité seraient introduits, comme gardiens, mais non comme aumôniers, à l'hôpital de Niort, où régnait le plus grand désordre. Les malades étaient mal soignés et laissés dans un complet abandon. Les frères de la Charité étaient chargés d'avoir soin des malades, de leur administrer les sacrements et d'agir suivant leur règle.

Le 9 mai suivant, le maire, accompagné d'échevins, se rendit à l'hôpital, où il installa les frères de la Charité, « auxquels dits religieux aurions fait voir le dit hopital avec toutes et chacunes ses appartenances et dépendances pour en jouir par iceux suivant la dite assemblée conformement aux règles du dit ordre, sauf d'une chambre basse, un grenier et petit jardin réservé pour les femmes dont nous avons mis en possession les dits religieux, en vertu de quoi avons signé le présent acte. ANGEVIN, maire, J. BASTARD, aumônier, L. COYAULT p^{re} sindic, f. J. LE MAISTRE religieux de la Charité. »

« Et à la même heure ont été mis entre les mains des dits religieux les meubles trouvés au dit hopital qui consistent en neuf lits de plume tels quels, huit couvertes telles quelles, plus ont été mis par le dit Bastard aumonier vingt linceuls, sçavoir dix huit neufs et deux à demi usés, deux matelas et deux couvertes, plus y a au dit hopital une poisle d'airain, cinq ecuelles, deux gobelets, une aiguière le tout d'étain, une ponne, un trepied, une couchette, dont de ce que dessus se sont chargés les dits religieux et moyennant ce en est demeuré déchargé le dit Bastard aumonier. Fait les jours et ans que dessus. ANGEVIN maire, f. J. LEMAITRE religieux, J. BASTARD aumonier, L. COYAULT sindic. » (A. H V. — D. F.)

Le 20 juin, le corps de ville décida que les frères de la Charité auraient 400 livres tournois par an pour leur nourriture et entretennement. La dépense de chaque pauvre, qui était de trois sols par jour, fut portée à quatre sols, à cause de la cherté des vivres.

La municipalité n'eut qu'à se féliciter d'avoir confié l'hôpital aux frères de la Charité. Les malades furent mieux soignés que par le passé et l'établissement fut tenu avec le plus grand ordre.

Le 16 avril 1622, Louis XIII ordonne à la ville de Niort de lui livrer une fourniture de cinquante mille pains pour son armée ; le blé et le méteil étant payés sur le prix des trois précédents marchés ; les boulangers étant obligés de faire les pains et la ville de fournir aux commissaires de l'avitaillement tous les charrois nécessaires, à peine par elle de répondre de tous les retards dans le service. La commune obéit aussitôt, et dans sa délibération mentionne le passage prochain du roi à Fontenay, et peut-être à Niort. (C. A. B.)

Un vif débat est soulevé, dans une séance de l'hôtel-de-ville, tenue le 6 mai 1622, à l'occasion de nominations d'échevins. Le décès de noble homme Philippe Chalmot, sieur de la Gaillardie, laisse vacante une place d'echevin. Le sieur Angevin, maire, réclame et obtient cette place, qui lui revenait « par droit de chaire et de maire. »

Par suite de cette nomination, il y eut un conseiller-échevin à nommer. Le sieur Thibault et le sieur Gracien sollicitèrent cette place, mais elle fut donnée à P. Picot, pair et marchand, qui avait mis généreusement sa bourse au service de la ville pour faire lever des souffrances sur le compte de la commune. Gracien proteste contre cette décision ; mais le maire passe outre et instale P. Picot dans sa fonction de conseiller-échevin. (A. H. V. — D. F.)

Le R. P. Gastaud était venu à Niort, en 1617, comme nous l'avons dit au chapitre XVII, pour établir à Niort une maison de l'Oratoire, qui devait exercer une si heureuse influence sur le développement des études dans notre ville. De cette maison sont sortis des élèves instruits, qui ont figuré avec distinction dans la magistrature, l'armée et les lettres. Voici un extrait de l'assemblée du corps de ville du 16 mars 1623 : « Sur ce que le dit Coyault sindic a remontré que l'exécution de l'établissement des prêtres de la congrégation de l'Oratoire en cette ville de Niort a été differé jusqu'à présent au suget des troubles et mouvemens derniers, et à présent que le pays est plus tranquille seroit bon d'en rechercher et procurer l'avancement, requérant que le corps de céans ait à aviser aux moyens de ce faire. A été par tous délibéré et par nous conclu à la pluralité des voix que le corps de céans écrira tant à Monseigneur l'évêque de Poitiers, que au révérend père général de la dite congrégation de présent en la ville de Paris pour les supplier très humblement de vouloir faire et avancer l'établissement des prêtres de la dite congrégation en cette ville. »

CHAPITRE XXI.

Sommaire. — Edit de pacification de 1622. — Louis XIII envoie à Niort deux commissaires pour faire une enquête sur les griefs réciproques des catholiques et des protestants. — Liste des griefs exposés par les protestants. — Assemblée générale des catholiques à l'hôtel-de-ville pour répondre à la requête des protestants; noms des habitants qui assistaient à cette assemblée. — Plaintes énumérées par les catholiques. — Réponses des commissaires du roi aux griefs des protestants et aux plaintes articulées par les catholiques. — Les commissaires recommandent la conciliation. — Poursuites dirigées contre le sergent royal Vauguyon, pour ses opinions religieuses. — Disette de grains. — Emeute à Niort au sujet de la cherté des grains. — Violences commises contre des marchands de blé par des femmes. — Mesures prises par le maire. — Nouvelles émeutes; plusieurs arrestations. — Prédications du père Calixte contre les détenteurs de grains. — Le baron de Neuillan veut protéger les marchands de grains; son autorité est méconnue; les greniers sont pillés; le maire est insulté; séance du corps de ville du 16 janvier 1824; mesures rigoureuses pour rétablir l'ordre et assurer la liberté du commerce des grains. — Les esprits se calment; les désordres cessent.

    Les catholiques et les réformés s'étaient retrouvés en présence, à la suite de l'édit de pacification du 19 octobre 1622, avec leurs prétentions et leur antagonisme. Les catholiques du Poitou se plaignaient des abus commis par les réformés, et, de leur côté, les réformés se prétendaient opprimés par les catholiques. Louis XIII, afin de se rendre un compte exact de la situation des deux partis religieux dans cette province, envoya en Poitou deux commissaires, Amelot et Chalas, en exécution des édits de pacification, pour faire une enquête sur les griefs réciproques des catholiques et des réformés.
    Les griefs exposés par les protestants de Niort reposaient sur les points suivants :

1. — Supplient très humblement les habitans de la religion prétenduë reformée résidans en la ville et faux bourgs de Niort, disans que contre les reglemens faits en la dite ville l'an mil cinq cent

quatre vingt dix neuf, le dix huit aout, par autres députés de Sa Magesté, en exécution de l'édit de Nantes et au préjudice du dit édit et articles s'étant fait en faveur de la dite religion prétenduë réformée, il auroient été empêchés en l'exercice de l'école publique de grammaire latine et grecque établie en la dite ville, selon et conformément aux articles secrets et article trente huit des particuliers, et privés de toute commodité de faire instruire leurs enfants, sinon qu'ils fassent de grands frais pour les envoyer au loing.

2. — Qu'on auroit exclu les pauvres mendians de la dite religion de l'Hotel Dieu, même pour leur empêcher la liberté d'y demeurer fait oter les barreaux qui séparoient la chapelle d'avec la salle du dit hotel Dieu.

3. — Et combien que pour le dit reglement il soit porté disertement par les catholiques ne passeront en procession devant le temple de la dite religien prétenduë reformée, sinon à certains jours déterminés, neantmoins au préjudice de ce ils font et continuent à faire les dites processions tous les dimanches et autres jours pendant les assemblées et exercice de la dite religion, d'où peuvent provenir cy après de grands scandales et tumultes, et déjà la licence de quelques uns en a pensée produire, qui se trouvant ès dites processions ont heurté impétueusement contre les portes du dit temple.

4. — Outre, par le dit règlement sont interdites les prédications sous la halle, lieu du marché public et assemblée ordinaire de tous les habitans, indifferament pour l'exercice de leur commerce, environné de plusieurs maisons de ceux de la dite religion ayant leurs ouvertures en la dite halle, cependant les sermons s'y font le plus souvent.

5. — Aussi, ont les dits catholiques depuis le dit reglement et même depuis peu de temps fait apposer un grand crucifix en la chambre de l'audience et fait dresser une chapelle en la grande salle du palais, en laquelle ils font célébrer la messe, qui apporte du trouble aux officiers, avocats, procureurs et parties faisant profession de la dite religion, ce qui étoit défendu par les susdits reiglements.

6. — Le nombre des fêtes qu'on oblige ceux de la religion à solenniser n'étant point limité, les met en grandes peine et incertitude pour le temps qu'ils auront à employer en leurs labeurs, et lorsque quelqu'un de la dite religion se trouve avoir travaillé en sa vocassion un des dits jours de fête, la poursuite s'en fait contre eux à la requete des curés et autres ecclesiastiques, non à la requete du procureur du Roi, ce qui toutesfois étoit ordonné par l'édit de Sa Magesté.

Ce consideré nos dits seigneurs on les dits supplians requis qu'il vous plaise conformement aux dits édits de pacification, articles secrets et reiglements cy devant faits leur permettre de faire tenir la dite école publique de grammaire par tels régents qu'ils aviseront. Que l'entrée aux pauvres mendiants de la dite religion en l'hotel Dieu leur sera permis comme aux autres mendians catholiques pour y être reçus avec la même charité, et sans qu'ils puissent être inquiétés ni troublés en la créance de la dite religion, et à cette fin que la chapelle soit remise en l'état quelle étoit cy devant.

Que les catholiques ne feront plus leurs processions devant le temple lorsqu'ils seront assemblés pour leurs dévotions et autres affaires ecclésiastiques, sinon es jours cy devant permis par le dit reiglement.

Qu'ils ne pourront dorenavant faire leurs prédications sous la halle ni es carrefours, ains seulement en leurs temples, suivant les termes du reiglement.

Qu'aucun service ne se fera plus desormais aux jours de cour en la chapelle du palais et que le crucifix sera oté pareillement de la chambre de l'audience.

Que le nombre des fêtes sera limité et que les contrevenans à l'observation d'icelles ne seront poursuivis à la requête d'aucun autre que du procureur du Roi.

Les maire, échevins, pairs et autres habitants catholiques de la ville de Niort, tinrent, en la maison commune, le 19 juillet 1623, sous la présidence du maire Jacques Laiguillier, une assemblée générale pour répondre à la requête des protestants. A cette assemblée assistaient :

Vénérable messire Philippe Bosnard, prêtre, curé, recteur et official de Notre-Dame ; messire François Meaume, docteur en théologie, curé de Saint-André ; les procureurs, fabriqueurs des dites paroisses Notre-Dame et Saint-André, François Angevin, écuyer, conseiller et avocat du Roi au dit Niort ; Antoine Chargé, François Dabillon et Noel Pyet, échevins ; Etienne Jouslard, écuyer, président en l'élection ; Jacques Pastureau et René Dexmier, élus en la dite élection de cette ville ; me Charles Brunet, avocat ; me Louis Coyault, aussi avocat et procureur sindic de ceans ; me Jean Texier, aussi avocat ; me André Bidault ; me Pierre Racapé ; me Alexandre Gorrin ; me Sebastien Assailly ; me Jean Fournier ; me Toussaint Vallecourt, procureur ; me Jacques Berteau ; sire Jacques Thibault ; sire Pierre Doux ; me Isaac Esserteau, greffier ; me Philippe Legoust, medecin ; me Jean Maronneau ; me Jean Audouard, avocat ; me Charles Bonnier, avocat ; me Pierre Beraud, pair ; Pierre Pastureau, écuyer ; me François Esserteau ; Pierre Clémenson, pairs ; Antoine Richer, aussi pair ; Gaspard Chargé, pair ; Daniel Guesseau, juge consul ; Pierre Berlouin ; sire Lucas Coutocheau, ancien pair ; Toussaint de la Rivière, aussi pair ; Elie Bardou, pair ; me Antoine Garreauteau, procureur ; Fourestier ; sire Jean Mabrue ; Pierre Tillé ; François Dupin ; François Julien ; me Jean Esserteau, procureur ; Philippe de Villiers, pair ; me Pierre de Villiers, élu ; René Chargé, pair ; me André Bidault, le jeune, procureur ; Jean Esserteau ; sire Mathurin ; Morin, pair ; François Loyseau ; Pierre Guillon, pair ; Jean Morin ; Antoine Hay ; sire Antoine Pænier ; François Sarregoule ; Jean Roi ; Jacques Doreil ; Remy Boutier ; Antoine Lefort ; Pierre Thibault ; Jacques l'Abbe ; Bernard Ancien ; Jean Chandellier ; me Pierre Vaslet, greffier ; François Chevallier ; Louis Guerineau ; Jean Louveau et plusieurs autres, tous catholiques de la dite ville.

Voici les résultats de cette délibération dans laquelle les catholiques énumérèrent leurs plaintes :

1. — Les échevins, pairs et habitants catholiques de la ville de Niort, premièrement, se plaignent de ce qu'au préjudice de l'arrêt intervenu sur autres plaintes présentées à Sa Magesté, le 25 avril 1622, le nommé Jacques Vilson, écossois de nation, soi disant principal du prétendu college des dits de la religion prétenduë réformée, auroit toujours fait et exercé la dite profession et enseigné en sa maison plusieurs écoliers tant forains que de la dite ville, donné plusieurs instructions scandaleuses et contre la dite religion catholique.

2. — Que les dits de la religion prétenduë réformée, au mépris des édits de sa dite Magesté, travaillent les jours des fêtes de la Vierge, d'apotres et autres commandées de l'église.

3. — Que plusieurs particuliers de la dite religion prétenduë réformée sont si osés que de blasphemer contre l'honneur de la Vierge et des Saints.

4. — Que, puis les derniers mouvemens ils ont entrepris sans brevet et permission de sa dite Magesté, et sans licence des officiers de la dite, de faire un cimetière en cette dite ville, usurper de leur autorité l'entrée de l'une des ruës de cette dite ville et fait icelle clore et renfermer, bien que du consentement des dits catholiques on leur eut concédé un autre cimetière grandement spacieux et proche de l'une des portes de cette dite ville.

5. — Que plusieurs habitants de la dite religion prétendue réformée s'assemblent journellement et font divers conventicules tant ès cabarets, maisons particulières que hors d'icelles.

6. — Que pendant la solennité des processions generalles des dits habitants catholiques, les dits de la religion prétenduë reformée se présentent et traversent insolamment sans aucun respect tant des ecclesiastiques que des assistans aux dites processions, faisant plusieurs risées et insolences quand ils voient les prêtres portant le St-Sacrement de l'autel par la dite ville.

Sur toutes les quelles plaintes requierent les dits habitans catholiques qu'il vous plaise leur dire droit et ce faisant que inhibitions et deffenses soient faites au dit Vilson, de plus à l'avenir enseigner ni tenir en sa maison aucuns écoliers, ni faire leçon en aucune science ou manière que ce soit, que deffenses soient faites aux dits habitans de la dite religion prétenduë réformée d'ouvrir leurs boutiques et travailler les jours de fêtes commandées et ordonnées par l'Eglise ; que les blasphémateurs contre l'honneur de la Vierge et des Saints soient chatiés exemplairement, que les dits de la religion prétenduë réformée cesseront d'enterrer leurs morts au cimetière par eux fait de nouveau en cette ville, et qu'ils démoliront la porte et cloture par eux faite et construite depuis les derniers mouvements, en rendant libre le chemin pour entrer et passer tant sur les murs de la dite ville que au pied d'icelles, ou qu'ils délaissent aux dits habitans catholiques le cimetière qui leur auroit été cy devant concédé, étant pris la porte de Saint-Gelais ; qu'il soit informé contre ceux qui s'assemblent contre les édits et ordonnances de Sa Magesté et font des conventicules soit de jour ou de nuit, tant en cette ville que dehors, et que les dits de la religion se contiendront au dedans de leurs maisons pendant la solennité des processions, et pendant que les curés et autres ecclésiastiques portent le Saint-Sacrement ès maisons des malades.

Le 21 juillet 1623, les commissaires députés par le roi répondirent ainsi aux griefs des protestants :

Sur l'article 1er concernant l'interdiction de l'école publique de grammaire latine et grecque, les commissaires permettent aux protestants de Niort d'avoir une école pour apprendre à lire et à écrire seulement, avec défense au maître d'école de dogmatiser les écoliers ;

Sur l'article 2, portant sur l'exclusion des mendiants protestants de l'hôpital, les commissaires ordonnent que les pauvres mendiants, tant catholiques que de la religion prétendue réformée, seront reçus en l'Hôtel-Dieu de Niort et traités humainement ;

Sur l'article 3, au sujet des processions, il se produisit une divergence dans les appréciations des commissaires. Chalas fut d'avis d'informer le roi de cette affectation de passer, tous les dimanches, devant le temple des protestants aux heures de leurs exercices, ce qui peut amener des troubles. Il pense que les processions devraient être restreintes aux jours du Sacre, de l'octave de la Fête-Dieu, de la Purification et des Rameaux.

Le commissaire Amelot se borna à conseiller de faire les processions avec modestie et modération.

Sur le 4e article, demandant l'interdiction des prédications sous la halle où a lieu le marché public, les commissaires se trouvèrent de nouveau en désaccord. Chalas, considérant que ces prédications se faisaient sous la halle, sans nécessité, mais seulement par provocation, en propose la suppression. Amelot se prononça, au contraire, pour laisser les capucins en possession des lettres-patentes qu'ils avaient obtenues du roi, le 24 mai 1621 ;

Sur le 5e article, relatif à la suppression du crucifix et à la chapelle du palais de justice, les commissaires déclarèrent qu'il ne pouvait être touché à la volonté du roi sur cet article ;

Sur le 6e article, concernant le nombre des fêtes et les poursuites qu'elles occasionnaient, les commissaires répondirent que les fêtes seraient maintenues, les boutiques point ouvertes et les contraventions relevées seulement par les officiers de justice, suivant l'article 20 de l'édit de Nantes.

Au sujet des plaintes articulées par les catholiques, les commissaires députés par le roi firent les réponses suivantes :

Sur le premier article, il fut fait défense au maître d'école protestant de Niort de dogmatiser, et d'enseigner aucune doctrine scandaleuse ;

Sur le deuxième article, les fêtes seront gardées et observées, et les boutiques ne seront point ouvertes, suivant les édits ;

Sur le troisième article, les magistrats tiendront la main à ce que les blasphémateurs de n'importe quelle religion, soient punis suivant la rigueur des ordonnances ;

Sur le quatrième article, concernant le cimetière, les commissaires ne tombèrent point d'accord, et la décision fut laissée au roi ;

Sur le cinquième article, les magistrats ne devront permettre que les assemblées autorisées par les édits, ordonnances et déclarations du roi. Les contrevenants seront punis selon la gravité des délits ;

Sur le sixième article, les magistrats veilleront à ce qu'aucun scandale ne se produise pendant les processions.

Les commissaires, après avoir fait ces réponses aux plaintes des deux parties, les engagèrent à éviter tout sujet de nouvelles contestations et à apporter des sentiments de modération dans les rapports qu'elles ne pouvaient manquer d'avoir journellement, en vivant dans la même ville ; mais les luttes avaient été trop vives et trop acharnées, pour ne pas laisser dans les esprits des sentiments de discorde et de haine.

Ainsi, dans l'enquête qui venait d'être faite à Niort, le sergent-royal Vauguyon, chargé par les commissaires du roi de signifier au maire la requête qui leur avait été présentée par les réformés de la ville, se refusa obstinément, dans sa signification, à employer les mots de religion prétendue réformée. Le corps de ville décida que des poursuites seraient dirigées contre ce sergent-royal, qui semblait prendre parti pour les protestants. Ce fait montre quelle était l'énergie des opinions religieuses à cette époque.

La récolte des céréales n'avait pas été bonne dans le

Poitou. La guerre, puis le brigandage, qui en était la suite, avaient laissé beaucoup de champs en friche. Les paysans n'ensemençaient que peu de terre, parce que les bras manquaient, et que les routes étaient si peu sûres qu'on ne pouvait faire circuler le produit des fermes. En outre, le temps n'avait pas été propice aux cultures, la récolte n'avait produit des grains qu'en très petite quantité, et les réquisitions ordonnées, avec une extrême rigueur, par le comte de Soissons pour le camp de La Rochelle, avaient dégarni les greniers. On se trouvait en présence d'une disette. Non-seulement les grains atteignaient un prix exorbitant, mais encore il n'en venait que très peu sur le marché de Niort.

Dans les premiers jours de décembre 1623, une émeute eut lieu au sujet des grains. Plusieurs femmes, exaspérées par la crainte de voir leurs familles mourir de faim, exercèrent des violences contre des marchands de blé.

A l'assemblée générale du corps de ville tenue le 7 décembre, le syndic de la ville raconte ainsi les faits qui venaient de se passer : « Sur la remontrance du sieur Coyault, sindic,
« que plusieurs femmes de basse qualité ont commis des
« insollances et violences contre les marchands de bled,
« même cassé et rompu les sacs, et est besoin y pourvoir, à
« été par tous unanimement délibéré, et par nous conclu,
« qu'il en sera informé contre telles personnes, et que
« nous dit maire interviendrons avec main forte au lieu ou
« pourroit encore recommencer ces violences pour emprison-
« ner les malfaiteurs. » (A. H. V. — D. F.)

Les mesures prises par le maire ne ramenèrent ni le calme ni la confiance parmi la population, et, le 10 janvier 1624, nous assistons à des scènes beaucoup plus violentes et plus sérieuses que celles qui s'étaient produites au commencement de décembre. Ce jour là, des négociants se disposaient à embarquer des grains pour Marans, lorsqu'un attroupement se forme, enlève les sacs, les déchire et répand le grain sur le quai du port.

Le maire intervient et fait arrêter plusieurs femmes qui s'étaient fait remarquer par leur violence et leurs cris.

Le corps de ville se réunit immédiatement, et le maire « fait
« entendre aux assistans que Catherine Suyre, femme de
« Mathieu Rea, tisserand, et Hilaire Jacob, femme de Pierre
« Boyard, chamoiseur, ont ce matin par nous été emprison-

« nées pour les insolences et violences quelles ont eu contre
« les marchands de bled, plus que la nommée... femme d'un
« serrurier, auroit continué les dites insollences et est besoin
« d'y aviser. A été par tous délibéré et par nous conclu à la
« pluralité des voix, que les dites Suyre et Jacob seront ad-
« monestées et ce fait elargies et mises hors des dites prisons
« en considération quelles sont nourices et ont des enfants à
« la mamelle. Ce qui a été présentement fait, et leur a le
« corps de ceans fait très expresses inhibitions et deffences
« de récidiver à peine de punition corporelle, et ce fait ont été
« mises hors des dites prisons ; et pour la dite femme du dit
« serrurier du port quelle sera mise ès dites prisons de ceans
« jusqu'à demain, fait admonestée et élargie comme les
« autres ; et cependant sera fait un banc dès aujourd'huy
« portant deffences à toutes personnes de s'émouvoir, élever
« ni commettre aucunes violences ni insolences contre les
« dits marchands de bled ni autres personnes, à peine de
« punition corporelle et exemplaire, et ou il seroit contrevenu
« aux dites deffences que suivant l'assemblée dernière, nous
« dit maire interviendrons avec main forte au lieu ou se
« commetroient les dites violences pour emprisonner, aussi
« fera le même le procureur. » (A. H. V.— D. F.)

Ces arrestations, la publication du ban portant défense à toute personne de troubler le commerce des grains, ne produisent que peu d'effet, et, le 14 janvier, les troubles recommencent. Le père Calixte, capucin, prêche sous les halles et attaque vivement les riches, qu'il accuse de vendre leurs grains à l'étranger et de faire mourir le peuple de faim. Il déclare qu'il n'y a aucun péché à se *surexciter* contre eux. Ces excitations redoublent la fureur de la classe pauvre. Les riches sont insultés, menacés. Le corps de ville se réunit et le syndic lui expose la situation, qui est consignée au procès-verbal de la séance du 14 janvier 1624 et que nous reproduisons :

« Sur le proposé et remontrance comme autrefois faite à deux autres assemblées par le dit sindic des grandes exactions et outrages qui se commettent journellement en cette ville par diverses troupes de femmes à l'endroit de ceux qui conduisent des bleds en cette dite ville, et des menasses continuelles d'enlever et ravir les biens des habitans et de sevir ès personnes des magistrats et plus apparans se jactans de l'autorité et induction d'aucunes personnes de qualité, et sur ce que le dit procureur a aussi exposé que ce jourd'hui le père

Calixte, capucin, prêchant sous les halles de cette ville, auroit aplaudi aux dits excès et violences, approuvé les dits tumultes, iceux mêmement de rechef provoqués, voires déclaré hautement ni avoir eu aucun peché au ravissement fait vendredi dernier de certain nombre de bled par les dites femmes, et requis qu'il fut promptement pourvu aux remèdes nécessaires pour l'acoissement et assoupissement des dits tumultes secondés de plusieurs hommes, puis la dite prédication, et qu'il nous plut députer par devers Sa Magesté pour lui faire entendre le malheur de ce désordre, ensemble par devers monseigneur de Poitiers, pour faire plainte des emportements du dit père Calixte, capucin. A été par tous délibéré, et par nous couclu à la pluralité des voix que députation sera présentement faite par devers sa dite Magesté pour lui faire nos très humbles remontrances sur ce suget, les charges continuelles et extraordinaires des dits bleds, les clameurs populaires et excès commis ensuite pour y être pourvu et que cependant et jusqu'à qu'on ait apris la volonté de Sa Magesté, que deffences seront faites aux marchands de cette ville et du port de faire charger et emmener aucuns bleds si M⁰ le baron de Neuillan, commandant pour le Roi en cette dite ville, en absence de M⁰ de Parabère, notre gouverneur la agreable. » (A. H. V. — D. F.)

Le maire a recours à des mesures rigoureuses pour maintenir l'ordre. L'évêque blâme vivement le père Calixte et l'invite à cesser ses dangereuses prédications.

Le baron de Neuillan, gouverneur de Niort, fait droit aux réclamations des marchands et ordonne que les blés pourront sortir de la ville. Mais dès que les charrettes chargées de grains se mettent en marche, elles sont arrêtées par l'émeute; les conducteurs sont battus, les sacs sont enlevés et des gens se partagent le blé. Les magasins ne sont pas respectés. Les greniers de Ph. Viault sont pillés. Le maire, qui intervient, est insulté et frappé par Cartault, tailleur d'habit.

Le maire de Niort rend compte de cette sédition à l'assemblée générale du corps de ville, tenue le 16 janvier 1624 :

« Sur la remontrance, dit-il, du procureur sindic, que le jour d'hier sur le soir, sortant de cette maison commune après l'assemblée tenuë pour faire le procès aux prisonniers constitués le dit jour, le nommé Cartault, tailleur d'habits, étant au devant de cette dite maison commune, ayant été par nous réprimendé des mutineries qu'il faisoit, des poursuites faites contre les tumultueux et séditieux qui s'élevoient et pilloient les voituriers et marchands venants en cette ville, nous auroit reparty plusieurs paroles insolentes et tendantes à sédition, et quoi qu'eussions fait notre possible pour le ramener à la raison et lui faire concevoir le soin et la peine que nous et tout le corps de ceans prenions aux fins de faire cesser toute occasion de tumulte et mettre ordre à ce que la ville fut suffisamment munie de bleds pour la nourriture de tous les habitans, jusqu'à la prochaine récolte et même travaillé à arrêter un prix honnête et raisonnable des dits bleds jusqu'à la dite cueillette ; nous auroit le dit Cartault insolemment et impudemment dit que nous ne voulions qu'amuser le peuple et que voulions le trahir ; ce qui nous ayant meu de nous avancer vers lui, lui aurions donné un coup de bâton sur la tête, lequel dit Cartault se seroit à l'instant jetté sur nous et donné un coup de poing sur la tête, commis ensuite plusieurs excès et violences nonobstant la face des échevins et pairs qui nous assistoient, prononcé hautement qu'il feroit bien connoître qu'on l'offençoit, qu'il avoit bien vu d'autres maires et qu'il esperoit se voir encores chef de parti et auroit mêmement continué en ses dites insolences jusqu'au lieu de la prison de ceans ou l'aurions fait mettre, requerant le dit procureur qu'attendu que nous sommes offencé en notre particulier, il soit procédé à l'élection et nomination de commissaires pour l'instruction du procès qu'entend faire faire le dit sindic au dit Cartault, comme étant un cas dépendant de la police generalle attribuée indéfiniement à cette communauté, demandant outre le dit sindic, comme autrefois, qu'il soit pourvu à la provision suffisante des bleds pour cette ville, à la taxe certaine d'iceux. A été par tous délibéré et par nous conclu, à la pluralité des voix, que le procès sera instruit fait et parfait jusqu'à sentence définitive au dit Cartault, à la requête du dit sindic, et attendu l'offence particulière de nous maire, sera le procès instruit par le premier échevin et autres personnes de ce corps, et ont à cette fin été nommés à la pluralité des voix les dits nobles hommes Guillaume Giraudeau, sieur de Laleu ; Philippe Chalmot, sieur de la Briaudière ; Jacques Berlouin de la Voulte, tous échevins et avocats ; mes Jean Chaubier et Pierre Pelletier, le jeune, pairs et aussi avocats, et sera procédé par les dits commissaires nonobstant l'absence d'aucuns, pourvu qu'il y en ait toujours trois ; et pour ce qui concerne l'autre chef de la proposition du dit sindic que l'on communiquera avec les marchands du port et autres de cette ville qui seront par nous mandés pour aviser aux moyens qu'on doit tenir pour l'assurance des bleds qu'il conviendra pour entretenir et garnir les minages jusqu'à la prochaine récolte, ensemble au prix raisonnable des dits bleds aux fins d'oter aux factieux et séditieux tout prétexte de plainte et de tumulte, et pour fraier aux frais qu'il conviendra faire tant à l'instruction du procès du dit Cartault, que des autres prisonniers, sera delivré au dit sindic la somme de cent livres tournois par le dit Bardon, receveur des deniers communs de ceans, qui sera alloué en son compte. » (A. H. V. — D. F.)

Le tailleur Cartault est conduit en prison, ainsi que Chappenoire, Marsillacq et sa femme, qui avaient pris part à l'émeute d'une manière très violente.

Le procès est instruit par le premier échevin, assisté d'autres échevins. Le 26 janvier, Cartault est condamné à l'amende honorable ; Chappenoire et la femme de Marsillacq sont mis au pilori.

Afin d'éviter des troubles, on invite les marchands à vendre le blé à des prix modérés. Ces mesures énergiques, jointes à des paroles d'apaisement, calment les esprits et les désordres cessent.

FAITS ET DOCUMENTS DIVERS.

25 janvier 1624. — Une nouvelle chapelle est construite dans l'enceinte de l'hôpital, par les soins des religieux de la Charité. Le corps de ville de Niort, dans l'assemblée du 25 janvier 1624, leur donne, pour les aider dans cette construction, la somme de soixante livres tournois, « et les dits religieux pourront prendre les pierres qui sont près l'arcade de l'aumônerie Saint-Georges hors la porte Saint-Gelais, et ne toucheront en la dite arcade ; pourront aussi prendre des pierres ès fossés de cette ville tant qu'ils en auront besoin, et que néantmoins les réparations de la dite chapelle et hopital seront faites par l'avis de nous dit maire et sans que les religieux les entreprennent sans nous. » (A. H. V. — D. F.)

Le 2 avril 1624, le corps de ville demande la translation à Niort de l'évêché de Maillezais. Le monastère était en ruine, le bourg désert, les moines dispersés, la cathédrale à demi démolie ; Henri II d'Escoubleau, évêque de Maillezais, le même qui fut plus tard archevêque de Bordeaux, avait plus de talents militaires que de vertus épiscopales. Il était d'ailleurs en conflit avec d'Aubigné, qui ne revendit le Doignon qu'en 1626, de Genève étant et par le ministère de M. de Valois Villette. Les Niortais, plus désireux que les Fontenaisiens d'avoir un siège épiscopal et trouvant l'occasion favorable, organisent une double députation. Le curé de Saint-André, François Meaulme, et François Dabillon, pair, sont envoyés à l'évêque de Poitiers, Henri-Louis Chasteigner de la Roche-Posay ; et François Angevin, écuyer, sieur du Vieux-Moulin, conseiller et avocat du roi, est adressé à l'évêque de Maillezais. Ces députés font trois démarches successives. La première est couronnée de succès ; les deux évêques sont très bien disposés, et c'est de quoi vient rendre compte, le curé de Saint-André à sa tête, à la séance d'avril, la double députation.

La ville supplie aussitôt les évêques de lui continuer leur bon vouloir et prend encore à sa charge tous les frais d'un nouveau voyage.

Cette deuxième tentative est déjà moins heureuse ; l'évêque de Maillezais rédige cependant pour l'évêque de Poitiers une lettre approbative que la ville transmet aussitôt avec toutes ses supplications et recommandations aux députés d'obtenir, par toutes les soumissions nécessaires, le complet consentement de monseigneur de la Roche-Posay.

Mais cette troisième démarche n'a pas de résultat; l'affaire est manquée totalement; le corps de ville en parle une dernière fois pour envoyer le curé de Saint-André et les autres députés à Maillezais, reporter la lettre à l'évêque et lui raconter ce qui s'est passé avec l'évêque de Poitiers; et le silence se fait sur la question.

L'archiprêtre de Niort reste à l'évêché de Poitiers; le siège de Maillezais est transféré plus tard à La Rochelle, et c'est ainsi que par la non-solution de cette demande d'abord, par la révolution de 1789 ensuite, et enfin par l'organisation départementale, un des trois évêchés de la province a disparu. (C. A. B.)

—

Le 11 juin 1624, installation en mairie de J. Pastureau, toujours avec la protestation du corps de ville, qui maintient son droit de nommer directement le maire.

—

25 juin 1624. — 150 livres au lieu de 100 livres sont allouées par la commune à Denis et François Gastauld, professeurs de bonnes lettres, fils de feu François Gastauld, maître ès arts, pour continuer dans la ville la charge de leur père et s'adonner à l'instruction de la jeunesse. (C. A. B.)

—

21 juillet 1624. — Expropriation pour une cause d'utilité publique de terrains appartenant à Ribonnet, pour le percement d'une rue communiquant de la rue Babinot à la Vieille-Roze. Cette rue porte aujourd'hui le nom de Jard-Panvilliers.

—

Un acte de notoriété est donné, le 25 juillet 1624, par le corps de ville à Philippe de Villiers, écuyer, sieur de la Porte-Bouton, constatant que Philippe de Villiers, écuyer, sieur de Prinçay, a été deux fois maire et est décédé étant échevin, les armes à la main pour le service du roi, à la prise de Niort. (A. H. V. — D. F.)

—

Le 17 décembre 1624, la commune envoie à la cour protester contre l'établissement à Niort d'un bureau des traites domaniales que le nommé N. Vasseur, fermier des traites de Poitou, a faussement supposé devoir y être fait. Le dit Vasseur avait obtenu précédemment un arrêt du conseil d'Etat qui l'autorisait à créer ce bureau, et la ville avait protesté devant l'intendant de la province, Amelot, conseiller d'Etat, disant que jamais bureau des traites n'avait existé à Niort, qu'il ne devait y en avoir qu'aux confins des ports et des havres, et non à l'intérieur; mais Amelot avait refusé d'intervenir dans la querelle et d'en connaître. La ville se pourvut alors devant le roi, et elle fit intervenir dans sa cause Saint-Maixent, Parthenay, Poitiers, qui concluaient comme elle. Elle produisait un arrêt rendu à Tours par le sieur Aubery, commissaire du roi, et concernant l'établissement de semblables bureaux sur les confins du Poitou, notamment à Saint-Gilles ; elle objectait, non sans raison, que le voisinage de la Saintonge était pour Niort presque immédiat, et que, pour la plupart des bourgeois de la commune, aller de la ville à la campagne, c'était changer de province et être passible d'un droit vexatoire et ridicule. La requête de Niort, accompagnée plus tard de quelques émotions populaires et de voies de fait contre de la Grange, alors fermier des traites, fut écoutée dix ans ; mais en 1633, et à la requête d'André de la Fosse, général des cinq grosses fermes du Poitou, le roi rétablit les fermes de Niort, Chauvigny et les Sables, tout en autorisant les bourgeois de Niort à transporter, sans droits, les produits de leurs fermes dans un rayon de trois lieues à la ronde, même du côté de la Saintonge. La ville appela de ce nouvel arrêt et des ordonnances de l'intendant qui le rendaient exécutoire, mais il ne paraît pas que cette fois sa requête ait été écoutée. (C. A. B.)

CHAPITRE XXII.

Sommaire. — Louis XIII est informé des préparatifs d'un soulèvement de la noblesse du Poitou. — Il adresse plusieurs lettres au corps de ville de Niort, pour le mettre en garde contre les surprises des protestants. — Le comte de Parabère donne sa démission de gouverneur de la ville de Niort; il est remplacé par le baron de Neuillant. — Le maire Pastureau fait connaître à la municipalité niortaise les instructions données par le lieutenant-général sur les mesures à prendre pour la sécurité de la ville. — Louis XIII ordonne aux habitants de Niort de recommencer les gardes en la ville; lettre qu'il adresse au gouverneur de Niort. — Liste des officiers catholiques et protestants des compagnies du régiment de Niort. — Précautions prises pendant la foire de mai pour éviter des troubles. — Le corps de ville de Niort envoie une députation au maréchal de Praslin, à Mauzé, pour le prier de mettre un terme aux vexations et violences des gens de guerre, dans les bourgades et villages des environs de Niort. — Soubise abandonne les protestants, qui traitent avec Richelieu; ils doivent faire leur soumission dans un délai de trois jours. — L'échevin Jean Bastard est insulté; les coupables lui font amende honorable. — Soubise soulève les Rochelais, qui font un traité d'union avec l'Angleterre. — Siège de La Rochelle. — L'évêque de Maillezais est nommé chef d'escadre. — Prise de La Rochelle. — La duchesse de Rohan-Soubise prisonnière dans le château de Niort. — Emeute à Niort, en 1631, au sujet des traites foraines. — Naissance de Françoise d'Aubigné dans les prisons de la conciergerie de Niort.

La paix établie par l'édit de Nantes avait été rompue en 1621, mais la lutte n'avait duré que peu de temps. Cependant l'irritation qui régnait dans les esprits faisait prévoir une nouvelle rébellion. En 1625, les deux Rohan entraînèrent les protestants dans une guerre qui devait se terminer par la prise de La Rochelle.

Une grande partie de la noblesse du Poitou avait embrassé la Réforme, mais les populations avaient tellement souffert, pendant les luttes de religion du siècle dernier, qu'elles refusèrent de prendre part à la nouvelle insurrection. Louis XIII, qui était informé des préparatifs d'un soulèvement organisé par la noblesse du Poitou, prit les mesures les plus énergiques pour le réprimer dès son début. Il écrivit plusieurs lettres au corps de ville de Niort, afin de le mettre en garde contre les surprises des protestants, et pour l'inviter à veiller à la sûreté de la ville.

Le 6 janvier 1625, Henri Baudean, comte de Parabère, donne sa démission de gouverneur de Niort. Il est remplacé par son frère, le baron de Neuillant, qui, le même jour, reçoit l'hommage du corps de ville. Dans l'après-midi, il y eut une séance générale et extraordinaire des membres de la municipalité, dans laquelle le maire Pastureau fit connaître les instructions données par M. de Brassac, gouverneur des pays de Saintonge et d'Angoumois.

« Nous, dit Pastureau, maire, avons fait entendre que M. de Brassac, lieutenant général en ce pays, nous a fait entendre qu'il désire que la retraite soit sonnée tous les soirs, et que les hostes nous apportent les noms de ceux qui logeront en leurs maisons ; pareillement que le maistre de la poste nous donne advis des courriers qui passeront, si faire se doibt, et si le service du roy n'en est retardé ; que nous avons bien voullu communiquer à la présente assemblée et en avoir advis : a esté par tous unanimement délibéré et par nous conclud que la volonté de mondit sieur de Brassac sera exécutée entièrement, et de plus que les murs de la ville seront réparez ès lieux les plus ruynez, mesmes où il est difficile de passer les rondes qui se font nuitamment. Pareillement a aussi esté conclud que les descentes ès fossez seront réparées, et le plus diligemment que faire se pourra, et y sera mis journalliers qui seront commandez par les eschevins et pairs, ordonnez par chascun jour à cette fin ; le billet sera par nous envoyé. Les ponts-levis seront aussi raccoustrez en telle sorte qu'ils puissent lever et baisser facilement, et que la tour nouvellement tombée proche de la porte Saint-Jean, du costé du prieuré, et autres grandes brèches survenues audit lieu, près le portal, seront aussy refaites, attendu qu'on peult facilement monter par la ruyne d'icelle, et que la ronde ne se peult faire audit lieu si elle n'est réparée ; et en sera livré le rabbais, et des corps de garde et sentinelles, publié le jourd'hui, sera livré demain, attendu l'urgente nécessité. » (A. H. V. — D. F.)

Ces réparations furent exécutées immédiatement, et coûtèrent la somme de 745 livres.

Le corps de ville se réunit de nouveau, le 11 janvier. Le baron de Neuillant, gouverneur de Niort, assistait à cette réunion ; il fit connaître la volonté du roi, qui désirait que tous les habitants fissent des gardes comme autrefois.

« M. le baron de Neuillan, notre gouverneur, a fait entendre la

— 301 —

volonté du Roi être que l'on recommence les gardes en cette ville ainsi qu'on a déjà fait es villes circonvoisines, a exhorté de par Sa Magesté les assistans à paix, union et concorde ; que sa dite Magesté veut que les gardes se fassent par tous les habitans ainsi qu'elles se faisoient cy devant et selon l'état qu'en avoit dressé Mr de Parabère soussigné du Roi, amplifiant ou moderant selon les occurances ; que tous les échevins, capitaines y dénommés réitèrent le serment qu'ils avoient prêté ès mains du dit s^r de Parabère, qu'au lieu des trois catholiques décédés soient mis trois autres echevins aussi catholiques selon l'ordre de leur réception, ce qui a été présentement fait des personnes de François Augier, écuyer, sieur du Vieux-Moulin ; Pierre Thibault, écuyer, s^r d'Allerit, et Pierre Pastureau, sieur des Vignes, qui tous trois ont fait et prêté serment de garder cette ville en l'obéissance du Roi par devant mon dit s^r de Brassac, comme aussi les autres capitaines qui sont les sieurs Avice Sacher, Savignac, Bastard, Gallet, G. Pastureau, Chargé, L. Coyault et Philippe Chalmot, échevins, ont tous réitérés le serment ès mains de mon dit s^r de Brassac, sauf le dit Chalmot, détenu de maladie, qui le viendra réitérer au premier jour, ce fait se sont les dits seigneurs de Brassac et de Neuillan retirés, et a été par tous unanimement, délibéré et par nous conclu, que suivant la volonté de Sa Magesté, gardes seront faites en cette ville en la forme cy dessus prescrite, etc. PASTUREAU, maire. » (A. H. V. — D. F.)

Les ordres du roi furent immédiatement exécutés. Les trois échevins catholiques furent remplacés par trois autres échevins de même religion, et il fut enjoint aux habitants de faire des gardes et d'exercer une grande surveillance sur les calvinistes de la ville. Ce n'était pas sans motif que Richelieu, le véritable roi alors, ordonnait ces mesures de précautions. Il était averti secrètement que Soubise n'avait point été découragé par sa défaite, et qu'il préparait un nouveau soulèvement protestant. Louis XIII adresse une lettre au gouverneur de Niort, dont voici le texte, d'après le registre original de l'hôtel de ville :

« Monsieur le baron de Neuillan, vous verrez, par la lettre que je fais aux habitans de ma ville de Nyort, ce qui est de mes intentions sur les praticques et menées qu'aucuns particuliers de mes subjectz de la religion prétendue réformée font contre mon service, et les effectz qu'ils en ont fait paroistre en la levée des armes, en la prise de l'isle de Ré ; vous aurez soing de les en rendre bien capables, et de les exhorter de vivre en bonne union et concorde, soubz mon obéissance et l'observation de mes édictz, sans entrer en aucune alarme qui puisse apporter de l'altération entre eux. Je vous ordonne aussy d'apporter pour leur seureté et conservation vostre soing et vigilance accoustumée, asseuré que le service que vous me rendrez en ce subject me sera bien agréable. Sur ce, je prie Dieu, Monsieur le baron de Neuillan, vous avoir en sa saincte garde. — Escrit à Paris, le XXIII janvier 1625. »

Signé « LOUIS, » et plus bas, « PHELYPEAUX. »

Et au-dessus : « A Monsieur le baron de Neuillan, gouverneur de ma ville et chasteau de Nyort. » (A. II. V.)

Les Niortais étaient résolus à ne prendre aucune part à une guerre civile. Les émeutes qui avaient eu lieu dans leur ville, au sujet de la cherté des grains, étaient à peine calmées. Ils avaient besoin de paix, de tranquillité, et ils étaient fermement décidés à ne plus se séparer de la royauté, et à la soutenir contre les attaques de certains grands seigneurs, qui n'agissaient que dans un intérêt purement personnel. Aussi ils se prêtèrent avec empressement à la formation des compagnies du régiment de Niort. Voici l'état des gardes, dressé selon les ordres du roi, par le baron de Neuillan, gouverneur de Niort :

COMPAGNIES CATHOLIQUES.

Jean Bastard, sieur de la Melezie, capitaine ; François Dabillon, sieur de la Nouhe, lieutenant ; René Chargé, sieur des Prés, enseigne ; François Angevin, sieur du Vieux-Moulin, capitaine ; François Dabillon, sieur de Champonier, lieutenant ; Pierre Penault, enseigne ; Guillaume Pastureau, sieur des Rochers, capitaine ; Jean Roullault, lieutenant ; Philippe Chargé, enseigne ; Pierre Thibault, sieur de la Rochetibault, capitaine ; André Fretault, lieutenant ; René Morin, enseigne ; Pierre Pastureau, sieur du Limon, capitaine ; François Texier, lieutenant ; Jean Chaubier, enseigne.

COMPAGNIES DE LA RELIGION PRÉTENDUE RÉFORMÉE.

Jérôme Avice, sieur de la Vieille Cour de Mougon, capitaine ; Jean Dabillon, sieur de Toullière, lieutenant ; Jean Maronneau, sieur de Suyrant, lieutenant subsidiaire ; Jean Gauguaing, enseigne ; Jérôme Sacher, sieur de la Salle, capitaine ; André Aidault, lieutenant ; Pierre Mestivier, enseigne ; Etienne Savignac, sieur du Vieux-Fourneau, capitaine ; Toussaint de la Rivière, sieur de l'Hometrou, lieutenant ; Simon Bouhault, sieur de Belesbat, enseigne ; Nicolas Gallet, sieur de la Roche, capitaine ; Etienne Jouslard, sieur de la Reigle, lieutenant ; Jean Girault, sieur du Puy-Chabans, enseigne ; Laurent Coyault, sieur du Fourneau, capitaine ; Louis Coyault, sieur de Sainte-Marie, lieutenant ; Jean Coyault, sieur du Pallais, enseigne ; Philippe Chalmot, sieur de la Briaudière, capitaine ; Pierre de Villiers, sieur de Chantemerle, lieutenant ; Jean Mesmin, enseigne.

« Fait et arrêté état par nous, Charles de Baudean, baron de Neuillan, conseiller du Roi en ses conseils d'Etat et privé, capitaine de cent hommes d'armes de ses ordonnances et gouverneur pour Sa Magesté en la ville et château de Niort, sur l'état cy devant dressé par Sa Magesté au camp de Saint-Jean-d'Angely, le 26 juin 1621, signé Louis et Phelippeaux, étant inséré au papier secretarial du corps et college de cette dite ville à nous representé par Me Pelletier, secretaire du dit corps, et lequel présent état avons mis ès mains de Jacques Pastureau, écuyer, sieur des Granges, conseiller du Roi, l'un de ses élus à présent maire du dit Niort, pour le faire exécuter entièrement selon le susdit ordre et intention de sa dite Magesté, le 23 janvier 1625. NEUILLAN.

« Ayant vu exactement les susdites compagnies, nous avons ordonnés que chacunes d'icelles sera réduite à cent dix hommes. NEUILLAN. » (A. H. V.)

La foire de mai attirait à Niort beaucoup d'étrangers; elle fut l'objet de grandes précautions, afin d'éviter une attaque opérée au milieu de la foule qui, à cette époque, encombrait les rues de la ville. Voici les décisions qui furent prises à ce sujet par le maire et les échevins : « Le 5 may, sur la proposition du sin-
« dicq, afin d'adviser à la seureté et conservation de ceste
« ville en l'obéissance du roy, à cette foyre prochaine de la
« Saint-Jean de may, a esté par tous délibéré et par nous
« conclud, à la pluralité de voix, que la foyre pour le bestail,
« qui a accoustumé de tenir au Vieulx-Marché de cette dite
« ville, tiendra au faulbourg du port et havre de cette ville,
« en toutes les places plus commodes audit faulbourg; et,
« pour le regard des armes de ceux qui viendront à ladite
« foyre, que ils seront priez de les laisser aux portes et corps
« de garde où ils entreront, jusqu'à ce qu'ils soient arrivés
« ès logis où ils iront loger : que ils prieront aussy leur hoste
« de s'en aller chercher vers le caporal qui les aura retenues,
« et ledit caporal audit cas les délivrera incontinent audit
« hoste; que l'on fera des patrouilles et doublera-t-on les
« gardes, si besoin est, ou bien que l'on tiendra l'une des
« portes de la ville fermée : et toutefois que en tout on pren-
« dra l'advis de M. notre gouverneur, qui sera suyvy. »
(A. H. V. — D. F.)

La foire de Niort, grâce aux mesures d'ordre et de prévoyance prises par la commune, se passa sans incident grave. Mais si les villes parvenaient, à force de précautions, à rester en sécurité, il n'en était pas ainsi des campagnes, exposées à souffrir des excès commis par les gens de guerre, qui se conduisaient dans les villages comme en pays conquis.

Le 16 mai, le corps de ville de Niort « depputo nobles
« hommes, Toussaint de la Rivière, sieur de l'Hometrou, et

« M. Guerier, advocat au parlement de Bourdeaux, et pair,
« pour eux transporter par devers Mgr le mareschal de
« Praslin, à Mauzé, en la part où il sera, pour luy faire en-
« tendre les vexations et viollences que les gens de guerre
« qui sont logez ès bourgades, villages circonvoisins de cette
« ville, commettent, et connoistre la permission que Mgr de
« La Rochefoucault a donnée aux habitans de cette ville de
« leur courir sus, pour recouvrer leur bestail et autres choses
« qu'ils ramassent aux habitans desdites paroisses. En exé-
« cution de laquelle commission lesdits habitans, ayant eu
« advis de l'excez commis en la personne de Philippe de
« Villiers, escuyer, sieur de La Porte, ont armé quelque petit
« nombre d'entre eux pour aller au secours dudit de Villiers,
« qu'ils ont rendu en cette ville et trois des soldatz qui l'ont
« offencé. Et pour cet effaict lesdits depputez s'adroisseront
« à M. de Brassac, lieutenant général de cette province, pour
« les présenter à mondit seigneur de La Rochefoucault, et le
« supplier tous deux ensemble de faire entendre leursdites
« plaintes à mondit seigneur le mareschal. Auxditz depputez
« sera donnée la somme de neuf livres tournois pour leur
« voyage.
« Aussi a esté conclud que, à la moindre semonce qui sera
« faite par nousdit maire aux cappitaines de cette ville, lors-
« qu'il sera question de sortir en armes pour aller en recou-
« vrance de quelque bestail ou empescher aux volleurs,
« chascun desdits cappitaines sera tenu de donner six sol-
« dats. » (A. II. V.)

Le 19 juin, de nouveaux députés, « les sieurs Laiguillier,
« eschevin, et Jean Chambre, pair et procureur sindicq, sont
« envoyés à Mauzé vers le mareschal de Praslin, pour luy
« représenter les clameurs publicques sur tant de viollences
« et excedz qui se commettent journellement par les gens de
« guerre, tant ès bourgades et villages circonvoisins que
« mesme sur les grands chemins, où les pauvres villageois
« n'osent plus passer pour aller et venir au marché et à leurs
« affaires, et leurs ostent lesditz gens de guerre toutes les
« provisions qu'ilz ont, etc. » (A. II. V.)

L'autorisation fut facilement accordée aux habitants de
Niort de poursuivre les voleurs, mais comment mettre un
terme à toutes les voleries qui se commettaient, surtout pendant la nuit, dans les bourgades et les fermes isolées. On dut

se borner à des battues fréquentes et à des sorties, qui amenèrent l'arrestation de quelques pillards. Heureusement que la révolte n'eut pas une longue durée. Soubise, chef des protestants, dans notre pays, avait établi son quartier général à La Rochelle, qui était alors une véritable république et comme la capitale du protestantisme. La flotte rochelaise était supérieure à celle du roi de France. Richelieu négocia avec l'Angleterre et la Hollande, et eut l'habileté, en faisant des promesses, d'obtenir des vaisseaux. Son amiral, le duc de Montmorency, remporta des avantages sur les côtes du Poitou et de l'Aunis. Soubise abandonna encore les protestants, qu'il avait poussés à la rébellion, et se réfugia avec les débris de sa flotte en Angleterre. Richelieu, qui n'était point alors prêt pour une longue guerre, offrit la paix aux protestants, afin de gagner du temps et de se préparer à les écraser, lors de leur première révolte.

Le maire de Niort convoqua le corps de ville, le 24 octobre 1625, pour lui annoncer que, dans la journée, il avait eu une entrevue avec Montmorency, amiral de France, accompagné du seigneur de La Rochefoucault, gouverneur et lieutenant-général. Ceux-ci lui avaient fait connaître la manière dont ils voulaient qu'on traitât les protestants révoltés et leurs partisans qui venaient de faire leur soumission.

Par la convention de l'île de Ré, les protestants avaient reçu la permission de se retirer, après avoir déclaré qu'ils serviraient le roi. Ceux qui résidaient à Niort durent se présenter immédiatement au greffe royal pour renouveler leur serment. Le corps de ville décida qu'on leur donnerait trois jours pour faire cette déclaration, et que, ce délai expiré, on procéderait contre ceux qui ne se seraient pas présentés au greffe.

Mais une mesure des plus rigoureuses, et qui dut coûter aux maire et échevins, consistait à enjoindre aux habitants de la ville dont les enfants avaient pris part à la rébellion, de rappeler, sous quinzaine, leurs enfants près d'eux et de les empêcher de continuer à rester parmi les révoltés, sous peine d'être eux-mêmes chassés et de voir leurs biens saisis. Cette mesure, malgré son caractère odieux, fut adoptée par le corps de ville, affichée et publiée.

Le seigneur de La Rochefoucault avait fait arrêter, dans la journée, plusieurs personnes qui avaient grossièrement insulté l'échevin Jean Bastard, écuyer. Les prisonniers, au nombre de trois, furent amenés devant l'assemblée, qui les *admonesta de porter honneur et respect aux échevins et pairs de la ville, à peine de punitions exemplaires.* Ces trois hommes, qui se nommaient Jean Lucas, Louis Fouschier, fourbisseurs, et Daniel Charpentier, gantier, furent ensuite remis en liberté. Nous donnons le procès-verbal de cette importante séance :

« Le 24 octobre 1625, à l'assemblée généralle et extraordinaire des maire, eschevins et pairs de Niort, sur la remonstrance dudit sindic, que ce jourd'hui Mgr de Montmorency, admiral de France, passant par cette ville, et Mgr de La Rochefoucault, gouverneur et lieutenant général de ce pays, ont fait entendre à nousdit maire leur intention pour ceux qui estoient en la rébellion, et que la composition faite en Ré a esté une permission à eux faite de se retirer en leurs maisons, en faisant par eux leur déclaration de voulloir servir Sa Majesté ; et qu'ils entendent que ceux qui sont retournez de la rébellion, et sont à présent en cettedite ville, facent leurdite déclaration au greffe royal, à cause qu'il sera contre eux procedé ; a esté par tous unanimement délibéré et par nous conclud que, suivant et au désir de l'intention de mondit seigneur l'admiral et Mgr le gouverneur, il sera fait un ban qui sera publié et fait afficher, portant commandement à tous ceux qui sont retournez de la rébellion et sont de présent en cette ville, et autres qui pourroient retourner, de faire leur déclaration au greffe royal de cette ville dans trois jours, à cause qu'il sera contre eux procedé ainsi qu'il appartiendra.

« Sur autre remonstrance dudit sindic que mondit seigneur l'admiral et mondit seigneur La Rochefoucault ont fait un autre commandement à nousdit maire, qui est de ce jourd'hui, à ceux qui ont leurs enfans en la rébellion et demeurent en cette ville, de faire venir leursditz enfans et les retirer de la rébellion dans quinze jours, et à faute de ce faire, ladite quinzaine passée, de chasser et mettre hors cettedite ville lesdits père et mère, et saisir leurs biens ; a esté aussi par tous unanimement délibéré et par nous conclud que autre ban sera fait, portant commandement auxdits père et mère qui ont leurs enfans à la rébellion, de les retirer dans quinzaine, et que, la quinzaine passée, seront iceux père et mère mis hors cette ville et leurs biens saisis, selon et au désir du commandement de Monseigneur.

« Sur autre remonstrance dudit Chaubier, sindic, que mondit seigneur de La Rochefoucault a donné charge à nousdit maire de prendre connoissance de la cause de Jean Lucas, fourbisseur, que le dit seigneur avoit commandé mettre en prison, et les nommez Louis Fouschier, compagnon fourbisseur, et Daniel Charpentier, gantier, pour les insolences par eux faites ce jourd'hui envers Jean Bastard, écuyer, sieur de la Mollesme, l'un des échevins de céans. A esté par tous délibéré et par nous conclud que les dits prisonniers seront mandéz en la présente assemblée et admonestéz de porter honneur et respect aux échevins et pairs de ceans, à peine de punition exemplaire. Ce qui a été fait et exécuté. » (A. H. V. — D. F.)

La punition des coupables se borna à cette simple remontrance ; elle suffit pour empêcher le renouvellement de semblables insultes.

Les protestants qui avaient fait leur soumission, furent traités avec une extrême rigueur. On sentait la main de fer de Richelieu qui voulait à tout prix arrêter la guerre civile, soumettre les grands seigneurs et donner à la royauté la souveraine puissance. Les réformés ne comprirent pas qu'ils n'avaient plus la possibilité d'établir une sorte de république en France, à côté de la royauté ; il ne leur restait plus qu'à réclamer des libertés nécessaires, et non à recourir à la révolte, qui serait leur perte.

Au nombre des chefs calvinistes les plus exaltés, qui nourrissaient toujours le projet de créer un Etat dans l'Etat et d'organiser la France en plusieurs cercles républicains, se trouvait Soubise. Rien n'avait pu le gagner à la cause royale. Louis XIII, par lettres patentes du mois de juillet 1626, avait érigé en sa faveur la baronnie de Frontenay en duché-pairie ; en outre, le roi lui avait offert des pensions. Soubise avait tout dédaigné. Son ambition visait plus haut ; il voulait la présidence d'une république fédérale. Il revint d'Angleterre à La Rochelle, le 20 juillet 1627, sur la flotte de Buckingham, pour recommencer la guerre civile.

Les Rochelais hésitent avant de se soulever ; mais, excités par Rohan-Soubise, ils font un traité d'union avec l'Angleterre. Richelieu n'attendait que cet instant pour agir avec vigueur et frapper un grand coup, qui devait abattre à tout jamais le calvinisme en France. Il était prêt à entrer en campagne. Avec une activité merveilleuse, il avait mis de l'ordre dans les finances, organisé l'armée, construit ou acheté des vaisseaux, et signé avec l'Espagne un traité de paix. Sans perdre un instant, il entraîne le roi et la noblesse au siège de La Rochelle. Louis XIII arrive à Thouars, le 6 octobre ; le 7 il est à Parthenay, le 8 à Champdeniers, le 9 à Niort, et le 12 il paraît devant La Rochelle.

Richelieu rencontrait beaucoup de mauvais vouloir de la part des seigneurs catholiques. Sa haute intelligence et sa volonté de fer lui firent surmonter tous les obstacles. Il fut à la fois général, ingénieur et amiral. L'évêque de Maillezais, Sourdis, fut nommé chef d'escadre. Les Anglais furent chassés de l'île de Ré, qu'ils occupaient. Une digue de 740 toises de longueur les empêcha de ravitailler La Rochelle. Ils voulurent forcer l'entrée de cette digue, mais toutes leurs tentatives échouèrent.

La Rochelle ne put recevoir aucun secours par mer, tandis qu'elle était complètement enveloppée du côté de la terre par une circonvallation de trois lieues, protégée par treize forts, flanquée de redoutes. La résistance des habitants fut désespérée. Ils étaient excités par le courage viril de la duchesse de Rohan et par la fermeté du maire Guitton, qui menaçait de poignarder le premier qui parlerait de se rendre. Il fallut, cependant, se soumettre.

Après des souffrances inouïes, La Rochelle ouvrit ses portes au roi Louis XIII, le 29 octobre 1628. Ce siège avait coûté la vie de plusieurs milliers d'hommes, et plus de 40 millions de francs ; mais Richelieu ne trouvait pas avoir trop chèrement acheté l'unité politique de la France, et la suprématie de la royauté.

La Rochelle fut abattue pour ne plus se relever. Elle perdit ses franchises municipales ; ses fortifications furent démolies. L'édit de grâce, de juin 1629, mit un terme aux guerres religieuses. Les calvinistes durent renoncer à la pensée coupable de briser l'unité de la France, en organisant une foule de petites républiques. Ils ne furent plus indépendants, mais ils purent jouir des bienfaits de l'édit de Nantes, que Richelieu fit appliquer d'une manière large et complète.

La duchesse de Rohan-Soubise, qui avait montré une indomptable énergie pendant tout le siège de La Rochelle, refusa fièrement d'être comprise dans la capitulation. Elle fut enfermée avec une de ses parentes dans le château de Niort, et ne recouvra la liberté que par l'édit de 1629.

Richelieu fit raser plusieurs châteaux du Poitou, au nombre desquels se trouva celui de Saint-Maixent. Le 18 novembre 1628, Louis XIII reprit la route de sa capitale. Son itinéraire porte qu'il coucha le 19 à Niort, le 20 à Parthenay, et le 21 à Thouars. Le duc de La Trémoille était tout dévoué au roi, il l'avait suivi à La Rochelle ; après la prise de cette ville, il revint au catholicisme et abjura entre les mains du cardinal de Richelieu.

Une émeute éclate à Niort, au sujet des traites foraines, dont les habitants réclamaient depuis longtemps la suppression.

Ces traites foraines frappaient d'un impôt de dix pour cent, tout ce qui circulait entre le Poitou et la Saintonge. La limite de la Saintonge commençait au faubourg de Saint-Florent, à deux cents pas de la ville; aussi, Niort avait beaucoup à souffrir de cet impôt qui nuisait à son commerce, surtout à ses fabriques de draperie, qui s'approvisionnaient de laines en Saintonge. Le mécontentement contre cet impôt devint excessif. Des rassemblements se formèrent sur plusieurs points de la ville et, comme pour les émeutes au sujet de la cherté des grains, il fallut recourir à la force pour les disperser.

Toutes ces barrières intérieures qui divisaient les provinces avec des lignes de douanes, des bureaux d'entrée et des droits de passage sur leurs limites, formaient autant de petits Etats dans l'Etat, et ne devaient disparaître qu'à la Révolution.

Le 27 novembre 1635, naquit dans les prisons de la conciergerie de Niort, Françoise d'Aubigné, qui devint duchesse de Maintenon et épousa secrètement Louis XIV. On a longtemps cru que Françoise d'Aubigné était née au château de Niort, mais ce château était alors la résidence du gouverneur, et la prison occupait un emplacement entre la rue du Soleil et la rue des Halles, près du passage de l'Herculée. C'est là que Mlle d'Aubigné vit le jour. On était loin alors de se douter que cette enfant exercerait une si funeste influence sur les dernières années du gouvernement de Louis XIV.

FAITS ET DOCUMENTS DIVERS.

Le 2 mars 1625, il est alloué une somme de 17 livres à Moussat, imprimeur, pour des imprimés concernant les ordonnances de police.

Le 2 avril 1625, la municipalité vote l'établissement des religieuses Ursulines dans la ville de Niort et, pour encourager cette fondation, vote une somme de 1,000 livres. « Sur la remontrance du sieur Maronneau, procureur de police, qu'il y a en cette ville un grand nombre de personnes qui désirent l'établissement des Ursulines pour l'instruction des filles, lesquelles religieuses offrent de venir en cette dite ville, s'il plaît à la ville d'y consentir de les recevoir, leur assister de quelques commodités pour leur dit établissement. A été par tous délibéré et par nous conclu à la pluralité des voix que le corps de céans procurera le dit établissement des dites religieuses Ursulines à son pouvoir, et pour ce dit corps y donne son consentement, et à cette fin sera donné à icelles religieuses une fois payé par le dit corps de céans mille livres tournois des plus clairs deniers de céans par les receveurs de céans. » (A. H. V. — D. F.)

Le 5 mai 1625, le corps de ville prend une délibération au sujet du paiement des maçons qui ont réparé les brèches des fortifications : « Veu les visites des réparations faites ès murs de cette ville en date des XXIIIIe jour de mars, XVIIe et dernier avril, a esté par tous délibéré et par nous conclud que Samuel Bouchauld et Daniel Jacob, maistres massons, seront payez du restant des deniers à eux deubs par le corps de céans pour les cinq brèches par eux refaites ès murs de cette ville, tant du costé des Tanneries que de la Petite-Boucherie, et que le tout des dits deniers, montant la somme de neuf cens soixante et six livres, pour soixante-neuf brasses de murailles par eux refaites, sera allouée à Nicolas Bardon, receveur desdits deniers communs de céans. Et pareillement sera payé à Jean Turrade, François Moreau et Vincent Sauvage, la somme de trois cens vingt-deux livres, à eux deubs par ledit corps pour la brèche par eux refaite ès mur de cette ville, entre la porte de St-Jean et la Melaise, et ce pour vingt-trois brasses de murailles par eux refaites, à raison de quatorze livres la brasse de muraille. » (A. H. V. — D. F.)

11 juin 1625, installation en mairie de Toussaint de la Rivière, écuyer, sieur de l'Hometrou, avec réserve des droits du corps de ville.

Le 29 juillet 1625, Mgr de la Rocheposay, évêque de Poitiers, donne son consentement à la fondation du prieuré des religieuses Bénédictines de Niort, par ordonnance datée du château de Dissay. « En attendant, dit le décret, que le monastère puisse être bâti, permettons aux religieuses de demeurer sous cloture en une maison particulière en la dite ville par forme d'hospice et y exercer les observances regulières, même y dresser un oratoire, qui sera beni pour y celebrer la sainte messe et offices divins. Exhortons tous nos diocesains de preter tout confort et ayde à ce bon œuvre. »
Ce ne fut qu'en 1629 que l'abbesse et les religieuses de la Trinité, de Poitiers, firent l'acquisition d'une maison située à Niort, paroisse de Notre-Dame, pour y établir un monastère des religieuses Bénédictines. (A. H. V. — D. F.)

9 novembre 1625. — Des lettres de Louis XIII à M. Dobriet lui enjoignent d'informer les maire et échevins de Niort qu'il a reçu « commande de lever et ôter tous les subsides et impositions qui ont été mises ès environs d'ici sur les personnes et denrées sans son autorité, c'est ce qui m'a occasionné de m'acheminer en divers portes et passages pour faire entendre la volonté du Roi à son peuple

et pour y faire publier et afficher les deffences, dès quelles j'ai estimé être à propos de vous en envoyer copie, afin que de votre côté et pour votre intérêt vous les fassiés publier et afficher tant en votre ville que lieux circonvoisins, dont je vous supplie de me donner avis afin que j'en puisse rendre compte au Roi, et que la liberté soit rendue au commerce, la chose est si juste et si favorable, que je ne vous y exhorterai pas davantage. » (A. H. V. — D. F.)

Le corps de ville de Niort, dans son assemblée du 12 novembre suivant, ordonne que les lettres de M. Dobriet « seront registrées au papier secreterial de ceans, ensemble les deffenses y mentionnées, afin d'y avoir recours, et les dites deffenses publiées et affichées tant en cette ville que lieux circonvoisins et mêmement au parquet par tous les lieux ou le corps de ceans a accoutumé de faire publier et afficher, et pour remercier mon dit sieur Dobriet et lui faire les remontrances qui ont été proposées et arrêtées lui être faites, ont été nommés à la pluralité des voix les dits sieurs Philippe Gauguin, conseiller, et élu pour le Roi en cette ville, et Charles Bomier, avocat en cette dite ville, tous deux pairs de céans, et leur sera donné dix-huit livres tournois par me Elie Bardon, receveur des deniers communs de ceans, et encores a été conclu qu'on envoyera les dites deffenses aux procureurs fabriqueurs à Maillé et Coullon pour être poursuivies et afficher. » (A. H. V. — D. F.)

Le 5 décembre 1625, le corps de ville accorde l'établissement des religieuses de Sainte-Croix dans la ville de Niort. « Sur ce qui a été proposé par le sieur Chaubier, sindic, si le corps de ceans auroit agréable l'établissement d'un monastère de religieuses possedantes de Sainte-Claire, aux conditions que le dit établissement sera fait sous l'autorité et par la permission de monseigneur de Poitiers sans intérêt ni charge de la ville et particulièrement que selon que le dit sindic a fait apparoir par le billet du reverend père René Cailleau, provincial des religieux cordelliers de Touraine. A été par tous unanimement délibéré et par nous conclu, que le corps de ceans l'a agréable, a consenti et consent l'établissement des dites religieuses possedantes de Sainte-Claire aux conditions susdites, et quelles ne pourront mandier, et demeurera le dit billet au secreterial de ceans.» (A. H. V. — D. F.)

Le principal de l'impôt était, à Niort, en 1625, de 6,400 livres. Le revenu municipal, sans y comprendre les 1,000 livres données par Henri II, était de 4,650 livres. Il se composait des octrois des trois portes, de la coutume du port et du dixième du vin vendu en détail.

CHAPITRE XXIII.

Sommaire. — Louis XIII ordonne une enquête pour faire cesser les usurpations de privilèges de noblesse. — Application de cet édit à Niort. — Membres de l'élection de Niort en 1634. — Deux classes de nobles présentent des requêtes pour la confirmation de leurs droits. — Familles de la noblesse. — Familles de l'échevinage. — Formule de la déclaration du maire de Niort de vivre noblement. — Les membres de la noblesse de l'échevinage de Niort vont aux armées pour le service du roi ; ordre du jour du gouverneur de Parabère constatant leur bravoure, leurs bons services et mentionnant leurs noms. — Attachement de la population niortaise à son indépendance municipale ; elle repousse toute domination féodale. — Niort offre le spectacle d'une petite république. — La Trimouille ne réussit pas à soulever les Niortais contre le pouvoir royal. — Note de Mazarin sur La Trimouille. — Emeute en Bas-Poitou, au sujet des impôts ; les paysans s'emparent de Beauvoir-sur-Mer et de la Garnache ; le mouvement séditieux s'étend en Saintonge et en Angoumois. — Assemblée de la noblesse convoquée à Lusignan. — La révolte est étouffée. — Désordre dans les finances de la France. — Révolte du Parlement, qui veut réformer les abus de l'Etat. — Troubles à Paris. — La *Fronde* en Poitou ; La Trimouille se prononce pour le Parlement et lui offre de lever une armée de dix mille hommes en Poitou. — Les frondeurs occupent La Chaize-le-Vicomte, La Roche-sur-Yon et Luçon ; ils établissent une entente avec les membres de l'échevinage de Niort. — Condé soulève la Guyenne ; la tentative qu'il fait opérer pour s'emparer de Niort échoue. — Fin de la guerre de la *Fronde*.

Les troubles qui avaient agité le règne de Louis XIII depuis son avénement avaient causé un grand désordre dans les finances. Il avait fallu solder de nombreuses troupes et surtout répartir de grosses sommes entre des grands, soit pour obtenir leur concours, soit pour les acheter lorsqu'on signait une trève ou une paix. Puis les impôts rentraient fort mal. Par suite du nombre considérable de privilégiés, ces impôts pesaient d'une manière très lourde sur les roturiers qui réclamaient vivement contre ce ruineux abus. En 1634, ces réclamations devinrent tellement pressantes, que le roi, par un édit du mois de janvier, fit remise de tout ce qui était dû sur le principal des tailles et d'une partie des impositions de l'année. Afin de régulariser la situation des privilégiés, il ordonna une sévère enquête pour faire cesser les usurpations de privilèges de noblesse. Tous ceux reconnus de condition roturière devaient être mis et imposés à la taille. Une amende de deux mille livres fut établie contre ceux qui, n'étant pas de maison et extraction noble, usurperaient le titre de noblesse, prendraient la qualité d'écuyer ou porteraient des armoiries timbrées.

Cet édit fut immédiatement appliqué à Niort. Les membres de l'élection prévinrent les nobles et privilégiés du ressort, que tous ceux qui n'auraient pas présenté leurs titres dans un délai de huit jours seraient soumis à la taille, c'est-à-dire à l'impôt sur les rôles des paroisses (1). Avant l'expiration du délai fixé, les parties avaient produit leurs pièces, qui furent examinées avec le plus grand soin. Chaque requête était soumise au président de l'élection, qui la communiquait ensuite au procureur du roi. Ce magistrat donnait ses conclusions, et les membres de l'élection rendaient alors leur sentence.

L'élection de Niort (2), en 1634, se composait de : Briand, président ; Thibault, procureur du roi ; Angevin, avocat du roi ; Huet, Vadet, Bastard, Gaugaing, Pougnet, Coutocheau, Migault, Frère, Desmier, Lévesque, Potyer, élus ; Moreau, greffier.

Deux classes de nobles présentèrent des requêtes pour demander la confirmation de leurs droits.

Les nobles d'extraction furent représentés par les familles Barbezières, Berthelin, Dabanoys, Geoffroy, de Hanne, Houllon, Le Mareschal, Mousnereau, Rossi, du Boullet, du Mortier, Gairusseau, Janvre, La Chétardie, Philippes, Régnier, Rousseau, Saint-Amant et Viault.

Les familles Chitton, Cochon, Dabillon, Pastureau, de Juyé, Avice, Gaugaing, d'Assailly, Chalmot, représentèrent les familles de l'échevinage.

Quelques roturiers présentèrent aussi des requêtes pour jouir des privilèges concédés aux canonniers ordinaires de l'artillerie du roi, maîtres de poste, contrôleurs et commis à faire les rôles des tailles.

---

(1) Alfred Richard. *Vérification des privilèges par l'Election de Niort, de 1627 à 1638.*

(2) Voyez pour l'élection de Niort les chapitres XXV et XXX.

Toutes les familles qui figurent sur cette liste sont éteintes, sauf celles de Janvre, de Régnier, de Pastureau, d'Avice et d'Assailly. Les droits de vivre noblement furent reconnus aux membres de ces familles.

M. Alfred Richard, qui a publié d'intéressantes recherches sur l'Election de Niort, de 1627 à 1638, a reproduit un spécimen de déclaration de vivre noblement, faite au greffe de l'Election. C'est celle de Coutocheau, maire de Niort en 1632. La voici :

« Aujourd'huy, sixiesme septembre mil six centz trente et deux, s'est comparu au greffe de l'élection de ceste ville de Nyort en sa personne, Jaques Coutocheau, Sgr des Roches et de Gallardon, mayre et capitaine de ceste dite ville et l'ung des eschevins du Corps et Collège d'icelle, lequel a déclaré que suivant les privilléges octroyez par noz Roys aux mayre, eschevins et conseillers dudit corps, que à cause de sesdites qualitez, tant de mayre et capitaine de la ville, faulxbourgs et banlieue dudit Nyort, que de celle d'eschevin dudit Corps et Communaulté dont il est pourveu, il entend à l'advenir vivre noblemant et jouir du tiltre de noble et des droitz y attribuez, comme font et ont acoustumé et doibvent faire chevaliers, escuyers et autres nobles du pays de Poitou et de ce royaulme de France, et servir le Roy en ses armées lorsque les nobles du pays seront pour ce mandez, sellon et au dezir desdits privilléges acordez, veriffiez et confirmez par Sa Majesté aulx mayre et eschevins dudit corps et arrestz des courtz souveraines, pour jouir dudit tiltre de noblesse aux honneurs, prérogatives, prééminances, franchises, exemptions et droitz y attribuez ; de laquelle déclaration ledit sieur Coutocheau, mayre, a repris acte, que moy, greffier soubzigné, luy ay octroyé pour luy valloir et servir en temps et lieu ce que de raison, et s'est ledit sieur mayre soubzsigné. Faict audit greffe les jour et an susditz. *Signé :* Coutocheau, *et plus bas,* Moreau, greffier. »

Les membres de l'échevinage de Niort, qui jouissaient des priviléges de noblesse, n'hésitaient pas, lorsqu'on faisait appel à leur patriotisme, à prendre les armes pour le service du roi. En 1635, il suffit d'une simple convocation du sieur de Parabère, gouverneur de la ville, pour que le maire, les échevins et les conseillers de la ville se missent de suite en mesure de partir. A leur retour, le 12 août 1643, le comte de Parabère leur donna une attestation de leurs bons services, digne de figurer dans le livre d'or des familles de l'échevinage niortais, et que nous enregistrons. Voici ce document :

« Le comte de Parabère, chevalier des ordres du Roy, conseiller en son Conseil d'Etat, capitaine de cent hommes d'armes de ses ordonnances, gouverneur et lieutenant général pour Sa Majesté en ses provinces du Haut et Bas-Poitou, Châtellereaudais et Loudunois.

« Certiffions à tous ceux qu'il apartiendra que le Roy ayant faict convoquer le Ban et arrière-ban de notre gouvernement en l'année mil six cent trente-cinq, et qu'à cause des longueurs qui se rencontrent dans les formes ordinaires desdites convocations Sa Majesté nous ayant commandé d'assembler le plus grand nombre de gentilshommes qu'il nous seroit possible pour les conduire en son armée de Lorraine, les Maire, Eschevins et Conseillers de la ville de Niort ci-après nommés se trouvèrent près de nous avec armes et equipage pour faire ce voyage et servir dans cette occasion, qui sont :

« Etienne de Savignac, escuier, s^r de Vieux-Fourneau en personne. — Jean Batard, s^r de Begrolle, pour Jean Batard sieur de la Mellezerie son père. — Emanuel Angevin, s^r de la Roche-de-Crissé, fesant pour François Angevin son père. — Guillaume Patureau, s^r de la Gatinerie, fesant pour Guillaume Patureau, s^r des Roches son père. — Louis Couyaut, s^r de Ste-Marie en personne. — Jacques Laiguillier, escuyer, en personne. — Paul Chalmot, pour Paul Chalmot, s^r de Puy-Foulard son père. — Phelipes Chalmot, s^r de la Briaudière pour Pierre Chalmot s^r de Bois-Rousset à présent capitaine au régiment des galères. — Pierre Thibaut, s^r de la Roche par Pierre Thibault Dallery son fils, à present capitaine au regiment de la Melleraye. — Baltazart Manceau, s^r de la Renaudière, en personne. — Jean d'Abillon, s^r de Toullière en personne. — Pierre Cochon, s^r de Martigné, en personne. — Jacques Chiton, s^r de Montlaurier en personne. — Jacques Berlouin, s^r de la Voute par le s^r de Malmouche son filz, à présent capitaine au regiment de la Melleraye. — Jacques Coutoucheau, s^r des Roches en personne. — Adam Goyart, s^r de la Grange-à-Mont, en personne. — Pierre Racapé, s^r de Galerni en personne. — François Assailly, s^r du Pieux en personne. — René Morin, s^r du Port-Laydet en personne. — Jacques Jacquelein, s^r de Ligré, lors maire, auquel fut enjoint par nous de demeurer audit Niort pour la garde de la ville. — Jacques Jouslart, s^r de Chantecaille en personne.

« Et à l'égard de François Laurens, s^r de Beaulieu lieutenant général, que nous l'avions dispensé à cause de l'exercice de sa charge ; comme aussi vindrent avec nous Pierre Viault, s^r de la Clairvaudière, Joseph Giraut, s^r de la Bourrelière, Jean Giraut, s^r du Puy, Pierre Giraudeau, s^r de la Pigeonnerie.

« Tous Ecuyers Echevins ou enfans d'iceux. Tous lesquels susnommés nous accompagnèrent audit voyage et plusieurs d'eux ont servi dans notre gouvernement en diverses occasions où ils ont été par nous employés pour le service de Sa Majesté.

« En tesmoing de quoy nous leur avons fait expedier ce présent certificat pour leur servir ce que de raison. Faict à la Mothe-St-Heraye le dousième d'aout mil six cent quarante-trois. PARABÈRE. (A. H. V. — D. F.) »

La population niortaise était fermement attachée à ses franchises et à ses privilèges communaux. Jamais le pouvoir féodal n'avait pu dominer dans cette ville. Tous les efforts du seigneur de Parthenay et du comte de Lusignan étaient venus se briser contre l'esprit d'indépendance communale des Niortais. Leur ville ressemblait à une petite république gouvernée par un maire et les membres de l'échevinage.

Deux fois, le duc de La Trimouille essaya d'entraîner les Niortais dans une révolte contre le pouvoir royal, mais il ne réussit pas. Ils avaient été trop éprouvés par les malheurs de la guerre, pour se jeter de nouveau dans des luttes qui ne profitaient qu'aux grands. Ce duc était beau-frère du duc de Bouillon et du maréchal de Turenne. Il exerçait une grande influence sur le parti protestant et voulait remplacer le marquis de Parabère, gouverneur du Poitou.

Mazarin connaissait le caractère du duc de La Trimouille, et encore mieux celui de sa femme, Marie de la Tour d'Auvergne. Voici la traduction d'une note inscrite sur les carnets du cardinal, en 1642 :

« Le duc de La Trimouille veut acheter le gouvernement
« du Poitou ; il ne faut pas y consentir. Il se laisse conduire
« par sa femme, qui est huguenotte et sœur d'un des mé-
« contents, le duc de Bouillon. C'est une femme d'esprit qui
« s'est attachée à la maison du prince de Condé, et qui a
« grande amitié avec le duc d'Enghien. Le Poitou est, d'ail-
« leurs, un pays porté à la sédition, et les huguenots y sont
« puissants. »

Les prévisions de Mazarin furent bientôt justifiées. Le Bas-Poitou fut troublé en octobre, novembre et décembre 1643, par des émeutes de paysans et des assemblées menaçantes de la noblesse. La cour fit entrer un corps d'armée dans cette province, sous la conduite du marquis d'Aumont. Le duc de La Trimouille avait envoyé des émissaires à Niort, mais ils trouvèrent la population résolue à ne prendre aucune part au mouvement insurrectionnel.

L'émeute éclata dans le Bas-Poitou, où plusieurs paroisses des marais de Riez refusèrent de payer les impôts. Les paysans s'emparèrent de Beauvoir-sur-Mer et de la Garnache. Le mouvement séditieux gagna la Saintonge et l'Angoumois. Une assemblée de la noblesse fut convoquée à Lusignan, le 15 décembre 1643, afin d'y organiser une confédération, lever une armée de 15 à 20,000 hommes et nommer des officiers. On devait ensuite marcher sur La Rochelle, s'en emparer, la fortifier et imposer des conditions à la régente Anne d'Autriche.

Le cardinal Mazarin étouffa immédiatement la révolte, qui fut comprimée dès le mois de février 1644. La régente usa de sa victoire avec modération ; elle proclama une amnistie complète et rappela ses troupes. Des instructions furent données à l'intendant du Poitou afin d'éclairer les populations et de leur faire comprendre la nécessité de payer les tailles, qu'on diminuerait dès que les circonstances le permettraient.

Une révolte, autrement redoutable, allait éclater à Paris et devait avoir du retentissement dans plusieurs provinces.

La France venait de conclure le glorieux traité de Wesphalie (1648), mais les finances étaient dans le plus effroyable désordre. Pour subvenir aux frais de la longue guerre qui venait de se terminer, il avait fallu lever de *monstrueuses sommes de deniers*. Sans cesse on créait de nouveaux impôts, on vendait des charges, on payait mal les fonctionnaires, enfin les revenus de plusieurs années étaient absorbés à l'avance. Les grands seigneurs puisaient à pleines mains dans le trésor public, et Mazarin, dont l'avarice était insatiable, était le premier à ramasser une scandaleuse fortune. Ses rapacités le rendaient odieux au Parlement qui, pour mettre un terme au désordre financier, proposa la réunion des *cours souveraines*, « afin de travailler à réformer l'Etat, que le mauvais ménage « de l'administration mettait en péril. » Il commença la lutte contre le ministre Mazarin en refusant d'enregistrer un impôt sur toutes les denrées entrant dans Paris. Cependant il fut obligé de revenir sur sa première décision et d'autoriser la levée de ces droits pour deux ans. Mais de nouveaux édits bursaux le firent entrer en pleine révolte contre la royauté, et, le 13 mai 1648, les membres des quatre cours souveraines, le Parlement, la Chambre des comptes, la Cour des aides et le Grand Conseil, se réunirent dans la chambre de Saint-Louis, au palais de justice, « pour servir le public et le particulier, et réformer les abus de l'Etat. »

L'assemblée rédigea 27 articles pour en faire la loi fondamentale de la monarchie : à l'avenir, les impôts ne devaient être perçus que s'ils avaient été discutés et enregistrés avec la *liberté de suffrages* par le Parlement de Paris ; les intendants de provinces étaient abolis ; les lettres de cachet étaient supprimées, et toute personne arrêtée devait être interrogée dans les 24 heures ou relâchée. Mazarin répondit à cette demande de réforme par l'arrestation de trois des plus opiniâtres membres du Parlement. La population de Paris se révolta, fit des barricades. La reine céda sur tous les points (24 octobre 1648).

Mazarin n'avait voulu que gagner du temps. Le 6 février 1649, Anne d'Autriche quitte Paris avec ses enfants et réunit des troupes autour d'elle. Le Parlement comprend le danger qui le menace et accepte les services des princes et des jeunes seigneurs qui voulaient renverser Mazarin. Cette lutte reçut le nom de *Fronde*. Ce n'était point cependant un jeu d'enfant. On avait pris les armes parce que le mécontentement était général. La banqueroute avait ruiné une foule de gens, et le trésor public était livré au pillage. Comme l'a dit un historien, « le ridicule de la Fronde n'est pas dans la « vanité des prétentions ; il est dans le désordre de ces am- « bitions contraires et aussi dans l'impossibilité du succès. »

Le duc de La Trimouille croit le moment favorable pour réaliser son rêve de devenir gouverneur du Poitou. Il se déclare pour le Parlement et lui offre de lever une armée de 10,000 hommes en Poitou, en assurant qu'il pouvait compter sur les adhésions des villes de Poitiers, Niort, Thouars, Saint-Maixent et de plusieurs autres places importantes du Poitou et de la Saintonge.

Le Parlement a confiance dans ces promesses et, le 11 mars 1649, le nomme général d'armée pour le service du roi, la défense de la cour, du Parlement et du public, dans l'ouest de la France.

Les événements marchent vite. Le commandant des Roches-Bariteaux, resté fidèle à la reine et à Mazarin, se renferme dans le château de la Chaize-le-Vicomte. Attaqué par des forces nombreuses, il se retire dans le bocage et la garnison capitule. Plus tard, il est fait prisonnier à la Roche-sur-Yon et enfermé à Thouars.

Luçon est occupé par les frondeurs, qui établissent leur quartier-général dans cette ville, et de là surveillent le Bas-Poitou. Ils envoient le vicomte de Marsilly à Niort, pour se mettre en rapport avec le corps municipal qui, après avoir délibéré, se prononce pour les frondeurs, mais sans prendre une part active au mouvement. Plusieurs autres places du Poitou imitent cet exemple. La convention de Rueil amène une paix de courte durée. Quelques impôts sont réduits, et les Chambres autorisées à se réunir.

Le prince de Condé, mécontent, fuit tout le monde, la cour, le parlement même. Mazarin le fait arrêter (janvier 1650).

Un mouvement se manifeste dans quelques provinces, il est réprimé de suite. Mais la jeune et la vieille Fronde, c'est-à-dire le Parlement et les seigneurs, s'unissent contre Mazarin et forcent Anne d'Autriche à l'exiler (février 1651). L'union des deux Frondes dure peu. Condé, dans son irritation, veut saisir le pouvoir; il soulève la Guienne et se met en rapport avec le prince de Tarente, fils du duc de Thouars, qui s'engage à lui livrer Saintes, Saint-Jean-d'Angély et Fontenay. Ce dernier s'empare de Saintes, mais ne peut se rendre maître des autres places. « Je ne fus pas aussi heureux au siège de
« Niort, dit ce prince dans ses Mémoires. En marchant vers
« cette place, je m'étois assuré, en passant, de la ville de
« Saint-Jean-d'Angély; mais quand je fus à trois lieues de
« Niort, j'appris que la cour, qui, après avoir soumis le Berry,
« étoit arrivée à Poitiers (31 octobre 1651) avec des troupes,
» avoit envoyé à Niort 200 Suisses de la garde du roi. »

Le comte d'Harcourt bat les troupes de Condé, il soumet Cognac, La Rochelle, l'île de Ré (novembre 1651), et force les rebelles à se replier sur la Dordogne et la Gironde. Le mois suivant, Mazarin rentrait en France et confiait le commandement des troupes royales à Turenne.

Condé accourt sous les murs de Paris avec une petite armée. Il est sur le point d'être écrasé par Turenne, lorsque mademoiselle de Monpensier fait tirer le canon de la Bastille et force Turenne à reculer. Condé est sauvé, mais il ne peut rester à Paris, où la misère est extrême; il sort de la capitale le 18 octobre 1652 et se retire en Flandre.

Le Parlement et les bourgeois supplièrent la reine de rentrer dans la capitale. Mazarin revint (février 1653), la Fronde était finie. Ainsi se termina cette tentative de révolution parlementaire.

Une taxe mise sur les nouveaux nobles excita, dans notre province, des troubles, à la suite desquels plusieurs gentilshommes furent arrêtés. La Roche-Alais, qui avait été secrétaire de l'assemblée tenue à Niort pour protester contre cette taxe, fut enfermé au château de Niort. « Au bruit de cette
« capture, raconte dans ses Mémoires La Trimouille, prince

« de Tarente, plus de 200 gentilshommes montèrent à che-
« val, et s'approchèrent de Niort pour le délivrer. D'autres,
« avertis par des billets qui coururent toute la province, se
« préparoient à grossir cette troupe, lorsqu'ils apprirent que
« la femme de la Roche-Alais, craignant que la vie de son
« mari ne fût en péril si on entreprenoit de le délivrer de
« force, avoit engagé ceux qui étoient déjà devant Niort de
« retourner dans leurs maisons. Le duc de Roanez ne fut
« pas fâché que cette affaire se terminât par les voies de
« douceur (1). »

Ces troubles n'avaient aucune gravité et furent rapidement apaisés. Le temps n'était plus où la noblesse faisait une guerre redoutable à la royauté. Richelieu et Mazarin, en la réduisant à l'impuissance, avaient travaillé à l'unité politique de la France.

(1) *Mém. du prince de Tarente*, p. 208.

CHAPITRE XXIV.

Sommaire. — Souffrance de l'industrie niortaise au milieu du XVIIe siècle; Cinq mille indigents reçoivent des secours. — L'aumône du *Bidon ;* conditions dans lesquelles se faisait cette aumône. — Cause de misère de la population niortaise. — Causes du ralentissement du commerce. — Lettre de Louis XIV aux membres de l'échevinage de Niort confirmant les privilèges de la commune. — Les familles de l'échevinage abandonnent le commerce afin de jouir des privilèges de la noblesse. — Résultats déplorables de cette tendance ; le commerce de Niort passe entre les mains d'étrangers. — Inondation du 12 mars 1657; la Sèvre emporte les ponts de la ville ; un arrêt du Conseil d'Etat impose des taxes sur la généralité de Poitiers pour la reconstruction des ponts de Niort. — Enquête ordonnée par le chapitre de l'église cathédrale de Poitiers, à l'occasion d'un incendie à Niort. — État de tous les droits dont jouissent les maires de Niort. — Lettre du roi imposant un candidat aux échevins pour l'élection d'un maire. — Texte de la déclaration d'un échevin qui veut vivre noblement. — Abus causés par les anoblissements d'échevins.

Vers le milieu du XVIIe siècle, l'industrie niortaise était en souffrance, les états de distribution, pour l'année 1650, de l'aumône dite du bidon, constatent que cinq mille pauvres environ prenaient part à cette charité. Au mois d'avril 1650, le prieuré de Notre-Dame distribua douze mille pains.

L'aumône du *bidon* existait depuis fort longtemps. Une sentence de règlement rendue par le lieutenant-général de Niort, le 5 février 1644, établit en ces termes les conditions dans lesquelles doit être faite cette aumône :

« Sur la requête présentée par le procureur du roi, contenant que par nostre jugement du 19 février 1643, nous aurions ordonné qu'il seroit informé de l'institution et ancienne usance de la distribution de l'ausmone appellée le Bisdon, dont le s^r prieur de cette ville est tenu, que ensuite enquête auroit été par nous faite du poix et qualité du dit Bisdon, suivant la quelle requête la dite aumosne est reglei ; sur quoi vu la dite enquête..... avons ordonné que les fermiers du prieur donneront la dite aumosne ès jours de lundi, mercredi et vendredi de chapcune sepmaine, puis le 1er jour de caresme jusques à la fête de St-Jehan-Baptiste, commenceront précisement à 9 heures du matin et continueront jusqu'à l'heure de midi ; que les pains qu'ils donneront seront de beau bled mesture au moins quart froment, quart baillarge, quart seigle et quart avoine ou jarousse, et chascun d'iceux pour 4 pauvres, du poix de 32 onces en paste et 28 lorsqu'il sera cuit..... Et ne seront tenus les dits fermiers de donner l'aumosne qu'aux pauvres qui seront presens, qui entreront au lieu ou elle a accoustumé de se distribuer, etc. Cy donnant en mandement, etc., donné et fait par nous François Laurens, escuyer, sieur de Beaulieu, conseiller du roi, président, lieutenant-général civil et criminel, juge, prevost, chastelain par réunion et commissaire examinateur au siège et ressort de cette ville de Niort, le 5e fevrier 1644. » (A. H. V. — D. F.)

La misère répandue à Niort, à cette époque, provenait du ralentissement de la fabrication des draps.

Cette industrie, qui avait occupé beaucoup d'ouvriers, ne trouvait que peu de débouchés par suite de la fabrication défectueuse et aussi de la mauvaise qualité de la laine employée dans les tissages. Les fabricants de Niort eurent à soutenir de nombreux procès contre des négociants de Lyon, de Bordeaux et d'autres villes, qui réclamaient des dommages et intérêts pour les étoffes mal fabriquées qui leur avaient été livrées. Une autre cause allait encore aggraver la crise subie par le commerce.

Les habitants de Niort n'avaient pris une part directe à aucun des troubles de la minorité de Louis XIV. Aussi le roi, en reconnaissance des services rendus par les Niortais, accorde, au mois de mars 1650, des lettres de confirmation des privilèges de l'hôtel-de-ville, à ses chers et bien amez les maire, échevins, conseillers et pairs de Niort. « Desiront, dit
« le roi dans ses lettres confirmatives, leur accorder ces pri-
« vilèges, en considération de ce qu'ils ont nouvellement
« donné des preuves recommandables de leur affection sin-
« gulière à notre service, depuis les présens mouvemens,
« ayant contribué tout ce qui a été en leur pouvoir, pour
« faire teste à nos ennemis et aux rebelles et empescher
« leurs entreprises sur notre province de Poitou et pays
« voisins. »

La cour des aydes de Paris ne mit pas beaucoup de bon vouloir dans la vérification de ces lettres de confirmation, car le 25 mars 1656, le roi fut obligé d'adresser à cette cour des lettres patentes portant jussion de vérifier les lettres de confirmation des privilèges de l'hôtel de ville de Niort. « Nous

« vous mandons, disait le roi, que sans attendre de nous
« autre plus exprès mandement que ces présentes qui vous
« serviront de dernière et finale jussion, vous ayez à procé-
« der à la vérification et à l'enregistrement de nos dites
« lettres patentes de continuation et confirmation des privi-
« lèges par nous accordez à nos dits maire, échevins, conseil-
« lers et pairs de notre ville de Niort. » (A. H. V. — D. F.)

Malgré la *jussion* du roi, ce ne fut qu'au mois de juin 1658 que ces lettres confirmatives furent enregistrées en la cour des aydes. L'arrêt de la cour porte que le maire, les douze échevins et les douze conseillers de la ville de Niort et leurs enfants mâles jouiront de ces privilèges, à la condition qu'ils vivent et vivront noblement du jour qu'ils auront été appelés à remplir les dites charges, et qu'ils serviront le roi dans les armées, quand les nobles du pays seront mandés. Sont exclus de ces privilèges les membres du corps de ville qui ne vivront noblement et continueront leurs professions roturières, sans pouvoir acquérir pour eux et leurs enfants des titres de noblesse. Voici le texte de cet enregistrement :

« Registrées en la cour des aydes, ouy le procureur général du roy, pour jouyr par les impetrans de l'effet y contenu ainsi qu'ils en ont bien et deuement jouy à la charge que le maire, douze échevins et douze conseillers de la ville de Nyort, leurs enfans males procrées en loyal mariage, qui vivent et vivront noblement du jour qu'ils auront esté appellez ès dites charges, serviront le roy ès armées continuellement en personnes quand les nobles du pays seront mandez, sinon que par vieillesse ou maladie ils ne puissent servir, et non autrement. Et que ceux des dessus dits qui ne vivront noblement, ains continueront leur profession roturière, demeureront contribuables aux tailles et aydes, sans qu'ils puissent acquérir à eux et à leurs enfans de leurs chefs le titre de noblesse, sans préjudice neantmoins de leurs privilèges en autres choses, suivant et autres charges portées par l'arrest du jourd'huy. Donné à Paris en la dite cour des aydes, le dix neufvième jour de juin mil six cens cinquante huit. Collationné. Signé BOUCHER. » (A. H. V. — D. F.)

Ces lettres produisirent un effet désastreux pour le commerce de Niort. Beaucoup de marchauds abandonnèrent l'industrie afin de vivre noblement, c'est-à-dire dans l'oisiveté.

Ainsi nous voyons que les commerçants, arrivés par l'élection à l'hôtel-de-ville, pouvaient obtenir des titres de noblesse, mais à la condition de renoncer au négoce et à l'industrie pour vivre en propriétaires. Cette mesure eut pour effet d'éloigner du commerce beaucoup de familles qui cependant lui devaient leur fortune. De là un dédain trop marqué pour les gens qui se livraient au commerce. Aussi, dès qu'on pouvait en sortir, on y renonçait, pour prendre le nom d'une terre et vivre noblement, selon l'expression des anciennes ordonnances. Ce peu de considération attachée à la position de commerçants attira, à Niort, une foule d'étrangers qui eurent le bon esprit de se faire marchands et de s'enrichir. Nous n'avons qu'à remonter à quelques années pour voir le commerce de rouennerie, si important, passer presque complètement entre les mains d'étrangers. Aujourd'hui encore, jetons un coup d'œil sur les magasins où les affaires se traitent en gros et en détail, et nous n'y verrons que fort peu de Niortais.

Les habitants du nord de la France, les Anglais, les Américains, n'ont point obéi à ce préjugé, et ils ont eu le bon sens et la sagesse d'honorer le travail et l'intelligence sous toutes ses formes, aussi bien à l'armée qu'à la ferme, à l'atelier et au comptoir.

La Sèvre, qui autrefois avait été la grande voie commerciale, était très négligée depuis la décadence de l'industrie niortaise. On ne faisait plus aucun travail dans le lit de ce fleuve, soit pour la navigation, soit pour l'écoulement des eaux pendant les grandes crues. Chaque année, la Sèvre inondait le quartier du Port. Cependant, ces inondations se bornaient à incommoder les riverains, sans occasionner des désastres. Il n'en fut pas ainsi le 12 mars 1657 : la Sèvre sortit de son lit, devint un torrent et ses eaux emportèrent les ponts.

La ville avait trop souffert de la guerre et des épidémies, depuis un siècle, pour supporter seule les énormes frais de ces réparations ; elle fit appel au roi, qui décida qu'on viendrait à son aide. Un arrêt du conseil d'État imposa des taxes sur toutes les élections de la généralité de Poitiers, pour la reconstruction des ponts de Niort, ruinés par le débordement des eaux. Nous donnons le texte de cet arrêt, qui accordait satisfaction aux justes réclamations du corps de ville :

« Extrait des registres du conseil d'État. Sur la requête présentée au Roi en son conseil par les maire, échevins, conseillers, pairs, habitans de la ville de Niort, contenant que dès le 13 mars 1657, les ponts de la dite ville sur la rivière de Sèvre auroient estez ruynez par le desbordement et inondation des eaues, la quelle démolition apporte un notable préjudice aux affaires du Roi et aux habitans de la dite ville, puisque par ce moyen le commerce est interrompu non seulement dans la dite ville, mais aussi dans les provinces de Xaintonge, Limousin et Poitou, dont les dits ponts faisoient la plus grande communication, et aussi les tailles ne s'y peuvent bien payer, et les droits de la traite de Marans s'en trouvent diminuez. Et daultant que les supplians ont autrefois contribué aux réfections des ponts de Saulmur, Chastellerault, d'Oulmes, Puybernier, il est juste qu'ils soient assistez pour la despense de la réfection de ceux de la dite ville de Nyort, la quelle ils ne peuvent soustenir seuls à cause des grandes pertes, ruines et charges qu'ils ont souffertes ; ce qui les fait recourir à la justice du conseil pour leur estre sur ce pourvu. Veu la dite requeste signée.... advocat au dit conseil, procez verbal du s^r Pellot, m^e des requestes ordinaires de l'hotel de Sa Magesté, et intendant es généralités de Poitiers et Limoges du 21 octobre dernier, ouy le rapport du s^r le Tillier, intendant des finances, le Roy en son conseil a ordonné et ordonne qu'en procédant par le dit s^r Pellot au resgallement des tailles de l'année 1660, il sera imposé sur la généralité de Poitiers avec le quartier d'hyver, la somme de seize mil livres pour la réfection des dits ponts, de la quelle l'eslection de Poitiers portera la somme de quatre mille livres, celle de Chatelleraut douze cent livres, celle de St-Maixent seize cent livres, celle de Nyort la somme de deux mille quatre cent livres, celle de Fontenay-le-Compte trois mille deux cent livres, celle de Thouars deux mille quatre cent livres, et celle de Mauléon douze cent livres ; et ce nonobstant les deffenses portées par les commissions, ausquelles Sa Magesté a desrogé pour ce regard, pour estre les dites sommes payées par les receveurs des tailles des dites eslections chacun à son esgard sans aulcune diminution ni droits concurremment avec le dit quartier d'hyver, mises et distribuées ès mains des entrepreneurs et architectes des dits ponts, suivant les prix faits et marchez qui seront faits par le dit s^r Pellot, et ses ordonnances ensuite, etc., fait au conseil d'Etat du Roi, tenu à Paris le 14e jour de janvier 1660. » (A. H. V. — D. F.)

Niort n'eut pas ainsi à supporter seul des frais énormes pour la reconstruction de ses ponts. Le système des généralités provinciales offrait cet avantage d'étendre la solidarité à une vaste région, et de former de petits Etats dans l'Etat.

Le 26 novembre 1656, eut lieu une curieuse enquête ordonnée par le chapitre de l'église cathédrale de Poitiers, à l'occasion d'un incendie à Niort. Voici les faits qui résultent de cette enquête et que nous empruntons aux diverses dépositions des nombreux témoins entendus par François Meaulme, docteur en théologie, prêtre, curé recteur de l'église paroissiale de Notre-Dame de Niort :

Pendant la nuit du 30 août 1656, un violent incendie éclata dans la maison de Jean Chebrotier, maistre menuisier,

située rue Torse, à Niort. La maison était tout en flamme, quand les premiers cris d'alarme furent poussés. Les habitants s'empressèrent d'accourir afin d'arrêter l'incendie, mais tous les efforts furent inutiles pour combattre le feu. Le quartier entier était menacé d'une ruine certaine, lorsque Anne Gastaud, fille de maistre François Gasteau, principal du collège de cette ville, venue comme les autres au feu, arriva à la porte du couvent des mères carmélites ; « elle entra dans le
« couvent et prit un seau d'eau qui lui fust donné pour le
« porter à ceux qui estoient pour éteindre le feu ; et lors
« sœur Marie de Saint-Jean-Baptiste, religieuse carmelite,
« luy donna un scapulaire qu'elle courut remettre à la femme
« de Jean La Brosse. »

Voici maintenant la déposition de Thomas Loyson, maitre écrivain :

« Il dit et dépose que lorsque l'incendie arriva en la mai-
« son de Jean Chebrotier, son oncle, y estant arrivé pour
« tascher d'esteindre le feu, luy estant sur la maison et sur
« la muraille qui fait séparation de la maison François
« Denaus et de Jean Chebrotier, luy fust présenté par la
« femme de Jean La Brosse un scapulaire qu'il avoit livré au
« bout d'un baston, aux fins de le jetter dans les flames pour
« les éteindre, luy disant que les mères carmelites l'en-
« voyoient, lequel scapulaire, luy qui dépose ne peust prendre,
« mais sçait fust jetté dans les dittes flames, et le lendemain
« environ les dix heures du matin, y ayant encore du feu en
« la ditte maison, sur ce que le dit Chebrotier faisoit faire
« perquisition en icelle pour rechercher quelque argent ou
« vaisselle, se trouva fondue et l'estain tout bruslé, un écu
« d'or se trouva à demy fondue et une cuillere d'argent, mais
« le dit scapulaire se trouva au-dessus du feu, lequel fut
« levé par Marguerite Chebrotier. »

Plusieurs autres dépositions vinrent confirmer ce fait. Celle de la sœur Marie, qui avait donné le scapulaire, est empreinte d'une sincérité qui peut donner l'explication du fait aux gens qui n'admettent pas les miracles.

« Le lendemain, dit-elle, le scapulaire ayant été apporté à
« elle qui dépose, il estoit tout imbeu d'eau et de cendre, et
« néantmoins tout entier à la réserve d'un morceau de
« cordon de laine, lequel morceau fut raporté avec le dit
« scapulaire. »

Tout le merveilleux de cette découverte se borne à ce que le scapulaire aura été préservé des flammes par l'eau dont il était imbibé encore au moment où il a été rapporté à la sœur Marie ; mais l'incendie avait été arrêté et le scapulaire retrouvé intact, et ces deux faits agirent vivement sur l'esprit de la population. L'autorité ecclésiastique se livra à une enquête, pour répondre au désir de tous, mais elle agit avec une prudente réserve en se bornant à constater le fait et en laissant les fidèles en tirer la conclusion qui serait à leur convenance.

Le 26 janvier 1663, le maire de Niort, Jacques Brisset, écuyer, seigneur de l'Epinette, fit dresser le dénombrement rendu au roi par la mairie. C'était la nomenclature de tous les droits dont jouissaient les maires. Cet aveu est la reproduction textuelle de celui rendu, en 1579, au roi Henri III, par le corps de ville de Niort. La formule est absolument la même. (Le *Thrésor de Niort* contient cet aveu de 1663, page 73 et suivantes, édition de 1866.)

Au moment où cette nomenclature des droits de la commune niortaise était dressée, le bon plaisir du roi allait peser sur la volonté des électeurs de l'échevinage, en leur enjoignant de porter leurs suffrages sur le candidat pour la mairie qu'il leur désignait. La lettre qui ordonne aux échevins de continuer le sieur Brisset dans sa dignité de maire est conçue en ces termes :

« De par le Roi, chers et bien amés, sçachant que le sʳ Brisset, mayre de nostre ville de Niort, doit sortir de charge au mois de may prochain, suivant l'ordre accoustumé et considérant qu'il sera utile à notre service et au bien du publicque de nostre dite ville, qu'il soit continué pour quelque temps, particulièrement pour l'achevement et perfection du pont de nostre dite ville, qui a esté commencé par ses soings, et que nous sçavons y être encore nécessaires, nous vous faisons cette lettre pour vous dire que nostre intention est que le dit sʳ Brisset soit continué pendant un an en l'exercice de la dite charge de maire de nostre dite ville de Nyort ; et pour ceste fin nous vous ordonnons de lui donner vos suffrages nécessaires, et lui laisser faire les fonctions de la dite charge durant le dit temps sans difficulté, et sans tirer à consequence ; à quoi nous assurans que vous satisferés, nous ne vous ferons la presente plus longue ; n'y faites donc faulte, car tel est nostre plaisir. Donné à Paris le 28 mars 1663. Signé Louis, et plus bas Le Tellier ; et au dos est la suscription à nos chers et bien amez les eschevins et habitans de Nyort, et scellé du petit cachet sur une queue de papier. » (A. H. V. — D. F.)

Les membres de l'échevinage n'osèrent résister à l'ordre que leur donnait le roi. Ils votèrent docilement pour le candidat officiel qui leur était présenté, et Jacques Brisset fut continué dans sa charge de maire.

Le jour n'était pas éloigné où la volonté de Louis XIV allait supprimer les vieilles franchises municipales des Niortais, qui remontaient à leur bonne duchesse Aliénor d'Aquitaine, et leur enlever l'élection du maire, dont le choix allait être réservé au roi.

Au mois de mars 1663, Jean Chargé prit possession d'une place d'échevin à l'hôtel-de-ville de Niort, en déclarant qu'il voulait jouir des privilèges et vivre noblement.

« Aujourd'hui trentième jour de mars 1663, au greffe de l'hostel de ville de Nyort, s'est comparu en sa personne Jehan Chargé, escuyer, sr de Laubrezay, eschevin du corps et hostel de cette dite ville, lequel en exécution des privilèges du corps et arrêts de nos seigneurs de la cour des aydes, et notamment de celui de la dite cour du 19 juin 1658, a déclaré comme il déclare vouloir vivre noblement, servir le Roy actuellement en armes et chevaux, comme les autres nobles du pays, et lorsqu'ils seront mandez, et user et jouir des droits, franchises, immunités appartenans à son dit office et charge d'eschevin, dont et de ce que dessus il a requis acte à moi greffier secretaire du dit hostel de ville, corps, college et communauté d'icelle, que je lui ai octroyé pour lui valoir et servir ce que de raison. Fait au dit greffe et hostel de ville les jour et an que dessus, et s'est le dit Chargé soussigné avecque moy dit greffier secretaire. Signé J. CHARGÉ. JACON, greffier et secretaire du dit corps et communauté du dit Nyort. » (A. H. V. — D. F.)

Nous avons reproduit cette déclaration, qui est une pièce historique de notre échevinage. Elle nous fait connaître les formalités remplies par les échevins qui avaient droit à la noblesse. Pour cela, il fallait vivre noblement et servir le roi en armes et en chevaux, c'est-à-dire être prêt à partir pour l'armée, à première réquisition. Beaucoup de bourgeois, enrichis dans le commerce, préféraient à une existence calme et tranquille, cette vie des camps qui, à leurs yeux, leur donnait une grande importance.

Ces anoblissements n'étaient pas sans avoir de graves inconvénients. Dans son *Rapport au Roy*, concernant la province du Poitou, Ch. Colbert de Croissy constate, en 1664, que les privilèges d'anoblissement concernant les maire et échevins de Niort donnent lieu à beaucoup d'abus.

« Plusieurs échevins, dit-il dans son rapport, ont vendu
« à d'autres leurs places d'échevins, se sont réservé tant
« pour eux que pour leur postérité, le titre de noblesse, et
« l'ont transmis aux acquéreurs de leurs places ; ce qui a fait
« presque autant de nobles qu'il y a de citoyens, et a entiè-
« rement ruiné le commerce qui étoit florissant dans cette
« ville. »

Comme nous l'avons fait remarquer, ces nombreux anoblissements causaient la décadence du commerce de notre
ville. L'époque n'était pas éloignée où une ordonnance de
Louis XIV allait réduire le nombre des échevins. Il fallait
remédier à cette désertion du commerce et limiter le nombre
des privilégiés qui, à l'aide de la noblesse municipale, jouissaient de l'exemption de la taille, réservée seulement pour les
gens du peuple. C'était une réforme utile, mais qui aurait dû
être appliquée d'une manière générale. La mauvaise et inique
répartition des impôts a été une cause de ruine et de dépopulation pour la France pendant le xviie et le xviiie siècle.

FAITS ET DOCUMENTS DIVERS.

Un arrêt, rendu en 1634 par la Cour des Grands-Jours tenue à
Poitiers, ordonne la démolition du temple de Saint-Maixent. Le
même arrêt interdit aux protestants de se faire inhumer dans le
cimetière des catholiques.

Il fallait être habitant de Niort pour être reçu pair et bourgeois
en la communauté. Il y a deux arrêts dans ce sens : l'un rendu par
le Parlement de Paris, du 3 avril 1640, et l'autre du conseil, à la
date du 20 avril 1660. (A. H. V. — A. T.)

Le 21 mai 1640, la ville refuse d'accéder aux prétentions de Luc
Pelletier, curé de Saint-André, qui réclame comme lui appartenant,
d'après un ancien usage, les lits où meurent les nobles échevins et
leurs épouses. (A. H. V.)

Les enfants d'échevins sont déclarés nobles de race par arrêt du
conseil, du 6 mai 1641. (A. H. V. — A. T.)

Les échevins sont exempts du paiement des aysés. — Un arrêt
du conseil, du 22 mars 1641, rendu au profit des échevins de Niort,
déclare qu'ils sont exempts du paiement des aysés. (A. H. V. — D. F.)

Par lettres patentes de Louis XIV, du 2 octobre 1643, Sa Majesté continue aux maire et échevins de Niort les dons et octroi du barrage du dixième ou appetissement du vin qui se vend en ladite ville et faux-bourgs, et de six deniers pour liv. sur les tailles, liquidés à 1058 l. 5 s. 8 den., pour employer aux réparations du cours de la Sèvre jusques à la mer. (A. H. V.)

—

Une sentence est rendue au siège royal de Saint-Maixent, le 21 janvier 1644, au profit des maire et échevins de Niort, contre les trésorier, chanoines et chapitre de Saint-Jean-de-Menigoute, et le nommé Isaac Chabans, leur fermier, de la Gilbertière, dépendant de Sciecq, condamnés à payer aux dits maire et échevins une rente de 32 boisseaux de froment et 32 boisseaux de méture. (A. H. V.)

—

Pour le droit de faire les baux d'octrois. — Le roi, en son conseil, le 23 février 1651, ordonne que les baux des octrois de la ville de Niort seront faits par les maire et échevins, et fait défense aux officiers de l'élection de Niort de les y troubler et d'en prendre aucune connaissance. (A. H. V. — A. T.)

CHAPITRE XXV.

SOMMAIRE. — Les Généralités et les Elections de la France au XVIIe siècle. — Statistique de la France dressée, en 1664, par ordre de Colbert. — Partie de cette statistique qui concerne le Poitou et Niort : Population ; climat, forêts, productions agricoles et vinicoles du pays ; élevage des chevaux et mulets ; commerce. Prieurés, abbayes et bénéfices dans l'Election de Niort ; paroisses qui en dépendent ; liste des nobles. L'archiprêtré de Niort ; paroisses et prieurés qui en dépendent. — Abus judiciaire commis au siège de Niort. — Revenu du domaine du roi dans la ville de Niort. — Seigneuries de l'élection de Niort. — Synode protestant tenu en 1672. — Rétablissement des relations du commerce niortais avec le Canada. — Importance de la fabrication de la draperie à Niort ; mesures prises par l'inspecteur des manufactures du Poitou pour améliorer la fabrication des draps. — Prix des étoffes. — Souffrances de la classe ouvrière et gêne des commerçants ruinés par la taille et les impôts. — Une élection municipale en 1673 ; liste des échevins et pairs qui ont pris part à cette élection. — Etat des biens et revenus du couvent des religieuses hospitalières.

L'*élection* était une circonscription financière soumise à la juridiction des élus. Ces magistrats avaient été institués à la suite des états généraux de 1356. « Seront levés « l'aide et les subsides, dit l'ordonnance du 12 mars 1355 « (1356), par les députés des trois états, en chacun pays. » Les commissaires choisis par les états pouvaient désigner des sous-commissaires, qui prenaient le nom d'*élus*, et leur circonscription se nommait *élection*. Charles V, en 1372, les transforma en fonctionnaires choisis par le roi pour répartir certains impôts et juger les procès qui s'élevaient à cette occasion. Ils étaient chargés de l'assiette des tailles, aides et autres impositions et levées des deniers royaux, ainsi que des cinq grosses fermes. Mais les domaines, droits domaniaux et gabelles n'étaient pas de leur compétence.

La France était divisée en vingt-six généralités, dont vingt étaient de pays d'élection, cinq de pays d'état, et une qui n'était ni pays d'état ni pays d'élection, plus sept intendances. Les généralités d'élections comprenaient 375 élections. Celle de Niort dépendait de la généralité de Poitiers, qui contenait 9 élections.

Colbert voulut se rendre un compte très exact de la France, afin d'opérer les réformes possibles à réaliser. Il fit dresser une statistique très étendue et très complète, véritable recensement du pays à cette époque. Ce travail fut exécuté en 1664, avec le plus grand soin, par des commissaires choisis parmi les maîtres des requêtes au Conseil d'Etat.

Le Poitou fut visité par ces commissaires, qui interrogèrent les évêques, les intendants, les magistrats, les trésoriers des finances, les nobles, les échevins, les marchands, même les artisans et les laboureurs.

Voici la partie de ce rapport qui concerne l'élection de Niort. Il est évident que ce rapport, rédigé en 1664, a été retouché, car il fait allusion à des événements postérieurs; ainsi, il y est question de la mairie perpétuelle de Niort, qui n'a été créée qu'en 1692, et du dépeuplement de notre contrée, par suite de la révocation de l'édit de Nantes. Ce rapport a donc évidemment subi des modifications vers la fin du XVII° siècle. Le voici tel qu'il nous est parvenu :

La province du Poitou est du ressort du parlement de Paris. Il n'y a qu'un présidial d'une grande étendue, et composé de beaucoup d'officiers. Son siège est dans la ville de Poitiers, capitale du Poitou. Il y a dans l'étendue du présidial cinq sénéchaussées royales, y compris celle de Poitiers réunie au présidial, savoir : celles de Châtelleraud, Civray, Fontenay et Montmorillon; trois sièges royaux : Lusignan, Saint-Maixent et Niort; et six prévôtés royales : Aunay, Chizé, Melle, Usson, Parthenay et Vouvent, ces deux dernières depuis peu réunies au domaine du roy; un bureau des finances à Poitiers, d'un nombre d'officiers considérable, avec deux receveurs généraux, contrôleurs et receveurs du domaine; une maréchaussée générale, et huit maréchaussées provinciales établies à Poitiers, Châtelleraud, Civray, Fontenay, Saint-Maixent, Montmorillon, Niort, et Thouars, avec deux lieutenances de celle de Poitiers à la résidence de Lusignan et Vouvent.

La province du Poitou porte présentement de taille 1,700,000 liv. Elle se divise en huit élections établies à Poitiers, Châtelleraud, Fontenay, Saint-Maixent, Mauléon, Niort, les Sables-d'Olonne et Thouars.

STATISTIQUE DE L'ÉLECTION DE NIORT.

L'élection de Niort porte de taille 199,000 liv.; elle est composée de 150 paroisses, qui font 13,758 feux et 54,770 personnes. Elle est d'assez grande étendue, bornée par celles de Poitiers et Angoulême du côté de l'orient, de celles de Fontenay et La Rochelle du côté de l'occident, de celle de Saint-Jean-d'Angély du côté du midi, et de celle de Thouars du côté du septentrion.

Le climat est différent suivant la situation des lieux : il est dans le milieu assez tempéré ; le pays qui approche le Limousin d'un côté et la Gâtine de l'autre est plus froid, du côté de l'Angoumois et Saintonge plus chaud, et du côté de Fontenay et Saint-Maixent plus tempéré. Il n'y a point d'autre rivière navigable que la Sèvre (1). Il n'y a point de montagnes, mais quelques collines du côté de la Gâtine, l'élection étant presque toute située dans la plaine. Il y a deux forêts du roy, celle de Chizé et celle d'Aunay ; elles consistent principalement en bois taillis et peu de futaie. Le bois n'est pas commun dans l'étendue de l'élection. Le pays, de plaine depuis Niort jusqu'à la Motte-Saint-Héraye, et continuant jusqu'à Chef-Boutonne et autres provinces, le long de l'élection de Fontenay, est très bon et fertile ; il produit abondamment des froment, seigle, baillarge, méture et autres grains : mais du côté du septentrion, tirant dans la Gâtine, il n'y a presque que des seigle et avoine, le pays étant couvert et les terres médiocres. Il y a aussi des prés et pacages en quantité, pour la nourriture des bestiaux, chevaux et mulets, dont on fait un grand commerce, et des serges, droguets et autres étoffes de laine, qui se fabriquent dans l'étendue de l'élection. Il n'y a que très peu de vignes et vins dans ce canton : mais dans la partie méridionale, du côté de la Saintonge, comme la Foye-Monjault, Beauvoir et autres paroisses, il se cueille beaucoup de vins et très bons, qui se consomment la plupart à Niort, ainsi que celui qui se cueille dans les vignes autour de la ville. Il y a pareillement beaucoup de pacages du côté de la Motte-Saint-Héraye, des forêts de Chizé et d'Aunay, et du côté des marais, qui servent à la nourriture des bestiaux, chevaux et mulets, dont il se fait un grand commerce et débit dans les foires et marchés de Niort, la Motte, Chandeniers et autres lieux de l'élection. On pourroit dessécher les marais qui sont du côté de Benet, Coulon, Saint-Hilaire-de-la-Palud et Arsay. (2)

LA VILLE DE NIORT

La ville de Niort est la principale de l'élection ; elle est située dans une plaine ; elle a une assez grande étendue, close de murs ; les gens y sont laborieux et aiment le commerce. Il y a un siège royal, composé de plusieurs officiers riches la plupart. M. de la Part

---

(1) « La Sèvre niortoise sert au transport des blés, des farines et des bois qui descendent de Niort, de Fontenay et de tout le Poitou à Marans, d'où on les transporte sur des barques dans tous les ports du voisinage. » (*Mémoire de la généralité de La Rochelle*, par l'intendant Begon, in-fol.)

(2) On sait que ces marais sont maintenant desséchés et qu'ils ont acquis une très grande valeur.

en est gouverneur et du château ; et M. de Pierrelevé, qui a acheté la mairie perpétuelle, de nouvelle création, lieutenant du roy : il est à la tête du corps-de-ville et échevins. Outre la maréchaussée et élection, il y a encore d'autres juridictions : une des eaux-et-forêts, une des traites foraines et une des juges-consuls des marchands. Il n'y a que deux cures et paroisses dans la ville de Niort : Notre-Dame, où il y a trois chapelains, et Saint-André ; quatre couvents d'hommes : les pères de l'Oratoire, les Cordeliers, les Capucins et les Frères de la Charité ; cinq couvents de filles religieuses : les Carmélites, les Bénédictines, les Ursulines, les Hospitalières et les Filles de Saint-François ; un hôpital général des pauvres renfermés. Le commerce principal des habitants de la ville consiste dans la manufacture des chamois et ouvrage qu'on en fait, dont il y a grand débit, ainsi que des droguets, serges et autres étoffes de laine qu'on y fabrique.

Il n'y a point d'autres villes dans l'élection ; mais y a quelques gros bourgs qui pourroient tenir rang parmi les petites villes, comme la Motte-Saint-Héraye, Chef-Boutonne, Aunay, Champdeniers et Secondigny, où il se tient des foires et marchés considérables, quoi-qu'il n'y ait que des juridictions subalternes, si ce n'est à Chizé et Aunay, qui sont des prévôtés royales.

Il y a un grand nombre de nouveaux convertis, tant dans la ville de Niort que dans les autres villes de l'élection, outre ceux qui sont sortis du royaume.

PRIEURÉS, ABBAYES ET BÉNÉFICES DANS L'ÉLECTION DE NIORT.

Les principaux prieurés, abbayes et bénéfices simples dans l'étendue de l'élection de Niort, sont l'abbaye de Saint-Ligaire, M. l'abbé d'Oppède, de 9,000 liv. ; — le prieuré de la Foye-Monjault, M. Cottin, de 5,000 liv ; — l'abbaye de Celles, M. l'abbé de la Rochefoucault, de 12,000 liv. ; — la commanderie d'Enseigné, M. de Ferrières ; — le prieuré de Benet, M. de Salles, de 12,000 liv. ; — celui de Coulon, aux Feuillants de Poitiers, de 3,000 liv. ; — celui de Sainte-Christine, M. David, de 2,000 liv. ; — l'abbaye de Saint-Severin, M. l'évêque de Nîmes, de 3,000 liv. ; — le prieuré de Vouillé, M. l'abbé d'Estrades, de 2,500 liv. ; — le prieuré commandataire de Romazières, de 200 liv. ; — celui de Mougon, M. Particolle, de Lyon, de 3,000 liv. ; — l'abbaye d'Aslonne, M. de... ; — le prieuré de Béceleuf, de 15,000 liv. ; — celui de Villiers-en-Plaine, dépendant de Fontevrault, de 300 liv. ; — et un autre réuni à la Mission de Rochefort, de 3,000 liv. ; — celui de Genouillé, M. de Nancré, de 1,500 liv.

PRINCIPALES TERRES ET SEIGNEURIES DE L'ÉLECTION DE NIORT

Les principales terres et seigneuries de l'élection sont la terre de Sainte-Pezenne, à M. l'évêque de Poitiers, de 4,000 liv ; — la maison de la Riffaudière, à M..., de 1,500 liv. ; — la terre de Gascougnolles, à Mme la maréchale de Navailles ; — celle de Saint-Hilaire-la-Palud, au chapitre de Saint-Hilaire de Poitiers, de 4,000 liv. ; — le fief d'Exigneur de Sasay, au sr Chauveau procureur, de 2,000 liv. ; —

Saint-Cyr-d'Arçay, à M. d'Arçay ; — la terre de Villecour, à Mme d'Auterive ; — celle de Maizé, à M. le marquis de Circé ; — celle de Faye-Savardin (Faye-sur-Ardin), à M. le marquis de..., de 3,000 liv.; — celle d'Aiffres, aux d^{lles} Berthelin....; — le fief de Montmartin, de 1,200 livres ; — la terre de la Charrière, à M. du Chilleau, de 1,200 liv. ; — celle de la Motte-Sainte-Héraye, à M. le Secq, de 15,000 liv.; — celle de Neufchèze, à Mme de Neufchèze, de 7,000 liv. au bail ; — celle de Benet, à M. le marquis de Montalin pour une moitié, et à Mme.... pour l'autre, le tout de 4,000 liv. ; — celle de Bouillé, à M. d'Apelvoisin-Saint-Hilaire ; — celle de Coulon, à M. de Belleville, de 1,500 liv.; — le marquisat de Fors, à M. Maboul, de 7,000 liv.; — la seigneurie de Pairé, à M. de Piédefont ; — celle de Rimbault, à M. de Rochebrune ; — le fief de la Thibaudière, à M. de Villeneuve ; — celui de Breuil, à M. de Genouillé ; — la seigneurie de Seligné, à M. de Seligné ; — celle des Fosses, à Mme l'abbesse de Sainte-Croix ; — celle de St-Romans, à M. d'Ausy ; — celle de la Cigongne, à M. du Chatenet ; — celle de Sainte-Buce, à Mme de Blenat et à M. le maréchal de Lorges ; — celle de Blanzay, à M. du Breuil-Dignat ; — la baronnie de Chef-Boutonne, à M. le comte de Roussy ; — la seigneurie d'Ardilleux, à M. de la Borde, de 3,000 liv.; — celle de Saint-Martin, à M. de Brouilhac ; — celle de Loubigné, à M. de la Couture ; — celle de Paizay-le-Chat, à M. de Monroy, de 2,000 liv. ; — celle de Romazière, à M. de Feneton ; — celle de Villeneuve, à M. de Laurentie ; — celle de Villenouvelle, à M. Fleury ; — celle de Dampierre, à M. Fouré-Marquis ; — celle de Saint-Mars-la-Lande, aux religieuses de Saint-Antoine ; — celle de Champeaux, à M. de Champeaux ; — celle de Pamplie, à M. de Boissoudan ; — la comté de Secondigny, à M. le duc de Mazarin ; — celle d'Hérisson, à Mme la comtesse de Clisson ; — celle d'Ardin, à Mme de Dissay ; — celle de Xaintray, à la dame abbesse de Bonnevau, de 750 liv.; — le fief du Breuil, à M. de Puy-Chérin, de 1,200 liv.; — la terre de Germon, à M. de Cornillon ; — celle de Surin, à Mme de la Barotière, de 2,500 livres ; — celle d'Eschiré, à M. de la Taillée et à M. de Villette, lieutenant général ; — celle de Rouvre, à M. Chasteigner de Rouvre ; — celle de Saint-Lin, à M. de la Bouchetière ; — celle de Champdeniers, à M. le comte de Broglie, de 3,000 liv.; — le fief du seigneur de Beaulieu-Puybotier ; — la terre de Saint-Laurent-de-Ceris, à M. de Rocard ; — celle de Nieuil, à M. de Nieuil ; — celle de Sceaux, à M. de St-Georges de Sceaux.

PAROISSES QUI DÉPENDAIENT DE L'ÉLECTION DE NIORT (1)

Adilly, 62. — Aiffres, 71. — Ardilleux, 49. — Ardin (bourg) 310. — Aslonne (bourg), 307. — Asnières, 112. — Aubigné, 93. — Augé, 29. — Aunay, 193. — Availles, 42. — Bataille (la), 30. — Beaulieu, 32. — Beauvoir, 59. — Béceleuf, 214. — Belleville, 23. — Benet

---

(1) Les chiffres indiquent le nombre des feux de chaque paroisse.

(*bourg*), 331. — Bernegoue, 71. — Bessines, 46. — Beugnon (le), 188. — Blanzay, 46. — Bouillé, 35. — Bouin et Troye, 43. — Bret, 23. — Brieuil, 30. — Brulain, 142. — Celles-sur-Belle, 180. — Champdeniers (*ville*), 259. — Champeaux, 43. — Chapelle-Chabossant (la), 98. — Chapelle-Seguin (la), 82. — Charrière (la), 82. — Chef-Boutonne (*bourg*), 281. — Chérigné, 45. — Chives, 90. — Chizé, 140. — Contré, 80. — Cormenier (le), 79. — Coulon, 180. — Couture, 124. — Crézières, 33. — Crip, 25. — Croix-la-Comtesse, 64. — Dampierre, 117. — Dœuil, 33. — Edeux (les), 20. — Enseigné, 108. — Eschiré (*bourg*), 249. — Faye-Monjault (la), 112. — Faye-sur-Ardin, 101. — Fénery, 51. — Fenioux, 254. — Fors, 100. — Fosses (les), 91. — Fressines, 125. — Germond, 124. — Gours (les), 41. — Gourville (*bourg*), 273. — Goux, 126. — Groseilliers (les), 26. — Hérisson et Pougne, 89. — Juscorps, 45. — Lesson, 59. — Loisec, 153. — Loubigny, 65. — Lupsault, 57. — Lussay, 30. — Mairé, 32. — Marigny, 132. — Mazières, 107. — Motte-Saint-Héraye (*bourg*), 494. — Mougon, 132. — Nieuil, 238. — Niort (*ville*), 1900. — Paizay-le-Chat, 117. — Pamplie, 101. — Pougne (*voir* Hérisson). — Prahec, 126. — Prissé, 24. — Queue-d'Ajasse, 37. — Rimbault, 49. — Romazières, 55. — Rouvre, 57. — Saint-Aubin-le-Clous, 227. — Saint-Brix, 111. — Saint-Cyr-d'Arsay, 80. — Saint-Denis, 53. — Saint-Etienne-la-Cigogne, 32. — Saint-Florent, 78. — Saint-Georges-de-Longuepierre, 78. — Saint-Hilaire-de-Ligné, 22. — Saint-Hilaire-la-Palud, 174. — St-Liguaire, 153. — Saint-Lin, 74. — Saint-Marc-la-Lande, 73. — Saint-Martin-d'Entraigues, 80. — Saint-Pardoux (*bourg*), 327. — Saint-Romans-des-Champs, 45. — Saint-Severin, 97. — Saint-Symphorien, 18. — Sainte-Christine, 57. — Sainte-Pezenne (*bourg*), 259. — Sallaiges, 54. — Salles, 25. — Saurray, 56. — Secondigny-en-Gâtine (*bourg*), 301. — Secondigny-sur-Chizé, 185. — Seligné, 57. — Souché, 107. — Soutiers, 44. — Surin, 103. — Talud (le), 103. — Traye (voir Bouin). — Tusson, 187. — Vergné, 43. — Villedieu-d'Aunay (la), 103. — Villefollet, 63. — Villemain, 62. — Villeneuve-la-Comtesse, 95. — Villenouvelle, 34. — Villiers-en-Bois, 51. — Villiers-sur-Chizé, 46. — Villiers-Coutures, 70. — Vinux, 27. — Vouhé, 107. — Vouillé (*bourg*), 207. — Xaintray, 83.

Le nombre des paroisses était de 125 et celui des feux de 14,907.

LISTE DES NOBLES DE L'ÉLECTION DE NIORT.

Sur le catalogue des nobles de l'élection de Niort, maintenus ou condamnés comme roturiers, dressé en 1667, nous trouvons les noms suivants :

Jacques Audouard, sieur des Mets, échevin en 1601 et en 1633. — François Assailly, sieur du Peux. — François Assailly et François son fils. — Aubin Avice, sieur de Mougon, échevin en 1594. — Jacques Avice, sieur de Boisneau, échevin en 1599. — Philippe

Bastard. — Jean Bastard, sieur de la Grolle, et Alexis, son frère, sieur de la Maison-Neuve. — Le président Beaulieu, du nom de Laurens ; maintenu noble par sentence du 7 septembre 1667, porte : *d'azur à trois feuilles de laurier*. — Philippe Berland, sieur du Puivillet, *idem* que ceux de Poitiers et de Saint-Maxire, maintenus nobles par sentence du 3 septembre 1667, porte : *d'azur à deux merlands adossés d'argent à huit étoiles d'or posées en pal, 3, 2 et 3*. — Jean Bidault. — Pierre Bonneau. — Me Jean Briant, premier président en l'élection. — Me Jean Briant, second président. — Jacques Brisset. — Louise Brisset, veuve de Jean Goguin. — Me André Brunet, assesseur. — Benjamin de Cadarre, sieur des Essarts ; la dlle de Cadarre, enfants de Jacques de Cadarre, secrétaire du roy, maintenus nobles par sentence du 3 septembre 1667, portent : *d'azur au lion d'argent, brisé d'une fasce de même chargé de trois étoiles de même*. — Antoine Chargé, élu, et Jean Chargé. — Pierre Cochon, lieutenant particulier de la ville de Niort. — Le sieur Coyaut, et Jeanne Coyaut, veuve de François Daix, sieur de Mornay, déclarés roturiers. — Jean d'Abillon et la veuve Jean d'Abillon, sieur de la Toullière, issus de l'échevinage de Niort dès les années 1560, 1567 et 1583, maintenus nobles. — La dlle de Laplace, veuve de... Rousseau ; *idem* que les Rousseau, sieurs de la Boissière, élection de Poitiers, maintenus nobles par sentences des 30 décembre et 9 septembre 1667, portent : *d'argent à la bande de gueules accompagnées de six roseaux de sable mis en pal, trois dessus et trois dessous*. — Antoine de Villiers, sieur de Chantemerle ; Louis de Villiers, sieur de la Porte-Boutou, maintenus nobles par sentence du dernier décembre 1667, portent : *d'azur à trois besants d'or et une coquille d'argent en abime*. — La ve de Pierre de Villiers, sieur de Chantemerle, issue de l'échevinage de Niort avant l'an 1600. — Louis de Villiers, sieur de la Porte-Boutou ; Françoise Rouault, veuve de Villiers, sieur de la Porte-Boutou. — ... Des Friches, archer et garde du corps, exempt de la taille. — Jean France, conseiller de Niort, de l'échevinage de Niort. — Pierre François, conseiller de l'échevinage de Niort. — Jacques Frère, de l'échevinage de Niort. — Pierre Giraudeau, sieur de la Pigeonnière, de l'échevinage de Niort. — Charles Guyot, Marc Guyot, Alexandre Guyot, Jacques Guyot, *idem* que les autres, à Payroux, élection de Poitiers, maintenus nobles le 9 septembre 1667, portent : *d'or à trois perroquets de sinople*. — Catherine Jacob, veuve de Guillaume Gaugain, de l'échevinage de Niort. — Me Jouslard, lieutenant général ; Jacques Jouslard, conseil ; Jean, sieur de Montaillon, *idem* que ceux ci-dessus, élection de Saint-Maixent. — Pierre Jouslain, lieutenant criminel, de l'échevinage de Niort. — La veuve Jacques Laiguillier, sieur du Bois, issue des anciens échevins de La Rochelle, maintenue noble, porte : *d'or à deux aigles affrontées de sable*. — François Laurens, sieur de Beaulieu, président à Niort, issu d'un secrétaire du roy, maintenu noble par sentence du 7 septembre 1608, porte : *d'azur à trois feuilles de laurier d'or mises en pal, 2 et 1*. — Pierre Leduc, receveur des tailles, issu de l'échevinage de Niort en l'an 1640. — Jacques Louveau, sieur de Mayré, issu de l'échevinage de Niort en l'an 1652 ; *idem*, Emmanuel Louveau. — Balthasar Manceau, sieur de la Guignardière ; autre Balthasar Man-

ceau ; d^{lle} Manceau, fille du premier, de l'échevinage depuis 1600.
— Isaac Marot, procureur du roy, de l'échevinage de Niort depuis
1600. — Pierre Marsac, échevin de Niort depuis 1600. — Louis
Migaud, sieur de la Fontenelle, élu, de l'échevinage de Niort depuis
1600. — Les filles de la veuve Monastière. — Pierre Pastoureau,
conseiller de Niort ; Jacques, sieur de Terland ; Benjamin, sieur du
Puynode, de l'échevinage de Niort. — La veuve du sieur Penaut.
— Philippe Piet, procureur du roy en l'élection, de l'échevinage de
Niort. — Jean Pougnet, de l'échevinage de Niort. — Louis Reignier,
sieur de la Brochetière ; René Reignier, sieur dudit lieu ; d^{lle} Marie
Reignier; Jean, sieur de Champdevant et de Champeaux ; François
sieur des Boultes, tous issus avec ceux de l'élection de Poitiers,
Champeaux, Beugnon et Benassay ; Sainte-Ouenne, élection de
Saint-Maixent, et de la maison de Bourgneuf en Gâtine, élection de
Fontenay, maintenus nobles par sentence du 9 septembre 1667, portent :
d'azur à trois coquilles d'argent. — André Savignac, de
l'échevinage de Niort en 1602. — Pierre Savignac, sieur de la
Brémaudière ; André, sieur de Vieux-Fourneaux, de l'échevinage de
Niort en 1614. — La veuve de Pierre Siméon, condamnée roturière.
— Jean Simonneau, sieur du Petit-Fief, maintenu noble par sentence du 7 novembre 1667, porte : *d'azur au cordonnet d'argent
passé en lacs d'amour, accompagné de trois étoiles de même*. —
Philippe Teillé ; autre Philippe, sieur de Fougeret, de l'échevinage.
— Laurent Texier, sieur de la Gantrie, de l'échevinage, anobli par
lettres. — Pierre Thebaut, sieur d'Aillery, de l'échevinage. —
Jacques Thibaut, sieur du Coulombier, et Jacques, son fils, anoblis
par lettres. — Jacques Turpaut, de l'échevinage. — Pierre Viaut,
sieur de Clairvaudière, de l'échevinage de Niort.

L'archiprêtré de Niort contenait :

1° 6 paroisses : Saint-Martin, Notre-Dame de Niort, Saint-André, Saint-Gaudens, Siecq, Saint-Maurice et Ste-Pezenne.

2° 6 prieurés : Notre-Dame de Niort, dépendant de l'abbaye de Charroux, affermé 3,000 livres, toutes charges faites, possédant le droit de haute, moyenne et basse justice en la dite ville de Niort ; — Saint-Martin, produisant environ 1,800 livres ; — Saint-Etienne, dépendant de Maillezais, produisant 1,700 livres ; — le prieuré ou chapelle de St-Thomas du Croisic, produisant 400 livres.

Il y avait de plus 9 petites chapelles.

REVENU DU DOMAINE DU ROI DANS LA VILLE DE NIORT.

Un grave abus judiciaire signalé dans le rapport de Colbert, c'est qu'au siège de Niort on y tenait quelquefois des prisonniers un an entier sans faire leur procès. Le Parlement de Paris, en 1648, s'était vivement élevé contre cet abus, et avait demandé que toute personne du royaume arrêtée fut interrogée dans les 24 heures ou relâchée. On voit qu'en 1664, soit par négligence ou pour tout autre motif, la liberté individuelle n'était pas respectée et restait livrée au bon plaisir du procureur du roi. Il fallait la réforme de 1789 pour conquérir ce droit, qui est un des premiers principes de notre code criminel.

Le domaine du roi en Poitou était aliéné. Cependant Colbert voulut se rendre compte du revenu qu'il pouvait produire. Voici ce qu'il a fait relever concernant Niort, ses dépendances et ses greffes :

« Le scel aux contrats dudit Niort, l'étalage de la poissonnerie, de la boucherie, compris le censif, qui est des appartenances des étalages, de la panneterie, toilletterie, la jaconnerie et vacherie, de la ferronnerie, du poil foulé et à fouler, de la pertuisage, minage et chappelage de tous grains et farines de la ville et faubourgs dudit Niort, les droits des halles de Niort, où se tiennent les foires royales, les fermes des bois ouvrés et à ouvrer, les lots et ventes, droits seigneuriaux et casuels, forfaitures et confiscations et tous autres droits casuels de la ville de Niort, les amendes civiles et criminelles de la maréchaussée, maîtrise des eaux et forêts et de l'élection dudit Niort, les étalages de toutes denrées, de poids et draperie, le droit sur les bêtes vives à pied rond et fourché, le marc de la tapisserie, le tout dudit Niort, qui est compris et fait partie de la vente faite audit Jacques Foucher, marquis de Circé, par ledit sieur duc de Roannez, pour la somme de cinquante-quatre mille livres, le 7 juillet 1658.

« Les eaux et pêcheries de la Floride, aliénées autrefois quatre-vingt-quatorze livres dix sols, à présent possédées par Pierre le Duc, receveur des tailles à Niort.

« Les moulins à blé, dépendants de Niort, aliénés autrefois trois mille trois cent soixante-dix livres dix sols, dont jouit à présent Mme de Neuillan.

« Le pré le Roy de Niort, aliéné dix-huit cent quatre-vingt-onze livres dix sols.

« Les dîmes et terrages de Teuché et Marigné, aliénés cinquante-six livres quatre sols six deniers.

« Les greffes civil et criminel du siége royal, et le greffe de l'élection de Niort, possédés par MM. les présidents de Fourcy et d'Ormesson.

« Le greffe des consuls et marchands dudit Niort. »

L'élection de Niort était affermée 35,000 livres tournois. Il y avait dix commis auxquels on donnait 600 livres tournois chacun, sans comprendre le commis qui visitait et celui qui recevait. Ainsi les frais de régie s'élevaient à 10 ou 11,000 livres.

La généralité de Poitiers n'était point sujette à l'impôt du sel, et toutes les impositions ordinaires qui s'y fesaient, en 1664, étaient comprises sous la taille, taillon, ponts et chaussées, charges et rentes assignées sur les recettes générales et particulières.

Le rapport de Colbert dit que les protestants vivaient en assez bonne intelligence avec les catholiques. Ils obtinrent l'autorisation de tenir un synode à Niort, mais le comte de Parabère leur imposa des obligations qui donnèrent à cette réunion un caractère restreint et tout local.

Ainsi, « les ministres anciens et autres des lieux interdits « par Sa Majesté n'y étaient point convoquez, et ne pouvaient « même se trouver dans la dite ville de Niort, pendant la « tenue du dit synode, sur peine de punition. »

Le comte de Parabère donna l'autorisation en ces termes :

« Le comte de Parabère, conseiller du roi en ses conseils, et son lieutenant général au gouvernement du Haut-Poitou, Chastelleraudois et Loudunois.

« Les ministres et anciens du consistoire de la religion prétendue réformée de la ville de Niort, nous estant venu demander permission de convoquer un synode dans leur ville au 15e de novembre prochain, nous en aurions incontinent donné advis au roy pour sçavoir la dessus les intentions de Sa Magesté et nous y conformer, qui trouve bon que nous permettions aux dits ministres et anciens de faire la dite convocation pour le dit jour 15e novembre à conditions que les ministres anciens et autres des lieux interdits par Sa Magesté, n'y seront point convoquez, ni ne pourront même se trouver dans la dite ville de Niort, pendant la tenue du dit synode, sur peine de punition. En suivant les intentions de Sa Magesté nous deffendons très expressement aux ministres anciens du consistoire de Niort de non convoquer au dit synode aulcuns des ministres anciens ni autres de cette province des lieux où Sa Magesté a interdit l'exercice, et aux dits ministres anciens et autres des lieux interdits de se trouver ni assister au dit synode, non pas même dans la ville de Niort pendant la tenue d'iceluy et à toutes personnes de quelque qualité et condition quelles soient, de leur donner aulcun logement ni retraite dans leurs maisons de la dite ville pendant le dit synode, le tout sur les peines de punition, comme infracteurs et désobéissans aux ordres du roy, et d'estre chatiez suivant la rigueur des ordonnances de Sa Magesté ; et aux fins que personnes ne puisse ignorer, nous ordonnons aux maires et eschevins de la ville de Niort de faire lire, publier et afficher nostre présente ordonnance par tout ou besoin sera, et notamment à la porte de la ville et du temple de la dite ville, la quelle sera signifiée au dit consistoire. Fait à la Mothe ce 28 octobre 1672. » (A. H. V. — D. F.)

Le synode se réunit dans ces conditions. Il ne pouvait produire aucun résultat, puisqu'il n'avait ni liberté, ni initiative. Les délibérations se bornèrent à des mesures d'ordre qui ne furent pas même appliquées. Ce synode n'eut donc pour effet que de montrer la situation dépendante où se trouvait la religion protestante à cette époque.

Les questions religieuses occupaient beaucoup moins vivement que par le passé la population niortaise. Les relations commerciales que Colbert avait rétablies avec le Canada excitaient un ardent désir de s'enrichir rapidement.

Cette colonie, qui joue un si grand rôle dans l'histoire commerciale de notre ville, avait été découverte à la fin du xve siècle. En 1535, Jacques Cartier remonte le Saint-Laurent, et au nom de François Ier, prend possession de ce pays auquel il donne le nom de Nouvelle-France. Dès 1608, le Canada avait commencé à être colonisé par des Poitevins et des Saintongeais. Un commerce très considérable s'établit presque aussitôt avec Niort, qui fournissait ses grosses draperies aux nouveaux colons, et recevait en échange des peaux pour ses tanneries et ses mégisseries. En 1610, le courant commercial de cette colonie était déjà si productif pour notre ville, qu'en témoignage de reconnaissance elle ajouta en support à ses armes deux sauvages canadiens. Les guerres des Anglais avec le Canada, de 1629 à 1632, interrompirent les relations d'outre-mer du commerce niortais ; mais Colbert, en 1667, rétablit le commerce avec le Canada, qui recommença à tirer du Poitou toutes ses étoffes de laine. Le grand ministre savait que la première condition du commerce est la probité, et il appliqua tous ses efforts à faire comprendre aux fabricants et aux négociants que pour ouvrir et conserver des débouchés, il fallait agir avec la plus entière bonne foi, et livrer à des prix aussi réduits que possible de bonnes marchandises.

Au mois d'août 1669, Louis XIV adressa au corps de ville de Niort un règlement au sujet de la juridiction concernant les manufactures, attribuée aux maire et échevins. « Les
« ouvriers, y était-il dit, des manufactures d'or, d'argent,
« soye, laine, fil, et des teintures et blanchissages s'étant
« beaucoup relâchez, et leurs ouvrages ne se trouvant plus
« de la qualité requise ; nous aurions, pour les rétablir dans
« leur plus grande perfection, fait dresser des statuts et rè-
« glements dans plusieurs villes et principaux lieux, où les

« établissements en ont été faits, etc. » L'ordonnance chargeait ensuite les maires de connaître en première instance les différends soulevés entre les patrons et les ouvriers ; elle réglait la composition de ce tribunal et la manière dont les affaires devaient y être examinées et jugées, avec le plus de rapidité et le moins de frais possible. Cette ordonnance produisit de très bons résultats.

La fabrication de la draperie occupait à Niort, en 1670, près de cinq cents personnes. Au mois de septembre de cette année, un sieur Michel Billot, inspecteur général des manufactures du Poitou, arriva dans notre ville ; il y tenait, le 11 septembre, le premier conseil du commerce, sous la présidence du maire Jean Chargé, sieur de Laubresay. On y prit des mesures pour relever l'état général du commerce dans la ville, en soignant mieux la fabrication de la draperie, dont les produits s'écoulaient principalement à La Rochelle, Orléans, Lyon, Marseille, Clermont, Tours, Bordeaux et au Canada.

Les recommandations, dit l'inspecteur Billot, produisirent leurs fruits et, le 2 juin 1671, le conseil des manufactures de Niort avait la satisfaction de faire remarquer que « depuis
« qu'on a tenu la main aux édits, les choses ont esté mises
« en si bon estat dans cette ville, qu'il ne s'y fait presque
« plus aucune pièce d'estoffe défectueuse...... ce qui restablit
« parfaitement le commerce de cette ville avecques les aul-
« tres provinces du royaulme et pays étrangers. »

Par malheur, cette réforme n'eut qu'une courte durée, et les fabricants retombèrent dans leurs anciennes habitudes d'employer de mauvaises laines, de mal les préparer et de tirer les draps aux poulies. Dès l'année 1672, l'inspecteur des manufactures constate « que les règlemens ne s'observent
« point, particulièrement à Niort. La plupart des marchands
« qui débitent des soies, au lieu de seize onces à la livre n'en
« donnent que quatorze ; leurs soies « orores » sont en-
« gallées, ce qui est cause que les droguets n'ont point de
« débit. On a trouvé tout bien dans les visites qu'on a faites,
« ce qui est impossible. Les hôtelleries recèlent des balles
« d'étoffes qui ne sont pas visitées et qui, vendues à l'exté-
« rieur, déconsidèrent l'industrie de la ville. »

A la suite de cet examen, qui inspirait d'aussi sévères remarques à l'inspecteur des manufactures, il fut adopté des mesures rigoureuses afin de forcer les fabricants à exercer leur

métier avec loyauté et probité. Le commerce de draperie, à Niort, était considérable; non-seulement on y fabriquait de la grosse draperie, mais des droguets et des tiretaines, et aussi des draps fins. « Trente patrons et cent vingt métiers
« livraient par an deux mille pièces, dont le plus grand débit,
« à cause de leur qualité, était à Paris, Lyon, Limoges et Bor-
« deaux ; on y employait la soie et le fil, et quelquefois des
« laines d'Espagne. Les plus chères de ces étoffes étaient les
« serges drapées qui se vendaient de trente-six à trente-huit
« sous l'aune ; les tremières, vingt-cinq ; les tirtaines de soie
« ou popelines, vingt-huit et trente ; les rases se payaient dix-
« huit sous ; ces chiffres atteindraient, en monnaie d'aujour-
« d'hui, le prix de six à trois francs le mètre. » (1) Le salaire des ouvriers était si peu élevé qu'ils étaient très pauvres et obligés de demander constamment des avances à leurs patrons. Ils interrompaient leurs travaux pendant les moissons et se mettaient à gages pour couper et battre le blé. Le commerce était aussi en grande souffrance ; la taille et les impôts ruinaient les habitants qui n'appartenaient pas à la noblesse. Ce qui rendait la charge accablante, c'est que, comme le fait remarquer M. H. Taine dans les *Origines de la France contemporaine* (t. I, p. 474), les plus forts et les plus capables de la porter étaient parvenus à s'y soustraire, et la misère avait pour première cause l'étendue des exemptions.

FAITS ET DOCUMENTS DIVERS.

Charles Colbert de Croisy, commissaire du roi, intendant en Poitou, épouse, le 20 janvier 1664, Marguerite Béraud, d'une famille niortaise, alliée à celle de La Popelinière, fille de Joachim Béraud, seigneur de Croissy, grand audiencier de France.

—

M. Th. Frappier, dans le récit d'une élection municipale à Niort, en 1673, a publié une liste des échevins et pairs qui prirent part à cette élection. Cette liste nous donne les noms des membres de l'échevinage niortais à cette époque (2).

---

(1) A. Gouget. — Le commerce à Niort du XIIIe au XVIIIe siècle.
(2) *Revue de l'Aunis et du Poitou*, année 1868.

Les échevins étaient : Jacques Louveau, seigneur de Mairé, doyen des échevins ; — Louis Migault, seigneur de la Fontenelle, capitaine au régiment royal ; — Jacques Thibault, écuyer, seigneur de la Gaschère, conseiller du roi ; — Pierre Jouslain, écuyer, seigneur de Mérillé et de Boisrivet, conseiller du roi ; — Jean Chargé, seigneur de l'Aubresay ; — Jean Pugnet, écuyer, seigneur de Boisvert, conseiller ; — Philippe Piet, écuyer, seigneur de Piédefond, conseiller ; — Philippe Teillé, écuyer, seigneur de Fougère ; — Philippe Gougain, écuyer, seigneur de la Sœur et de Bernegoue ; — Joseph Rivolet, seigneur de la Grimaudière, consul ; — Laurent Chebrou, écuyer, seigneur des Loges, de la Rouillière et du Petit-Château, conseiller.

Les pairs : Charles Guyot, seigneur de Luns ; — Jean Savignac, écuyer, seigneur du Breuillac, consul ; — Claude Arnaudeau ; — Pierre Parthenay, seigneur de la Mouline ; — Jean Bidault, écuyer, seigneur de Fief-Laydet et de la Chauvetière ; — Joseph Mangou, seigneur de la Pergellerie ; — François Bidault, écuyer, seigneur de la Chauvetière ; — Antoine Moreau ; — André Moreau ; — Nicolas Guérineau, sieur de la Sinelière, juge consul ; — François Devilliers ; — Jacques Corbier ; — Jean Debriand ; — Etienne Ferré ; — Jacques Arnauld, procureur du roi ; — Pierre Vaslet le jeune, seigneur de la Chataudière ; — Jacques Gorrin, avocat et lieutenant au régiment royal ; — Jean Gerbier, greffier en l'élection de Niort ; — Pierre Arnauldet ; — René Chargé, seigneur des Prés, juge consul ; — René Chauvegrain, notaire royal ; — Etienne Jacob ; — Pierre Potier ; — Louis Madien, seigneur de Chef de bois ; — Philippe Pérot, seigneur de Belle-Isle et de Tartifume, consul et lieutenant au régiment royal ; — Christophe Augier, seigneur de la Terraudière, conseiller ; — Pierre Chebrou, seigneur de la Foucaudière ; — Pierre Hugueteau, seigneur de Maurepas et de Chaillé, lieutenant ; — Jean Marot, sous-lieutenant au régiment royal ; — Jacques Doreil, seigneur de Lacroix ; — Lagroix ; — Hélie Follet, seigneur de Sainte-Ouenne, présideur à la cour consulaire ; — François Fauldry, lieutenant au régiment royal ; — Philippe Pastureau, écuyer, seigneur de Richebonne ; — François Rouget, seigneur de Fief-Fortuneau, receveur des deniers de la commune ; — Pierre Bonnin, seigneur de Château-Gaillard ; — André Ducrocq, sieur du Breuil, fermier général des aumôneries de la commune ; — Pierre Ducrocq, sieur du Parc, consul ; — Paul Brunet ; — André Laffiton, conseiller et procureur du roi ; — Gabriel Hugueteau, seigneur de Maurepas et de Chaillé, procureur du roi et lieutenant au régiment royal ; — Pierre Bigot ; — Noël Piet, seigneur de Grandmaison, conseiller et contrôleur en la maîtrise des eaux et forêts ; — Philippe Cadet ; — André Louveau, enseigne au régiment royal ; — Antoine Piet, seigneur du Luc ; — François Guillemin ; — Jacques Chebrou, secrétaire de la commune ; — Pierre Vaslet l'aîné, seigneur de Malleray ; — Pierre Alloneau, sieur de la Maison-Neuve ; — Jacques Alloneau, procureur au siège royal ; — Jean Métivier, sieur de la Pelloterie ; — Jacques Fradet, seigneur de Saint-Denys ; — Luc Noel, enseigne au régiment royal ; — Paul Arnault, seigneur des Solinières.

Le 30 juin 1673, le procureur du roi fait des remontrances sur les abus commis par les fils d'échevins et pairs, qui ne prennent la place de leur père que pour en faire un commerce honteux et la vendre à beaux deniers comptants, d'où les nouveaux du corps n'ont plus les qualités qu'il serait à souhaiter. En outre, ils ne réclament les places que la veille de l'assemblée et mettent en confusion les honnêtes gens qui, sur leur silence, les avaient demandées, etc. Ce qui est un mépris fait au corps et un abus.

Le corps de ville prend ces remontrances en considération et décide qu'un règlement sera fait. Les fils d'échevins devront demander la place trois jours après le décès de leur père et la garder trois ans avant de la résigner. (A. H. V. — D. F.)

Le 10 septembre 1665, M. de La Trémouille, gouverneur de la province, écrivit au maire de Niort que, la guerre nous menaçant, il désirait être renseigné sur la ville qui est quasi frontière, étant si voisine de La Rochelle ; il demandait s'il y avait des moyens de la mettre en défense, combien elle avait d'habitants, de soldats, si elle pouvait fournir des hommes à la défense des côtes, etc.

La ville, tout en fournissant les renseignements au duc, décide qu'il sera acheté de la poudre et du plomb qu'on mettra dans les magasins du corps de ville et qu'on payera sur le bail de la moitié du dixième des vins vendus en détail. (C. A. B.)

Le repos du dimanche était observé avec une grande rigueur. Le 23 juillet 1673, le procureur du roi fait saisir et mener en fourrière, au logis du Paradis, le mulet d'un meunier qu'il avait, par inadvertance, amené à la ville, un dimanche, jour de fête de saint Jacques et de saint Christophe. Le maire de la ville, Christophe Augier de la Terraudière, revendique énergiquement la connaissance de l'affaire et la délivrance du mulet, non pas pour le rendre à son propriétaire, mais parce que ces contraventions sont affaires de police dépendant du maire, et que le procureur du roi s'est, en la connaissant, immiscé dans la juridiction communale. Sur cette grave affaire du mulet, le corps de ville rédige un procès-verbal. (C. A. B.)

Estat du bien et revenu du couvent et monastère des religieuses hospitalières de Niort, à la date du 7 octobre 1667 :

D'après un inventaire fait à cette époque, le revenu de la maison, tant en rente que pension viagère, était de 1537 livres tournois. En outre, il était dû à la communauté 2,500 livres tournois. Voici le nom des religieuses : Marguerite Rivereau, sœur Magdelene Graslœil, sœur Françoise Graslœil, sœur Catherine Gastault, sœur Jeanne Gaugain, sœur Louise Juin, sœur Suzanne Bouneault, sœur Magdelene des Prez, sœur Jehanne Bastard, sœur Françoise Bichon, sœur Louise Bounault. Et une sœur lay : Françoise Biron.

La communauté devait nourrir et entretenir une vieille femme, une tourière et une servante. (A. H. V. — D. F.)

CHAPITRE XXV.

Sommaire. — Cinq compagnies du régiment *Royal-Niort* sont envoyées sur les côtes des Sables-d'Olonne pour s'opposer à un débarquement de troupes espagnoles. Ces compagnies se font remarquer par leur bravoure. — Le gouverneur du Poitou leur donne un témoignage de haute satisfaction. — Liste des officiers et des sous-officiers de ce régiment. — Personnes qui jouissaient des droits de francs-fiefs et nouveaux acquets. — Réduction du nombre d'échevins, afin de diminuer le nombre des personnes exemptes d'impôts. — Texte de l'arrêt du Conseil du roi opérant cette réduction. — Prérogatives du maire. — Installation de la nouvelle municipalité. — Quartiers de la ville assignés à chacun des échevins pour y exercer la police. — Description de Niort en 1675. — Confirmation de la tradition se rapportant à l'origine de la ville. — Le budget municipal de Niort en 1683. — Beaucoup de chartes et de titres des archives municipales sont volés. — Etat des marchandises sujettes aux droits de péage en passant dans la ville de Niort. — Contestation de préséance entre le maire et le curé de Notre-Dame. — Droit appelé la *quenouille de la mairesse*. — Augier La Terraudière publie la liste des maires ennoblis par leurs charges municipales. Cette publication fait échouer sa réélection à la mairie, et il ne peut obtenir la noblesse.

Le roi d'Espagne, pour se venger des conquêtes de Louis XIV en Franche-Comté, songea à opérer une descente sur les côtes de l'ouest, alors dégarnies de troupes. Le maréchal duc de Lavieuville, gouverneur du Poitou, envoya cinq compagnies du régiment *Royal-Niort* pour prendre part à la défense des Sables-d'Olonne, de Beauvoir et de l'île Bouin.

Augier de La Terraudière, alors maire de la ville de Niort, avait prévu cette expédition et, dès le commencement de mai 1674, il avait ordonné de procéder à la réorganisation du régiment *Royal-Niort*, dont la discipline était très relâchée. Ce maire réunit les cinq compagnies du régiment dans le grand cimetière de la porte Saint-Jean, et leur fait connaître les ordres qu'il a reçus. Deux soldats protestent contre cette réunion qu'ils considèrent comme irrégulière, parce que tout le régiment n'a pas été convoqué à cette revue. Ils refusent d'obéir. Le maire, en voulant les calmer, est blessé à la main. Il fait arrêter et conduire à la prison de l'Hôtel-de-ville les deux rebelles, qui passent devant un conseil de guerre et sont condamnés ; mais ils font leur soumission et ils obtiennent leur grâce.

Le 1er juin, les Espagnols paraissent sur les côtes du Bas-Poitou, et 500 hommes du régiment *Royal-Niort* sont envoyés à Aizenay pour prendre part à la défense des Sables-d'Olonne, de Beauvoir et de l'île Bouin. Ce détachement se fait remarquer partout où il séjourne par sa bravoure et sa discipline. Le 3 juillet 1674, le duc de La Vieuville, gouverneur du Poitou, le passe en revue à Beauvoir-sur-Mer. Au moment de le renvoyer dans ses foyers, le 30 juillet 1674, il lui donne l'honorable certificat suivant :

« Certifions à tous qu'il appartiendra que les cinq cens hommes destachés du régiment de Nyort pour le service du roy par nos ordres pour la deffence des costes de Poictou, et commandés par les sieurs de la Voute France, de la Fontenelle Migault, Villepain Marot, de Lens Guyot, et la Brosse Chebrou, capitaines ; Jacques Fradet, Pierre Chebrou, Gabriel Hugueteau et Jean Gresseau, lieutenans, et ledit Chebrou, ayde major ; Louis Madien, Jacques Gorrin et Jean Bidault soubs-lieutenans, avec 20 sergents et 20 caporaux, ont bien et fidellement servi Sa Majesté dans l'isle de Bouin, aux Sables-d'Olonne et ailleurs, et bien vescu en tous les endroits de leur passage et lieux de garnison, en foy de quoy nous avons signé ces presentes de nostre main. »

LISTE DES OFFICIERS DE CE RÉGIMENT.

Premierement le maire est colonel dudit régiment et premier capitaine de la cavalerie.

Jean France, escuyer, sieur de la Voûte, eschevin, capitaine de la colonnelle, détaché pour servir sur les costes ; Pierre Richier, sieur de la Chevallerie, eschevin, lieutenant colonel ; Louys Madien, sieur de Chefdebois, enseigne colonel, détaché pour servir sur les costes.

Jacques Louveau, escuyer, sieur du Mayré, eschevin, capitaine ; Pierre Partenay, sieur de la Mouline, son lieutenant, et François Mangou, sieur de Bessé, son enseigne.

Louis Migault, escuyer, sieur des Fontenelles, eschevin, capitaine du détachement, decedé ; Pierre Bonnin, sieur de Chateaugaillard, son lieutenant, et Paul Vaslet, sieur de Jardres, son enseigne.

Jacques Thibault, escuyer, sr du Coulombier, eschevin, capitaine ; Jacques Fradet, sieur de Saint-Denis, lieutenant du détachement, et André Louveau, enseigne.

André Brunet, escuyer, sr de la Cibardiere, eschevin, capitaine ; Pierre Chebrou, sieur de la Foucaudière, lieutenant, ayde-major du détachement, et Helye Folet, sieur de Sainte-Ouenne, enseigne.

Isaac Marot, escuyer, sieur de Villepain, eschevin, capitaine et major du détachement ; René Chauvegrain, lieutenant ; Noel Piet, sieur de la Maison-neuve, enseigne.

Philippes Teillé, escuyer, sieur de Faugeré, eschevin, capitaine ; Jacques Gorrin, lieutenant du détachement ; Jacques Noel, enseigne.

Philippes Gaugain, escuyer, sieur de Saur, eschevin, capitaine ; François Faudry, lieutenant ; André Laffiton, enseigne.

Jean Chargé, escuyer, sieur de Laubressay, eschevin, capitaine ; Luc Noel, lieutenant ; Pierre Allonneau, enseigne.

Charles Guyot, escuyer, sieur de Lens, eschevin, capitaine du détachement ; Jean Gresseau, lieutenant du détachement ; Pierre Moreau, enseigne.

Christophle Augier, sieur de la Terraudière, à present maire et eschevin, capitaine ; Gabriel Hugueteau, sieur de Maurepas, lieutenant du détachement ; Jean Bidault, escuyer, sieur de la Chauvetière, enseigne du détachement.

Laurens Chebrou, sieur de la Brosse, eschevin, capitaine du détachement ; Jacques Doreil, lieutenant ; Anthoine Piet, enseigne

Convient remarquer que les capitaines doivent toujours être tirez du nombre des eschevins, et les lieutenans et enseignes du nombre des pairs de l'hostel de ville.

LISTE DES SERGENS DU RÉGIMENT ROYAL DE NYORT.

Compagnie du sieur de la Voute. — Laurens Breillac la Taniere.

Du sieur Louveau. — Jean Juin ; Aaron Drouyneau.

Du sieur Migault. — Jean Guillier Lavignon, du détachement ; Jacob Mallet Roche-Lambon, du détachement.

Du sieur Thibault. — Jean Coquillion la Palme, du détachement ; René Troubé Maison-neuve, du détachement.

Du sieur Brunet. — Philippes Segay ; Nicolas Pinchault la Tonnelle, du détachement ; Simon Berjoteau la Plante, du détachement.

Du sieur Marot. — Jacques Chevillon, decedé, du détachement ; René Bonnault Bellaire, du détachement ; Jean Marchand la Croix, du détachement.

Du sieur Teillé. — Isaac Gentil la Tour ; Pierre Liebert, du détachement.

Du sieur Gaugain. — Pierre Gaultreau de la Pierriere, du détachement ; Jean Granet des Rochers, du détachement.

Du sieur Chargé. — Jean Gaultier de la Rigaudiere, du détachement.

Du sieur Guyot. — Paul Jaupois ; Jean Brillouet, du détachement ; Jean Raget la Bergere, du détachement.

Du sieur Augier, maire. — André Foucault la Roche, du détachement ; Jean Chauvin des Isles, du détachement.

Du sieur Chebrou. — Jean Jaupois la Fleur, du détachement ; Mathurin Passebon la Riviere, du détachement.

Plusieurs familles qui résident encore parmi nous, descendent de ces Niortais qui firent si bravement leur devoir, à cette époque.

Les maires, échevins et leurs descendants qui vivaient noblement n'étaient pas les seuls exempts des droits de francs-fiefs et nouveaux acquêts. Les échevins non-nobles et leurs descendants jouissaient de ce privilège. Les échevins considérés comme non-nobles étaient ceux qui, lorsque le privilège de noblesse subsistait, n'avaient pas voulu faire la déclaration de vivre noblement et avaient continué leur profession roturière, et ceux qui avaient été faits échevins depuis la suppression des privilèges de noblesse. Les uns et les autres avaient droit aux mêmes exemptions que les échevins nobles, suivant l'article 6 de la déclaration de 1634. Bien que les rois aient supprimé parfois les privilèges de noblesse de l'échevinage de Niort, ils n'ont jamais touché aux autres privilèges et libertés qu'ils avaient concédés. La déclaration du roi, datée de mars 1667, portant la suppression des privilèges de noblesse de toutes les communautés de France, ne contient en effet que la révocation du caractère de noblesse et ne touche point aux autres privilèges. Cependant, en 1672, une déclaration du roi concernant le recouvrement des droits de francs-fiefs, ordonna que « les gens d'église, commu- « nautez et autres privilégiez » paieraient deux années de revenus de leurs biens nobles. Cette mesure fiscale était basée sur la pénurie du trésor royal, et portait que ce paiement de francs-fiefs ne causerait, aux privilégiés, aucun préjudice pour l'avenir ; elle devait, au contraire, servir de confirmation à leur exemption Cette assurance ne donna qu'une très médiocre satisfaction aux membres de l'échevinage, qui se virent contraints de payer deux années des revenus de leurs biens nobles.

Une autre mesure allait apporter de profondes modifications dans le personnel du corps de l'Hôtel-de-ville, en réduisant le nombre des échevins et des officiers. Cet arrêt du conseil d'Etat du roi est du 18 juillet 1681. Son importance nous le fait reproduire en entier :

« Le roy estant en son conseil, ayant esté informé que la maison de ville de Nyort est composée de cent officiers ; sçavoir d'un maire, de douze eschevins, de douze autres eschevins appellez conseillers, et de soixante-quinze pairs ; et que ce grand nombre d'officiers tourne non-seulement à la charge des autres habitans de la dite ville, au moyen des privilèges et exemptions dont ils jouissent : mais aussi à cause des brigues continuelles qui arrivent dans le dit hôtel de ville. Et Sa Majesté voulant, pour le bien de ladite ville de Nyort, reduire les officiers dudit hôtel de ville au nombre qui est absolument necessaire, et regler en même temps toutes choses sur ce sujet, afin qu'il n'en arrive pas de desordre : Sa Majesté estant en son conseil, a ordonné et ordonne ce qui ensuit.

« Qu'à l'avenir, à commencer du jour et datte de la publication du present arrest et réglement, il n'y aura en ladite ville de Nyort qu'un maire et six eschevins, et que ledit maire sera élu tous les ans par le maire qui se trouvera en charge, et par les six eschevins qui seront tenus, comme il est, et a de coutume de nommer trois personnes pour ladite charge de maire, lesquelles trois personnes seront prises de tous les bons habitans de ladite ville, excepté les petits marchands et artisans ; que l'une des trois personnes sera choisie par le senéchal de Poitou, ou en son absence, par le lieutenant general de la ville, sans que l'un desdits eschevins élisans puisse être élu maire, ni même d'un an aprés être sorti d'eschevinage, ni que le maire sortant de mairie puisse être élu eschevin qu'aprés deux ans, et qu'il ne puisse être continué, que pour des causes extraordinaires dont il sera fait mention dans l'acte de l'élection ; laquelle en ce cas devra être faite tout d'une voix, et être approuvée par Sa Majesté.

« Que les eschevins seront trois ans eschevins, dont tous les ans il en sortira deux de charge, et qu'il en entrera deux autres nouveaux, qui seront élus d'entre tous les bons habitans de la ville ; comme le maire, par le maire, et les six eschevins ; et qu'aprés être sorti de l'eschevinage, il ne pourra être élu de trois ans eschevin.

« Que les nouveaux eschevins prendront les dernieres places, et monteront successivement aux premieres ; et les deux plus anciens sortiront de l'eschevinage pour faire place aux nouveaux, sans que les habitans de ladite ville faisant profession de la religion prétendue réformée puissent être élus esdites charges de maire et eschevins : mais seulement ceux faisans profession de la religion catholique, apostolique et romaine.

« Que le maire pourra porter l'épée, ainsi qu'il est accoutumé, et que les eschevins seront revêtus de robes semblables à celles des juges-consuls, avec cette distinction qu'ils porteront sur l'épaule un roquet d'escarlatte.

« Que les elections et installations seront faites aux jours accoutumez, à la réserve de celle qui sera faite le lendemain de la publication du present arrest.

« Que le procureur de la police, le secretaire dudit hôtel de ville, receveurs, et autres menus officiers demeureront dans leurs offices, tant qu'il sera jugé par le maire et les six eschevins, qui en pourront élire d'autres en leurs places, dans le temps des élections seulement.

« Que les baux des revenus dudit hôtel de ville, et de tous les ouvrages publics dudit Nyort, seront faits devant le maire et les six eschevins, et qu'ils seront signés au moins de quatre d'entr'eux, avec le maire.

« Que ladite ville de Nyort sera, pour ce qui regarde la police, séparée en six quartiers, dont chacun aura soin d'un quartier, et que tous lesditz quartiers seront donnez tous les ans à chaque eschevin, dans le temps des elections, après qu'elles auront été faites ; lesquelles quartiers seront assignés par le maire aux eschevins, et que lesdits eschevins rapporteront au corps de ville, une fois au moins toutes les semaines, les affaires du quartier dont ils auront le soin, dans lesquels ils seront obligez de faire la visite chaque semaine.

« Que le maire aura toujours la police generale sur toute la ville, comme il a eu jusques icy ; et que lorsqu'il ira faire la visite dans un quartier, il sera accompagné de l'eschevin à qui ce quartier sera assigné.

« Que ledit maire rendra son compte trois mois après qu'il sera sorti de charge, au plus tard, pardevant le maire nouveau et les six eschevins.

« Qu'en cas que le maire vienne à déceder pendant son année de mairie, le premier eschevin en fera les fonctions jusques au tems de l'election et que pareillement si un eschevin vient à mourir dans l'année, quelqu'autre eschevin prendra le soin de son quartier, par la destination du maire, jusques au tems de l'election, que l'on élira à toutes les places vacantes par mort, ou autrement, entre les maire et eschevins qui se trouveront en place.

« Que toutes les affaires de la maison de ville passeront par l'avis des maire et six eschevins ; et que s'il arrive quelque affaire publique qui interesse toute la ville, ils pourront convoquer les habitans pour prendre leurs avis : et qu'au surplus il en sera usé comme par le passé.

« Et d'autant que Sa Majesté estime important à son service, et au bien de ladite ville, de choisir pour la premiere fois les maire et eschevins dudit Nyort, elle a pour cette fin choisi et nommé, sçavoir pour ladite charge de maire le sieur Marsault de la Cailletiere, president en l'election de Nyort ; et pour celle d'eschevins, les sieurs Jean France, doyen des conseillers ; Charles Guyot, avocat du roy ; Christophle Augier de la Terraudiere, avocat ; Isaac Marot, procureur du roy ; Pierre Daguin, s^r de Beauregard, et Laurens Chebrou, comme personnes desquelles Sa Majesté a receu des temoignages de leur probité, et de leur zèle à son service, et ainsi qu'au bien et avantage de ladite ville ; desirant à l'égard dudit sieur Marsault de la Cailletiere, pour des considerations importantes à son service, qu'il exerce ladite charge de maire pendant deux ans, et ce sans tirer à consequence. Veut Sa Majesté que le present arrest et reglement soit à l'avenir gardé ; observé et executé en ladite ville de Nyort, selon sa forme et teneur : Enjoint pour cette fin Sa Majesté au gouverneur et ses lieutenans generaux en Poitou ; comme aussi à l'intendant de la justice, police et finances en la dite province, de tenir la main chacun comme il appartiendra, à l'execution du present arrest. Fait au conseil d'Estat du roy, Sa Majesté y estant, tenu à Versailles le dix-huitième juillet mil six cent quatre-vingt-un. Signé, LE TELLIER. » (T. N. — A. T.)

Cet arrêt reçut son commencement d'exécution le 28 septembre suivant. Ce jour là, Joseph Jouslard, conseiller du roi, président et lieutenant-général en la sénéchaussée et siège royal de Niort, commissaire subdélégué de M. de Marillac, intendant du Poitou, se rend à l'Hôtel-de-ville où il avait fait convoquer, à son de trompe et de cloche, le sieur de Saint-Denys, maire, et les échevins et pairs qui composaient le corps de ville. Il donne lecture de l'arrêt, fait prêter serment et procède à l'installation de la nouvelle municipalité. Plusieurs échevins, en prêtant serment, firent la réserve que cet arrêt ne pourrait préjudicier à la noblesse qui leur était acquise, comme ayant été maires ou échevins au temps des privilèges.

Les Niortais se montrèrent satisfaits de cette réforme. Tout en maintenant la commune et ses privilèges, elle réduisait le nombre des membres de l'Hôtel-de-ville qui jouissaient d'exemptions pécuniaires très préjudiciables aux classes du peuple, obligées de supporter la plus grande partie des impôts. C'était une charge fort lourde et qui ne devait disparaître qu'en 1789, lorsque fut proclamé le principe si équitable de l'égalité devant l'impôt.

Les six nouveaux échevins furent chargés de la police de la ville. Voici les quartiers assignés à chacun d'eux pour y exercer une surveillance :

« Le premier quartier à Monsieur Marot, procureur du roy, consistant en la grande rue Saint-Gellais, depuis la porte jusques au canton de la Grue, le logis de la Grue inclus, la rue Vieille-Rose, la rue de la Juiverie, la rue de Souché, la rue Babinot et tout le fauxbourg S. Gellais, y comprenant tous les dehors de ce côté-là.

« Le second assigné au sieur France, consiste en dix-huit rues qui suivent, sçavoir, depuis le susdit canton de la Grue jusques aux halles, la moitié des halles du côté de la boucherie jusqu'au logis de l'Hercules inclusivement, la rue du Soleil jusqu'au Puys-Nallier, la rue de la Rochette, la rue St-François, la rue de Ste-Marthe, les Aires et la rue Basse jusques aux Urselines.

« Le troisième assigné au sieur Chebrou, consistant en la grande rue du Pont, depuis la Pine-d'Or incluse jusque à la porte du pont, la rue Regratterie, la rue de la Grenouille, la rue Mere-Dieu, et le restant de la rue Basse depuis les Urselines, la cour de Magné, la rue de Cresmault, le marché vieux, la rue Chesne, la rue St-André depuis les Urselines jusques à la grande rue du Pont, et tous les environs de l'église St-André, la rue des Tanneries, le Baguenard, la haute et la basse Pierière.

« Le quatrième quartier a été assigné au sieur de la Terraudière, consistant en la grande rue St-Jean, depuis les halles jusques à la porte y compris le Merdusson, la rue du Rabot, la rue Torse, la rue Melaise, la rue Notre-Dame jusques à la Charité, la rue du Meurier et de la Boucherie et tout le fauxbourg St-Jean, y comprenant tous les dehors de ce côté-là.

« Le cinquième quartier est assigné au sieur Guyot, consistant en la rue qui est devant et tout autour de la place du Château depuis l'Hercules jusques à la Pine-d'Or, la moitié des halles du côté du Château, la rue du Minage, la rue des Fossés jusques à la Charité, la rue de St-Nicolas, la rue de l'Oratoire, la rue de la Charité jadis Pousse penil, le haut Pellez et le bas Pellez.

« Et le sixième quartier a été assigné au sieur Daguin, consistant dans tous les faux-bourgs du port et tous les environs de ce côté-là. » (T. N. — A. T.)

Augier, sieur de La Terraudière, trace la description suivante de la ville de Niort, à cette époque (1675) :

« La ville de Nyort a cet avantage d'estre la seconde de la province du Poitou, comme la plus grande, la mieux peuplée, et la plus considerable après Poitiers ; autresfois elle estoit fort riche et d'un grand commerce, mais maintenant elle en est fort déchûë. Il y avoit autresfois trois paroisses : sçavoir Nostre-Dame, Saint-André et Saint-Gaudant, à presant les trois sont comprises dans les deux premieres. L'église de Nôtre-Dame est un des plus beaux édifices du royaume, surtout son clocher n'a gueres de semblables, il y a dans cette paroisse plus de sept mille communians, et plus de quatre à cinq mille dans celle de Saint-André, sans compter un tres grand nombre de religionnaires, et cependant il n'y a pas trois mille feux en ladite ville. Il y a quatre couvens de religieux ; sçavoir Capucins, Cordeliers, Prestres de l'Oratoire et Religieux de la Charité, et cinq couvens de religieuses, sçavoir : Ursulines, Benedictines, Carmelites, Filles de Saint-François, et Hospitalieres ; il y a aussi un hospital general de pauvres enfermez, fondé par les soins et par la pieté de Monsieur le duc de Navailles, gouverneur de Nyort, en l'année 1664 sous le titre du Saint-Esprit.

« Il y a un fort beau siege royal, composé d'un president, lieutenant general civil, lieutenant criminel, lieutenant particulier, assesseur criminel, cinq conseillers advocat et procureur du roy, avec nombre d'advocats, et de procureurs, de bonne reputation.

« Il y a un corps de ville composé d'un maire, douze eschevins, douze conseillers et soixante-quinze pairs, ou bourgeois, du nombre desquels est le procureur du roy de l'hôtel de ville, et le secretaire ; auquel corps de ville ont esté concedez les privileges de noblesse et autres cy-après inserez ; avantage qu'aucune autre ville de la province n'a eu fors Poitiers ; l'hôtel de ville est un fort bel édifice.

« Il y a aussi une tres belle election, composée de cent trente-cinq paroisses, outre plus de soixante retranchées pour joindre à l'élection de Cognac.

« Nyort a pareillement cet avantage d'avoir une bourse ou jurisdiction de juges consuls des marchands, où sont traitez les causes des marchands de tout le bas Poitou, d'Angoumois, et une partye du Limousin, et celles du ressort de Nyort. L'election desquels se fait tous les ans, le dimanche avant la feste Saint-Vincent, au mois de janvier.

« La situation de cette ville, la renduë si propre et si commode pour le commerce, que nos roys y ont étably trois foires royalles, où se rendent des marchands de tous les endroits du royaume ; sçavoir la foire de Sainte-Agathe au 5 février, celle de Saint-Jean-Porte-Latine au 6 may, et celle de Saint-André au 30 novembre; et les halles où se tiennent les foires, sont les plus belles, les plus grandes, et les plus commodes du royaume.

« Il y a aussi un chasteau de tres grande étenduë, dont Monsieur le duc de Navailles est gouverneur aussi bien que de la ville.

« Le terroir de sa situation est gras et fertile, elle est bastie sur la riviere de Sayvre, qui porte basteaux jusques à la mer, et il y a un beau havre dans le fauxbourg appelé le Port, qui est un tres beau fauxbourg.

« La tradition est qu'autres fois dans le territoire où est bâtie la ville de Nyort il y avait deux bourgs, l'un situé sur la montagne qui comprend la paroisse de Saint André, et l'autre sur la coline où est maintenant l'église et paroisse de Nôtre-Dame ; ces deux bourgs estoient separez par un marais qui estoit dans l'endroit où sont à présent les halles, lesquelles aussi sont dans un lieu fort bas, et tellement marécageux qu'aux grandes pluyes il y sourd de l'eau en quantité, toutes les caves des maisons en estans remplies, mesme l'eglise des Cordeliers ; et pour y remedier il n'y a pas long-temps qu'on fut contraint de faire un canal dans ces halles pour y attirer l'eau, et de hausser beaucoup l'eglise des Cordeliers, ce qui fait voir clairement qu'autres fois ce lieu là estoit un marais.

« Les roys d'Angleterre ont possédé cette ville quand ils estoient ducs de Guienne, et l'Histoire fait mention qu'elle fut prise par le roy Loüis VIII lequel en chassa un gentil-homme Poitevin nommé Savary de Mauleon, qui y commandoit pour les Anglois. Elle fut aussi surprise pendant les guerres civiles de la religion en 1589, et s'est toûjours fidelement maintenuë dans l'obeïssance du roy, ayant ce privilege qu'elle ne peut estre alienée, ny mise hors de la main du roy de France, son souverain seigneur, que du consentement de ses habitans.

« Guillaume le Breton du livre huitième de sa Philippide, louë la ville de Nyort, à cause de l'abondance de ses vins.

« *Loudunumque ferax Cereris, Bacchique* NIORTUM. »

Cette description nous fait connaitre Niort en 1675. Elle a surtout le mérite de rapporter cette tradition qui faisait remonter l'origine de la ville à deux bourgs, situés l'un sur le rocher de Saint-André, et l'autre sur la colline de Notre-Dame. Les recherches des historiens modernes ont confirmé l'exactitude de cette tradition.

Le budget des dépenses municipales était très élevé, et la commune se trouvait en déficit. Un arrêt du conseil d'Etat de février 1683, réduit et fixe les dettes de l'Hôtel-de-ville de Niort. Les biens patrimoniaux et les deniers d'octrois donnaient un revenu annuel d'environ 3,375 livres. Voici les chiffres du budget des dépenses :

« Gages de sept sergents de la mairie 200 livres ; — pour les habits, manteaux, chapeaux et chaussures fournies chaque année aux sergents, 300 livres ; — pour les gages des sieurs Gastaud qui tiennent le college, 40 liv. ; — aux pères Capucins pour le payement du prédicateur de la dominicale, 100 liv. ; — pour quatre rames de papier qui se distribuent annuellement aux officiers, 12 liv. ; — au greffier et secretaire du corps de cette dite ville pour les délibérations pendant le cours de l'année, 50 livres ; — pour les frais des comptes qui doivent estre rendus de six en six ans à la Chambre des comptes, la somme de 80 liv. ; — pour chacune année, qui demeurera entre les mains du receveur en charge jusques à ce qu'il y ait six années eschues, qui feront la somme de 480 livres ; — pour les présens de vin qui se font aux gouverneurs et autres personnes de qualité venans en la dite ville, 100 liv. ; — pour les chandelles qui se distribuent aux maire et eschevins à la purification, 15 liv. ; — pour les flambeaux que les maire et eschevins usent lorsqu'ils vacquent à la police la nuit et pendant l'hyver, 100 liv. ; — pour les gages de celui qui entretient le gros horloge étant au beffroy, et que sonnent les assemblées de ville, 40 liv. ; — pour les gages de celui qui sonne la retraite à l'église de Notre-Dame, 24 liv. ; — pour les gages de trois parsonniers jurez qui sont obligés de fournir la ville en tout temps, 60 liv. ; — pour les gages des douze tambours servans aux douze compagnies du régiment créé par le roy en la dite ville, 40 liv. ; — pour les juste-au-corps qui seront fournis aux dits tambours de six en six ans, la somme de 30 livres par chacun an, qui demeurera entre les mains du receveur qui sera en charge, jusqu'à ce qu'il y ait six années eschues, qui feront la somme de 180 liv. ; — pour l'entretien de deux tombereaux qui servent à enlever les boues de la dite ville et la tenir nette, 300 liv. ; — pour l'entretien et décoration de l'hotel de ville et de l'horloge qui est au dôme du dit hotel, 120 liv. ; — pour les frais de la cérémonie du sacre, tant pour les flambeaux que le maire offre que pour les armoiries, 30 liv. ; — pour les gazettes que l'on fait venir de tout temps, 40 liv. ; — à la recepte du domaine pour le droit de coustume, 30 liv. ; — aux confrères de St-Nicolas de l'église Notre-Dame, 7 livres 10 sols ; — à la cure de Saint-André, 3 liv. ; — aux Cordeliers de la dite ville pour le service qu'ils sont obligés de faire pour les maire et eschevins, 10 liv. ; — au chapellain de la chapelle de la Cagouette desservie en l'église de Notre-Dame, 1 liv. ; — pour les réparations des ponts, portes, hotel de ville et entretien des édifices publics, 150 liv. ; — veut Sa Magesté que la somme d'onze cent quatre-vingt-treize livres dix sols, revenant bon par an chacun an à la dite communauté, les charges ordinaires et extraordinaires acquittées, soit employée, pendant six années à commencer du 1er janvier 1683, par préférence à toute autre destination, au payement des créanciers ainsi qu'il ensuit, sçavoir : au sieur Javard et consorts estans aux droits de Renée d'Elbene, veuve de Samuel Béchillon, la somme de 2,656 liv. portée en l'obligation du 11 juin 1641 ; à Philippe Pastureau et consorts, héritiers de Philippe Pastureau, la somme de 249 liv. 18 sols 9 den. deue par obligation du 25 janvier 1644 ; à Jacques Thibault, la somme de 200 liv. à laquelle a été reduite celle de 372 liv. contenue en l'arresté du compte du 11 septembre 1652 et sentence du 16 décembre 1654, etc.; il y en a quantité d'autres pour différentes sommes. Sa Magesté en a deschargé et descharge la dite ville et communauté de Niort, cautions et coobligez, ensemble de toutes les autres debtes et pretentions non comprises au procès verbal du dit s^r de Marillac et au présent arrêt, sans que pour raison d'icelles les dits habitans en commun et chacun d'eulx en particulier, puissent estre à l'advenir poursuivis, inquietez et recherchez en quelque sorte et manière que ce soit à peine de tous dépens, dommages et intérest, etc. Veut Sa Magesté que les ouvrages qu'il conviendra faire pour l'entretien des portes, corps de garde, murailles, pavez, des ponts et places publiques de la dite ville soient adjugées au rabais par devant les maire et eschevins, etc. Fait au conseil du Roi tenu à Versailles le 6e de février 1683. Signé BERRYER, pour le roy. » (A. H. V. — D. F.)

Le budget de la ville de la fin du XVIIe siècle offre un double intérêt. Il contient les dépenses diverses de la commune et, en outre, il fournit de précieux éclaircissements sur une foule d'objets. Nous y voyons figurer la rame de papier au prix de 3 francs; les gages du directeur du collège, les sommes payées pour les prédications, pour les présents de vin au gouverneur, même pour les *gazettes* que l'on faisait venir. La *Gazette de France* date de 1631. Nos aïeux tenaient à être au courant des nouvelles, aussi avaient-ils porté 40 liv. au budget de la commune pour un abonnement à un journal.

Enfin, l'arrêt du conseil d'Etat veille à l'amortissement des dettes de la ville, et consacre le principe des adjudications publiques. Nous pouvons considérer ce document comme une des plus intéressantes pièces de nos archives municipales.

FAITS ET DOCUMENTS DIVERS.

A la suite d'une contestation élevée entre Pardaillan et Parabère, lieutenants-généraux du haut et bas Poitou, au sujet des limites respectives de leur territoire, un arrêt du conseil du roi, rendu le 26 avril 1670, décide que ces lieutenances seraient limitées et séparées par les rivières de Thoué et de l'Autize jusqu'au pont d'Homme (d'Oulme), et que la ville de Niort serait du Haut-Poitou.

—

Un examen du trésor de Niort, opéré au commencement du siècle, avait fait constater qu'un grand nombre de chartes et de titres mentionnant les privilèges possédés par la ville avaient disparu. Depuis cette époque le désordre n'avait fait que s'accroître, et le 26 août

1673, quand le corps de ville fit procéder à une nouvelle visite, on s'aperçut que le trésor des titres n'était plein que de chiffons et de documents de peu de valeur. Les pièces étaient passées entre les mains des anciens maires qui non-seulement ne les rendaient pas, mais même en dissimulaient la possession. Il fut décidé qu'une requête serait présentée à l'intendant, afin de faire condamner les détenteurs et d'obtenir monitoire pour la recherche des pièces, si besoin était. A la suite de cette mesure, le trésor des titres recouvra plusieurs pièces importantes, mais beaucoup ne furent pas restituées et disparurent pour toujours.

Un recensement de la population de Niort, fait à cette époque, établit que les réformés composaient « la tierce partie de la ville et plus. »

—

Etat des marchandises et autres choses sujettes aux droits de péage en passant dans la ville, faubourgs et banlieue de Niort, tiré de la pancarte de la Chambre du Trésor à Paris.

Premièrement, il est dû pour charge de marchandise, 1 livre ; les rouliers étrangers doivent par charrette, passant dans ladite ville, faubourgs ou banlieue, 4 sols : ceux de la ville entrant ou sortant, 2 sols ; pour pain de résine ou gemme, 5 den. ; pour cent de fer, 6 den.; pour cent de cire, 20 deniers ; pour cent de graisse ou suif, 12 den.; pour cent de lattes, 8 den.; pour cent de tuiles, 4 den.; pour minot de sel, 1 den.; pour charretée de sel, 2 liv.; pour moule de cercles, 2 den. ; pour douelles ou merrain, 2 den.; pour tonneau de futailles neuves, 16 den. ; pour chaque couverte, linceul, nappe, serviette, mouchoir, chaise ou tabouret, par cornière, 4 den.; pour cornière de meuble, de toute nature, 4 den.; pour un lit à plume, 5 sols ; pour meule de moulin, 5 sols ; pour lit moulin, 5 sols; pour balle d'anguilles salées, passant et repassant, 12 den.; pour barrique, 1 sol; pour barrique d'huile de poissons, 1 sol ; pour barrique de sardines, 9 den.; pour baril de harengs, 6 den.; pour tonneau de vin en gros et eau-de-vie, passant en la banlieue, 2 sols; pour tonneau de blé, sortant de ladite ville, faubourgs ou banlieue, 2 sols ; pour tonneau de pois verts, passant et repassant dans ladite ville ou faubourgs, 2 sols ; pour un cheval ou jument, 2 den.; pour mulet ou mule, 2 den.; pour bœuf, vache, veau, passant dans ladite ville, faubourgs ou banlieue, 2 sols ; pour moutons, demi denier la pièce; pour pourceau ou cochon, passant dans la banlieue, 2 den. ; par peau de bœuf ou vache, apprêtée ou non apprêtée, ou cuir, 4 den.; pour basanes apprêtées, la douzaine, 4 den. ; pour charge de pain, 2 den.; pour charge de paille, 6 den.; pour charge de colle, 10 den.; pour charge de poissons, 6 den. ; pour charge de beurre, 12 den. ; pour charge de toile, 12 den. ; pour charge d'amandes ou d'anis verts, 12 den.; pour charge de bonnets de laine, 12 den. ; pour charge de tabac, 12 den. ; pour charge de baleine, 12 den. ; pour charge de laine, 12 den. ; pour charge de draperie, 12 den. ; pour charge de bousiliric et d'oignons, 12 den.; pour charge de sucre ou droguerie, passant à travers la banlieue, 3 sols; pour charge d'archal ou épingles, 12 den. ; pour charge de prunes mêlées, 12 den. ; pour charge de fruits, 6 den.; pour charge de moules et autres marées, 6 den.;

pour charge de poterie de terre, 4 den.; pour charge d'étain, 12 den.; pour charge de poêles de cuivre, d'œuvre d'airain, chaudron ou métal, 12 den.; pour charge de plomb, 4 den.; pour charge de foin ou paille, 2 den.; pour charge de crin de cheval ou autre, passant dans ladite ville ou faubourgs, 22 den. ; pour charge d'oranges ou citrons, 12 den.; pour une meule à moudre, percée, 2 sols ; pour celles non percées, 2 sols ; pour bois de Charente et autres bois, 1 sol; pour le verrier, il doit donner la plus belle pièce de verre, en lui versant à boire dedans ; pour droit d'entrée des charbonniers, 1 den.; pour les voitures de la ville, elles doivent par charge et par charrette, 2 sols ; messagers qui se chargent des marchandises par voitures, doivent par charge 1 sol et par charretée 4 sols. En quoi on ne prétend pas y comprendre les malliers, chargés de lettres et paquets. Toutes autres marchandises sont sujettes aux droits de péage.

A toutes lesquelles choses, et généralement toutes autres accoutumées être payées, les refusants seront contraints par corps et à trois livres et un denier d'amende, contre eux encourue pour leur refus, et leurs marchandises confisquées au roi ; et, pour cet effet, avons délivré la présente pancarte, qui contient le règlement des droits des marchandises sujettes aux droits, péage, passant ou repassant dans la ville, banlieue et faubourgs de Niort.

Fait à Paris, en la Chambre du Trésor, le 2 décembre 1673.

Signé : HERON, greffier en la Chambre du Trésor.

—

Le 10 septembre 1675, une contestation de préséance s'élève entre le curé de Notre-Dame et le maire. Le maire fait sortir les prêtres qui prennent sa place dans le banc du chœur. Le curé de Notre-Dame ordonne la suspension des offices. Il n'y a pas eu de grandes messes quatre dimanches de suite. Les vêpres ont été une fois interrompus. Le curé de Saint-André refuse de s'occuper de la querelle et d'empêcher le maire de prendre place après lui dans le chœur.

Une lettre de l'intendant du Poitou mande au maire de venir à Poitiers pour transiger. Le maire s'y rend. Pour transaction on convient que le curé fera fermer le banc de chœur qui sera réservé aux ecclésiastiques, jusqu'à la hauteur du pupitre ; à partir de la grille les premières places seront au corps de ville, qui s'en servira à sa guise, et aura, en outre, le droit à un autre banc de l'autre côté du pilier pour entendre les sermons. (A. H. V.)

—

Droits et revenus particuliers destinez pour les frais de la mairie, nourriture et vêtements de cinq sergents gagez. — Premièrement le sol pour livre de tous les baux, qui sont comme dit est, le dixième, le barage, la coûtume, le poids, le roy et la poissonnerie, et sur le bail de la coutume, le mayre a droit de retenir 80 liv. d'une part et 5 liv. d'autre pour le souper des eschevins le jour de la mairie. Et sur le dixième, pour son dedommagement de la moytié jointe aux aydes, le mayre prend 100 liv. et le sol pour livre de l'autre moitié.

— Plus les rentiers des fossez devant les cordelliers luy doivent dix-huit livres. — Plus pour les habits des cinq gagez, le maire prend

200 liv. sur le bail du dixième, suivant l'assemblée du 27 juin 1672 tenue par devant le sieur Guyot, lors maire. — Plus le maire a le droit de visite sur tout le poisson frais et sallé qui se vend à la poissonnerie et autres lieux publics. — Plus pour les bouchers de la grande boucherie est deub, la vigile de Noël, la poictrine entière du meilleur bœuf qui ait été marqué. — Plus à la mairie, les bouchers de la petite boucherie doivent au maire un demy mouton et un quart de veau. — Plus au carnaval le maire fait le bail du bureau des chairs, dont le prix doit estre doresnavant appliqué à l'hospital général suivant l'assemblée du corps du 30 juin 1675. — Plus est deüe la franche commune qui est un droit que ne prennent les gagez sur les maisons des paroisses de St-Hilaire-la-Pallud et Arsay, et sur plusieurs maisons des bourgs de Mougon, Vouillé, St-Fleurant et Mairé, sur quoy ils donnent 30 liv. à la mairesse, lequel droit est appellé la quenouille de la mairesse. — Plus sur la terre de Sihecq, appartenant au chapitre de Menigouste, est deu la rente au maire pour la nourriture des gagez 32 boisseaux de froment et 32 boisseaux de mesture, suivant plusieurs titres. Le premier est la constitution de la dite rente par le titre du 24 février 1370. » (A. H. V.)

Le droit de chaire. — Un des avantages que procurait la charge de maire, consistait dans le droit de chaire ; c'est-à-dire que le maire était préféré à tout autre pour remplir la première charge de l'échevinage qui viendrait à vaquer pendant son exercice. Il passait même avant les anciens maires.

Augier de la Terraudière avait fait imprimer, en 1675, le *Thrèsor des titres de Nyort* qui contenait l'inventaire des chartes et des titres concernant la ville, ses immunités et ses privilèges, et la liste des maires qui avaient été ennoblis par leur passage à l'échevinage. Plusieurs des nouveaux nobles, qui auraient voulu faire remonter leur noblesse aux comtes du Poitou, furent très irrités de l'indiscrétion d'Augier de la Terraudière et, pour l'en punir, ils cabalèrent pour faire échouer sa réélection à la mairie. Aussi, le 30 mai, Augier ne fut pas continué dans ses fonctions de maire et ne put obtenir la noblesse de *cloche* dont il se fut très bien contenté. Il fit intercaler dans la délibération une protestation dont voici un extrait :

« Aujourd'hui dimanche 30 mai, jour de l'élection de la mairie, par devant nous Christophle Augier de la Terraudière, maire et capitaine de la ville de Niort,

« En l'hôtel-de-ville pour procéder à la dite élection, Pierre Hugueteau, procureur syndic de cette commune se serait levé qui aurait rapporté que Monsgr le duc de la Vieuville, gouverneur de cette province, nous ayant ordonné de lui envoyer six personnes de cette commune pour leur expliquer ses intentions pour le service du roi au sujet de la présente élection, en exécution de quoi le dit Hugueteau de l'avis de plusieurs y serait allé avec René Chauvegrain, Jean Bidault, Pierre Vaslet, Noël Piet et Jacques Alonneau et y étant mon dit seigneur le duc leur aurait mis ès mains une déclaration du roi rendue au mois de mai 1673, portant rétablissement des privilèges de noblesse accordés aux maires de la ville d'Angers à la charge de faire quatre années de service de la mairie et leur aurait remontré que nous dit maire ayant fait trois années d'exercice de la dite charge, il serait à propos et qu'il suppliait le corps de nous y continuer pour la quatrième aux fins de donner occasion à un même rétablissement en faveur de cette commune pour lequel le dit seigneur aurait eu la bonté de nous offrir sa protection et son appui auprès de S. M. et après avoir par le dit procureur syndic fait ce rapport serait survenu en l'assemblée Mr Taconnet, intendant des affaires de M^r le duc, qui aurait fait la même remontrance et supplication de la part du dit seigneur et sur ce que au moyen de la brigue faite par les sieurs Jouslain, Guyot et Marot, échevins et ci-devant maires *ayant eu la noblesse* nous avons remarqué qu'on avait peu de respect pour les recommandations du dit seigneur et que cela pouvait causer du tumulte dans l'assemblée, nous aurions fait avertir le dit seigneur qui nous aurait à l'instant ordonné de l'aller trouver à l'Oratoire, ce que nous aurions fait incontinent, et lui ayant rapporté l'état des choses il aurait eu la bonté de vouloir monter lui-même à l'Hôtel-de-ville où étant il aurait remontré à l'assemblée l'intérêt qu'elle avait de recevoir la proposition et supplication qu'il faisait en notre faveur tant pour le service du roi et empêcher les effets des divisions causées par la dite brigue que pour l'intérêt particulier de cette commune qui trouvait en cette conjoncture une occasion favorable pour le rétablissement de ses priviléges pour lequel il aurait d'abondant offert ses offices auprès de S. M. et enfin assuré la commune qu'on lui ferait plaisir si l'on suivait cette voie et qu'il y allait du bien du service de S. M.; sur quoi néanmoins il aurait déclaré ne vouloir point jehenner la liberté des suffrages, après quoi s'étant retiré et nous maire l'ayant été conduire serions remonté en la salle de l'Hôtel-de-ville, et ayant repris notre séance ordinaire, avons requis l'assemblée de délibérer, sur quoi plusieurs des assistans ont été d'avis de déférer aux remontrances et conseils du dit seigneur, et la majeure partie de n'y avoir aucun égard en sorte qu'ils ont procédé à la dite nomination en la forme qui s'ensuit, etc. »

Voici quel fut le résultat de cette séance :

85 votants donnèrent 55 voix à Pierre Jouslain, écuyer, s^r de Marilly, conseiller du roi et lieutenant-général criminel honoraire ; 53 voix à Charles Guyot, écuyer, s^r de Lens, avocat du roi ; 63 voix à Isaac Marot, écuyer, s^r de Villepain, procureur du roi ; 33 voix à Me Christophle Augier, s^r de la Terraudière, avocat ; 23 voix à Pierre Vaslet l'aîné, et 14 voix à Jacques Fradet, s^r de St-Denis. Ainsi les trois candidats à la mairie furent Jouslain, Guyot et Marot. Jouslain fut définitivement nommé et succéda à Augier de la Terraudière, qui dut se résigner à abandonner la mairie.

En 1679, il y a eu grande abondance de vin qu'on eut peine à amasser à cause des *pluyes ;* le vin n'avait point de force et s'est tourné la plus grande partie. La barrique de vin blanc se donnait pour quarante sols et celle d'eau-de-vie valait vingt livres.

CHAPITRE XXVI.

SOMMAIRE. — Déclaration royale invitant les villes et bourgs à créer des hôpitaux. — Etablissement de bienfaisance existant à Niort. — Le duc et la duchesse de Navailles offrent à la ville une maison et un terrain pour y établir un hôpital-hospice. — Dons particuliers pour concourir à cette œuvre de charité. — Ordonnance de Louis XIV approuvant la création d'un hôpital général à Niort. — Nomination des directeurs. — L'intendant du Poitou mande à Niort le P. Chaurand, organisateur de l'hôpital de Lyon. — Relation de l'établissement de l'hôpital de Niort. — Quêteurs; libéralités des habitants pour les pauvres; les femmes donnent leurs bijoux. les domestiques leurs gages, les ouvriers leur travail. — Les habitants offrent le linge, les lits et les meubles. — Le festin de charité; les pauvres sont servis par les dames et les demoiselles de la ville. — Privilèges et droits accordés à l'hôpital. — Ressources mises à la disposition des directeurs.

Une déclaration royale, du mois de juin 1662, invita les villes et gros bourgs de France qui ne possédaient pas d'hôpital, à faire l'acquisition de maisons pour y loger et nourrir les pauvres mendiants valides et invalides, nés dans la localité ou qui y auraient séjourné pendant un an, ainsi que les enfants orphelins ou nés de mendiants, « pour « estre, dit la déclaration, instruits en la piété et religion « chrétienne, et aux mestiers dont ils pourroient estre « capables. »

A cette époque, la ville de Niort ne comptait qu'un petit nombre d'établissements de bienfaisance (1).

Pendant le siège de La Rochelle, en 1628, Richelieu avait fait établir à Niort des services de literie pour recevoir les malades et les blessés de l'armée royale. Ce fut l'origine de

(1) M. Alphonse Frappier, homme d'une réelle philanthropie et qui a consacré la plus grande partie de son existence à l'administration de l'hôpital général de Niort, a publié plusieurs notices sur cet établissement.

l'hôpital ; mais, après la prise de La Rochelle, on ne s'occupa plus de cet établissement qui avait eu un caractère tout militaire.

Niort possédait les frères de la Charité qui recevaient les hommes malades dans leur maison, située sur un emplacement où depuis a été construit le Palais de justice ; puis les religieuses Hospitalières avaient une quinzaine de lits pour de pauvres femmes malades, dans leur couvent placé sur un terrain coupé aujourd'hui par la rue de Beauchamp ; enfin les dames de la Miséricorde, association de dames de la ville, allaient à domicile porter des médicaments et donner des soins aux indigents malades.

A certains jours, les pauvres se présentaient à la porte du prieur pour recevoir l'aumône du Bidon (2) ; et, trois fois par semaine, ils avaient des secours provenant des revenus des aumôneries de Saint-Jacques et de Saint-Georges, administrées par les maire et échevins de Niort.

La Maladrerie, placée près de la porte Saint-Jean, construite au temps des croisades pour les lépreux, était fermée depuis longtemps et tombait en ruines. C'est aujourd'hui un terrain couvert de constructions qui donne d'un côté sur la rue Helvétius, et de l'autre sur la route de St-Jean-d'Angély.

Le duc de Navailles, gouverneur de Niort, officier général très distingué et doué des plus généreux sentiments de bienfaisance que partageait la duchesse de Navailles, prévoyant que les ressources de la ville ne permettraient pas de longtemps de réaliser la généreuse pensée de Louis XIV, n'hésite pas à faire un sacrifice afin de fonder immédiatement à Niort un hôpital-hospice. Il acheta, de ses deniers, pour la somme de 2,700 livres, une vaste maison et un terrain désignés sous le nom de Forge, situés en dehors de la porte St-Jean. L'acte, reçu par Jousseaulme, notaire, est du 26 février 1665. La duchesse de Navailles fit l'acquisition d'une maison qui est réunie à celle offerte par son mari. L'organisation de l'hôpital a rendu de nombreux services à la classe pauvre de notre ville et a reçu de nos jours un grand développement.

La comtesse de Neuillan, veuve du comte Baudéan de Neuillan, ancien gouverneur de Niort, et belle-mère du duc de Navailles, s'associe à l'acte de bienfaisance de son gendre

(2) Pour cette aumône, voir page 324.

et donne à l'hôpital une rente de cinquante boisseaux de méture. Les dons arrivent de toutes parts :

Le prieur de Niort s'engage à remplacer l'aumône du bidon, qui était à sa charge, par une redevance annuelle de cinq cents livres en argent et de six cents boisseaux de blé au profit de l'hôpital.

Pierre Rousseau, notaire, lègue 4,500 livres ; Philippe Piet, sieur de Pied-de-Fond, donne 20 livres de rente et des prés-marais situés à Bessines. Plusieurs autres dons sont faits à l'hôpital.

Dans une assemblée générale tenue à l'Hôtel-de-ville, le duc de Navailles adresse un chaleureux appel aux Niortais, qui y répondent en prenant l'engagement de prêter leur concours au nouvel établissement de charité. Par malheur, tous les souscripteurs ne remplirent pas les engagements qu'ils avaient contractés. Afin de stimuler un peu le zèle des donateurs, le maire dispense de logements militaires les habitants qui contribueraient à l'établissement de l'hôpital et à l'entretien des pauvres.

En 1681, Louis XIV approuve, par un arrêt, la création d'un hôpital général à Niort et règle la manière dont il serait administré.

Cet arrêt, daté de Versailles le 28 juin 1681, peut être considéré comme la charte de l'établissement. M. Alphonse Frappier l'a publié dans le volume des *Mémoires de la Société de statistique des Deux-Sèvres* de 1846. Nous croyons ne devoir en donner ici qu'un simple résumé :

Sur la requête présentée par les maire, échevins et habitants de la ville de Niort, après avoir entendu le rapport du sieur Pussort, conseiller d'État, le roi étant en son conseil a approuvé et confirmé l'établissement de l'hôpital général dans la ville de Niort. Il a ordonné que la direction en fût confiée au duc de Navailles, comme fondateur, et à ses enfants et descendants, au sieur prieur, au président et lieutenant-général du siège royal de la ville, aux curés des paroisses de Notre-Dame et de Saint-André, au supérieur des Pères de l'Oratoire, au maire et au substitut du procureur-général ; *tous lesquels seront directeurs nez et perpetuels du dit hôpital.* Ils devaient élire trois autres directeurs et nommer un trésorier, un secrétaire et un économe.

Les directeurs et administrateurs se réunissaient tous les

quinze jours, le lundi, pour s'occuper des affaires de l'hôpital. Les procès-verbaux étaient consignés sur un registre. Le choix de l'aumônier était réservé à l'évêque de Poitiers.

Les pauvres seuls des paroisses de Notre-Dame, de Saint-André et de Saint-Florent étaient admis à l'hôpital. Défense était faite à toute personne de demander publiquement et en secret l'aumône dans les églises et rues de la ville, ainsi que dans les faubourgs. Les contraventions étaient sévèrement punies. « Sa Majesté donne [aux administrateurs de l'hôpital]
« pouvoir et authorité de direction et administration, con-
« noissance, jurisdiction, police, correction et chastiment sur
« tous les pauvres mendiants de la dite ville et fauxbourgs
« de Niort, tant dedans que dehors, privativement à tous
« autres juges, et d'avoir prisons, potteaux et carcans dans
« ledit hôpital, et en cas que le chastiment des pauvres mé-
« ritast peines afflictives, veut Sa Majesté qu'ils soient mis
« entre les mains du lieutenant criminel de ladite ville de
« Niort, pour estre leur procès faict et parfaict suivant la
« rigueur des ordonnances à la requeste du substitut du pro-
« cureur général de Sa Majesté. »

Les directeurs et administrateurs choisissaient tous les employés nécessaires aux divers services de l'établissement. Ils pouvaient même avoir des archers avec casaques particulières, armés d'épées et de hallebardes, pour garder les portes de la ville, se promener dans les rues et églises durant le temps du service divin.

L'hôpital recevait tous les legs et aumônes qui étaient faits aux pauvres, ainsi que la moitié de toutes les amendes et condamnations d'aumônes prononcées par les juges du siège royal de l'élection, par les juges consuls des marchands et par les maire et échevins de la ville.

Les directeurs et administrateurs avaient l'autorisation, pendant le carême, de faire vendre et débiter par le boucher de l'hôpital, à l'exclusion de tous les autres bouchers de la ville, la viande nécessaire aux malades, au prix fixé par le juge de police.

Les habits et meubles des pauvres décédés à l'hôpital restaient la propriété de cet établissement.

Pour éviter la fainéantise et occuper les pauvres de l'hôpital, les directeurs avaient la permission d'y faire fabriquer toutes sortes de *manufactures* et de les faire vendre au profit des travailleurs.

Chacun des corps de métiers de la ville était tenu de donner, quand il en était requis, un *compagnon* pour apprendre un métier aux enfants de l'hôpital. Le compagnon, après être resté quatre ans dans l'établissement, était reçu maître sans examen ni frais.

Les apothicaires et chirurgiens donnaient chacun un *compagnon* pour servir gratuitement à l'hôpital. Après un séjour de six ans, ces *compagnons* obtenaient leur maîtrise sans examen et sans frais.

Personne ne pouvait être admis au corps de maîtrise sans faire une aumône.

Tous les habitants de la ville, sans aucune exception, devaient payer chaque année au premier janvier une taxe sur leur maison, à raison de cent sols pour les principales, de dix sols pour les moindres et les autres à proportion. Cette taxe était attribuée à l'hôpital. Les maisons inhabitées étaient seules exemptes de cet impôt de charité.

Les administrateurs pouvaient vendre, échanger tous les biens fonciers ou les rentes qui appartenaient à l'hôpital. Ils étaient autorisés à recevoir les dons et les legs faits à leur établissement.

Le sénéchal du Poitou, ou son lieutenant-général à Niort, avait connaissance en première instance de tous les procès et différends concernant l'hôpital.

Les aumôneries de Saint-Jacques et de Saint-Georges de Niort étaient réunies et annexées à l'hôpital.

Malgré les prescriptions formelles contenues dans cet arrêt, les formalités exigées pour l'établissement légal et définitif de l'hôpital ne s'accomplirent qu'avec la plus regrettable lenteur.

L'hôpital, pour fonctionner, n'attendit pas l'enregistrement des lettres patentes. Des directeurs furent nommés et ils commencèrent leur œuvre de charité.

Au mois de novembre 1683, le R. P. Chaurand, appelé par l'intendant général du Poitou, vint à Niort avec deux autres missionnaires de la compagnie de Jésus. C'était un homme fort entendu dans l'administration des établissements de bienfaisance, qui fut accueilli avec empressement par les directeurs de l'hôpital. Il leur fit adopter le règlement de l'hôpital général de Lyon encore suivi, en partie, de nos jours.

Un document, imprimé à cette époque, renferme de nombreux renseignements sur l'établissement de l'hôpital général. Nous reproduisons cette relation qui offre un vif intérêt :

RELATION DU RÉTABLISSEMENT DE L'HÔPITAL GÉNÉRAL DE NIORT EN 1683.

« La ville de Niort est estimée la seconde ville de Poitou, elle a deux parroisses, qui contiennent en tout dix ou douze milles communians, sans conter ceux du prêche, qui sont environ deux milles cinq cens ; elle a un siege royal fort celebre, un corps de ville fort nombreux, une election dont le ressort s'étend sur 135 parroisses, un château royal d'une très grande étenduë, dont monsieur le Maréchal de Navailles est gouverneur, aussi bien que de la ville ; elle est extrêmement bien située, et elle a été autrefois très riche par le commerce des laines et des etoffes. Mais elle est maintenant très pauvre par la cessation du même commerce, et par plusieurs accidens fâcheux qui luy sont arrivez depuis quelques années.

« Cette ville a été autrefois fort zélée pour l'établissement d'un hôpital general. Monsieur le duc de Navailles pour executer les ordres du Roy, qui par son édit ordonne à toutes les villes d'établir ces sortes d'hôpitaux, et pour ayder les bonnes intentions des habitants, entreprit il y a environ vingt ans, d'en établir un, dont il voulut être le fondateur, sous le titre du Saint-Esprit ; il donna quelque fonds pour loger et meubler les pauvres. Les habitants firent aussi de grands éforts pour avancer et maintenir cet établissement : mais la ville étant apauvrie et presque ruinée, depuis que la cessation du commerce y a introduit une très grande quantité de pauvres, qui ne trouvans pas de quoy travailler, étoient obligez de mandier. Les directeurs de cette maison ne pouvoient presque plus soûtenir cette entreprise : monsieur de la Moignon de Basville, intendant du Poitou, qui depuis qu'il est dans cet employ, entreprend avec une prudence et un succez admirable, tout ce qui regarde non seulement le bien, et la gloire de l'Etat ; mais encore les interests de l'eglise et de la religion ; s'appliqua particulierement, selon l'intention de Sa Majesté, à soulager le peuple, à rétablir cet hôpital, lors même que la pauvreté generale du lieu l'avoit presque entierement ruiné.

« Il convint pour ce dessein avec monseigneur de Poitiers, évêque de ce lieu, très zelé pour de semblables entreprises, et travaillans conjointement à chercher tous les expediens propres à ce dessein : Ils resolurent de faire venir le pere Chaurand, jesuite, que le Roy employoit alors en plusieurs provinces du royaume, où il avoit établi un grand nombre d'hôpitaux, d'une manière et par une methode qui luy rëussit par-tout.

« Ils obtinrent donc de Sa Majesté, et des superieurs de ce pere, qu'il vint de plus de cent lieuës, en Poitou, pour travailler à cet hôpital, et aux autres de cette province, que ces seigneurs y vouloient établir. Quand ce pere y fut arrivé, avec le pere Guevarre son compagnon, et le pere Mauzé, du même ordre, ayans la mission de ce prelat, et les lettres de monseigneur l'intendant, écrites aux officiers de ce lieu, ils allèrent travailler au rétablissement, et à la perfection de cet hôpital.

« Le pere Chaurand commença d'abord à employer le moyen le plus efficace, dont il se sert par-tout pour ces sortes d'établissemens, qui est la parole de Dieu. Il expliqua en détail, dans un premier sermon, tous les avantages que les riches et les pauvres peuvent espérer d'un tel établissement; les benedictions du Ciel que cette œuvre de Charité devoit atirer sur la ville, et la maniere assurée de la bien faire réussir.

« Après avoir persuadé tout son auditoire, par un discours également éloquent et pathetique, il assembla les directeurs, il en fit augmenter le nombre ; et il assigna à chacun quelque office pour la direction et l'assistance de tous les pauvres qui seroient enfermez dans la Maison, ou secourus dans la ville. En cette assemblée on nomma :

« Un secretaire qui doit ecrire les deliberations du bureau, et le nom des pauvres qui se presenteront pour être assistez.

« Un receveur qui se chargera de toutes les aumônes, et de tous les biens de l'hôpital, dont il rendra conte tous les trois mois au bureau.

« Un distributeur qui donnera une fois la semaine du pain aux pauvres de la ville, dont le bureau luy donnera le catalogue ; luy assignant aussi la quantité de pain qui sera distribuée à chàque famille, après qu'on leur aura fait le catechisme.

« Un directeur des passants, qui les examinera et leur donnera la passade, s'ils le méritent, ou qui les fera punir ou chasser de la ville, si ce sont des vagabonds.

« Un directeur des malades, qui assistera ceux de la ville qui ne pourront pas être reçûs à l'Hôtel-Dieu.

« Un directeur des troncs, qui aura soin d'en faire mettre dans les eglises et dans les boutiques, ou dans les maisons où l'on aura dévotion d'en recevoir.

« Un directeur des droits, qui procurera les intérêts des pauvres et poursuivra leurs procez.

« Enfin, on nomma un directeur des adoptez, qui doit procurer que chaque honnête famille de la ville adopte un des pauvres enfermez, et en prenne soin, selon l'instruction et la methode imprimée à cet efet.

« Ces officiers étans nommez, l'on procéda aux reparations et à l'augmentation de la maison ; on entreprit d'y faire une grande chapelle, longue de septante pieds, et large de trente, et un refectoir de pareille grandeur : un apartement des hommes où l'on peut loger quatre-vingt ou cent ouvriers, et un dortoir pour les coucher ; on entreprit aussi de reparer l'apartement des femmes pour un même usage, et parce que l'on n'avoit aucun fonds pour payer les frais de toutes ces reparations, ni presque aucun meuble dans la maison ; le Père Chaurand et ses compagnons, employerent le moyen dont ils se servent partout pour en trouver, ce sont les sermons, qui expliquent l'obligation que les chrétiens ont de donner l'aumône dans la nécessité commune, grande ou extrême des pauvres.

« Ils firent connoître le nombre des necessiteux qui meurent chaque année dans le royaume, et en particulier dans Niort, à faute de secours. Ensuite ils firent entendre que quand on établit un hôpital general, on entreprend de secourir dans la nécessité extrême, tous les pauvres presens et avenir, qui periront à faute d'un tel secours, et que par consequent chaque habitant est obligé indispensablement de contribuer, et de son superflus, et même de son necessaire, pour l'établissement de cette œuvre de charité.

« Après cela ils firent un grand dénombrement de toutes les sortes d'aumônes que chaque particulier pouvoit aisément faire en cette occasion, en argent, en bled, en meubles, en linges, en habits, et en tout le reste de ce qui peut assister les pauvres.

« Ils convinquirent les auditeurs, et leur persüadèrent évidemment, que par la seule épargne des dépences inutiles, ou même criminelles, qui se font dans leur ville, pendant toute l'année, ils pouvoient aisément entretenir cet hôpital, quelque grand que fût le nombre des pauvres, qu'on secourroit dans la maison et dans la ville.

« Ces sermons étoient accompagnez et suivis de plusieurs autres sermons, que ces peres faisoient chaque jour dans les deux parroisses; car ils prêchoient quatre ou cinq fois chaque jour, sur toutes les plus importantes veritez du christianisme. Les auditeurs ne se lassent jamais de les entendre en foule, ni les predicateurs de leur prêcher.

« Ces predications produisirent une telle émotion dans l'esprit de toutes sortes d'habitans, que l'on vid d'abord des liberalitez pour les pauvres, et même des profusions qui surprirent les plus incrédules et toucheront les plus avares et les plus insensibles.

« Par ces frequantes et pathetiques predications tous les habitans furent pleinement instruits, et devinrent, si on l'ose dire, theologiens, sur l'obligation de l'aumône, sur les cas où l'on la doit donner, tant du superflus que du necessaire, sur la maniere de la faire utilement, sur les grandes recompenses tant spirituelles que temporelles, qu'on en doit attendre de Dieu en cette vie et en l'autre.

« Pour commencer donc à Nyort ce nouvel établissement, selon la methode que ces peres observent ailleurs, ils écrire le long des rües le nom et la necessité de tous les pauvres qui avoient besoin de quelque assistance, distinguant dans des catalogues differens, les pauvres du lieu, les estrangers, les pauvres mandians, et les pauvres honteux. Le bureau des directeurs les examina, et on en choisit pour l'hôpital un grand nombre, qui ne pouvoient pas vivre ailleurs, on determina la sorte d'assistance qu'on donneroit chaque semaine aux autres necessiteux de la ville, qui selon les reglemens qu'on observe, ne peuvent pas être receus à l'hôpital, ou pour des maladies contagieuses, ou pour quelques autres raisons.

« Cet examen étant fait, le bureau nomma des quêteurs, qui doivent au commencement de chaque mois, quêter de l'argent, chacun en son quartier de la ville, et y ramasser les aumônes volontaires des habitants. La premiere quête réussit heureusement, et surpassa de beaucoup l'atante de tous ces messieurs, qui savent l'extrême pauvreté du lieu, et le peu d'argent qu'on y trouve aujourd'huy, à faute de commerce. On a remarqué que quelques habitans promirent alors aux questeurs, des rentes annuelles, qu'ils vouloient fonder à perpetuité ; les uns en argent, et les autres en bled, il se trouva même des servantes qui demanderent à leurs maîtres le payement de leurs gages, et le donnerent en aumône.

« On vid des pauvres artisans qui n'ayant point d'argent, en emprunterent à d'autres, qui s'engagerent à donner plusieurs journées de leur travail.

« Il fut trouvé des femmes qui à faute d'argent, tirerent leurs bagues des doits pour en faire l'aumône, et ce qui est de plus surprenant, c'est que l'on remarqua que plusieurs pauvres femmes, affligées de n'avoir rien à donner, promettoient le salaire qu'elles pourroient gagner, ou le lendemain, ou durant la semaine.

« On vint ensuite à la reparation de toute la maison, où les artisans se rendirent en foule, pour y travailler gratuitement, chacun selon son métier, massons, charpantiers, menusiers, serruriers, couvreurs, manœuvres, et autres ouvriers qui étoient pour lors necessaires, et qui ont continüé jusques à l'achevement des reparations et l'enfermement des pauvres.

« Il s'agissoit apres ces reparations, de meubler la maison, où l'on devoit loger plus six vingt pauvres, tout l'argent ramassé dans la première quête, et une somme beaucoup plus grande, n'auroit seu payer une partie des meubles necessaires ; mais les predicateurs employans toûjours la parole de Dieu, firent quelques sermons pour persüader au peuple une nouvelle liberalité, et firent en chaire un grand et long denombrement de toutes les sortes de meubles qui leur étoient necessaire. Ensuite ils assemblerent les directeurs, ils assignerent à chacun un quartier de la ville, pour y aller ramasser, sur des charrettes, les meubles qu'on voudroit donner : ils en destinerent d'autres à les recevoir, et à les ranger à l'hôpital. Le jour de la quête étant arrivé, on habilla quelques-uns des garçons de cet hôpital, ils portoient un bonnet, et un justaucorps bleu, et le reste de l'habit, d'étoffe grise : ils partirent dès le grand matin du lieu assigné, faisans sonner une vingtaine de clochettes, tout le long des rües, et crians en tous ces carrefours, que ceux qui voudroient envoyer des meubles à l'hôpital general, les missent à la rüe, et qu'on les prendroit en passant.

« D'abord tous les habitans animez d'un zele extraordinaire tant par le son des clochettes, que par le souvenir des prédications, s'empresserent à l'envy, pour mettre des meubles à la rüe, où l'on vid quelques temps après, tant de châlits, de chaises, de tables, de bancs, de cofres, et d'autres sortes de meubles, que l'on ne pouvoit presque pas passer par les rües.

« On envoya donc pour ramasser tout cela, des charrettes, en châque quartiers : on avoit mis sur châcune, un de ces enfans bleus, de neuf à dix ans, aymables par leur innocence, et par leur bonne grâce ; qui disoient en sonnant leurs clochettes, que Nôtre Seigneur ayant destiné les pauvres à être les portiers du paradis, ils se souviendroient bien quand ils feroient cette fonction, de ceux qui mettroient quelque meubles sur leurs charrettes.

« On vid alors toute la ville comme au pillage, les voisins s'excitans mutuellement à donner, non seulement ce qu'ils avoient de superflus ; mais le necessaire même. Les artisans sortoient des boutiques, pour ayder à mettre sur les charrettes, des cofres, des bancs, des chaises, des châlits, des paillasses, des matelats, des couvertures, toutes sortes de meubles de cuisine, de la vaisselle, et une quantité prodigieuse de linge.

« On voyoit les bourgeois et les enfans de la première qualité du lieu, suivre les charrettes et porter sur leurs épaules, les linceuls, les nappes, les serviettes, les chemises, et les autres meubles qu'on ne pouvoit pas loger commodement sur les charrettes.

« C'etoit une agreable confusion d'entendre de châque rüe, le son des clochettes, les cris de joye de ceux qui portoient, de ceux qui demandoient, et de ceux qui donnoient ; le bruit des charrettes, et leur embarras quand elles se rencontroient par les rües, et qu'elles abordoient en foule à la porte de l'hôpital, où toutes sortes de gens s'employoient avec joye, et avec empressement, à les décharger ; de sorte qu'en moins de cinq ou six heures, on vid aborder à cet hôpital, trente-six charretées de meubles, sans conter ce qui fut porté sur les bras.

« Lorsque tout fut ramassé, les habitans couroient en foule, pour voir cette prodigieuse liberalité, chacun ayant peine de croire ce qu'il voyoit de ses propres yeux.

« Après cette quête, les artisans continuèrent de s'employer gratuitement à mettre tous ces meubles en état de servir aux pauvres, ils dresserent tous les lits du dortoir, toutes les tables du refectoir, tout l'ameublement de la chapelle, toute la batterie de la cuisine, pendant qu'une foule de dames et de demoiselles, alloient chaque jour coudre, et marquer, de la marque de l'hôpital, tout le linge de la sacristie, des lits, et du refectoire.

« Le logement des pauvres étant prêt, les missionnaires expliquerent en chaire, ces paroles du Fils de Dieu, qui dit. j'ai été nud, et vous ne m'avez pas revêtu. Et ils persüaderent si bien les auditeurs, qu'après qu'on eut trouvé sufisamment des étoffes, et du linge pour ce dessein, tous les couturiers et toutes les couturieres de la ville, entreprirent de les tailler, et de les coudre sans aucun salaire.

« Il ne restoit plus qu'à orner cette belle et grande chapelle ; un masson, par devotion, voulut bâtir à ses frais, et de sa propre main, un autel de pierre de taille, et paver tout autour, après avoir fait à l'entrée, un bel eaubenitier ; les dames de la ville fournirent à l'envy les tableaux, les nappes, et les autres ornements : les parements des cinq couleurs, et pour le même autel et pour le celebrant.

« Et comme les plus pretieux meubles sont les vases sacrez, quand on eut prêché pour cette sorte d'aumône, et proposé l'exemple des dames Israëlites dans le desert, toutes celles de Niort donnerent leurs joyaux d'or et d'argent, leurs chaînes, des cueillieres, une aiguiere. Un devôt maréchal, qui avoit autrefois emporté le prix de son mêtier, par un chef-d'œuvre, pour lequel on luy donna un fer de cheval d'argent fin, qu'il avoit conservé jusques alors, pour l'honneur de sa famille, et de toute sa posterité, le voulut consacrer à ce saint ouvrage.

« De tout cet argent fondu, on eut des lingots d'or et d'argent, qui furent la matiere d'un calice, d'un ciboire, et d'un soleil, fort considerables ; parmi les pierreries qui sont autour du soleil, on y a mis, le diamant d'une dame vertueuse, qui est estimé cent francs, et on a gravé cette inscription sous les pieds de ces vases sacrez. *Fait des joyaux que les dames de Niort ont donné à l'hopital general, l'an 1683.*

« Ces préparatifs du nouvel établissement étans faits, le bureau s'assembla pour donner tous les ordres necessaires à l'enfermement des pauvres ; il fut arrêté que le second dimanche de l'avent, qui fut le douzième de decembre, ils seroient conduits à leur hôpital, par une procession generalle, que les directeurs qu'on nomma en prieroient le clergé, et qu'ils inviteroient tous les corps reguliers et seculiers de la ville.

« Et parcequ'il faloit, après cette procession, faire manger les pauvres en public, pour la satisfaction et l'edification de tous les habitans, les predicateurs exhorterent toutes les familles à contribüer liberalement à ce festin de charité, et d'abord on vid porter en foule, de toutes parts, une si grande quantité de toutes sortes d'alimens, que ce qui fut porté pour ce festin, sufit pour nourrir les pauvres de la maison pendant toute la semaine.

« Pour la comodité et la magnificence de ce même festin, les charpentiers de la ville, zelez comme les autres habitans, à contribüer à ce regale de la charité publique, dresserent un vaste refectoir, sous la halle, qui est une des plus grande du royaume, ce refectoir avoit six-vingt pied de long, et soixante de large.

« Le lendemain, douzième jour de decembre, on employa tout le matin à distribüer les habits neufs à tous les pauvres qui devoient être enfermez, les hommes et les garçons les vêtirent dans une maison, les filles et les femmes dans une autre.

« Tous les pauvres metamorphosez de la sorte, et fort bien vêtus, se rendirent à l'heure prescrite à la grande église, pour la procession, qui marcha en cet ordre.

« Les pauvres de l'hôpital general alloient les premiers, precedez de leurs archers, revêtus d'une casaque bleüe, avec une hallebarde, et suivis de la croix de l'hôpital, et de tous les garçons et des hommes, qui alloient les bras croisez, et les yeux baissez, chantans les litanies de la sainte Vierge ; chacun d'eux ayant à son côté un enfant habillé en ange, qui le conduisoit le long des rües. Les filles et les femmes les suivoient rangées deux-à-deux, disant leur chapelet.

« Après ces pauvres suivoient leur prêtre, revêtu d'un

surplis, et les directeurs de l'hôpital. Ensuite la confrerie d'un grand nombre de pelerins, avec leurs bourdons ; et celle de saint Nicolas, qui est fort celebre, et fort particulière en ce lieu-là, où l'on voyoit plus de trois cent confreres, laïques, de toutes les conditions, revêtus châcun d'un surplis.

« Après ceux-cy suivoient tous les religieux, le clergé des deux parroisses, les corps de justice et de police, suivi d'une grande foule de peuple, qui avoient accouru de toutes parts, pour voir cette nouvelle ceremonie.

« La procession étant faite, et arrivée à l'église, le pere Chaurand monta en chaire, et fit à cette grande assemblée, une exhortation courte, mais pathetique ; sur ces paroles de l'Ecriture, qu'il attribüe à la maison des pauvres, *Terribilis est locus iste, non est hic aliud nisi domus Dei est et porta Cœli* ; Il fit voir que cette maison sera une porte du ciel, pour ceux qui assisteront les pauvres, et une porte de l'enfer pour ceux qui manqueront à ce devoir. A la fin il exhorta tous les auditeurs, et les pauvres en particulier, à rendre graces à Dieu, pour cet heureux établissement, et à prier pour ceux qui en étoient les principaux autheurs ; ensuite il entonna luy-même le *Te Deum*, qui fut chanté par tous ceux de l'assemblée, et suivi de la priere pour le roy et de la benediction du Saint-Sacrement.

« Tout le monde s'étant retiré, et châque ange ayant conduit son pauvre jusques à la porte de l'église, et pris congé de luy, en l'embrassant, on commença la premiere distribution du pain, qui se doit faire à tous les pauvres de la ville, qui selon les regles de l'hôpital general, ne peuvent, et ne doivent pas être enfermez dans cette maison ; cette aumône sera de sept ou huit cens livres de pain par semaine.

« Cette distribution étant faite, les directeurs menerent les pauvres en ordre, deux à deux, pour les faire souper au refectoir qui leur avoit été préparé. Les hommes et les garçons y furent d'un côté, les femmes et les filles de l'autre.

« Le refectoir étoit borné par des barrières à hauteur d'appuy, qui arrestoient la foule du monde : on vid une infinité de personnes arrêtées tout autour de ces barrières, admirant ce regal qui fut fait de cette sorte.

« Châque pauvre avoit sa serviette, son couteau, sa tasse, et le reste des ustencilles de table. Au son de la clochette ils repondirent tous à la benediction qui fut donnée par le pere

Chaurand, après laquelle on vid entrer les messieurs, les dames, et les demoiselles de la première qualité, qui servirent les viandes et les desserts, châcun faisant gloire de s'employer à ce ministere. Les uns servoient le pain, les autres portoient les potages, les autres la viande, ceux-cy presentoient à boire, les autres donnoient ordre aux provisions nécessaires. Il s'en trouva qui prirent un certain nombre de pauvres, qu'ils ne voulurent pas seulement servir, mais nourrir ; leur distribuant ce qu'ils leur avoient fait préparer eux-mêmes à leurs propres frais.

« Parmi ceux-là, Monsieur de Fondmort, president et lieutenant general du siège, et premier directeur des pauvres, en traita treize, leur donnant luy-même à laver les mains, et leur servant les viandes qu'il leur avoit faite preparer ; et parcequ'il apprehendoit le defaut du jour, avant la fin de ce repas, il avoit fait mettre des flambeaux d'argent sur les tables.

« Parmi cette foule de dames, et de demoiselles, qui servirent ces pauvres, on remarqua particulierement les deux petites demoiselles de Navailles, à la tête de toutes, qui servoient de si bonne grâce, qu'elles attiroient sur elles les yeux de toute cette grande assemblée.

« Ce festin étant achevé, après l'action de graces, les pauvres furent conduits à l'hopital, ils firent dans la chapelle la priere du soir, et l'examen de conscience, après quoi ils se retirerent châcun en son apartement, on y fit la reveüe, sur le catalogue de ceux qui avoient été receus par le bureau, et on assigna à châcun son lit, où ils se coucherent en silence.

« Le lendemain dès les cinq heures du matin, le pere Chaurand, et ses compagnons, se rendirent à l'hôpital, pour donner ordre au lever des pauvres, pour leur apprendre à faire la priere du matin, à marcher modestement, deux à deux, les mains jointes, à garder le silence, et toutes les autres choses necessaires pour le bon ordre de cette maison.

« On avoit destiné ce jour à la benediction de la chapelle, et cela se fit avec un concours extraordinaire de monde ; messieurs du clergé s'y trouverent, et le pere Chaurand après l'avoir benite par ordre de monseigneur l'évesque de Poitiers, y chanta la grande messe du Saint Esprit, assisté d'un diacre et d'un sous-diacre, après laquelle on dressa le refectoir, pour le premier dîner des pauvres.

« Ils s'y rendirent deux-à-deux, fort modestement, les hommes d'un côté, et les femmes de l'autre ; on commença dès ce premier repas, à garder un silence fort édifiant : on fit la lecture des regles des pauvres, que le pere Chaurand expliqua pendant tout le repas et comme tous les jours de l'année, il y a trois dames qui servent à table ces pauvres, selon l'ordre des rües de la ville, on commença ce jour là par le château.

« Les deux jeunes demoiselles de Navailles, conduites par mademoiselle Fradin, et qui avoient deja servi le jour precedent, au souper public, servirent encore ce jour là, et envoyerent à l'hôpital leurs liberalitez, qui sufirent pour plusieurs jours. Les pauvres ayant été servis, et le pere Chaurand ayant achevé de leur expliquer leurs regles ; l'ainée de ces deux petites demoiselles, leur prononça une explication du symbole des apôtres, pendant près d'un quart-d'heure ; sa sœur portée sur les bras d'une gouvernante, voulut aussi servir d'un même plat, ces mêmes pauvres, et prononça fort haut, et presque aussi long-tems, un entretien spirituel, d'une maniere pathetique, imitant les gestes et les exclamations des predicateurs ; ce qui surprit si fort toute l'assemblée, que chacun jugea que Dieu avoit donné à ces deux petites demoiselles, non seulement une mémoire, et une grace extraordinaire ; mais un esprit, et un genie, qui surpasse tout ce qu'on vid en un tel âge.

« Depuis ce tems-là, le pere Chaurand, et ses compagnons, ont passé environ quinze jours dans cette maison, pour y regler toutes choses, pour assister chaque jour au lever des pauvres, à la priere du matin, à la messe, aux repas, au travail ; pendant lequel on garde le silence aussi invariablement qu'au refectoir, et qu'à la messe. Ils y ont instruit chaque jour les visiteurs, de la visite qu'ils doivent faire, et de la maniere de la bien faire.

« Ils ont donné ordre que la distribution qui se fait toutes les semaines, de six ou sept cents livres de pain, aux pauvres de la ville, qui ne peuvent, et qui ne doivent pas être dans l'hôpital, fût faite sans confusion, qu'elle fût precedée d'un cathechisme que l'on fait à ces pauvres assemblez, avant cette distribution, et ayant les choses bien reglées, ils sont allez à Fontenay, pour y établir un autre hôpital.

« Il ne reste plus à expliquer en cette relation, que les moyens dont on se doit servir pour faire subsister cet établissement, après le départ des missionnaires.

« Les politiques rafinez du siècle, qui reglent toute leur conduite selon la prudence humaine, et qui ne confient aucunes de leurs afaires à la Providence de Dieu, ne sauroient s'imaginer qu'on puisse prudemment entreprendre un hôpital general, si l'on n'a auparavant de grands fons pour le commencer, et pour le maintenir après qu'il est établi : mais l'experience a apris au pere Chaurand, qui en a fait un grand nombre en plusieurs provinces de France, qu'il faut commencer les hôpitaux generaux, pour trouver le fond nécessaire, et qu'il ne se trouve que quand ces hôpitaux sont établis : car comme dit trés bien le roy, écrivant sur ce sujet aux evêques de France, dès que l'on en a commencé un, les vivans et les mourans qui voyent le bon usage de leurs aumônes, les doivent plus volontiers pour le maintenir.

« On peut remarquer dans le rétablissement de celui de Niort les expediens que l'on employe pour la nourriture des pauvres enfermez et des autres de la ville.

« Le premier de tous les expédiens et des plus éficaces pour le maintien de cet hôpital, est le zèle de messieurs les directeurs qui en prennent soin, et qui le conduisirent selon les règles imprimées qu'on leur donne, conformes à celles de l'hôpital général de Lyon.

« Le bureau des directeurs de cette ville est composé de plusieurs ecclesiastiques, et laïques, qui s'en aquitent si bien, qu'on doit se promettre un succez heureux de leurs soins charitables.

« Le chef de ce bureau c'est monsieur de Fondmort, president et lieutenant-general du bailliage, qui en cette qualité se trouve le president né de cette assemblée, on le considere avec justice comme l'ame de cette entreprise. Il avoit témoigné depuis longtemps un grand zèle pour la maintenir : mais après qu'il eût connu les intentions du roy, de monseigneur de Poitiers, et de monseigneur l'intendant, il redoubla ses soins et voulut loger chez lui et nourrir à sa table les missionnaires qu'ils avoient envoyés ; et quelques grandes occupations qu'il eût au Palais, il s'employoit presque incessamment à faire executer tous les ordres prescrits par le bureau, infatigable de jour et de nuit, à faire travailler toutes sortes d'ouvriers, à conduire leur travail, pour les reparations de la maison, à examiner les pauvres, à procurer et à faire ranger tout leur Ameublement, et à executer ou faire executer, beaucoup d'autres ouvrages, dont il avoit eu la bonté de se charger, n'épargnant ni sa santé ni sa bourse pour y reüssir.

« Un autre moyen dont on se sert pour le maintien de cet hôpital, ce sont les quêtes, on en fait une châque mois dans les maisons, et comme il n'y a plus de pauvres mandians, châcun donne volontiers ses aumônes à cette sorte de quêteurs. On envoye aussi châque jour des pauvres avec des boëttes, aux portes des eglises, où l'on peut esperer quelques aumônes ; on met des troncs en ces mêmes eglises, et en plusieurs autres maisons, et boutiques de la ville, qui en demandent. Châque jour on envoye une bande de quêteurs, sur le midy, avec une clochette par les rües, pour ramasser les restes de table, qu'on avoit coutume de donner aux pauvres, avant qu'ils fussent enfermez, et on trouve ordinairement de quoy fournir en partie, aux besoins des pauvres enfermez, et quelquefois de ceux de la ville.

« On se sert encore d'un autre moyen pour avoir de quoy nourrir les pauvres enfermez. On fait un catalogue des dames et des demoiselles de la ville, qui vont trois fois châque jour servir les pauvres à table, et qui entre toutes trois, leurs donnent liberalement leur nourriture ce jour là, ce qu'elles font d'autant plus volontiers, que leur tour ne revient qu'une ou deux fois châque année.

« Ces peres missionnaires ont encore un moyen fort propre à maintenir l'hôpital, quoy qu'il n'ait aucun fonds, ils persuadent à chaque honnête famille, d'adopter un des pauvres enfermez, c'est-à-dire, de le prendre pour l'amour de Dieu, comme son domestique, de lui procurer son avancement, et quelque condition quand il en sera capable, et de faire pourluy le reste qui est expliqué dans un livre des adoptions, que l'on donne à ceux qui les adoptent, et qui reüssit si heureusement que ces pauvres adoptez ne coûtent presque rien à l'hôpital, ni pour leurs habits, ni pour leur nourriture.

« Enfin la Providence de Dieu suggere châque jour de nouveaux moyens pour secourir ces pauvres dont elle est chargée, et pour établir par ces aumônes la prédestination des riches. (1) »

On ne peut lire, sans une profonde émotion, ces pages où se trouve consigné l'élan généreux qui porta notre population à vider les bourses et les maisons, afin d'organiser des secours permanents pour les pauvres. Quoi de plus touchant que ces servantes qui donnent leurs gages et que ces journaliers qui offrent leur labeur ! C'est là cette véritable charité chrétienne que nous ne saurions trop admirer.

Lors de la révocation de l'édit de Nantes, les biens du consistoire des protestants furent donnés à l'hospice, qui reçut la maison du ministre, située rue Vieille-Rose, et le terrain du temple démoli. La foire aux bœufs se tint, jusqu'en 1709, sur cet emplacement ; à cette époque, il fut vendu. Aujourd'hui, il est occupé par des maisons et des jardins.

En 1684, l'hôpital obtint le privilège de fournir les cercueils de la ville. Ce privilège est tombé en désuétude ; cependant la plupart des cercueils continuent à être demandés à l'atelier de menuiserie de cet établissement.

L'hôpital avait aussi d'autres droits ; il envoyait ses pauvres porter le luminaire aux enterrements, et il jouissait du pacage des fossés de la ville, depuis la Motte-du-Pin jusqu'à la porte de Pelet.

Ce ne fut que quinze ans après l'arrêt approuvant la création de l'hôpital général de Niort, le 13 avril 1699, que le Parlement ordonna l'enregistrement de la déclaration royale. Malgré tous ces retards, l'hôpital recevait depuis longtemps des pauvres et des malades. L'évêque de Poitiers, Anthoine Girard, avait visité l'hôpital dans ses moindres détails, au commencement de l'année 1699, et avait approuvé l'organisation de cet établissement. Il donna des éloges et des conseils aux directeurs. Ce fut sa déclaration, tout à l'avantage de cet établissement, qui engagea le Parlement à confirmer l'arrêt du conseil d'Etat de 1684.

Le maire Cochon, sieur Dupuy, avait reçu, en 1699, une grave insulte. Plusieurs gentilshommes, dans une rixe, tuèrent, malgré l'intervention du maire qui était accouru sur les lieux, le fils de l'aubergiste des Quatre-Fils d'Aymon. Le corps

(1) Extrait des Archives de l'hôpital de Niort. — Collection de Dom Fonteneau.

de ville intenta un procès aux meurtriers qui firent comparaître à leur place un nommé Perogon, d'Aiffres. Cet homme fut condamné par le parlement de Poitiers à une amende de 2,100 livres qui fut versée à la caisse de l'hôpital général.

Ces dons, ces amendes permirent à l'hôpital de recevoir beaucoup de pauvres et de malades. Une discipline sévère fut appliquée par les directeurs, afin de maintenir l'ordre parmi cette population souvent disposée à se plaindre et à se livrer à des actes de rébellion. Un édit de 1682 donna aux directeurs le droit de prononcer des condamnations sans appel, à la prison, au poteau et carcan, et d'assujétir les pauvres à filer la laine et à fabriquer de grosses étoffes, selon leurs forces.

Les étrangers sans ressources qui se présentaient à Niort, avaient le droit de mendier un jour seulement, et, dès le lendemain, ils étaient expulsés de la ville par les archers de l'hôpital. Ces archers, armés de hallebardes et d'épées, vêtus d'une casaque bleue avec des fleurs de lis jaunes, visitaient les églises et les rues de la ville pour en chasser les mendiants.

L'hôpital entretenait environ quatre-vingts pauvres, qui couchaient deux dans le même lit. Les indigents qui résidaient en ville, recevaient des secours en pain et en argent, comme de nos jours les assistés du bureau de bienfaisance.

Le bénédictin Dom Fonteneau avait pris une copie, aux archives de l'hôpital général de Niort, de l'état des biens et des revenus de cet établissement, qui offre un intérêt historique. Nous le reproduisons :

« 1° Par contrat a été acquise la maison où est ledit hôpital général, par feu M. le duc de Navailles, pour la somme de 2,700 livres. A cette maison, ont été jointes plusieurs autres, qui ont été depuis acquises ;

« 2° Le temporel de la chapelle Saint-Vaize, qui étoit à la nomination du corps de ville, fut uni à cet hopital le 26 juin 1666 ;

« 3° Messire Pierre Gresseau, curé des Fosses, abandonne, en faveur du dit hôpital, le 20 avril 1670, l'aumônerie de Villiers-en-Plaine, du consentement des habitants de Villiers. Cet hôpital l'a possédée pendant 4 à 5 années ; après quoi les chevaliers de Saint-Lazare en eurent la possession, mais, par édit du roi du mois de mai 1693, Sa Majesté, ayant désuni ces sortes d'aumôneries de l'ordre de Saint-Lazare, et par sa déclaration du 24 août suivant, ayant voulu que ceux qui les possédaient premiers, à titres légitimes, y fussent maintenus, l'aumônerie de Villiers devait naturellement revenir à cet hôpital. Cependant, les administrateurs de celui de Fontenai s'en emparèrent en 1708, ayant obtenu, dès l'année 1695, un arrêt du conseil et des lettres patentes qui leur unissait nomément la dite aumônerie. (Invent. n° 12.)

« 4° Messire Henri Turpin, comte de Vihiers, et dame Magdelaine Laurens, son épouse, fille et unique héritière de feu M. Laurens, écuyer, seigneur de Beaulieu, président au siége royal de Niort, et de dame Catherine Lévesque, donnent au dit hôpital quelques rentes de cent livres pour exécuter les volontés du seigneur et dame de Beaulieu, le don du 18 février 1679.

« 5° Messieurs les juges de la Bourse et le corps des marchands de Niort firent un acte d'assemblée, le 22 septembre 1680, dont le résultat fut qu'à l'avenir la tierce partie des amendes qui se prononceraient à leur juridiction, notamment celles de sentences par défaut, serait délivrée à cet hôpital pour la nourriture et entretien des pauvres. Les lettres patentes données à Versailles au mois de janvier 1696, pour la confirmation du dit hôpital, lui en ont attribué la moitié au lieu d'un tiers, de mesme que des amendes et condamnations d'aumônes qui seraient ordonnées au siége, à l'élection et à la mareschaussée.

« 6° Le roi ayant ordonné par un arrêt de son conseil du 29 décembre 1682, que les moulins, fours et autres édifices dépendants de ses domaines, sujets à réparations, seroient vendus et aliénés, à la charge d'une redevance annuelle, le moulin du château de Niort, anciennement nommé Moulin Banal, fut adjugé à cet hôpital par autre arrêt de son conseil du 15 janvier 1684, pour la rente foncière de 200 livres. Voilà comment le moulin du château est devenu partie des domaines de l'hôpital.

« 7° Le roi, ayant rendu une déclaration, au mois d'août 1684, portant que les biens des consistoires supprimés seroient réunis aux hôpitaux les plus prochains des lieux, M. de Lamoignon, intendant de cette province, rendit une ordonnance en conformité de la dite déclaration de Sa Majesté, le

29 décembre 1684, qui porte la réunion à cet hôpital de la maison du ministre, de l'emplacement du temple.

« 8° Après la démolition du temple, de ceux de la religion prétendue réformée, l'emplacement du dit temple a servi pendant plusieurs années pour tenir la foire aux bœufs, et ce depuis qu'il fut démoli jusqu'en l'année 1709, auquel temps il fut vendu par cet hôpital à M. de la Poterie, receveur des tailles à Niort, pour une somme de 220 livres, une fois payée, seulement. Ce Monsieur a fait de tout cet emplacement un très grand et beau jardin. M. de Neufville, aussi receveur des tailles, en cette ville, le possède actuellement, comme l'ayant acquis de M. Forieu et de la dame de la Poterie, son épouse, fille et gendre de feu M. de la Poterie.

« 9° Le cimetière de ceux de la religion prétendue réformée qui est hors et près la porte Saint-Gelais, a été réuni à l'église paroissiale de Saint-André, de cette ville, sur laquelle il avoit été usurpé par les Calvinistes dans le temps des troubles de la religion.

« 10° Le roi ayant, par son édit du mois de décembre 1672, donné en faveur de l'ordre de Notre-Dame du Mont-Carmel et de Saint-Lazare de Jérusalem, uni au dit ordre, entre autres choses, l'administration ou jouissance perpétuelle et irrévocable de toutes les maladreries, léproseries et commanderies, ensemble tous les Hôpitaux, Hôtels-Dieu, Maisons-Dieu, Aumôneries, Confrairies, Chapelles-Hospitalières et autres lieux pieux du royaume, et par ce même édit, Sa Majesté établit une chambre composée d'officiers des plus considérables de son conseil pour l'entière et parfaite exécution du présent édit, et connaître de tous les procès et différends qui naîtront pour raison de toutes les choses y contenues, et durera la dite chambre tout le temps que Sa Majesté estimera nécessaire et à propos pour le bien des affaires du dit ordre, de la maintenir et conserver, se réservant de la révoquer et supprimer lorsque bon lui semblera.

« 11° Sa Majesté a rendu un arrêt de son conseil privé, le 14 janvier 1695, par lequel il a uni à l'hôpital de Niort les biens et revenus des Maladreries de Chef-Boutonne, sur l'advis de l'évêque de Poitiers et du seigneur de la Bourdonnaye, intendant du Poitou.

« 12° La Maladrerie de la ville de Niort fut unie au dit hôpital par le même arrêt. On ne sait en quoi consistent les biens de cette Maladrerie dont on a aucuns titres ni papiers.

« 13° Sa Majesté rendit un arrêt de son conseil privé, le 15 juin 1705, par lequel elle unit à l'hôpital de Niort les biens et revenus des Aumôneries et Maladreries du Pont-de-Veau de la Ville-Dieu et du Puy-Herbault, dans la paroisse de Saint-Hilaire près Melle.

« 14° Il y a l'union des aumônes des abbayes et prieurés et quantité de legs faits par divers particuliers au dit hôpital général de Niort. »

Cet important document est une sorte de cartulaire de l'hôpital de Niort. Il contient les acquisitions faites par cet établissement, les dons qu'il a reçus, et enfin les arrêts rendus en sa faveur par le conseil privé du roi. Mais ce qui ressort de tous ces faits, de tous ces documents, c'est un ardent désir de venir au secours des pauvres et de travailler à la solution d'une question qui n'a pu encore être, de nos jours, complétement résolue.

CHAPITRE XXVII

Sommaire. — Mariage de Mme de Maintenon avec Louis XIV. — Révocation de l'édit de Nantes ; effet de cet édit en Poitou. — 4,000 protestants niortais émigrent. — Défense à un protestant qui avait émigré et qui était revenu à Niort d'avoir boutique ouverte. — Changement de l'organisation municipale en 1692. — Niort se voit enlever le droit d'élire son maire. — Maires perpétuels à la nomination du roi. — Ces charges s'obtiennent à l'aide d'intrigues et d'argent. — Protestation du corps de ville de Niort. — Les échevins procèdent à des élections en dehors du règlement ; elles sont annulées par arrêt du Conseil d'Etat. — L'influence des grandes familles niortaises, arrivées à la noblesse par l'échevinage, cesse ; elles sont remplacées par une nouvelle noblesse où figurent des avocats, des médecins, des régisseurs de propriétés seigneuriales. — Réjouissances qui ont lieu à Niort à l'occasion de la prise de Ryswick, en 1698. — Tradition du dragon ailé de la porte Saint-Jean, de Niort. — Un soldat se dévoue, le combat et le tue ; le vainqueur est empoisonné par le souffle du serpent. — La tombe du soldat existe encore. — Réalité de la légende. — Froid rigoureux en 1684 et 1691. — Assemblées des maîtres apothicaires de Niort ; conditions de l'admission à la maîtrise.

Dans le courant de l'année 1684, un événement mystérieux, dont la date précise n'a pu être fixée, éleva subitement Madame de Maintenon, la veuve de Scarron, la fille de d'Aubigné, sinon jusqu'au trône de France, du moins jusqu'à la couche du roi : Louis XIV épousa Madame de Maintenon. Une messe de mariage fut célébrée, la nuit, dans un oratoire de Versailles : les témoins étaient un gentilhomme appelé Montchevreuil et un des valets de chambre du roi, Bontemps ; l'officiant était le père La Chaize ; la bénédiction nuptiale fut donnée par le diocésain, l'archevêque de Paris Harlais. Le royal époux avait alors 46 ans et Madame de Maintenon approchait de la cinquantaine.

Rien ne manqua à ce mariage que la publicité. Il resta secret officiellement, mais toute la cour le connut et Madame de Maintenon fut traitée en reine par les courtisans et par les ministres. L'influence de la reine Marie-Thérèse sur Louis XIV avait été nulle, celle de Madame de Maintenon fut absorbante ; elle obtint du roi la révocation de l'édit de Nantes, qui enleva à la ville de Niort le tiers de ses habitants.

Ce funeste édit, cause de ruine pour la France et source d'odieuses persécutions, parut le 22 septembre 1685. Une partie du Poitou, surtout celle qui appartient aujourd'hui aux Deux-Sèvres, fut le théâtre des plus cruelles violences. Les *dragonnades* répandirent partout la désolation et la terreur. Les soldats s'installaient chez les protestants, pillaient, brutalisaient les habitants, jusqu'au moment où les malheureux persécutés se résignaient à abjurer leur croyance. Ceux qui fuyaient dans les bois, y étaient traqués comme des bêtes fauves. La liste des nouveaux convertis fut signifiée aux ministres et aux consistoires, avec défense d'admettre aucun de ceux portés sur ces listes, sous peine d'interdiction pour les ministres et de la démolition des temples. Les menaces furent bientôt mises à exécution. Les temples de Melle, de Thouars et de Niort furent démolis.

Les réformés, n'ayant plus de temple, se réunirent dans les champs ou dans les bois pour prier. Sept à huit cents de ces réformés, surpris à Grand-Ry, près d'Aigonnay, furent dispersés et sabrés. Vingt-quatre furent envoyés sur les galères et trois furent pendus à Saint-Maixent.

En 1685, les biens des émigrés protestants du Poitou furent saisis. L'un de ces émigrés, le sieur Chassereau, ouvrier potier d'étain et ancien collecteur de tailles, à Niort, qui avait quitté la France et était venu rouvrir boutique dans sa ville natale, fut dénoncé par les maîtres potiers d'étain. Le maire prononça une condamnation qui interdisait à Chassereau, ainsi qu'à tous autres protestants qui avaient émigré en Angleterre, le droit de travailler et d'avoir boutique ouverte dans la ville et dans les faubourgs, à peine de cinquante livres d'amende et de confiscation.

La population de Niort était, en 1685, de 11,000 âmes ; la révocation de l'édit de Nantes en chassa 4,000 et en fit convertir environ 700 de tous âges. L'émigration la plus forte porta sur les drapiers et les chamoiseurs, qui abandonnèrent la France. Le commerce de notre ville, déjà si éprouvé, fut longtemps à réparer les effets de cette proscription.

Ce fut au milieu de cet effarement des esprits que le gouvernement modifia complètement l'organisation municipale. Par un édit du mois d'août 1692, il enleva aux villes et communes le droit d'élire leurs maires, en se fondant sur l'abus qui était résulté de la nécessité où se trouvaient les maires de ménager les bourgeois qui leur donnaient leurs suffrages, aux dépens des intérêts des autres.

« C'est pourquoi, disait l'édit, nous avons jugé à propos de créer des maires en titre dans toutes les villes et lieux de notre royaume, qui, n'étant point redevables de leurs charges aux suffrages des particuliers et n'ayant plus lieu d'appréhender leurs successeurs, en exerceront les fonctions sans passion et avec toute la liberté qui leur est nécessaire pour conserver l'égalité dans la distribution des charges publiques. D'ailleurs, étant perpétuels, ils seront en état d'acquérir une connaissance parfaite des affaires de leurs communautés, et se rendront capables, par une longue expérience, de satisfaire à tous leurs devoirs et aux obligations qui sont attachées à leur ministère. »

Auprès de ces maires, le roi plaçait des assesseurs choisis parmi les plus notables bourgeois, et qui devaient être perpétuels comme les maires. Le motif allégué était la suppression d'abus, tandis que la véritable cause de cette mesure était la pénurie du trésor royal. On vendit les charges de maire et on se fit ainsi des ressources financières. Les fonctions de maire perpétuel furent accordées à des gens qui les obtenaient à l'aide d'intrigues et d'argent. Ces charges se vendaient de 15 à 20,000 livres, dans les villes de l'importance de Niort.

Le corps de ville protesta, mais il se soumit à la volonté qui avait dit : « L'Etat c'est moi, » et qui voulait tout centraliser en supprimant les privilèges des parlements, aussi bien que ceux des villes. Le gouvernement de Louis XIV choisit donc les maires et les échevins de Niort qui paraissaient dévoués à sa politique et qui étaient en position de faire des sacrifices pour acquérir ces charges.

Cependant, il y eut de temps à autre des actes de rébellion qui prouvaient que le vieil esprit d'indépendance municipale n'était pas entièrement étouffé, et qu'il n'attendait qu'une occasion pour revendiquer ses anciens privilèges.

Au mois de juillet 1713, un arrêt du Conseil d'Etat casse et annule les décisions prises dans une assemblée convoquée par les échevins de la ville de Niort, sans la participation du maire. Les échevins avaient réuni, à l'insu du maire, les habitants en assemblée générale pour la nomination des 12 commissaires qui, suivant l'arrêt du 5 mars 1712, devaient assister à l'élection des échevins. Le lendemain, 26 mai, on avait procédé à l'élection de 3 nouveaux échevins, sans tenir compte des protestations du sieur Pierre Levée, maire perpétuel de la ville. Ces élections furent annulées et il fallut nommer, de nouveau, des commissaires et des échevins avec les formes et dans les délais fixés par les règlements.

Ce coup de vigueur arrêta net les tentatives de revendications municipales. Les grandes familles niortaises parvenues à la noblesse depuis 1461, par la fortune amassée dans le commerce qui les faisait arriver à l'échevinage, disparurent. Elles furent remplacées par une nouvelle noblesse acquise par des avocats, des médecins, des régisseurs de grandes propriétés seigneuriales. L'argent fuyait les opérations commerciales et se plaçait en terres, afin d'échapper aux impôts par des privilèges de noblesse. Pendant le xviie siècle, le taux de l'intérêt de l'argent était de 5 à 7 pour cent, et encore le commerce ne pouvait-il, malgré les meilleures garanties, en obtenir qu'avec les plus grandes difficultés.

Tout contribuait donc à enlever à la France sa force productive pour la faire passer en Angleterre et en Allemagne, où les fabriques de toutes sortes, favorisées par des règlements protecteurs, livraient leurs produits au continent et aux colonies.

La persécution dirigée avec une si impitoyable rigueur contre les protestants, souleva en Europe une irritation contre le gouvernement de Louis XIV, et amena une nouvelle guerre désastreuse pour la France.

La coalition des puissances protestantes déclara la guerre à Louis XIV le 5 février 1689, et, après neuf années de luttes et de combats, il fallut signer la paix de Ryswich, qui forçait Louis XIV à reconnaître Guillaume III comme roi d'Angleterre, et à renoncer à plusieurs de ses acquisitions dans l'Empire.

La nation était si fatiguée de la guerre, si écrasée par les impôts nécessités par l'entretien des armées et des flottes, qu'elle accueillit cette paix avec joie.

Niort célébra cet événement par de nombreuses réjouissances publiques. Voici une curieuse relation des fêtes officielles qui eurent lieu dans cette ville à cette occasion (1).

(1) M. Alfred Richard a trouvé ce récit dans les archives de la famille Garran de Balzan ; il pense qu'il a été rédigé par un des membres de l'Election de Niort.

« Messire Jacques de Chasteauneuf, chevalier, seigneur de Pierrelevée, La Goupillère, La Rivière et autres places, lieutenant de roy et maire perpétuel des ville et chasteau de Nyort, dont monsieur de Lassara, maréchal de camp des armées du roy est gouverneur, ayant receu l'ordre du roy d'assister au *Te Deum,* faire tirer le canon et allumer des feux au sujet de la publication de la paix avec l'Empereur et l'Empire qui fait le couronnement de la paix générale, s'assembla à l'hôtel-de-ville de Nyort avec les eschevins et autres officiers de ville, le dimanche second jour de ce mois (de février 1698), et suivant la délibération unanime, il fit assembler et mettre sous les armes le régiment de milice bourgeoise, composé de douze compagnies.

« Ce régiment a esté créé en titre dès l'année 1621 par le feu roy Louis XIII d'heureuse et triomphante mémoire au siége de Saint-Jean-d'Angély, et a depuis ce temps-là servi en plusieurs occasions avec beaucoup de zèle et très utilement, notamment lorsqu'en 1674 la flotte holandoise fit une descente dans l'isle de Noirmoustier, ce régiment estant entré en l'isle de Bouin, distante de Nyort de plus de 30 lieües, sous les ordres de monsieur le duc de La Vieuville, gouverneur de Poitou, et y demeura fort longtemps à la vüe des ennemis qui n'en estoient éloignés que d'une lieüe, et a encore servi récemment par un détachement de deux cens hommes qui se rendirent à La Rochelle en 1696, à la première nouvelle de l'arrivée des Anglais sur les costes de l'isle de Ré.

« Les deux bataillons de ce régiment estant donc assemblez par les ordres de monsieur le lieutenant de roy, et sous la conduite de M. de La Terraudière, subdélégué de monsieur l'intendant, ancien maire et lieutenant-colonel, le *Te Deum* fut chanté dans l'église de Nostre-Dame, où tous les corps se rendirent avec les communautez ecclésiastiques et religieuses, et un grand concours de peuple. Les troupes défilèrent ensuite en la place du Marché-Vieux où elles furent rangées en bon ordre sous le commandement du lieutenant-colonel par les soins et l'application infatigable de monsieur Assailly, escuyer, sieur de Laubonnerie, major, assisté de M. de La Terraudière fils, aide-major.

« On y avait fait dresser un bûcher magnifique, et M. de Pierrelevée s'y estant rendu à la teste du corps de ville et où se trouvèrent aussi M. de Fontmor (Joseph Jouslard), président de l'Election de Niort, et M. Rouget, lieutenant-général du siége, les flambeaux furent distribuez par l'ordre de M. le lieutenant de roy, le feu fut mis au bucher par luy, par le premier échevin, par le lieutenant-colonel, par le major et par messieurs les président et lieutenant-général du siége, à chacun desquels M. de Pierrelevée fit présenter un flambeau; ce qui fut accompagné de plusieurs descharges de la mousqueterie et de plusieurs coups de canon, qui furent tirez du chasteau et de divers feux d'artifices et fusées dont l'air fut rempli, au bruit des tambours et des trompettes et aux acclamations du peuple de tout sexe dont la place était couverte, par des cris plusieurs fois redoublez de vive le roy.

« La compagnie de cavalerie bourgeoise s'y estoit aussi rendue à pied avec les deux compagnies de marine à présent en garnizon et une compagnie de cadets ayant tous un nœud de ruban blanc au retroussis du chapeau, qui firent de continuelles décharges jusques à ce que tout fust consommé et le bûcher abbatu. Ce bûcher estoit accompagné de neuf pyramides revêtues de laurier et ornées de myrthes qu'on avait élevées autour de la place, dans l'enfoncement de chacune desquelles on avait placé des tableaux avec des bordures de laurier, et dans ces tableaux estoient peints divers emblêmes et devises sur le sujet de la paix.

« Dans le premier estoit peint un Alexandre coupant le nœud gordien de la ligue, avec ce mot qui en est l'âme à l'entour de l'exergue, Dissolvit.

« Sur le second estoit un soleil sans aucun nuage, pour marquer les effets de la paix avec ce mot, Serenat.

« Au troisième on voyoit une boete d'orviétan qui est le meilleur antidote que nous ayions quoyque composé de vipères, pour représenter la paix acquise par la défaite de nos plus dangereux ennemis avec ce mot, Sanat.

« Sur le quatrième Venus et ses Cupidons jettant des flèches dans un parterre de lys marquoient la France à présent occupée aux cérémonies augustes des mariages de monseigneur le duc de Bourgogne avec la princesse de Savoie et de mademoiselle avec le sérénissime duc de Lorraine avec ce mot, Multiplicat.

« On voyoit enfin au haut du bucher un estendard flotant à l'un des revers duquel estoient écrits ces mots en gros caractère, Pacato orbe terrarum, et à l'autre les deux vers latins suivants pour marquer l'excez de la joye des habitans et le dessein des quatre premières devises en ces mots :

ECCE NYORTENSES FACTA DE PACE QUID EDUNT ?
DISSOLVIT, SANAT, MULTIPLICAT ATQUE SERENAT.

« Ces quatre emblêmes et les deux vers qui les expliquent sont de l'invention et de la composition de M. Arnauldet, avocat et l'un des eschevins.

« M. de La Terraudière à qui rien n'échape quand il s'agit du service et de la gloire du Roy disposa la structure du feu avec toute la régularité possible, et y ajousta les deux emblêmes suivans.

« Le premier représentoit la France sous la figure d'une femme tenant dans une main une croix, et dans l'autre une balance avec ces mots au haut de la figure, GALLIA, à l'un des costez, IN SANCTITATE, à l'autre, ET JUSTITIA, et au bas, CORAM IPSO, pour marquer le zèle du roy pour la religion et pour la justice, et dans une cartouche environnée de lauriers et placée sur une autre pyramide vis-à-vis celle-cy estoient écris ces mots :

VOICY LE RÈGNE DE GRANDEUR, DE SAINTETÉ ET DE JUSTICE SOUS UN GRAND, SAINT ET JUSTE ROY.

« Le second emblesme estoit un globe du monde, au-dessus duquel il y avoit un soleil lançant d'un costé des éclairs et des foudres, et de l'autre dardant des rayons benins accompagnez de manne, avec ces mots du Psalmiste :

TERRA TREMUIT ET QUIEVIT.

« Et dans une seconde cartouche placée sur une des autres pyramides vis-à-vis cette dernière estoient écris ces quatre vers pour l'explication de l'emblême :

CENT PRINCES CONJUREZ CONTRE LE GRAND LOUIS
SE VANTOIENT D'ENVAHIR LA FRANCE,
MAIS IL LES FIT TREMBLER PAR DES FAITS INOUÏS
ET LEUR DONNE LA PAIX PAR UN TRAIT DE CLÉMENCE.

« L'on vit sortir de toutes ces pyramides un grand nombre de fusées qui s'élevèrent en l'air avec une agréable diversité et un succez merveilleux. Il y eut ensuite un magnifique régal préparé au chasteau où 40 personnes des plus distinguées de la ville avoient esté invitez. Le repas fut superbe et bien entendu, deux grandes tables y furent servies délicatement et abondamment. On y beut à la santé du roy, de monseigneur, de monseigneur le duc de Bourgogne, et de toute la famille royale debout et teste nüe, pendant que le canon tiroit presque sans relache, et cette cérémonie fut faite en forme d'exercice militaire sous les ordres du major ; on y beut copieusement. Quoyque la joye fut portée dans son dernier excès, elle fut néanmoins beaucoup augmentée par l'arrivée imprévue de madame de Pierrelevée après une absence d'un an pendant lequel elle a demeuré à Paris, et par la présence de mademoiselle Du Preau, niepce de M. le lieutenant de roy, l'une des plus belles et mieux faites demoiselle de la province ; le tout animé par la simphonie continuelle des violons, les fanfares des trompettes et le bruit des tambours.

« Après le soupé qui dura plus de trois heures, on alla sur la terrasse du chasteau qui regarde sur la rivière de Sèvre, où on avoit fait traîner des pièces de campagne, qui tirèrent plusieurs coups, et furent suivis d'un grand nombre de fusées qui furent lancées en l'air. On n'en demeura pas là ; la compagnie se transporta dans la place qui est au devant du chasteau, où on avait fait aussi placer quelques fauconneaux qui tirèrent plusieurs coups, et l'on y jetta encor beaucoup de fusées, les tambours et trompettes faisans encor un grand bruit, et ce qu'il y eut d'agréable, c'est qu'au bruit du canon et au son des violons, un grand nombre de peuple s'estant assemblé en cette place, on y dansa publiquement comme dans un bal réglé, avec toutes les dames qui s'y présentèrent sans aucune distinction, et ce fut par ce bal comique que la feste fut terminée bien avant dans la nuit.

« On admira en toute la cérémonie le zèle de M. de Fontmort président, lequel quoyque dans un aage bien avancé fit la figure d'un jeune homme, à la table, au bal et partout.

« Le lendemain, M. Rouget de La Barbinière, lieutenant-général, aussi distingué par son mérite personnel que par l'exercice de sa charge, laquelle dans un aage peu avancé il remplist avec toute la capacité et l'intégrité possible, régala à soupé un nombre considérable des plus apparans de la ville, et fit ensuite allumer un feu au-devant de son hôtel, où les conviez tirèrent à l'envy un grand nombre de coups de pistolets jusques à minuit, et firent encor danser autour de ce feu toutes les femmes et filles de toutes conditions qui s'y présentèrent, avec les violons qui avoient joué pendant tout le repas. En mesme temps, plusieurs bourgeois allumèrent des feux en différens endroits, et notamment dans la place du chasteau.

« On a oublié de remarquer que le jour du feu de joye, M. de La Terraudière avait fait placer sur la porte de sa maison un fort beau tableau du roy environné de lauriers, au bas duquel sur une cartouche estoient escrits ces quatre vers,

VOEUX POUR LOUIS LE GRAND.

RÉPANS, SEIGNEUR, RÉPANS TES BÉNÉDICTIONS
SUR LOUIS QUI TOUJOURS COMBATIT POUR TA GLOIRE,
CE HÉROS FIT TREMBLER TOUTES LES NATIONS,
ET VIENT DE PRÉFÉRER LA PAIX A LA VICTOIRE.

faisant ainsi allusion à la devise cy-dessus :

TERRA TREMUIT ET QUIEVIT. »

Rien ne manqua à cette fête, que le tiers des habitants en exil : feux de joie, banquet, mousquetterie, danses populaires où toutes les classes étaient confondues, dans ce jour de paix. Les emblèmes et les devises y remplissaient, aussi, un grand rôle. Aujourd'hui, quand il s'agit d'une solennité, d'un concours, nous ne pouvons éviter de nombreux et longs discours ; autrefois, on en était quitte pour des emblèmes et des devises ; cela était mille fois préférables à ces allocutions prétentieuses qui n'ont même pas le mérite de la simplicité et de la brièveté.

C'est vers la fin du XVIIe siècle que la tradition place le combat d'un dragon ailé et d'un soldat, près de la porte Saint-Jean. A cette époque, les marais de la Sèvre s'étendaient jusqu'au faubourg de Ribray. Ils offraient l'aspect de vaste terrains vaseux, couverts de joncs et de plantes aquatiques, qui formaient des retraites où pullulaient les reptiles de toutes sortes. Un monstre effrayant, sorte d'énorme serpent ailé, était venu se réfugier dans un vaste souterrain, du côté où se trouve, aujourd'hui, l'avenue de Saint-Jean. On raconte qu'il

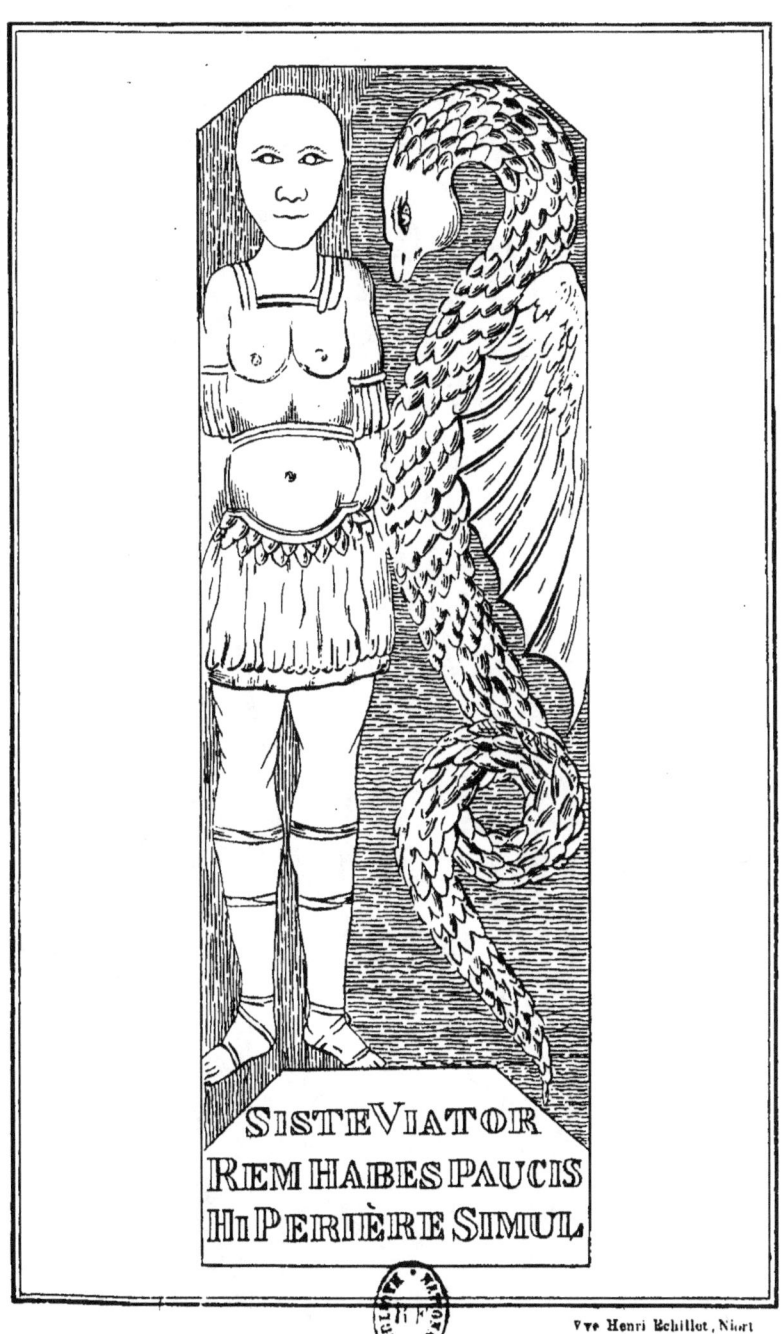

sortait de son repaire, non-seulement la nuit, mais aussi le jour, et qu'il venait déchirer et enlever des enfants et même des hommes et des femmes, dans les faubourgs, dans les rues, sur les places publiques et jusque dans les jardins. Il n'y avait plus de sécurité pour personne. La terreur était générale. Tous les moyens furent longtemps employés pour le détruire, mais il se jouait des pièges, brisait les liens de fer qui l'enlaçaient et mettait toujours en fuite les bandes d'hommes armés assez audacieux pour le combattre.

Enfin, un malheureux soldat nommé Jacques Allonneau, condamné à mort pour désertion, sollicita sa grâce et offrit pour l'obtenir de tuer le monstre. Le gouverneur s'empressa d'accepter cette promesse et le mit immédiatement en mesure de la tenir.

Allonneau, revêtu d'une armure d'acier qui lui enveloppait le corps en lui laissant la liberté de ses mouvements, le visage couvert d'un épais masque de fer, armé d'une lance et d'un long poignard, s'avance vers l'antre du monstre qui répond à cette provocation en s'élançant sur l'audacieux soldat.

Du premier bond, il le renverse et cherche à l'écraser sous le poids énorme de son corps. Allonneau, dans cette situation terrible, conserve son sang-froid. Sa lance lui était inutile ; il plonge profondément son poignard dans la gorge du serpent, qui vomit des flots de sang et se débat en tordant sa longue queue.

Le déserteur, protégé par son armure de fer, parvient à se dégager, et il peut contempler la rage impuissante de son ennemi, qui s'agite dans les convulsions de l'agonie. Hélas ! trop pressé de jouir de son triomphe, il ôte son masque, curiosité qui devait lui être bien funeste, car, à cet instant, le reptile, réunissant ses dernières forces, s'élance à la figure du soldat, le mord et lui introduit dans les veines un venin si actif qu'il le foudroie. Allonneau expire auprès du cadavre du monstre, qui venait de rendre son dernier souffle empoisonné.

Les spectateurs de ce terrible combat, qui s'étaient prudemment tenus à l'abri au loin, s'approchent et enlèvent le malheureux soldat victime de son imprudence.

Le corps du serpent est placé sur une charrette et transporté dans tous les quartiers de la ville, au milieu d'une joie où se mêlaient des regrets pour la mort du courageux soldat qui avait payé son dévouement de sa vie.

La reconnaissance publique lui éleva, dans le cimetière de l'Hôpital-général, un tombeau qui, pendant longtemps, fût l'objet d'une grande vénération de la part des Niortais. Sur la pierre de la tombe, on avait représenté un soldat couvert d'une armure du temps des Romains, et, à ses côtés, un serpent, avec des ailes, qui se dressait en tordant la queue. Au bas de la tombe, se lisait cette épitaphe :

> SISTE, VIATOR,
> REM HABES PAUCIS :
> HI PERIERE SIMUL.

« Arrête-toi, voyageur ; Voici le fait en peu de mots : Ils ont péri ensemble. »

Une autre inscription était placée au-dessus de la tête du soldat :

> HOMO OCCUBUIT SERPENTIS VENENO.

« L'homme a péri par le venin du serpent. »

On raconte que sur un des côtés de la pierre était gravé le récit du combat avec le serpent, et de la fin tragique du soldat.

M. de Sainte-Hermine, qui a rapporté cette tradition dans la *Revue de l'Ouest* (1834), raconte qu'il a vu un débris de la pierre du dragon. « J'avais appris, dit-il, que le couvercle de ce tombeau avait été recueilli, dans le temps de sa destruction, par un homme instruit du pays, M. Guillemeau, président de l'Athénée de Niort, et qu'il avait été transporté à deux lieues de la ville dans un moulin qui lui appartenait sur les bords de la Sèvre (1). Je m'y rendis avec quelques amis. Nous cherchâmes en vain dans la vallée où on nous avait dit que devait se trouver cette pierre tombale. Enfin, nous consultâmes les fermiers qui, après de nombreuses explications, nous

---

(1) Après la destruction du cimetière de l'hôpital, en 1792, cette pierre fut recueillie par M. Guillemeau, et transportée au Moulin des *Loups*, commune de Saint-Maxire. Elle avait été placée avec soin dans un champ ; depuis, les héritiers de M. Guillemeau ont vendu le moulin des *Loups* à M. de Savignac, ancien directeur de la poste de Niort ; et les fermiers, n'attachant aucun intérêt à ce monument d'archéologie, l'ont placé sur la muraille de leur cour, et ont coupé les pieds du soldat pour y adapter une barrière.

la montrèrent, en riant, dans la muraille de leur cour. On y voit encore grossièrement sculptés un militaire et un serpent ailé ; seulement l'infortuné vainqueur du dragon volant a eu les pieds coupés par quelque maçon du pays. Au grand étonnement de plusieurs générations de paysans qui nous entouraient, et qui faisaient les plus risibles observations, l'un de nous dessina cette dernière pierre d'un monument sur lequel les antiquaires ont eu de nombreuses discussions, et que la ville de Niort eût dû conserver avec soin, soit qu'il constatât un fait réel de l'histoire du pays, soit qu'il rappelât une fabuleuse tradition de la mythologie de nos ancêtres. »

Quelques historiens ont nié la réalité de cette tradition. Ils n'y ont vu qu'une allégorie comme celle d'*Apollon Pythius*, vainqueur du serpent Python ; d'autres ont admis l'exactitude du fait et ont considéré la tombe de ce soldat comme la preuve de l'existence des serpents volants. Il paraît évident que la sculpture de ce monument tumulaire ne peut faire allusion à une scène de la mythologie ; il est bien plus probable qu'on avait consigné sur cette tombe un événement resté dans la mémoire de nos pères, et qui rappelait une lutte entre un soldat et un serpent. Ce serpent était-il ailé ? C'est là une question à laquelle nous ne pouvons répondre, mais qui n'enlève à la légende aucun intérêt.

FAITS ET DOCUMENTS DIVERS.

Le 2 février 1684 commença un froid des plus rigoureux, et tel que, le 10, le vin gelait à la sortie des barriques ; il dura ainsi jusqu'au 12, puis le temps se radoucit.

A l'occasion de la foire du 7 mai 1686, le maire et Richier, commis-général des manufactures, font une inspection générale des étoffes fabriquées à Niort et de celles apportées par les marchands étrangers. Le maire, par un arrêté, ordonne que toutes les étoffes auront une marque de provenance, et fait défense aux revendeurs, sous peine d'être mis dans une cage, d'acheter des étoffes ailleurs qu'à la halle.

21 décembre 1691. — Les glaces commencèrent ce jour-là et continuèrent d'abord jusqu'au 15 janvier 1692 ; elles reprirent le 23 jusqu'au 13 février, et firent un mal considérable aux blés et aux vignes. Il y eut peu de blés et les vignes ne furent vendangées qu'à la mi-octobre ; le vin nouveau fut de mauvaise qualité, encore se vendit-il 80 l., tandis que le vieux monta jusqu'à 150 l. et dans les cabarets il valut 20 sous et même 30 sous le pot.

La première assemblée des maîtres-apothicaires de Niort eut lieu le 24 septembre 1700. Il s'y trouva cinq maîtres : Freteau, Favier, Valuod, Bastard et Guillemain. Les deux premiers furent élus maîtres-gardes, et le dernier se retira avant la signature du procès-verbal.

Le 31 décembre de l'année suivante 1701, on manda Noël Guillemain pour lui faire des représentations amicales sur son attitude, mais les explications qu'il donna obligèrent ses confrères à l'exclure de la communauté. Quelques jours après, le 7 janvier 1702, il fit des excuses et s'unit cordialement à ses confrères.

Pour être admis à la maîtrise, il fallait trois ans d'apprentissage, cinq années d'exercice subséquent, subir un examen et exécuter deux chefs-d'œuvre sous les yeux des examinateurs, et prêter un serment juridique.

CHAPITRE XXVIII

SOMMAIRE. — L'élection du maire est rendue à l'échevinage, qui doit présenter trois candidats. — L'échevinage niortais fait une tentative pour recouvrer ses anciens privilèges. — Les échevins procèdent à des élections sans l'assentiment du maire ; ces élections sont annulées par un arrêt du Conseil d'Etat, qui ordonne de les recommencer dans les formes légales. — Etablissement du collège à l'Oratoire. — Lettre de l'évêque de Poitiers qui donne son adhésion à ce projet. — Noms des habitants de Niort qui assistaient à l'assemblée générale pour ouvrir une souscription, afin d'assurer l'existence du collège. — Les cours sont ouverts en 1717 ; l'enseignement est gratuit. — Les notables dressent un tarif d'octroi pour établir d'une manière plus équitable les impositions. — Requête à ce sujet présentée au roi par le maire et les échevins. — Un arrêt du Conseil d'Etat établit l'abonnement des tailles dans la ville et les faubourgs de Niort. — Articles du tarif d'octroi de 1718. — Arrêt qui unit à l'hôpital général de Niort les aumônes des abbayes et prieurés des élections de Niort et de Saint-Maixent. — Suppression de la mendicité. — Union et incorporation à l'hôtel-de-ville des offices de receveur et de contrôleur des deniers de la ville. — L'intendant de la généralité de Poitiers constate, dans un rapport au roi, l'esprit commercial qui existe chez les Niortais et leur loyauté. — Un arrêt du Conseil d'Etat règle l'administration des aumôneries de Saint-Jacques et de Saint-Georges, de Niort.

Un arrêt du conseil, de l'année 1711, ordonna le remboursement de l'office de maire perpétuel, et le corps de ville recouvra le droit de nommer, comme par le passé, trois candidats pour la mairie, parmi lesquels le roi se réservait de choisir le maire. Mais, dès l'année 1713, le 25 mai, les échevins, sans la participation du maire, convoquèrent une assemblée à l'Hôtel-de-ville pour la nomination des commissaires ; le lendemain 26, on procéda à l'élection des échevins. L'intendant du Poitou informa immédiatement le roi de cet acte de rébellion sournoise, et nous trouvons dans un document de l'hôtel-de-ville l'ordre donné à l'intendant *d'examiner tout ce qui s'était passé à cette occasion :*

« Le Roy ayant esté informé qu'au préjudice des arrets de son conseil des 18 juillet 1681, et cinq mars 1712 portant règlement pour les élections des échevins de la ville de Niort, il a esté convoqué à l'inscu du maire une assemblée générale des habitans le 25 may dernier pour la nomination des douze commissaires, qui suivant le dit arret de 5 mars 1712, doivent assister à l'élection des echevins, et que le lendemain 26 may, on avoit procédé à l'élection de 3 nouveaux echevins au préjudice des protestations que le sieur de Pierre-Levée, maire perpétuel de la dite ville avoit faites, Sa Majesté auroit ordonné au sieur de Richebourg, maître des requestes, intendant en la généralité de Poitiers, d'examiner tout ce qui s'était passé en cette occasion. (A. H. V. — D. F.)

L'intendant, après avoir fait procéder à une enquête, constata que les assemblées des 25 et 26 mai n'avaient point eu lieu dans les formes légales. Le roi, en son conseil, cassa et annula l'élection des trois échevins et ordonna de procéder à de nouvelles élections.

L'échevinage fut obligé de se conformer à cet arrêt, et de nouvelles élections furent faites, conformément aux prescriptions indiquées par les arrêts du 18 juillet 1681 et du 5 mars 1712. Cette petite tentative de rébellion électorale n'eut aucun succès et prouva, au contraire, aux Niortais qu'il ne leur était plus possible de ressaisir leurs anciennes franchises municipales antérieures au xiiie siècle. Il fallut s'incliner devant la volonté de Louis XIV et attendre.

Les habitants de Niort furent plus heureux pour l'établissement du collège de l'Oratoire auquel ils tenaient beaucoup. Le 6 avril 1716, le père de la Tour, général de l'Oratoire, et l'évêque de Poitiers, approuvèrent l'établissement perpétuel d'un collège dans la maison des pères de l'Oratoire de la ville. L'évêque de Poitiers accompagna son adhésion de la lettre suivante :

Aux Maire et Echevins de Niort,

Messieurs, rien n'est plus louable que le dessein que vous avez pris de travailler pour obtenir l'établissement d'un collège dans votre ville de Niort sous la direction des R.P. de l'Oratoire. J'ai répondu favorablement, et j'ai donné avec plaisir mon avis, qu'on m'a demandé, persuadé, comme vous, Messieurs, que cet établissement d'un collège sera *un très grand bien pour la religion catholique, en ce que vos enfans y seront bien élevés dans la véritable foi*, et que nous pourrons voir par le moyen de l'étude former de bons ecclesiastiques pour le service des paroisses, et pour travailler au salut des âmes. Je continuray, Messieurs, à faire ce qui dépendra de moi pour cette bonne œuvre, et je suis, avec une considération particulière, Messieurs, votre très humble et très obéissant serviteur. J. Claude, évêque de Poitiers. A Poitiers, ce 6 avril 1716. (A. H. V: — D. F.)

Le corps de ville avait décidé que le collège se composerait de six régents ou professeurs, d'un supérieur et d'un préfet. Deux classes devaient se faire la première année, une pour les principes élémentaires et une pour la cinquième et la quatrième réunies sous un seul professeur. L'année suivante, trois autres professeurs devaient être nommés. La ville leur votait une somme de 1,000 livres, et chaque écolier avait à payer un écu de *cent sols*. Une souscription fut ouverte pour couvrir le reste de la somme de 2,400 livres nécessaire à l'entretien du collège. La délibération, prise à ce sujet en assemblée générale des habitants de la ville, porte la date du 18 décembre 1716. A cette assemblée, assistaient :

Messire Jacques de Chateauneuf, chevalier, seigneur de Pierre-Levée, lieutenant pour le Roi des chateau et ville du dit Niort, inspecteur des milices bourgeoises du haut et bas Poitou, maire perpetuel et juge de police de cette dite ville ; messire Emmanuel Augier de la Terraudière, archiprêtre et curé de Notre-Dame de cette dite ville ; Jacques Baston, curé de Saint-André de cette dite ville ; Jean Pinet, prestre ; Madreu, prestre ; Barrault, prestre, et Desmier, prestre : messieurs maître Jean Gerbier, escuyer, seigneur de Mornay, conseiller du Roi, trésorier de France au bureau des finances de la ville et gouvernement de la Rochelle, et président en la senechaussée et siége royal de cette ville ; Daniel Modieu, lieutenant particulier, assesseur civil ; Paul Essertcau, lieutenant particulier, assesseur criminel ; Alexandre Follet, sieur de Sainte-Ouenne ; Pierre Palustre, sieur de Boismé, tous conseillers du roi, juges et magistrats au dit siége ; messieurs : maître Jean Arnault, conseiller et procureur du dit siége ; Jacques Poudret, procureur du Roy, de la police ; messieurs : maître Nicolas Avis, escuyer, sieur de la Motte ; Benet, conseiller du Roi, président de l'élection de cette ville ; Jean de Cémme, lieutenant particulier ; Pierre Boucher ; Pierre-Gabriel Macé, tous conseillers du Roi, esleus en la dite eslection ; André Lafiton, procureur du roi ; et Antoine Jousselin, enquesteur au dit siége ; messire Claude de Condé, chevalier, seigneur de Condé ; Jacques de Bremon, chevalier, seigneur de Vernon, Le Chironnail, et autres lieux ; Antoine Vidard, escuyer, sieur des Bouchetières, chevalier de l'ordre militaire de Saint-Louis ; Louis de Villiers, escuyer, sieur de Chante-merle, d'Anthes et autres lieux ; René Clémenson, escuyer, sieur de Bellefois, chevalier du guet, provost-provincial au département de cette ville ; Jean Thibault, escuyer, sieur du Planty ; Pierre Thibault, escuyer, sieur de la Gaschere ; Joseph Savignac, escuyer, sieur des Roches ; Pierre Savignac, escuyer, sieur de la Brumaudière ; Joseph Louveau, escuyer, sieur de Ligné ; Pierre Moyse Bouchet, sieur de Martigni ; maître Jacques Voslet, sieur de Mailleray, avocat et ancien eschevin ; Pierre Thibault de Boutteville, avocat au Parlement et ancien eschevin ; Jean Hugueteau, seigneur de Chaillié, avocat ; Jean Thomas de la Cha-

pelle, procureur du Roi des traites foraines et avocat ; Antoine Fautret d'Alleret, avocat ; et Jean de Bonneval, avocat en parlement ; maître Pierre Augier de la Terraudière, ancien subdélégué et avocat ; Simon Guillaudeau, ancien commissaire aux inventaires et ancien eschevin ; Jacques Hypolite Baudoin, ancien eslu controlleur ; René Chauvegrain, ancien lieutenant criminel de la dite eslection ; Antoine Berthon, ancien avocat du Roi, de la dite eslection et eschevin ; messieurs Pierre Bastard, procureur et ancien eschevin ; Louis Arnaudet, procureur et ancien eschevin ; Louis Madieu, procureur ; Jean Piet, procureur et ancien eschevin ; Jacques Allonneau, procureur ; Jacques Arnault, procureur et marguillier de Saint-André ; Louis Brunet, procureur ; Pierre Cassin, procureur ; Jacob Ferré, procureur ; et Pierre Perault, greffier ; messieurs Alexandre Clemenson, notaire royal ; Jean Sabourin, Antoine Lafiton, et Jean René Mangou, aussi notaires royaux ; Jean Baptiste de Bonneval, inspecteur des manufactures ; Jacques Pelletier, le jeune, greffier des traites foraines ; Pierre Coezard, hérault commis à la recette des tailles ; maître Jean Juin, juge des consuls en exercice et eschevin ; Jacques Fradin, eschevin ; Jean Martin, eschevin ; Charles Urtebise, tous anciens juges des marchands ; Alexis Urtebise ; Jean Clerc, le jeune ; Charles Allonneau ; Charles Rivollet ; Abraham Allonneau de la Bouchetière ; Jean Clerc, l'aîné ; Gabriel Birault ; François Garendeau ; Michel Jouhot ; Jean Varvarée ; Louis Marot ; Philippe Doreil ; Louis Pelletier, sieur de Nizeau ; Jean Gigault ; Simon Binet ; Louis Cruvelier ; Jean de Dieu Bion, sieur du Parc ; Henri Augier ; Louis Allonneau, sieur du Planisseau ; Jean Bernard ; Noel Joseph Gaultier ; Jean Elier ; François Taillefert ; Pierre Binet ; Jacob Pillot de Beauretour ; Jean Perot, sieur des Ousches ; Philippe Elizée Viet ; Jacob Desbordes et Jean Mestreau, tous marchands, faisants tous les corps et habitans les plus notables de la dite ville.
(A. H. V. — D. F.)

Nous donnons la liste des personnes qui assistaient à cette assemblée ; nous y trouvons les noms des habitants notables de notre ville à cette époque. Les listes de cette nature offrent un vif intérêt local et doivent être relevées toutes les fois qu'on les rencontre. La véritable histoire d'une ville consiste, nonseulement dans les événements dont elle a été le théâtre, mais aussi dans la part que les hommes de cette cité ont prise à son développement commercial et intellectuel.

L'enseignement donné dans le collège était presque gratuit; les élèves n'avaient à payer que 5 livres, pour suivre les cours pendant l'année scolaire ; il devait même le devenir complètement, lorsque l'allocation annuelle accordée aux Oratoriens atteindrait la somme de 2,400 livres. Les écoliers n'auraient plus à payer alors qu'une livre tournoi par an, et encore cette petite somme devait-elle être consacrée à l'achat de livres pour les prix. L'instruction était donc accordée très libéralement aux enfants, et, aujourd'hui, nous ne croyons pas qu'on leur offre des facilités plus grandes pour s'instruire.

Tous les habitants de Niort, qui assistaient à la réunion du 17 décembre 1716, acceptèrent les conditions proposées par les Oratoriens, et il fut décidé qu'une souscription serait immédiatement ouverte pour réunir la somme de 1,000 livres demandée par les Pères de l'Oratoire.

Le maire chargea Pierre Vaslet, sieur de la Chasteaudière, d'aller à Paris solliciter les lettres patentes autorisant l'érection à Niort d'un collège des Oratoriens. L'envoyé réussit dans sa mission, et les cours du collège furent ouverts au commencement de l'année 1717. Il n'y eut d'abord que les trois cours de 5e, de 4e et de 3e. En 1719, on ouvrit le cours de rhétorique ; en 1720, le cours de logique ; et, en 1722, le cours de 6e et un cours de physique.

L'enseignement fut ainsi rapidement complété en quelques années. Ces cours furent très suivis, et du collège de l'Oratoire sortirent de brillants élèves.

Cependant la commune de Niort n'avait pu trouver dans ses propres ressources financières, la somme de 1,000 livres destinée à faire face aux premières dépenses nécessitées par la nouvelle organisation donnée à son collège. La ville avait à supporter des impôts très élevés, mais, comme ils étaient mal répartis, les recouvrements en étaient difficiles et souvent impossibles.

Le 15 juin 1717 et le 16 avril 1718, les notables de la ville se réunirent, afin d'établir un tarif d'octroi qui répartirait les impositions d'une manière plus équitable. Le maire, le sieur de La Potterie et les échevins, présentèrent une requête au roi dans laquelle ils remontrèrent :

« Que la ville de Niort, qui est la seconde de la province de Poitou, étoit autrefois peuplée et d'un grand commerce, mais quelle est à présent fort déchue, de cet état florissant, ce qui provient principalement de ce que la taille et les autres subsides, qui ont été augmentés de plus de moitié depuis quelques années, y ont toujours été répartis avec inégalité, en sorte que les recouvrements successifs ont ruiné plusieurs familles, tant parce que la plupart des taillables se sont trouvés hors d'état de payer leur cottes, que parce que les collecteurs n'ayant pu payer dans les temps prescrits, ils ont beaucoup souffert par les frais, que les receveurs des tailles ont été contraints de leurs faire ;

« Que cette suite de malheurs a obligé plus du tiers de ses meilleurs habitans à sortir de la ville, que la crainte qu'ils ont que ce qui reste, n'en sorte aussi, et ne mette les autres hors d'état de payer leurs subsides, les a porté à convoquer une assemblée generalle, tant des ecclesiastiques, gentilshommes et officiers, que des marchands bourgeois et autres, pour leurs représenter les maux, que le jet de la taille arbitraire et la collecte leur ont causés.

« Dans la quelle assemblée il a été arrêté quils supplieroient très humblement sa Magesté, quil lui plut convertir la taille arbitraire dela dite ville en une taille fixe et certaine, et pour en faire le recouvrement, leur permettre de percevoir certains droits sur les marchandises et denrées qui entreront dans la dite ville, ainsi que les rois prédecesseurs de sa Magesté ont eut la bonté de l'accorder à plusieurs villes du royaume ;

« Que depuis par acte du 16 avril dernier, ils ont nommé des personnes pour dresser conjointement avec eux un tarif des dits droits, et que comme les dits maire et échevins ne négligent rien de ce qui peut contribuer à assurer le recouvrement des impositions, à rétablir le commerce de la dite ville, à faire cesser les haines et les inimitiés, qu'ont excités les plaintes réciproques et les procès respectivement intentés sur l'inégalité des taux, au grand préjudice du repos et de la fortune de plusieurs familles, dont quelques-unes ont été presque ruinées, requeroient à ces causes, les supplians quil plût à sa Majesté commuer et convertir la taille et les autres impositions qui se levent sur la ville et les fauxbourgs de Niort qui sont de la somme de 32,216 liv. 8 s., en une levée de droits sur les denrées et marchandisés qui arriveront tant par eau que par terre, et entreront dans la dite ville et fauxbourgs à commencer au mois d'octobre prochain suivant quelles sont énoncées au dit tarif, et que lorsquil plaira à sa Magesté de supprimer ou diminuer les impositions présentes, il leur soit permis de diminuer les droits du tarif à proportion. (A. H. V. — D. F.)

Un arrêt du conseil d'Etat, en date du 25 juillet 1718, donne satisfaction au vœu des habitants et établit l'abonnement des tailles dans la ville et les faubourgs de Niort. Cet arrêt du conseil :

« Ordonne qu'à commencer du premier janvier prochain, les impositions qui se levent sur la dite ville et fauxbourgs de Niort, seront et demeureront commuées et converties en un droit qui se percevra sur toutes les denrées et marchandises qui y entreront tant par eau que par terre suivant le tarif proposé par les dits habitants, lequel demeurera annexé à la minute du present arret, pour être le dit droit payé par toutes sortes de personnes privilégiées et non privilégiées. (A. H. V. — D. F.)

Les maires et échevins furent autorisés à replacer les portes de la ville, à fermer les brèches des murailles, à établir des barrières, des commis et des bureaux, afin de percevoir les tailles sur les produits sujets aux droits d'octroi.

En cas de fraude, les denrées et les marchandises étaient confisquées, et une amende de cent livres était prononcée contre les fraudeurs.

Les domaines et les héritages dépendant des deux paroisses de la ville, mais situés hors des faubourgs, étaient, ainsi que les autres paroisses de l'Election, soumis à la taille au profit du roi.

Voici quelques articles du tarif de 1718, concernant la ville de Niort :

Avoine paiera par tonneau 1 livre 10 sous.

Bœufs, qui se tuent en cette ville, par pièce, 6 livres. Vaches, qui se tuent en cette ville et faubourgs, par pièce, 3 livres. Veaux de lait, par pièce, 12 sous.

Bûches et fagots, la charretée à deux bœufs, 12 sous. Bûches ou cosses de marais, par cent, 4 livres 10 sous.

Cochons, autres que de lait, par pièce, 1 livre.

Eau-de-vie de 27 veltes, par barrique, 7 livres 10 sous.

Foin, par charretée à deux bœufs, 15 sous.

Laines de toutes espèces, par cent pesant, 1 livre 5 sous.

Moutons et brebis, par pièce, 5 sous.

Pailles, par charretée, 7 sous 6 deniers.

Savon, par caisse, 1 livre 5 sous.

Sel, par mine, 2 sous 6 deniers.

Vin, de toute sorte de cru et d'espèce, par barrique, 1 livre 10 sous. La barrique de boisson ou demi-vin, 12 sous.

Vinaigre, par barrique, 2 livres 5 sous.

Vendange, par charretée à deux bœufs, 12 sous ; par charretée à quatre bœufs, 18 sous ; par charge de cheval, 3 sous.

Les membres de l'hôtel-de-Ville étaient toujours disposés à résister aux ordres du roi, lorsqu'il s'agissait des questions d'échevinage. Une assemblée des membres de l'hôtel-de-ville eut lieu le 29 décembre 1717, mais l'élection se fit d'une manière irrégulière et au milieu de cabales. L'intendant la fit annuler par le roi.

Les échevins ne tinrent aucun compte de l'ordonnance royale qui annulait la nomination de leurs candidats à la mairie; mais une nouvelle ordonnance, du 30 avril 1715, mit un terme à leur résistance en nommant le sieur Desprez de la Potterie, maire de Niort.

Cette mesure intimida les échevins qui n'osèrent persister dans leur opposition. Cette petite fronde se termina par ce coup de vigueur.

Le 25 janvier 1725, le Conseil d'Etat rendit un arrêt qui unit à l'hôpital-général de Niort les aumônes que les abbayes et prieurés des élections de Niort et de Saint-Maixent étaient obligés de distribuer chaque année aux pauvres. Ces aumônes furent évaluées par ordonnances de l'intendant du Poitou aux sommes suivantes :

L'abbaye de l'Absie eut à payer annuellement à l'hôpital de Niort, 1750 livres en argent.

Les aumônes de Saint-Liguaire furent évaluées à 208 boisseau de méture, par an.

L'aumônerie de Benet à 330 boisseaux de blé, le tiers froment et les deux tiers baillarge, par an.

Le prieur de Benet fut taxé à la somme de 20 livres en argent, par an.

Les prieurs et religieux de Saint-Maixent furent taxés, par an, à 1,200 boisseaux de blé, et l'abbé de Saint-Maixent à 160 boisseaux, moitié seigle et moitié baillarge.

Les aumônes du prieuré Saint-Gelais furent évaluées à 200 boisseaux de blé méture.

L'aumône du prieuré de Mougon fut évaluée à 200 boisseaux de blé, le tiers froment et les deux tiers baillarge.

Cette mesure produisit d'excellents résultats ; elle fit disparaître les mendiants qui parcouraient les campagnes. Pour recevoir des secours, il fallait aller résider à l'hôpital. C'était une véritable suppression de la mendicité. On voit que cette mesure n'est pas aussi nouvelle qu'on le pense. Il en est ainsi d'une foule d'institutions appliquées de nos jours par les assemblées départementales. On les croit nouvelles, mais elles sont fort anciennes; elles sont exhumées d'un passé qui n'est pas assez connu, et qui renfermait des institutions libérales et philanthropiques tout aussi larges, au moins, que celles de nos jours. La centralisation est une fort belle chose, mais elle a enlevé à la province son individualité, son indépendance et jusqu'à son esprit d'initiative. Nous attendons tout maintenant de Paris. Les lois, les règlements nous viennent de la Chambre des députés, du Conseil d'Etat ou des circulaires ministérielles. Nous avons vu qu'un maire qui poussait l'indépendance jusqu'à refuser de faire placarder une affiche politique froissant les opinions de la majorité des administrés, était immédiatement suspendu et révoqué. Que diraient les anciens échevins s'ils revenaient dans ce monde? ils seraient bien étonnés et leur étonnement irait jusqu'à la stupéfaction, si on leur apprenait que la France, depuis un siècle, a fait plusieurs révolutions pour conquérir la liberté, et qu'elle en est arrivée à un système où tout est obligatoire.

Au xviii° siècle, il suffisait aux maire et échevins d'adresser au roi une demande juste et équitable pour qu'elle fût bien accueillie. Ainsi, au commencement de l'année 1730, les maire et échevins de la ville de Niort présentèrent une requête au roi pour l'union et l'incorporation des offices de receveur et contrôleur des deniers et revenus patrimoniaux et octrois à l'hôtel de ville, moyennant la somme de 72,000 livres, versée au trésor. Le Conseil d'Etat rendit un arrêt prononçant cette réunion, moyennant la somme offerte de 72,000 livres, dont 36,000 livres en assignations provenant des remboursements des offices supprimés, et 36,000 livres en argent.

Le sieur de Baussan, intendant de la généralité de Poitiers, appelé à donner son avis, au sujet de la demande des habitants de Niort, avait répondu que « ces habitants sont les seuls de la généralité qui soient adonnés au commerce; que c'est par eux que toutes les denrées qui s'y recueillent et toutes les manufactures qui y sont établies, ont leur débouché; qu'il y a parmi eux une émulation continuelle pour faire florir le commerce, avec une candeur, une bonne foi, et une union parfaite; qu'ainsi cette ville mérite une protection singulière de Sa Majesté. »

Impossible de faire un plus bel éloge de la population niortaise à cette époque. Non seulement elle se consacrait au commerce, mais encore elle l'exerçait avec une parfaite bonne foi et même une candeur qui nous rappelle ce bon vieux temps où les générations se succédaient dans le même genre d'industrie. De père en fils, on se transmettait la maison commerciale. On n'avait pas honte de s'enrichir et de faire un gain licite. On avait vu son grand-père, son père, marchands de draps, on était soi-même marchand de draps et on se disposait, après avoir travaillé de longues années, à aller passer les dernières années de l'existence dans un petit domaine, en laissant son commerce à son fils. C'est de cette manière qu'on exerce son état, comme le faisait remarquer l'intendant de la généralité de Poitiers, avec une candeur et une bonne foi qui n'enrichissaient pas, comme par un coup de bourse, mais qui permettaient d'être laborieux, honnête et de parcourir une carrière utile, entouré de l'estime de tous.

Nous ne prétendons pas que, de nos jours, ces précieuses qualités aient disparu complètement, mais nous croyons qu'elles sont rares.

FAITS ET DOCUMENTS DIVERS.

L'hiver de 1709 fut des plus rigoureux. Le 6 et le 7 janvier, il tomba une très grande quantité de neige. La terre en était couverte d'une couche très épaisse. Dans la nuit du 7 au 9, les rivières gelèrent et le froid alla en augmentant jusqu'au 22. Plusieurs personnes périrent dans les champs et sur les routes. Les arbres gelèrent, ainsi que le blé. Le 24 janvier, il y eut un léger dégel, auquel succéda un froid très vif qui dura encore pendant plusieurs jours. L'eau-de-vie valut 150 livres la barrique, le froment 6 livres le boisseau, la baillarge 9 livres, le garou (maïs) 3 livres. Cet hiver resta dans la mémoire du peuple comme une des grandes calamités du siècle.

—

Le 9 janvier 1711, il commença à pleuvoir avec tant de violence, que le 11 il y eut une inondation générale et presque subite de tous les lieux voisins de la Sèvre ; elle augmenta dans la nuit du 12 au 13 et les prairies restèrent couvertes d'eau près d'un mois, à cause de la continuité de la pluie.

—

En septembre 1712, arrivèrent à Niort trois cents cavaliers faits prisonniers pendant la guerre de Flandre. Ils furent logés en ville et dans le château. M. de Richebourg, intendant de la province, leur fournit par jour une ration de pain, et la ville donna la paille pour les coucher. Les bourgeois furent chargés d'empêcher leur évasion.

—

En 1716, il y eut une grande sécheresse depuis février jusqu'à la mi-septembre. Par suite, disette de blé et fourrage ; les fontaines étaient taries, les puits étaient desséchés ; il fallait aller chercher l'eau à la Sèvre.

—

Un arrêt du Conseil d'Etat, en date du 8 août 1722, régla l'administration des aumôneries de Saint-Jacques et de Saint-Georges de Niort, dans lesquelles s'étaient glissés beaucoup d'abus. Les maire et échevins furent chargés de l'administration de ces aumôneries et de faire les baux les concernant, par adjudication et à la suite d'une publicité réelle. « Sur le prix des baux sera payé sur les ordonnances ou mandemens du maire sçavoir 400 fr. pour la pension annuelle des frères de la Charité; 150 fr. pour leurs médicamens et apotiquairerie, traitemens, médicamens et nourriture quils fourniront aux pauvres qui seront dans les hopitaux des dits frères de la Charité et des hospitalières, ainsi quils ont été cy devant réglés, les suaires qui seront nécessaires pour ensevelir les pauvres décédés, qui en manqueront, et l'entretien et nourriture jusqu'à l'age de sept ans des enfans exposéz, sans que les prix des dits baux puissent estre divertis ni employez à d'autres usages. » (A. N. V. — D. F.)

CHAPITRE XXIX

Sommaire. — Etat de l'élection de Niort en 1716, remanié par ordre de M. Poudret de Sevret, président de cette élection. — Territoire compris dans cette élection. — Diversité du sol. — Caractère des habitants. — Rivières, forêts, paroisses, nombre des feux, population, abbayes, commanderies, prieurés, terres seigneuriales de cette élection. — Niort : sa situation ; nombre des ecclésiastiques, des marchands, des artisans, des laboureurs, des journaliers, des ouvriers qui composent la population ; commerce ; impositions ; taxe du sel ; bureau des fermes. — Niort est le siège d'une sénéchaussée, d'une maîtrise des eaux-et-forêts, d'une juridiction consulaire, d'un siège royal des traites foraines, d'un prévost provincial. — Revenus de l'hôtel-de-ville. — Remboursement de l'office de maire perpétuel, en 1711. — Manufactures. — Foires. — Diminution de la population.

Nous avons donné une statistique de l'élection de Niort en 1664, dressée par ordre de Colbert. Ce travail fut revu en 1716 et complété. Le manuscrit que nous avons sous les yeux porte que l'*Etat de l'élection de Niort* est dressé par M. René Poudret de Sevret, avocat au parlement de Paris, conseiller du Roy, président de cette élection depuis le 2 avril 1759, jusqu'à sa suppression en 1789. Cet *Etat de l'élection* doit être de 1716 et M. Poudret de Sevret n'en a fait qu'une copie avec de nombreuses modifications au texte primitif. Ainsi nous y trouvons les dates de 1710, 1711, 1712, 1714, 1715 et 1716, mais aucune ne remonte plus haut. Nous avons donc à nous arrêter à la date de 1716 pour fixer l'époque où ce mémoire a été rédigé. Nous croyons que c'est l'état de 1644 remanié en 1716 et copié, plus tard, par ordre de M. Poudret de Sevret.

Ce document, tel qu'il nous est parvenu, nous fournit des renseignements très exacts sur la situation de Niort au commencement du xviii° siècle ; nous en reproduisons les parties qui peuvent faire connaître notre ville à cette époque et permettre de juger de son importance. Ce travail complète la statistique de l'élection de Niort que nous avons donnée au chapitre XXIV :

ÉTAT DE L'ÉLECTION DE NIORT, EN POITOU.

« Cette élection est une des plus mal composées de la généralité et peut-être du royaume. Les élections de Fontenay, Saint-Maixent et Saint-Jean-d'Angély ont des paroisses dans la distance d'une demi-lieue de Niort qui est le chef-lieu de celle-ci ; pendant qu'elle s'étend comme un boyau à plus de 18 lieues du côté du levant, où elle fait un recoude entre les élections de Saint-Maixent, Saint-Jean-d'Angély et Angoulême, avec lesquelles elle a quelques paroisses enclavées. Plus loin, elle touche un peu à l'élection de Cognac et entre en celle de Confolens. Elle a beaucoup plus de largeur et moins de longueur au midi où elle confine à l'élection de Saint-Jean. Au couchant, elle n'a que quelques paroisses le long de la rivière de Sèvre, qui sont enclavées avec d'autres de l'élection de Saint-Jean et de Fontenay, séparées du côté du couchant de celle de La Rochelle par un marais. Enfin elle est encore assez étendue au nord : elle y est entourée des élections de Fontenay, Saint-Maixent et Poitiers. Elle va confiner à celle de Thouars, de la paroisse la plus éloignée de l'orient à celles qui sont les plus reculées au couchant, on peut compter vingt-quatre lieues ; de la dernière du nord à celles du midi, seize lieues. Cependant, on ne peut pas dire que cette élection ait vingt-quatre lieues de long sur seize de large, parce qu'une partie du terrain de cet espace dépend des élections voisines.

« Les terres et les hommes qui les habitent sont assez différents suivant les divers quartiers de l'élection. Celles qui sont au levant de Niort sont dans une plaine abondante jusqu'à un gros bourg appelé La Mothe (la Mothe-Saint-Héraye), à six lieues de Niort. Les paysans y sont plus commodes et plus robustes qu'ailleurs. C'est le seul quartier de l'élection où il reste de prétendus réformés. Du même côté, mais plus loin, les terres n'y sont pas encore mauvaises, il y a du pacage dans la plupart des endroits. Les habitants n'y sont pas mal. L'éloignement où ils sont des receveurs des tailles, fait qu'ils sont les moins surchargés de l'élection.

« La contrée qui est au midi et qui confine la Saintonge, est dans un terrain très sec. Les terres y sont maigres, à l'exception de quelques villages arrosés par la Boutonne. Le surplus est occupé par des forêts ou planté en vigne. Il s'y recueille très peu de blé ; les habitants des paroisses voisines des forêts sont la plupart fainéants et gueux. Ils ne vivent que des vols qu'ils font des bois des forêts, qu'ils conduisent sur des ânesses vendre à Niort ou à Saint-Jean-d'Angély.

« Ceux qui habitent les paroisses qui sont à l'occident de l'élection sont accoutumés au travail. Leur pays est gras, produit des blés en abondance ; ils ont, outre cela, des marais qui leur touchent dans lesquels ils élèvent plusieurs bestiaux. Ce pays n'a à craindre que les pluies abondantes du printemps qui ruinent leurs pacages et perdent leurs blés par la quantité d'herbes qui y viennent. Celle qui est au nord a toujours été la plus surchargée, elle est dans un terrain montagneux mêlé de bois et de landes, coupé de plusieurs petits ruisseaux qui y forment quelques étangs et des pacages admirables. Il ne s'y recueille guère que des seigles pour la nourriture des habitants : les peuples y sont laborieux, pleins d'industrie et adonnés au commerce ; lorsque les bestiaux se vendent un peu cher, ils sont à leur aise, mais la cessation de ce commerce les ruine absolument.

« La principale rivière de l'élection est la *Sèvre*, qui porte bateaux depuis Niort jusqu'à la mer. Il y en a trois autres assez fortes. Le Thoué, qui prend sa source au nord et coule toujours du même côté jusques audessous de Saumur où il se jette dans la Loire ; il commence à porter bateaux à Montreuil-Bellay. La Boutonne, qui prend sa source au levant de l'élection, coule dans la partie la plus méridionale, qu'elle traverse jusques à Saint-Jean d'Angély où elle commence à porter bateaux, et de là se jette dans la Charente. L'Autise prend sa source au nord et se jette au couchant dans la Sèvre.

« On peut encore compter deux autres petites rivières : la Belle et l'Aigrée. La première est au levant et se jette dans la Boutonne, et la dernière se jette dans la Sèvre.

« Il y a plusieurs autres petits ruisseaux qui ne sont pas assez considérables pour en parler ici.

« Il y a deux forêts royales : Chizé et Aulnay.

« Quatre particulières : celles de Chef-Boutonne, qui appartient à M. le comte de Pontchartrain ; celle de Fontaine, à Mme la comtesse de Fenellon ; celles d'Etampes, à M. Maboul, et celle d'Etusson, aux religieuses de ce lieu. Il y a quelques autres bois particuliers qui ne méritent pas le nom de forêts.

« L'élection de Niort était autrefois de cent quatre-vingt-huit paroisses. En mil six cent trente-six, les chatellanies de Marsillac, Jarnac et Chateauneuf, faisant cinquante-quatre paroisses, en furent distraites pour faire l'élection de Cognac. On en a aussi démembré dix, pour former en partie la nouvelle élection de Confolens.

« Il n'y a à présent que cent vingt-quatre paroisses dans l'élection de Niort, dont quatre ne font que deux collectes. Mais comme il y a aussi trois hameaux qui font chacun une collecte séparée, on en compte cent vingt-cinq en tout, qui contiennent quatorze mil cent soixante et quatorze feux qui occupent deux mil deux cent soixante et quatre domaines ou métairies de différentes valeurs, et environ deux cents moulins, en y comprenant les petits sur des ruisseaux qui manquent ordinairement d'eau tout l'été. Le nombre des feux de cette élection est diminué depuis mil six cent quatre-vingt-dix [par suite de la révocation de l'édit de Nantes], de trois mil quatre cent vingt feux.

« En comptant six personnes par feux, on trouverait actuellement dans cette élection quatre-vingt-six mille deux cent quarante-quatre personnes de tout âge qui payent au Roy le montant des impositions suivantes :

Taille...............................	234,714 l. 00
Fourrages d'hyver et d'été...........	21,040 l. 00
Capitation..........................	70,049 l. 02
Dixième.............................	75,495 l. 13
Total...............	401,298 l. 15

« L'état ecclésiastique de cette élection est gouverné par les évêques de Poitiers, Angoulême, Saintes et La Rochelle.

« L'église y possède cinq abbayes d'hommes : celles de Saint-Léger, de Celles, de l'Aboye, des Alleux et de Saint-Sépvrin ; tout le revenu de cette dernière est réuni à la manse abbatiale. Il n'y a point de religieux.

« Les abbayes de Celles et de Saint-Sépvrin sont de l'ordre de Saint-Augustin, les trois autres sont de celui de Saint-Benoist.

« Il y a deux prieurés en présentation royale : celui d'Homme et celui du bois d'Alonne. Le premier de l'ordre de Saint-Benoist, le dernier est de Gramont. M. l'abbé Gramont a la première présentation ; le Roi a toutes les autres.

« Une abbaye de filles fort pauvres, à la Mothe.

« Deux commanderies : une de l'ordre de Malte, à Ensigny, et l'autre de Saint-Antoine, à la Lande.

« Trente-trois prieurés dont dix-huit sont en commande, sept en règle, et neuf réunis à des communautés.

« A quoi il faut ajouter que les meilleures paroisses ou principaux domaines dépendent, la plus grande partie, de quelques abbayes, colléges ou communautés qui ne sont point dans l'élection.

« Les terres les plus considérables de l'élection, tant par rapport aux rivières, qu'aux droits qui y sont attachés, sont :

« Le comté de Niort et les baronnies de Chizé et Aulnay, qui appartiennent au Roi. Le duché-pairie de la Mailleraye. Le siége en a été transféré à Parthenay.

« Les marquisats de Chef-Boutonne, la Mothe-Saint-Héraye, Dampierre, Fors et Gourville.

« Le marquisat de Chef-Boutonne appartient à M. le comte de Ponchartrain. Il l'a eu de la maison de Roi de la Rochefoucault, dont était feu Mme de Pontchartrain.

« Celui de la Mothe est sorti de la maison de Parabère, et appartient aux héritiers de M. d'Artaguet.

« Celui de Dampierre est à madame la marquise de Nancre, elle l'a depuis peu acquis de M. le marquis de Pont.

« Celui de Fors est à M. Maboul. Il appartenait cy-devant aux Poussards du Vigiant.

« Celui de Gourville est à M. de Gourville.

« Les baronnies de Secondigny-en-Gâtine, Celles, Prahecq et Chambron.

« Secondigny appartient à M. le duc de Mazarin.

« Celles, à M. l'abbé de Sommery.

« Prahecq, à M. de Maboul, maître des requêtes.

« Chambron, à M. l'abbé de Saint-Liguaire.

« Il y a encore plusieurs terres érigées en chatellanies, haute, moyenne et basse justice.

Niort. — « La ville de Niort est située sur la rivière de Sèvre, dans une plaine où il se recueille de toutes les espèces de bleds, quelques vins de mauvaise qualité, peu de fourrages et point de bois.

« Elle est composée de deux mil deux cent feux, dont :

« Cent sont ecclésiastiques, gentilshommes, officiers, avocats, médecins, procureurs, notaires et bourgeois vivants de leur rente.

« Deux cents marchands de draps, de soie, de bleds, de sel, ou fabricants dans leurs manufactures d'étoffes et de chamois.

« Deux cents petits marchands ou artisans.

« Cent cinquante laboureurs, vignerons, journaliers et jardiniers.

« Quinze cent cinquante ouvriers employés dans les manufactures d'étoffes et chamois, ou crocheteurs occupés sur le port.

« Le commerce est sur les étoffes, chamois, cuirs, gants, sel, résine et poisson salé.

« Son revenu consiste en bleds, vins, foins, et dans les profits du commerce ci-dessus expliqués.

Porte d'imposition :

Taille............................	22.200 l. 00 s.
Fourrage d'hyver	1.995 l. 00 s.
Capitation......................	9.483 l. 11 s.
Dixième.........................	7.380 l. 15 s. 4 d.
Fourrage d'été	600 l. 00 s.
Total :	41.659 l. 6 s. 4 d.

« Outre les impositions ci-dessus, les marchands de sel payent quatre livres dix sols par mine pesant 160.

« Il y a sept à huit ans que le sieur Chebrou, avocat du Roy, ayant examiné le livre-journal du plus fameux marchand, trouva qu'il payait annuellement au Roy soixante quinze mil livres.

« Il faisait à peu près la sixième partie de ce commerce ; par la supputation exacte qui fut faite, on vérifia qu'il se payait au Roy, année commune, quatre cent mille livres pour le sel.

« Il y a le produit du bureau des fermes, qui est considérable.

« On paye les aides, le jaujage, courtage, le droit d'inspection dû aux visiteurs et contrôleurs, aux entrées des eaux-de-vie, vins, et plusieurs autres petits droits qui, étant tous accumulés et joints aux impositions ordinaires, produisent plus de cinq cent mille livres par année.

« Il est vrai que depuis trois ou quatre ans le commerce de sel est fort tombé. On l'attribue à ce que des voituriers vont charger sur les bornes. La plupart ne payent aucuns droits en évitant les bureaux de Fontenay, Nuaillé et de Puydrouart, par le peu d'attention des commis qui peut-être y profitent. Au moins ceux de Marans et de Champagné le pensent ainsi.

« La ville de Niort appartient au Roy, à titre de comté.

« Louis huit la conquit en l'année douze cent vingt-quatre, sur Henry, roy d'Angleterre, duc de Guyenne.

« Par un article de la capitulation, le Roy voulut bien permettre qu'il fut arrêté qu'il ne pourrait, ni les roys ses successeurs, la mettre hors de leurs mains sans le consentement des habitants. En effet, les deux roys ayant conclu entre eux une trêve la même année, par un article, il fut arrêté qu'elle demeurerait à Louis huit ; les habitants n'ayant pas voulu consentir à retourner sous la domination des Anglais. Savary de Mauléon, qui en était gouverneur et de tout le pays, passant au service de la France. Depuis ce temps là, cette ville, dans toutes les occasions, a donné des marques d'une fidélité et d'un zèle tout particulier pour le service de ses Roys.

« Elle est la seconde de la généralité et du diocèse de Poitiers. Il y a un prieuré de l'ordre de Saint-Benoist, de sept mille livres de rente, fondé par Rolland, neveu de Charlemagne (1). Il est dans la présentation de monsieur l'abbé de Charroux, qui en a le titre. M. Siret, procureur général de la congrégation de l'Oratoire, le possède en commande.

« Il y a deux églises paroissiales. La première sous le titre de Notre-Dame, c'est un des plus beaux édifices de la province ; son clocher n'a point son semblable dans le royaume. Elle a été bâtie par les Anglais, lorsqu'ils possédaient le duché d'Aquitaine (2).

---

(1) Aucun prieuré n'a été fondé à Niort par le neveu de Charlemagne. (N. A.)

(2) M. Ch. Arnauld, dans l'*Histoire des Monuments des Deux-Sèvres*, constate, à l'aide de documents, que cette église n'a été construite qu'après l'expulsion des Anglais. (N. A.)

« La dernière, sous le titre de Saint-André, était la plus grande et la plus magnifique de la province, digne ouvrage du grand Constantin (1). Les protestants la démolirent dans les troubles de la religion ; elle a été depuis rebâtie à diverses fois. L'année 1688 elle fut agrandie de quatre toises de longueur, sur une toise de largeur, par la piété de Louis le Grand, de triomphante mémoire, qui en fit entièrement la dépense sans qu'il en couta rien à ses sujets ; elle paraît champêtre, le chœur seul est voûté.

« Ces deux paroisses sont à peu près égales en nombre de communiants. Les cures sont à portion congrue. Le casuel entretient un vicaire.

« On remarquera ici, comme une chose surprenante, que ces deux paroisses, qui ont chacune six à sept mille communiants, n'ont que deux prêtres de fondé pour les desservir.

« Il y a quatre maisons de religieux, savoir : les prêtres de l'Oratoire, les Cordeliers, les Capucins, les Frères de la Charité. La maison de ces derniers, qui est belle, a été bâtie par la libéralité d'Anne d'Autriche, épouse de Louis XIII.

« Cinq maisons de religieuses, savoir : les Ursulines, les Carmélites, les Bénédictines, les Filles de Saint-François, les Hospitalières. Une communauté de dames, entretenue par la piété de Mme de Maintenon, et un hôpital général fondé par M^r le maréchal de Navaille, gouverneur de la dite ville.

« Deux aumôneries sous le titre de Saint-Jacques et de Saint-Georges, dont le revenu était autrefois de trois mille livres. Les Maire et Echevins en sont les administrateurs. Le revenu ne va à présent qu'à quinze cents livres, par la mauvaise administration qui en a été faite. Quelques-uns des Maires, peu attentifs à leur devoir, ont laissé usurper des terres, prescrire des rentes et tomber les bâtiments; d'autres plus mauvais ont consenti des baux à rente à vil prix, sans formalité.

« Le revenu de ces aumôneries est destiné à payer cinq cents livres de pension aux Frères de la Charité ; soixante livres pour leurs apothicaireries à faire traiter et médicamenter dans les hôpitaux de la Charité et des Hospitalières les

---

(1) La première construction de cette église ne remonte point à l'empereur Constantin, mais seulement au xie siècle. Elle a reçu depuis des réparations, à diverses époques, qui en ont fait une église moderne. (N. A.)

pauvres malades de la ville, à nourrir et à entretenir jusqu'à sept ans les enfants exposés, à donner des suaires aux pauvres qui en manquent ; M^r. de Richebourt, ci-devant intendant, pénétré de cette pieuse destination, ayant connu par lui-même la mauvaise administration, avait dressé un projet d'arrêt portant règlement pour la dite administration, avec attribution de juridiction, afin de faire rendre compte aux baillistes, depuis trente ans, et juger en dernier ressort sur les aliénations et usurpations qui ont été faites : Il serait de la piété de Monseigneur l'Intendant de suivre ce projet.

« Il y a des dames de Miséricorde qui ont soin des pauvres honteux et des malades. Elles ne sont point fondées, elles règlent leurs dépenses sur les charités qui sont faites.

« Les protestants y avaient un temple dans le chœur de la ville. Il fut démoli par jugement souverain, rendu par monsieur de Baville, en 1685.

« Il y a un vieux château, l'enceinte en est fort étendue avec des fortifications à l'antique. Le Roy y entretient une compagnie détachée.

« Outre le siège de l'élection, il y a un des sièges de la grande sénéchaussée de Poitou, composé d'un président, un lieutenant-général civil, un lieutenant-général de police, deux assesseurs, l'un civil et l'autre criminel, dix conseillers dont huit sont vaquants, un avocat et un procureur du Roy.

« Une maîtrise particulière des eaux et forets, une juridiction consulaire établie par Charles IX en 1565, deux ans après Paris.

« Un siège royal des traites foraines.

« Un prévost provincial.

« L'Hôtel de ville était autrefois composé d'un Maire électif amovible, vingt-quatre Echevins et soixante-quinze pairs ou bourgeois perpétuels.

« Louis XI avait concédé les privilèges de noblesse aux Maires et vingt-quatre Echevins, par ses lettres patentes de 1461. Ils ont depuis été confirmé de règne en règne, même par Louis XIV de glorieuse mémoire, qui les révoqua ensuite en l'année 1668. Par arrêt du Conseil, en l'année 1681, sur l'avis de Mr de Marillac, lors Intendant, le corps de ville fut réduit à un Maire et six Echevins amovibles électifs.

« Avant la mairie perpétuelle, le corps de ville présentait trois sujets à M^r le Sénéchal de Poitou, en son absence à son lieutenant-général de Niort, pour être l'un d'eux accepté pour faire la charge de Maire.

« Par arrêt du Conseil de l'année 1711, rendu sur l'avis de Mr Roujault, lors Intendant, le remboursement de l'office de Maire perpétuel a été ordonné; en conséquence permis au corps de ville de nommer comme par le passé trois sujets pour la Mairie. Mais Sa Majesté s'est réservé l'acceptation du Maire sur l'avis de Mr l'Intendant.

« Le revenu de l'Hôtel-de-ville consiste en la moitié des octrois, qui sont la dixième partie du prix de la vente des vins, qui se fait en détail dans la ville et les faubourgs. Cette moitié est actuellement affermée deux mil trois cents livres. Elle est à vil prix.

« Dans la moitié du barrage, consistant dans le droit de percevoir un denier pour chaque beste à quatre pieds non sellée entrant dans la ville. Elle peut valoir cent livres.

« Dans le droit du poids du Roy, qui vaut deux cents livres.

« Dans la coutume, qui est un petit droit qui se lève sur les marchandises qui se chargent ou déchargent sur la rivière. Il peut valoir quatre cents livres.

« Dans les loyers de la petite boucherie et de la poissonnerie. Ils peuvent valoir cent livres.

« Le total du revenu, selon les baux, est de trois mil cent livres.

« Il y a deux manufactures : l'une de pinchinat, l'autre de chamois, qui est des plus considérables.

« Dans le faubourg du port, se fait le commerce des bleds, du sel et des résines, qui a été basti par la reine Aléonore, duchesse d'Aquitaine. Il communique à la ville par un pont qui est sur la rivière de Sèvre, qui commence à y porter bâteaux, et se jette dans la mer à la hauteur de l'isle de Ré.

« Il y a trois foires royales pour les étoffes et les bestiaux. Elles sont les cinq de février, six de may et vingt-neuf novembre. Il s'y rend des marchands de tout le royaume, souvent d'Allemagne et d'Espagne.

« Les halles où se vendent les étoffes ont quatre-vingt toises de longueur sur douze toises de largeur, entourées de boutiques. On les regarde comme les plus belles de la province.

« La tradition est que le négoce a été autrefois très florissant dans la ville de Niort. Ce qu'il y a de vray, il s'y était établi des Juifs, ils y avaient même une synagogue. Ils en furent chassés sous le règne de Louis IX ; il ne reste d'autres vestiges d'eux que leurs noms qui a demeuré à la rue qu'ils habitaient. La marque la plus certaine de la grande diminution du commerce de cette ville, c'est qu'elle est de huit cents feux moins considérable qu'il y a trente ans. Les cures sont à la présentation de M^r l'abbé de Charoux, et le prieur nomme les chantres ».

Ce document nous a paru devoir prendre place dans l'histoire de notre cité. C'est une statistique très exacte et très complète de l'Election de Niort. Nous y trouvons de précieux renseignements, recueillis avec le plus grand soin, non-seulement sur notre ville, mais encore sur les localités qui dépendaient de l'Election. Rien n'a été omis et négligé. Organisation administrative et religieuse, productions du sol, caractère des populations; enfin, tout a été consigné, de manière à donner un état détaillé de l'Election de Niort. Nous devons accorder à Colbert l'honneur d'avoir été le premier à signaler l'importance d'une semblable statistique, et à en prendre l'initiative. Son exemple a été suivi, et la France est un pays où, depuis deux siècles, on peut suivre avec précision les mouvements de la population et les progrès de l'industrie, du commerce et de l'agriculture.

CHAPITRE XXX

Sommaire. — Création d'une garde bourgeoise pour maintenir la sûreté et le bon ordre dans la ville, et empêcher les fraudes. — Injonction aux habitants de ne sortir la nuit qu'avec une lumière. — La ville reçoit l'autorisation de construire des casernes ; elle veut les élever dans le faubourg du Port, mais il est décidé qu'elles seront sur l'emplacement du Vieux-Marché. — La construction exige 18 ans. — Débordement de la Sèvre en 1747 et destruction de tous les ponts. — Devis pour la réparation des ponts, l'ouverture d'une nouvelle porte et le desséchement de plusieurs rues. — L'intendant du Poitou accorde l'autorisation de transporter le champ de foire sur la place de la Brèche. — Ecroulement d'une tour du château. — Le commandant demande la démolition de ce vieux monument ; le roi s'y oppose. — Les trois coups d'encens donnés au commandant du château. — Réformes administratives proposées. — Valeur des grains et des denrées à cette époque. — Pompes et seaux pour combattre les incendies. — Projet d'amener dans tous les quartiers de la ville les eaux de la fontaine du Vivier.

Les bourgeois de Niort étaient chargés de veiller à la sûreté de la ville. Nous avons cité plusieurs ordonnances royales qui, à diverses reprises, leur enjoignaient de placer des sentinelles sur les remparts et d'établir des corps de garde aux portes de la ville, afin d'exercer une active surveillance et d'éviter toute surprise. Depuis quelques années, alors qu'on n'avait plus à redouter de guerre civile, ces mesures avaient été presque abandonnées. La municipalité comprit l'urgence de les rétablir et créa, le 17 janvier 1730, une garde bourgeoise. Elle fit afficher l'ordonnance suivante dans la ville et les faubourgs :

« De par messieurs les maire et échevins de cette ville de Nyort, sur la remontrance qui a été faite par le procureur du Roy aux maire et échevins de cette ville, que conformément à leur délibération du 14 de ce mois, il a été établi une garde bourgeoise, qui commença hier au soir à faire la patrouille dans cette ville et fauxbourgs, pour y maintenir la sûreté et le bon ordre. Qu'il a été informé que dans les cabarets on y vend du vin à des heures induës ; ce qui est capable de causer des querelles, et troubler le repos public. Que plusieurs habitans sortent pendant la nuit sans feu et lumiere après la retraite sonnée. Que d'ailleurs quelques-uns d'entr'eux ont jetté des décombremens de leurs maisons dans differens endroits des fossez proche les murailles de cette ville, qui forment des hauteurs, à la faveur desquelles on peut entrer dans cette dite ville, et en sortir pendant la nuit : Il réquiert qu'il soit pourvû.

« Surquoy la matiere mise en déliberation, Nousdits maire et echevins, ayant égard à la rémontrance du procureur du Roy, comparant par Me Constant Thibault ; et vû nôtre déliberation du 14 de ce mois : Ordonnons comme autrefois, que tous les soirs douze habitans soldats du Régiment Royal de cette ville, non compris un caporal ou anspesade qui seront avertis par un des sergens de leur compagnie, se trouveront sur la place du Château de cette dite ville, pour y recevoir l'ordre ; l'ayant reçû, ils iront au corps de garde que nous avons établi, à la porte duquel l'un deux, en se relevant, fera garde ; ensuite la patrouille sera faite dans toutes les rües de cettedite ville et fauxbourgs, et se releveront aux heures, et de la maniere qui leurs seront prescrites à l'ordre. Arrêteront tous ceux qu'ils trouveront en querelle dans les rües et cabarets, et autres qui n'auront ni feu ni chandelle allumée après la retraite sonnée, et les conduiront au corps de garde, où ils resteront jusqu'à ce qu'il en ait été autrement ordonné.

« Les douze soldats de garde, caporal ou anspesade seront pris dans toutes les compagnies dudit Régiment Royal de cette ville, excepté celle des grenadiers, en commençant par la compagnie de la Colonnelle, et suivront successivement les autres en l'ordre qu'elles marchent dans les revûës et assemblées, en réprenant toûjours par la compagnie de la Colonnelle, après que toutes les autres auront fourni le nombre de soldats prescrit ; ensorte que chacune compagnie ne fournira pendant douze jours, que douze soldats, un caporal ou anspesade.

« Ordonnons aux cabaretiers de cettedite ville et fauxbourgs, de se conformer aux défenses qui leur ont ci-devant été faites, de vendre vin après la retraite sonnée, sous les peines y portées.

« Défendons à tous les habitants de cette dite ville et faubourgs, de sortir après huit heures du soir dans les rües, s'ils n'ont du feu, ou une chandelle allumée à peine de prison.

« Faisons très-expresses défenses à toutes personnes, de quelque qualité et condition qu'elles soient, de jetter ou faire jetter les décombrements de leurs maisons dans les fossez et proche les murailles de cette ville ; et ordonnons à ceux qui y en ont fait jetter, de les faire incessamment ôter ; le tout sous les peines de droit.

« Sera nôtre présente ordonnance lûë, publiée et affichée dans tous les cantons et carrefours de cette dite ville et fauxbourgs, à ce qu'elle soit connuë de tous.

« Donné et fait en la salle des assemblées de l'hôtel de cette dite ville, par nousdits maire et echevins, le dix-septième janvier mil sept cens trente. *Signé au registre*, THIBAULT DE BOUTTEVILLE, maire et capitaine, LE CLERC DE LA CHATAUDERIE, LE COMTE, PRIOLEAU, tous echevins, et THIBAULT, procureur du Roy. »

Cette ordonnance produisit d'excellents résultats ; elle mit un terme aux désordres nocturnes qui troublaient le repos des paisibles bourgeois, et empêcha la continuation des fraudes qui s'opéraient la nuit.

L'injonction faite aux habitants de ne sortir après huit heures du soir, dans les rues, sans avoir une lumière, sous peine de prison, paraît rigoureuse, mais elle était dans l'intérêt des honnêtes gens. Il n'y avait, à cette époque, aucun éclairage public et les malfaiteurs se glissaient dans l'ombre pour commettre des vols et des crimes. Aussi dès qu'une personne était rencontrée, sans porter une lumière, elle était arrêtée et conduite au corps de garde, où l'on pouvait constater son identité. Les vagabonds seuls eurent à se plaindre d'une rigueur qui eut pour effet de les tenir éloignés de la ville ou d'amener leur arrestation.

Une autre mesure fut bien accueillie par la population niortaise. Depuis longtemps, les habitants désiraient des casernes pour le logement des troupes en garnison dans leur ville. On ne trouvait plus de maisons, ni d'écuries vacantes pour ces logements, et très souvent, bourgeois et aubergistes étaient obligés d'abandonner leurs domiciles aux troupes. Ces graves inconvénients décidèrent les maire et échevins à solliciter du roi un arrêt du Conseil d'Etat pour la construction de casernes. Ils avaient déjà adressé une pareille demande mais elle avait été rejetée.

Niort avait pour maire Thibault de Boutteville, un de ces hommes intelligents et actifs qui savent surmonter tous les obstacles, lorsqu'il s'agit du bien public. Il fit présenter au roi, en 1732, une nouvelle requête dans laquelle se trouvaient exposés les motifs qui faisaient si légitimement désirer aux Niortais la construction de logements assez vastes pour recevoir les troupes et les chevaux de la garnison. Dans cette requête, il était dit :

« Que dans tous les temps les habitans de la dite ville et fauxbourgs ont désiré qu'il y fut construit un corps de cazernes pour le logement des troupes du Roi qui y viennent en garnison, et des écuries pour les chevaux de la cavalerie, qu'ils désirent d'autant plus aujourd'hui, qu'on ne trouve plus de maisons ni d'écuries vacantes pour ces logemens, en sorte que les habitans sont très souvent obligés de quitter leurs maisons pour y loger les troupes, et les aubergistes la plus grande partie de leurs écuries pour y placer les chevaux ; qu'outre la perte que leur cause un dérangement aussi considérable, il fait encore un grand tort au commerce particulièrement dans les jours de marchés et des trois foires royalles qui se tiennent dans la dite ville, ou se trouve un grand concours de marchands de toutes les villes du royaume ; que les vues des supplians dans la construction d'un corps de cazernes et écuries est d'obvier à tous ces inconveniens et de loger plus commodément les troupes du Roi et leurs chevaux ; que cet établissement fera cesser les plaintes que les habitans faisoient, lorsqu'ils étoient obligés de déloger de leurs maisons, celles des aubergistes quand ils logeoient dans leurs écuries les chevaux de la cavalerie, et même celles de la cavalerie qui se plaignoit de l'éloignement de la riviére ; que quelque pressant que cet établissement ait paru aux supplians, et quelque désir qu'ils aient eu jusqu'à présent d'en représenter la nécessité à Sa Majesté, ils n'ont pu le faire plus tôt, parce qu'ils ont été obligez de payer à Sa Majesté une somme de soixante quinze mil huit cents livres pour la réunion qui a été faite au corps de la dite ville des offices de receveur et controlleur des octrois, tarif et patrimoniaux par arrêt du Conseil du quatorze février 1730, et plus de vingt mille livres pour ce qui étoit dû des anciens loyers des maisons et écuries prises pour servir aux troupes, et pour le rétablissement des pavés, des ponts, places publiques, hostel de ville et murailles d'icelle, et pour autres dépenses urgentes et nécessaires, sans avoir demandé aucunes impositions sur les habitans de la ditte ville et fauxbourgs ; mais qu'ayant acquitté toutes ces différentes dettes, les supplians croyent qu'ils ne peuvent procurer aux troupes et aux habitans de la dite ville qui n'est éloignée que de dix lieues des villes de La Rochelle et Rochefort, un plus grand avantage, que de faire construire un corps de cazernes, requeroient à ces causes les supplians qu'il plut à Sa Majesté leur permettre d'acquérir au profit du corps de la dite ville de Niort un emplacement convenable pour y faire construire un corps de cazernes pour le logement des troupes de Sa Majesté, et et des écuries pour les chevaux de la cavalerie, en conséquence leur permettre de disposer à cet effet du revenant bon ou excédant des deniers du tarif de la dite ville. »

Le roi fit bon accueil à cette requête, et le Conseil d'Etat rendit un arrêt, le 28 juillet 1733, permettant aux maire et échevins d'acquérir un emplacement convenable pour y faire construire des casernes, conformément aux plans et devis du sieur Ponchon, visés par le sieur Le Nain, et les autoriser à disposer pour cette construction du revenant bon et excédant des deniers du tarif de la ville. « Ordonne Sa Majesté, dit
« l'arrêt du Conseil d'Etat, que la construction des dites ca-
« zernes sera publiée et adjugée au rabais en la forme et
« maniere accoutumée devant le sieur Le Nain, commissaire
« départi en la généralité de Poitiers, pour ensuite estre les
« dits deniers payés aux adjudicataires sur ses ordonnances.
« Et au cas que les dits maire et échevins ne puissent acquerir

« d'emplacement qu'à titre de bail à rente, leur permet Sa
« Majesté d'affecter et hypothéquer au payement des arré-
« rages de la dite rente les biens et revenus du corps et
« communauté de la dite ville. » (A. H. V. — D. F.)

La ville avait l'intention de faire construire les casernes dans le faubourg du port, au lieu appelé le Parc. Ce qui l'engageait à choisir cet emplacement, c'était la proximité de la rivière et la facilité d'acquérir les terrains qui avaient peu de valeur. Les casernes devaient loger 270 chevaux et 342 cavaliers ou 660 hommes d'infanterie. Le devis de construction s'élevait à la somme de 134,685 livres. Le sieur Le Nain se prononça pour l'emplacement du vieux marché, paroisse de Saint-André, près des remparts. C'est là que furent élevées les casernes, par le sieur Simon Bras, entrepreneur, qui s'était rendu adjudicataire des travaux de construction, le 5 janvier 1734, pour la somme de 111,000 livres. Elles furent exécutées sur les plans dressés par le sieur de Ponchon, écuyer, ingénieur du roi et inspecteur des ponts, chaussées et grands chemins de la généralité de Poitiers. Cet ingénieur vint à Niort au mois de mai 1734, et donna les alignements à l'entrepreneur. Ces alignements avaient 51 toises de longueur sur une largeur de 23 pieds.

La construction exigea dix-huit ans. Elle ne fut terminée qu'en 1752. L'évaluation établie par les devis fut dépassée, et les casernes coûtèrent 162,772 livres 3 sous et 2 deniers.

Quelques années avant l'achèvement des casernes, Niort éprouva un grand désastre. Le 21 février 1747, qui tombait un mardi, la Sèvre déborda et entraîna le pont qui établissait des communications avec le quartier du Port. Le pont de bois du Coin-Sotet, au fort Foucaud et à Belle-Isle, fut emporté par les eaux. Le maire, Etienne Rouget, chargea l'ingénieur Bonnichon de dresser un devis des réparations, qui s'éleva à la somme de 341,500 livres. « Ce devis comprenait la réparation du pont sur la Sèvre communiquant avec le faubourg du Port, l'ouverture d'une nouvelle porte dans les murs, la construction d'un aqueduc pour l'écoulement des eaux de Bouillounouse, le desséchement des rues et le recurement du canal de la navigation de la ville. La porte qu'il était question d'ouvrir était la porte de la Brèche, la quatrième de la ville. Elle est faite, dit le projet, pour la commodité de la route qui traverse la ville, venant de Paris, et sortant par la porte Saint-

Jean. Ce projet parle aussi de faire le champ de foire dans le terrain actuel, devant les murs. Le nom de l'ingénieur chargé des devis était Bonnichon ; l'adjudicataire des travaux fut un nommé Jean Rambaux, entrepreneur de Poitiers. Celui-ci eut plus tard un procès à soutenir avec la ville, particulièrement pour l'établissement qu'il avait fait d'un pont provisoire pendant les constructions. Ce procès, grâce à l'intervention de l'intendant de Poitiers, se termina le 28 janvier 1760, par une transaction entre la commune et l'entrepreneur. » (C. A. B.)

Le 5 juillet 1748, les maire et échevins présentèrent une requête au roi, afin d'être autorisés à procéder à ces travaux d'utilité publique. Dans leur requête ils exposent :

« Que leur ville est celle du Poitou qui fait le plus de commerce ; qu'elle est le point de communication entre les provinces de Bretagne, l'Anjou, le Saumurois, avec la Saintonge, l'Aunis, la Guyenne, le Limouzin ; que le port qui est sur la rivière de Saivre sert à voiturer à la Rochelle et à Rochefort ce que la province fournit pour les embarquemens, et à rapporter de la mer les denrées utiles pour la subsistance ; et les marchandises nécessaires pour le soutien des manufactures ; que tous les commissaires departis pour l'exécution des ordres de sa Magesté dans la province du Poitou, ont connu la nécessité de favoriser le commerce de la ville de Niort ; que le sieur Berryer avoit réuni les principales vues, qu'il avoit formé differents projets également utiles, et qu'il se proposoit de faire procéder au curement de la rivière, qui étoit comblée en plusieurs endroits, rendoit la navigation très difficile ; que les foires de Niort sont considérables, et que cependant il n'y a aucune place où l'on puisse rassembler les différentes sortes de bestiaux, qu'on y conduit ; que le principal commerce, se fait dans le centre de la ville, où les halles qui sont très belles sont placées ; mais que par les pluies de l'hyver les caves des maisons, et même les boutiques se remplissent d'eau ; qu'il est absolument nécessaire de faire un aqueduc qui desseche cette partie essentielle de la ville ; qu'un alignement nouveau du grand chemin de Poitiers à la Rochelle, conduit ce chemin au centre de la ville de Niort ; mais qu'il deviendroit inutile, si l'on n'ouvroit pas une porte dans le lieu où il aboutit, et par ces arrangemens on trouve un champ de foire pour rassembler tous les bestiaux ; mais qu'une inondation arrivée le vingt février 1747 a présenté des objets plus pressans ; qu'un pont fut emporté, que le bassin du port fut comblé et que les quais furent renversés ; que le sieur de Beaumont commissaire pour l'éxécution des ordres de sa Magesté dans la province de Poitiers entrant dans les mêmes vues que ses prédécesseurs, a fait constater la nature et l'étendue de ces réparations, qu'il a fait distinguer les plus utiles d'avec les plus urgentes, et que parmi celles ci il a trouvé que la réparation du pont ne pouvoit souffrir aucun retardement, quil en étoit ainsi du bassin de la navigation ; que la porte de ville à ouvrir auroit paru un objet moins pressant :

mais quil n'y avoit point d'autre emplacement pour porter les décombremens, que celui du terrain ou la nouvelle porte doit être ouverte, et que ces decombremens formeront en même temps une partie du remblais nécessaire pour rendre l'accès de cette porte praticable, et qu'on ouvrira en même temps dans cette partie l'aqueduc nécessaire pour le dessechement des halles ; quil a été reconnu que le pont détruit n'avoit pas assez de largeur ni d'élévation ; que le canal dans cette partie est trop étroit, quil conviendroit de l'élargir en enlevant tout le terrain d'un jardin qui est contigu, et quil a été dressé un devis estimatif de tout ce qu'il convient faire pour les dites réparacions ; à ces causes requeroient les dits Maire et Echevins, quil leur fut permis faire proceder à l'adjudication des réparations portées au devis, etc., etc. » (A. H. V. — D. F.)

La ville reçut, à la fin de septembre, l'arrêt du Conseil d'Etat l'autorisant à faire exécuter ces constructions et réparations. Les ouvriers furent mis à l'œuvre ; le 10 janvier 1750, la porte de la Brèche fut ouverte et les travaux terminés au mois de mai suivant, de manière à permettre de tenir la foire en dehors de la ville, sur la place de la Brèche, qui venait d'être desséchée. Le 12 avril 1750, M. de Beaumont, intendant du Poitou, avait accordé l'autorisation de transporter le champ de foire sur ce nouveau terrain.

« Attendu, dit l'ordonnance de l'Intendant du Poitou, qu'il ne se trouve point dans la ville de Niort d'emplacement suffisant pour contenir tous les bestiaux de chaque espèce qui sont amenés aux foires Royalles qui s'y tiennent dans le cour de l'année, il lui plut ordonner pour la facilité du commerce que les foires à commencer de celle du mois de May prochain se tiendront au dehors de la ville dans la place qui vient d'être formée à la nouvelle et dernière Barrière, au bout et vis à vis la rue du Minage ; ce que monsieur l'Intendant accorde sans néantmoins préjudicier aux libertés, franchises, privilèges, et immunités attribuées aux dites foires...... » (A. H. V. — D. F.)

Les maires et échevins de Niort firent exécuter rigoureusement l'ordonnance de l'Intendant. Dans un placard (1) qu'ils firent afficher à cette occasion, ils disaient que toutes les foires des bestiaux, qui avaient coutume de se tenir dans

---

(1) Ce placard fait partie du cabinet, très riche en documents sur le Poitou, de M. Paul Frappier, qui a bien voulu nous le communiquer.

la ville, auraient lieu sur la nouvelle place. Voici le texte de ce placard :

DE PAR MESSIEURS
LES MAIRE ET ECHEVINS,
DE CETTE VILLE DE NYORT.

« En éxécution de l'ordonnance de Monseigneur l'Intendant, du douze du présent mois d'avril, on fait savoir au public, qu'à commencer par la foire du mois de may prochain, toutes les foires des bestiaux qui ont coutume de se tenir dans cette ville, se tiendront dans la place qui vient d'être formée au dehors de la ville, au bout et vis à vis de la rue du Minage. Sur les défenses portées par la dite ordonnance à toutes personnes, tant habitants de cette ville qu'etrangers, de quel qu'état et conditions qu'ils soient, de mener faire conduire et exposer aux dites foires aucuns bestiaux, ailleurs que sur la dite place, à peine de vingt Livres d'amande. Fait par nous dits Maire et Echevins, en la salle des assemblées de l'hotel de cette dite ville de Nyort, le vingt deux avril mil sept cens cinquante, signé VASLET DUPUIZAC maire, JUIN DUCLOUSI, PRIOLLEAU et CUVILLIER échevins. »

(A Nyort, de l'imprimerie de Jacques Elies, imprimeur du roy et marchand libraire, 1750.)

Pendant qu'on travaillait à l'établissement de ce nouveau champ-de-foire, une tour du château, reconstruite en partie, s'écroula. Le lieutenant du roi, qui logeait dans le château, préférait une habitation moderne à ce vieux castel; aussi s'empressa-t-il de profiter de cet accident pour demander à l'intendant du Poitou l'autorisation de démolir le château et de le remplacer par un hôtel vaste et commode. L'intendant du Poitou paraissait assez disposé à donner son approbation à cette demande, mais le roi rejeta ce projet et ne voulut point permettre la destruction de ce monument. C'est grâce à cette intelligente décision que le vieux donjon a été conservé, et que nous voyons ses tours dominer majestueusement la ville et la banlieue. Il existera longtemps encore, car la municipalité niortaise s'est chargée de l'entretien et de la restauration de cet édifice, qui a été le berceau des libertés communales de notre cité.

Le commandant du château de Niort chercha une compensation au rejet de sa demande, en faisant valoir ses droits de préséance qu'il fit appliquer en tous points. Ainsi il marcha en tête des processions, il eut un prie-Dieu dans l'église du côté de l'Evangile, et il se fit donner trois coups d'encens, immédiatement après les prêtres qui officiaient.

Ces trois coups d'encens devaient lui faire croire qu'il était passé à l'état de demi-dieu ; mais, en sortant de les recevoir, il n'en devait pas moins rentrer dans son vieux donjon, si triste, si sombre et si féodal, pour un seigneur du temps de Louis XV.

FAITS ET DOCUMENTS DIVERS.

Dans un rapport très remarquable, rédigé vers 1730, sur l'élection de Fontenay-le-Comte, qui fait partie des Archives de la Vienne, nous trouvons des observations et des faits qui peuvent se rapporter à l'élection de Niort. Ce rapport demande :

1º La diminution des impositions, le peuple en est tellement accablé, qu'il se rebute du travail, n'en retirant aucun fruit ;

2º La liberté entière du commerce des blés, surtout du froment, dont la vente procure le paiement de la majeure partie des impositions ;

3º L'adoption de mesures de nature à engager les marchands normands à venir faire leurs emplettes de bœufs, comme devant, à nos foires ;

4º De recevoir la confrairie et le crédit des receveurs des tailles ;

5º D'engager MM. de l'élection à faire un examen sérieux de la répartition des impositions dans chaque paroisse, pour prévenir les abus qui s'y commettent ordinairement en faisant ordonner les rôles de ces paroisses d'office, étant constant que l'inégalité de la répartition contribue beaucoup au retardement des recouvrements ;

6º La réunion des petits emplois et la suppression de plusieurs gardes-étalons inutiles.

Le boisseau du pays se vend : Froment, 2 livres 2 sous ; baillarge ou belle orge, 1 livre 2 sous ; seigle, 1 livre 10 sous ; orge, 18 sous ; vesce ou jarrosse, 1 livre ; avoine, 15 sous.

Le pain, chez le bou'anger, se vend, la livre : première qualité, 2 sous ; seconde qualité, 1 sous 6 deniers ; troisième qualité, 1 sous.

Le meilleur vin du pays se vend, chez les cabaretiers, 4 sous la pinte, mesure de Paris. Il revient aux bourgeois qui l'achètent, à 2 sous 6 deniers la pinte :

Le foin se vendait habituellement de 25 à 30 sous le quintal.

Le cent de fagots de marais 16 livres.

—

Le 10 août 1733, M. Jean Gabloteau, prieur-curé de Saint-Georges-de-Rex, fait don, par testament, d'une somme de 6,000 livres pour la fondation de deux lits dans la salle des religieuses hospitalières de Niort. Ces lits étaient destinés à recevoir les pauvres malades et, par préférence, ceux de la paroisse de Saint-Georges-de-Rex. Ce prieur, qui était docteur en théologie, avait consacré son existence à des œuvres de charité, et sa dernière pensée fut pour un acte de bienfaisance.

—

En 1750, une nouvelle chapelle fut établie dans le Château, pour dire la messe aux prisonniers. Il n'y eut point d'aumônier de désigné ; la chapelle était desservie par charité, ou les prisonniers payaient eux-mêmes leur desservant. L'intendant du Poitou fit cadeau à la chapelle des ornements et des objets nécessaires à la célébration du culte.

—

Une mesure très utile, adoptée par le maire et les échevins, fut l'acquisition, en 1754, de deux pompes à incendie et de 600 seaux de cuir, avec tous les instruments nécessaires en cas d'incendie.

Un autre projet, non moins intéressant pour notre ville, était à l'étude. Il s'agissait d'amener à Niort les eaux de la fontaine du Vivier.

L'intendant de Blossac approuva la délibération qui concernait l'achat de deux pompes à incendie, mais il ne trouva pas la seconde question, au sujet des eaux du Vivier, assez étudiée ; il demanda un plan et des devis, de façon à pouvoir être fixé d'une manière plus précise.

—

Le 6 mars 1754, les casernes reçurent des lits, de manière à soulager les habitants des logements militaires.

CHAPITRE XXXI

Sommaire. — Les Anglais débarquent à l'île d'Aix. — Les habitants de Rochefort et de La Rochelle se réfugient à Niort. — Le maire offre au maréchal de Senectère 500 hommes du régiment Royal-Niort pour l'aider à repousser les Anglais. — La perte du Canada est une cause de ruine pour le commerce de Niort et de la Gâtine. — Le maire Rouget de Gourcez fait niveler la place de la Brèche et tracer les allées. — Une inondation de la Sèvre, en 1771, cause de grands désastres. — Projet des échevins de faire construire le collège sur les allées hautes de la place de la Brèche ; ce projet est ajourné. — Les bâtiments de l'Oratoire sont réparés et agrandis. — Description des bâtiments et édifices appartenant au roi, ou étant à sa charge, dans l'étendue des domaines du siège royal et ressort de la ville de Niort : le tribunal, les prisons, les murs de la ville, le château, les casernes, les halles, l'hôpital et le bassin du port ; observations du procureur du roi au sujet des réparations à faire. — Remarquables propositions faites par le lieutenant-général Rouget afin d'embellir la ville. — Etat de Niort, en 1780, dressé par Dom Fonteneau. — Fontanes, inspecteur des manufactures, cherche les causes de la décadence du commerce de Niort. Moyen de relever ce commerce ; mauvais système d'impôts. — Observations présentées par les officiers municipaux sur la situation commerciale de la ville ; ils demandent que La Rochelle soit déclarée port franc afin d'établir des relations avec les Etats-Unis. — Tracé de la route de Niort à Saint-Jean-d'Angély. — Cas d'inhumation précipitée signalés par le médecin Pineau.

En 1757, une flotte anglaise parut sur les côtes de l'Ouest. L'île d'Aix fut occupée par l'ennemi qui menaça Rochefort et La Rochelle. Les habitants de ces deux villes redoutaient un bombardement ; beaucoup vinrent se réfugier à Niort, où ils trouvèrent une généreuse hospitalité.

La population niortaise demandait avec instances à marcher au secours des deux villes menacées. Le maire offrit au maréchal de Senectère 5 à 600 hommes du régiment Royal-Niort ; mais la flotte anglaise se retira, et le maréchal n'eut qu'à remercier les Niortais de leur patriotique empressement à lui offrir des soldats.

Cependant, si les Anglais n'osèrent point faire un débarquement sur nos côtes, ils portèrent un coup funeste à notre marine marchande et à notre commerce colonial, en enlevant à la France le Canada, que nous perdîmes en 1763 par le traité de Versailles. Ce fut une cause de ruine pour le commerce et l'industrie de La Rochelle et de Niort, déjà si éprouvés à la fin du xviie siècle, par la révocation de l'édit de Nantes.

La Rochelle envoyait au Canada ses navires chargés de grosses étoffes fabriquées dans la Gâtine, dont l'entrepôt était à Niort ; ils en revenaient avec des pelleteries qui étaient travaillées et apprêtées dans les tanneries et les chamoiseries niortaises. La perte de cette colonie ruina toutes les fabriques de grosses étoffes de la Gâtine (1), et diminua l'importance de nos tanneries et de nos chamoiseries, qui ne reçurent plus de pelleterie du nord de l'Amérique, et furent réduites à la préparation des peaux achetées en France. Le Canada, si français par ses idées, ses mœurs, sa langue, son attachement aux traditions de la mère-patrie, éprouva de son côté un vif mécontentement d'être séparé de la France et annexé à l'Angleterre. Niort, dans ses jours de prospérité, alors qu'il faisait un commerce si étendu avec l'Amérique du Nord, avait adopté pour support à ses armoiries deux sauvages canadiens. Notre ville a tenu à conserver cette marque héraldique de ses anciens rapports commerciaux avec le Canada, et elle l'a maintenue, jusqu'à nos jours, avec une reconnaissante fidélité.

Le maire, Rouget de Gourcez, afin d'utiliser les bras que la fermeture de plusieurs fabriques laissait inoccupés à la suite de la perte du Canada, fit niveler la place de la Brèche, qui n'était encore qu'un vaste champ boueux et couvert de pierres où se tenaient les foires. Il fit tracer des allées, planter des arbres, et ce fut la plus belle promenade de la ville. Comme tous les ouvriers sans travail ne pouvaient trouver là de l'occupation, le maire eut l'idée de profiter de la magnifique situation du coteau de la Bigotterie, d'où l'on embrassait

---

(1) Un mémoire envoyé à M. Berger, intendant du Poitou, constate que la Gâtine possédait onze à douze cents métiers qui fabriquaient de grosses étoffes, et qui en livraient, chaque année, environ un million d'aunes à l'Amérique du Nord.

une vue splendide, pour y établir une terrasse. C'est de cette époque que date le mur qui avait reçu le nom de *Malgagne,* parce que les nombreux ouvriers employés à cette construction travaillaient peu, étaient mal surveillés, et mirent beaucoup de temps à le construire. Le peuple, dans son langage concis, lui donna ce surnom.

Une nouvelle inondation de la Sèvre, en 1771, causa de grands désastres ; les récoltes furent dévastées, les maisons renversées et le pont en bois du fort Foucault détruit.

« C'est, en cette année, d'après une note du chirurgien Regnault, insérée dans la *Gazette de Santé* du 16 décembre 1773, qu'on changea les autels de la paroisse de Notre-Dame à Niort, pour mieux décorer cette église. Du levant où ils étoient, on les plaça au couchant ; et comme l'église étoit très mal pavée, par la quantité de fosses faites en tout temps, on fut forcé de remuer la terre. Il en sortit une vapeur insensible, mais très mal-saine. Le curé de cette paroisse, les trois vicaires, les deux marguilliers, plusieurs personnes qui fréquentoient cette église, en furent malades, et presque tous les ouvriers qui y travailloient, eurent des fièvres approchant de la fièvre putride, avec pesanteur, ennui, malaise, dégoût, foiblesse. »

Des mesures hygiéniques furent prises pour remédier à cette insalubrité.

En 1777, le maire et les échevins de Niort proposèrent de faire construire, dans les terrains occupés aujourd'hui par les allées hautes de la place de la Brèche, un établissement pour recevoir le collège qui serait ainsi éloigné de l'hospice et placé dans une situation salubre et aérée. Ce projet ne fut point exécuté, il ne devait être réalisé qu'un siècle plus tard. Aujourd'hui, le lycée Fontanes occupe les terrains choisis autrefois par l'édilité niortaise.

Ne pouvant obtenir la construction d'un nouveau collège, de grandes réparations furent exécutées dans les anciens bâtiments pour les consolider. Pleins de sollicitude pour leurs élèves, les prêtres de l'Oratoire, le 10 février 1778, avaient adressé une requête à l'intendant du Poitou, dans laquelle ils exposaient que le mauvais état d'une partie des bâtiments du collège les mettait dans des alarmes continuelles pour la vie des enfants qui leur étaient confiés. Le 4 mars, les classes furent fermées et les réparations commencèrent.

Le maire et les échevins prirent une délibération, le 16 juillet 1778, par laquelle ils s'engagèrent à payer annuellement aux prêtres de l'Oratoire la somme de 5,400 livres, à la condition que ces derniers feraient rebâtir le collège à leurs frais.

Le célèbre Fouché, qui a joué un si grand rôle sous le premier empire, a été professeur à l'Oratoire de Niort, et l'illustre poète Fontanes a été un de ses élèves. Lorsque la loi de 1792 supprima les congréganistes, le collège des Oratoriens de Niort comptait près de cent pensionnaires.

Un document fort important nous donne la *description exacte des bastiments et édifices appartenant au roy ou étant à sa charge dans l'étendue des domaines du siège royal et ressort de la ville de Niort* (1). Le comte d'Artois, qui régna sous le nom de Charles X, reçut en apanage le Poitou, et au mois d'août 1779, il chargea ses agents de dresser un état de son domaine. Le dossier concernant la visite des bâtiments domaniaux de la ville de Niort, a été trouvé dans les papiers de la famille du lieutenant-général Rouget ; nous le donnons en grande partie, ne supprimant que les passages qui n'offrent pas un réel intérêt historique.

La visite fut exécutée par François Rouget, seigneur du Mazeau, conseiller du roi, lieutenant-général civil, juge prévôt châtelain, enquêteur et commissaire examinateur en la sénéchaussée du Poitou au siège royal et ressort de la ville de Niort. Il était assisté par : M° Pierre Perault, son greffier ordinaire ; M° René François Corderet, seigneur de Coulon et du Tronchay, agent des affaires du comte d'Artois ; M° Jean Etienne Alexandre Hugueteau, conseiller du roi. Le sieur Mathieu, ingénieur des ponts et chaussées à Niort, fut désigné par les parties comme expert.

Les commissaires commencèrent leur visite le 9 août 1779.

---

(1) Ce document a été inséré dans les *Bulletins de la Société de Statistique des Deux-Sèvres* du mois de décembre 1876.

Ils se transportèrent au palais royal (tribunal) et prisons, et dressèrent le procès-verbal suivant:

« La dite salle du tribunal, n'ayant aucune décoration à désigner, il nous suffit de remarquer, que la charpente qui la couvre est en assez bon estat.

« Du dit lieu sommes entrés dans la chambre appelée celle de la question, dont le tillis est presque entièrement pourri.

« Du dit lieu sommes entrés dans la chambre de l'audience qui est en assez bon état, ainsi que la chambre du conseil qui est on ne peut plus petite.

« Du dit lieu nous nous sommes transportés dans le greffe du dit siége, où il n'existe aucune armoire pour le dépôt et conservation des titres et papiers qui se déposent au dit greffe, avons remarqué que le tillis qui le couvre est en assez bon état, et que au lieu d'un tillis il serait d'une nécessité que ce greffe fût voûté, pour pouvoir parer aux inconvénients trop fréquents de l'incendie.

« Du dit lieu sommes montés dans un grand grenier au dessus de la grande salle d'entrée du Palais, où nous avons remarqué, que les filières de la charpente sont en partie très-mauvaises, et même pourries en certains endroits, que le plancher, disjoint en toute son étendue, est à relever en entier; et que les murs, surtout ceux de la partie droite et dans celle qui est en face en entrant, nous ont paru très-mauvais, étant lésardés en plusieurs endroits dans toute leur hauteur.

« Du dit lieu et sur le même escalier, sommes entrés dans une petite tour formant un appartement irrégulier et voûté qui ne sert à rien.

« Du dit lieu sommes entrés dans les prisons, où estant a esté demandé, par le dit sieur Cordelet, au concierge des dites prisons, quelle est la somme qui lui est payée par le Roy, tant pour ses gages que pour ceux de son guichetier; à quoi a esté respondu par le dit concierge, que sa majesté ne luy donnait aucune rétribution, tant pour sa garde que pour son guichetier.

« Après quoi a été requis par le procureur du Roy et de Monseigneur qu'il soit accordé au dit Joubert, concierge des dites prisons, une somme annuelle de deux cents livres pour lui tenir lieu de gages, et cent livres pour le guichetier; cette somme étant d'ailleurs très-modique relativement à la quantité de prisonniers qui y sont détenus, tant comme prisonniers civils, de police, criminels, élections, traites-foraines, contrebandiers, vagabonds et militaires, attendu qu'il y a toujours garnison en cette ville; cette prison estant la seule, malgré son peu d'étendue, qui soit destinée à contenir les coupables, en tous genres, de toutes les juridictions ci-dessus.

« Estant dans la chambre du concierge, avons remarqué, que les murs et le plancher au dessus estaient en assez bon état. Que partie du plancher de dessous est mauvais et troué et demanderait nécessairement à être relevé; que la cuisine qui est à côté est en assez bon état.

« Du dit lieu sommes entrés dans un appartement servant de cellier au concierge, lequel nous avons trouvé en assez bon état, à l'exception de quelques légères réparations; telles entre autres, que le netoyement et curement d'un canal des commodités des prisonniers, qui passe dessous le dit cellier, et dont l'engorgement fréquent produit une source de mauvaises odeurs dans le dit cellier, qui se répand dans le reste de la maison.

« Du dit lieu sommes entrés dans un autre appartement où nous n'avons trouvé que de légères réparations à faire aux fermetures des portes.

« Du dit lieu sommes passés dans la cour des prisonniers où se trouve la cabane des hommes et des femmes, extrêmement rétrécie, néanmoins toute neuve, mais sans serrures aux portes.

« Dans la dite cour, se trouve le grand cachot, que nous avons trouvé en assez bon état, mais mal sain, par le défaut d'air qui n'y pénètre d'aucun costé ; à costé duquel se trouve un grand dessous, représentant une roche, très-mauvais et très mal sain, mais dont on pourrait faire des cachots plus commodes que l'autre, cet endroit étant aéré par un soupirail.

« Au dessus de tout quoi est un appartement sans aucune clôture, exposé par conséquent à tout vent, où l'on met néanmoins coucher les malades et les infirmes.

« Du dit lieu sommes passés dans une petite cour, où sont deux autres cachots, également fort mal sains, par le défaut de jour, l'air n'y pénétrant par aucun endroit.

« Du dit lieu sommes montés dans une chambre, dans laquelle les juges criminels et les officiers militaires sont quelquefois obligés de venir prendre les interrogatoires, la chambre ordinaire de justice étant occupée par d'autres juges, laquelle est en assez bon estat.

« De la dite chambre, sommes entrés dans une autre petite chambre, dans laquelle il y a un lit pour certains prisonniers qui demandent à être séparés, laquelle est en assez bon état.

« Du dit lieu sommes montés dans une grande chambre servant de grand commun pour les prisonniers civils, carrelée et en bon estat excepté le chassis de la croisée qui est tout pourri et sans vitres.

« Du dit lieu sommes montés dans un grenier qui est au-dessus de la dite chambre ; nous l'avons trouvé tout neuf.

« Du dit lieu sommes entrés dans un autre petit grenier, que nous avons aussi trouvé en bon état, qui est tout ce qui dépend de la prison et palais royal.

« Le procureur du Roy observe qu'il n'est qu'un seul préau dans l'enceinte de cette prison, déjà extrêmement étroite, où les hommes et les femmes par conséquent sont obligés d'être continuellement ensemble, ce qui est contre la décence et la régularité observées dans toutes les conciergeries. Et que pour y parer, il serait nécessaire, que le dit expert constatât dans son procès-verbal, les moyens les plus faciles et les moins dispendieux, pour l'agrandissement de cette partie on ne peut plus resserrée. »

Le 10 août, les enquêteurs examinèrent les murs de la ville :

« Sommes partis de nostre hostel, et sommes sortis de l'enceinte de cette ville par la porte Saint-Gelais ; nous nous sommes transportés à l'extrémité des murs de la ville, donnant sur le bord de la rivière de Sèvre.

« Avons examiné l'état des dits murs, en avons fait note, sommes retournés sur nos pas, nous sommes transportés le long de tous les murs, en passant le boulevard jusqu'à la porte de la Brèche.

« De là, sommes montés le long du dit boulevard jusqu'à la porte Saint-Jean, d'où nous sommes descendus toujours pour reconnaistre l'état des dits murs, le long de la rivière et sommes rentrés par la porte de Pellet, après avoir vu et examiné l'enceinte de cette ville.

« A été remarqué, que la partie du mur de la ville, dans l'une de ses extrémités qui touche la rivière de Sèvre, à remonter jusqu'au corps des casernes, est entièrement mauvaise, et en grande partie tombée ; que depuis cette partie en longeant tout le corps de bâtiment des casernes, jusqu'à l'autre extrémité des dites casernes, le dit mur est en bon état.

« Qu'à partir de cette partie à joindre la porte Saint-Gelais de la dite ville, il est moitié bon, moitié mauvais.

« Que depuis la dite porte jusqu'au coin du boulevard qui descend à la porte de la Brèche, il n'est pas absolument mauvais ; qu'à partir du dit lieu jusqu'à la dite porte de la Brèche, il est en sa plus grande partie mauvais et qu'il y a beaucoup d'endroits où le parement est totalement tombé.

« Que en partant de la dite porte de la Brèche et remontant jusqu'au coin des Cordeliers, le mur est bon ; qu'à partir dudit coin le plus près de la Brèche et remontant le dit boulevard jusqu'à la porte Saint-Jean, il est dans sa plus grande partie mauvais.

« Que en continuant de la porte Saint-Jean et descendant jusqu'à la rivière il y a des parties du dit mur bonnes, parties très-mauvaises et d'autres parties tombées ; que depuis ce bout de la rivière jusqu'à la porte de Pellet, il est encore mauvais.

« Du dit lieu, et suivant le long de la rivière se trouve jusqu'à la rue neufve, le mur qui forme l'enceinte du château, qui est en mauvais état.

« Et suivant le long de la rivière à partir de la porte du Pont, jusqu'au coin du mur qui fait le premier objet de nos observations, il n'y a aucun mur de ville, le cours de la rivière de Sèvre fermant l'entrée de la dite ville dans toute cette partie là ; observant néanmoins, qu'à la chute du fossé qui entoure la ville et vis à vis le coin des casernes, la rivière dans l'esté se retroissit, au point qu'on a été obligé de planter plusieurs pieux entrant dans la rivière, pour empescher qu'on y passât à pied sec et qu'on ne frustrât par là les adjudicataires du tarif des droits qui peuvent être dûs pour l'entrée des différentes denrées et notamment des bestiaux. »

Les commissaires, après avoir constaté le mauvais état des murs de la ville, se rendirent au château.

« Nous nous sommes transportés avec notre greffier au chasteau de cette ville, où, après la visite de bienséance faite à monsieur de la Pomélie, commandant pour le roy, dans le dit chasteau, nous l'avons prié de nous faire conduire dans tous les appartements dépendant du dit chasteau, pour pouvoir estre vus et visités et estre fait mention de l'état d'yceux dans la continuation de notre présent procès-verbal.

« A quoi adhérant le dit sieur de la Pomélie, nous avons commencé par visiter l'entrée du dit chasteau dont nous avons trouvé les portes et les tours qui les accompagnent en fort bon état, à la réserve de quelques médiocres réparations.

« Joignant immédiatement la dite entrée, se trouvent plusieurs bastiments dont une partie est occupée par le cantinier, l'autre partie sert de corps de garde et de cachots, ayant besoin l'une et l'autre de grosses réparations ; à côté se trouve un puits qui a aussi besoin de réparations.

« De là sommes entrés dans les appartements du lieutenant de roy contenant en tout dix pièces de différentes grandeurs, le tout en assez bon état.

« Du dit lieu, avons été conduits à la citadelle, sommes passés sur un pont de bois et un pont levis qui nous ont paru en bon état.

« Sommes entrés dans une grande pièce voutée, cotée n° premier, destinée au logement des invalides, qui nous a paru en bon état.

« De là sommes passés dans une grande pièce, n° second, qui est aussi voûtée, servant de grand cachot, en bon état.

« De là, sommes passés dans une autre pièce, n° trois, servant aussy de cachot, aussy en bon état.

« Sommes ensuite montés à l'appartement n° quatre, qui sert de cuisine et de corps de garde, aussi en bon état.

« Sommes ensuite entrés dans un appartement, n° cinq, à la tour duquel on travaille actuellement pour sa reconstruction, le dit appartement destiné à renfermer les prisonniers de guerre que l'on attend, dans les collatéraux duquel se trouvent deux petits réduits, la dite tour sur le n° vingt.

« Sommes ensuite passés dans les appartements n° six et n° sept, servant de prisons aux prisonniers de guerre, où nous avons remarqué, que les planchers estoient à refaire.

« Sommes ensuite passés dans les appartements n° huit, n° neuf et n° dix, servant aussy de prisons aux prisonniers de guerre.

« A l'appartement n° onze servant aussy de prison de guerre, sont des réparations assez considérables à faire et de différentes espèces.

« De là sommes montés sur une plate-forme appelée le donjon qui règne sur tous les appartements cy-dessus décrits, que nous avons trouvée en assez bon état. »

Le lendemain 11 août, les commissaires retournèrent au château pour y continuer leur visite.

« Nous avons été conduits à une tour mise sous le n° vingt et un, sommes entrés dans un appartement numéroté neuf, qui est en bon état.

« De là sommes entrés dans un autre appartement, n° dix dans lequel on répare une tour servant de contre-fort à la citadelle.

« De là sommes montés sur une plate forme appelée le donjon, qui est en bon état.

« Sommes ensuite descendus de la citadelle, et sommes entrés dans les cours du dit chasteau, où nous avons remarqué plusieurs bâtiments se joignant, servant de logement aux jardiniers, qui sont en fort mauvais état.

« Au bout des dits bastiments se trouve la chapelle du dit chasteau qui est en bon état.

« Ensuite de quoi se trouve une tour, dans laquelle il y a des appartements, consistant en trois pièces les unes sur les autres, en mauvais état, tant dans leurs planchers que dans leurs murailles.

« A côté est un autre appartement détaché servant de magasin aux fortifications, en assez bon état.

« A côté de ce magasin, est un autre corps de bastiments contenant quatre pièces, le dit bastiment occupé par un officier du génie, le tout en bon état.

« De là sommes passés dans un souterrain voûté servant de cave, qui est à l'épreuve de la bombe.

« De là avons été conduits dans trois pièces de bastiments, dont l'un est le magasin à poudre ; toute la charpente des dites trois pièces est en très-mauvais état.

« Au milieu des jardins se trouve un puits en assez bon état. A été ensuite remarqué que les murs de la contre-escarpe du fossé qui borde la rue Neuve sont en assez mauvais état.

« A aussy esté remarqué que la contre-escarpe de l'enceinte bordant la rue de Pellet exige quelques réparations. »

Les commissaires se transportèrent ensuite aux casernes.

« Nous nous sommes transportés aux bastiments et corps de casernes considérables dans leurs constructions, tant en chambres qu'écuries ; le tout en bon état, tant dans ses planchers, murailles, que couverture en ardoises.

« A l'un des bouts duquel bastiment, qui est au couchant, se trouve un magasin à paille, couvert de quelques mauvaises rouches ou roseaux ; à l'autre bout au levant se bastit actuellement un grand magasin pour serrer le foin, et une petite pièce à costé, destinée pour faire la distribution du fourrage. »

Le 12 août, les commissaires visitèrent les halles, l'hôpital général et le bassin du port.

« Nous nous sommes transportés sous les halles de cette ville, dont la beauté et l'immensité nous a paru être d'un entretien considérable ; mais cet objet estant compris dans le nombre des domaines engagés, ainsi que la grande boucherie, qui se trouve dans l'un des côtés de la dite halle, nous avons cru ne devoir faire aucune observation à ce sujet, cette citation estant seulement pour mémoire.

« Du dit lieu nous nous sommes transportés à l'hopital général de cette ville, scitué hors la porte Saint-Jean, où estant, après avoir parcouru tous et un chascuns des appartements qui composent cette maison de charité, nous avons remarqué particulièrement que l'appartement occupé par les enfants trouvés est dans le plus mauvais état du monde, fort resserré en lui-même, écrasé et très-mal sain.

« Que dans l'appartement des hommes, les couchettes y sont pour ainsi dire sans couvertures, on veut dire toutes percées à jour et dans le plus mauvais état.

« Avons remarqué qu'il y avait un grand bastiment, commencé des bienfaits du Roy, pour loger les pauvres, et qui est resté depuis longtemps impoursuivi, faute de secours, et qu'il serait utile et nécessaire de continuer.

« Le dit sieur Cordelet nous ayant demandé s'il y avait des jardins au dit hopital, nous lui avons observé qu'il y en avait un si petit que le dit hopital estait obligé d'achepter ses légumes, et nous y estant transportés, il a été observé qu'il contenait environ le tiers d'un journal de terrain.

« En rentrant en ville par la porte de la Brèche, on a cru devoir faire mention qu'il y avait adossé au rempart, dans la partie intérieure, un hangard ou ballet destiné pour la poissonnerie, lequel est fort mal situé, par la mauvaise odeur que y exhale le poisson presque en tout temps ; lequel bastiment est à la charge de l'hostel commun de cette ville.

« Nous sommes sortis de la ville par la porte du faubourg du port et sommes allés sur le quay, où se trouve le bassin de la rivière de Saivre, que nous avons examiné avec attention.

« Nous avons trouvé que ledit bassin était entièrement encombré, tant par le limon qui ordinairement y dépose, que par les différents gravois qu'y apporte et y laisse la rivière dans ses débordements. Que le lit de la rivière que nous avons parcouru jusqu'à la barrière du quai est aussi plein de graviers causés par les différentes inondations, et que le lit aujourd'hui est si peu profond que les bateaux qui sont ordinairement sur cette rivière ne peuvent pas venir jusqu'à cette barrière, pour peu que les eaux soient basses.

« Ce qui cause un grand préjudice et beaucoup de dépense aux bateliers chargés de la conduite de ces bateaux qu'ils sont obligés d'alléger à moitié pour pouvoir arriver jusqu'au port, sans pouvoir arriver en même temps jusqu'au bassin. »

Là se termine le procès-verbal des commissaires, qui nous reporte à l'an 1779, et nous montre le palais de justice, les prisons, le château, les casernes, l'hôpital et les murs de la ville, tels qu'ils existaient à cette époque.

Il y avait beaucoup de réparations à faire, beaucoup d'améliorations à apporter aux prisons et à l'hôpital. Aussi le procureur du roi fit-il consigner, à la fin du procès-verbal, les observations suivantes :

« Il a déclaré avoir pris communication du procès-verbal de l'expert, qu'il a dit avoir rempli l'objet de sa commission avec une pré-

cision, une clarté et une exactitude qui ne laissent rien à désirer.....
mais qu'il croyait devoir observer que le chapitre qui concernait les
réparations à faire à l'enclos du Palais, celui qui regardait celles à
faire à l'hopital général de cette ville, et le chapitre qui concerne la
rivière, méritaient la plus scrupuleuse attention.

« Que si, d'un côté, l'augmentation demandée pour le service du
Palais était indispensable, l'agrandissement des prisons pour la
sûreté des prisonniers, la décence des mœurs et la tranquillité du
public, ne l'était pas moins pour y entretenir le bon ordre.

« Que d'un autre côté, le mauvais état des bastiments qui composent l'hopital général et qui contiennent les enfants trouvés, la
détresse et pour ainsi dire l'impossibilité où se trouve aujourd'hui
l'administration du dit hopital de pouvoir fournir à la vie et à l'entretien de tant de misérables qui y sont renfermés, et qu'il sait
même être endettée de beaucoup, sont pour lui autant de motifs qui
le portent à solliciter les secours les plus prompts en faveur de ces
pauvres enfants, qui n'ont point demandé à naître, et même de tous
les autres pauvres.

« Qu'enfin la rivière estant une branche du commerce la plus
considérable de cette ville, il était de toute nécessité de la rendre
praticable et de faciliter par là aux commerçants l'entrée et la sortie
de leurs denrées et de leurs marchandises, que sans cela ils ne pourraient désormais avoir qu'avec de grandes dépenses. »

Le lieutenant-général présenta aussi des observations. Il
demanda des réparations pour le palais de justice et les prisons, la construction de greffes pour les différentes juridictions établies dans la ville, d'une chambre de justice et
d'un parquet.

« A l'égard des prisons, fit-il remarquer, la nécessité de l'augmentation surtout dans la partie du préau est on ne peut plus sensible et des plus évidentes ; l'inspection des lieux, le rétrécissement
du local, pour contenir les différents prisonniers de tous âges et de
tous sexes, qui s'y trouvent très-souvent détenus, le requièrent. La
sûreté des prisonniers l'exige, et la décence qui doit s'observer dans
ce lieu public, destiné à garder l'homme comme la femme, l'innocent comme le coupable, s'oppose absolument à ce que tout y soit
ainsi confondu ; en conséquence, il a été choisi une petite maison
attenante aux dites prisons qui a été jugée suffisante pour opérer
un agrandissement. Le prix n'en est pas considérable eu égard aux
voutes et murs à faire en pierre de taille, seule nature de construction propre à la sûreté des criminels.

« Le lieutenant-général passa ensuite en revue les divers chapitres
du procès-verbal, et présenta des considérations très sérieuses sur
l'urgence de plusieurs réparations.

« Le second chapitre, dit-il, qui concerne les portes et les murs
de l'enceinte de cette ville doit réellement être pris en considération.

« Premièrement, parce que cette ville considérable par elle-même, se trouve par sa situation, dans le cas d'être séparée, au moins dans ses murs de clôture.

« Elle est la première après celle de la Rochelle, qui se trouve sur le passage de Poitiers et de Paris, celle qui parconséquent devrait être à même d'arrêter l'ennemi pendant quelque temps, en cas d'une descente du côté de l'Aunis, comme on en fut menacé en mil sept cent cinquante sept.

« 2º Parce que en temps de guerre, cette ville étant un dépôt des différents prisonniers faits sur l'ennemi, ils en franchissent facilement les murs, quelques précautions que l'on prenne, se répandent dans la campagne, qu'ils mettent alors à contribution et se sauvent ainsi, s'il ne se trouve quelque force majeure réunie sur ces campagnes pour les arrêter.

« 3º Enfin parce que c'est une occasion fréquente et journalière à plusieurs, de frauder les droits du Roy, principalement à tous ceux qui par leur commerce, sujets aux différents droits d'aide et d'octrois, passent en contravention à la faveur de la nuit, les bestiaux et autres effets de détail par dessus ces murs peu élevés, dans de certaines parties dégradés et à jour dans plusieurs endroits.

« Le troisième chapitre qui concerne les réparations à faire au château et principalement aux murs de son enceinte. Ce rétablissement parait d'autant plus nécessaire que ce château sert de détention aux prisonniers d'état et surtout la citadelle qui contenait cette année plus de deux cents prisonniers, dont partie ont franchi à plusieurs fois les murailles de leurs prisons et de suite celles de la ville qu'ils voyaient faciles à escalader.

« Nous ne croyons pas devoir faire d'autres observations sur les halles, indiquées seulement pour mémoire dans notre procès-verbal de visite, si ce n'est qu'il serait très à souhaiter qu'elles fussent déplacées et portées le long des murs du château.

« 1º Parce que si par malheur le feu y prenait, ou même dans quelques maisons voisines, il serait impossible d'en arrêter les progrès ; et infailliblement, toute la ville serait consumée.

« Les foires qui s'y tiennent trois fois l'année, les lumières que les marchands sont par conséquent obligés d'y entretenir la nuit, sont autant de sujets de crainte et pourraient facilement donner lieu à cet embrasement ; il ne faudrait pas attendre l'événement pour chercher à y parer.

« 2º Les rues pratiquées sous ces halles par l'établissement des bancs de marchands qu'on y dresse, se trouvent si resserrées ; et par cela même l'affluence du monde qui s'y rend de tous côtés si grande, que les filous s'y glissent aisément, volent sans crainte et se sauvent impunément, malgré la vigilance des gardes redoublées qu'on y met pour la sûreté publique.

« Il est certain que cette transposition ne serait pas coûteuse, les débris de ce corps immense feraient plus que reconstruire celles qui suffiraient pour tenir les foires de cette ville.

« 3º Enfin il résulterait un très-grand bien de cette translation, cet emplacement formerait la plus belle rue de cette ville, dont l'établissement est si désiré et si important pour servir de communication à la route de Paris à Poitiers, à Nantes et à toute la Bretagne.

« Le chemin qui y conduit actuellement étant pour ainsi dire impraticable, oblige de passer soit en poste ou autrement par deux rues très-étroites et très-longues, de façon qu'une voiture engagée par un bout, ne pouvant savoir s'il ne s'en engage point une autre par l'autre bout, se trouve quelquefois vers le milieu, obligée de rétrograder quoique très difficilement, par l'impossibilité qu'il y a de pouvoir passer de front ; ces deux rues n'ayant pas plus de onze pieds de large, dans la majeure partie de leur longueur.

« Le chapitre quatrième, qui concerne l'hopital général de cette ville est un des plus essentiels ; cet hopital formé de certain nombre de maisons réunies, fut augmenté en 1729, 1730, 1731 et 1732 des bienfaits du Roy sur le plan qui en fut dressé et approuvé.

« Mais ces secours étant venus à manquer avant que le tiers de l'ouvrage fut achevé, cet édifice est resté imparfait, et ne forme que des appartements peu sains, où les pauvres sont obligés de coucher jusqu'au nombre de quatre dans le même lit.

« Les revenus qui sont attachés à cet hopital, et qui consistent principalement dans la réunion qu'on y a fait des aumônes de quelques abbayes, ne sont pas à beaucoup près suffisants pour fournir à la subsistance de tant de malheureux.

« Le travail de ces pauvres, la plupart accablés d'années et d'infirmités, offre un produit trop minime pour y suppléer, surtout dans un temps où le prix des denrées usuelles est excessif et de beaucoup augmenté, dans un temps où, pour remplir la sagesse des vues du conseil, il faudrait ouvrir les portes de cet hopital pour y recevoir les pauvres qui y affluent de toutes parts.

« Nous aurons au contraire la douleur d'être forcés de les ouvrir pour congédier ceux que la providence y laisse encore subsister et qui peut-être n'auront pas la force d'en sortir.

« Les besoins de l'Etat ne permettant pas de fournir à ceux de cette maison, nous croyons devoir indiquer des moyens de secours, propres à remédier à ces inconvénients, et qui ne seraient point à la charge de l'Etat : ce sont les biens ecclésiastiques consacrés dans le principe à la subsistance des pauvres, les seuls que nous puissions réclamer pour eux.

« Il en est plusieurs dans cette élection, dont on pourrait disposer en faveur de cet hopital :

« Le prieuré de la Carte, ci-devant réuni au collége des jésuites de Poitiers ;

« Celui de Notre Dame du Bois d'Allonne, ordre de Grand Mont ; celui de la Lande, ordre de Saint-Antoine.

« Et l'abbaye de Saint-Liguaire, qui est à la porte de cette ville, supprimée par déclaration du Roy du 25 mars 1769.

« Un des objets de réclamation des plus intéressants pour cet hopital est un terrain vacant actuellement et servant autrefois de couvent aux dames religieuses de Saint-François, aujourd'hui supprimées et réparties dans d'autres communautés.

« Ce terrain touchant les bastiments de l'hopital et dont les murs sont communs, fournirait des jardins si nécessaires à cet hopital et dont il manque absolument, des prés pour la nourriture des différents bestiaux qu'on y entretient, tant pour l'usage des pauvres que pour le nettoiement de la ville dont cet hopital est chargé.

« Ce terrain avait déjà été promis par monsieur l'Evesque de Poitiers à madame la supérieure qui lui en avait fait la demande, au nom des administrateurs du dit hopital ; et on ignore les motifs qui engagent aujourd'huy monsieur l'Evêque à donner la préférence aux dames religieuses hospitalières, établies de tout temps dans cette ville et qui, depuis peu, ont fait des réparations et augmentations considérables qui leur tomberont alors en pure perte.

« Cette réunion demandée avec instance par l'administration de cet hopital, désirée par toute cette ville, serait d'un secours considérable pour la nourriture et le bien être des pauvres, aussi nous redoublons ici nos réclamations pour chercher à intéresser la pitié et le bon cœur d'un prince, ami de l'humanité et le père des pauvres, et pour appeler toute l'attention et la sensibilité de nos seigneurs de la chambre des comptes, sur cette partie de notre mémoire.

« Le cinquième chapitre concerne la Poissonnerie ; l'expert propose de la transporter auprès des jardins qui se trouvent le long du même rempart et près des quels il y a un plan irrégulier qu'elle remplirait à propos.

« Nous ne pouvons qu'applaudir à cet arrangement et nous observons, que la situation actuelle de la poissonnerie gêne beaucoup l'entrée et la sortie de cette porte, la plus fréquentée pour les différentes routes et pour les promenades qui y sont attenantes, cela y cause une très-mauvaise odeur.

« Le sixième et dernier chapitre, concerne la rivière de la Sèvre, qui coule le long des murs de cette ville.

« Le cours de cette rivière est le principal débouché que nous ayions pour le débit et le transport de nos grains, elle conduit directement à Marans et de là à la mer ; c'est sur cette rivière que se chargent la plupart des minots nécessaires pour les différents embarquements ordonnés par le Roy et qui se déposent à cet effet dans les magasins du port de cette ville.

« C'est sur cette rivière que se voiturent la plupart des bois de construction que l'on emploie au port de Rochefort, et qui, cet été dernier, sont restés un temps considérable sur la rive, faute d'eau.

« Enfin, c'est par cette rivière que nous recevons toutes les denrées et les différentes marchandises qui nous proviennent des provinces méridionales et même de l'étranger.

« Le nettoiement de ce bassin et de cette rivière est donc de la plus grande nécessité ; l'administration de cette ville, plus intéressée que tout autre à la liberté de son commerce, puisqu'elle en retire les profits, pourrait alors tourner son attention et ses soins sur le curage du surplus de cette rivière, du moins jusqu'à une certaine distance.

« Les réflexions que fait à cet égard l'expert, sont très-judicieuses et méritent toute la faveur possible ; il n'en couterait pas beaucoup à l'état, outre qu'il n'y a pas un batelier qui ne se prêtât volontiers à une pareille opération, qui le soulagerait d'autant mieux, qu'en lui évitant de grosses maladies, suites nécessaires des efforts multipliés qu'il fait tous les jours pour remonter cette rivière où son bateau s'agrave à chaque instant, il arriverait sans aucun frais d'allégissement dans le bassin où **stationnent les bateaux.**

« Il serait également facile à Mgr le comte d'Artois, de solliciter et d'obtenir de sa majesté, la résidence d'un régiment d'infanterie, au lieu d'un de cavalerie qui est toujours en garnison dans cette ville, pour cet ouvrage qui s'exécuterait facilement dans un été. »

Ces observations, présentées par le lieutenant-général Rouget, prouvent que cet administrateur connaissait parfaitement les questions d'intérêt public concernant la ville, et qu'il les traitait avec une grande hauteur de vues. Il examine l'état des prisons, des fortifications, du château, des halles, de l'hôpital, de la poissonnerie, de la Sèvre; toutes ses propositions sont dictées par une grande expérience et des idées larges et fort justes.

Ses considérations sur la nécessité de la séparation des sexes dans la prison, sont aujourd'hui une règle générale pour le régime pénitentiaire.

Les remarques sur l'utilité de l'entretien des murs d'enceinte de la ville et sur les réparations à faire au château, sont d'une entière justesse.

La proposition, au sujet des halles, ne devait pas tarder à être mise à exécution, et nous pouvons constater l'exactitude de ses prévisions. Il annonçait que cet emplacement si sombre, lorsqu'il serait débarrassé des halles, formerait la plus belle rue de la ville. Nous l'avons maintenant cette rue, et nous pouvons constater que le lieutenant-général Rouget avait raison.

Son examen de la situation morale et économique de l'hôpital est fort triste. Il expose les privations des malheureux qui s'y trouvent réunis. Pas de salubrité, pas assez de lits, des aliments en quantité insuffisante. Il signale, en termes émus, les moyens à employer pour soulager tant de souffrances.

Enfin, il termine en approuvant la translation de la poissonnerie hors du centre de la ville, et en proposant l'amélioration du port et du lit de la Sèvre.

Le lieutenant-général Rouget était non seulement un habile administrateur, mais un homme dévoué au bien public et d'un grand cœur. Il s'apitoie sur les souffrances des malheureux, il cherche à adoucir leur sort et possède le sentiment de la charité, l'une des plus admirables vertus chrétiennes. Son souvenir doit être cher aux Niortais, car s'il a fait du bien, il voulait en faire plus encore, et son doigt a marqué avec une merveilleuse intelligence, sur le plan de notre ville, le point où devaient se porter tous les efforts pour y créer un quartier qui lui donnerait l'animation et l'aspect d'une grande cité.

Dom Fonteneau a recueilli un état de Niort vers 1780, qui complète l'enquête exécutée par les commissaires du comte d'Artois. Voici cet état de Niort à cette époque :

« Le prieuré de Notre-Dame-lès-Niort est en présentation de l'abbé de Charroux, ainsi que les cures de Notre-Dame, Saint-André et Saint-Florent-lès-Niort. Il n'y a à Niort que deux paroisses : Notre-Dame et Saint-André. Saint-Florent est au bout du faubourg Saint-Jean et du diocèse de Saintes. Il y a à Niort plus de 8,000 âmes : quelques protestants encore, mais peu. Ce qu'il y a de remarquable à Niort, sont : la Halle par sa grandeur ; l'église de Notre-Dame, spacieuse, bien voûtée, avec deux collatéraux, soutenus de 12 piliers, sans compter neuf chapelles dans l'épaisseur des murs collatéraux. Dans la chappelle de la résurection, dite des Neüillan, il y a carreau pour la famille des Neüillan, Baudean, Parabère et Navailles, avec trois tombeaux de beau marbre blanc, une figure de grandeur naturelle à demi corps, paraissant sortir de chaque tombeau, avec inscription sur marbre noir en lettres d'or, sous chaque mausolée un ange de grandeur naturelle, suspendu sous la voûte de la chapelle, une trompette à la main, annonçant la résurrection des morts. Les casernes, récemment bâties par les soins du sieur Thibaut de Boutteville, maire, très bel édifice placé au haut de la ville, ayant devant une grande place nommée Marché-Vieux ; il y a de quoi loger deux bataillons, au rez-de-chaussée, de belles écuries voûtées.

«Il y a à Niort, siège royal, cour consulaire, élection, traites foraines, un port à bateaux plats sur la rivière nommée *Sèvre Niortaise*, qui conduit au port de Marans, et qui ne perd son nom que dans la mer. A une lieue de Niort il y a une écluse curieuse que l'on nomme Porte de la Roussille ; c'est un ouvrage fait pour empêcher l'eau de cette rivière de couler trop rapidement.

« Il y a collège des pères de l'Oratoire, muni de lettres patentes et établi en 17.., depuis la sixième classe jusqu'à la physique inclusivement ; il y a dans le collège un pensionnat où l'on enseigne, etc.

«Il y a pour communautez d'hommes : des pères de l'Oratoire, des Cordeliers, des Capucins, des frères de la Charité...—pour femmes, des Bénédictines de Saint-Maure de l'étroite observance des Carmélites rigoristes, des Ursulines et des Hospitalières cloîtrées.

«L'hôpital général gouverné par douze directeurs, qui sont les principaux de la ville, et par des dames de la Sagesse ; filles de l'établissement de M. Grignon de Montfort, pour économes.

« La maison commune ou l'hôtel de ville est composée d'un maire, de six échevins, d'un procureur du roi, d'un receveur et d'un greffier, avec six valets de ville. L'édifice de la maison de ville est beau, ancien et isolé au milieu de trois rues.

« On ne paie point la taille à Niort, ville tarifiée ; les entrées tiennent lieu de la taille.

« Il y a un château très ancien entretenu, avec gouverneur, lieutenant de roi et toujours une compagnie d'invalides en garnison ; chapelle dans le château.

« Le principal commerce de Niort consiste en bled et farine pour les îles. En mules et mulets ; en peaux et chamois pour gants, bufles, culottes, ceinturons, cartouches, etc.... en angéliques confites, et en étoffes nommées pinchinat.

« Il y a trois foires royales dont chacune dure trois jours francs, la première, le jour de la Saint-André, la deuxième, le jour de la Sainte-Agathe de février, et la troisième le 6 de mai.

« Il y a quatre portes de ville, celle du Port, celle de Saint-Gelais, celle de Saint-Jean et celle de la Brèche, à côté de laquelle est la poissonnerie. Il y a deux boucheries publiques, la grande et la petite ; la grande est adossée à la halle en dedans, et la petite est près la poissonnerie.

« Niort est bâti sur deux collines et dans le vallon qui sépare les deux collines. La rivière borde du côté du sud-ouest, de l'ouest et du nord-ouest les murs de la ville en dehors : cette rivière a un pont de pierre assez long pour aller au faubourg du Port, je dis assez long parce que cette rivière se partage et forme de petites îles qui fournissent le long des murs de la ville plusieurs moulins à blé, à chamois et à étoffes.

« Il y a une congrégation de dames de charité nommées dames de la Miséricorde, qui font beaucoup de bien aux pauvres honteux. L'oratoire est leur lieu d'assemblée pour rendre leurs comptes, et pour leur fête, qui est Sainte-Marthe. »

C'est la dernière statistique de la ville qui ait été faite avant la révolution de 1789. Dom Fonteneau, avec son exactitude habituelle, a réuni, dans ces quelques lignes, tous les renseignements qui peuvent nous faire connaître Niort à cette époque. Nous pouvons ainsi comparer notre ville de 1780 à celle de 1880. Un siècle dans les annales d'une cité apporte bien des changements. Nous sommes heureux de constater que ces changements sont tous à l'avantage de Niort, qui a vu son commerce se développer, sa population s'enrichir, et qui, si elle a perdu sa navigation, est devenue tête de ligne de plusieurs chemins de fer.

Fontanes, inspecteur des manufactures du Poitou, constate en 1780 que cette ville ne faisait aucune exportation. Il remarque cependant qu'elle est placée sur un fleuve pouvant porter des bateaux de vingt tonneaux au port et de cinquante à Marans, située au centre de riches vignobles, et d'un pays d'eau-de-vie, de bois de construction, de chanvre pour la marine, de grains et de laines. Elle possède seulement quelques petites manufactures. Fontanes cherche la cause de cette décadence commerciale dans les droits d'entrée presque prohibitifs qui frappent non-seulement les denrées destinées à Niort, mais encore celles qui ne font que séjourner momentanément dans les entrepôts de la ville. Tout commerce d'importation et d'exportation, et même local, était ainsi rendu impossible. Voilà où conduisent des droits excessifs qui sont ruineux pour tous. La Gâtine achetait son vin en Saintonge, mais elle évitait de le faire passer par Niort. Il en était ainsi des bois de construction et d'une foule d'autres objets. La ville n'avait donc aucun commerce d'entrepôt et c'est cependant celui qui enrichit un pays. Le tarif du XVIII° siècle était inspiré par la pensée de soumettre les denrées, les matières premières et les objets confectionnés à des droits élevés, afin de pouvoir atteindre tous les consommateurs et de faire peser l'impôt sur tous. Mieux eut valu supprimer les privilèges de toutes sortes. La Révolution, qui arrivait, trouva le commerce de Niort dans cette position, et les officiers municipaux de la ville présentèrent les observations sommaires suivantes :

« La ville de Niort est, par sa position, susceptible d'un assez grand commerce ; construite sur les bords d'une rivière qui porte bateau, et qui, par la voie de Marans, communique à La Rochelle, dont elle n'est éloignée que de dix lieues, elle sert comme d'entrepôt aux marchandises du haut et bas Poitou, destinées pour l'entretien et la subsistance des îles françaises, qu'elle peut aisément verser et qu'elle verse réellement dans cette dernière ville.

« Après la capitale, elle est sans contredit la première du Poitou, et la plus peuplée ; elle entretient trois manufactures, dont l'une de pelleterie, l'autre de grosses étoffes connues sous le nom de pinchinat, et la dernière de fil.

« Dans des temps plus heureux, ces manufactures remplissaient le vœu des habitants ; mais la perte du Canada les a rendues languissantes, sans toutefois les détruire ; elles reprendraient bientôt leur première activité et deviendraient même plus florissantes que jamais, si La Rochelle devenait l'un des ports de France dans lequel les sujets des Etats-Unis pussent amener et débiter toutes les marchandises provenant desdits Etats ; ces peuples y trouveraient eux-mêmes d'autant mieux leur compte qu'ils ne vendront nulle part aussi avantageusement qu'à La Rochelle leurs denrées, surtout leurs huiles de poissons et leurs pelleteries.

« En effet, la seule ville de Niort fait acheter dans les différents ports du royaume toutes les peaux de chevreuils, daims, cerfs et élans qui arrivent ; elle est même forcée d'en tirer de Londres à grands frais et pour des sommes considérables. Aucune autre ville ne peut entrer en concurrence avec elle pour cette branche de commerce, soit par la supériorité de l'apprêt des peaux, vérité connue et que personne ne lui conteste, soit parce qu'elle possède une quantité immense d'ouvriers dans ce genre, de femmes et d'enfants qui cousent les gants avec toute la propreté et la solidité possible pour le prix modique de six à sept sous la paire.

« Outre cet avantage unique et inappréciable, il y a, tant dans la ville qu'aux environs, plus de trente moulins propres à fouler les peaux et plusieurs chamoiseries avec les emplacements et entours qu'elles exigent, toutes bâties et disposées sur les bords de la rivière de Saivre, qui baigne ses murs.

« Pendant la dernière guerre, Niort a employé par année dans ses chamoiseries mille barriques d'huilles de poissons venues à La Rochelle et Marans des ports de Lisbonne, d'Angleterre et de la Baltique. Si les chamoiseurs trouvaient en tous temps des pelleteries à La Rochelle, comme cela arriverait infailliblement si son port était franc, leurs fabrications augmenteraient au moins des deux tiers parce que la consommation des peaux de daims est d'un débit assuré ; il en faut absolument pour la cavalerie, pour le service des postes, pour la majeure partie des personnes qui voyagent à cheval ; il en faut pour faire cette grande quantité de gants qui se coupent à Niort, et où, par l'industrie de ses habitants, on est parvenu à supplanter dans cette partie les Anglais, qui auparavant en fournissaient la capitale ; de là l'avantage des Amériquains pour la vente de leurs cargaisons, et celui de la ville de Niort en même temps, qui trouvant, pour ainsi dire, sous sa main, de quoi alimenter ses manufactures, s'y livrera d'autant mieux que le négociant ne sera point obligé de s'arracher du milieu d'une famille à laquelle il est souvent si nécessaire, pour aller chercher au loin et à grands frais ce qu'il trouvera à bien meilleur marché à deux pas de chez lui et pour ainsi dire à sa porte.

« Cette augmentation des manufactures de chamois en produira nécessairement un autre et en même proportion, relativement aux huiles de poissons dont la consommation sera alors de trois mille barriques au lieu de mille ; de là, conséquemment, une bien plus grande quantité de dégras, objet précieux et essentiel pour les tanneries du royaume qu'on ne verra plus recourir à l'étranger comme le font aujourd'hui principalement celles de la Flandre française, qui par les ports de Dunkerque et de Calais, sont forcées de tirer des dégras d'Angleterre, parce que les chamoiseries de France ne peuvent suffire à leur fournir cette matière de première nécessité. C'est ainsi que les différentes classes de négociations sont tellement liées les unes aux autres qu'elles se tiennent pour ainsi dire par la main, que la faveur de l'une influe sur l'autre, que c'est de cette combinaison bien entendue que naissent les progrès du commerce ; plus il s'étend et se multiplie, plus la fortune et les richesses du citoyen augmentent ; c'est là une vérité de sentiments que l'esprit saisit sans efforts, et que l'expérience journalière démontre.

« Si la franchise du port de La Rochelle pour la navigation des Etats-Unis est capable de vivifier et de donner la plus grande activité à la manufacture des peaux de la ville de Niort, elle produira le même effet sur celle des grosses draperies ou pinchinat qui s'y fabriquent. Cette branche de commerce, intéressante à tous égards par l'emploi qu'on y fait des laines de la province, tombée depuis environ vingt ans au moins de moitié, reprendra certainement une nouvelle vigueur par la consommation qu'en feront les Amériquains, à qui ces grosses étoffes conviennent, qu'ils trouveront dans le lieu de leur débarquement même au moyen des magasins que la ville de La Rochelle aura soin d'y tenir, et qu'ils ne pourraient jamais se procurer ailleurs qu'en les payant beaucoup plus cher. L'emploi de ces laines, devenu plus considérable, exigera nécessairement une augmentation de bestiaux, qui, conséquemment, influeront d'autant plus sur les progrès de l'agriculture, objet essentiel du plus grand intérêt et d'un poids infini.

« Niort ne sera pas la seule ville qui profitera de ces avantages ; celle de Saint-Maixant, où l'on fabrique des bas, des bonnets dans lesquels la laine seule est employée ; celle de Parthenay, qui fournit deux espèces de grosses draperies l'une sur laine et l'autre sur fil ; les fabriques du bas Poitou, qui consistent dans des étoffes de laine blanche qu'on appelle carisés, participeront à la nouvelle vie que donnerait au commerce la franchise du port de La Rochelle pour la navigation des Etats-Unis.

« Les hameaux, les bourgades et les autres petites villes de la province, qui ne laissent pas que d'entretenir des rameaux assez considérables de commerce, jouiront de la même faveur. Elles redoubleront d'efforts, lorsqu'elles verront le débouché de leurs denrées et de leur industrie ; de manière que ces intérêts respectifs paraissent tellement liés et ont des rapports si sensibles que plus on réfléchit sur leur nature, plus on demeure persuadé qu'aucun port de France n'offre autant d'avantages aux Amériquains eux-mêmes que celui de La Rochelle, et que cette franchise est de la plus grande utilité pour le commerce des provinces d'Aulnis et du Poitou. »

Ces observations étaient fort justes, mais les événements révolutionnaires qui se préparaient allaient apporter la plus profonde perturbation dans l'industrie et le commerce. Les guerres de la Vendée, celles de la République et de l'Empire devaient ruiner les fabriques de la Gâtine, fermer au Poitou des débouchés par la mer, et enlever des bras pour les armées, qu'il fallait sans cesse augmenter et renouveler.

Les intendants jouissaient d'attributions très étendues, et ils pouvaient faire beaucoup de bien ; mais ils se laissaient circonvenir, redoutaient toute réforme, même celles qui étaient indispensables, enfin se montraient d'une injustice révoltante dans la répartition de l'impôt qui soulevait les plus vives réclamations.

Necker proposa, en 1778, de supprimer les intendants et et de les remplacer par des *Assemblées provinciales*, composées de propriétaires de différents ordres. L'idée était hardie; elle fut cependant accueillie; mais ne fut appliquée que dans deux provinces, le Berry et la Haute-Guyenne. Le Poitou continua à être administré par un intendant.

Au bout de huit ans, en 1787, le roi assembla les notables du royaume et le projet des Assemblées provinciales fut définitivement adopté.

L'administration du Poitou fut divisée en trois espèces d'Assemblées différentes : municipales, d'élection et provinciale. L'Assemblée provinciale devait tenir ses séances à Poitiers ; celle d'élection au chef-lieu de chaque élection ; enfin, les municipales dans les villes et paroisses qu'elles représentaient.

Les membres des Assemblées provinciale et d'élection étaient choisis parmi ceux des Assemblées municipales, ce qui représentait l'élection à deux degrés.

L'Assemblée municipale se composait du seigneur de la paroisse, du curé et de trois, six ou neuf membres élus par la communauté, en raison du nombre de feux. Pour être électeur, il fallait payer dix livres, au moins, d'imposition foncière ou personnelle. Pour être éligible, il fallait être âgé de 25 ans, habiter la paroisse depuis un an, et payer une cote d'imposition personnelle ou foncière de plus de 30 livres.

Les Assemblées d'élection étaient composées de 24 ou de 16 membres. Celle de Niort n'était que de 16 membres. Voici les noms des membres de l'Assemblée de cette élection :

Président : M. du Rousseau, marquis de Fayole.

Clergé : L'abbé Avice de Mougon, dignitaire du chapitre de Luçon ; — l'abbé de Gagelin, prieur de Sainte-Christine ; — M. Prestet, chanoine, prieur d'Asnières ; — M. Goizet, archiprêtre et curé de la paroisse de Notre-Dame de Niort.

Noblesse : M. Janvre, marquis de la Bouchetière ; M. de Montfreboeuf, ancien capitaine de cavalerie ; — M. Marsault de Parsay.

Tiers-Etat : M. Arnauldet-Dumaire, avocat et premier échevin de la ville de Niort ; — M. Cochon de l'Apparent, juge, sénéchal de Champdeniers ; — M. Piet de Pijouit, avocat ; — M. Martin de la Chancellerie, procureur du roi à Chizé ; —M. Rouget, lieutenant-général de la ville de Niort ; — M. Guérin, procureur du roi à Aulnay ; — M. Chauvin, avocat du roi au siége royal de Niort ; —

M. Laubier de Granfief, conseiller du roi, lieutenant-général de police à Civray.

Procureurs-Syndics : M. Chebrou de l'Espinatz ; — M. Barré-Chabans.

Secrétaire-Greffier : M. Gibouin.

Commission intermédiaire : Le marquis de Fayolle ; — M. Goizet ; — M. Marsault de Parsay ; — M. Rouget ; — M. Chauvin.

L'Assemblée générale de toute la province comptait 42 membres, dont la moitié était à la nomination du roi, l'autre moitié était élue. M. Rouget de Gourcez, lieutenant-criminel à Niort, fut choisi par le roi, et M. Chauvin, avocat au siège de Niort, fut élu.

Ces Assemblées répartissaient l'impôt direct entre les arrondissements ou élections qui, de leur côté, en opéraient la répartition entre les communes. Elles s'occupaient des routes, des canaux, de l'instruction publique, des établissements de bienfaisance, de l'agriculture et du règlement de la comptabilité.

La session du 12 novembre 1787 fut très laborieuse. On s'occupa de supprimer la mendicité à l'aide du travail, en créant des canaux et de nouvelles routes dans le Poitou et en formant des ateliers de charité.

Le bureau des tailles constata que le poids des impôts portait presque tout entier sur les petits propriétaires et que la moitié du sol de la province était inculte et improductive, par suite de l'inégale répartition des tailles. L'industrie et le commerce étaient aussi dans une situation déplorable.

L'Assemblée termina ses travaux le 12 décembre. Au moment de la clôture de la session, le président prononça ces paroles :

« Dans l'examen de la marche d'une administration, il est plus facile de découvrir les abus que les moyens d'y remédier ; vous avez donc jugé qu'il était plus prudent de n'avancer que lentement vers le bien, que de précipiter les démarches au hasard, et la sagesse a dirigé vos délibérations. »

Cette sagesse que signalait le président de l'Assemblée devait bientôt disparaître sous le souffle révolutionnaire. A peine la province avait-elle fait les premiers essais d'Assemblées issues en partie de l'élection, que des troubles graves éclatèrent sur plusieurs points de la France. La crise financière devint si menaçante que Louis XVI dut convoquer les Etats-généraux.

Notre tâche s'arrête ici. La physionomie de Niort change complètement ; de nouvelles idées agitent les classes de la population, les événements se précipitent et amènent la révolution.

L'étude de cette époque jusqu'à nos jours sera l'objet d'un autre travail ; ce sera l'histoire moderne de la ville de Niort. Nous donnerons seulement ici un bref sommaire des événements qui se sont accomplis dans notre ville depuis 1789.

FAITS ET DOCUMENTS DIVERS.

En 1747, il y eut de grandes gelées en mai. Les vignes subirent les effets de ces froids tardifs et la récolte fut très mauvaise. Le vin se vendit 50 livres la barrique, somme énorme pour l'époque.

Le 12 mars 1762, l'ingénieur de l'intendant du Poitou, M. Pernet, trace la route de Niort à Saint-Jean-d'Angély, passant par Beauvoir et Gript, avec une largeur de 42 pieds.

Le 26 mars 1775, pour assister au *Te Deum* chanté à Notre-Dame, à l'occasion du sacre du roi Louis XVI, le maire et la commune se préoccupèrent vivement de remplir les cadres complètement vides du régiment royal de Niort. Tous les officiers étaient morts à l'exception de cinq ou six. Le régiment n'avait pas servi depuis 1758, époque à laquelle, par ordre du maréchal de Sénectère, et dans la crainte d'une descente des Anglais, on avait exercé un détachement de 600 hommes pour les envoyer sur les côtes du Bas-Poitou.

Les inhumations précipitées paraissent avoir été nombreuses dans notre contrée. Le docteur en médecine Pineau publia chez l'imprimeur Elies, à Niort, en 1776, un mémoire très étendu, dans lequel il relève un grand nombre de cas de léthargie. Il rapporte le fait suivant, arrivé à Niort, vers 1730 :

« Jeanne Sorinière, native de Niort en Poitou, malade depuis long-temps, tomba à l'âge de huit ans dans un état si fâcheux qu'on la crut morte ; on l'ensevelit & on la mit sur la paille. Lorsque le délai ordinaire fut expiré, on l'enferma dans un cercueil et on se mit en chemin : lorsqu'on fut arrivé près de la Croix de la Mission, où le Clergé de Notre-Dame, sa Paroisse, devoit venir la prendre, elle fit quelques mouvemens dont on s'apperçut ; on ouvrit le coffre sur le champ ; on la reporta chez elle, et les secours qu'on lui donna produisirent tout l'effet que l'on pouvoit desirer. Sitôt que la connoissance lui fût revenue, elle demanda des cerneaux qu'elle aimoit beaucoup ; on lui en donna, et elle les mangea avec appetit....

« Cette femme actuellement âgée de cinquante ans jouit d'une bonne santé ; elle a été mariée deux fois. Son premier mari s'appelloit Jean Bion ; le second qui vit encore, et qui demeure avec elle à Niort, sur le Port, se nomme François Giraud.

« M. Bion étoit Curé de Notre-Dame lorsque cet accident arriva...

« Cette Observation m'a été communiquée par M. Chevallereau, très-habile Apothicaire, résidant à Niort, et par Madame son épouse, et ils la tiennent de cette femme même qui la leur a contée plusieurs fois. »

Le médecin Pineau cite plusieurs autres cas d'inhumations précipitées :

« Anne Deveau, épouse d'Antoine de Montan, Journalier, ayant été réputée morte, fut enterrée dans le cimetiere de la Mothe-Saint-Heraye, dans le Diocèse de Poitiers, à deux lieues de St. Maixant. Les trois filles de Bourloton, Boucher, se promenant dans le cimetiere, entendirent plaindre cette malheureuse femme ; et sur l'avis qu'elles en donnerent, on se détermina à l'exhumer ; mais malheureusement on n'ouvrit la fosse que plusieurs heures après, et il n'étoit plus temps : on la trouva morte... Cette Observation m'a été communiquée en 1775 par Mademoiselle Fraigneau, Témoin oculaire. »

« L'épouse du nommé Auré, Vigneron, native de Saint-Loup, à trois lieues de Parthenay, ayant été réputée morte à l'âge de quinze ans, fut renfermée dans un cercueil et portée à l'Eglise pour être enterrée. Comme on finissoit les prieres accoutumées, et que l'on se disposoit à la porter au cimetiere, on l'entendit plaindre ; on ouvrit le coffre sur le champ, et on la reporta chez le nommé Robineau, boucher, chez qui elle demeuroit pour lors en qualité de Domestique. On lui administra sans délai les secours dont elle avoit besoin, et elle eut le bonheur de se rétablir. Elle a vécu très-longtemps après cet accident. Elle demeuroit au Village de la Sabliere sur la Paroisse de St. Loup lorsqu'elle est morte.... Cette Observation m'a été communiquée le quatorze Juin dernier, de la présente année 1775, par la veuve Pacaud, demeurant à Parthenay, qui étoit amie intime de cette femme. »

« Le nommé Cerceau, Voiturier, demeurant à Parthenay en Poitou, dans le Diocèse de Poitiers, étant tombé dans l'Asphyxie, fut mis dans un cercueil et porté à l'Eglise de St. Paul, sa Paroisse. Lorsque l'Office fut fini, on le porta au cimetiere ; et comme on alloit le mettre dans la fosse, il fit quelques mouvemens ; on ouvrit le coffre sur le champ, on le reporta promptement chez lui, et il guérit si parfaitement, qu'il a vécu plusieurs années après cet accident.....

Cette Observation m'a été communiquée par M. Macardi, Ecclésiastique très-respectable et Curé de la Paroisse de Verruye en Poitou, dans le Diocèse de Poitiers. J'ai oui raconter ce fait à plusieurs autres personnes dignes de foi. »

« Monsieur Dupuy, Boutonnier, homme droit et vertueux, demeurant à Parthenay sur la Paroisse de St. Laurent, m'a assuré que Madame Coutancier, sa Concitoyenne, a été portée deux fois à l'Eglise pour être enterrée, et qu'elle est revenue à elle pendant qu'on chantoit son Service. »

« Monsieur Picard, natif de Maillezais, ma Patrie, dans le Diocèse de la Rochelle, à deux lieues de Fontenay-le-Comte en bas Poitou, malade depuis quelque temps, tomba tout d'un coup, à l'âge de quarante-deux ou trois ans, dans un assoupissement léthargique si profond, qu'on le crut mort. M. Hulin, pour lors Curé de Maillezais, vouloit absolument l'enterrer ; mais M. Besly, son Chirurgien, s'y opposa. M. Picard resta dans cet état de mort apparente pendant trois jours entiers, au bout desquels il commença enfin à revenir un peu à lui. On lui donna les secours convenables à sa situation, et il guérit. Il a vécu seize ans après cet accident ; il y a environ soixante-seize ans que cela est arrivé....

« Cette Observation m'a été communiquée par M. Gaspard-le-Bas, demeurant à Maillezais, Citoyen recommandable par sa candeur, par sa droiture et par toutes les qualités qui rendent une personne digne de l'estime et de l'amitié de ses Compatriotes.

« Il est hors de doute, que sans M. Besly, M. Picard auroit été enterré vivant ; qu'on en met tous les jours dans la terre, je ne saurois trop le répéter, qui n'ont que les apparences de la mort ! Je souhaiterois que tout le monde fût aussi fortement persuadé que je le suis de cette triste et affreuse vérité. Le chagrin que cette pensée affligeante me cause, répand l'amertume la plus vive sur tous les jours de ma vie. »

Nous pourrions reproduire beaucoup d'autres faits recueillis par le médecin Pineau, mais nous voulons rester sur ce cri d'un cœur humain et sensible, qui déplore avec une si profonde tristesse les erreurs qui font enterrer si fréquemment de malheureuses gens qui n'ont de la mort que l'apparence. Aujourd'hui encore, on se préoccupe vivement du danger des inhumations précipitées ; mais cette question n'a pas reçu de solution pratique, si ce n'est en Suisse et en Allemagne, où se trouvent depuis longtemps des dépôts mortuaires. De semblables établissements devraient exister non-seulement dans les villes, mais dans toutes les communes de France.

Les nouvelles casernes avaient été terminées en juillet 1752, et immédiatement le régiment en garnison dans la ville était venu les habiter. Le besoin du magasin se fit immédiatement sentir, et en 1779, le chevalier du Ran, major du régiment de dragons en garnison à Niort, provoqua cette construction, qui fut décidée le 9 avril, mise en adjudication le 20 juillet de la même année, et acceptée, après travaux finis, le 12 octobre 1783. La ville avait été obligée, en attendant, de prendre à loyer, à ses frais, une écurie d'infirmerie et un autre magasin. (C. A. B.)

En 1780, M. Rouget, conseiller du Roi, lieutenant général de police au siége royal et ressort de la ville de Niort, rend une sentence par laquelle un particulier, marchand de blé, est condamné à 30 fr. d'amende, pour avoir acheté au marché du blé *sur montre*, et non à poche découverte, contre les dispositions des réglements rendus sur le commerce des grains, notamment ceux de Philippe-le-Bel, en 1305 ; de Charles IX, du 4 février 1567 ; de Henri III, du 24 novembre 1577 ; de Louis XIII, du 1er février 1629 ; de Louis XIV, du 13 août 1699 ; la déclaration du roi, du 19 avril 1723 ; les lettres patentes du 11 janvier 1771 ; et une ordonnance de police du même siége de Niort, du 28 mars 1772 : avec défense de récidiver, sous peine d'être privé de la faculté de faire le commerce des grains, et de trois mille livres d'amende.

En 1789, Laidin de la Bouterie, lieutenant général de police à Niort, fixe le prix de la viande à fournir à l'hospice général, pendant l'année, à 5 sous la livre.

CHAPITRE XXXII

NIORT DE 1789 A 1879

Nous entrons dans une période violemment agitée. La révolution trouve à Niort de nombreux partisans, et sa proximité du théâtre de la guerre de la Vendée rend cette ville le centre d'opérations stratégiques importantes.

Voici les principaux événements que nous enregistrons succinctement :

1790. — Au mois de janvier, l'Assemblée constituante décrète qu'il sera fait une nouvelle division du royaume, en *départements,* en *districts* et en *cantons.* Le département des Deux-Sèvres, qui prend d'abord le nom de département intérimaire *du Poitou,* est divisé en six *districts* ou arrondissements : Niort, Saint-Maixent, Parthenay, Thouars, Melle et Châtillon-sur-Sèvre.

Niort, Parthenay et Saint-Maixent se disputent l'honneur de devenir chef-lieu du département des Deux-Sèvres. Un décret de la Constituante, du 16 septembre 1790, établit à Niort le chef-lieu du département.

1790. — Publication du journal *Les Annales patriotiques,* dirigé par M. Piet-Berton-Chambelle ; cette feuille est remplacée en 1791 par le *Journal des Deux-Sèvres.*

5 septembre 1790. — Violente émeute à Niort, causée par l'exportation des grains.

1791. — Le donjon de Niort est désigné pour recevoir le tribunal criminel et les prisons.

1792. — M. Demetz présente à l'administration départementale un mémoire très étendu sur la navigation maritime de la Sèvre et sur un canal de Poitiers à la Rochelle.

Décembre 1792. — Une députation de Bressuire arrive à

Niort et annonce au conseil général qu'une insurrection se prépare dans ce district. Le conseil écrit à la Convention pour lui demander une loi qui prononcerait la peine de mort et celle de la confiscation contre tout ecclésiastique réfractaire. On demandait pour le dénonciateur une récompense de cinq cents livres.

1792. — M. Bernard est chargé de recueillir les objets d'art épars dans les églises et les habitations des émigrés. Ce peintre distingué s'acquitte avec empressement de sa mission. L'église des Carmélites est désignée pour servir de musée départemental.

3 mars 1793. — Niort reçoit la nouvelle qu'une insurrection vient d'éclater dans les districts des Sables et de Challans, et expédie de suite des secours au directoire de la Vendée.

14 mars 1793. — Niort offre à la Convention les dons patriotiques, parmi lesquels se trouvent 36,000 livres, un grand nombre d'effets d'armement et d'équipement confectionnés par les Niortaises. Un courrier arrive de Fontenay pour demander des secours contre les royalistes ; 750 volontaires répondent à cet appel. Le conseil général du département se déclare en permanence. Les nouvelles arrivent que l'insurrection s'étend dans toute la Vendée.

17 mars 1793. — Auguis et Carra, députés, envoyés par la Convention nationale, arrivent à Niort.

21 mars 1793. — La Convention nationale décrète que la ville de Niort a bien mérité de la patrie.

22 mars 1793. — Niort se prépare à résister aux Vendéens ; la garnison est sur la défensive. MM. Méchinet et Bouchet-Martigny reçoivent le commandement de la garde nationale. Des bateliers vont à Marans chercher des canons. Des soldats blessés arrivent à Niort pour se faire soigner. Une bande de Marseillais marche sur le donjon pour massacrer les prêtres qui s'y trouvent renfermés ; les citoyens Guillemeau et Rouget sauvent les prisonniers au péril de leur vie.

Avril 1793. — Un prêtre qui fuyait sous le travestissement d'une femme est dénoncé ; il est conduit devant le tribunal criminel qui le condamne à la peine de mort.

L'administration de la Vendée demande à celle des Deux-

Sèvres de lui prêter sa machine à décapiter; le conseil refuse, mais il fait confectionner cinq guillotines, afin de pouvoir prêter ces terribles instruments aux municipalités qui en feraient la demande.

11 mai 1793. — Thouars, Bressuire, Parthenay sont au pouvoir des Vendéens qui menacent Niort. Tous les citoyens de cette ville sont obligés d'aller travailler aux retranchements. Les communes environnantes envoient chaque jour des hommes pour élever des fortifications. Le directoire départemental taxe le prix du froment à 8 livres 5 sous le boisseau.

25 mai 1793. — Les royalistes s'emparent de Fontenay et marchent sur Niort. Arrivés à un kilomètre de la ville, au moulin de Grange, une panique se met dans leurs rangs et ils se retirent en désordre. Les habitants des districts voisins étaient accourus pour défendre le chef-lieu du département; on est obligé d'agir avec vigueur pour expulser cette foule qui se livrait au pillage et au maraudage.

Juillet 1793. — Bourdon de l'Oise, conventionnel, est en mission à Niort; il fait élever des remparts, abattre les arbres de la place de la Brèche, et démolir les halles qui pouvaient gêner la défense de la ville. Il surveille le tribunal criminel, qu'il accuse de modérantisme, fait remplir les prisons de suspects, et terrorise les habitants.

Les rues de Niort changent de noms; la rue Saint-André devient rue de la *Montagne*; Saint-Gelais, de l'*Egalité*; du Minage, du *Peuple*; Sainte-Marthe, *Marat*; Notre-Dame, de la *Convention*; des Trois-Rois, des *Sans-Culottes*; du Petit-Paradis, du *Bonnet-Rouge*; Saint-Nicolas, *Voltaire*. La ville est divisée en cinq sections ou quartiers : de la Montagne, de la Liberté, de l'Unité, de l'Egalité et de la Fraternité.

Les réunions des clubs se tiennent dans l'église de Saint-André; celle de Notre-Dame sert de halles et de marché aux légumes.

La société populaire décide qu'il n'y aura plus de culte public. Les confessionnaux servent de guérites. Trois cents prisonniers sont dirigés sur Angoulême.

Du mois de novembre 1793 au mois de mai 1794, c'est-à-dire dans l'espace de 7 mois, 106 exécutions capitales d'insurgés vendéens ont lieu à Niort, sur la place de la Brèche. Le 3 mars 1794 est une date terrible pour notre ville; ce jour-là 66 têtes tombent sur l'échafaud ; 23 de ces exécutions sont faites sans jugement !

Voici la liste des Vendéens condamnés par le tribunal criminel des Deux Sèvres et exécutés à Niort :

Louis Hayer, curé. — P. Chamarre, journalier à Terves. — L. Bellotion, domestique à Moncoutant. — René Fournée, chirurgien à Voultegon. — Jean de Morineau, de Thouars, émigré. — Côme de Morineau, de Thouars, émigré. — B. Cholet, domestique à Sainte-Verge, qui avait suivi son maître dans l'émigration.— Jean Gauvain, de Bressuire, chef vendéen. — J. B. Létang, de Bressuire, chef vendéen. — P. Lafargue, de Faye-l'Abbesse, chef vendéen.— L. Fradin, maire d'Amailloux. — Ch. Merceron, de Boismé, chef vendéen. — H. Bernard, de la Chapelle-St-Laurent. — A. Vincent, de la Chapelle-Saint-Laurent. — L. Gauffreteau, maçon à la Chapelle-Saint-Laurent. — J. Tallerye, curé de la Chapelle-Saint-Laurent, qui avait lu en chaire un mandement de l'évêque d'Agra. — Jean Frugier, membre de la municipalité de Faye-l'Abbesse. — G. Vason, officier municipal de Faye-l'Abbesse, pour avoir contre-signé des passe-ports de rebelles.—F. Allard, de Chiché, pour avoir poussé des cris séditieux. — E. Vergniaud, membre du comité royaliste de Chiché. — R. Bigot, de Chiché. — J. René, boucher à Chiché, pour avoir fourni des vivres aux royalistes. — D. Croizé, tisserand à Chiché, pour avoir fait de la propagande royaliste. — H. Jollivet, curé de Faye-l'Abbesse. — A Godeau, de la Chapelle-Saint-Laurent, sellier. — D. Caillaud, curé de Boismé, pour avoir suivi les royalistes. — L. Gingro, domestique à Boismé. — P. Bonneau, domestique à Saint-Pardoux. — P. Millaquet, de la Flocelière, ancien contrôleur des greniers à sel. — P. Jamart, cordonnier au Busseau. — P. Billaud, charpentier à la Chapelle-Thireuil. — J. Tranchet, cordier à Chiché. — R. Goffreteau, cordier à Chiché. — C. Bourreau, maréchal à Chiché. — J. Gatard, métayer à Chiché. — J. Dugat, marchand de moutons à Chiché. — J. Guignard, chiffonnier à Chiché. — G. Deguil, bordier au Breuil-Bernard. — P. Maupillier, tailleur au Breuil-Bernard. — A. Berton, de Chiché. — F. Charbonnier, laboureur à Faye-l'Abbesse. — A. Baranger, de Faye-l'Abbesse. — P. Fauchereau, de Faye-l'Abbesse. — P. Guignard, de la Peyratte, pour avoir dit que cette guerre était celle des paysans contre les bourgeois. — R. Grimaud, d'Amailloux. — L. Colin, bordier à Amailloux. — J. Samson, journalier à Amailloux. — A. Billy, journalier à Amailloux. — L. Gris, charbonnier à Amailloux; il n'était âgé que de 19 ans. — P. Renaudeau, charpentier au Beugnon. — J. Potiron, sabotier au Beugnon. — J. Robin, du Beugnon. — P. Penel, du Beugnon. — F. Maulevrier, journalier à Vernoux. — J. Barraud, journalier à Vernoux. — R. Girard, maçon à Vernoux. — F. Croisé, maçon à Vernoux. — J. Verger, maçon à Vernoux. — L. Lafargues, de Missé, pour propos séditieux. — J. Cendres, maire de Pugny. — J. Coudreau, boulanger à Vernoux. — P. Coudreau, bordier à Vernoux. — J. Clopeau, journalier à la Fasilière. — J. Joly, charbonnier à Chiché. — F. Moine, charbonnier à Chiché. — G. Belliard, sabotier à Chiché. — J. Germond, métayer à Chiché. — Marie Guignard, femme de Jean Boucher, de Chiché. — Marie Billy, femme de C. Allard, charbonnier à Chiché. — Marie Lainé, femme de Jean Bigot, journalier à Chiché, pour pillage et propos séditieux. — Marie Guérin; Françoise Bruneau, femme de Bazin; Louise Delime, couturière; Véronique Rouhier, demeurant à Chiché, pour pillage et propos séditieux. — P. Roy, journalier à Faye-l'Abbesse. — J. Fauchereau, tisserand à Faye-l'Abbesse. — P. Ponsin, propriétaire au Breuil-Barret. — F. Drouet, fabricant à Saint-Aubin-le-Cloud. — F. Noyrault, menuisier à Missé. — J. Branchaud, laboureur à la Châtaigneraie. — J. Sénéchaud, boulanger à Saint Hilaire-de-Vouhé. — D. Boutet, cercleur à Vasles. — C. Marillet, de Massais, émigré.

Liste des Vendéens exécutés à Niort le 3 mars 1794 et dont les jugements ne se trouvent dans aucun greffe :

J. Richard, de Fénery. — J. Charron, du Breuil-Barret. — J. Marquet, de Saint-André-sur-Sèvre. — J. Giraud, de Saint-Paul-en-Gâtine. — F. Morin, d'Usseau. — R. Chanoine. — Zimmermann, de la commune des Deux-Ponts. — Jeanne Caillaud, de Bressuire. — P. Normand, d'Antigny. — Auguin, de Saint-Marc-la-Lande. — P. Cougnes. — F. Cholon, d'Amailloux. — P. Guérineau, de Saint-Hilaire-de-Vouhé. — A. Rossard, curé de la Chapelle-Bertrand. — P. Aubry, de Courlay. — F. Mimeau, de Secondigny. — J. Sèvre, de la Chapelle-Seguin. — Marie Baudet, de Largeasse. — C. Bréchoir, de Saint-Germain-de-Longue-Chaume. — L. Poupard, du Breuil-Bernard. — J. Vadé, de Foussais. — P. Fasillaud, des Moutiers-sous-Chantemerle. — P. Roy, de Saint-Pierre-du-Chemin.

L'entassement des détenus dans les prisons de Niort, la nourriture insuffisante qu'ils recevaient causèrent une mortalité énorme. 182 prisonniers succombèrent du 14 novembre 1792 au 30 août 1794.

La liste des personnes suspectes amenées ou mises en état d'arrestation à Niort, du 16 septembre 1792 au 27 novembre 1795, s'élève à 1389.

Le tribunal criminel de Niort, dans sa session tenue de novembre 1791 à mai 1794, prononça 83 sentences de mort.

Le conseil général de la commune, craignant que la quantité de sang répandu sous la guillotine n'engendrât des miasmes pestilentiels, décida que trois ouvriers seraient chargés de faire sous l'échafaud un trou de cinq pieds de profondeur, de deux pieds de circonférence, dans lequel serait reversé tout le sang répandu. Un baquet devait être suspendu près du plancher pour recevoir le sang qui jaillirait sur l'échafaud, et porté au lieu des sépultures par les tombereaux destinés à recevoir les cadavres. Les inhumations étaient pratiquées à Bouillounouse.

Ces détails sont horribles, mais ils n'approchent pas encore des atrocités commises par les généraux républicains dans le district de Bressuire.

Du 8 février 1791 au 1er novembre 1795. — La vente des biens nationaux provenant du clergé fut de 5,667,491 francs; la vente des biens provenant des émigrés fut de 5,330,974 francs; la vente des effets mobiliers et des créances donna environ deux millions. Les confiscations produisirent dans les districts de Niort, de Melle et de Parthenay, près de cinquante millions. On ne put opérer que peu de ventes de biens dans les districts de Bressuire et de Thouars : les adjudications eurent lieu à vil prix et furent payées en assignats. A cette époque, une des grandes métairies de la banlieue de Niort fut adjugée pour quelques milliers de livres ; le nouveau propriétaire se rendit à la métairie, prit deux bœufs qu'il vint vendre au marché. Le produit suffit pour payer entièrement cette propriété, qui aujourd'hui produit plus de dix mille francs de rente.

(An IV, 4 fructidor) 1795. — L'église de Notre-Dame est rendue au culte catholique.

1802. — Mairie du docteur Brisson. — Extinction de la mendicité. — Construction des halles et de l'abattoir.

1805. — Incendie des archives du département, placées à Niort. La cause de ce sinistre est restée ignorée.

7 août 1808. — Séjour de l'empereur Napoléon à Niort. Il est accompagné de l'impératrice Joséphine. LL. MM. sont accueillies avec le plus vif enthousiasme. De Niort l'empereur se rend à Nantes.

Pendant son séjour à Niort, l'empereur Napoléon signe un décret concernant les routes, la navigation de la Sèvre et le dessèchement des marais. Par ce décret, la partie de la route de Poitiers à Nantes et celle de Fontenay à Saumur, qui traversent le territoire des Deux-Sèvres, devaient être terminées le 1er janvier 1810.

Les rivières le Thouet et la Sèvre Nantaise seront rendues navigables.

Le marais de Bessines, près de Niort, sera desséché, et la commune mise en possession des terrains.

Il est fait donation à la ville de Niort du château et de ses dépendances, à l'exception du donjon. Des rues seront percées sur cet emplacement. Un quai sera construit à Niort, devant les fabriques de chamoiserie. Le port sera réparé et drainé.

1er juillet 1815. — Napoléon arrive incognito à Niort à huit heures du soir. Il veut y rester un jour ; il couche dans la maison de poste située place de la Brèche. Le lendemain il est reconnu et salué par les cris chaleureux de *vive l'Empereur !* Le préfet accourt et lui fait accepter l'hospitalité à la préfecture. La population tout entière entoure la préfecture jusqu'au soir. L'empereur reçoit les fonctionnaires et les officiers des troupes rassemblées à Niort. Chacun le supplie de ne pas s'éloigner, et lui offre son concours. L'empereur est vivement touché de ces marques d'attachement ; mais il refuse et part pour Rochefort.

18 avril 1816. — Une cour prévôtale est établie à Niort pour le département des Deux-Sèvres.

1822. — Le comte de Sainte-Hermine, maire de Niort, fait

exécuter des travaux hydrauliques qui amènent à Niort les eaux de la *fontaine du Vivier*.

1823. — M. de Roussy, dans son rapport au conseil général, demande que la préfecture soit construite sur le carrefour des Trois-Coigneaux. La proposition était très juste. Le conseil général l'adopte, mais le conseil municipal lui fait la plus vive opposition. Le temps a prouvé depuis que l'extension de la ville devait être portée dans ce quartier.

1826. — Le conseil général exprime le vœu de creuser, de Niort à Bourges, un canal qui vivifierait plusieurs départements du Centre.

Le recensement de la population de Niort donne le chiffre de 15,799 habitants.

1827. — Publication à Niort, du journal la *Sentinelle des Deux-Sèvres*.

Niort devient le chef lieu de la 10e conservation forestière.

1828. — 13 septembre. Pose de la première pierre du nouvel hôtel de la préfecture, à Niort.

15 décembre. Formation de la Société de médecine.

Le Conseil municipal de Niort vote des fonds pour l'extension du quartier de cavalerie.

1830. — 30 juillet. Vive émotion causée à Niort par les événements de Paris. Organisation de la garde nationale.

Le choléra fait de nombreuses victimes à Niort.

1831. — Construction du tribunal. Commencement de construction du nouveau quartier de cavalerie.

1835. — Premier congrès de l'Association musicale de l'Ouest, fondée à Niort par M. Beaulieu. Création d'une classe gratuite de dessin.

Au mois d'août, 23 royalistes comparaissent devant la cour d'assises des Deux-Sèvres, sous la prévention d'avoir pris part à l'insurrection. 11 sont acquittés et 12 déclarés coupables.

1839. — Première exposition départementale agricole, industrielle et artistique à Niort.

1840. — Le préfet des Deux-Sèvres, M. de Saint-Georges, accomplissant un vœu du conseil général, fait placer une table de marbre au-dessus de la fenêtre de l'appartement qui avait été occupé, à Niort, par Napoléon Ier en quittant la

France (ancienne caserne de la gendarmerie, place de la Brèche). Une décision royale du 25 novembre approuve l'inscription gravée sur cette table.

Création de la première salle d'asile.

20 juin. — Congrès archéologique tenu à Niort, sous la présidence de M. de Caumont,

Deuxième exposition départementale à Niort.

1843. — Troisième exposition départementale à Niort.

1845. — Fondation à Niort de la société pharmaceutique et de l'association des vétérinaires du Poitou.

Niort est éclairé au gaz.

1846. — Le service de la Sèvre Niortaise et de ses affluents est centralisé. M. de Lafforre, ingénieur en chef, en est chargé.

1847. — L'antiquaire de la Fontenelle de Vaudoré lègue, à sa mort, une partie de ses livres et de ses manuscrits à la bibliothèque de Niort.

1848. — La chute de Louis-Philippe produit une vive émotion à Niort. Des clubs sont ouverts. Il n'y a aucun trouble.

Acquisition du domaine de la Bigoterie pour en faire un jardin public.

Quatrième exposition départementale à Niort.

1849. — Le choléra fait de nombreuses victimes à Niort. Mouvement de la population pour empêcher le régiment de chasseurs, en garnison à Niort, d'envoyer un détachement à Saintes. La ville est privée de garnison pendant plusieurs mois.

13 et 14 octobre 1852. — Le Prince président est accueilli à Niort, avec le plus vif enthousiasme, aux cris de vive l'Empereur ! Construction de la prison de Niort, sur les plans de l'architecte Ségrétain.

8 août 1855. — Commencement de la reconstruction de l'église Saint-André, sur les plans de l'architecte Segrétain.

Le conseil municipal vote des fonds pour établir au Vivier deux machines à vapeur, de manière à fournir à la ville et aux habitants 30,000 hectolitres d'eau par 24 heures.

8 mars 1857. — Inauguration des machines à vapeur pour le service hydraulique de la ville.

1858. — 17 au 22 mai. Concours régional agricole à Niort ; neuf départements y prennent part. La coupe d'honneur est décernée à M. le baron Edouard Aymé de la Chevrelière.

7 juin. — Le maréchal Baraguey-d'Hilliers est reçu à Niort par la municipalité ; il passe en revue la garnison. Il visite Saint-Maixent, Parthenay et Bressuire.

5 juillet 1859. — Congrès musical de l'Ouest.

1er novembre. — La Sèvre déborde ; le quartier du Port, de Niort, est envahi par les eaux. Sevreau, Saint-Liguaire, Magné, Coulon et les villages en aval de la Sèvre sont inondés. Les pertes ne sont que matérielles.

17 février 1860. — M. Thomas Hippolyte Main lègue à la ville de Niort plusieurs immeubles et des actions de la Banque de France d'une valeur de près d'un million, pour être consacrés à la construction de deux ponts.

1861. — Inauguration du lycée Fontanes, construit sur les plans de l'architecte Thénadey.

Janvier 1862. — Commencement des travaux pour la construction de l'église Saint-Hilaire, sur les plans de l'architecte Ségretain.

1865. — Concours agricole régional et exposition de l'industrie à Niort. Le nombre des animaux ou lots exposés s'élève à 603 ; celui des machines à 723, et celui des produits agricoles à 201. La prime d'honneur est décernée à M. Lévrier, propriétaire et cultivateur à Rom. Un concours d'orphéons venus de plusieurs points de la France termine la série des fêtes.

1866. — Un décret impérial, en date du 28 février, porte qu'une succursale de la Banque de France sera établie à Niort. Cette succursale commence ses opérations le 25 août 1868.

Le Conseil général décide que la nouvelle caserne de gendarmerie de Niort sera construite sur les terrains situés à l'angle de la rue de la Flèche et de la rue de la Motte-Dupin.

Création d'une galerie de peinture annexée au Musée.

18 août 1867. — Pose de la première pierre des ponts Main.

1868. — Le chemin de fer d'Angers à Niort est livré à la circulation le 28 décembre 1868.

14 juin 1870. — Fêtes musicales du congrès de l'Ouest. Splendides fêtes, hélas! qui précédaient de peu de jours d'affreuses catastrophes.

1870. — 15 juillet. Une dépêche télégraphique, parvenue à Niort, apporte la déclaration de la guerre par la France à la Prusse.

21-22 juillet. — Revue de départ, sur la place de la Brèche, des soldats de la réserve.

4 août. — Par décret sont nommés commandants dans la garde mobile des Deux-Sèvres :
1er bataillon (Bressuire). — M. L. Rouget ;
2e — (Melle). — M. Guilles-Desbuttes ;
3e — (Niort). — M. de Cugnac.

6 septembre. — M. Ricard, avocat à Niort, est nommé préfet des Deux-Sèvres.

8 septembre. — M. Rouget est nommé lieutenant-colonel de la garde mobile des Deux-Sèvres.

22 septembre. — M. Ricard donne sa démission de préfet de la Défense nationale dans les Deux-Sèvres ; il est remplacé par M. Mahou.
Élection de M. Rouget au grade de lieutenant-colonel de la garde nationale mobile des Deux-Sèvres.

25 septembre. — Départ des bataillons des mobiles des Deux-Sèvres pour Vierzon.
La garde mobile de la Corrèze vient tenir garnison à Niort.

30 octobre. — Départ des mobiles du dépôt établi à Niort.

7 novembre. — De nombreux cas de variole se déclarent à Niort ; l'épidémie prend en peu de jours des proportions effrayantes.

1871. — D'après le recensement, la population de Niort s'élève à 21,344 âmes.

1874. — Juin. Le concours régional se tient à Niort. Beaucoup de beaux animaux et de machines ingénieuses pour l'agriculture y sont exposés ; la prime d'honneur est décernée à M. Danzay, propriétaire du domaine de la Châtelière, situé dans le canton de Thénezay.

Juin 1875. — Fêtes musicales du congrès de l'Ouest.

1876. — 12 mars. Mort de M. Ricard ; ses funérailles sont faites aux frais de l'État. Son corps est ramené à Niort ; ses obsèques ont lieu le 16 mars. Plusieurs discours sont prononcés sur sa tombe. Une pension annuelle et viagère de 6,000 francs est votée à sa veuve.

Décembre 1876. — D'après le recensement, la population de Niort s'élève à 20,923 habitants.

1877. Janvier. — Fondation d'un cercle catholique à Niort.

Avril. — Fête de charité: cavalcade représentant l'entrée à Niort de Louis XIII se rendant au siège de La Rochelle.

Mai à octobre. — Mouvement électoral à la suite du 16 Mai. MM. Antonin Proust et de la Porte, candidats républicains, sont élus par les deux circonscriptions électorales de l'arrondissement de Niort.

1878. 13 mai. — Arrivée à Niort de la délégation de la commission d'enquête électorale, chargée de faire une instruction dans les Deux-Sèvres sur les actes des agents du 16 Mai. Cette délégation se compose de MM. Le Cherbonnier, Laisant, Crozet et Fourneyron.

Octobre. — Un arrêté préfectoral autorise l'étude, sur le territoire des Deux-Sèvres, du chemin de fer de Niort à Montreuil-Bellay.

Formation de l'association des anciens élèves du collège et du lycée de Niort.

Novembre. — Organisation d'une société de gymnastique.

1879. Février. — Etablissement d'une société niortaise de tir.

Avril — Déclaration d'utilité publique d'un chemin de fer de Niort à Montreuil-Bellay.

Le 3 juillet, une messe pour le repos de l'âme du Prince Impérial est célébrée dans l'église de Notre-Dame de Niort, au milieu d'un grand concours de population.

Septembre. — Deux arrêtés du préfet enlèvent la direction des écoles communales de garçons aux frères de la doctrine chrétienne, et la direction des écoles mcomunales de filles aux sœurs de l'Immaculée-Conception, à Niort.

PORTE NOTRE-DAME DE NIORT.
D'après une Photographie

LES ANCIENS MONUMENTS DE NIORT.

CHATEAU DE NIORT.

Ce monument a été construit par Henri II, roi d'Angleterre. Sous Louis VIII, il échut à l'autorité royale, qui lui donna le titre de châtellenie. Il passa successivement au pouvoir de la couronne de France et des princes apanagistes du Poitou.

Il ne reste plus de cet édifice que deux donjons, reliés par un bâtiment en maçonnerie ; cette construction est d'une date plus récente.

Le donjon du sud présente un type parfait des vieilles tours féodales ; celui du nord est d'une exécution moins remarquable. Ils renferment chacun une chambre basse, une salle au premier étage, et un appartement supérieur ; ils sont couverts par une plateforme, d'où la vue embrasse un vaste horizon.

Ce château formait un pentagone. Du nord au sud, sa façade est de 140 toises, et de l'est à l'ouest, de 90. Des fossés l'entouraient et la Sèvre baignait les remparts du côté de l'ouest.

Douze tours composaient son système de défense. On pénétrait dans le château par deux portes pratiquées entre deux tourelles. L'une de ces portes était au couchant, c'était la porte de sortie. L'autre ouvrait au nord-est pour établir des communications avec la ville.

Le donjon consistait en deux tours carrées ayant à leurs angles et au milieu de leurs faces des tourelles arrondies. La tour du midi avait quelques mètres de hauteur de plus que celle du nord. Un massif de maçonnerie réunissait les deux grosses tours.

Le Donjon avait pour ceinture de larges fossés sur lesquels s'abattait un pont-levis, protégé par un bastion.

Le préau s'étendait au couchant, jusqu'au rempart baigné

par la Sèvre. C'est de ce côté que se trouvaient la Salpêtrière et la porte de sortie. Des logements étaient adossés à la porte du nord.

Jusqu'à la fin du xvie siècle, une église dédiée à Saint-Gaudens a existé dans l'enceinte du château, sur l'emplacement occupé, aujourd'hui, par la rue Saint-Gaudens. Elle fut détruite en 1588, lors de la prise de la ville par les protestants.

Le plan du château n° 2, joint à cet ouvrage, a été dressé vers la fin du xvie siècle ou au commencement du xviie.

Plusieurs de nos concitoyens se rappellent avoir vu le château complet. Son enceinte était limitée par la rue Royale, le Collège, la rue de Pelet et la Sèvre.

Pendant la Révolution, le château devint propriété nationale, et la ville l'acheta 68,033 francs. En 1798, la place d'armes du château fut transformée en un jardin botanique, qui fut détruit en 1815. Sur son emplacement, on a élevé l'hôtel de la préfecture.

Aujourd'hui, l'enceinte du château est devenue un quartier de la ville, et le vieux donjon attend une destination digne des grands souvenirs historiques qu'il rappelle.

ÉGLISE DE NOTRE-DAME.

Sur l'emplacement où existe l'église de Notre-Dame, s'élevait une église fondée à la même époque que l'abbaye de Charroux. C'est au milieu du quinzième siècle, que cet édifice fut reconstruit. La principale porte d'entrée était autrefois au nord ; elle est très ornementée, et la balustrade qui la surmonte porte ces mots : *O Mater Dei, memento mei !* L'intérieur de Notre-Dame est divisé en trois parties, par des piliers. Le clocher est construit avec une rare perfection ; il s'élance dans les airs avec une extrême hardiesse. Les statues des galeries représentent les quatre évangélistes. La tradition raconte que la flèche de Notre-Dame a été construite par la fée Mellusine ; mais l'histoire lui donne pour architecte un nom moins poétique, celui de Mathurin Berthomé. La hauteur du clocher est de 76 mètres ; la longueur de l'église est de 55 mètres.

Les protestants dévastèrent Notre-Dame en 1588 ; elle fut rendue au culte par l'édit de Nantes.

CLOCHER DE NIORT,

d'après une Photographie

A la fin du xviie siècle, Suzanne de Parabère fit placer dans l'église de Notre-Dame, trois tombeaux.

Pendant la Révolution, Notre-Dame devint un temple décadaire, et ensuite une halle et un marché. Ces profanations ne cessèrent qu'en 1795.

L'intérieur de cette église a été réparé et orné pendant que M. le curé Guillet était à la tête de cette paroisse.

ÉGLISE DE SAINT-ANDRÉ.

Un mémoire d'un intendant du Poitou déclare que cette église était autrefois la plus grande et la plus belle de la province. Selon quelques historiens, son origine serait plus ancienne que celle de Notre-Dame. Il est vrai que deux des piliers placés près du chœur dataient du xie siècle. Les autres parties de cet édifice n'étaient que du xve siècle. Le clocher était au midi. L'église de Saint-André fut dévastée par les protestants en 1588 ; il n'en resta que les travées du chœur et deux chapelles. On répara ces ruines ; mais le monument ne reprit son caractère primitif que sous Louis XIV, qui le fit considérablement agrandir.

Pendant la Révolution, l'église servit de grenier à fourrages.

Un petit clocheton à coupole, construit en 1828, a disparu pour faire place à deux clochers d'une remarquable architecture.

C'est M. Segretain qui en a été l'architecte, et c'est grâce au zèle et au dévouement de M. le curé Rabier que l'église a pu être reconstruite presque entièrement.

HÔTEL DE VILLE DE NIORT.

Ce vieux monument, dont le clocheton domine notre cité, rappelle les franchises communales qui, pendant plusieurs siècles, ont contribué à la prospérité de notre ville.

La première charte instituant une commune à Niort, est datée de 1203 ; mais Aliénor ne faisait que confirmer les usages et coutumes des Niortais.

L'ancien hôtel de ville était construit rue Saint-François. Au xvie siècle, la commune fit élever sur la place du Pilori le monument qui existe aujourd'hui, et qu'on a le tort d'appeler le *Palais d'Aliénor*. Il fallut une sentence royale pour conserver à la cité la propriété de cet hôtel-de-ville.

La construction, commencée en 1520, fut terminée en dix ans et coûta 1432 livres. Cet édifice présente, à ses angles, des tours circulaires. Il est couronné par des consoles qui forment des machicoulis. A l'angle nord du monument, s'élève une tour carrée et massive, qui date de 1694. Le clocheton a été refait il y a quelques années seulement.

MAISON OU EST NÉE MADAME DE MAINTENON.

Tous les historiens ne manquent pas de raconter que madame de Maintenon est née dans le donjon. C'est une erreur. Madame de Maintenon est née, le 28 novembre 1635, dans une maison de la rue des Halles, située au fond d'une cour qui porte le nom de *Candie*. La façade de cette maison conserve quelques moulures ; elle possède une fenêtre assez curieuse, dont la forme est un carré long, partagé en six compartiments par des meneaux. L'encadrement repose sur deux consoles qui représentent un singe et une tête de femme. C'était, au xviie siècle, une prison qui communiquait avec l'ancien palais de justice.

NOTICES BIOGRAPHIQUES

Niort, ville commerçante, ville municipale, a donné naissance à des artistes, des historiens, des archéologues, des hommes de guerre, des poètes, enfin à une foule d'esprits distingués qui se sont fait un nom dans les arts, les armes et la littérature. Notre cité se fait aussi honneur de compter parmi ses enfants des bienfaiteurs de l'humanité.

Le premier nom que nous offrent les annales niortaises, est celui de Jacques Yver, conteur charmant, qui possède toute la naïveté des romanciers du moyen âge. Il arrivait, cependant, avec cette grande ère de la renaissance qui devait renouveler tant de choses en ce monde ; mais il resta l'homme du vieux temps, et dans ses récits nous ne trouvons pas encore l'allure vive et dégagée du style de son époque. Rabelais n'était pas encore venu et Clément Marot n'avait pas écrit ses beaux vers. Malgré tout, Jacques Yver n'en est pas moins un écrivain très goûté et très apprécié des délicats de notre vieille langue.

Nous ne comptons qu'un seul romancier ; l'esprit positif des Niortais les tenait éloignés des fictions et du monde idéal. Mais où nous les voyons briller d'un vif éclat, c'est dans les arts et les armes. Aux cités les plus fières de leurs enfants, nous pouvons leur opposer le général Chabot, ce grand homme de guerre, doué du véritable génie militaire. Il parcourut l'Europe les armes à la main, se distingua dans plusieurs combats, et principalement au siège de Mantoue. Il voulut passer ses derniers jours dans sa chère ville de Niort où il repose. Nous avons aussi le maréchal de la Meilleraye et le comte de Liniers, qui devint vice-roi de Buenos-Ayres ; le colonel Poudret de Sepvret, brillant officier de la République et de l'Empire.

Dans les arts, nous voyons figurer, au premier rang, Martin-Beaulieu, comme compositeur ; il a été l'organisateur des Congrès musicaux de l'Ouest. Bernard d'Agescy, peintre habile, élève de l'école de Rome, qui a laissé de fort belles toiles.

Nous n'avons qu'un marin, mais il se nomme le vice-amiral Cuvillier, et a parcouru une glorieuse carrière maritime.

Nos poëtes sont : Fontanes, un grand nom, un grand esprit ; B. Delavault, cœur élevé et profondément religieux.

Nos historiens, nos archéologues sont : Baugier, Charles Arnauld, Guérinière, Sainte-Hermine. Baugier, qui savait si exactement rendre les détails les plus délicats de nos vieux monuments ; Ch. Arnauld, qui les décrivait avec la conscience d'un archéologue ; puis Guérinière, dont la plume brillante et facile retraçait les événements de notre histoire poitevine ; enfin E. de Sainte-Hermine, doué d'une imagination vive et impressionnable, qui a laissé de si belles pages sur le Poitou.

Nos médecins sont : les Regnault et cette famille des Guillemeau qui, pendant plusieurs siècles, a exercé avec talent la médecine.

Notre Sévigné a été madame de Maintenon, qui n'aurait jamais dû chercher d'autre célébrité que dans les lettres.

Notre grand industriel a été M. Main, à qui la chamoiserie de notre ville a dû une si grande prospérité.

Enfin, nos hommes bienfaisants sont : le simple jardinier Sauquet-Javelot, digne de figurer au rang des bienfaiteurs des pauvres, et H. Main qui a légué à sa ville natale plus d'un million destiné à des œuvres d'utilité publique.

Nous en oublions, certes, mais nous ne pouvons pas citer tous les Niortais dont le souvenir mérite d'être conservé avec respect et reconnaissance. Cette liste, cependant, suffit pour montrer que notre cité, sous tous les rapports, peut soutenir, à son avantage, la comparaison avec les villes de l'Ouest. Comme nous venons de le dire, ses enfants ont marqué dans toutes les carrières qui demandent du talent, du courage, de l'érudition et du cœur.

Voici quelques notices biographiques qui complètent le rapide aperçu que nous venons de tracer :

YVER (Jacques), né à Niort, en 1520. se fit une grande réputation littéraire par un ouvrage qu'il intitula le *Printemps d'Yver*. Ce sont des contes dont le style est naïf, souvent gracieux et parfois plein de finesse. Il mourut en 1572.

Macault (Antoine) naquit à Niort au commencement du xvie siècle. Il devint secrétaire et valet de chambre de François Ier, en 1534. Il a laissé plusieurs traductions très estimées d'auteurs latins. Son dernier ouvrage a été imprimé en 1545.

De la Porte (Charles), marquis, puis duc de la Meilleraie, pair et maréchal de France, cousin-germain du cardinal de Richelieu, naquit à Niort en 1602. Il se fit remarquer par ses talents militaires et obtint un avancement rapide. Louis XIII le fit maréchal sur le champ de bataille. Il mourut en 1664. Il est considéré comme le meilleur officier général de son temps.

Dabillon (André), né à Niort au commencement du xviie siècle, était fils d'André Dabillon, maire de Niort en 1609. Il fit ses études à l'Université de Poitiers, dirigée par les Jésuites, et entra dans leur ordre. Nommé à une chaire à Bordeaux, il n'y resta que peu de temps et obtint la cure de Magné, où ses goûts modestes le retinrent jusqu'à sa mort, arrivée en 1664. Dans cette retraite, il composa plusieurs ouvrages de théologie. Le plus remarquable a pour titre : *La Divinité défendue contre les Athées*. Ses œuvres furent imprimées à Paris en 1645.

Binet (François-Isidore), prédicateur, capucin ex-provincial de la province de Touraine, définiteur et gardien du couvent de Poitiers, naquit à Niort vers 1620. Il déploya un zèle des plus ardents dans ses prédications contre les calvinistes. Après avoir prêché pendant près de 40 années, il réunit tous ses sermons en un corps de doctrine et les publia à Poitiers, en 1686, sous ce titre : *Le Missionnaire controversiste* ou *Cours entier de controverses*. Il mourut à Poitiers, à la fin du xviie siècle.

D'Aubigné (Françoise), petite-fille du célèbre Agrippa d'Aubigné, naquit en 1635, à la conciergerie de la prison de Niort, où étaient renfermés son père et sa mère réduits au plus profond dénuement. Son enfance, qu'elle passa à Niort et au château de Murçay, fut très malheureuse. Elle devint orpheline à 14 ans, et à 15 ans elle épousa le poète Scarron. Veuve à 26 ans, elle lutta avec courage contre la misère. Elle gagna l'affection de Louis XIV, qui lui donna la terre de Maintenon érigée pour elle en marquisat. Après le décès de la reine en

1683, Louis XIV s'unit à Mme de Maintenon par un mariage secret. En 1715, elle se retira à la maison religieuse de Saint-Cyr, où elle mourut en 1719. Mme de Maintenon eut une grande influence sur l'esprit de Louis XIV, auquel elle persuada de signer la funeste révocation de l'édit de Nantes. Ses lettres sont remarquables et ont été souvent réimprimées.

AUGIER, sieur de la Terraudière, naquit à Niort en 1638. Il fut conseiller du roi, subdélégué de l'intendant du Poitou en l'élection de Niort, maire de la ville de Niort. Il est auteur du *Thrésor de Niort*. C'est un recueil de titres justificatifs, des privilèges, des droits et revenus de la ville, qui contient les listes des maires, échevins et pairs. Il mourut en 1710.

GAULTHIER, médecin, naquit à Niort vers le milieu du xviie siècle. Il était protestant et s'expatria. Nous le retrouvons à Amsterdam vers 1684, prenant part à la rédaction du *Mercure savant*. Il revint à Niort en 1714, et fit imprimer un petit ouvrage sur la *vie et la mort*, dans lequel il se prononçait pour l'immortalité de l'âme. La date de sa naissance comme celle de sa mort sont restées inconnues.

DE BEAUSOBRE (Isaac) naquit à Niort, en 1659 ; savant ministre protestant, il fut obligé de se réfugier à Berlin, où la cour le combla de faveurs. Il a publié plusieurs ouvrages. Il mourut en 1738.

DE VILLETTE (Marguerite), marquise DE CAYLUS, naquit à Niort en 1674. Elle se fit remarquer à la cour de Louis XIV par son esprit. Elle mourut en 1729.

COCHON-DUPUY (Jean), médecin, naquit à Niort le 11 avril 1674. Il alla se fixer à Rochefort, où il mourut en 1757. C'était un médecin très distingué et un opérateur fort habile. Il a laissé plusieurs ouvrages estimés sur des opérations chirurgicales.

DE VAUGUYON (Abraham-François) naquit à Niort en 1685. Il fit ses études à l'Université de Poitiers et vint s'établir avocat au barreau de sa ville natale. En 1716, le roi le nomma lieutenant civil et criminel au siège de Niort. Il fut maire de Niort en 1719, et le roi, en 1725, lui conféra la charge de lieutenant-particulier, assesseur civil de la sénéchaussée de Poitou au siège royal de Niort.

Binet (Isidore) naquit à Niort en 1692. Fervent admirateur de son grand-oncle François-Isidore Binet, il entra, dès l'âge de 19 ans, au couvent des capucins à Poitiers. Il se consacra à l'étude de la théologie, devint un prédicateur éminent et fut deux fois provincial. Il avait composé un *Voyage d'Italie* qui contenait des observations fort curieuses, mais il le fit brûler à sa mort, en 1774.

Bion (Jean-de-Dieu-René) naquit à Niort en 1704. Après avoir fait ses études au collège de Niort, il se fit prêtre et fut aumônier au château de St-Loup pendant plusieurs années. Son mérite, ses vertus le firent nommer à la cure de Notre-Dame de Niort. Il mourut en 1774. Quelques années avant son décès, en 1771, il donna tous ses livres à sa ville natale. Ce fut l'origine de notre bibliothèque publique.

Arnault (Jean) naquit à Niort en 1708. Il fit ses études sous les Oratoriens et alla les terminer à Poitiers, où il fut ordonné prêtre et devint vicaire-général de l'évêque Foudras de Courcenai. A la mort de ce prélat, il prononça une oraison funèbre d'un haut style et d'une grande élévation de pensée, qui fut imprimée en 1750. On ignore la date de la mort de Jean Arnault.

Guillemeau (Jean), docteur en médecine, naquit à Niort en 1709. Non-seulement il fut un praticien distingué, mais il publia plusieurs traités sur la médecine, parmi lesquels on remarque l'*Histoire et traitement d'une fièvre scarlatine épidémique durant l'hiver de* 1766. Il mourut en 1795, dans sa quatre-vingt-sixième année.

Chebrou de Lespinatz (Pierre-Marie-Anne-Louis) naquit à Niort en 1726. Il entra dans l'armée, fit la campagne d'Allemagne, assista aux batailles d'Etingen, Fontenoi, Raucoux et Lanfeld, et aux sièges de Tournai, Ath, Bruxelles et Gand. A l'attaque de cette dernière ville, il s'empara, à la tête de sa compagnie, d'une porte qui amena la reddition de la place. Ses goûts studieux le firent rentrer dans la vie civile. Pendant trente ans il fut administrateur de l'hôpital. Nommé procureur-syndic des ordres supprimés, il s'occupa des ateliers de charité, de l'extinction de la mendicité, des grandes routes, des eaux et forêts, enfin de toutes les questions utiles au bien public. Pour cette dernière place, il recevait des appointements élevés dont il faisait le plus noble emploi ; dès qu'il les avaient touchés, il les envoyait à l'hospice. Généreux exemple qui n'a jamais trouvé beaucoup d'imitateurs.

Rouget de Gourcez (M.) naquit à Niort en 1732. Il était conseiller du roi, lieutenant-criminel au siège de Niort, lorsqu'en 1769 il fut nommé maire de Niort. Il organisa des travaux publics pour subvenir aux besoins des pauvres pendant un hiver rigoureux. Il fit tracer les promenades de la Brèche, démolir les portes de St-Jean et de St-Gelais, niveler le terrain et planter les arbres de la promenade St-Gelais. Il mourut en 1789, laissant le souvenir d'un bon administrateur et d'un homme bienfaisant.

Guillemeau (Jean-Jacques-Daniel) naquit à Niort en 1736, et y mourut en 1823. Comme ses pères, il se consacra à la médecine. Il eut le terrible honneur d'être maire en 1793. Esprit studieux, il composa plusieurs ouvrages dont un petit nombre vit le jour. Il fut l'un des fondateurs de l'Athénée de Niort. En mourant, il légua à la ville sa bibliothèque composée de près de trois mille volumes. De ce nombre se trouve un *Mémoire sur les chats,* qu'il propose de remplacer dans les maisons par les couleuvres.

Bouchet la Gétière (François-Jean-Baptiste), né à Niort en 1737, s'occupa de l'élève des chevaux. En 1766, il fut chargé par le ministre de la guerre d'apporter de grandes réformes dans le système de nos haras. La République lui confia la réorganisation des haras. C'est sur son avis qu'un décret, rendu en l'an III, ordonna la création de sept dépôts d'étalons, pour multiplier et perpétuer en France les races de bons chevaux. Il a publié plusieurs ouvrages sur l'hippiatrique qui sont encore consultés avec fruits. Il mourut en 1801.

Lafosse (Charles-Rouget) naquit à Niort en 1738. Il embrassa la carrière des armes et se distingua par une extrême bravoure. En 1758, à la bataille de Crevelt, un boulet emporta son chapeau et tua derrière lui un grenadier. A Minden, il reçut plusieurs blessures. Il se signala dans d'autres batailles et fut nommé capitaine. En 1792, il organisa le 1er bataillon des Deux-Sèvres et combattit à Jemmapes, où il trouva la mort.

Main (T. J.) naquit à Niort en 1745. Il embrassa la carrière de son père et se fit chamoiseur. Afin de surprendre le secret des fabricants anglais qui préparaient les peaux avec une grande supériorité, il se rendit dans leur île, travailla dans leurs fabriques comme un simple ouvrier et rapporta à Niort de précieuses connaissances. C'est à T. Main que la ville de Niort doit la grande réputation dont elle jouit encore pour les articles de chamoiserie. Il mourut en 1821. Son frère a légué à la ville de Niort un million pour la construction des ponts qui ont reçu le nom de Ponts-Main.

Liniers (Jacques-Louis-Henri, comte de), d'une des plus anciennes familles du Poitou, naquit à Niort en 1749. Comme ses ancêtres, il embrassa la carrière des armes. Lorsque la révolution éclata, il était colonel d'infanterie. Obligé de s'expatrier, il voyagea et finit par aller mourir, en 1809, auprès de son frère, alors vice-roi de Buenos-Ayres. De Liniers était poète, mais sa muse ne lui inspirait que des poésies légères. Il a laissé des couplets, des stances et des romances d'un tour gai et spirituel.

Chauvin (Jacques-François) naquit à Niort en 1751 et embrassa la carrière judiciaire. En 1781, il fut nommé avocat du roi au siège de Niort et, dix ans plus tard, lors de l'établissement du nouvel ordre judiciaire, il fut juge au tribunal du district. Sous le régime de la Terreur, il eut le redoutable honneur d'être suspendu de ses fonctions, comme suspect de modérantisme ; il ne fut réintégré qu'en 1795. Sous la Constitution de l'an VIII, il fut appelé à la présidence du tribunal de Niort. Esprit calme, conciliant, il a rempli son devoir pendant sa longue et pénible carrière judiciaire, sans manquer une seule fois à son devoir. Sa suspension sous la Terreur est une preuve que rien ne faisait fléchir sa conscience.

Chebrou du Petit-Chateau (Laurent-Marie) naquit à Niort en 1753, se destina à l'état ecclésiastique et fut reçu docteur en Sorbonne. Il a publié plusieurs ouvrages sur des questions religieuses traitées avec une profonde science théologique, qui prouve l'érudition de ce docteur de l'église.

LINIERS (J.-A.-M., comte de), vice-roi de Buenos-Ayres, naquit à Niort en 1756. Il entra dans la marine espagnole où il devint contre-amiral. En 1806, il s'empara de Buenos-Ayres, qui avait été récemment enlevé à l'Espagne par les Anglais. Ce glorieux fait d'armes fut récompensé par le grade de capitaine-général de la province. En 1809, une insurrection lui enleva le pouvoir ; il rassembla des troupes et marcha contre les insurgés, mais il tomba entre leurs mains et fut fusillé. Les habitants de Buenos-Ayres lui étaient si attachés qu'on le fusilla secrètement, loin de cette ville. Sa mort fut un deuil public.

CHAUVIN-HERSANT (François-Augustin), né à Niort en 1756, joua un rôle judiciaire et politique pendant la Révolution. Il fut nommé substitut du procureur de la commune de Niort, le 14 novembre 1790. L'année suivante, il fut élu accusateur public près le tribunal des Deux-Sèvres. Nommé membre de la Convention nationale, il se fit remarquer par la modération de ses idées et prit part à la réaction thermidorienne contre Robespierre. Chargé d'une mission dans la Vienne, la Haute-Vienne et la Creuse, il fit mettre en liberté les prisonniers politiques. Il s'occupa aussi des Deux-Sèvres et fit sortir de prison les détenus arrêtés pendant la Terreur. En 1795, les départements où il avait été envoyé en mission, pour lui prouver leur reconnaissance, l'élirent député. Il opta pour les Deux-Sèvres. Il fit partie du conseil des Cinq-Cents, puis il revint dans son département, où il remplit les fonctions de secrétaire général de la préfecture jusqu'à la première rentrée des Bourbons. Révoqué à cette époque, il fut réintégré dans ces fonctions lors du retour de l'empereur de l'île d'Elbe, et élu député. Mais à la seconde Restauration, il se retira des affaires publiques et passa ses dernières années dans la retraite. Peu d'hommes ont eu une existence si dignement remplie. Il a été fidèle à tout ce qui est grand et beau, et a eu le mérite, au milieu des crimes de la Révolution, de traverser cette époque en faisant le bien et en sauvant la vie à une foule de victimes vouées à la mort par les terroristes.

PIET-BERTON-CHAMBELLE (Pierre-Fridolin) naquit à Niort en 1757 et embrassa d'abord la carrière des armes ; mais, contrarié dans un projet de mariage par sa famille, il abandonna son régiment et entra dans un séminaire où il composa un poème religieux. Sa famille renonça à faire de l'opposition à son mariage ; il quitta alors le séminaire et fut nommé, en 1790, secrétaire général du département des Deux-Sèvres. Il rédigea, pendant une année, le journal du département qui portait le titre modeste d'*Affiches Patriotiques*. Nommé commissaire des guerres en 1792, il fut attaché à l'armée du Nord, et l'année suivante envoyé dans l'Ouest.

Deux fois, pendant son administration, la caisse de l'armée fut enlevée par les Vendéens. Des soupçons planèrent sur sa probité à cette occasion et il vint se constituer prisonnier à Niort. Traduit devant le tribunal révolutionnaire qui siégeait à Rochefort, nul doute que, malgré son innocence, il n'eut été envoyé à l'échafaud sans le 9 thermidor. Lorsque Napoléon fit la conquête de la Prusse, il nomma Chambelle intendant des Quatre-Marches. Il fit la campagne d'Espagne. A la Restauration, il fut nommé sous-intendant militaire à Poitiers, où il est mort en 1819.

Chambelle était poète ; il a publié des discours en vers, des stances, des odes, des sonnets et le poème : *Les Sages du jour*. C'est dans ce poème que se trouvent ces deux beaux vers :

> Quand on est honnête homme, on croit à Dieu sans peine.
> Le vice mène au doute, et le doute au forfait.

FONTANES (J.-P.-L., marquis de) naquit à Niort en 1757. Il se distingua par son goût pour la littérature et surtout pour la poésie. Nommé président du Corps législatif en 1805, il s'y fit remarquer par son éloquence. En 1808, il reçut le titre de grand-maître de l'Université et fut appelé au Sénat en 1810. Il mourut en 1821.

JARD-PANVILLIERS (L.-A.) naquit à Niort en 1757. Il remplit d'importantes fonctions publiques et fut membre du Tribunat. A la suppression du Tribunat, il fut nommé président de la Cour des Comptes. Il était député des Deux-Sèvres quand il mourut, en 1822.

CHABOT (L.-F.-J.), grand-officier de la Légion-d'honneur, lieutenant-général, naquit à Niort en 1757. Il entra dans l'armée en 1773. Il fit les campagnes de la Révolution et de l'Empire, et donna des preuves d'un héroïque courage et de grands talents militaires qui lui valurent un rapide avancement. Il mourut en 1837.

Bernard d'Agescy, né à Niort en 1757, fut un peintre très habile. Fort jeune encore, il montra les plus heureuses dispositions pour le dessin. Après avoir visité pendant sept ans les principaux musées d'Italie, il voulut aller se fixer à Paris, mais les troubles révolutionnaires le forcèrent à revenir à Niort. Comme il aimait les arts, il en propagea le goût dans sa ville natale. Ce fut sous sa direction qu'on éleva une salle de spectacle, des fontaines, des bains publics ; il traça le plan d'un jardin botanique sur l'emplacement duquel, en 1830, fut élevé l'hôtel de la préfecture.

Parmi ses tableaux, les plus remarquables sont : la *Descente de Croix* placée dans l'église de Notre-Dame ; et la *Justice protégeant l'innocence* que possède le tribunal de Niort. Bernard d'Agescy avait fondé à Niort une école gratuite de dessin. Il mourut en 1829.

Dauphin (Auguste-Anne), professeur d'histoire à l'école centrale des Deux-Sèvres, naquit à Niort en 1759. Doué d'une imagination vive, mais mal réglée, il composa plusieurs ouvrages médiocres en vers et en prose, soit en français, soit en latin. Plusieurs de ses manuscrits sont conservés à la bibliothèque de Niort. Il mourut en 1822. L'historien Briquet dit que, pendant la Terreur, la maison de Dauphin fut le refuge des proscrits. Cette bonne et courageuse action l'honore plus que les nombreux ouvrages qu'il a composés.

Regnault (Jean-Baptiste), né à Niort en 1759, fut un médecin très distingué. Après avoir été médecin de l'hôpital de Charenton et de l'hôpital militaire du Gros-Caillou, il fut envoyé, en 1792, à l'armée de la Meuse. Prévenu qu'il allait être arrêté par les terroristes, il se retira d'abord à Hambourg, puis à Londres, où il exerça la médecine. Rentré en France à la Restauration, il fut nommé médecin consultant du roi et médecin en chef de la garde royale. Il a publié de remarquables ouvrages sur la médecine et fut le fondateur du *Journal universel des sciences médicales*. Il mourut à Paris en 1834.

Sauquet, surnommé le Père Javelot, naquit à Niort en 1763. Il était encore enfant, lorsqu'il assista à un sermon sur la charité, prononcé par le père Javelot, qui produisit la plus vive impression sur son esprit naturellement bon et généreux. Il l'avait retenu par cœur et le récitait si souvent qu'on lui donna le surnom de père Javelot. Afin de venir en aide aux malheureux, il travailla avec ardeur au jardinage. Son intelligence, son activité le firent rapidement arriver à l'aisance, et dès lors il commença à mettre à exécution son projet qui était de loger gratuitement les voyageurs sans asile. Sa femme, Marie Delezay, s'associa à cette généreuse pensée. Des cellules, des lits furent préparés chez lui pour recevoir les voyageurs pauvres.

En 1790, au milieu d'une insurrection provoquée par la cherté des grains, il faillit être massacré, mais son surnom de Javelot le sauva. Il ne voulait pas qu'on travaillât les jours de fête. « La plupart des marchés, disait-il, se font le verre à la
« main : le vin cause bien des sottises, bien des tromperies ;
« c'est doublement offenser Dieu. Refusez donc de vendre ou
« d'acheter les jours de fête. » La bienfaisance de Javelot s'exerçait avec intelligence. Nul voyageur n'était admis dans son asile que s'il avait un passeport, et il ne pouvait y résider que pendant trois jours. C'était l'époque où beaucoup d'enfants de la Savoie venaient passer l'hiver en France ; ils trouvaient là, non-seulement un asile, mais des soins et de bons conseils. Lorsque les voyageurs étaient malades, il les faisait admettre à l'hospice. Il recevait jusqu'à vingt pauvres par jour, sans jamais se plaindre du nombre de ses hôtes. Lorsqu'ils partaient, il leur disait : « Si vous vous êtes bien trouvés,
« et si étant dans le besoin vous repassez par Niort, venez
« encore me voir ; n'épargnez pas les invitations en mon
« nom. » Ces paroles peignent le cœur de cet homme de bien.

En 1835, l'Académie française lui décerna un grand prix de vertu avec une somme de 8,000 francs. Son étonnement fut grand à cette nouvelle. « Il y a donc des gens bien peu
« généreux en France, dit-il, si je suis le premier. » Il mourut en 1838, à l'âge de 75 ans. Son nom mérite d'être donné à une de nos rues pour perpétuer la mémoire d'un homme aussi charitable.

Briquet (Hilaire-Alexandre) n'est pas Niortais ; il est né à Chasseneuil (Vienne) en 1762, mais son titre d'historien de la ville de Niort nous fait un devoir de placer son nom parmi ces courtes notices biographiques. Il se destina au sacerdoce et entra comme professeur au collège de Poitiers. Il accepta avec ardeur les idées de la Révolution, fut nommé vicaire-épiscopal de l'évêque constitutionnel de Poitiers, et sous la Terreur il fit partie du tribunal révolutionnaire de la Vienne. Briquet, après la chute de Robespierre, quitta Poitiers où il avait de terribles comptes à rendre aux parents et amis victimes du tribunal révolutionnaire, et vint se fixer à Niort. Lors de l'organisation de l'école centrale, il obtint la place de professeur de belles-lettres. Son érudition, son talent d'écrivain et de professeur lui valurent une juste renommée, et il forma d'excellents élèves. Il est auteur de pièces de vers, de discours et de l'histoire de Niort, publiée en 1832 et épuisée depuis longtemps. Cet ouvrage est bien écrit, et Briquet, le premier, a eu le mérite de réunir et de coordonner les faits concernant notre ville, qui étaient disséminés dans une foule d'ouvrages et de brochures. Ce qu'il a négligé, c'est de remonter aux sources et de consulter les archives municipales de la ville et les documents manuscrits, qui auraient donné à son ouvrage un degré d'intérêt beaucoup plus grand. Quoi qu'il en soit, Briquet a comblé une lacune et nous devons lui en être reconnaissants. Il mourut à Niort en 1833.

Briquet avait épousé Mlle Bernier, née à Niort en 1782, qui cultiva les lettres avec un certain succès. Elle a publié des odes où se trouvent de beaux vers et un dictionnaire historique des Françaises connues par leurs écrits. Cet ouvrage est bien écrit et renferme de nombreuses recherches. Mme Briquet a donc, comme son mari, pris rang dans le monde littéraire. Elle est morte en 1815.

GUILLEMEAU (J.-L.-M.), docteur-médecin, membre de plusieurs sociétés savantes, naquit à Niort en 1766. Il exerça les fonctions de médecin des hôpitaux et fut appelé, en 1793, pour le même service, à l'armée du Rhin, puis à l'armée de l'Ouest. Il vint ensuite se fixer à Niort, où il exerça les fonctions de bibliothécaire jusqu'en 1853, époque de sa mort. Le docteur Guillemeau a publié un grand nombre d'ouvrages sur l'agriculture, la botanique, la minéralogie, l'histoire naturelle et médicale des Deux-Sèvres. Il a rédigé le *Journal des Deux-Sèvres* pendant dix-huit années et y a publié des fables qu'il a réunies ensuite dans un recueil.

MORISSET (René-Jacques), né en 1765, fut baron de l'Empire, maire de Niort, membre de plusieurs Assemblées législatives et conservateur des eaux et forêts à Niort. Le fait le plus marquant de la vie politique du baron Morisset, fut de faire décharger le département des Deux-Sèvres, dans la nouvelle répartition, d'une somme de 427,000 francs dont il avait été grevé par erreur.

CUVILLIER (J.-P.), contre-amiral, naquit à Niort en 1774. A l'âge de 12 ans, il entra dans la marine, et à 19 ans il était enseigne de vaisseau. En 1804, sa bravoure le fit nommer capitaine de frégate. Dans l'affaire du brûlot de l'île d'Aix, en 1809, le navire qu'il commandait fut incendié et il fut fait prisonnier. Appelé à la direction du port d'Anvers, il y resta jusqu'en 1814 ; il fut ensuite attaché au port de Rochefort et nommé capitaine de vaisseau. En 1823, il faisait partie de l'escadre du contre-amiral Duperré qui s'empara de Cadix. Il eut le commandement en chef de l'escadre qui porta les troupes françaises en Morée. A la prise d'Alger, il était le chef de la 2e escadre. Il fut promu au grade de contre-amiral en 1831, et en 1832 nommé gouverneur de l'île Bourbon. Il mourut en 1857.

POUDRET DE SEPVRET (René) naquit à Niort en 1775. Il s'enrola, en 1792, comme simple soldat dans le 2e bataillon des Deux-Sèvres. Depuis cette époque, jusqu'en 1816, il fit toutes les campagnes de la République et de l'Empire, et parvint au grade de colonel. Il prit sa retraite en 1816 et passa ses dernières années dans la retraite. C'est à sa fille, Mme la comtesse de Las-Cases, que la ville de Niort doit la création du magnifique asile pour les vieillards, établi dans le quartier du Port. C'est une œuvre qui mérite la reconnaissance des Niortais.

DELAVAULT (N.-B.-A.) naquit à Niort en 1782 ; avocat, puis juge au tribunal de sa ville natale, il consacra ses loisirs aux arts et aux lettres. Ses peintures sont remarquables par le vif sentiment de la nature qui y règne ; ses compositions musicales prouvent qu'il possédait le génie de cet art, et un poème épique en douze chants, intitulé : *les Captifs* ou *la Foi sauvée en Israël*, renferme de grandes beautés poétiques. Ce poème est une chaleureuse protestation contre l'indifférence religieuse du jour. Il mourut en 1846.

Martin-Beaulieu (D.), né à Paris en 1791, est issu d'une famille de Niort. Passionné pour la musique, il fut élève du célèbre Méhul. En 1809, au concours musical, il obtint le 2° grand prix de Rome, et l'année suivante il remporta le 1er grand prix. Après la mort de Méhul, Beaulieu vint se fixer à Niort, où il se consacra entièrement à l'art musical. En 1829, il y fonda une Société philharmonique, et en 1835 il organisa la *Grande association musicale de l'Ouest* qui existe encore. Ses études et son goût le portaient vers la musique sérieuse et classique. Il composa des messes et des oratorios qui contiennent des beautés musicales de premier ordre. Beaulieu ne se renferma pas seulement dans le culte de son art, il fut l'un des fondateurs de la Société de Secours mutuels de Niort, et pendant longtemps il présida la Société de statistique des Deux-Sèvres. En 1853, il reçut le titre bien mérité de correspondant de l'Institut de France. Il mourut en 1863. Mme Beaulieu survécut quelques années seulement à son mari. Présidente de la Société maternelle de Niort, elle fut un modèle de charité et donna l'exemple de toutes les vertus chrétiennes.

Taury (François-Louis), vicaire-général du diocèse de Poitiers, supérieur-général des Filles de la Croix de Saint-André, naquit à Vivône en 1791, fut curé de Notre-Dame de Niort, de 1845 au 21 août 1859, date de sa mort. Le curé Taury était aussi savant que modeste. Il a publié plusieurs articles historiques et scientifiques dans des revues, mais le temps qu'il consacrait à visiter les pauvres, les malades et à remplir ses devoirs, ne lui laissait que peu de loisirs. Sa mort a été un deuil public. Son nom a été donné à une rue et un monument funèbre lui a été élevé par une souscription à laquelle la ville entière a pris part. C'était un juste témoignage de reconnaissance ; car le curé Taury a été éminemment pieux, simple et modeste, tolérant, charitable, juste, clément et bon. C'était un véritable savant qui n'eût pas été déplacé à l'Académie des sciences.

Arnauldet (L.), député, président du tribunal civil de Niort, chevalier de la Légion-d'honneur, naquit à Niort en 1792. A 27 ans il entra dans la magistrature, et en 1833 il fut nommé président du tribunal civil de Niort. Elu député sous le gouvernement de Juillet par l'arrondissement de Niort, il ne remplit ces fonctions que pendant peu d'années et ne se représenta pas devant les électeurs. Aux luttes politiques, il préférait son tribunal qu'il présida toujours avec un profond sentiment de justice. Il aimait l'étude et, lorsqu'il prit sa retraite avec le titre de président honoraire, il se retira dans sa propriété de Surimeau où, comme les membres de l'ancienne magistrature française si grande, si honorée, il passa les dernières années de sa vie dans la retraite, au milieu de sa famille et de ses livres. Il mourut en 1873.

Frappier (H.-A.), vice-président de la commission administrative et ordonnateur de l'Hôpital-Hospice de Niort, chevalier de la Légion-d'honneur, naquit à Niort en 1796. Son existence entière fut consacrée à des fonctions gratuites, qu'il remplit avec intelligence et dévouement. Pendant 43 ans, il a été administrateur de l'Hôpital de Niort. Il ne s'appliquait pas seulement à diriger cet établissement avec l'ordre le plus parfait, il voulait que les malades, les pensionnaires y trouvassent le bien-être compatible avec leur position. L'humanité dictait tous ses actes. Il fut membre du conseil d'arrondissement et du conseil municipal de Niort. Sentant la vie l'abandonner, ses dernières pensées se reportèrent sur son cher Hôpital. « Je crois, dit-il, avoir fait pour l'Hôpital tout ce que « je pouvais faire; les denrées sont à un prix très élevé, mais « que nos pauvres malades n'en souffrent pas. » Voilà le dernier vœu de cet homme de bien, qui mourut en 1873.

Segrétain (P.-T.) est né à Niort en 1798. Elève de l'Ecole polytechnique, il en sortit pour entrer dans les bureaux de l'inspecteur général des ponts et chaussées, qu'il quitta en 1820 pour venir se fixer à Niort. Quatre ans après, il fut nommé architecte du département des Deux-Sèvres. Il construisit les ponts de Champdeniers, de la Villedieu-de-Comblé, de Gâtine, de Villaine, de la Branle, etc. C'est sur ses plans que furent élevés dans notre département un grand nombre d'édifices: l'église de Chef-Boutonne, l'hôtel de préfecture, le palais de justice de Niort, le tribunal de Melle, la prison de Niort, l'église de Saint-Hilaire de Niort, qui est un chef-d'œuvre d'architecture de l'époque romane, et l'église de Saint-André, qui élève majestueusement ses deux flèches dans les airs. En outre, il a restauré, avec une science parfaite, beaucoup d'anciens monuments religieux qui tombaient en ruine. M. Segrétain était infatigable. Il ne connut le repos qu'en descendant dans la tombe. La mort vint le saisir à son bureau et la plume à la main, en 1864.

Nous voici arrivé au terme de notre travail. A plusieurs reprises, nous avions entendu formuler le vœu de voir réunir les documents concernant notre ville, disséminés dans de nombreux ouvrages, dans les manuscrits de Dom Fonteneau et dans diverses archives. Nous avons essayé de répondre à ce désir, sans nous dissimuler les difficultés d'une pareille œuvre. Nous l'avons entreprise avec un vif amour pour notre ville. Si nous n'avons pas réussi, nous avons, du moins, la consolation d'avoir publié des documents qui pourront servir à des mains plus exercées pour élever un monument historique digne de notre cité niortaise.

TABLE DES MATIERES.

	Pages
INTRODUCTION	I
NOTICE HISTORIQUE SUR LA VILLE DE NIORT	1

CHAPITRE I. — Niort et ses divers quartiers ; Situation de Niort au point de vue géologique ; Anciennes traditions sur les deux bourgades qui ont formé la ville de Niort; Opinion de M. Ritter sur l'emplacement des demeures souterraines des premiers habitants du sol niortais ; Rapport de M. A. Monnet et lettre de M. B. Fillon sur les découvertes d'antiquités faites dans les jardins de Bessac ; Examen des divers systèmes sur l'étymologie du nom de Niort........ 9

CHAPITRE II. — Les premiers habitants du Poitou ; Origine de la population de Niort ; Les *Pictones* et les *Teyfales* ; La mer se retire et laisse derrière elle le fleuve la Sèvre ; Heureuse position du pays Niortais ; Rapide développement de son commerce avec l'Angleterre et la Flandre ; Découverte de barques gauloises dans la Sèvre ; Le pays Niortais ; La viguerie de Niort ; Recherches sur la véritable position de la viguerie de Basiacense........................ 22

CHAPITRE III. — Les Normands remontent la Sèvre ; Construction du premier château de Niort ; Il est incendié par les Normands ; Aliénor, duchesse d'Aquitaine, répudiée par Louis VII, épouse le comte d'Anjou, qui devient roi d'Angleterre ; Le Poitou passe sous la domination des rois d'Angleterre ; Reconstruction du château de Niort ; Charte de franche-commune accordée à la ville de Niort ; Niort pris par le vicomte de Thouars et repris par Savary de Mauléon ; Atelier monétaire à Niort........................ 29

CHAPITRE IV. — Les seigneurs de Parthenay et de Lusignan rançonnent les Niortais ; Les maires de Niort invoquent, en vain, la protection des rois d'Angleterre ; Puissance de Hugues de Lusignan ; Le roi d'Angleterre envoie un sénéchal en Poitou ; Alarmes des Niortais ; Lettres des maire et bourgeois de Niort à Henri III ; Ils l'informent que le comte de la Marche a établi un blocus autour de leur ville ; Intervention de l'évêque de Saintes ; Excommunication du comte de la Marche et de sa femme ; Association des villes de Niort, La Rochelle et Saint-Jean-d'Angély pour résister aux seigneurs qui les rançonnaient.................. 36

Pages

CHAPITRE V. — Guerre anglo-française ; Siège de Niort ; Savary de Mauléon, gouverneur de la ville, fait sa soumission au roi de France ; Alphonse, comte de Poitou ; Révolte de Hugues de Lusignan ; Louis IX en Poitou ; Il s'empare des places occupées par les seigneurs révoltés ; Prise de Frontenay ; Soumission de Hugues de Lusignan ; Expulsion des juifs de Niort ; Changement de l'emplacement des foires et marchés ; Importance du commerce niortais ; Franchises accordées aux commerçants de Niort par la comtesse de Flandre ; Les Niortais obtiennent du roi un port franc ; Prix des objets de consommation au commencement du xiiie siècle.................................. 46

CHAPITRE VI. — Les statuts de la charte de la commune de Rouen appliqués à la commune de Niort ; Libertés municipales ; Niort, assiégé par les Anglais, les repousse ; Le roi Jean fait prisonnier par les Anglais à la bataille de Poitiers ; Le Poitou passe sous la domination anglaise ; Procès-verbal de la prise de possession de la ville de Niort par Jean Chandos, au nom du roi d'Angleterre.............. 16

CHAPITRE VII. — Le prince de Galles convoque un parlement à Niort pour le vote de nouveaux impôts ; Opposition des seigneurs à ces mesures fiscales ; Ils s'adressent au roi de France ; La guerre recommence entre les Français et les Anglais ; Niort ouvre ses portes aux Français ; Repris par les Anglais, il est pillée et ses habitants massacrés ; Prise de Saint-Maixent, de Melle et de Thouars par Duguesclin ; Siège et prise de Chizé par Duguesclin ; Stratagème de Duguesclin pour s'emparer de Niort ; Procession établie pour célébrer cette victoire ; Faits et documents divers.... 72

CHAPITRE VIII. — Administration du duc de Berri en Poitou ; Il visite Niort et trouve cette ville en ruines ; Il exempte les habitants pendant cinq ans de tout impôt ; Il fait creuser un nouveau port, construire les halles couvertes et établir une horloge sonnante ; Importance du commerce de Niort ; Prise de Parthenay ; Le comte d'Alençon reçoit la seigneurie de Niort ; Le dauphin de France est envoyé en Poitou pour mettre fin au brigandage qui désolait cette province ; Travaux de la commission d'enquête à Niort................ 85

CHAPITRE IX. — La *Praguerie* à Niort ; Le Dauphin s'enfuit de Niort ; Niort est occupé par les troupes de Charles VII, et perd ses droits et privilèges, qui lui sont promptement rendus ; Exactions des gens du duc d'Alençon ; Le roi fait rendre justice aux Niortais ; Contestations au sujet de la maison de l'échevinage ; Privilèges accordés aux marchands étrangers pour les attirer à Niort ; Importance des foires de Niort ; Un siège royal établi à Niort ; Noblesse accordée aux membres de l'échevinage ; Acte de vente d'une maison au xve siècle ; La maladrerie ; Le bail des fermes en 1455 ; Les membres de l'échevinage reçus confrères des Cordeliers. 95

CHAPITRE X. — Louis XI rend une ordonnance pour l'amélio-

	Pages
ration de la navigation de la Sèvre ; Le roi donne 30,000 écus d'or à P. de Commines pour l'achat de la terre d'Argenton-Château ; Louis XI réunit la vicomté de Thouars à la couronne ; Charles VIII fait le siège et s'empare de Parthenay ; Louis XII accorde aux Niortais le droit de coutume pour l'entretien de la Sèvre ; Réformation de la coutume de Poitou ; Règlement pour la vente du sel ; Grandes assises tenues à Niort ; Etat des archives de la commune ; Prix des denrées au commencement du XVIe siècle.	105

CHAPITRE XI. — Commissaires envoyés à Niort pour percevoir des taxes sur des fiefs et arrière-fiefs tenus noblement ; Session de 1531 des *Grands-Jours* de Poitou ; Tortures et condamnation au gibet d'un faux-monnayeur de Champdeniers, qui avait émis de la fausse monnaie sur le marché de Niort ; Tableau des échevins, conseillers et pairs de la commune, en 1535 ; Libertés municipales possédées par la commune de Niort ; Visite, par la municipalité, des murailles, ceintures, portes, fossés, ponts, hàvre, en 1536 ; L'enceinte de la ville au XVIe siècle ; Acquisition d'arquebuses pour armer les bourgeois ; Inventaire des armes dans l'arsenal ; Le maître d'école de Niort, en 1537 ; Prédication de la religion réformée ; Le comte du Lude se réfugie à Niort ; Charles IX en Poitou ; Etablissement d'un tribunal de commerce.. 117

CHAPITRE XII. — D'Andelot s'empare de Thouars, de Parthenay ; Niort capitule ; Violation de la capitulation par les protestants ; Ils fusillent le curé de Notre-Dame ; La garnison de la tour de Magné est livrée au supplice ; Prise de Saint-Maixent par Pluviault ; Combat de Pamproux ; La reine de Navarre à Niort ; Mise en vente des propriétés ecclésiastiques ; Tentatives des catholiques sur la Mothe-Saint-Héraye ; Siège de Niort par le comte du Lude ; Pluviault parvient à jeter des forces dans la ville ; Journal du siège par La Popelinière ; Combat de Frontenay-l'Abattu ; Le comte du Lude est obligé de lever le siège de Niort ; Note d'un Niortais sur ce siège....................... 144

CHAPITRE XIII. — Le comte du Lude assiégé dans Poitiers par Coligny ; Il reçoit des renforts, et les protestants se retirent ; Bataille de Moncontour ; Défaite des protestants ; Coligny, en se retirant, incendie le château d'Airvault, se replie sur Parthenay et se rend à Niort ; Le capitaine Moüy est chargé de la défense de cette ville ; Armement des artisans ; le duc d'Anjou s'empare de Parthenay et fait sommer Niort de se rendre ; Tentative d'assassinat, à Cherveux, sur le capitaine Moüy ; La garnison de Niort capitule ; Siège de Saint-Jean-d'Angély ; Charles IX à Coulonges ; Siège du fort de Luçon ; Bataille de Sainte-Gemme ; Les calvinistes s'emparent de Fontenay ; La Saint-Barthélemy à Niort ; Mesures prises par le comte du Lude pour maintenir l'ordre ; Organisation d'une milice niortaise ; Troubles à

Pages

La Rochelle ; Le duc de Montpensier se rend maître de Saint-Maixent, La Forêt-sur-Sèvre, Cherveux, Aulnay, Melle et Chizé ; La Noue fait une tentative sur Niort et échoue ; Le roi de Navarre à Niort ; Son abjuration du catholicisme ; Son séjour à Mursay ; La ligue à Niort ; Tentative des calvinistes pour chasser les ligueurs de Niort ; Dispositions prises par l'échevinage pour mettre la ville en état de défense ; Niort place de garantie ; Situation financière et commerciale de Niort ; Droits possédés par les membres de l'hôtel-de-ville ; La noblesse *de la Cloche*.... 163

CHAPITRE XIV. — Les ligueurs de Niort demandent des secours au duc de Mercœur ; Le prince de Condé à Fors et à Champdeniers ; Les ligueurs battus à Melle ; La peste en 1584 à Niort ; D'Aubigné à Beauvoir, à Marigny, à la Mothe-Saint-Héraye ; Le roi de Navarre abandonne Melle, Chizé, Sazay et se retire à Marans ; Catherine de Médicis à Niort ; Siège de Talmont ; Attaque du château de Chizé ; Prise de Saint-Maixent ; Le duc de Joyeuse massacre la garnison protestante de la Mothe-Saint-Héraye ; il livre Saint-Maixent au pillage et fait pendre un ministre protestant ; Assassinat du duc de Joyeuse à Coutras ; Défaite des calvinistes au gué de la Tiffardière ; Les cadavres de deux de leurs officiers traînés sur la claie dans les rues de Niort ; Pillage de la ville de Niort et de Maillezais par les protestants ; Le roi de Navarre à Niort ; Il traite les habitants avec humanité ; Le capitaine Saint-Gelais nommé gouverneur de Niort ; Lettre de Henri IV sur la prise de Saint-Maixent et de Maillezais ; Maladie de Henri IV au Champ-Saint-Père ; But anti-national de la Ligue 180

CHAPITRE XV. — L'exercice de la religion catholique rétabli à Niort ; La terre de Thouars érigée en duché-pairie ; Mécontentement des seigneurs protestants du Poitou ; Exécution de l'édit de Nantes confiée à Parabère pour le Poitou ; Les Niortais menacent d'abandonner la ville si on les accable d'impôts ; Les impôts sont réduits ; La peste éclate à Niort et cause une grande mortalité ; Courageuse conduite des membres du corps de ville ; Mesures qu'ils prennent pour combattre le fléau ; L'épidémie disparaît ; Triste état de la ville ; La misère y est générale ; Arrêt concernant la noblesse des échevins ; Manque de sécurité dans la ville ; Désordre de la comptabilité communale ; Réclamations de la chambre des comptes ; Un créancier de la commune obtient l'emprisonnement du maire ; Le corps de ville paye la dette ; On constate que les archives municipales ont été pillées ; Liste des fiefs possédés par les maires, échevins, conseillers, et les familles d'échevins de l'Hôtel-de-Ville jouissant des immunités et exemptions du paiement des francs-fiefs 201

CHAPITRE XVI. — Effet de l'assassinat de Henri IV sur la population niortaise ; Les principaux habitants, réunis à

— 491 —

Pages

l'hôtel-de-ville, acclament Louis XIII et la reine régente ; Deux députés sont envoyés pour offrir au roi l'hommage des habitants ; Le gouverneur de Parabère rend compte à la régente des bonnes dispositions des Niortais ; Lettre de Marie de Médicis aux maire, échevins et habitants de Niort ; Confirmation des privilèges de la commune ; Pierre Thibault est envoyé auprès de la cour, afin de défendre les droits du corps municipal attaqués par le lieutenant du roi ; Louis XIII intervient en faveur des Niortais ; Cadeau offert par le corps de ville au gouverneur de Niort ; M. de Parabère obtient la démolition de la tour du Maire ; Réparation des fortifications ; Un arrêt du Parlement régularise la situation financière de la commune ; Difficultés au sujet de l'élection du maire ; Mesures de police adoptées par le corps de ville pour la sécurité des habitants ; Une ordonnance royale rétablit les juges consulaires dans leurs anciens pouvoirs ; Utilité de la justice consulaire ; Construction d'un couvent de capucins dans le faubourg du Port ; Composition du siège royal de Niort...................... 220

Chapitre XVII. — Les environs de Niort sont dévastés par la grêle ; La ville sollicite la décharge de la moitié de la taille pendant trois ans ; Cette demande est rejetée ; M. de Parabère, gouverneur de Niort, donne sa démission ; Il est remplacé par son fils ; Installation du nouveau gouverneur ; Prix du vin de la Foye-Monjault ; Révolte du prince de Condé ; Mesure prise par le corps municipal de Niort pour veiller à la sûreté de la ville ; Convocation des Etats-Généraux à Sens ; Assemblée générale des habitants de Niort pour députer trois personnes à ces Etats ; Abstention des Niortais ; Sully fait réparer la route de Niort à Saint-Maixent ; Ordonnance de Sully concernant les gardes du roi et de la reine, séjournant dans les ressorts de Saint-Maixent et de Niort ; Insulte dirigée contre Sully en plein conseil du corps de ville ; L'auteur de cette insulte est dégradé de son titre de pair ; Parabère refuse de prendre part à la révolte des protestants ; Réparation des murs de la ville ; Escarmouche dans les environs de Saint-Maixent ; Des commissaires se rendent à Niort pour traiter de la paix ; Conférence tenue à Loudun ; Avidité des princes et des seigneurs ; Ordonnance de Sully pour arrêter les pillards ; Le corps de ville prend des mesures pour empêcher les partisans de Condé de s'emparer de Niort ; Etablissement des pères de l'Oratoire à Niort.................. 229

Chapitre XVIII. — Continuation de la lutte entre le corps de ville et les gens du roi, au sujet de l'élection annuelle du maire ; Les membres du corps de ville veulent élire directement le maire, et s'affranchir de l'obligation de présenter trois candidats ; Le roi fait procéder à de nouvelles élections, et donne ordre à ses agents d'agir dans le sens de la conciliation ; Lettre de Louis XII, *à ses chers les bien aimés*

Pages

maire et échevins de la ville de Niort ; Le maire fait réparer les ponts et portes de la ville ; Commencement des troubles ; Lettre du duc de Rohan à M. de Parabère pour faire garder les portes de la ville ; Les Niortais ne prennent point part à la révolte et restent fidèles au roi ; Organisation républicaine des protestants ; Le roi fait convoquer à Niort les chefs des calvinistes pour assister à une conférence ; Les protestants refusent toute concession ; La conférence adresse une déclaration aux Rochelais ; L'assemblée de La Rochelle répond par un manifeste de guerre ; Louis XIII à Thouars, à Parthenay, à Fontenay ; Entrée du roi à Niort, où il est reçu froidement ; Il assiste au siège de Saint-Jean-d'Angély ; Cette ville capitule et a ses fortifications rasées ; La milice bourgeoise de Niort se fait remarquer par sa bravoure pendant le siège de Saint-Jean ; Le roi lui accorde le titre de régiment de *Royal-Niort* ; Organisation de ce régiment en douze compagnies ; Noms des officiers catholiques et protestants de ces compagnies ; Délibération du corps de ville exposant la triste situation des habitants de Niort ; Le régiment *Royal-Niort* met un terme au brigandage qui s'exerçait jusque dans la banlieue de la ville de Niort 247

CHAPITRE XIX. — Louis XIII laisse des troupes en Poitou pour empêcher de nouveaux troubles ; Niort est occupé par trois compagnies du régiment de Saint-Vivien ; Lettre de Louis XIII pour en donner avis au gouverneur de Niort ; M. de Parabère voit là un acte de défiance ; Lettre du roi qui le rassure ; Louis XIII envoie une lettre explicative au corps de ville, pour lui déclarer que cette garnison n'a pour but que de veiller à la sûreté de la place ; Commission nommée pour répartir les officiers et les soldats chez les habitants ; Arrivée à Niort des trois compagnies de M. de Saint-Vivien ; Réclamation du maire pour la garde des portes de la ville ; Réponse du roi au gouverneur et à la municipalité ; Remplacement de deux pairs de la ville ; La municipalité vote une adresse au roi, pour lui demander la démolition des fortifications élevées à Magné et à Maillezals ; Plaintes élevées contre les soldats de la garnison ; Des soldats, atteints de maladie contagieuse, sont envoyés à l'hôpital de Niort ; Dissentiments entre la municipalité et le gouverneur au sujet des franchises, droits et privilèges du corps de ville ; Lettre du roi pour inviter à la conciliation les deux parties ; Députation envoyée à Poitiers, le 4 janvier 1622, par l'échevinage, pour saluer le roi à son passage dans cette ville................................. 263

CHAPITRE XX. — Révolte de Rohan-Soubise, baron de Frontenay ; Il établit son quartier général dans l'île de Rié ; Louis XIII marche contre les révoltés, pénètre avec son armée dans l'île de Rié, et met en fuite Rohan-Soubise et ses troupes, qui sont taillées en pièces. — Louis XIII se rend à Niort et forme un conseil de guerre pour juger les prisonniers ; La reine-mère arrive à Niort ; Plaintes et griefs des Niortais catholiques, et réponses faites par le roi ; Louis XIII invite M. de Parabère à opérer l'union des deux partis religieux ; Lettre du roi, écrite de Chizé, au corps de ville de Niort, portant ordre de nommer un maire catholique ou de continuer l'ancien ; Le corps de ville obéit ; Lettre du roi annulant la nomination du maire, parce que les formes accoutumées n'ont pas été suivies ; Le corps de ville présente trois candidats : Siège de La Rochelle ; Six compagnies du régiment de M. du Châtelier, atteintes de maladies contagieuses, sont envoyées à Niort ; Protestation des habitants ; Le corps de ville prend la résolution de ne pas recevoir ces compagnies, mais il y est forcé ; Dures réquisitions qui frappent les Niortais ; Mesures prises contre les pillards qui dévastaient le Poitou ; La paix de 1622 ; L'impôt sur le sel soulève une vive irritation ; Le corps de ville de Niort réclame ; Le roi ordonne la décharge de cet impôt ; Délibération du corps de ville pour remercier le roi ; Ordonnance royale qui prescrit aux Niortais de désigner trois candidats catholiques pour la charge de maire ; Les frères de la Charité introduits comme gardiens à l'hôpital : Leur installation ; Procès-verbal de l'installation des Oratoriens 271

CHAPITRE XXI. — Edit de pacification de 1622 ; Louis XIII envoie à Niort deux commissaires, pour faire une enquête sur les griefs réciproques des catholiques et des protestants ; Liste des griefs exposés par les protestants ; Assemblée générale des catholiques à l'hôtel-de-ville, pour répondre à la requête des protestants ; Noms des habitants qui assistaient à cette assemblée ; Plaintes énumérées par les catholiques ; Réponses des commissaires du roi aux griefs des protestants et aux plaintes articulées par les catholiques ; Les commissaires recommandent la conciliation ; Poursuites dirigées contre le sergent royal Vauguyon pour ses opinions religieuses ; Disette de grains ; Emeute à Niort au sujet de la cherté des grains ; Violences commises contre des marchands de blé par des femmes ; Mesures prises par le maire ; Nouvelles émeutes ; Plusieurs arrestations ; Prédications du père Calixte contre les détenteurs de grains ; Le baron de Neuillant veut protéger les marchands de grains ; Son autorité est méconnue ; Les greniers sont pillés, le maire est insulté ; Séance du corps de ville du 16 janvier 1624 ; Mesures rigoureuses pour rétablir l'ordre et assurer la liberté du commerce des grains ; Les esprits se calment, les désordres cessent 286

CHAPITRE XXII. — Louis XIII est informé des préparatifs d'un soulèvement de la noblesse du Poitou ; Il adresse plusieurs lettres au corps de ville de Niort pour le mettre en garde contre les surprises des protestants ; Le comte de

— 494 —

Pages

Parabère donne sa démission de gouverneur de la ville de Niort ; Il est remplacé par le baron de Neuillant ; Le maire Pastureau fait connaître à la municipalité niortaise les instructions données par le lieutenant-général sur les mesures à prendre pour la sécurité de la ville ; Louis XIII ordonne aux habitants de Niort de recommencer les gardes en la ville ; Lettre qu'il adresse au gouverneur de Niort ; Liste des officiers catholiques et protestants des compagnies du régiment de Niort ; Précautions prises pendant la foire de mai pour éviter des troubles ; Le corps de ville de Niort envoie une députation au maréchal de Praslin, à Mauzé, pour le prier de mettre un terme aux vexations et violences des gens de guerre, dans les bourgades et villages des environs de Niort ; Soubise abandonne les protestants, qui traitent avec Richelieu ; Ils doivent faire leur soumission dans un délai de trois jours ; L'échevin Jean Bastard est insulté ; Les coupables lui font amende honorable ; Soubise soulève les Rochelais, qui font un traité d'union avec l'Angleterre ; Siège de La Rochelle ; L'évêque de Maillezais est nommé chef d'escadre ; Prise de La Rochelle ; La duchesse de Rohan-Soubise prisonnière dans le château de Niort ; Emeute à Niort, en 1631, au sujet des traites foraines ; Naissance de Françoise d'Aubigné à la conciergerie de Niort 299

Chapitre XXIII. — Louis XIII ordonne une enquête pour faire cesser les usurpations de privilèges de noblesse ; Application de cet édit à Niort ; Membres de l'élection de Niort en 1634 ; Deux classes de nobles présentent des requêtes pour la confirmation de leurs droits ; Familles de la noblesse ; Familles de l'échevinage ; Formule de la déclaration du maire de Niort de vivre noblement ; Les membres de la noblesse de l'échevinage de Niort vont aux armées pour le service du roi ; Ordre du jour du gouverneur de Parabère constatant leur bravoure, leurs bons services et mentionnant leurs noms ; Attachement de la population niortaise à son indépendance municipale ; elle repousse toute domination féodale ; Niort offre le spectacle d'une petite république ; La Trimouille ne réussit pas à soulever les Niortais contre le pouvoir royal ; Note de Mazarin sur La Trimouille ; Emeute en Bas-Poitou au sujet des impôts ; Les paysans s'emparent de Beauvoir-sur-Mer et de la Garnache ; Le mouvement séditieux s'étend en Saintonge et en Angoumois ; Assemblée de la noblesse convoquée à Lusignan ; La révolte est étouffée ; Désordre dans les finances de la France ; Révolte du Parlement, qui veut réformer les abus de l'Etat ; Troubles à Paris ; La *Fronde* en Poitou ; La Trimouille se prononce pour le Parlement et lui offre de lever une armée de dix mille hommes en Poitou ; Les frondeurs occupent La Chaize-le-Vicomte, La Roche-sur-Yon et Luçon ; Ils établissent une

Pages

entente avec les membres de l'échevinage de Niort ; Condé soulève la Guyenne ; La tentative qu'il fait opérer pour s'emparer de Niort échoue ; Fin de la guerre de la *Fronde*. 312

CHAPITRE XXIV. — Souffrance de l'industrie niortaise au milieu du XVIIe siècle ; Cinq mille indigents reçoivent des secours ; L'aumône du *Bidon* ; Conditions dans lesquelles se faisait cette aumône ; Cause de la misère de la population niortaise et ralentissement du commerce ; Lettre de Louis XIV aux membres de l'échevinage de Niort, confirmant les privilèges de la commune ; Les familles de l'échevinage abandonnent le commerce afin de jouir des privilèges de la noblesse ; Résultats déplorables de cette tendance ; Le commerce de Niort passe entre les mains d'étrangers ; Inondation du 12 mars 1657 ; La Sèvre emporte les ponts de la ville ; Un arrêt du Conseil d'Etat impose des taxes sur la généralité de Poitiers, pour la reconstruction des ponts de Niort ; Enquête ordonnée par le chapitre de l'église cathédrale de Poitiers, à l'occasion d'un incendie à Niort ; Etat de tous les droits dont jouissent les maires de Niort ; Lettre du roi imposant un candidat aux échevins pour l'élection d'un maire ; Texte de la déclaration d'un échevin qui veut vivre noblement ; Abus causés par les anoblissements d'échevin 321

CHAPITRE XXV. — Les Généralités et les Elections de la France au XVIIe siècle ; Statistique de la France dressée, en 1664, par ordre de Colbert ; Partie de cette statistique qui concerne le Poitou et Niort : Population, climat, forêts, productions agricoles et vinicoles du pays, élevage des chevaux et mulets, commerce, prieurés, abbayes et bénéfices dans l'élection de Niort, paroisses qui en dépendent, liste des nobles, l'archiprêtré de Niort, paroisses et prieurés qui en dépendent ; Abus judiciaire commis à Niort ; Revenu du domaine du roi dans la ville de Niort ; Seigneuries de l'élection de Niort ; Synode protestant tenu en 1672 ; Rétablissement des relations du commerce niortais avec le Canada ; Importance de la fabrication de la draperie à Niort ; Mesures prises par l'inspecteur des manufactures du Poitou pour améliorer la fabrication des draps ; Prix des étoffes ; Souffrances de la classe ouvrière et gêne des commerçants ruinés par la taille et les impôts ; Une élection municipale en 1673 ; Liste des échevins et pairs qui ont pris part à cette élection ; Etat des biens et revenus du couvent des religieuses hospitalières........................ 331

Cinq compagnies du régiment *Royal-Niort* sont envoyées sur les côtes des Sables-D'Olonne, pour s'opposer à un débarquement de troupes espagnoles ; Ces compagnies se font remarquer par leur bravoure ; Le gouverneur du Poitou leur donne un témoignage de haute satisfaction ; Liste des officiers et des sous-officiers de ce régiment ; Personnes qui jouissaient des droits de francs-fiefs et nouveaux acquêts ;

— 496 —

Pages

Réduction du nombre d'échevins, afin de diminuer le nombre des personnes exemptes d'impôts ; Texte de l'arrêt du Conseil du roi opérant cette réduction ; Prérogatives du maire ; Installation de la nouvelle municipalité ; Quartiers de la ville assignés à chacun des échevins pour y exercer la police ; Description de Niort en 1675 ; Confirmation de la tradition se rapportant à l'origine de la ville ; Le budget municipal de Niort en 1683 ; Beaucoup de chartes et de titres des archives municipales sont volés ; Etat des marchandises sujettes aux droits de péage en passant par la ville de Niort ; Contestation de préséances entre le maire et le curé de Notre-Dame ; Droit appelé la *quenouille de la mairesse* ; Augier La Terraudière publie la liste des maires anoblis par leurs charges municipales ; Cette publication fait échouer sa réélection à la mairie, et il ne peut obtenir la noblesse... 346

CHAPITRE XXVI. — Déclaration royale invitant les villes et bourgs à créer des hôpitaux ; Etablissement de bienfaisance existant à Niort ; Le duc et la duchesse de Navailles offrent à la ville une maison et un terrain pour y établir un hôpital-hospice ; Dons particuliers pour concourir à cette œuvre de charité ; Ordonnance de Louis XIV approuvant la création d'un hôpital général à Niort ; Nomination des directeurs ; L'intendant du Poitou mande à Niort le père Chaurand, organisateur de l'hôpital de Lyon ; Relation de l'établissement de l'hôpital de Niort ; Quêteurs ; Libéralités des habitants pour les pauvres ; Les femmes donnent leurs bijoux, les domestiques leurs gages, les ouvriers leur travail ! Les habitants offrent le linge, les lits et les meubles ; Le festin de charité ; Les pauvres sont servis par les dames et les demoiselles de la ville ; Privilèges et droits accordés à l'hôpital ; Ressources mises à la disposition des directeurs. 361

CHAPITRE XXVII. — Mariage de Mme de Maintenon avec Louis XIV ; Révocation de l'édit de Nantes ; Effet de cet édit en Poitou ; 4,000 protestants niortais émigrent ; défense à un protestant, qui avait émigré et qui était revenu à Niort, d'avoir boutique ouverte ; Changement de l'organisation municipale en 1692 ; Niort se voit enlever le droit d'élire son maire ; Maires perpétuels à la nomination du roi ; Ces charges s'obtiennent à l'aide d'intrigues et d'argent ; Protestation du corps de ville de Niort ; Les échevins procèdent à des élections en dehors du règlement ; Elles sont annulées par arrêt du Conseil d'Etat ; L'influence des grandes familles niortaises, arrivées à la noblesse par l'échevinage, cesse ; elles sont remplacées par une nouvelle noblesse où figurent des avocats, des médecins, des régisseurs de propriétés seigneuriales ; Réjouissances qui ont lieu à Niort à l'occasion de la paix de Ryswick, en 1698 ; Tradition du dragon ailé de la porte Saint-Jean, de Niort ; Un soldat se dévoue, le combat et le tue ; Le vainqueur est empoisonné par le

	Pages
souffle du serpent; La tombe du soldat existe encore; Réalité de la légende; Froid rigoureux en 1684 et 1691; Assemblée des maîtres apothicaires de Niort; Conditions de l'admission à la maîtrise........................	384

CHAPITRE XXVIII. — L'élection du maire est rendue à l'échevinage, qui doit présenter trois candidats; L'échevinage niortais fait une tentative pour re-ouvrir ses anciens privilèges; Les échevins procèdent à des élections sans l'assentiment du maire; Ces élections sont annulées par un arrêt du Conseil d'Etat, qui ordonne de les recommencer dans les formes légales; Etablissement du collège de l'Oratoire; Lettre de l'évêque de Poitiers qui y donne son adhésion; Noms des habitants de Niort qui assistaient à l'assemblée générale pour ouvrir une souscription, afin d'assurer l'existence du collège; Les cours sont ouverts en 1717; L'enseignement est gratuit; Les notables dressent un tarif d'octroi pour établir d'une manière plus équitable les impositions; Requête à ce sujet présentée au roi par le maire et les échevins; Un arrêt du Conseil d'Etat établit l'abonnement des tailles dans la ville et les faubourgs de Niort; Articles du tarif d'octroi de 1718; Arrêt qui unit à l'hôpital général de Niort les aumônes des abbayes et prieurés des élections de Niort et de Saint-Maixent; Suppression de la mendicité; Union et incorporation à l'hôtel-de-ville des offices de receveur et de contrôleur des deniers de la ville; L'intendant de la généralité de Poitiers constate, dans un rapport au roi, l'esprit commercial qui existe chez les Niortais et leur loyauté; Un arrêt du Conseil d'Etat règle l'administration des aumôneries de Saint-Jacques et de Saint-Georges, de Niort....................... 397

CHAPITRE XXIX. — Etat de l'élection de Niort en 1716, remanié par ordre de M. Poudret de Sepvret, président de cette élection; Territoire compris dans cette élection; Diversité du sol; Caractère des habitants; Rivières, forêts, paroisses, nombre des feux, population, abbayes, commanderies, prieurés, terres seigneuriales de cette élection; Niort, sa situation, nombre des ecclésiastiques, des marchands, des artisans, des laboureurs, des journaliers, des ouvriers qui composent la population, commerce, impositions, taxe du sel, bureau des fermes; Niort est le siège d'une sénéchaussée, d'une maîtrise des eaux-et-forêts, d'une juridiction consulaire, d'un siège royal des traites foraines, d'un prévôt provincial; Revenus de l'hôtel-de-ville; Remboursement de l'office de maire perpétuel, en 1711; Manufactures; Foires; Diminution de la population.......... 408

CHAPITRE XXX. — Création d'une garde bourgeoise pour maintenir la sûreté et le bon ordre dans la ville et empêcher les fraudes; Injonction aux habitants de ne sortir la nuit qu'avec une lumière; La ville reçoit l'autorisation de construire des casernes; Elle veut les élever dans le faubourg du Port, mais il est décidé qu'elles seront sur l'emplacement du Vieux-Marché ; La construction exige 18 ans ; Débordement de la Sèvre en 1747, et destruction de tous les ponts ; Devis pour la réparation des ponts, l'ouverture d'une nouvelle porte et le dessèchement de plusieurs rues ; L'intendant du Poitou accorde l'autorisation de transporter le champ de foire sur la place de la Brèche; Ecroulement d'une tour du château ; Le commandant demande la démolition de ce vieux monument ; Le roi s'y oppose ; Les trois coups d'encens donnés au commandant du château ; Réformes administratives proposées; Valeurs des grains et des denrées à cette époque; Pompes et seaux pour combattre les incendies ; Projet d'amener dans tous les quartiers de la ville les eaux de la fontaine du Vivier.................. 419

CHAPITRE XXXI. — Les Anglais débarquent à l'île d'Aix ; Les habitants de Rochefort et de La Rochelle se réfugient à Niort; Le maire offre au maréchal de Senectère 500 hommes du régiment Royal-Niort pour l'aider à repousser les Anglais ; La perte du Canada est une cause de ruine pour le commerce de Niort et de la Gâtine ; Le maire Rouget de Gourcez fait niveler la place de la Brèche et tracer des allées ; Une inondation de la Sèvre, en 1771, cause de grands désastres ; Projet des échevins de faire construire le collège sur les allées hautes de la place de la Brèche ; Ce projet est ajourné ; Les bâtiments de l'Oratoire sont réparés et agrandis ; Description des bâtiments et édifices appartenant au roi, ou étant à sa charge, dans l'étendue des domaines du siège royal et ressort de la ville de Niort : le tribunal, les prisons, les murs de la ville, le château, les casernes, les halles, l'hôpital et le bassin du port ; Observations du procureur du roi au sujet des réparations à faire ; Remarquables propositions faites par le lieutenant-général Rouget afin d'embellir la ville ; Etat de Niort, en 1780, dressé par Dom Fonteneau ; Fontanes, inspecteur des manufactures, cherche les causes de la décadence du commerce de Niort; Moyen de relever ce commerce ; Mauvais système d'impôts; Observations présentées par les officiers municipaux sur la situation commerciale de la ville ; Ils demandent que La Rochelle soit déclarée port franc afin d'établir des relations avec les Etats-Unis; Tracé de la route de Niort à Saint-Jean-d'Angély ; — Cas d'inhumation précipitée signalés par le médecin Pineau.................................... 429

CHAPITRE XXXII. — Niort de 1789 à 1879 455

LES ANCIENS MONUMENTS DE NIORT: Château de Niort; Eglise de Notre-Dame ; Eglise de Saint-André ; Hôtel de Ville de Niort; Maison où est née Mme de Maintenon............ 467

NOTICES BIOGRAPHIQUES................................ 471

NIORT. — Typographie de L. FAVRE.

PLAN

DE

NIORT VERS LA FIN DU XIIIe SIÈCLE

Ce plan de Niort a été dressé en 1832 par M. J. Adam, employé du cadastre, qui l'a dessiné d'après les indications fournies par M. H. Briquet. Il ne possède pas une complète exactitude historique, mais il offre de l'intérêt, parce qu'il nous présente l'ensemble de Niort et de ses fortifications, avec une partie des faubourgs et des établissements de cette ville, créés depuis le XIIe siècle jusqu'en 1789.

Voici la légende qui se rapporte à ce plan :

A Enceinte du château. — B Donjon. — C Porte du château. — D Maison du gouverneur.— E Chapelle du château.— F Emplacement de la paroisse Saint-Gaudent. — G Tour de la porte de la Grenouille et emplacement de l'ancien port. — H Tour de l'Espingole. — I Porte et Boulevard Saint-Jean. — J Tour et Plateforme qui remplaça la porte Mellaise ou Melloise. — K Porte de la Brèche ouverte en 1750. — L Porte de Souché. — M Porte et Boulevard Saint-Gelais.— N Tour du Prieur. — O Tour Folie. — P Pont de Niort ou de Notre-Dame.— Q Eglise Saint-André. — R Couvent des Ursulines.— S Place du Vieux Marché. — T Casernes. — UU Temple des réformés, 1599. — V Passage pour aller au temple. — X Les Hospitalières (ancienne aumônerie de Saint-Nicolas de Beauchamp). — Y La Synagogue — Z La Maison de ville. — A' Cour consulaire. — B' Les Halles. — C' Couvent des Cordeliers.— D' Couvent des Bénédictines.— E' Couvent des Carmélites. — F' Maison de l'Oratoire. — G' Eglise de Notre-Dame. — H' Hôpital des Frères de la Charité. — I' Porte de secours du château. — J' Fort Foucault ou demi-lune qui couvre la porte de secours du château. — K' Les Moulins. — L' Canal de navigation ouvert en 1377. — M' Quai où remontent les bateaux.— N' Couvent des Capucins.

N.º 1. Plan de Niort vers la fin du XII.º Siècle *dressé par J. Adam pour l'histoire de Niort de J. Briquet*

FAUBOURG DU PORT

FAUBOURG ST JEAN

FAUBOURG

Échelle de 1000 Mètres

PLAN DU CHATEAU DE NIORT

AU COMMENCEMENT DU XVII° SIÈCLE,

*Conservé à la Bibliothèque nationale,
au Dépôt des Estampes, vol. 6,691, $\frac{va}{158}$ n° 25, p. 48.*

Ce plan est un dessin à la plume, lavé en couleur ; il a 55 centimètres de hauteur, sur 75 de largeur. Il nous a paru offrir un véritable intérêt historique et nous l'avons reproduit dans son grand format, sans lui faire subir une réduction.

Comme ce plan contient une légende, nous renverrons, pour la description du château, à la page 467 de ce volume.

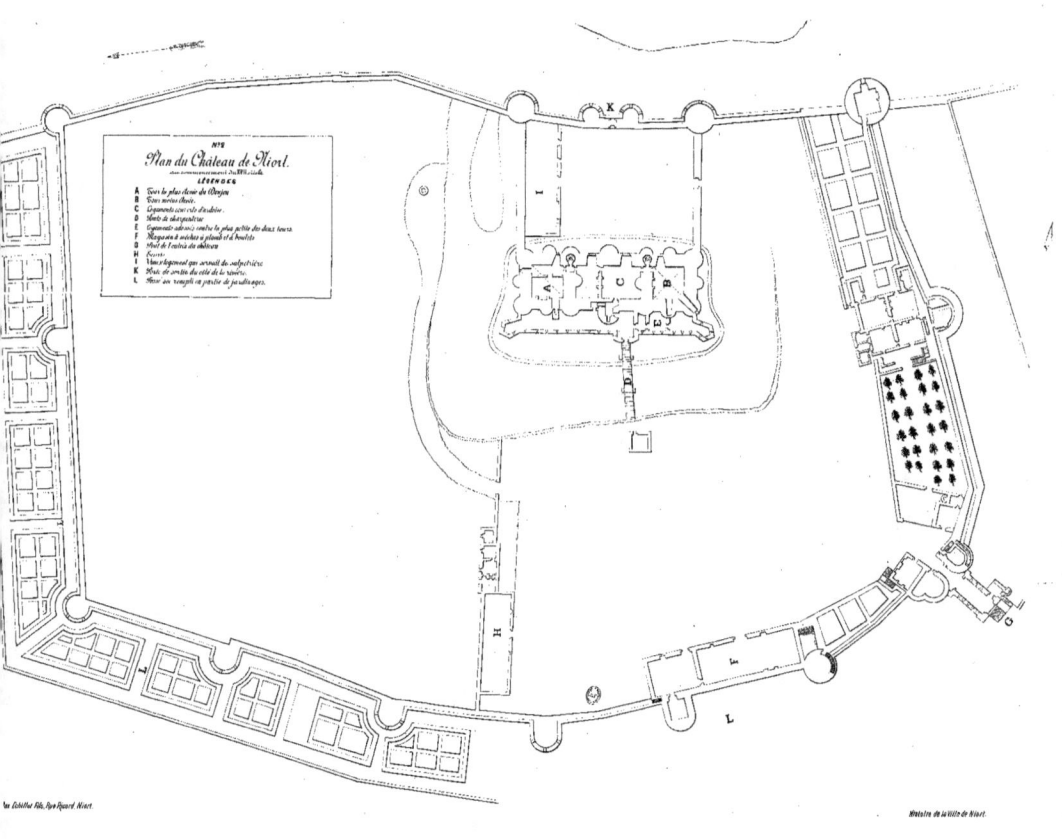

PLAN

DES

FORTIFICATIONS DE NIORT EN 1676

*Conservé à la Bibliothèque nationale,
au Dépôt des Estampes, vol. 6,631, VA 158 n° 24, p. 47.*

Ce plan est un dessin à la plume, qui a fait partie de la collection Fouquet. Il donne les fortifications de la ville, du château et le cours de la Sèvre, avec une portion du faubourg du Port.

Les fortifications de la ville décrivent un hexagone irrégulier, sur une longueur de 575 toises du nord au sud, et sur une largeur de 240 toises de l'est à l'ouest.

Au couchant, est placé le château, mis en communication avec le fort Foucaud par un pont en bois.

Le fort Foucaud est élevé sur un îlot entouré de tous les côtés par la Sèvre. C'est un quadrilatère irrégulier flanqué de trois tours. Cette position, au milieu de la Sèvre, le rendait d'une approche très difficile.

Trois portes, pratiquées dans les murailles de la ville, s'ouvraient entre des tours jumelles et étaient protégées par des bastions : au nord, la porte Saint-Gelais, près du cimetière des huguenots ; au sud, la porte Saint-Jean, qui conduisait au cimetière des catholiques ; au couchant, près du château, se trouvait la troisième porte qui établissait les communications avec le quartier du Port.

L'Aumônerie Saint-Georges-de-Beauchamp était située près du cimetière des huguenots. L'Aumônerie de Saint-Jacques et la Ladrerie étaient placées entre la porte Saint-Jean et le cimetière des catholiques.

Les murailles de la ville étaient défendues par cent dix tours. Les principales étaient : la Tour de l'*Espingole*, à l'angle sud-ouest ; la Tour de *Pelet*, entre celle de l'Espingole et le château. Au delà du Château était la Tour du *Maire*, qui fut une prison au xve siècle et un arsenal au xvie siècle ; la Tour de la *Grenouille* était placée près de l'égout de Merdusson, qui se jetait dans la Sèvre ; la Tour *Carrée* s'élevait près du pont ; la Tour *Folie* était à l'angle nord-ouest des fortifications ; la Tour *Prieur* se trouvait au milieu du côté septentrional.

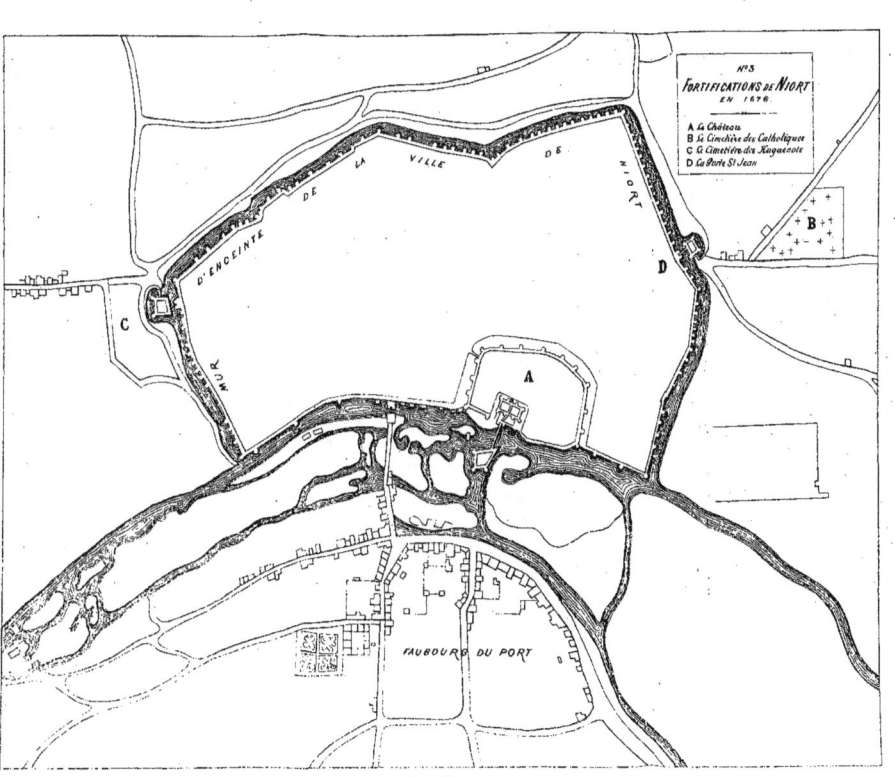

EN VENTE:

GLOSSAIRE DU POITOU, DE LA SAINTONGE ET DE L'AUNIS, précédé d'une introduction sur l'origine, le caractère, les limites, la grammaire et la bibliographie du patois poitevin et saintongeais, par L. FAVRE. — 1 fort vol. in-8, papier à bras............ 12 fr.

LA VÉNERIE DE J. DV FOVILLOVX, gentilhomme du pays de Gastine en Poictou, précédée d'une biographie de J, Du Fouilloux et d'une bibliographie, par PRESSAC, avec 59 anciennes gravures sur bois. — 1 vol in-4º. Papier mécanique, 15 fr.; papier vergé, 50 fr.

MONUMENTS RELIGIEUX, MILITAIRES ET CIVILS DES DEUX SÈVRES. Texte par CH. ARNAULD, dessins par A. BAUGIER, E. CONTE; un précis de l'Histoire des Deux-Sèvres et une notice sur Niort, par L. FAVRE. — 1 vol. in-8º, avec 20 lithographies, prix...... 5 fr.

HISTOIRE LITTÉRAIRE DU POITOU, par DREUX-DURADIER, continuée par M. DE LASTIC SAINT-JAL. — 3 vol. in-8º, prix 12 fr. 50

SOUVENIRS D'UNE VIE MILITAIRE, par le général ALLARD, ancien vice-président du Conseil d'Etat. 2 vol. in-8º, prix... 15 fr.

REVUE HISTORIQUE DE L'ANCIENNE LANGUE FRANÇAISE ET DES PATOIS DE LA FRANCE, publiée sous la direction de L. FAVRE (complète en 2 vol.). Cette remarquable collection renferme les plus anciens monuments de la langue françoise, des cantilènes, des chansons de gestes, de vieux textes rares ou inédits. — 2 vol. in-8º, 15 fr.

ŒUVRES DE JACQUES BUJAULT, accompagnées de Notes, par M. A. GUILLEMOT. — 1 vol. in-8º, prix................ 5 fr.

PARABOLE DE L'ENFANT PRODIGUE, traduite en 88 patois divers de la France, avec une introduction sur la formation des patois et dialectes de la France, par L. FAVRE. 1 vol. in-8º de 160 pages. Prix : sur papier mécanique, 5 fr., et sur papier à bras, 10 fr.

LA MIZAILLE A TAUNI, toute birolée de nouueà, et fréschemont émmolée. Comédie poictevine, par Jean DROUHET, apothicaire à Sainct-Maixent. — 1 vol. in-12. Prix : sur papier mécanique, 3 fr., et sur papier à bras, 5 fr.

MELUSINE. Poëme relatif à cette fée poitevine, composé dans le XIVᵉ siècle, par COULDRETTE, publié pour la première fois, par Francisque MICHEL. — In-8º, prix...................... 5 fr.

HISTOIRE DE MELUSINE, princesse de Lusignan, avec l'histoire de GEOFFROY, surnommé à la Grand' Dent, par NODOT, précédée d'une introduction sur la légende de la Melusine. — 1 vol. in-8º, 12 fr.

ŒUVRES DE RABELAIS, collationnées sur les textes revus par l'auteur, avec les Remarques historiques et critiques de LE DUCHAT et LE MOTTEUX, publiées par Paul FAVRE, membre de la Société des archives historiques du Poitou. — Prix du volume : papier mécanique, 5 fr.; papier Hollande, 10 fr.; papier Hollande de choix, 15 fr.; gran-raisin Hollande, 20 fr.; papier peau vélin, 30 fr. (4 vol. en vente.)

www.ingramcontent.com/pod-product-compliance
Lightning Source LLC
Chambersburg PA
CBHW071416230426
43669CB00010B/1565